EU
신뢰서비스법
eIDAS 규정

정완용 · 정진명 · 전명근 · 오병철

김진환 · 김현수 · 김진규 · 권혁심 공저

法 文 社

머 리 말

우리나라는 자원 부족과 좁은 국토라는 환경을 가지고 있고, 주위에는 강대국들로 둘러싸여 있는 지정학적 위치에 있어서 끊임없는 주변 강대국의 위협과 분단의 장벽 앞에서도 이를 극복하고 세계 10위권의 경제 강국으로 자리 잡아가고 있다. 우리나라는 환경적·지정학적인 이러한 어려움을 넘어 디지털 전환의 시대를 선도하는 디지털 강국을 지향하고 있다. 사회의 각 분야에서 디지털화를 촉진하고 산업과 제도의 디지털 전환을 이루기 위하여 인공지능(AI), 빅데이터, 사물인터넷(IoT) 및 블록체인 기술의 산업적 이용이 확대되고 있다. 이를 뒷받침하는 온라인 거래의 신뢰성과 안전성을 구축하고 전자문서의 이용 활성화를 위해서는 온라인 거래의 디지털 플랫폼 역할을 하는 통합법제가 필요하다. 유럽연합(EU)은 디지털 단일시장을 이루고 다양한 신뢰서비스를 제공할 수 있도록 "유럽연합 전자신원확인 및 신뢰서비스에 관한 규정(eIDAS Regulation)"을 제정하여 2016년부터 시행하고 있고, 2021년에는 디지털지갑 분산원장 등의 제도 도입을 위한 개정안이 제안되어 있다. 한편 eIDAS 규정을 토대로 하여 최근에 유엔국제상거래법위원회(UNCITRAL)에서는 "전자신원관리 및 신뢰서비스모델법안"을 마련하였다.

이 책은 주석서인 『Zaccaria/Schmidt-Kessel/Schulze/Gambino, EU eIDAS Regulation. Verlag c.H.Beck, 2020』을 가지고 공저자들이 2021년 한 해 동안 함께 연구한 결과를 토대로 우리나라의 법제 현황과 비교하여 eIDAS 규정의 내용을 해설한 책이다. 그러므로 이 책의 eIDAS 조문 해설내용의 많은 부분은 위 주석서를 의존하였다는 점을 밝혀둔다.

eIDAS 규정은 그 내용이 방대하고 법적, 기술적 내용이 결합되어 있어서 한두 사람의 노력만으로는 이해하기 어려운 분야이다. 법학, 공학 전공자로 구성된 공저자들은 eIDAS 규정을 연구하면서 기술전문가분들의 많은 도움을 받았다. 전자통신연구원의 진승헌 박사님은 전자서명 부분에 대해 세밀한 검토를 해주시고 귀한 조언을 주셨다. 숭실대학교 최대선 교수님, 토피도(주) 이정남 상무

님께서도 귀한 자문의견을 주셨다. 이분들의 도움에 감사 말씀드린다.

eIDAS 규정 연구의 장을 마련해 주시고, 책 출간을 성원해 주신 한국인터넷진흥원(KISA) 관계자 여러분께 감사 말씀을 드린다. 특히 전자문서진흥팀의 전진형 팀장님, 김선남 선임연구원, 우원경 주임연구원께 감사드린다. 또한 eIDAS 규정의 연구과정에서 귀한 조언을 해주신 전자문서 연구반의 이창범 교수님, 정경오 변호사님과 한국인터넷진흥원의 이원철 연구위원님께도 감사드린다.

연구 내용에 미흡한 점이 많을 터이지만, 이 책이 우리나라에서 eIDAS 규정에 관한 최초의 본격적인 해설서로서 이 분야의 연구자, 실무자들에게 신뢰서비스법의 연구와 실무에 활용될 수 있기를 바란다. 끝으로 이 책의 출판을 맡아주신 법문사에 깊은 감사를 드린다.

2022. 8.

공저자 드림

차 례

제2장   EU elDAS 규정의 조문별 분석(제1조~제52조)

제3장 eIDAS 규정의 시사점 및 향후의 전망

제4장 eIDAS 규정에 관한 기술규격과 시행법

제1장

개 관

제1장

개 관

제1절 서 론

　유럽연합의 eIDAS 규정은 유럽 역내에서의 전자거래를 위한 전자신원확인과 신뢰서비스에 관하여 시민, 기업, 공공기관 간의 안전하고 원활한 전자거래를 가능하게 하기 위한 규범체계이다. 이와 같은 eIDAS 규정은 유럽연합 회원국의 역내에서 회원국 간에 전자신원확인수단의 사용에 따른 장애를 제거하고 전자거래의 신뢰성을 높이기 위하여 회원국의 국내법과 체계적 정합성을 유지하면서 유럽연합 전체를 아우르는 통일법으로 제정되었으며, 특히 법과 기술이 융합되어 있다는 점을 특징으로 한다. 나아가 eIDAS 규정은 UNCITRAL 전자신원관리 및 신뢰서비스모델법(안)을 만드는데 기본적인 틀을 제공하고 있으므로 우리나라 전자문서법, 전자서명법을 비롯한 IT 관련법제의 운용과 관련하여 참고할 가치가 매우 크다.

　한편 eIDAS 규정은 유럽연합이라는 국가연합체 특유의 기관과 규범체계를 형성하게 된 과정의 산물이자 유럽연합의 디지털단일시장전략을 실현시키기 위한 규범적 인프라이기도 하다. 그러므로 1999년의 전자서명지침이 2014년 eIDAS 규정으로 진화하는 과정을 이해하기 위하여는 그와 같은 규범을 형성하게 된 다양한 측면들에 대한 이해가 선행되어야 한다. 유럽연합의 규범체계가 형성된 역사적 과정과 기관 및 규범체계를 상세하게 고찰하고, 유럽연합이 채택하고 있는 디지털단일시장전략의 추이, eIDAS 규정에 대한 평가보고서와 향후 개정안을 일별하기로 한다. 또한 근대사회의 혈류라고 할 수 있는 문서가 디지털 사회의 플랫폼과 블록체인기술로 진화하는 과정에 내재된 법적 방식주의의 의미를 간략하게 언급하기로 한다.

제2절 유럽연합의 형성과정과 기관 및 규범체계

I. 유럽연합의 형성과정

유럽 통합에 관한 구상은 수 세기 전에 등장하였으나, 실질적인 통합의 시도는 1945년 제2차 세계대전이 종료된 후 시작되었다. 양차 세계대전으로 인해 경제가 붕괴된 상황에서 동구권으로부터 사회주의 물결이 거세게 밀려옴에 따라, 서구권 국가들 사이에서는 유럽의 경제를 재건하고 자유주의를 수호하기 위해 유럽이 통합되어야 한다는 사고가 확산되었다. 한편, 미국은 전쟁의 재발 방지를 위한 북대서양조약기구(NATO)와 아울러 경제원조를 통한 사회주의의 확산 방지를 목적으로 하는 경제협력기구를 구상하였고, 1948년 설립된 경제협력기구를 통해 유럽의 경제회복을 지원하였다(Marshall Plan). 이 과정에서 유럽의 수혜국들은 자연스럽게 전쟁의 재발방지와 경제부흥을 위하여 서로 협력하게 되었다.

위와 같은 유럽 국가들의 정부 간 협력으로 1949년 유럽평의회(Council of Europe)[1]가 탄생하였으나, 인권에 주안점을 둔 기구라는 점에서 유럽의 국가 간 관계 안정화와 경제 재건을 위한 기구로 기능하기에는 한계가 있었다. 이에 1951년 벨기에, 프랑스, 이탈리아, 룩셈부르크, 네덜란드, 서독은 파리 조약을 체결하여 유럽석탄철강공동체(European Coal and Steel Community, ECSC)[2]를 탄생시켰다. 이 공동체는 당사국의 정부에 의해 이루어지던 국가 간 협력을 당사국으로부터 독립된 기구가 독자적인 권한을 갖고 주도한다는 특징이 있었으므로 최초의 유럽 국가들의 공동체로 평가된다.[3] 특히, 이 공동체는 석탄과 철강에 관한 유럽의 단일시장, 단일 정책 및 상품의 국경 이동에 있어서 모든 장애를

---

1) 유럽평의회는 유럽인권조약(European Convention on Human Rights)을 채택하고 유럽인권법원(European Court of Human Rights)을 설립한 기구이다. 현재 유럽연합 이사회(European Council)[유럽연합조약(TEU, 이하 'TEU'라고 한다) 제15조, 제16조에 의해 설치되고, 유럽연합기능조약(TFEU, 이하 'TFEU'라고 한다) 제235조, 제236조가 규정하는 기능을 수행하는 기구]이나 이사회[The Council(TEU 제16조에 의해 설치되고, TFEU 제237조부터 제243조가 규정하는 기능을 수행하는 기구)]와 전혀 별개의 기구이다.
2) 석탄과 철강은 양차 세계대전 당시 핵심적인 전쟁물자였다. 제2차 세계대전의 최대 피해국 중 하나인 프랑스가 독일의 철강 및 석탄 생산을 감시, 통제함으로써 독일이 비밀리에 재무장하는 것을 예방하고 프랑스와 독일의 관계를 안정화시키며 경제협력이 이루어지는 영역을 순차적으로 확대한다는 사고에 기초하여 형성된 최초의 유럽 국가들의 공동체이다.
3) Christian Dadomo and No͎lle Que͎nivet, "EUROPEAN UNION LAW THIRD EDITION", Hall and Stott Publishing Ltd, 2020., 7-8.: 초국가주의 원리에 기반한 최초의 국제기구로 평가된다.

제거하려고 시도하였다는 점에서 단일시장의 기초가 되었다.

이후 유럽 국가들은 유럽의 방위와 정치에 관한 공동체의 형성을 시도하는 과정에서 1957년 로마조약이라는 유럽경제공동체 설립을 위한 조약(Treaty establishing the European Economic Community, EEC Treaty)을 체결하게 되었고, 이에 따라 유럽원자력공동체(European Atomic Energy Community, EURATOM)와 유럽경제공동체(European Economic Community, EEC)를 형성하기로 합의하였다. 특히, ECSC나 EURATOM이 규율의 범위를 특정 대상으로 한정한 것과 달리, EEC는 모든 경제 영역에서 유럽 국가의 통합, 즉 단일시장의 형성을 추구하였다는 점에 큰 특징이 있다.⁴⁾ 이러한 경위를 거쳐 형성된 EEC는 다음과 같은 여러 조약에 의해 보충되고 개정되며 발전하였다.

① 1965년 합병조약(Merger Treaty 1965)에 의해 유럽 국가의 공동체들(European Communities, EC)의 기구가 합병되어 각료회의(Common Council of Ministers)와 집행위원회(Common Commission), 유럽의회(European Parliament) 및 법원(Court of Justice)으로 구성되었다.

② 1986년 단일유럽의정서(Single European Act, SEA)가 역내 단일시장 형성의 목표시한을 1992. 12. 31.로 설정함에 따라 동 목표를 달성하기 위해 신속한 입법이 가능하도록 입법절차를 개선하면서도 입법 과정에서 민주적 정당성을 유지하는 방향으로 EEC 조약이 개정되었다.

③ 마스트리히트 조약(Maastricht Treaty)으로도 불리는 1992년 유럽연합조약(Treaty on European Union, TEU)에 따라 단일유럽의정서의 취지가 유지 및 확대되었다. 이로써 유럽공동체들의 목적이 단지 경제 통합에 국한된 것이 아닌 정치, 사회의 통합을 포함하게 되었다.⁵⁾ 특히, 유럽공동체의 규범 형성절차에 있어서 유럽의회의 권한이 확대됨과 아울러 유럽 시민권의 개념이 도입되었으며, 세 개의 기둥 구조를 갖는 유럽연합⁶⁾이 창설되었다.

---

4) 일반적으로 '유럽 국가의 공동체들(European Communities)'은 ECSC와 EURATOM 및 EEC 모두를 통칭하는 표현으로 쓰인다.

5) 이를 나타내기 위해 공동체(Community)의 명칭이 '유럽 경제 공동체(EEC)'에서 '경제(Economic)'라는 표현을 삭제한 '유럽공동체(EC)'로 변경되었고[EEC Treaty의 명칭도 EC Treaty로 변경되었다], 이를 뒷받침하기 위해 유럽공동체의 기관구성[유럽 회계 감사원과 유럽 중앙은행이 설립되었다]과 입법절차가 변화하였으며, 경제 통화 동맹(European Monetary Union, 즉 유로화의 도입)이 형성되었다.

6) 마스트리히트 조약이 담고 있는 중요 정책을 3개의 분야로 나눈 것을 의미한다(Three Pillars of the European Union). 제1 기둥은 유럽 국가의 공동체들(European Communities)에 의한 단일

④ 1997년 암스테르담 조약(Treaty of Amsterdam 1997)은 유럽연합의 의사결정 과정의 투명성을 제고하였고, 유럽연합이 기본권과 민주주의 및 법의 지배에 기초하고 있음을 확인하였으며, 회원국들이 이러한 가치들을 존중하여야 함을 명시함과 아울러 차별금지의 요청을 강조함으로써 유럽연합이 유럽 시민들에게 더욱 다가갈 수 있도록 유럽공동체 조약을 개정하였다.

⑤ 2000년 니스조약(Treaty of Nice 2000)에 의해 유럽연합의 규모가 확대됨과 아울러 유럽연합 규범의 채택 절차가 일부 개정되었다.

⑥ 2004년 유럽의회가 유럽헌법 초안을 제출하였다.

⑦ 2007년 리스본 조약(Treaty of Lisbon)은 유럽연합의 규범 형성에 있어서 민주적 정당성과 효율성을 제고함에 초점을 두었고, 행정적 측면에서 유럽공동체 설립을 위한 조약(EC Treaty)의 명칭을 유럽연합기능조약(Treaty on the Functioning of the European Union, TFEU)으로 변경하였다. 한편, 정책적 측면에서 유럽연합의 3개의 기둥 구조를 단일체계로 통합하며 유럽연합의 가치를 정비하였고(TEU 제1조 내지 제3조), 유럽연합과 회원국의 역할 및 권한의 분장을 명확히 하였으며(TFEU 제3조, 제4조, 제6조), TFEU의 여러 조항이 일반적 구속력을 갖도록 규정함과 아울러(TFEU 제7조 내지 제17조) 유럽연합이 민주적으로 운영되어야 함을 밝혔다(TFEU 제9조 내지 제12조). 다른 한편, 규범적인 측면에서 유럽연합에 법인격이 부여되고(TEU 제47조), 유럽연합의 규범 형성절차에 관하여 일부 변화를 주면서(TEU 제48조, TFEU 제24조, 제289조, 제294조) 회원국 입법자의 역할을 증대시켰다(TEU 제12조). 또한 형성된 EU 규범의 무효화 조치에 관한 내용을 개정하고(TFEU 제263조), 기본권에 관한 내용을 명시하였다(TEU 제6조).

시장과 단일화폐를, 제2기둥은 외교와 안보에 관한 공동의 정책 개발을, 제3기둥은 사법과 회원국 내무의 협력을 내용으로 한다. 다만, 현실적으로 이러한 내용의 이행을 유럽연합 회원국들에 강제하기는 어려웠다. 이 당시까지만 하더라도 유럽연합은 법인격을 부여받지 못했기 때문에 회원국의 통치권은 유럽연합에 위양될 수는 없고, 이로 인해 유럽연합의 규범을 통해 직접적으로 그 이행을 강제하기는 어려웠으며, 이러한 정책들의 시행은 회원국 간의 협조와 동의에 의존할 수밖에 없었다.

Ⅱ. 유럽연합의 기관과 운영원리

1. 유럽연합과 회원국의 통치권 공유

유럽석탄철강공동체가 형성된 이래 회원국들은 유럽 국가들의 공동체를 운영하기 위해 조직된 기관들에 의사결정, 입법, 재정 등에 관한 다양한 권한을 위임하였고, 위임된 권한은 제한된 영역에서 허용된 범위 내 수권 목적에 부합하게 행사되어야 한다는 원칙이 형성되었다[수권의 원칙(Principle of Conferral), TEU 제4조]. 이러한 권한의 위임은 회원국들의 통치권 상실을 의미하는 것이 아니므로 회원국들은 헌법적 사항이나 실체법적 사항에 관한 EU 규범의 형성에 있어서 여전히 통치권을 공유한다.

한편, 수년간 EU와 회원국이 어떻게 통치권을 공유할 수 있는지 설명하기 위한 많은 논의가 있었다. 이에 관하여 크게 ① 연방주의(Federalism)는 계층 체계를 갖는 복수의 정부 간 통치권이 공유되는 것으로 이해하는 관점이나, 이 관점은 통치권이 '어떻게' 공유되는지에 대한 관점을 제시하지 못한다는 한계가 있다. ② 초국가주의(Supranationalism)는 의사결정권은 개별 회원국 상위의 권력체에 집중되어 있다는 관점이다. 그러나 유럽연합의 기관이 회원국의 의사결정을 대체할 수 있는 권한을 인정하는 결과를 초래한다는 문제가 지적된다. ③ 정부간주의(Intergovernmentalism)는 개별 회원국의 의사결정권을 인정한다는 관점이다. 현재 유럽연합과 회원국은 초국가주의와 정부간주의가 혼합된 형태로서 통치권을 공유하고 있다고 평가된다.[7)]

2. 유럽연합과 회원국의 권한분배

회원국이 유럽연합에 권한을 위임한다고 하더라도 그 위임한 권한을 상실하는 것은 아니라는 점에서 회원국의 권한 행사와 EU 기관의 권한 행사가 충돌할 수 있다. 이에 따라 ① 어떤 경우에 유럽연합의 기관이 회원국의 추가적인 허가 없이 위임받은 권한을 행사할 수 있는지, ② 어떤 경우에 회원국이 유럽연합의 기관을 고려하지 않고 권한을 행사할 수 있는지, ③ 어떤 경우에 회원국과 유럽

---

7) Karen Davies, UNDERSTANDING EUROPEAN UNION LAW Fifth Edition, Routledge, 2013. 25-26.

연합의 기관이 함께 권한을 행사하여야 하는지에 관한 권한 배분의 문제가 제기되고, 이러한 문제를 규율한 것이 TFEU 제2조 내지 제6조이다. 즉, TFEU 제2조는 권한의 형태를 구체화하고, 제3조는 EU가 배타적 권한을 갖는 특정한 분야를, 제4조는 유럽연합과 회원국이 권한을 공유하는 분야를,[8] 제6조는 유럽연합이 회원국을 보조, 협조하고 보충하는 분야를 규정한다. 그러나 회원국과 유럽연합의 권한 배분의 모습이 반드시 이 3가지 유형에 국한되는 것은 아니며, 다양한 모습으로 나타나기도 한다.[9]

3. 유럽연합의 기관들

TEU 제13조 제1항은 유럽연합이 유럽연합 의회(European Parliament, EP)와 유럽연합 이사회(European Council, EC), 이사회(Council), 유럽연합 집행위원회(European Commission, 이하 '집행위원회'라고 한다), 유럽사법재판소(Court of Justice of the European Union, CJEU), 유럽중앙은행(European Central Bank, ECB), 감사원(Court of Auditors)의 7개의 기관으로 구성된다고 규정하고 있다. 여기서 유럽연합의 규범 정립에 참여하는 기관은 기본적으로 유럽연합 의회와 이사회 및 집행위원회이므로 이하에서는 이들 기관을 개략적으로 검토한다.

(1) 유럽연합 의회(TEU 제14조, TFEU 제223조 내지 234조)

유럽연합 의회는 1979년부터 매 5년마다 민주적 선거를 거쳐 유럽 시민들에 의해 선출된 의원들로 구성된다. 유권자는 회원국이 아닌 유럽의 시민들이며, 국적에 따라 투표권에 차등을 두지도 않는바, 유럽연합 의회는 회원국의 이익을 대변하는 것이 아닌, 유럽 시민들의 이익을 대변하는 기관으로 평가된다.[10]

---

8) 권한이 공유되는 영역이라고 하더라도 회원국은 유럽연합의 기관이 권한을 행사하지 않거나, 권한 행사의 중단을 결정한 경우에 한하여 그 권한을 행사하여야 한다. 이 경우 회원국은 보충성(subsidiarity)의 원칙과 비례성(proportionality)의 원칙을 준수하여 그 권한을 행사하여야 한다. 여기서 ① 보충성의 원칙은 특정한 목적을 달성하기 위한 회원국의 권한행사가 효과적이지 않은 반면, 유럽연합 기관의 권한행사를 통해 그 목적을 효과적으로 달성할 수 있는 경우 유럽연합의 기관이 그 권한을 행사할 수 있다는 원칙이고, ② 비례성의 원칙은 유럽연합 기관의 권한행사는 그 목적 달성을 위해 필요 최소한의 범위 내에서 이루어져야 한다는 원칙이다. 법의 일반원칙으로 등장한 이들 원칙은 현재 모두 TEU 제5조에 규정되어 있다.

9) Christian Dadomo and No lle Que´nivet, EUROPEAN UNION LAW THIRD EDITION, Hall and Stott Publishing Ltd, 2020. 35-37.

10) Karen Davies, *supra* note 7, at 30-34.

특히, 유럽연합의 규범 정립에 있어서 유럽연합 의회는 유럽연합 공동체가 형성되었던 초기 상의(consultation) 기관 수준의 기능을 담당하였으나, 유럽 시민에 의한 유럽연합 의회 의원 직선제가 도입되면서 그 권한이 확대되었다. 즉, 원칙적으로 유럽연합 의회의 동의없이 이사회가 규범안을 통과시킬 수 없게 되었다.

(2) 이사회(TEU 제16조, TFEU 제237조 내지 243조)

회원국 정부의 수반들로 구성된 유럽연합 이사회(EC)와 달리 이사회는 특정한 사안에 따라 회원국의 입장을 표현할 회원국들의 대표자로 구성되어 있다.[11] 이처럼 유럽연합 이사회와 마찬가지로 이사회는 각 회원국의 대표로 구성되어 있다는 점에서 각 회원국의 이익을 대변하는 기관으로 평가된다.[12]

특히, 유럽연합의 규범 정립에 있어서 이사회는 유럽공동체의 형성 초기에는 주요한 입법기관으로 기능하였으나, 유럽연합 의회의 권한이 확대된 현재에는 유럽연합 의회와 함께 집행위원회가 제출한 규범안을 심사하는 기능을 한다. 이에 유럽연합 의회와 이사회를 유럽연합의 입법기구(EU legislator)라 한다.

(3) 집행위원회(TEU 제17조, TFEU 제244조 내지 제250조)

회원국 정부에 의해 각 회원국에서 선출되나 회원국과 각종 이익집단으로부터 독립하여 유럽연합 전체의 이익을 위해서만 행동하는 위원들로 구성된다. 이로 인해 집행위원회는 유럽 시민이나 회원국의 이익을 대변하는 것이 아닌 유럽연합 전체의 이익을 대변하는 기관으로 평가된다.[13]

집행위원회는 유럽연합 규범의 초안을 형성하여 유럽연합 의회와 이사회에 제출하고, 유럽연합 의회나 이사회가 그 규범안을 거부할 경우 수정안을 작성, 제출함으로써 유럽연합의 규범 정립에 있어서 핵심적인 역할을 한다. 또한 예외적으로 유럽연합 의회와 이사회의 관여 없이 독자적으로 유럽연합의 규범을 형성하기도 한다.

---

11) 즉, 각 사안별로 회원국은 자신의 입장을 밝힐 대표자를 선임하고 그를 유럽연합 이사회에 파견한다. 예를 들어 이사회에 농업에 관한 의제가 올라온 경우 회원국은 농림부 장관을 자국의 대표기관으로 파견한다.
12) Karen Davies, *supra* note 7, at 35-37.
13) *Id.* at 38-41.

Ⅲ. 유럽연합의 규범체계

1. 개 관

유럽연합 규범은 규범피라미드 체계 내에서 유럽연합의 규범이 회원국의 규범에 대하여 상위법으로 인식될 여지가 있으나, 유럽연합의 규범과 회원국의 국내 규범은 별개의 규범 체계를 구성하며, 각자의 규범피라미드 체계를 갖고 있다. 다만, 유럽연합의 규범이 회원국의 모든 국내법에 대하여 적용상 우위가 인정되며, 수범자에 대하여 직접 적용 가능한 경우는 후술하는 레이너스 기준(Reyners criteria)을 충족한 경우에 직접 효력이 발생한다. 이러한 유럽연합의 규범피라미드 체계 내에서 유럽연합 규범의 연원은 크게 제1차적 연원(Primary sources), 제2차적 연원(Secondary sources)과 제3차적 연원(Tertiary law)으로 구분된다. 이하에서는 유럽연합과 회원국간의 규범체계 및 유럽연합 규범의 연원을 살펴보기로 한다.

2. 유럽연합과 회원국의 규범체계

(1) 개 관

1957년 유럽경제공동체(EEC)가 형성되었을 당시만 해도 회원국들은 유럽연합의 규범을 기존의 국제법과 동일한 것으로 인식하여 유럽연합의 규범과 회원국 국내법의 충돌 가능성에 대한 특별한 인식이 없었다. 따라서 유럽경제공동체 조약은 각 회원국의 헌법 질서에 따라 규범의 지위가 부여되었다. 예를 들어 영국과 같은 국내·국제법 이원체계의 국가에서는 국내법에 편입하는 절차를 거쳐야 영국 국민들에게 적용되는 것으로 생각하였고, 네덜란드와 같은 국내·국제법 일원체계의 국가에서는 적법하게 비준된 이상 당연히 국내법에 편입되어 네덜란드 국민들에게도 적용되는 것으로 생각하였다. 즉, 유럽연합 규범의 위계는 회원국마다 상이하였다.

이러한 상황에서 유럽사법재판소는 '유럽공동체를 지탱하는 두 개의 기둥'으로 불리는 유럽연합 규범의 우위의 원칙과 직접 효력의 원칙을 제시함으로써 유럽연합 규범의 위계질서를 정립하였다.

(2) 유럽연합 규범 우위의 원칙

유럽연합의 회원국들은 유럽연합의 규범과 국내법의 두 가지 규범 체계를 운용하게 된다. 이로 인해 유럽연합의 규범과 국내법의 충돌가능성이 발생하는데, 기존의 유럽공동체 형성을 위한 조약들은 이에 대한 명시적인 기준을 제시하지 못하였다.

이에 유럽연합 규범 우위의 원칙(Doctrine of Supremacy of Union law)은 다음과 같이 유럽사법재판소의 판례에 의해 형성, 발전되며 그 내용이 구체화되었다. 유럽사법재판소는 ① Van Gend en Loos 사건[14]에서 '유럽공동체의 규범은 새로운 법질서에 해당하며, 그 규범의 취지가 실현되기 위해 제한된 영역에서 회원국의 통치권을 제한한다'라고 판시함으로써 유럽연합 규범 우위의 원칙을 형성하였고, ② Costa사건[15]에서 명시적으로 '유럽공동체의 규범과 회원국의 국내법이 충돌할 경우 유럽공동체 규범이 우선 적용되고, 나아가 유럽공동체 규범이 형성된 후 회원국이 자국의 규범을 우선 적용하는 국내법을 형성하였다고 하더라도 동 국내법은 유럽공동체 규범에 반하여 묵시적으로 적용이 배제된다'라고 판시함으로써,[16] 유럽연합 규범 우위의 원칙을 재확인하였다. ③ Internationale Handelsgesellshaft IHG 사건[17]은 동 원칙이 이 사안에 직접 적용되었다는데 의미가 있다. 즉, 독일 행정법원이 독일 기본법상 명시된 기본권이 권리장전을 규율하지 않는 유럽공동체의 규범에 의해 침해될 여지가 있다는 문제를 제기하였고, 이에 대하여 유럽사법재판소는 기본권은 유럽공동체 규범에 포함되는 일반원칙에 해당하며, 오히려 회원국에 의해 침해될 가능성이 있는 기본권을 유럽공동체 규범을 통해 보장할 수 있다고 판시함으로써 유럽공동체의 규범은 회원국 국내법의 형식과 연원을 불문하고 '언제나' 우위에 있다고 선언하

---

14) Van Gend en Loos v Nederlandse Administratie der Belastingen[1963]ECR 1.
15) Costa v ENEL[1964]ECT 585
16) 유럽사법재판소가 이러한 견해를 뒷받침하기 위해 제시한 근거들 중 중요한 것은 다음과 같다. ① 유럽공동체의 규범도 회원국 국내법의 한 체계를 형성하는데, 회원국들은 유럽공동체 규범 형성에 관한 통치권을 유럽공동체에 위임하였으므로 동 규범의 효력을 회원국이 임의로 제한할 수 없다. ② 회원국 국내법이 우선 적용된다고 할 경우 유럽공동체를 형성한 취지가 몰각될 위험이 크다. ③ EEC 제189조(현재 TFEU 제288조)는 '규정'이 회원국들에 직접 적용된다고 규정하고 있는데, 회원국이 국내법에 의해 '규정'의 적용조건을 창설할 경우 위 EEC 제189조는 형해화된다.
17) Internationale Handelsgesellschaft IHG v Einfuhr-und-Vorratsstelle für Getreide and Futtermittel[1972]ECR 1125.

였다. 나아가 ④ Amministrazione delle Finanze dello stato 사건[18]에서는 회원국 법원에 유럽공동체 규범과 충돌하는 국내법의 적용을 거부할 수 있는 권한이 국내법에 의해 부여되지 않았다고 하더라도 양자가 충돌하는 경우, 회원국의 법원은 헌법법원의 규범통제를 기다릴 필요없이 국내법의 적용을 배제하고 유럽공동체의 규범을 적용하여야 한다고 판시하였다.

이상과 같은 일련의 판례를 통해 유럽연합 규범 우위의 원칙은 ① 회원국의 국내법과 충돌하는 유럽연합 규범이 언제나 우선 적용되고(충돌하는 회원국의 국내법이 헌법이라고 하더라도 마찬가지이다.), ② 이는 회원국의 국내법이 신법이라고 하더라도 마찬가지이며(즉, 유럽연합 규범과 회원국의 국내법 상호간에는 신법우선의 원칙이 적용되지 않는다.), ③ 회원국의 법원은 유럽연합의 규범과 충돌하는 국내법의 적용을 거부하여야 한다는 내용으로 구체화되었다.

(3) 유럽연합 규범의 직접 효력의 원칙

1) 유럽연합 규범의 직접 효력의 원칙의 형성과 그 적용조건

유럽연합 규범의 직접 효력의 원칙(Doctrine of Direct Effect of EU Law)은 Van Gend en Loos 사건[19]에서 유럽사법재판소에 의해 형성되었다. 독일에서 네덜란드로 물건을 수입하던 Van Gend는 네덜란드 법에 따라 당국에 관세를 부담하게 되자, 이러한 당국의 권한 행사가 EEC 제12조에 의해 부여된 자신의 권한을 침해한 것이라고 주장하며 네덜란드 법원에 소를 제기하였고, 네덜란드 법원은 유럽사법재판소에 Van Gend의 주장에 관한 의견을 구하였다. 이에 대하여 유럽사법재판소는 ① 유럽연합 규범은 회원국뿐만 아니라 개개인에게도 권리와 의무를 부여하며, ② 유럽연합 규범이 개개인에게 부여한 권리와 의무는 별도의 국내법으로 수용하는 절차를 거치지 않는다고 하더라도 회원국 국내 법원에 대하여 주장할 수 있다고 판시하였다. 다만, 유럽사법재판소는 일정한 조건을 'Van Gend criteria' 또는 'Reyners criteria'라고 하며 이 조건을 충족한 유럽연합 규범의 조항은 회원국과 개개인에게 직접적인 효력을 갖는다고 판시하였다. 즉, ① 조항의 내용 중 권리와 의무에 관한 부분이 정확하고 명료하게 규정되어 있고, ② 조건이 부가되어 있지 않으며, ③ 유럽연합이나 회원국의 추가적

---

18) Amministrazione delle Finanze dello stato v Simmenthal[1978]ECR 629
19) Van Gend en Loos v Nederlandse Administratie der Belastingen[1963]ECR 1.

인 시행조치가 없어도 그 규정이 실행가능해야 한다.

2) 유럽연합 규범의 연원에 따른 직접 효력의 원칙의 적용

이와 같은 유럽연합 규범의 직접 효력의 원칙은 그 규범의 연원에 따라 적용 범위가 확대되는 방향으로 발전해왔다. TFEU 제288조는 '위임받은 권한을 행사 하기 위하여 유럽연합의 기관은 규정, 지침, 결정, 권고와 의견을 채택할 수 있 다'라고 규정하고 있다.[20]

가. 유럽 공동체들의 조약과 직접 효력의 원칙

앞서 본 Van Gend en Loos 사건에 따라 'Reyners criteria'를 충족한다면 유 럽공동체들의 조약은 회원국과 공공기관에게 적용되고[이를 '수직적 직접 효 력'(vertical direct effect)이라고 한다.], 민간기관과 개개인에게도 적용된다[이를 '수 평적 직접 효력'(horizontal direct effect)이라고 한다].

나. '규정'과 직접 효력의 원칙

'Reyners criteria'를 충족한다면 TFEU 제288조에 따라 '규정'도 수직적 직접 효력과 수평적 직접 효력을 갖는다.[21]

다. '결정'과 직접 효력의 원칙

'Reyners criteria'를 충족한다면 TFEU 제288조에 따라 '결정'도 수직적 직접 효력과 수평적 직접 효력을 갖는다. 다만, '규정'과 달리 수범자는 결정이 도입 된 회원국이나 기업 또는 개개인에 국한된다.

라. '지침'과 직접 효력의 원칙

TFEU 제288조가 '지침'에 관하여 '달성하려는 목적에 따라 수범자인 회원국에 대하여 구속력을 갖지만, 형식과 수단의 선택은 그 회원국에 유보된다.'라고 규 정함에 따라 회원국이 '지침'을 국내법으로 수용하는 절차를 거치지 않는 이상 지침은 그 수범자에게 적용되지 않는다. 이로 인해 지침에도 직접 효력이 인정 되는지 여부에 관하여 논란이 있으나, 유럽사법재판소는 '수범자인 회원국이 지

---

20) Article 288 TFEU 'To exercise the Union's competences, the Institutions shall adopt regulations, directives, decisions, recommendations and opinions.'
21) TFEU 제288조의 문언 중 'direct applicability'와 'direct effect'를 혼동해서는 안 된다. 전자는 규 정의 실행을 위해 회원국의 매개조치가 필요하지 않다는 것을 의미한다.

침을 국내법에 통합하는 절차를 거치지 않았다고 하더라도 Reyners criteria를 충족한다면 직접 효력이 발생한다'라고 판시하였다.[22] 이러한 유럽사법재판소의 판시에 관하여 '규정'과 '지침'의 차이를 제거하는 문제가 있다는 비판이 따랐으나, 이에 대하여 유럽사법재판소는 '규정'이 수직적, 수평적 직접 효력이 발생되는 것에 반하여 '지침'은 수직적 직접 효력만 발생(즉, 회원국에 대해서만 직접 효력이 발생)된다고 판시함으로써 '규정'과 '지침'의 차이를 밝혔다.[23]

3. 유럽연합 규범의 연원

(1) 개 관

제1차적 연원에 의하여 형성된 EU의 입법기관이 제1차적 연원이 허용한 범위 내에서 채택한 규범이 제2차적 연원에 해당한다. 제2차적 연원의 대표적인 규범은 유럽연합의 입법기관이 제정한 규범이지만 이외에도 사법재판소[24]가 형성한 판례법과 일반원칙, 그리고 국제조약도 이에 해당된다. 이러한 제2차적 연원에 근거를 둔 규범은 제3차적 연원에 해당한다. TFEU 제288조는 수범자의 범위와 그 효력에 따라 제2차적 규범 및 그 하위 규범의 형식을 분류한다.[25]

(2) 제1차적 연원

유럽연합이 형성되는 과정에서 수십년에 걸쳐 체결되고 증보되어 온 다양한 조약들을 제1차적 연원이라 하는데, 유럽의 공동체들을 구성한 조약들과 전문 및 부속서가 이에 해당한다. 특히, 제1차적 EU 규범 중 가장 중요한 법원 (Sources of Law)은 현재 유럽연합의 체계를 구성하는 유럽연합조약(TEU)과 유럽연합기능조약(TFEU)으로서 제1차적 연원에 의해 EU의 기관이 형성되고 권한이 부여되었었다.[26] 제1차적 연원은 하위 연원의 해석규칙이자 저촉규칙으로 작

---

22) Franz Grad v Finanzamt Traunstein[1970]ECR 825.
23) Marshall v Southampton and South West Hampshire AHA(Marshall(No1))[1986]ECR 723.
24) 유럽사법재판소(Court of Justice of the European Union: CJEU)는 2개의 법원으로 구성되어 있다. 즉, 유럽사법재판소는 ① 회원국 법원의 요청에 따라 EU 규범을 최종적으로 유권해석하는 사법재판소(Court of Justice)와 ② 개인과 회사, 경우에 따라서는 회원국 정부의 무효화 조치에 대한 적법성을 심사하는 일반법원(General Court)으로 구성되어 있다.
25) Karen Davies, *supra* note 7, at 38-41.
26) 참고로 유럽연합의 기본권 헌장이 TEU 및 TFEU와 법적으로 동일한 위상을 갖는다고 규정하고 있는 TEU 제6조 제1항에 따라 유럽연합의 기본권 헌장도 제1차적 법원에 포함된다.[TEU Article 6 (1) The Union recognises the rights, freedoms and principles set out in the Charter of

용한다.

(3) 제2차적 연원

1) 제2차적 연원의 제정절차

유럽연합 의회가 다양한 집단의 이익을 반영하고 민주적 정당성을 제고하는 과정에서 의회의 권한이 강화되고 제2차적 규범의 제정절차도 다소 복잡하게 발전하였다. 제2차적 연원의 제정절차는 일반입법절차(Ordinary legislative procedure)에 따르지만, 일반입법절차에 상의절차(Consultation procedure) 또는 동의절차(Consent procedure)가 추가되거나 EU의회의 개입없이 제2차 규범이 제정될 수 있는 특별입법절차(Special legislative procedure)도 존재한다(TFEU 제289조, 제294조). 다양한 제2차적 규범 제정절차 중 어떤 절차에 의해 제2차적 규범을 제정할 것인가의 문제는 당해 제2차적 규범의 '법적 근거'가 무엇인가에 따라 달라진다. 예를 들어 노동시장의 구조에 차이가 있는 회원국 간 노동력의 자유 이동을 목적으로 하는 제2차적 규범을 제정하고자 할 경우, 그 법적 근거는 TFEU 제46조이며, 그 규범의 형식은 '규정'보다는 '지침'에 의하게 될 것이다.[27]

제2차적 규범 제정에 있어서 ① 규범 초안을 작성, 제출할 수 있는 권한을 갖는 집행위원회와 ② 집행위원회가 제출한 규범안에 대하여 동의를 통해 발효 여부를 결정하는 EU의회와 이사회 및 ③ 제출된 규범안이 보충성의 원칙에 부합하는지 여부를 검토하는 회원국 의회의 총 4개의 그룹이 핵심 참여자로 평가된다.

이들 중 규범안에 대한 채택권한을 갖는 유럽연합의 의회와 이사회가 EU 입법기구인데, 사법재판소의 규범통제 과정에서 EU 입법기구는 제2차적 규범을 제정하기 위해 필요한 권한이 존재한다는 사실을 증명하여야 한다. 그 권한은 TFEU의 개별조항에서 도출되는데, 이를 '법적 근거'라고 한다.[28] 모든 제2차적 규범은 그 법적 근거를 명시하여야 하고, 법적 근거가 제시되지 않거나 부정확

Fundamental Rights of the European Union of 7 December 2000, as adapted at Strasbourg, on 12 December 2007, which shall have the same legal vlaue as the Treaties]

27) MANUEL KELLERBAUER, MARCUS KLAMERT and JONATHAN TOMKIN, The EU Treaties and the Charter of Fundamental Rights(Commentar), Oxford University Press, 2019. 1914.

28) 예를 들면, 노동력의 자유이동에 관한 제2차적 규범의 근거는 TFEU 제46조이고, 관세와 관련된 제2차적 규범의 근거는 TFEU 제113조이다.

하게 제시된 경우 그 규범은 사법재판소의 규범통제에 의해 효력이 부인된다.

제2차적 규범의 채택을 위한 투표에 관하여는 다음 4가지 유형 즉, 일반 다수결, 절대 다수결(EU의회의 의사결정 방식, TFEU 제231조), 적격 다수결(TFEU 제238조), 만장일치 방식이 있다.[29]

구속력을 갖는 제2차적 규범은 모두 사법재판소의 규범통제[30] 대상이다. 동 규범통제는 ① 제2차적 규범이 법적 근거를 가지고 있는지 여부와 ② 적법한 절차를 거쳐 입법된 것인지 여부를 중심으로 심리가 이루어지므로, 제2차적 규범의 제정에 있어서 명확한 법적 근거와 입법절차의 준수가 핵심적인 문제로 논의된다.[31]

2) 제2차적 규범의 종류

제2차적 연원은 ① 유럽연합의 입법기관에 의해 형성된 규범과 ② 사법재판소[32]가 형성한 판례법 및 ③ 사법재판소가 선언한 일반원칙과 아울러 ④ 유럽연합에 적용되는 국제조약이 있다.

가. EU의 입법기관에 의해 형성된 제2차적 규범의 체계

EU의 입법기관이 채택한 규정(Regulation), 지침(Directives), 결정(Decisions), 구속력이 없는 권고와 의견(Recommendation & Opinion)과 같은 입법형식을 제2차적 규범(Secondary Legislation)이라 한다(TFEU 제288조). TFEU 제288조는 '위임받은 권한을 행사하기 위하여 유럽연합의 기관은 규정, 지침, 결정, 권고와 의견을 채택할 수 있다'라고 규정하고 있다.[33] 제2차적 규범은 수범자의 범위와 구속력의 존부에 관하여 차이가 있다.[34]

---

29) MANUEL KELLERBAUER, *supra* note 25, at 1730-1731.
30) 규범통제는 상위규범에 위반되는 하위규범의 효력을 부인하는 제도로, 규범 상호 간 위계질서를 전제로 한다.
31) Karen Davies, *supra* note 7, at 58-61.
32) 유럽사법재판소(Court of Justice of the European Union: CJEU)는 2개의 법원으로 구성되어 있다. 즉, 유럽사법재판소는 ① 회원국 법원의 요청에 따라 EU 규범을 최종적으로 유권해석하는 사법재판소(Court of Justice)와 ② 개인과 회사, 경우에 따라서는 회원국 정부의 무효화 조치에 대한 적법성을 심사하는 일반법원(General Court)으로 구성되어 있다.
33) Article 288 TFEU 'To exercise the Union's competences, the Institutions shall adopt regulations, directives, decisions, recommendations and opinions.'
34) EU 입법기관이 형성한 각 2차적 규범의 특징에 관한 보다 구체적인 내용에 관하여는 MANUEL KELLERBAUER, MARCUS KLAMERT and JONATHAN TOMKIN, *supra* note 25, at 1897-1910 참조.

(가) 규정(Regulation)

TFEU 제288조는 '규정'에 관하여 일반적인 효력을 갖는다. 모든 회원국 내에서 완전한 구속력을 갖고 직접 적용된다'라고 규정하고 있다.[35] 여기서 '일반적인 효력을 갖는다'는 것은 유럽연합의 모든 회원국이 수범자라는 의미이고, '완전한 구속력을 갖는다'는 것은 수범자가 규정의 모든 내용을 준수할 법적인 의무가 있다는 의미이다. 한편, '직접 적용된다'는 것은 각 회원국의 국내법적 조치를 매개함이 없이 모든 회원국에 발효됨을 의미한다. 따라서 '규정'은 반드시 공보(Official Journal)에 의해 공개되어야 하고, '규정'에 정해진 발효일 또는 발효일이 특정되지 않은 경우 적법하게 공개된 날로부터 20일 후에 발효된다. 나아가 사법재판소는 '직접 적용된다'는 문구의 의미에 관하여 각 회원국은 자국의 독자적 해석을 반영하여 '규정'을 국내법으로 통합하는 조치도 금지된다고 판시하였다[36]. 결국 '규정'은 유럽연합 내 규율의 통일성(uniformity)을 달성하기 위한 수단으로 기능한다.

(나) 지침(Directions)

TFEU 제288조는 '지침'에 관하여 '달성하려는 목적에 따라 수범자인 회원국에 대하여 구속력을 갖지만, 형식과 수단의 선택은 그 회원국에 유보된다.'라고 규정하고 있다.[37] '규정'과 달리 '지침'은 ① 모든 회원국을 수범자로 하는 것이 아니므로 모든 회원국에 지침이 도입되어야 하는 것은 아니다. ② 권리와 의무를 규정하는 지침이라도 직접 적용되는 것은 아니므로 수범자인 회원국의 유권기관이 자국법과 통합하는 절차를 거치지 않는 이상 발효되지 않는다. 이러한 이유로 지침은 수범자인 회원국에 대하여 특정 시점까지 특정 목적을 달성하여야 한다는 의무를 부과한다.[38] 그러나 '지침'은 구체적인 시행을 위한 세부사항의

---

35) Article 288 TFEU 'A regulation shall have general application. It shall be binding in its entirety and directly applicable in all Member states.'

36) Variola Variola SpA v Amministrazione delle Finanze[1973]ECR981.

37) Article 288 TFEU 'A directive shall be binding, as to the result to be achieved, upon each Member State to which it is addressed, but shall leave to the national authorities the choice of form and methods.'

38) '규정'과 마찬가지로 '지침'도 수범자인 회원국에 대하여 구속력이 있다. 다만, 구속력의 내용이 다르다. 즉, '규정'에 있어서 구속력은 '규정의 내용' 그 자체에 관하여 발생하는 반면, '지침'에 있어서 구속력은 '수범자인 회원국이 지침의 목적을 달성하기 위하여 국내법에 통합하는 조치를 취하여야 한다'는 것이다.

결정에 관하여 수범자인 회원국이 자국 실정에 맞는 적합한 수단을 선택할 수 있는 재량을 부여하고 있는바, 유럽연합 내 규율의 조화(harmonisation)를 달성하기 위한 수단으로 기능한다.

(다) 결정(Decisions)

TFEU 제288조는 '결정'에 관하여 '모든 내용에 구속력이 있다. 지침은 소개된 회원국에 대하여만 구속력을 갖는다.'라고 규정하고 있다.[39] '규정'과 같이 '결정'도 국내법적 시행조치를 매개하지 않고 회원국에 대하여 발효된다. 따라서 '결정'은 반드시 공보에 의해 공개되어야 하고 '결정'에 정해진 발효일 또는 발효일이 특정되지 않은 경우 적법하게 공개된 날로부터 20일 후에 발효된다. 그러나 '규정'과 달리 '결정'은 모든 회원국에 일반적으로 적용되지 않는다. 즉, 수범자가 특정 회원국에 국한된다는 점이 '규정'과의 차이점이다.

(라) 권고와 의견(Recommendation and Opinion)

'권고'와 '의견'은 앞서 본 제2차적 규범들과 달리 법적인 구속력이 없다(TFEU 제288조). 다만, 사법재판소는 회원국의 법원이 재판과정에서 '권고'와 '의견'을 충분히 고려하여야 한다고 판시하고 있다.[40] 이처럼 법적 구속력은 없으나 재판에 있어서 고려가 요구되는 규범을 연성규범(Soft Law)이라 한다.

나. 사법재판소의 판례법

TEU 제19조 제1항이 규정하고 있는 바와 같이, 유럽사법재판소는 TEU와 TFEU의 해석, 적용을 통해 TEU와 TFEU가 준수되도록 보장하는 기능을 수행한다.[41] 특히, 사법재판소의 판례법에 의해 유럽연합의 규범 체계가 형성되어 왔고, TEU와 TFEU가 형성되는 과정에서 큰 역할을 하였으며, 제2차적 규범이 현실에 적용되는 과정에서 발생하는 공백을 채우는 기능을 한다.

---

39) Article 288 TFEU 'A decision shall be binding in its entirety. A decision which specifies those whom it is addressed shall be binding only on them.'

40) Grimaldi v Fonds des Maladies Professionelles[1989]ECR 4407.

41) Article 19 (1) TEU 'The Court of Justice of the European Union shall include the Court of Justice, the General Court and specialised courts. It shall ensure that in the interpretation and application of the Treaties <u>the law</u> is observed.'

다. 유럽사법재판소가 선언한 일반원칙

유럽사법재판소가 선언한 유럽연합 규범의 제2차적 연원은 TEU와 TFEU 및 제2차적 규범을 구체화한 것을 의미한다. 유럽사법재판소가 법의 일반원칙을 선언할 수 있는 권한은 TEU 제19조,[42] TFEU 제263조와 제340조에 근거하는 것으로 해석되는데, 유럽사법재판소는 EU의 여러 조약과 회원국의 법률 및 국제법을 종합적으로 해석함으로써 위와 같은 다양한 법의 일반원칙을 선언해왔고, 여기에는 비차별의 원칙, 기본권, 비례원칙, 보충성의 원칙, 명확성의 원칙 등이 포함된다. 이러한 법의 일반원칙은 유럽연합 규범의 해석규칙이자, 제2차적 규범의 통제규칙이며, 회원국에 대한 행위규칙으로 기능한다. 한편, 유럽연합 규범들이 발전하는 과정에서 기존에 유럽사법재판소가 선언한 법의 일반원칙들은 TEU와 TFEU에 통합되어 성문화되었다.

라. 유럽연합에 적용되는 국제조약

유럽연합조약(TEC) 제281조에 의해 유럽공동체에 법인격이 부여됨에 따라 유럽공동체는 국제조약의 당사자가 될 수 있게 되었다. 현재 유럽연합은 TEU 제47조에 따라 법인격이 부여되었고,[43] TFEU 제216조에 따라 유럽연합은 회원국과 유럽연합의 기관에도 구속력이 미치는 조약을 체결할 수 있다.[44]

제3절 디지털단일시장전략

I. 개 관

1990년대 중반 이후 유럽연합은 미국과 유럽 국가 간 생산성이 역전된 주요 인으로 정보통신기술(ICT)을 통한 산업혁신의 부진을 지목하였고, 이를 극복하기 위하여 집행위원회는 여러 차례에 걸쳐 디지털 단일시장을 형성하기 위한 구체적이며 미래지향적인 사업을 발표하였다. 디지털 단일시장 전략은 그간 온

---

42) 각주 39) 참조. TEU 제19조 제1항 2문의 "the law"는 문맥상 TEU와 TFEU에 명시된 성문규범에 국한되지 않고, 불문규범까지 포함하는 것으로 해석된다.
43) Article 47 TEU 'The Union shall have legal personality.'
44) Article 216 (2) TFEU 'Agreements concluded by the Union are binding upon the institutions of the Union and on its Member States.'

라인상에서 발전하여온 전자상거래 시장을 유럽 역내에서 통합할 뿐만 아니라, 통일된 디지털 규범과 발전전략을 채택하고 디지털혁신 역량을 구축함으로써 유럽의 경쟁력을 회복하려는 것이다.[45]

2005년 집행위원회는 "i2010"정보통신기술 전략을 발표하였다(2005-2009).[46] "i2010" 전략은 정보화사회로 발돋움하기 위한 다양한 정책수단과 R&D 투자를 포함하는 선제적 정책 패키지이다. 이 새로운 경쟁력 전략은 세 가지로 나뉘는데, 첫 번째는 디지털 경제를 위한 현대적이며 시장지향적인 규제체제로 통합하는 것이다. 두 번째는 유럽연합의 R&D를 디지털 전환에 투입하고 혁신을 이루는데 민간부문과의 협력을 우선순위에 두는 것이다. 세 번째는 공공서비스에 효율적이고 사용자 친화적인 정보통신기술을 지원하여 유럽의 정보화사회를 촉진하는 것이다.

2010년의 Digital Agenda에서 집행위원회는 "i2010"의 정보화전략을 발전적으로 계승하는 한편 2020년을 향한 유럽디지털 어젠다(Digital Agenda for Europe)[47]로서 디지털화의 도전적 과제를 극복하고 지속가능하며 스마트한 성장을 이루기 위한 7가지 사업을 발표하였다.[48] 또한 EU 시민권 보고서인 '유럽연합 시민이 디지털 단일시장과 국가 간 디지털 서비스의 이익을 향유하지 못하는 주된 문제점들을 해결할 필요성'[49]에서 디지털경제의 선순환에 대한 주된 문제점으로 디지털시장의 분열, 상호운용성의 부족, 그리고 사이버범죄의 부상을 들었다. 이러한 문제점들을 해소하기 위하여 국제적인 온라인상에서 활동하는 소비자, 기업 그리고 공공기관이 온라인 상품과 서비스에 더 잘 접근할 수 있도록

---

45) 김정곤, "EU 디지털 단일시장 전략의 평가와 시사점," Global Strategy Report 17-010, Kotra, 2017, 2면.

46) https://ec.europa.eu/commission/presscorner/detail/en/MEMO_05_184

47) https://healthmanagement.org/c/imaging/issuearticle/european-commission-announces-digital-agenda-for-europe

48) 7가지의 사업은 다음과 같다.
  1. 디지털 단일시장이 충분히 기능하도록 설계
  2. ICT 서비스 간 상호운용성 환경의 개선
  3. 온라인상의 인터넷 보안과 신뢰 강화
  4. 초고속 광대역 보급 촉진
  5. ICT 분야에 대한 연구와 기술투자
  6. 모두를 위한 ICT 기술 향상
  7. 기후변화와 보건 및 사회적 이슈와 같은 사회문제를 해결하기 위한 ICT

49) Commission, 'Dismantling the obstacles to EU citizens' rights' (EU Citizenship Report 2010) COM(2010) 603 final.

하기 위한 법과 대응방안이 필요하다고 보았다.[50]

이를 위하여 2011년 유럽연합은 유럽단일시장법(Single Market Act)[51]을 제정하였다. 이 법은 디지털 단일시장의 장점을 끌어내기 위하여 이용자들에게 필요한 신뢰를 형성하면서, 기술적·법률적 여건과 기타 다른 필요한 프레임워크를 준비하여 새로운 사업모델을 개발하고 경제적 성장을 촉진하기 위한 것이다.

집행위원회는 2014년 eIDAS 규정[Regulation (EU) No 910/2014(이하 eIDAS 규정이라 한다)][52]을 공포한 직후, '유럽을 위한 디지털단일시장전략'에서 eIDAS 규정은 유럽연합이 디지털 혁명의 도전에 대응하기 위한 여러 입법조치를 포함하는 보다 포괄적인 법체계로 이해할 필요가 있으며, eIDAS 규정의 조항 자체만을 고립적으로 해석하는 방식으로는 이해될 수 없다는 새로운 관점을 전격적으로 발표하였다.[53] 그리고 eIDAS 규정의 입법목적은 유럽연합 역내시장에서 이루어지는 전자상거래의 신뢰기반을 조성하기 위한 것임을 밝히고 있다. 온라인 환경에서의 신뢰는 경제·사회적 발전에 핵심적 역할을 한다는 점을 전제로 디지털 경제에 우호적인 법제를 정비하고 유럽의 경제성장을 촉진하기 위한 일련의 의제(initiatives)를 발표하였다. 이들 의제에는 인터넷 플랫폼, 데이터와 클라우드 컴퓨팅, 그리고 협업 경제에 관한 규제적 조치들을 위한 기반과 환경을 탐색하기 위한 공적 자문 및 기타 지원조치들이 포함되었다. 집행위원회의 신 Communications는 초기의 고려사항을 확장하여 사물인터넷, 자율시스템과 인공지능 등의 신개발분야에서의 배상책임문제와 같은 법적 구제조치에 대한 초안을 마련하였다.[54]

---

50) Zaccaria/Schmidt-Kessel/Schulze/Gambino, EU eIDAS Regulation, Verlag c.H.Beck oHG, 2020 at 11.

51) 단일시장법은 2011년 4월 경제분야의 성장과 강화를 위한 1차 단일시장법, 2012년 9월 단일시장을 더욱 발전시키고 성장 잠재력이 큰 미개척분야를 발전시키기 위한 2차 단일시장법으로 나뉜다.: https://ec.europa.eu/growth/single-market/single-market-act_en.

52) Regulation (EU) No 910/2014 of the European Parliament and of the Council of 23 July 2014 on electronic identification and trust services for electronic transactions in the internal market and repealing Directive 1999/93/EC

53) Commission, 'A Digital Single Market Strategy for Europe' (Communication) COM(2015) 192 final.

54) Commission, 'Call for experts for group on liability and new technologies'(Press release, 9 march 2018); Commission, 'Artificial Intelligence for Europe'(Communication) COM(2018) 237 final.; https://ec.europa.eu/growth/publications_en?field_newsroom_topics_tid=229

디지털 단일시장전략의 프레임워크 범위 내에서 관련된 유럽 입법조치들(또는 입법예정인 조치들)에는 다음과 같은 중요한 조치들이 있다. 2018년 3월에 발효된 역내 콘텐츠 휴대성 확대(Portability)규정[55]은 선도적이며 중요한 전략적 입법조치이다.[56] 또한 핀테크(technology-enabled innovation in financial services, FinTech)에 관하여 집행위원회가 실행계획(Action Plan)을 발간하였는데, 여기에서 집행위원회의 디지털시장전략과 eIDAS 규정 간의 시너지효과가 상당히 크다는 점을 강조하였다.[57]

또한 2021년 발표한 '2030 Digital Compass'[58]는 디지털 단일시장전략의 연장 선상에서 향후 2030년을 향한 정책적 프레임이다. 2030년 Digital Compass에서 유럽이 명확한 목표와 원칙을 바탕으로 EU 공동의 비전을 갖고 디지털 주권을 확보하여야 하며, 특히 유럽 클라우드 컴퓨팅, 윤리적 인공지능에 대한 리더십, 모두를 위한 디지털ID의 안전성(또는 모든 분야에서 안전한 디지털ID), 데이터의 고도화, 슈퍼컴퓨터, 그리고 인프라의 연결성을 특히 강조하고 있다. 이에 대응하여 2021년 3월 유럽이사회도 집행위원회가 2030년을 위한 디지털 비전을 설정하고, 모니터링 시스템을 구축하며, 주요 이정표와 이러한 비전을 달성하기 위한 수단으로 집약되는 포괄적인 디지털 나침반을 제시하였다. 디지털 단일시장전략의 추진을 토대로, 유럽의 디지털 미래를 형성(Shaping Europe's Digital Future)하기 위한 전략, 즉, 데이터 거버넌스법, 디지털 서비스법, 디지털 시장법 및 사이버 보안 전략과 같은 정책 개혁 프로그램을 수립하였으며, 향후 디지털 전환에 필요한 투자를 지원할 것이다.

---

55) 2017/1128 of 14 June 2017 on cross-border portability of online content services in the internal market(Portability Regulation) OJ 2017 L 168/1; Farrand, The EU Portability Regulation: One Small Step for Cross-Border Access, One Giant Leap for commission Copyright Policy?, EIPR 2016, 321.; 김정곤, 전게논문, 2면.

56) 이에 따라서 2018년 초부터 역내 국민이 타 회원국에 한시적으로 체류할 때 자국 콘텐츠를 체류 국가에서도 이용할 수 있게 되었다.: 김정곤, 전게논문, 33면.

57) Commission, FinTech action plan: For a more competitive and innovative European financial sector'(communication) COM(2018) 109 final p.1.

58) COMMUNICATION FROM THE COMMISSION TO THE EUROPEAN PARLIAMENT, THE COUNCIL, THE EUROPEAN ECONOMIC AND SOCIAL COMMITTEE AND THE COMMITTEE OF THE REGIONS 2030 Digital Compass: the European way for the Digital Decade Brussels, 9.3.2021 COM(2021) 118 final: https://ec.europa.eu/info/sites/default/files/communication-digital-compass-2030_en.pdf

Ⅱ. 디지털 단일시장에서의 법의 통일화 경향

디지털화의 문제점에 대응하기 위한 유럽연합법이나 입법 프로젝트는 초국가적으로 대응한다는 공통점이 있으며 그 결과 현재 법의 완전한 조화(full harmonisation), 즉 궁극적으로 유럽연합법의 제정이라는 의미에서 각 회원국의 실체법이 통일되고 있다. 이러한 법과 프로젝트는 자본시장법으로부터 소비자법과 정보보호법에 이르기까지 넓은 범위에 걸쳐서 통일된 법에 의하여 공동으로 대응하는 경향이 있다. 이는 국경을 넘나드는 디지털 통신의 방식에 기인한다. 기술적 관점에서 인터넷과 디지털화로 인하여 새로운 통신방식이 필요하며 이에 관한 국제협약을 통하여 세계법도 통일되는 추세이다.[59] 디지털화에 있어서 유럽법 체계를 채택하는 경향과 함께 법이 통일되는 이와 같은 경향의 대표적인 예가 eIDAS 규정, 일반정보보호규정(General Data Protection Regulation, GDPR),[60] 그리고 콘텐츠 휴대성 확대규정(Portability Regulation)을 들 수 있다. 이는 디지털화에 대한 유럽연합 입법자의 대응이라고 해석되는데, 이러한 분야에서 신기술 발전, 상관습과 소비자의 기대는 국경에 구애받지 않으므로 통일법 제정의 필요와 추세는 거스르기 어렵다.

디지털 단일시장전략에는 디지털 콘텐츠의 공급에 관한 지침[61]과 온라인상의 물품매매에 관한 지침[62]도 포함된다. 이 두 지침의 입법목적은 디지털화가 진행되는 과정에서 일어나는 중대한 사안과 분쟁에서 소비자를 보호하는 것이다. 디지털 네트워크와 서비스가 원활하고 안전하게 이루어지려면 콘텐츠 서비스가 빠르고 안전하게 거래될 수 있는 신뢰할 수 있는 인프라가 갖춰진 환경이 필요하다. 디지털 콘텐츠의 특성을 고려하여 그 범위를 크게 확장하였고 그 성질을 보다 분명하게 밝히고 있는데, 적합성(conformity)의 개념과 일반적인 구제절차에 있어서 소비자 매매법이 아닌 디지털 콘텐츠에 관한 모든 계약(서비스를 포함)에

---

59) Zaccaria/Schmidt-Kessel/Schulze/Gambino, 앞의 책, at 16.

60) eIDAS 제정 직후에 제정된 일반정보보호규정으로서, 이는 이전의 기밀유지 및 처리 보안에 관한 지침 95/46/EC의 후속 입법이다.

61) Directive (EU) 2019/770 of the European Parliament and of the Council of 20 May 2019 on certain aspects concerning contracts for the supply of digital content and digital services OJ 2019 L136/1.

62) Directive (EU) 2019/771 of the European Parliament and of the Council of 20 May 2019 on certain aspects concerning contracts for the sale of goods OJ 2019 L136/28.

서 다루는 것으로 개정하면서 이전의 소비자 매매지침[63]에서의 조화 수준보다 더 강한 수준의 조화, 즉, 법의 완전한 조화를 이루도록 함으로써 소비자보호에 관한 모든 회원국의 기준을 통일시키고 있다. 또한 디지털화로 인한 도전적 과제와 관계없이 여러 지침(예 소비자신용지침[64], 소비자권 지침[65])에서 유럽의 소비자법을 완전한 조화로 전환하는 것에 대하여 논란이 있었지만, 최근의 입법은 최소한 디지털 단일시장에 관한 통일적인 유럽연합법의 창설에 대하여 특별히 중요한 의미를 부여하고 있다.

이러한 방향으로의 개선은 회원국에게 자율성을 부여할 여지를 남기지 않기 위하여 지침을 폐지하고 eIDAS 규정 전체가 강행적인 성질을 갖는 방향으로 귀결되었다. eIDAS 규정의 각 조항들이 강행적 성질임에도 불구하고, 상당수의 조문들은 법이나 실무규정 등 회원국의 시행법을 통해 시행규정을 추가할 필요가 있다.

제4절 신뢰체계로서의 eIDAS 규정

I. 전자서명지침체계로부터 eIDAS 규정체계로의 대전환

1. 전자서명지침체계

1999년 도입된 전자서명지침 1999/93/EC은 초기의 유럽 역내시장의 상거래법 체계와 유사하지만 점차 전자혁명 직후에 디지털 시대로 전환하는 과정에서 나타난 기술적·경제적 변화를 반영한 혁신적인 입법조치였다.[66] 2000년에는 역

---

63) European Parliament and Council Directive 1999/44/EC of 25 May 1999 on certain aspects of the sale of consumer goods and associated guarantees(Consumer sales directive)OJ 1999L 171/12.

64) European Parliament and Council Directive 2008/48/EC of 23 April 2008 on credit agreements for consumers and repealing Council Directive 87/102/EEC(Consumer Credit Directive OJ 2008 L 133/66.)

65) European Parliament and Council Directive 2011/83/EU of 25 October 2011 on consumer rights, amending Council Directive 93/13/EEC and Directive 1999/44/EC and repealing Council Directive 85/557/EEC and Directive 97/7/EC(Consumer Right Directive) OJ 2011 L 304/64.

66) DIRECTIVE 1999/93/EC OF THE EUROPEAN PARLIAMENT AND OF THE COUNCIL of 13 December 1999 on a Community framework for electronic signatures (repealed).

내시장의 전자상거래에서 서비스제공자가 신원확인의 의무를 부담하도록 하는 전자상거래지침(2000/31/EC)을 제정하였다.[67] 이 전자서명지침과 전자상거래지침은 국가 간의 포괄적인 법체계 없이도 국가 간의 전자상거래에 적용하기 쉽고 안전한 법적 신뢰기반이었다는 점에서 전자상거래의 필요에 부응하는 한편 21세기 디지털 혁명의 도전적 과제를 해결한 선구적인 입법이었다.

그러나 21세기 초기에 들어서서 다양한 문제점이 제기되면서 전자서명지침 개정의 필요성이 제기되었다. 전자상거래의 입법목적과 부합하지 않는 영역인 금융상품, 마켓팅에 대한 원격결제서비스(distance marketing of financial products), 소비자권리 지침의 일정 사항, 그리고 저당담보 지침(Mortgage Credit Directive) 등에서 변화의 필요성이 대두되었다.

특히 전자서명지침체계는 국가 간 또는 다국가 간의 전자거래에서 보안과 신뢰를 보장하기 어려웠고 사용자의 편의성에도 문제점이 많았다. 전통적인 유럽법은 각 회원국의 민법, 특히, 계약법 일반 또는 매매법과 같은 기본법에는 최소한 조화(minimum harmonisation)의 수준을 기대하였으므로 지침체계로도 충분하였다. 이 체계에서는 회원국이 지침에서 정하는 바와 달리 규율할 수 있으므로 국내법으로 소비자 보호의 수준을 강화하였다.

전자서명지침은 2014년 공포된 eIDAS 규정 제50조에 의하여 2016년 7월 1일부로 폐지되는 형식을 취하지만 실질적으로는 eIDAS 규정 내에서 전자서명지침의 그간의 업적을 공고히 하는 한편 이를 확장하는 형태로 흡수 통합되었다.

2. eIDAS 규정 체계로의 대전환

(1) 의 의

2014년 7월 23일 유럽연합 의회와 이사회는 유럽연합 회원국들의 역내시장에서 전자상거래에 필요한 전자신원확인과 신뢰서비스에 관한 eIDAS 규정(No 910/2014)을 제정하였다. 1999년 이래 제정되었던 전자서명지침을 발전적으로

---

67) Directive 2000/31/EC of the European Parliament and of the Council of 8 June 2000 on certain legal aspects of information society services, in particular electronic commerce, in the Internal Market ('Directive on electronic commerce'); Zaccaria/Schmidt-Kessel/ Schulze/Gambino, 앞의 책, at 11.

계승한 규정 체제하에서 전자신원확인기술, 전자서명기술 그리고 분화된 신뢰서비스를 도입하였다.

유럽연합의 eIDAS 규정은 특정 경제나 사회 또는 특정 법 영역에 한정하지 않고 일반적으로 전자거래에서의 신뢰를 강화하여야 하는 분야 전체에 대하여 해당 시민, 기업과 공공기관이 이용하는 공적·사적 온라인서비스, 전자 관련 비즈니스와 전자상거래에 적용되는 공통의 법적 기반을 제공하고자 한 것이다. 따라서 eIDAS 규정은 전문 제3호에서 지적하는 바와 같이 이전의 전자서명지침 체계가 보장하려고 하는 안전하고 신뢰할 수 있는 전자거래를 보장하는 법률체계를 초월하는 포괄적이며 확장적인 규범이다. 이 규범에 의하여 전자거래를 할 때 거래의 상대방이나 거래 내용을 신뢰할 수 있는 법적 기반을 마련하면 거래의 원활과 신규서비스 도입으로 이어지면서 유럽디지털단일시장의 경제와 사회의 발전을 도모하게 될 것이다.

eIDAS 규정은 회원국에 직접 효력을 미치도록 함으로써 유럽법이 통일법 체계로 전환하였음을 선언한 입법례이다. 이전의 전자서명지침체계하에서 각 회원국은 지침체계를 모델로 하여 국내의 입법절차에서 법을 제정하도록 하여 각 회원국 간에 법의 최소한 조화를 이룰 수 있도록 하는 역할을 하는데 그쳤다. 이와 같은 지침체계의 고립적인 접근방법(회원국은 시행법의 방식으로 국내법화할 여지가 있다)에서 탈피하여 eIDAS 규정과 같은 단일한 EU법을 제정한 것은 EU 입법자가 디지털화에 대한 대응을 한 것으로 해석된다.[68]

(2) eIDAS 규정의 입법목적

eIDAS 규정의 목적은 전자신원확인수단과 신뢰서비스의 보안수준을 적절하게 유지하면서 역내시장의 적절한 기능을 보장하는 한편 유럽 디지털 경제의 성장 잠재력을 최대한 끌어올리는 것이다. 제1조에서 이 규정의 목적을 밝히고 있다.[69]

본 규정(eIDAS 규정)은 역내시장이 적절하게 기능할 수 있도록 전자신원확인수

---

68) Zaccaria/Schmidt-Kessel/Schulze/Gambino, 앞의 책, at 19.

69) Brussels, 6.5.2015 COM(2015) 192 final, COMMUNICATION FROM THE COMMISSION TO THE EUROPEAN PARLIAMENT, THE COUNCIL, THE EUROPEAN ECONOMIC AND SOCIAL COMMITTEE AND THE COMMITTEE OF THE REGIONS, https://eur-lex.europa.eu/legal-content/EN/TXT/PDF/?uri=CELEX:52015DC0192&from=EN

단과 신뢰서비스에 대한 적절한 수준의 보안을 유지하기 위하여 다음과 같은 사항을 정한다.

1. 회원국들이 통지가 이루어진 다른 회원국의 전자신원확인체계에 포함되는 자연인과 법인의 전자신원확인수단의 승인조건을 정한다.
2. 특히 전자거래를 위한 신뢰서비스에 관한 법규를 정한다.
3. 전자서명, 전자인장, 전자타임스탬프, 전자문서, 전자등기배달서비스 및 웹사이트 인증을 위한 인증서 서비스를 위한 법적 체계를 수립한다.

이 모든 주제는 전자신원확인수단(1.), 신뢰서비스(2.), 전자문서(3.) 세 부분으로 나뉜다. eIDAS 규정은 단순히 신뢰서비스의 요건을 통합·조정할 뿐만 아니라 신뢰서비스 사용의 효력까지 정하고 있다. eIDAS 규정은 계약에 의하여 국내법 또는 일정한 참가자로 제한된 폐쇄 시스템 내에서 전속적으로 사용하는 신뢰서비스에 대하여는 적용되지 않는다.

II. eIDAS 규정의 특징

1. 기술적 특성

eIDAS 규정은 이 법을 접하는 모든 사람이 단순하고 분명하게 이해할 수 있도록 하는데 적절한 도구를 제공하기 위하여 제정되었다. 또한 IT기술의 발전속도가 빠르기 때문에 eIDAS 규정은 기술혁신에 개방적인 기술중립적인 입장을 채택하고 있다.[70]

eIDAS 규정은 전자서명을 지원하는 기술의 변화와 혁신을 수용하기 때문에 그 입법목적과 법적 쟁점에 IT 전문지식이 필수적으로 포함된다. eIDAS 규정의 입법구조에 기술적인 전문용어들과 쟁점들이 영향을 미치는 만큼 일반인과 법률가에게 생소하며 설명이 필요하다. eIDAS 규정은 기술발전에 따른 고도의 기술적 개념과 내용이 법의 형식에 어떻게 반영되어야 하는지에 관하여 모델이 될 수 있다. 이러한 기술적 특성은 더욱 확장적이고 세부적인 목록, 기술적 범주를 참조하는 개념정의 규정들, 그리고 IT 또는 관련규정(eIDAS 제3조에서 규정하고 있는 41개의 개념 정의규정)의 분류에서 나타나 있다. 대상과 주체의 행위 또는 특성을 위한 상세한 표준은 부가적인 특성이다-그와 같은 범주는 기술규격에

---

70) Zaccaria/Schmidt-Kessel/Schulze/Gambino, 앞의 책, at 2.

포함되어 있는 추가적인 법체계뿐만 아니라 그러한 표준에도 적용된다. 그 예로써 eIDAS 제8조 전자신원확인체계의 보증수준은 기술규격과 함께 시행규정을 부가하고 있다.

디지털화의 과정에서 필요한 규범적 개념들은 역내시장에서의 거래를 촉진하고 원활하게 하지만 그 법률뿐만 아니라 기술적 전문지식도 이해하여야 할 필요가 있다는 점에서 디지털화는 법적 규범을 적용하고 그 쟁점을 이해하여야 하는 새로운 과제를 제시하고 있다. 디지털 시대의 법학계와 법률실무 모두 당면한 과제로서 적용되는 법의 기술적 요건과 내용을 이해하고, 법을 적용할 때 해당 조항의 기술적 측면과 법적 효력의 관계를 고려하여야 하며, 기술적 측면이 법체계 내에서 차지하는 위상과 전반적인 법 개념과의 연결관계를 파악할 수 있어야 한다. 이론적 방법론으로는 법률 규정 이면에 존재하는 근본적인 법원칙, 법률규범(그리고 비법률규범과의 관계) 및 그 적용에 관한 연구가 필요하다. 또한 규범을 개선하여 실용적으로 적용될 수 있도록 할 필요도 있는데, 이는 유럽연합법의 맥락에서 새로운 법조항에 대한 법과 기술의 관점을 쉽게 이해할 수 있도록 하는 것이다.

법률상의 일반개념 또는 일반조항과 같은 추상적인 개념과 규범적 요건들은 법률 실무에서 해석의 여지를 남기는 개방적인 특성이 있는 반면 기술적인 범주, 표준, 기술규격을 사용하는 분야에서는 정확성을 속성으로 한다(예, 제8조에 따른 개별적인 보증수준과 제12조에 따른 상호운용성 체계의 범주).

2. 개인정보의 보호

eIDAS 규정은 디지털화에 의한 기술적, 경제적, 사회적 변화를 반영하는 법적 프레임워크를 기본권 보호와 연계시킨 법체계이다. 디지털 혁명에 의하여 데이터의 수집, 처리 및 이용 가능성뿐만 아니라 디지털 경제에서 차지하는 데이터의 중요성도 크게 확대되었으므로 데이터의 보호에 주의하여야 한다. 유럽통합의 핵심적 역할을 하는 TFEU 제16조는 모든 사람이 자신에 관한 개인정보를 보호받을 권리가 있다고 규정하고 있다. EU의 기본권헌장은 개인과 가족생활에 대한 존중(제7조), 표현의 자유와 정보의 자유(제11조) 등 전통적인 기본권과 함께 개인 데이터의 보호를 별도의 기본권(제8조)으로 인정함으로써 데이터 보호의 중요성을 강조해 왔다. 기본권헌장 제8조 제1항은 TFEU 제16조 제1항과 동일한 의미로 이 기본권을 보장한다. 기본권헌장 제8조 제2항과 제3항은 공정성, 특정 목적, 관련자의 동의, 데이터 접근권 및 이 조항의 준수를 통제할 독립적 권한 당국의 설립과 관련하여 이 보장을 명시하고 강화하였다.

유럽연합의 1차법이 정보보호에 중요한 근본 가치를 부여하였으므로 2차법에 해당하는 eIDAS 규정에 개인정보보호 원칙을 도입하고 적용하여야 한다. 유럽연합의 입법자는 이러한 측면을 eIDAS 규정 제5조 제1항에서 명시하고, 전문 제11호에서 명시하는 기밀유지 및 처리 보안에 관한 지침 95/46/EC[71]은 폐지되었으므로 확장적이며 포괄적인 일반정보보호규정(GDPR)이 적용된다.[72]

전문 제11호는 일반적인 설명 이외에 eIDAS 규정을 적용하는 데 있어 정보보호원칙과 관련된 2개의 기술규격을 명시하고 있다. 첫째, 온라인서비스의 인증 시 상호인정의 원칙에 관한 것이다. 전문 제11호는 온라인서비스에 접근할 때 필요한 신원확인정보를 처리하기 위한 3가지 기준을 제시한다. 온라인서비스에 접근할 때 제시되어야 하는 신원확인정보는 ① 적절성, ② 관련성, ③ 비례성 기준에 따라야 한다. 둘째, 신뢰서비스제공자와 감독당국은 GDPR에서 정하는 기밀성과 정보처리과정의 보안 요건을 준수할 의무가 있다.

eIDAS 규정은 GDPR과 함께 전자신원확인에 관한 유럽의 통일법체계로 바뀌었다는 점에서 유사한데, GDPR에 의하여 정보보호의 범위가 크게 확대되었으며, 정보의 관리와 집행에 관한 추가적인 시행세칙들이 부가된 통일법이 되었다. eIDAS 제5조 제1항과 전문 제11호에서 언급하는 개인정보처리의 원칙에 추가하여, GDPR은 또한 여러 권리 중에서 GDPR 제5조 제1항의 개인정보의 개념, 정보주체의 권리(정보권, 삭제할 권리, 거부권)뿐만 아니라 동의에 관한 확장적이며 복잡미묘한 규칙[nuanced rules(특히 GDPR 제7조에서의 자율적 성질에 관한)]과 같은 정보보호권을 포함하고 있다.

기본법과 eIDAS 규정의 관계에서 전자신원확인에 관한 문제를 언급할 필요가 있다. EU 1차법의 출발점으로서 기본권헌장 제8조는 이 기본권 조항의 범위 내에서 개인의 신원확인정보가 포함되어 있음을 법원칙으로 인정하고 있다.[73] 각

---

71) European Parliament and Council Directive 95/46/EC of 24 October 1995 on the protection of individuals with regard to the processing of personal data and on the free movement of such data OJ 1995 L 281/31.

72) 2018년 5월 25일부터 발효됨.

주체는 신원확인(Identification)을 위하여 증명수단을 소지할 필요가 있다. 신원확인의 근거가 되는 이 신원확인증명(identity)은 각 법률이 정하는 바에 의하여 자연인과 법인에게 부여한 신원확인증명을 인정 및 보호하여야 한다. 그러므로 eIDAS 규정의 조항들이 전자거래에서 개인의 정확한 신원확인을 보장하는 것을 목표로 하는 것이라면 기본권헌장 제8조하에서의 기본권 보호의 기능을 한다고 볼 수 있다. 그러므로 이 규정의 조항들은 신원확인증명을 보호하는 법제이다. 예를 들어, eIDAS 제8조 제2항 (a)는 신분 오용이나 변경의 위험을 줄이는 것을 목표로 하고 있음을 명시하고 있다. 전자거래에서 가명을 사용하는 경우에, eIDAS 제5조 제2항은 가명과 그와 유사한 형태(例 예명)가 어떤 개인의 신원을 부분적으로 확인할 수 있는 한, 이 기본권을 구체적으로 보호받는 대상으로 인정한다.

유럽연합의 입법의 관점에서 개인정보보호에 관한 기본권 관련 2차법들은 모두-디지털 역내시장과 정보보호- 서로 상충되지 않아야 하며 eIDAS 규정에서 반영하고 있는 바와 같이 공동으로 협력하여야 한다. 역내시장과 기본권보호 특히 개인정보보호에 관련된 각국의 입법들이 통일되는 경향(완전한 조화)은 장래 EU법의 새로운 특징이 될 가능성이 있으며, 비교법적인 관점에서도 디지털화의 과정에서 나타나는 법적인 과제들을 극복하는데 있어서 유럽의 방식으로 정착할 것이다.

3. 배상책임

eIDAS 규정의 다른 중심개념은 배상책임이다. eIDAS 규정에서 배상책임원칙은 본질적으로 중요한 부분이다. 전자신원확인에 대한 참조로서, 제11조는 통지하는 회원국은 국가 간 거래에서 제7조 (d)와 (f)에서 정하는 의무를 준수하지 못함으로 인하여 고의 또는 과실로 자연인 또는 법인에게 발생한 손해에 대하여 책임이 있다고 규정하고 있다.

또한 전자신원확인수단을 발급하는 당사자는 국가 간 거래에서 제7조 (e)에서 정하는 의무를 준수하지 못함으로 인하여 고의 또는 과실로 자연인 또는 법인에게 발생한 손해에 대하여 책임이 있다.

---

73) Jarass, Charta der Grundrechte der Europaeischen Union - Kommentar, 2nd edn, C.H.Beck, 2016, Art.7 mn.16.

그리고 인증절차를 운영하는 자는 국가 간 거래에서 제7조 (f)에서 정하는 정확한 인증업무의 운영을 보장하지 못함으로 인하여 고의 또는 과실로 자연인 또는 법인에게 발생한 손해에 대하여 책임이 있다고 규정하고 있다.

제1항, 제2항과 제3항은 국내법상의 손해배상책임에 따라서 적용되어야 한다. 이는 제9조 제1항에 따라 통지된 전자신원확인체계에 해당하는 전자신원확인수단을 사용하는 거래를 한 당사자들에 대하여 불이익을 주지 않고 국내법상의 배상책임에 저촉되지 않는다.

이 규정은 신뢰서비스에 관하여, 주체를 신뢰서비스제공자, 비적격신뢰서비스제공자, 적격신뢰서비스제공자로 구분하여 각각 다른 책임을 규정하고 있다.

제13조에서 신뢰서비스제공자는 이 규정에서 정하는 의무를 준수하지 못함으로 인하여 고의 또는 과실로 자연인 또는 법인에게 발생한 손해에 대하여 책임이 있다고 규정하고 있다.

비적격신뢰서비스제공자의 고의·과실에 대한 증명책임은 손해를 주장하는 자연인 또는 법인에게 있다.

적격신뢰서비스제공자의 고의 또는 과실은 추정되므로, 손해의 발생에 적격신뢰서비스제공자의 고의 또는 과실이 없었다는 것을 적격신뢰서비스제공자가 증명하여야 한다.

신뢰서비스제공자가 사전에 신뢰서비스 사용에 관한 신뢰서비스제공자의 손해배상책임을 제한한다는 것을 고객에게 고지한 경우와 그 책임제한이 제3자에게 인식될 수 있는 경우에는, 신뢰서비스제공자는 책임제한을 초과하는 서비스의 사용으로 인하여 발생하는 손해에 대하여는 책임이 없다.

4. 감독기관과 상호지원

eIDAS 규정은 협력에 중점을 둔다. 다음의 eIDAS 규정 제17조에서는 보안기구의 역할과 업무를 규정하고, 제18조의 상호지원(mutual assistance)에서 보안기구간의 협업에 관하여 규정하고 있다. 제18조는 3개의 항으로 나뉜다. 이 규정의 목적은 보안기구간의 협력방식과 상호작용을 고취하는 것으로서 다음 두 가지로 나뉜다. ① 개인 데이터의 유통과 관련하여 단일한 공통법(Isu commune)을 만들어 유럽연합법의 통일적인 적용을 보장하고, ② 규범적 구제조치를 받는 주체의 법적 상태를 보호하기 위한 것이다.

eIDAS 규정의 전문 특히 제30호, 제31호, 제32호에서 회원국의 감독 기구 지정의무를 명시하고 있으므로 유럽 입법자가 그 중요성을 인식하고 있다는 점이 중요하다. 이전의 전자서명지침은 보안기구에 대한 감독에 관하여 거의 효력이 없는 일반규정들을 두고 있었다. 전자서명지침의 전문 제13호에서 회원국은 당사자들의 준수 실태를 감독하는 방식을 결정할 수 있었고, 민간기관도 감독기관이 될 가능성을 배제하지 않았으며, 인증서비스제공자가 적용 가능한 인정 제도(accreditation scheme)하에서 감독을 받도록 신청할 의무를 부과하지도 않았는데, TEU 제5조에 정한 보충성과 비례성의 원칙에 따라서, 이 원칙이 전자서명지침 전문 제28호에 명시되어 있는데, 전자서명과 관련된 서비스를 규정하는 법적 체계를 충분히 조화시키는 것은 회원국의 노력만으로는 충분하지 않고 유럽연합 공동체의 노력으로 더 잘 이루어질 수 있다. 전자서명지침은 그 목적 달성에 필수적인 범위를 넘지 않는다.

III. eIDAS 규정의 시행에 대한 평가보고서와 개정안

eIDAS 규정 제49조 제3항은 집행위원회로 하여금 동 규정 시행 이후 그 적용에 따른 효과, 효율성, 개별 회원국의 일관된 준수 여부, 적용범위 등에 대한 영향평가를 하도록 하고 있다. 그리고 필요한 경우 규정의 개정안을 포함한 사후 평가보고서를 유럽의회와 유럽이사회에 제출하도록 규정하고 있다.[74]

2020년 2월 집행위원회에서 eIDAS 규정의 개정안이 발표되었고, 같은 해 7월 초기영향평가가 공개되면서 퍼블릭 코멘트를 받게 되었다. 2021년 6월 eIDAS 규정의 개정안에 대한 퍼블릭 코멘트는 2021년 9월 2일까지 실시되었는데, 총 50건의 의견이 제시되었다. 한편 2021년 6월 3일 집행위원회는 평가보고서를 작성하여 유럽의회와 유럽이사회에 그 결과를 보고하면서 eIDAS 규정에 대한 개정안을 함께 제출하였다.[75]

eIDAS 규정 개정안은 디지털 단일시장 구축이라는 유럽연합 차원의 목표를

---

74) 최종평가보고서는 European Commission, Directorate-General for Communications Networks, Content and Technology, Kuhl, A., McNally, P., Ongono Pomme, A., et al., Evaluation study of the Regulation no.910/2014 (eIDAS Regulation): final report, Publications Office, 2021 참조.

75) 김현수, "유럽연합의 전자신원관리 및 신뢰서비스 법제," IT와 法연구 제24집, 2022. 2, 179면.

효과적으로 달성하기 위하여 "유럽 디지털 신원 프레임워크(European Digital Identity Framework)"를 구축하는 것에 주안점을 두고 있다. 이를 위해 집행위원회는 최초 시행된 eIDAS 규정이 설정한 전자신원확인 및 신뢰서비스 프레임워크의 한계를 파악하고 그 유효성을 개선하고자 노력하였다. 또한, 종래 공적 서비스와 온라인서비스에 중점을 두었던 적용 범위상 한계를 극복하기 위해 민간부문 및 모바일 사용환경을 적극 고려하고 있다.[76]

eIDAS 규정 개정안을 중심으로 한 개정의 배경, 개정안이 담고 있는 주요 내용, 특히 유럽디지털신원지갑, 전자속성증명, 전자보관서비스, 전자원장, 원격전자서명생성장치와 같이 새로운 전자신원관리 및 신뢰서비스에 대한 규율 내용에 대하여는 이 연구서의 제3장 III에서 살펴보기로 한다.

제5절 디지털시대와 문서의 방식주의

디지털 시대는 탈방식주의(deformalization)의 과정으로 해석할 수 있다. 탈방식주의는 더이상 글쓰기 방식에 의하지 않는 현상을 말한다. 아날로그시대의 관행이었던 문서화 방식에 의하여 당사자들은 약속이나 계약의 구속력을 유지하고 그 계약체결과 계약의 내용을 증명하기 위하여 종이문서에 서명하곤 하였다. 디지털 시대에 접어들면서 당사자들이 수기서명한 서면만을 의사표시(communication)의 표준으로 사용하지 않고, 디지털화된 텍스트로 계약을 증명하는 방식을 채택하고 있다. eIDAS 규정은 수기서명이 된 서면의 고전적 기능을 대체하기 위하여 이 문제에 개입하고 있으며, 대체되는 서면의 기능에는 소송절차에서의 증명적 기능도 포함된다.[77]

I. 고전적인 문서화 기능

고전적인 방식의 기능과 방식요건 중에서, 입법자와 사적 당사자가 일반적으로 특정 형식과 서면 그리고 특히 문서(textural)의 방식을 사용하려는 핵심적 목적은 방식화된 행위에 도입된 법률행위의 명확성에 있다. 법률행위의 방식에 의

---

76) 김현수, 상게논문, 179면.
77) Zaccaria/Schmidt-Kessel/Schulze/Gambino, 앞의 책, at 23ff.

하여 그 내용이 확정되면 계약당사자들은 해당 방식을 갖춘 법률행위에 귀속된다. 이러한 문서화기능(documentation function)을 활용하는 예로써 계약체결행위와 문서가 분리되는 경우가 많은 소비자법 분야에서 소비자를 계약의 내용으로 귀속시키는데 사용하는 경우를 들 수 있다.

문서화 기능은 실체법상 방식의 자유원칙에 의하여 법률상 필수적인 요건인 것은 아니다. 계약에 있어서 방식요건(legal form, form requirement)은 당사자가 계약체결의 의사표시를 집행하기 위한 기능보다는 법률체계 내에서 서로 다른 기능들이 전체적으로 조화롭게 작용할 수 있도록 하기 위한 하나의 요건으로 설정된 것이다. 그러므로 방식요건의 목적이 없는 법률상의 방식요건은 합리적이지 않으며 계약자유의 원칙을 부당하게 제한하므로 위헌 소지가 있다.

그러나 법률행위와 계약을 문서화하는 것은 당사자 간의 분쟁에서 증거로서의 기능을 하며, 이에 관하여는 국내법이 정하는 일반 민사소송절차상의 규율에 의한다. 당사자의 어떤 법률행위를 특정 문서로 남겨두면, 당사자들은 그 문서를 법정에 증거로 제출할 수 있다. 프랑스 민법은 증인의 증언과 문서 증거에 우월적 지위를 부여한다(프랑스 민법 제1359조, 제1360조). 독일법도 여전히 문서의 정확성과 완결성에 추정력을 부여하므로 대륙법은 문서화된 법률행위와 계약에 대하여 소송상 추정력이 인정된다고 볼 수 있다.

본래 구술로 진술한 것을 다시 문서화하는 것은 특정한 법률행위를 하였다는 것을 나타내는 것으로써 당사자가 의사표시를 신중하게 하도록 하는 주의적 기능을 할 수 있다. 대표적인 예로써 법원의 명령으로 일정한 종류의 법률행위에 대한 방식요건으로서 공정증서(notarial deed)를 요구하는 경우나 국가의 조세 기능을 지원하는 세금 관련 방식요건들은 항상 문서화로 귀결된다.

II. 쓰기의 감소-텍스트의 연속성인가?

종이에 글을 쓰는 경우가 줄어든다는 것이 디지털 시대에 어떻게 전개되고 있는가를 드러내는 두 가지 경우가 있다. 첫째, 여전히 언어메시지로 되어 있지만 서명이나 인장과 같은 방식요건은 갖추지 못한 경우, 둘째, 인간의 언어가 아닌 코드기반으로 작성되어 사물인터넷을 포함하는 광대역망에서 통신하는 경우를 들 수 있다.

1. 쓰기 방식의 감소

첫 번째의 경우에는 통신수단만이 바뀌었기 때문에 중요한 행위와 계약 체결에 관한 기존의 규범을 여전히 적용할 수 있다. 표준화된 방식요건이 없는 시장에서는 쓰기방식의 문서를 덜 사용하게 되면 시장 참여자들의 선언(declarations)에 의한 법률효과의 발생이 억제된다. 유럽공통참조기준[DCFR 제1조-1:106(2)][78]과 독일민법 제126조b[79]는 이러한 맥락에서의 문자화된 선언이 별개의 방식으로서의 선언, 법률행위 또는 계약으로서 기존의 법률시스템에 어떻게 통합될 수 있는지를 보여준다.[80]

유럽연합에서는 일반적으로 저장 매체는 내구성이 있는 매체여야 한다는 요건을 추가함으로써 문자로 선언된 매체에 지속적으로 접근하는 것을 보장하고 있다. 더욱이, 시장에서는 항상 그러한 문자 선언을 작성한 자의 신원을 충분히 식별하기 위하여 1999년 전자서명지침을 제정하였고, 이는 제3국을 포함하는 모든 회원국의 국내법으로 이행되었다. 각국의 입법자들이 신원확인과 인증절차를 제정하면서 전자서명이 첨부된 전자문서를 전통적인 서면과 유사하게 취급하도록 입법하였다. 이러한 입법취지의 실질적 중요성은 제한적이지만, EU법 체계, 특히 eIDAS 규정에 여전히 남아있다.

---

78) 유럽계약법의 원칙, 개념 정의 그리고 모델법안을 내용으로 하는 공통참조기준 초안(Draft Common Frame of Reference; 이하 공통참조기준. DCFR1))은 학술적인 것으로서 정치적으로 공인된 것은 아니며 그 자체로 법적 구속력이 있는 것은 아니다. 그러나 DCFR은 유럽 사법통일의 기초로서, 이를 기반으로 공통의 문제에 대한 상호 이해를 증진하고 사법에 대한 공통의 논의가 촉진되게 될 것이라 한다:박영복, 유럽공통참조기준(DCFR)에 있어서의 계약 해제(termination) - 특히 그 효과를 중심으로 -, 한국외국어대학교 법학연구소, 외법논집 41권1호, 2017, 217면.

79) BGB § 126b 문서방식(Textform)
문서의 방식이 법률상의 요건으로 규정된 경우에, 내구성이 있는 매체에 선언한 자의 이름을 포함하여 가독성있는 선언이 되어 있는 문서를 제출하여야 한다. 내구성있는 매체는 데이터를 기록하는데 사용할 수 있는 모든 매체이다.
1. 수신자가 자신의 목적에 적합한 기간 동안 접근할 수 있도록 개인적으로 발송된 데이터 매체에 진술서를 보관하거나 저장할 수 있도록 한다. 목적에 합당한 기간 동안 수신자가 접근할 수 있는 방식으로 수신자가 개인적으로 주소가 지정된 데이터 매체에 선언을 보관하거나 저장할 수 있도록 한다.
2. 선언은 변경되지 않은 상태로 재현하는 데 적합하여야 한다.

80) 정진명, 전자거래 규정의 민법 편입 제안, 민사법학 48호, 한국사법행정학회, 2010, 62면.: 독일연방정부는 2001년 방식규정현실화법에 의하여 통상의 종이문서에 의한 엄격한 서면방식(Schriftform)뿐만 아니라 전자문서도 포함하는 문서방식(Textform)의 개념을 도입하였다. 이 문서방식에 의하여 기호로 고정된 표시 또는 통지를 요구하고 수기서명은 포기할 수 있게 되었다.

2. 문자통신의 불연속성

두 번째 경우에 나타나는 진정한 혁명은 쓰기방식의 의사표시가 감소하는 과정에서 시작된 문자통신의 불연속성에 있다. 인간의 언어가 아닌 기계어로 법적 구속력이 있는 선언이나 법률행위 또는 계약을 체결할 수 있게 되었다는 점에서 계약체결의 혁명이 일어나고 있다. 계약체결의 자유라는 일반 원칙에 의하여 계약체결 당사자들 간에 의사표시할 수 있는 각각의 형식을 코드화할 수 있는 길이 열린 반면에, 비언어적 통신(완전한 코드 통신)의 전체 범위가 사법 특히 선언, 법률행위와 계약체결에 대하여는 아직 충분히 정립되지 않았다. 한 당사자의 (구속력있는) 선언을 더 이상 사람이 아닌 기계가 인간의 언어로 번역함으로써 상대방의 선언을 읽고 이해하는 것은 인간이 아닌 기계이며 그와 같은 경우에 eIDAS 규정이 크게 기여할 것이 분명하다. 쓰기뿐만 아니라 인간언어의 문자가 쇠퇴하고 있는 상황에서 eIDAS 규정은 한 당사자의 선언을 전송하게 될 때 선언하는 자의 신원확인 또는 인증에 중요할 뿐만 아니라 그 선언의 무결성을 보장하는데 크게 기여한다는 점에서 더욱 중요하다.

3. 방식의 수단에 있어서의 변화

쓰기와 문자의 사용이 감소하고 있음에도 불구하고 선언, 법률행위와 계약체결의 요건이 달리 개발되더라도 문서 방식은 여전히 가장 중요하다. 방식을 구성하는 수단이 변화하고 있는 것이다. 독일민법과 다른 민법 조문에서 문자형식에 방식요건의 종류를 추가하고 있는 것은 우연이 아니다.

Ⅲ. 핵심 기능으로서의 신뢰형성

전통적인 서면의 방식과 관련하여 시장참여자들은 종이문서를 신뢰한다. 유체물과 종이 문서는 선언, 법률행위 또는 계약을 확정할 뿐만 아니라, 위조를 간편하게 방지하는 보호장치이기도 하다. 이러한 복합적인 확정 방식과 위·변조 방지기능[역사적으로 인장(seals)과 함께]은 시장참여자들이 종이문서와 서명이라는 방식요건에 신뢰를 부여하는 중요한 근거이다. 방식의 기능과 방식요건에 부여된 신뢰를 법제화하고 방식의 법적 당위성을 부여하였던 것이다.

디지털 세계에서 이러한 신뢰의 근거는 대체되어야 한다. 더 이상 유체물을 신뢰의 기준과 준거점으로 삼을 수 없게 되었으며, 종이문서와 쓰기방식이 갖는 신뢰형성의 기능은 플랫폼과 그와 유사한 중계자(intermediaries)들과 같은 다른 수단들로 대체되고 있다. 이들은 일종의 사법상의 신뢰서비스제공자로서 선언, 법률행위와 그리고 계약 전체의 확정도 지원하는 기능을 한다.

신뢰형성 기능의 또 다른 대체수단으로서 분산원장기술([distributed ledger technology)(v/o 블록체인)]과 공법상 조직된 신뢰서비스제공자를 들 수 있다. 이는 정확히 eIDAS 규정의 주요 사례로서, 수많은 공적 조직(그러나 반드시 공적 목적이어야 할 필요는 없다)이 신뢰서비스제공자로서 특정한 종류의 통신서비스를 제공하는 것이 바람직할 것이다.

쓰기방식이 줄어드는 가운데 신뢰를 대체할 수 있는 플랫폼[81]과 분산원장기술, 그리고 공적신뢰서비스제공자 중에서 가장 논의할 가치가 있는 것은 공적신뢰서비스제공자이며, 플랫폼과 분산원장기술만으로는 충분하지 않다.[82]

Ⅳ. 사적 대체재로서의 플랫폼

플랫폼이나 중계자들은 전통적인 쓰기의 방식요건과 병행하여 사용되거나 전통적인 신뢰 기능을 일부 대체하기도 한다. 종래의 중계자들은 주로 당국의 감독을 받는 민간기관으로서 시장에서 신뢰서비스를 공급하는 역할을 한다. 그 시장에 정기적으로 접근하는 것은 평판 체크(reputation check)를 포함하는데 이를 자동화할 수도 있다. 그 서비스를 제공하는 플랫폼 중계자의 종류와 별개로 신뢰를 제공하게 되는 효과가 있다. 대부분의 플랫폼들은 인증과 문서화를 요소로 하며, 이 수단들에 의하여 중계자가 제공하는 일반적인 신뢰형성절차가 강화된다.

디지털 시대의 플랫폼의 형태는 상당히 다양해지고 있다. 특히, 인터넷은 사적인 플랫폼과 다른 중계자들이 더욱 활동하기가 좋다. 그러한 플랫폼들이 대개

---

81) 오병철, 전자상거래법상의 거래 플랫폼 규제와 개선방안, 외법논집, 2017.11., 148면 이하 참고.: 플랫폼이라는 용어가 법적 개념으로 정립된 것은 아니며, 일반 통신판매나 전자상거래의 중개뿐만 아니라 디지털 콘텐츠, 기술, 정보, 노래 등 모든 재화나 용역을 망라하여 제공자와 이용자를 다양한 목적으로 연결하는 것을 포괄한다.; 최병삼, 플랫폼 경영을 바꾸다, 삼성경제연구소, 2014, 22면: 플랫폼이란 다양한 종류의 시스템을 제공하기 위하여 공통적이고 반복적으로 사용하는 기반 모듈로서 다양한 제품이나 서비스를 제공하기 위하여 사용하는 토대로 정의할 수 있다.
82) Zaccaria/Schmidt-Kessel/Schulze/Gambino, 앞의 책, at 26.

네트워크의 외부에서 이익을 얻는 반면 법적인 관점(선언, 법률행위와 계약의 체결에 관한)에서, 특히 시장참여자들이 전통적인 쓰기의 방식요건으로 충족되는 일부 고전적인 기능을 이들 플랫폼들에서 보장받을 수 있다.

플랫폼에 접근하려면 대체로 일정한 방식의 신원확인과 인증을 받는 것을 전제로 하며 그럼으로써 플랫폼 사업자가 시장참여자 특히 계약당사자들의 기본적인 신원과 평판을 보증하는 역할을 한다. 더욱이 다양한 측면에서 플랫폼은 당사자들 간의 통신의 방식(메시징 도구를 설정함으로써)을 제공하는데, 그러한 선언의 내용을 문서화할 뿐만 아니라 선언의 내용에 관한 확실한 표준이 되기도 하다.

디지털 시대의 시장에서 기업이 문서의 신뢰형성기능을 어느 정도 대체하는 국면에 들어서면서, 플랫폼과 그에 준하는 중계자가 신뢰를 제공하는 것은, 즉 선언과 법률행위 그리고 계약의 체결에 관하여 법적으로 구속력이 있게 한다는 의미에서, 그들의 핵심적인 기능이 되고 있다.

많은 소규모의 스타트업뿐만 아니라 선도적인 플랫폼들은 대체로 사기업이며 시장의 감독을 덜 받으므로, 일반 사기업들이 제공하는 신뢰서비스로는 플랫폼이 제공하여야 할 신뢰를 제공하지 못하는 수준 미달인 플랫폼의 책임이 문제될 수 있다. 그러한 플랫폼과 그와 유사한 중계자를 규율하기 위한 규제조치는 이 전형적인 플랫폼서비스가 제공하는 신뢰서비스의 요건들을 보장하기 위한 것이라는 점에서 특히 중요하다. 디지털서비스에 관한 새로운 규정으로서 디지털 콘텐츠 지침(EU 2019/770)[83]은 이와 같은 플랫폼의 평판과 신뢰서비스의 쟁점에 대한 기준이 될 수 있을 것이다.[84]

V. 대안으로서의 기술적 방법론

문서화라는 방식주의에 내재된 신뢰 기능은 순수한 기술적 방법론으로도 대체될 수 있으며 규제도 덜 받는다. 분산원장기술은 한편으로는 중앙화된 신뢰서비스제공자가 없어서 책임을 지지 않으며, 다른 한편으로는 참가자들 사이에서 집단 신뢰를 보장하지 않고는 존재할 수 없는 시장이라는 점에서 시장에서 신뢰를 조직화하기 위하여 주로 선호되는 기재의 사례이다.

---

83) https://eur-lex.europa.eu/legal-content/EN/TXT/PDF/?uri=CELEX:32019L0770&rid=5
84) Zaccaria/Schmidt-Kessel/Schulze/Gambino, 앞의 책, at 27.

블록체인과 분산원장기술은 확실히 여기에 어떤 해결방법론을 제시할 것이다. 가장 성공적이라고 평가되는 블록체인을 적용한 비트코인 하에서 전통적인 익명화와 가명화가 문서화의 방식주의에서의 신원확인과 인증기능을 그러한 기술적 방법론으로 반드시 대체하여야 하는 것은 아니라는 것을 증명하였음에도 불구하고, 그러한 기술적 구조에 의하여 선언의 내용과 법률행위의 확정을 보증할 수 있다. 분산원장의 내용의 위·변조를 방지하는 것은 신뢰서비스제공자의 핵심적인 서비스 기술로서 작용할 것이다. 그러므로 때로는 비용이 발생하는 이러한 기술을 적용하여야 하는가가 논란이 되는 것은 당연하다. 이에 개입되는 고부가가치 때문에 핵심적인 플랫폼 사업자가 없는 신뢰형성과정이 필수적이다.

고도의 보안기술을 사용하여 선언과 법률행위를 위·변조하기 어렵게 만든 결과 의도한 것은 아니지만 스마트 계약의 개념으로 발전하게 되었다. 이는 계약체결의 과정을 의미하는 것이 아니라 스마트 계약의 프로그램을 사용하여 계약관계를 확정시키는 것이다. 계약체결의 과정에 스마트 계약을 결합시키면 일반적으로 그 계약의 법률행위나 계약내용에 대한 고도의 문서표준을 계약당사자들에게 제공하게 된다. 이러한 스마트 계약의 개념이 법률행위 또는 계약체결과정의 한 요소로 인정될 수 있는 선언인지 여부는 일반적으로 국내법상의 계약법에 따르거나 또는 최소한 계약체결의 원칙을 통일시키려는 노력이 성공하느냐 여부에 달려있다.

문서화라는 방식주의를 기술적 방법론으로 대체하는 일부 사례에서, 당사자들이 동의의 방식에 관한 사례를 독일민법 제127조[85]의 사례로 다룰 것인가 여부가 문제될 수 있다. 그러므로 선언과 법률행위에 기술표준을 제공하는 것은 장래의 방식요건의 체계가 될 것이다. 여기서는 분산화된 기술조직체와 특히 분산

---

85) 독일민법(BGB) § 127 임의적 서면방식
(1) 제126조, 제126조a 또는 제126조b는 의심스러운 때에는 법률행위에 의하여 정하여진 방식에도 적용된다.
(2) 법률행위에 의향 정하여진 법정 서면방식의 준수를 위해서는, 다른 의사가 인정되지 아니하는 한도에서, 정보통신에 의한 전달로써 그리고 계약에서는 서신의 교환으로써 충분하다. 그러한 방식이 선택된 이후에는 제126조에서 정하는 인증을 요구할 수 있다.
(3) 법률행위에 의하여 정하여진 전자적 방식의 준수를 위해서는, 다른 의사가 인정되지 아니하는 한도에서, 제126조a에서 정하여진 것과 다른 전자적 서명으로써 그리고 계약에서는 전자적 서명으로 처리된 청약과 승낙의 의사표시의 교환으로써 충분하다. 그러한 형식으로 선택한 이후에는, 제126조a에 해당하는 전자서명, 또는 당사자들 중의 한 당사자에게 이러한 것이 가능하지 않은 경우에는, 제126조에 해당하는 인증이 요구될 수 있다.

원장기술은 방식요건에 관한 법규와 같은 기존의 법을 적용하는 경우에 어떤 장단점이 있을 수 있다.

Ⅵ. 공법상의 신뢰서비스제공자

eIDAS 규정은 현재 문서화와 방식주의의 기능을 대체하는 신뢰서비스와 신뢰서비스제공자에 대하여 유럽연합 전체를 한 국가 단위로 보아 입법을 시도하는 동시에 이 신뢰서비스제공자들의 시장접근과 감독을 일정한 수준으로 규제하고 있다.

국가가 시장에서 신뢰서비스제공자와 같은 기업들을 지원하고 공적 규제를 하는 것은 새로운 일이 아니다. 대륙법적 의미에서는 증권거래소 또는 공증기관들은 그와 유사한 전통적인 사례이며, 이 기관들은 대부분 공공기관이다. 특정 신뢰서비스제공자에게 이 공공기관에게 부여된 일반적인 신뢰를 어느 정도 이전할 수 있는가는 항상 문제된다.

더욱이, 공적신뢰서비스제공자는 비용편익분석과 관료주의적 관점에서 항상 회의적이었다. 학문적 관점에서 eIDAS 규정에 관하여도 과거에는 다소 회의적이었다. 그러나 그러한 관점의 대부분은 쓰기방식이 다른 방식의 문서화로 대체된 것일 뿐이라는 관점에 갇혀 있었기 때문이다. 다른 문서화 방식에는 거래비용이 발생하고, 종이문서와 쓰기방식도 여전히 사용되고 있으므로, eIDAS 규정에서 정하는 쓰기방식의 대체수단이 실로 그렇게 성공적이지 않을 수도 있다.

그러나 어떤 가능성이 진화하고 있다는 점을 인식하여야 한다. eIDAS 규정에서 정하는 서명도구에 신원확인과 인증뿐만 아니라 선언 전체의 무결성을 포함시켜 적용시킬 수 있을 뿐만 아니라, 고전적인 서면방식으로는 신뢰를 충분히 제공할 수 없는 분야에서 인간의 언어가 아닌 코드라는 통신방식을 사용하므로 eIDAS 규정을 적용할 수 있게 되었다. 이 분야에 속하는 M2M(machine-2-machine)의 통신 분야와 사물인터넷은 eIDAS 규정을 적용하여 새롭게 규율하게 될 핵심적인 분야가 될 것이다.

제2장

EU eIDAS 규정의
조문별 분석
(제1조~제52조)

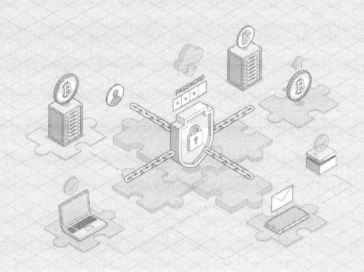

EU eIDAS 규정의 조문별 분석
(제1조~제52조)

제1절 전 문

역내 시장에서의 전자거래를 위한 전자신원 확인 및 신뢰 서비스와 1999/93/EC 지침의 폐지에 관한 유럽 의회와 이사회 규정(유럽연합) No 910/2014(2014년 7월 23일)

유럽연합 의회와 유럽연합의 이사회는,

유럽연합의 기능에 관한 조약, 특히 제114조를 고려하고,

집행위원회가 제출한 법안을 고려하고,

개별 회원국 의회들의 입법 초안을 전송받고,

유럽경제사회위원회의 의견을 고려하고,

일반적인 입법절차를 거쳐,

다음의 사실에 대하여:

 1 온라인 환경에서의 신뢰를 구축하는 것은 경제적 및 사회적 발전의 열쇠이다. 법적 확실성의 부족으로 인한 신뢰의 결여는 소비자, 기업 및 공공기관이 전자거래를 수행하고 새로운 서비스를 채택하는 것을 저해한다.

 2 이 규정은 유럽연합에서의 공공·민간 온라인서비스, 전자 사업 및 전자상거래의 효율성을 증진시켜 기업, 시민, 공공기관 간의 안전하고 원활한 전자거래를 가능케 함으로써 역내시장의 전자거래에서의 신뢰를 증진시킬 방안을 모색한다.

 3 전자서명에 관한 공동규칙에 대한 유럽의회와 이사회의 1999/93/EC 지

침은, 국가와 영역의 경계를 넘어서는 전자거래에 있어서 거래안전, 신뢰, 간편한 이용을 제공하는 포괄적인 규범체계라고는 할 수 없는 전자서명에 관한 것이었다. 이 규정은 그와 같은 지침의 효력을 강화하고 내용을 확대한다.

4 2010년 8월 26일 유럽 집행위원회는 '유럽의 디지털 어젠다'라는 의견서에서 디지털 경제의 선순환에 대한 주된 장애물로서 디지털 시장의 분열, 상호 운용성의 결여 및 사이버 범죄의 부상을 지목하였다. 2010년 집행위원회의 'EU 시민의 권리를 저해하는 문제의 분석'이라는 시민보고서에서, 집행위원회는 유럽 시민들이 디지털 단일시장의 혜택과 국가 간 디지털 서비스를 향유하기 어려운 주된 문제점을 해결할 필요성을 다시 확인하였다.

5 유럽 이사회는 2011년 2월 4일과 2011년 10월 23일의 결론에서, 집행위원회로 하여금 국가 간 온라인서비스의 이용을 활성화시킴으로써, 특히 전자신원확인과 인증의 보안에 특별히 주의하면서, 2015년까지 디지털 단일시장을 조성하고, 디지털 경제의 공개키 산업분야의 발전을 가속화하며, 디지털 단일시장의 통합을 촉진시킬 것을 요청하였다.

6 2011년 5월 27일의 결론에서 유럽이사회는 집행위원회가 전자신원확인이나 전자문서, 전자서명, 전자등기배달서비스와 같은 국경을 초월한 공개키사업자들의 상호인정, 그리고 유럽연합 전체의 상호운용성이 있는 전자정부 서비스를 위한 적절한 환경을 조성함으로써 디지털 단일시장에 기여하도록 요청하였다.

7 유럽 의회는 2010년 9월 21일 전자상거래 시장을 완결하는 결의안에서 전자 서비스, 특히 전자서명 보안의 중요성 및 전 유럽 차원의 공개키 인프라 구축의 필요성을 강조하였고 나아가 집행위원회로 하여금 전자서명의 국가 간 상호운용성을 보장하고 인터넷을 이용한 거래의 안전성을 증진시키기 위해 유럽 기반의 유효성검증기관의 Gateway를 설립할 것을 요청하였다.

8 유럽 의회와 이사회의 지침 2006/123/EC는 회원국들이 서비스 접근 및 관련 활동에 관계된 모든 절차와 형식이 원거리에서 전자수단에 의하여, 단일접촉의 적절한 지점을 통하여 적절한 권한을 가지고 쉽게 완료될 수 있도록 보장하기 위한 '단일접촉지점(points of single contact, PSC)'을 수립할 것을 요청한다. 단일접촉지점을 통하여 접근될 수 있는 수많은 온라인서비스는 전자신원확

인, 인증, 서명을 요구한다.

9 대부분의 경우 다른 회원국의 서비스제공자들은 개별 국가의 전자신원확인제도가 다른 회원국에 의하여 인정되거나 승인되지 않기 때문에, 시민들이 그들 자신의 전자신원확인수단을 다른 회원국에서 이용하지 못한다. 이러한 전자적 장벽은 인증업무 제공자들을 역내시장의 총체적 혜택으로부터 배제한다. 상호인정되고 승인된 전자신원확인수단들은 내수시장의 다양한 서비스의 국가 간 적용을 가능케 하며, 기업들이 공공기관과의 상호관계에서 수많은 장애물에 부딪히지 않고도 기업이 해외에 진출할 수 있도록 돕는다.

10 유럽 의회 및 유럽 이사회의 2011/24/EU 지침은 e-헬스를 책임지는 국가 기관들의 네트워크를 구축한다. 국가 간 건강관리의 안전성과 연속성을 증진시키기 위하여 이 네트워크는 '국가 간 건강관리에 있어서 데이터의 호환을 가능케 하는 신원확인과 인증에 대한 공통규준'에 대한 지원을 포함하는 전자 건강 데이터와 서비스에 대한 국가 간 접근에 대한 가이드라인을 만들 의무가 있다. 전자신원확인과 전자인증에 대한 상호인정은 유럽 시민을 위한 국가 간 건강관리를 실현하는데 반드시 필요하다. 치료를 위해 다른 국가로 여행할 때, 그들의 의료정보는 치료할 국가에서 접근이 가능해야 한다. 이는 확실하고 안전하며 믿을 수 있는 전자신원확인 관련 제도를 필요로 한다.

11 이 규정은 유럽 의회와 이사회의 지침 95/46/EC에서 정하는 개인정보 보호와 관련된 원칙을 완전히 준수하여 적용되어야 한다. 이와 관련하여 본 규정에 의해 수립된 상호인정의 원칙을 고려할 때 온라인서비스 인증은 해당 서비스에 온라인으로 접근권한을 부여하기에 적절하고 관련성이 있으며 과도하지 않은 식별 데이터만 처리해야 한다. 또한 기밀 유지 및 처리 보안에 관한 지침 95/46/EC의 요건은 신뢰서비스제공자 및 감독 기구에 의해 존중되어야 한다.

12 이 규정의 목적 중 하나는 최소한 공공서비스에 접근할 때에 회원국에서 이용되는 전자신원확인수단의 국가 간 이용에 존재하는 장벽을 제거하는 것이다. 이 규정은 회원국에 수립된 전자신원확인 관리 시스템과 관련 인프라에 간섭하는 것을 목적으로 하지 않는다. 이 규정의 목적은 안전한 전자신원확인 및 인증이 가능한 회원국에 의하여 제공되는 국가 간 온라인서비스에 대한 접

근을 보장하는 것이다.

13 회원국들은 온라인서비스에 접근하기 위하여, 전자신원확인 목적을 위하여 필요한 수단들을 이용하거나 도입할 자유가 있다. 그들은 또한 이러한 수단의 공급에 있어서 민간 부문을 포함시킬 것인가 여부를 결정할 수 있다. 회원국들은 그들의 전자신원확인제도에 대해 집행위원회에 통지할 의무는 없다. 최소한 공공 온라인서비스나 특정 서비스에 접근하기 위하여 국내적 차원에서 이용되는 전자신원확인제도의 전부 또는 일부를 통지하거나, 전혀 통지하지 않을지 여부는 회원국들의 선택에 달려있다.

14 이 규정에서 상호인정되는 전자신원확인수단과 전자신원확인제도의 통지방식에 관한 요건을 규정할 필요가 있다. 이러한 요건을 규정함으로써 회원국들은 전자신원확인제도에 필요한 신뢰를 구축하고 통지절차에 적합한 전자신원확인수단을 상호인정할 수 있게 된다. 통지하는 회원국의 전자신원확인절차가 통지의 요건을 충족하였고 그 통지가 유럽연합의 관보에 공시된 경우에는 상호인정의 원칙이 적용된다. 그러나 상호인정의 원칙은 온라인서비스의 인증에 한하여 적용된다. 이러한 신청자의 온라인서비스에 대한 접근과 최종적인 전송은 국내법에서 정하는 그와 같은 서비스를 받을 권리와 밀접한 관련이 있다.

15 전자신원확인수단을 인정할 의무는 그러한 전자신원확인수단에 대한 신원 보증수준이 해당 온라인서비스에 필요한 수준과 동등하거나 높은 수준에 해당하는 경우에만 한정되어야 한다. 또한 이 의무는 해당 공공기관이 해당 서비스에 온라인으로 접근하는 것과 관련하여 '보통' 또는 '높음'이라는 보증수준을 사용하는 경우에만 적용되어야 한다. 신원확인의 보증수준이 낮은 전자신원확인수단에 대하여는 유럽연합법에 따라 회원국은 인정의무가 없다.

16 보증 등급은 사람의 신원을 확인함에 있어 전자신원확인수단의 신뢰도를 특성화해야 하므로 특정 신원을 주장하는 사람이 그 신원이 부여된 자라는 보장을 제공해야 한다. 보증 등급은 프로세스(예 ID 확인 및 검증, 인증), 관리 활동(예 전자 ID를 발급하는 주체)을 고려한 사람의 주장 또는 주장된 신원을 전자신원확인수단이 제공하는 신뢰도에 따라 달라진다. 수단 및 방법을 발급하는 절차 및 기술적 통제가 실행된다. 유럽연합이 지원하는 대규모 시범사업, 표준화

및 국제 활동의 결과로 보증수준에 대한 다양한 기술적 정의와 설명이 존재한다. 특히 대규모 시험사업 STORK 및 ISO 29115는 특히 2, 3, 4등급을 말하며 보증 등급이 상, 중, 하 수준의 최소 기술 요건, 표준 및 절차를 수립할 때 최대한 고려되어야 한다. 이 규정의 의미 내에서, 특히 보증된 인증서 발급을 위한 신원확인과 관련된 보증수준에 대하여 이 규정의 일관된 적용을 보장한다. 정립된 요건은 기술 중립적이어야 한다. 서로 다른 기술을 통해 필요한 보안 요건을 달성할 수 있어야 한다.

17 회원국들은 온라인서비스 또는 전자거래에서 신원확인을 하는 데 필요한 경우에 민간 부문이 자발적으로 통지절차를 갖춘 전자신원확인수단을 사용하도록 장려하여야 한다. 이러한 전자신원확인수단을 사용할 가능성은 대부분의 회원국이 최소한 공공서비스에서 이미 널리 사용하고 있는 전자신원확인과 인증에 의거하여 민간부문이 사용할 수 있도록 하며 기업과 시민은 국경을 넘어서는 온라인서비스에 더욱 쉽게 접근할 수 있게 된다. 민간부문이 국경을 넘는 전자신원확인수단 등을 사용하도록 활성화하기 위하여, 회원국에서 규정하는 인증 조건은 그 회원국의 영토 내에서 설립된 민간부문의 신뢰당사자(relying parties)에게 적용되는 조건과 동일한 조건으로 그 회원국 이외의 영토에서 설립된 민간 신뢰당사자에게 적용될 수 있어야 한다. 결과적으로 민간부문의 신뢰당사자에 관하여, 통지하는 회원국은 인증수단에 접근하는 조건을 규정할 수 있다. 그러한 접근 조건은 통지절차에 관한 인증수단이 현재 민간부문의 신뢰당사자에게 적용될 수 있는지 여부에 관한 정보를 제공할 수 있다.

18 이 규정은 통지하는 회원국, 전자신원확인수단을 발급하는 당사자 및 본 규정에 따른 관련 의무를 준수하지 않는 경우 인증절차를 운영하는 당사자의 책임을 규정하여야 한다. 그러나 이 규정은 국가의 책임 규정에 따라 적용되어야 한다. 따라서 예를 들어 손해의 개념 또는 증명책임을 포함하는 관련된 소송절차 규범과 같은 회원국의 국내법에는 영향을 미치지 않는다.

19 전자신원확인수단의 보안은 전자신원확인수단에 대한 신뢰할 수 있는 국가 간 상호인정의 핵심이다. 이러한 맥락에서 회원국은 유럽연합 차원에서 전자신원확인제도의 보안 및 상호운용성과 관련하여 협력해야 한다. 전자신원확인 체계가 국가 수준에서 당사자를 신뢰함으로써 특정 하드웨어 또는 소프트웨어를

사용해야 할 때마다 국가 간 상호운용성은 해당 회원국이 해당 요건 및 관련 비용을 자국 영토 밖에서 설립된 신뢰당사자에게 부과하지 않도록 요구한다. 이 경우 상호운용성 프레임워크의 범위 내에서 적절한 솔루션을 논의하고 개발해야 한다. 그럼에도 회원국 내의 전자신원확인수단에 내재된 기술규격에서 정하는 기술적 요건으로 인하여 그리고 그러한 전자수단(예 스마트카드)의 소지자에게 불가피하게 영향을 미칠 가능성이 있다.

20 회원국들의 협력은 위험의 정도에 적합한 높은 수준의 신용과 보안을 조성하려는 관점에서 통지된 전자신원확인수단의 기술적 상호운용성에 기여한다. 상호인정을 위한 회원국 간의 정보의 교환과 최상의 실무적 경험의 공유는 그러한 협력을 도울 수 있다.

21 이 규정은 또한 전자인증업무의 이용에 대한 보편적인 법적 프레임워크를 수립한다. 그러나 이것이 그 이용에 대한 일반적인 의무를 형성하는 것은 아니다. 특히 제3자에게 아무런 영향을 미치지 않는 정의된 참가자 집단 사이의 폐쇄된 시스템 내에서만 사용되는 서비스 제공까지 포괄해서는 안 된다. 예를 들어, 신뢰서비스를 사용하는 내부 절차를 관리하기 위해 기업이나 공공행정기관에 설립된 시스템은 이 규정의 요건을 따라서는 안 된다. 제3자에게 영향을 미치는 대중에게 제공되는 신뢰서비스만이 규정에서 정한 요건을 충족해야 한다. 또한 이 규정은 회원국법 또는 유럽연합법에 의해 정해진 양식과 관련하여 계약의 체결, 효력 또는 기타 법적 의무와 관련된 측면을 다루지 않는다. 또한 공공등록부, 특히 상업 및 토지 등록부에 관한 국가의 형식 요건에 영향을 미치지 않아야 한다.

22 보편적이고 국가 간 이용에 기여하기 위하여, 모든 회원국은 신뢰서비스를 법적 절차의 증거로 사용될 수 있어야 한다. 아울러, 이 규정에서 정하는 바를 제외하고는 각 국가법에서 신뢰서비스에 대한 법적 효력을 규정하여야 한다.

23 이 규정에서 신뢰서비스를 인정할 의무를 부과하는 범위 내에서, 그 신뢰서비스를 인정할 의무를 부담하는 자는 자신이 즉시 통제할 수 없는 기술적 사유로 인하여 신뢰서비스를 가독할 수 없거나 그 유효성을 검증할 수 없는 경

우에만 신뢰서비스의 인정을 거부할 수 있다. 그러나 그러한 의무만으로는 공공 기관이 기존의 모든 신뢰서비스의 기술적인 가독성을 위해 필요한 하드웨어와 소프트웨어를 확보해야 하는 것은 아니다.

24 이 규정이 신뢰서비스와 완전히 조화되지 않는 경우에는, 회원국은, 유 럽연합법과 일치하는 범위에서, 신뢰서비스에 관하여 국내법상의 규정을 유지 또는 도입할 수 있다. 그러나 이 규정과 일치하는 신뢰서비스는 역내시장에서 자유롭게 유통되어야 한다.

25 회원국은 국가 차원에서 적격신뢰서비스로 인정할 목적으로 이 규정에 서 정하는 한정된 신뢰서비스 이외의 다른 유형의 신뢰서비스를 자유롭게 정의 할 수 있어야 한다.

26 기술 변화의 속도가 빠르기 때문에 이 규정은 혁신에 관한 열린 접근방 법을 채택하여야 한다.

27 이 규정은 기술 중립적이어야 한다. 이 규정의 요건을 충족시키는 모든 기술적 접근방법은 그에 부여되는 법률상의 효력을 갖는다.

28 특히 역내시장의 중소기업과 소비자의 신뢰를 강화하고 신뢰서비스 및 제품의 사용을 촉진하기 위하여 적격신뢰서비스 및 적격신뢰서비스제공자의 개 념을 도입해야 한다. 이 개념은 적격신뢰서비스 및 제품이 사용되거나 제공되는 모든 사항에 대한 높은 수준의 보안을 보장하는 요건과 의무를 나타내기 위한 것이다.

29 장애인의 권리에 관한 유엔 협약상의 의무에 따라서, 유럽연합의 이사 회 결정2010/48/EC에 의하여 승인되었으며, 특히 장애인의 권리에 관한 유엔 협약 제9조에서 정하는 바에 의하여, 장애인은 다른 소비자들과 동등한 수준으 로 신뢰서비스와 최종사용자 제품의 제공과정에서 사용되는 신뢰서비스들과 최 종사용자 제품들을 사용할 수 있도록 하여야 한다. 따라서 실행가능하다면, 이러 한 서비스의 제공과정에서 제공되는 신뢰서비스와 사용되는 최종사용자 제품은 장애인이 접근할 수 있도록 하여야 한다. 실행가능성 평가(feasibility assessment) 는 특히 기술적 그리고 경제적 고려사항을 포함해야 한다.

30 회원국은 이 규정에 따라 감독 활동을 수행하기 위한 단일한 또는 다수의 감독기구들을 지정해야 한다. 회원국은 다른 회원국과의 상호합의에 따라 다른 회원국의 영토 내에 한 감독기관을 지명할 수 있어야 한다.

31 적격신뢰서비스제공자가 적격신뢰서비스제공자에 대한 감사결과를 개인정보보호기관에 정보제공하는 경우와 같이 개인정보보호법을 위반한 것으로 밝혀진 경우, 감독기관은 개인정보보호기관과 협력하여야 한다. 정보의 제공은 특히 보안사고와 개인정보의 위반을 포함하여야 한다.

32 모든 신뢰서비스제공자들은 유럽 단일시장에서 이용자들의 신뢰를 증진시키기 위하여 그들의 활동에 결부된 위험에 대처할 수 있는 충분한 보안 훈련을 받아야 한다.

33 유럽연합법 또는 국내법에 의거하여 개인의 신원확인이 필요한 경우에 회원국들은 인증서에서의 가명 사용에 관한 조항으로 인하여 방해받지 않아야 한다.

34 모든 회원국의 감독 당국은 공통된 일반요건을 준수하여 적격신뢰서비스의 보안수준을 유사하게 유지할 수 있도록 하여야 한다. 유럽연합 전역에서 공통된 일반요건을 일관성 있게 적용하는 것을 용이하게 하기 위하여 회원국은 유사한 절차를 적용하고 해당 분야에 대한 감독과 업무지침에 관한 정보를 교환하여야 한다.

35 모든 신뢰서비스제공자는 본 규정의 요건, 특히 보안과 배상책임에 관하여 성실하게 임할 것을 보장하고, 투명성 그리고 운영과 서비스의 책임(accountability)에 관한 규정을 준수해야 한다. 그러나 신뢰서비스제공자가 제공하는 서비스 유형을 고려할 때 적격신뢰서비스제공자와 비적격신뢰서비스제공자에 관한 요건을 구분하는 것이 적절하다.

36 모든 신뢰서비스제공자에 대한 감독은 신뢰서비스제공자의 운영과 서비스에 대한 보안과 책임에 대한 평등한 사업영역을 보장하기 위한 체제이므로, 이러한 감독으로 이용자를 보호하고 역내 시장의 기능에 기여하여야 한다. 비적격신뢰서비스제공자는 그 서비스와 사업의 성질상 사후감독의 대상이므로 그에

대한 조치를 완화하여 대처한다. 그러므로 감독기구는 비적격신뢰서비스제공자를 감독할 일반의무가 없다. 감독기구는 비적격신뢰서비스제공자가 이 규정의 요건을 준수하지 않는다는 정보를 제공받은 경우(⑩ 비적격신뢰서비스제공자는 스스로, 다른 감독 기관, 또는 이용자나 사업상대방의 신고 또는 자체 조사에 근거)에만 조치를 취하여야 한다.

37 이 규정에서 모든 신뢰서비스제공자의 배상책임에 관한 규정을 두어야 한다. 특히 모든 신뢰서비스제공자는 이 규정에서 정하는 의무를 준수하지 못함으로써 발생하는 모든 자연인 또는 법인에 대한 손해를 배상할 책임이 있다는 손해배상법 체계를 정립하여야 한다. 신뢰서비스제공자가 감당하여야 할 금융상의 위험 또는 보험으로 충당하여야 할 재무적 부담에 대한 평가를 활성화하기 위하여, 이 규정에서 신뢰서비스제공자가 일정한 조건하에 제공하는 서비스의 사용에 관한 배상책임을 제한할 수 있도록 허용하며, 그리고 그러한 책임제한을 초과하는 신뢰서비스 사용에서 발생하는 손해에 대하여는 배상책임을 지지 않도록 할 수 있다. 이와 같은 책임제한에 관한 정보는 사전에 사용자 고객에 대하여 적절하게 통지되어야 한다. 그러한 책임제한은 제3자가 인식할 수 있어야 하는데, 예를 들면, 제공되는 서비스의 약관에서 그 책임제한에 대한 정보를 밝히거나 기타 인식할 수 있는 방식으로 정보를 제공한다. 배상책임원칙에 대한 효력이 발생하려면, 배상책임에 관한 이 규정은 국내법에 따라서 적용되어야 한다. 그러므로 이 규정은 다음과 같은 국내법상의 원칙에 대하여는 영향을 미치지 않는데, 예를 들면, 손해, 고의, 과실의 개념 또는 관련된 해당 소송절차상의 원칙에 영향을 미치지 않는다.

38 보안 위반 또는 무결성이 훼손된 경우에 관련당사자에게 적절한 정보를 제공하여야 한다는 관점에서 보안 위반과 보안 위험에 대한 영향평가를 통지하는 것은 반드시 필요하다.

39 유럽 집행위원회와 회원국들이 이 규정에 의하여 도입된 침해통지 메커니즘의 효율성을 평가할 수 있도록 하기 위해서, 감독기관들은 집행위원회와 유럽연합 정보통신기구(ENISA)에 요약된 정보를 제공하여야 한다.

40 집행위원회와 회원국이 본 규정에 의해 도입, 강화된 감독 체제의 효과

성을 평가할 수 있도록 감독기구는 그들의 활동에 대해 보고하도록 요청되어야 한다. 이는 감독기관 간의 우수 사례 교환을 촉진하는 데 도움이 될 것이며 모든 회원국의 필수 감독 요건의 일관되고 효율적인 이행을 확인하는 데 도움이 될 것이다.

41 적격신뢰서비스의 지속 가능성과 내구성을 보장하고 적격신뢰서비스의 연속성에 대한 이용자의 신뢰를 높이기 위해 감독기관은 신뢰서비스제공자가 인증업무를 중단할 경우, 업무종료계획에 대한 조항을 두고 이를 이행하였는지 확인해야 한다.

42 적격신뢰서비스제공자에 대한 감독을 원활하게 하기 위하여 회원국가들의 감독기관간의 상호공조체계가 마련되어야 한다. 예를 들면, 한 신뢰서비스제공자가 자신의 사업을 다른 회원국의 영토 내에서 제공하면서 그 다른 회원국의 감독을 받지 않는 경우, 또는 신뢰서비스제공자의 컴퓨터가 신뢰서비스제공자의 설립지 이외의 회원국의 영토에 소재하는 경우에 감독기관간의 상호공조가 필요하다.

43 적격신뢰서비스제공자와 그들이 제공하는 서비스가 본 규정에 명시된 요건을 준수하는지를 확인하기 위해서 적합성 평가는 적합성 평가기관에 의해 수행되어야 하며, 적합성 평가 결과보고서는 적격신뢰서비스제공자에 의해 감독기구에 제출되어야 한다. 감독기구는 적격신뢰서비스제공자에게 임시 적합성 평가보고서 제출을 요청할 때마다 그 결정에 대한 이유를 제시할 의무를 포함하여 정당한 관리 원칙을 존중해야 한다. 그러므로 감독기구는 임시 적합성 평가를 요구하는 결정을 정당화해야 한다.

44 본 규정은 높은 수준의 보안과 신뢰서비스의 법적 확실성을 제공하기 위해 일관된 프레임워크를 확보하는 것을 목표로 한다. 이와 관련하여 제품 및 서비스의 적합성 평가를 처리할 때 집행위원회는 적절한 경우 유럽 의회 및 이사회의 규정 (EC) No 765/2008(적합성 평가기관의 인정 및 제품의 시장 감시에 대한 요건을 제시)같은 기존의 관련 유럽 및 국제 제도와의 시너지 효과를 추구해야 한다.

45 적격신뢰서비스제공자와 적격신뢰서비스를 신뢰할 수 있는 목록에 포함

시켜야 하는 효율적인 개시절차가 가능하도록 하기 위해, 적격신뢰서비스 제공에 이르는 실사를 용이하게 하기 위한 목적으로 예비 적격신뢰서비스제공자와 권한 있는 감독기관 간의 예비 상호작용을 장려해야 한다.

46 신뢰목록은 감독시점에서 신뢰서비스의 적격지위를 표시하기 위해 시장 운영자 간의 신뢰 구축에 있어 필수 요소이다.

47 이용자가 전자서비스에 충분히 이익을 느끼고 의식적으로 의존하려면 온라인서비스에 대한 자신감과 편리함이 필수적이다. 이를 위해 적격신뢰서비스 제공자가 제공하는 적법한 신뢰서비스를 확인하기 위해 EU 신뢰마크를 작성해야 한다. 적격신뢰서비스에 대한 이러한 EU 신뢰마크는 적격신뢰서비스를 다른 신뢰서비스와 분명히 차별화하여 시장의 투명성에 기여한다. 적격신뢰서비스제공자가 EU 신뢰마크를 사용하는 것은 자발적이어야 하며 본 규정에서 정하는 것 이외의 요건을 정할 수 없다.

48 전자서명을 상호인정하기 위하여는 전자서명의 보안수준이 높아야 하지만, 집행위원회 결정 2009/767/EC에서 정하는 경우에는 전자서명에 대한 보안수준이 낮은 경우에도 상호인정될 수 있어야 한다.

49 이 규정은 전자서명이 전자 형식으로 되어 있거나 적격전자서명의 요건을 충족시키지 못하는 이유로 전자서명의 법적 효력을 부인해서는 안 된다는 원칙을 제정해야 한다. 그러나 이 규정에서 적격전자서명은 수기서명과 동등한 법적 효력이 있다는 규정을 제외한 전자서명의 법적 효력은 국내법으로 정한다.

50 현재 문서에 전자서명을 할 때 회원국의 권한당국간에 고급전자서명의 포맷을 달리 하고 있으므로, 각 회원국이 전자서명이 된 문서를 수신할 때 기술적으로 지원되는 최소한의 고급전자서명 포맷들을 지정할 필요가 있다. 마찬가지로 회원국의 권한당국이 고급전자인장을 사용하는 경우 각 회원국이 지원하는 최소한의 고급전자인장의 포맷을 지정할 필요가 있다.

51 서명자가 그 자신의 전자서명생성데이터의 사용을 단독으로 통제할 수 있는 적절한 메커니즘과 절차가 설정되어 있으며, 그리고 적격전자서명생성장치의 사용으로 적격전자서명의 요건을 충족하는 경우에는, 서명자는 적격전자서명생성장치를 제3자의 보호 하에 위탁할 수 있다.

52 전자서명 생성 환경이 서명자를 대신하여 신뢰서비스제공자에 의해 관리되는 원격전자서명의 생성은 여러 경제적 이익을 고려하여 증가할 것이다. 그러나 이러한 전자서명이 전적으로 사용자 관리 환경에서 생성된 전자서명과 동일한 법적 승인을 받도록 하려면 원격전자서명 서비스제공자는 특정 관리 및 관리 보안절차를 적용하고 안전한 전자 시스템을 포함하여 신뢰할 수 있는 시스템 및 제품을 사용해야 한다. 전자서명 생성 환경이 신뢰할 수 있고 서명자의 독점적인 통제 하에 사용됨을 보장하기 위해 전자통신 채널을 사용해야 한다. 원격전자서명생성장치를 사용하여 적격전자서명을 작성한 경우, 이 규정에 명시된 적격신뢰서비스제공자에게 적용되는 요건을 적용해야 한다.

53 적격인증서의 정지는 여러 회원국에서 신뢰서비스제공자가 확립한 운영 관행으로, 인증서의 유효기간이 일시적으로 상실된다는 점에서 폐지와 구분된다. 법적 확실성은 인증서의 정지 상태가 항상 명확하게 표시될 것을 요구한다. 이를 위해 신뢰서비스제공자는 인증서의 상태를 명확하게 표시하고 일시 중단된 경우, 인증서가 일시 중단된 정확한 기간을 명시해야 한다. 이 규정으로 적격인증서의 정지 관행을 신뢰서비스제공자 또는 회원국에게 부과하여서는 안 되지만, 그러한 관행을 사용할 수 있는 시기와 장소에 대한 투명성 규칙은 정하여야 한다.

54 국가 간 상호운용성 및 적격인증서의 인정은 적격전자서명에 대한 국가 간 승인의 전제 조건이다. 그러므로 적격인증서는 이 규정에서 정한 요건을 초과하는 필수요건의 대상이 되어서는 안 된다. 그러나 국가 수준에서, 그러한 특정 속성이 국가 간 상호운용성 및 적격인증서와 전자서명의 인정을 저해하지 않는 한, 적격인증서에 고유식별자와 같은 특정 속성을 포함시키는 것을 허용하여야 한다.

55 ISO 15408 및 관련 평가 방법 및 상호인정 약정과 같은 국제 표준에 기반한 IT 보안 인증은 적격전자서명생성장치의 보안을 확인하는 중요한 도구이며 이를 촉진해야 한다. 그러나 모바일 서명 및 클라우드 서명과 같은 혁신적인 솔루션과 서비스는 보안 표준을 아직 이용할 수 없거나 최초 IT 보안 인증이 진행 중이기 때문에, 적격전자서명생성장치에 대한 기술 및 체계적인 솔루션에 의

존해야 한다. 그러한 적격전자서명생성장치의 보안수준은 보안 표준을 사용할
수 없는 경우 또는 첫 번째 IT 보안 인증이 진행 중인 경우에만 대체 프로세스
를 사용하여 평가할 수 있다. 이러한 프로세스는 보안수준이 동등한 경우에 한
해 IT 보안 인증 표준과 비교되어야 한다. 이러한 프로세스는 동료검토에 의해
촉진될 수 있다.

56 이 규정은 고급전자서명의 기능을 보장하기 위해 적격전자서명생성장치
에 대한 요건을 규정해야 한다. 이 규정은 이러한 장치가 작동하는 전체 시스템
환경을 다루지 않아야 한다. 따라서 적격전자서명생성장치의 인증 범위는 서명
생성장치에서 생성, 저장 또는 처리되는 전자서명생성데이터를 관리하고 보호하
는 데 사용되는 하드웨어 및 시스템 소프트웨어로 제한되어야 한다. 관련 표준
에 자세히 설명되어 있듯이 인증의무의 범위는 전자서명생성응용프로그램을 제
외해야 한다.

57 서명의 유효성검증에 대한 법적 확실성을 보장하기 위해, 적격전자서명
의 구성요소를 명시하는 것은 필수적이며, 그 구성요소들은 그 유효성검증을 받
아서 활용하는 신뢰당사자에 의하여 평가되어야 한다. 더 나아가, 적격신뢰서
비스제공자가 되기 위한 요건을 명시하는 것은, 신뢰당사자가 적격전자서명의 유
효성검증을 이용하려 하지 않거나 이용할 수 없는 경우에 적격신뢰서비스제공자
가 적격유효성검증서비스를 제공할 수 있으므로, 민간 및 공공부문이 그와 같은
서비스에 투자할 것을 촉진시켜야 한다. 적격전자서명의 구성요소와 적격신뢰서
비스제공자가 되기 위한 요건 두 가지 요소 모두 유럽연합에 속하는 모든 당사
자가 적격전자서명유효성검증을 쉽고 편리하게 할 수 있도록 하여야 한다.

58 거래에서 법인의 적격전자인장이 필요한 경우, 법인의 권한 있는 대표
자의 적격전자서명도 동등하게 수용되어야 한다.

59 전자인장은 법인이 전자문서를 발행하였다는 증거로서 그 문서의 출처
와 무결성의 확실성을 보증한다.

60 전자인장용적격인증서를 발급하는 신뢰서비스제공자는 전자인장용적격
인증서가 제공되는 법인을 대표하는 자연인에 대하여, 국가의 행정절차 또는 사
법절차의 맥락에서 그와 같은 신원확인이 필수적인 경우에는, 그의 신원을 확인

할 수 있는 필수적인 조치를 시행하여야 한다.

61 이 규정은 정보의 장기보존을 보증하여야 하는데, 기간이 연장되어도 전자서명과 전자인장의 법적 유효성검증을 보증하고 장래의 기술적 변화와 무관하게 유효성검증을 받을 수 있다는 것은 보장하기 위한 것이다.

62 적격전자타임스탬프의 보안을 보장하기 위해 이 규정은 고급전자인장이나 고급전자서명 또는 기타 동등한 방법을 사용해야 한다. 타임스탬프와 동등한 수준의 보안을 보장할 수 있는 새로운 기술혁신이 이루어질 가능성이 있다. 고급전자인장 또는 고급전자서명 이외의 방법을 사용할 때마다 적격신뢰서비스제공자는 적합성 평가보고서에서 그러한 새로운 방법론의 보안수준이 (이전의 보안과) 동등한 수준임을 보장하고 이 규정에서 정하는 의무를 준수한다는 것을 증명하여야 한다.

63 전자문서는 역내 시장에서의 국가 간 전자거래의 발전을 위해 중요하다. 이 규정은 문서가 전자 형식이라는 이유만으로 전자거래가 거부되지 않도록 하기 위해 문서가 전자 형식이라는 이유로 전자문서의 법적인 효력이 부인되지 않는다는 원칙을 확립해야 한다.

64 고급전자서명과 고급전자인장의 포맷을 다룰 때 집행위원회는 현재의 관행, 표준 및 법령, 특히 집행위원회 결정 2011/130/EU(권한 당국이 전자서명한 문서의 국가 간 처리를 위한 최소요건)을 토대로 작성해야 한다.

65 전자인장은 법인이 해당 문서를 발행하였다는 것을 인증하는 것 외에도, 법인의 소프트웨어 코드 또는 서버와 같은 것이 그 법인의 디지털 자산임을 인증하는데 사용될 수 있다.

66 전자등기배달서비스와 관련된 기존의 국가 법률 시스템 간의 국가 간 인정을 촉진하기 위한 법적 프레임워크를 정하는 것이 필수적이다. 이 프레임워크는 유럽연합 내 신뢰서비스제공자가 새로운 범 유럽 전자등기배달서비스를 제공할 수 있는 신시장을 개척할 기회가 될 수 있다.

67 웹사이트인증서비스는 어떤 웹사이트를 방문한 자가 그 웹사이트 배후에 진정하고 합법적인 실체가 있다는 것을 확신할 수 있는 수단을 제공한다. 이

러한 서비스는 사용자가 인증을 받은 웹사이트 내에 있다는 확신을 갖기 때문에, 온라인상의 거래활동에 대한 신뢰와 기밀성 구축에 기여한다. 웹사이트인증 서비스의 제공과 이용은 전적으로 자발적이다. 그러나 웹사이트인증이 신뢰를 높이고 더 나은 사용자경험을 제공하며 역내 시장의 성장을 촉진하기 위한 수단이 되려면, 이 규정은 서비스제공자와 그들의 서비스에 대하여 최소보안의무와 배상책임의무를 부과하여야 한다. 이러한 목적에서, 인증기관/브라우저 포럼(예 CA/B 포럼)과 같은 기존의 산업이 주도하는 사업의 결과들을 고려하여왔다. 또한 이 규정은 eIDAS 규정의 적용을 받지 않는 웹사이트를 인증하기 위한 다른 수단이나 방법의 사용을 방해해서는 안 되며, 제3국의 웹사이트인증서비스제공자가 유럽연합 내에 있는 고객에게 해당 서비스를 제공하는 것을 방해해서는 안된다. 그러나 제3국의 서비스제공자는, 서비스제공자의 설립 국가와 유럽연합 간의 국제 협약이 체결된 경우, 이 규정에서 정하는 적격으로 인정되는 웹사이트 인증서비스만을 할 수 있다.

68 유럽연합 기능조약(TFEU)의 조항에 따라 '법인'의 개념은 운영자가 자신의 활동을 수행하기에 적합한 것으로 판단되는 법적 형태를 자유롭게 선택할 수 있게 한다. 따라서 '법인'은 TFEU의 의미에서 회원국가의 법적인 형식에 관계없이 회원국의 법에 따라 구성되거나 규제를 받는 모든 법인을 의미한다.

69 조합 기관, 기구, 사무소 및 기관은 특히 이 규정이 적용되는 분야에서의 기존 우수 사례 및 진행 중인 프로젝트들을 대상으로 행정 협력을 목적으로 본 규정이 적용되는 전자신원확인 및 신뢰서비스를 적용할 것을 권고한다.

70 이 규정의 특정 세부 기술적 측면을 유연하고 신속하게 보완하기 위해, 기술적 기준을 적격전자서명생성장치의 인증에 책임이 있는 기구들이 정하여야 한다는 관점에서, TFEU 제290조에 따라 법을 채택할 수 있는 권한은 집행위원회에 위임되어야 한다. 이것은 특히 집행위원회가 전문가 자문회의를 포함하는 준비작업의 기간 중에 적절한 자문회의를 수행한다는 점에서 중요하다. 집행위원회는 위임법을 준비하고 초안을 마련할 때, 관련 문서를 유럽 의회와 이사회에 동시에, 적시에, 그리고 적절한 시기에 전달한다는 것을 보장하여야 한다.

71 이 규정의 시행을 위한 단일한 조건을 보장하기 위하여, 특히 어떤 표

준참조번호를 사용하여야 이 규정에서 정하는 특정 요건을 준수하였다는 추정을 받을 수 있는지를 구체적으로 정하기 위하여, 집행위원회에 시행권한이 부여되어야 한다. 그러한 권한은 유럽 의회 및 이사회의 규정 182/2011에 따라 행사되어야 한다.

72 위임법 또는 시행법을 채택할 때, 집행위원회는 유럽 및 국제 표준화기구 및 기관, 특히 유럽 표준화위원회(CEN), 유럽전기통신표준협회(ETSI), 국제표준화기구(ISO) 및 국제전기통신연합(ITU)과 협력하여 전자신원확인 및 신뢰서비스의 높은 수준의 보안 및 상호운용성을 보장해야 한다.

73 법적 확실성과 명료성을 위하여 전자서명지침 1999/93/EC는 폐지된다.

74 전자서명지침 1999/93/EC에 따라 자연인에게 발행된 적격인증서를 이미 사용하고 있는 시장 운영자에 대한 법적 확실성을 보장하기 위해, 과도기적인 목적을 위해 충분한 기간을 제공할 필요가 있다. 마찬가지로 전자서명지침 1999/93/EC에 따라서 적합성 판정을 받은 안전한 전자서명생성장치에 대하여서뿐만 아니라 2016년 7월 1일 이전에 적격인증서를 발행한 인증서비스제공자에 대하여서도 경과조치를 수립하여야 한다. 최종적으로 그 날짜 이전에 시행법과 위임법을 채택하기 위한 수단을 집행위원회에 제공할 필요도 있다.

75 본 규정에 명시된 신청 일자는 회원국이 이미 유럽연합법에 따른 기존의 의무, 특히 지침 2006/123/EC 하에서의 의무에 영향을 미치지 않는다.

76 회원국의 단위로는 이 규정의 목적을 달성하는데 충분하지 않고 오히려 규모의 경제를 근거로 유럽연합 차원에서 보다 더 잘 달성될 수 있으므로, 유럽연합은 유럽연합조약 제5조에서 정하는 바와 같이 보충성의 원칙에 따라서 필요한 조치를 취할 수 있다. 유럽연합조약 제5조에서 정하는 비례성의 원칙에 따라서, 이 규정은 그 목적을 달성하는데 필요한 조치를 취하며 그 이상을 넘지 않는다.

77 유럽의 데이터 보호 감독기관은 유럽 의회와 이사회의 규정 (EC) No 45/2001의 제28조 2항에 따라서 자문을 받았으며 2012년 9월 27일에 의견서를 전달하였다.

제2절 총칙(제1조~제5조)

∎ 제1조 ∎ 목 적

전자신원확인수단 및 신뢰서비스의 적절한 보안수준을 확보할 목적으로 역내시장의 적절한 기능을 확보할 수 있도록 본 규정(eIDAS 규정)[1]은 다음과 같이 정한다.

(a) 회원국들이 통지가 이루어진 다른 회원국의 전자신원확인체계에 포함되는 자연인과 법인의 전자신원확인수단의 승인조건을 정한다.

(b) 특히 전자거래를 위한 신뢰서비스에 관한 법규를 정한다.

(c) 전자서명, 전자인장, 전자타임스탬프, 전자문서, 전자등기배달서비스 및 웹사이트 인증을 위한 인증서 서비스에 관한 법적 체계를 수립한다.

Ⅰ. 입법취지

eIDAS 규정은 유럽연합 회원국의 역내에서 회원국 간에 전자신원확인수단의 사용에 따른 장애를 제거하고 전자거래의 신뢰성을 높이기 위하여 제정되었다. 이를 위하여 eIDAS 규정은 기술중립성의 원칙을 유지하면서 회원국간의 전자신원확인수단의 승인조건을 정하고, 전자거래를 위한 신뢰서비스에 관한 법규를 정하는데 목적을 둔다. eIDAS 규정의 신뢰서비스에 포함되는 것으로는 전자서명, 전자인장, 전자타임스탬프, 전자문서, 전자등기배달서비스 및 웹사이트 인증을 위한 인증서 서비스가 있고, 이에 관한 법적 체계를 수립하고 있다.[2]

Ⅱ. 내 용

1. 규정형식의 선택

eIDAS는 유럽연합기능조약(TFEU) 제114조에 따라서 규정(Regulation) 형식으로 제정되었다. 따라서 종래의 전자서명지침 1999/93/EC와 달리 eIDAS 규정은 모든 회원국에 대하여 전체적이고도 직접적으로 구속력을 갖는다(유럽연합 기능조약 제288조 제2항).

---

1) 이하 조문에서 본 규정은 "eIDAS 규정"을 의미한다.
2) Zaccaria/Schmidt-Kessel/Schulze/Gambino, 앞의 책, at 40ff.

2. eIDAS 규정의 대상

eIDAS 규정은 유럽연합 내에서 전자신원확인서비스가 회원국마다 다른 법제도가 적용된 결과 전자거래의 장애가 되었고, 나아가 법적 확실성의 부족으로 인하여 소비자, 기업, 공공기관이 전자거래를 하거나 새로운 서비스를 제공하는 데 지장이 있었기 때문에 법적 확실성을 부여함으로써 온라인 환경에서 신뢰를 구축하기 위하여 제정되었다(전문 제1호). eIDAS 규정은 종래 전자서명에 국한되었던 신뢰서비스를 전자서명지침이 제정된 지 15년 만에 다른 영역까지 확대하여 규정함으로써 유럽연합 내에서 신뢰서비스에 대한 규제의 틀을 혁신하였다.

3. eIDAS 규정의 목적

(1) 총 설

eIDAS 규정은 기술중립성 원칙을 채택하고 있으며, 전자신원확인과 신뢰서비스에 관한 내용을 통일적으로 규율하고 있다. eIDAS 규정은 신뢰서비스의 요건 뿐만 아니라 신뢰서비스의 이용결과에 따른 법적 효력을 규율하고 있다. eIDAS 규정에서 정하고 있는 사항을 제외하고는 각국이 신뢰서비스의 법적 효력에 대하여 규정할 수 있다(전문 제22호). 개인정보보호에 관하여 폐지된 개인정보보호지침(Directive 96/45/EC)을 대체하는 개인정보보호규정(Regulation 2016/679/EU, GDPR)은 eIDAS 규정 내에서 포괄적으로 정하고 있다(예 제12조 협력과 상호운용성 제3항 (d)호, 제24조 적격신뢰서비스제공자의 요건 제2항 (j)호 등).

(2) 전자신원확인수단(제1조 a호)

eIDAS 규정은 회원국들이 통지된 전자신원확인체계의 범위에 포함되어 있는 다른 회원국들의 자연인과 법인의 전자신원확인수단을 승인하는 조건을 규정하고 있다. eIDAS 규정은 회원국이 개발한 서로 다른 전자신원확인시스템을 국가 간에 확실하게 사용하도록 이를 사용하는 공공기관의 온라인서비스 접속 시에 높은 보증수준이 요구되는 경우 필요 최소한의 보안 요건을 정하고 있다. eIDAS 규정은 각 회원국이 집행위원회에 신원확인시스템을 통지하도록 하고, 집행위원회에서 승인되고 유럽연합 관보에 게재된 신원확인시스템은 다른 모든 회원국에서도 인정받은 것으로 정하고 있다(제6조, 제7조, 제9조). 즉, 각 회원국은 자국이 제공하는 신원확인서비스의 보증수준과 동등하거나 보다 높은 보증수준을 갖는 것으로서 다른 회원국에 의하여 통지된 신원확인시스템은 이를 승인하여야 한다. 통지된 신원확인시스템의 상호승인은 공공부문에서는 의무사항이지만, 민간부문에서는 단순한 선택사항이다.

(3) 신뢰서비스(제1조 b호)

eIDAS 규정은 전자거래를 위한 신뢰서비스의 보편적인 법률적 프레임워크를 정하고 있으며, eIDAS 규정의 엄격한 적용을 받는 적격신뢰서비스와 일정한 경우에만 규율을 받는 비적격신뢰서비스로 구분하고 있다. 특히 eIDAS 규정상의 의무를 준수하지 못함으로 인하여 발생된 손해에 대한 배상책임규정(제11조), 장애인의 서비스 접근가능성(제15조)이 있으며, 두 가지 신뢰서비스 모두 감독기구의 감독을 받는데 그 형태는 적격신뢰서비스는 사전적, 사후적 감독을 받고, 비적격신뢰서비스는 사후적인 감독만을 받는다(제17조 및 제20조). 또한 적격 및 비적격신뢰서비스제공자는 그들이 제공하는 신뢰서비스의 보안에 제기되는 위험관리를 위하여 적합한 기술적 및 기관 차원의 조치를 채택하여야 하며, 발생되는 사고에 대한 정보를 제공할 의무를 진다(데이터 침해통지, 제19조).

(4) 전자서명, 전자인장, 전자타임스탬프, 전자문서, 전자등기배달서비스 및 웹사이트인증(제1조 c호)

eIDAS 규정은 전자서명, 전자인장, 전자타임스탬프, 전자문서, 전자등기배달서비스 및 웹사이트 인증에 관한 법적 틀을 정한다. 전자서명에 관하여는 이전의 전자서명지침에 비하여 중요한 변화가 없지만, 다른 신뢰서비스에 관한 규정은 회원국들에게 중요한 새로운 변화를 가져왔다.

첫째, eIDAS 규정은 필요한 보안수준에 따라서 다양한 형태의 신뢰서비스를 정하고 있다. 즉, 전자서명, 전자인장의 경우 일반, 고급, 적격서비스로 세 가지를 규정하고, 전자타임스탬프, 전자등기배달서비스의 경우 일반과 적격서비스의 두 가지로 정하고 있다.

둘째, eIDAS 규정은 '비차별성의 원칙'을 따르고 있다. 즉, 전자적 형태로 되어 있다는 이유만으로 법적 효력 및 소송절차에서 증거능력이 부인되어서는 아니 된다는 원칙을 따른다(전자서명의 경우 제25조 제1항, 전자인장 제35조 제1항, 전자타임스탬프 제41조 제1항, 전자등기배달서비스 제43조 제1항, 전자문서 제46조). eIDAS 규정은 또한 '기술중립성의 원칙'에 따라 전자적 수단들이 갖추어야 할 요건을 보증하는 기술적 형식을 부과하지 않고, 전자적 수단의 필요 요건을 열거하고 있다(전문 제27호). 또한 '상호인정의 원칙'에 따라서 한 회원국이 발급한 적격의 법적 수단은 다른 회원국에서도 똑같은 조건으로 인정되어야 한다는 것을 정하고 있다(전자서명 제25조 제3항, 전자인장 제35조 제3항, 전자타임스탬프 제41조 제3항).

III. 비교법적 고찰

1. 우리나라

(1) 전자신원확인

우리나라는 전자신원확인법제는 별도로 두고 있지 않다. 그런데 전자서명법 제2조에서 전자서명을 정의하고 있고, 전자서명 인증서에 의한 서명자의 신원확인이 이용되고 있다. 예컨대 전자정부법 제10조에서는 민원인 등이 본인확인을 전자서명으로 할 수 있도록 규정하고 있고, 전자금융거래법은 전자서명법상의 전자서명생성정보 및 인증서를 접근매체의 하나로 규정하고 있다(제2조 제10호). 전기통신사업법 제37조의6 제2항은 전기통신사업자는 정보통신망을 이용한 계약체결 시에 계약상대방이 본인임을 확인하기 위하여 전자서명법 제2조 제2호에 따른 전자서명(서명자의 실지명의를 확인할 수 있는 것을 말한다)을 통한 확인으로 대체할 수 있도록 정하고 있다.

또한 정보통신망법 제23조의2는 주민등록번호 사용제한을 규정하고 주민등록번호 대체수단으로써 본인확인 수단에 관하여는 정보통신망법 제23조의3이 본인확인기관의 지정제도를 두고 있으며, 이에 따라 지정된 본인확인기관이 제공하는 연계정보(CI)를 활용하여 본인확인을 할 수 있도록 하였다(본인확인기관 지정등에 관한 기준, 방송통신위원회 고시 제2015-14호).

(2) 신뢰서비스

신뢰서비스에 해당하는 전자서명(전자서명법 제2조 제2호), 전자문서의 시점확인(전자서명법 제18조), 전자등기배달서비스에 해당하는 공인전자문서중계자(전자문서법 제2조 제10호, 제31조의18), 공인전자주소(전자문서법 제2조 제8호, 제18조의4 공인전자주소의 등록)제도가 이용되고 있다. 이 외에 전자문서보관과 유통증명서비스를 제공하는 공인전자문서센터(전자문서법 제2조 제9호, 제31조의2)가 있다.

반면에 우리나라 법제상으로 전자인장, 웹사이트 인증과 같은 신뢰서비스는 규정을 두고 있지 않다.

2. 독 일

(1) 전자신원확인

독일은 2019.6.21. '전자신분카드법(eID-Karte-Gesetz; eIDKG)'을 제정하여 전자신분카드에 의하여 전자적으로 신원증명과 확인을 할 수 있도록 하였다 (2019.11.1. 시행). 이 법은 총 7장 26개 조문으로 구성되어 있다. 전자신분카드는 유럽연합 회원국의 국민 또는 유럽경제지역협정 체약국가의 국민이면 발급을 받을 수 있으며, 독일 국민의 경우 16세 이상인 자로서 신청자를 증명할 수 있는 사실을 기재한 신청서를 제출하여 발급신청을 할 수 있고, 신청인은 발급기관에 유효한 여권, 또는 신분증명카드를 제시하여 그 자신을 개인적으로 증명하고 필요한 증거를 제시하여 신청하여야 한다(제8조 제1항, 제2항). 전자신분카드는 개인당 한 개의 유효한 신분카드만 발급받을 수 있고, 독일연방 정부의 소유 재산이며, 연방 내무장관이 운영자가 되며, 유효기간은 10년이다(제3조, 제5조).

(2) 신뢰서비스

eIDAS 규정을 국내법으로 시행하기 위하여 '신뢰서비스법(Vertrauensdienste-gesetz: VDG)'이 제정되었다. 이 법은 2017.7.18.에 제정되어 2017.7.29.부터 시행되고 있고 그 시행일에 독일 구 전자서명법이 폐지되었다. 신뢰서비스법은 신뢰서비스제공자의 감독기관으로 독일연방네트워크관리국(Bundesnetzagentur)을, 정보보안 관할기관으로 독일연방정보기술보안청(Bundesamt für Sicherheit in der Informationstechnik)을 지정하였다(제2조). 신뢰서비스 중에서 전자서명, 전자인장, 전자타임스탬프의 생성·확인·유효성검증과 전자등기배달서비스 및 이 서비스 관련 증명과 이러한 서비스에 연계된 전자서명, 전자인장 또는 인증서의 보존은 연방 네트워크관리국의 업무로 정하고 있고(제2조 제1항 제1호), 웹사이트 인증을 위한 인증서의 생성, 확인 및 유효성 검증에 대하여는 연방기술보안청의 업무로 정하였다(제2조 제1항 제2호).

3. 일 본

(1) 전자신원확인

공적개인인증법에 의하여 주민기본카드에 보관되어 있는 전자인증서를 이용하여 국세전자신고(e-Tax), 상업등기와 법인등기의 신청, 부동산등기신청, 연금청구, 특허출원, 자동차신규등록 등의 공적 개인인증서비스를 이용할 수 있도록 하였다.

2013년에 '마이넘버법(행정절차에 있어서 특정 개인을 식별하기 위한 번호의 이용 등에 관한 법률)'을 제정하여 2016년 1월부터 '개인번호카드'가 희망자에게 교부되고 있다. 개인번호카드 앞면에는 4가지 정보(성명, 주소, 생년월일, 성별) 외에 사진이 첨부되고 카드의 뒷면에는 마이넘버(개인번호)가 기재된다. 주민기본카드와 마찬가지로 개인번호카드에도 IC칩이 탑재되어 있고 권면의 기재사항의 데이터 및 전자인증서 등이 보관되어 있어서, '서명용전자증명서'와 '이용자증명용 전자증명서' 두 가지가 저장되어 있어서 후자의 전자증명서로 본인확인을 할 수 있다.

(2) 신뢰서비스

일본은 2000년 '전자서명 및 인증업무에 관한 법률'을 제정하여 2001년부터 시행하고 있다.

Ⅳ. 소 결

우리나라에는 현재 전자신원확인법제가 없는데, 국제규범 및 외국의 사례를 참조하여 이에 관한 법제를 마련할 필요가 있다.

▌제2조▐ 적용범위

제1항 본 규정은 회원국에 의해서 통지된 전자신원확인체계와 유럽연합 내에 설립된 신뢰서비스제공자에게 적용한다.

제2항 본 규정은 폐쇄적인 시스템 내에서만 사용되는 것으로써 국내법의 적용 또는 참가자들의 일련의 합의의 결과로 만들어진 신뢰서비스 규정에는 적용하지 아니한다.

제3항 본 규정은 국내법 또는 유럽연합법으로서 계약의 체결 및 유효성 또는 형식에 관련된 법적 또는 절차적 의무에 관련된 사항에는 적용되지 아니한다.

Ⅰ. 입법취지

본 조항은 eIDAS 규정의 적용범위에 관한 규정이다. eIDAS 규정은 회원국이 집행위원회에 통지한 전자신원확인체계와 유럽연합 내에 설립된 신뢰서비스제공자에 대하여서만 적용된다. 또한 eIDAS 규정은 한정된 참가자에게만 적용되는 폐쇄적인 시스템 내에서만 사용되는 신뢰서비스에는 적용하지 않으며, 유럽연합 회원국의 국내법상의 계약체결 및 유효성 또는 절차적 의무사항에 관련하여서는 적용되지 않는다는 취지를 정하고 있다.

Ⅱ. 내 용

1. 적용범위

제2조 제1항은 eIDAS 규정이 오직 회원국에 의해서 집행위원회에 통지된 전자신원확인체계와 유럽연합에 설립된 신뢰서비스제공자에 대하여서만 적용된다는 것을 규정한다.

eIDAS 규정은 기본적으로 회원국들의 주권을 존중하는 측면에서, 회원국의 신뢰서비스가 eIDAS 규정의 요건에 적합한 경우에는 유럽연합 역내 시장에서 자유롭게 유통하도록 하여야 하지만, 그렇지 않고 eIDAS 규정과 충분히 조화를 이루지 못하는 회원국들의 신뢰서비스의 경우에는 국내법상으로 신뢰서비스규정을 제정하거나 유지하고 운용할 수 있도록 하였다(전문 제24호). 역내 시장의 적절한 기능을 확보하고자 하는 eIDAS 규정의 목적을 고려하면, eIDAS 규정은 단일 회원국 내에서만 배타적으로 사용될 의도로 제공되는 신뢰서비스에는 적용되지 않는다.

(1) 폐쇄시스템 내의 신뢰서비스

제2조 제2항은 eIDAS 규정이 국내법 또는 참가자들의 합의에 의하여 수립된 폐쇄적인 시스템 내에서만 배타적으로 사용되는 신뢰서비스에는 적용되지 않음을 정하고 있다(전문 제21호에서는 신뢰서비스를 이용할 수 있도록 내부절차를 관리하기 위하여 기업 또는 공공행정기관에 설정된 시스템을 예시로 들고 있다).

eIDAS 규정이 오직 제3자에게 영향을 주는 일반인에게 제공되는 신뢰서비스에 대해서만 규율하고 있기 때문에(전문 제21호), 그 적용 범위에 대하여, 신뢰서비스가 비록 특정한 조건에 따라서만 적용된다 하더라도, 누구나 그 서비스를 이용하기 원하는 자에 의하여 이용될 수 있어야 한다는 것은 매우 중요하다.

(2) 계약체결 및 유효성, 형식에 관련된 법적, 절차적 의무 관련사항들

제2조 제3항은 eIDAS 규정이 국내법 또는 유럽연합법으로서 계약의 체결 및 유효성 또는 형식에 관련된 법적 또는 절차적 의무에 관련된 사항에는 적용되지 아니한다는 것을 정하고 있다. eIDAS 규정은 공공 등록 특히, 상업적 및 토지등기에 관하여 관련된 방식요건에 영향을 미쳐서는 안 된다(전문 제21호).

Ⅲ. 비교법적 고찰

「전자문서법」은 제3조에서 다른 법률에 특별한 규정이 있는 경우를 제외하고는 모든 전자문서 및 전자거래에 적용되는 기본법에 해당한다는 것을 밝히고 있다.

- 전자문서 및 전자거래기본법 제3조 (적용범위)

이 법은 다른 법률에 특별한 규정이 있는 경우를 제외하고는 모든 전자문서 및 전자거래에 적용한다.

반면에 「전자서명법」은 이 법의 적용범위에 관한 규정을 두고 있지 않으나, 법의 취지를 고려할 때 전자문서법과 마찬가지로 다른 법률에 특별한 규정이 없는 한 모든 전자서명에 적용되는 기본법으로서의 성격을 갖는 것으로 해석된다.

Ⅳ. 소 결

eIDAS 규정 제2조는 적용범위를 유럽연합 내에 설립된 신뢰서비스제공자에게 적용한다고 밝히고 있는 바, eIDAS 규정 제14조 '국제적 측면'조항과 관련하여 제3국에 설립된 신뢰서비스제공자가 제공하는 적격신뢰서비스는 제3국과 유럽연합간의 협정에 근거하여 상호 동등한 법적효력이 인정될 수 있다는 점을 참고하여야 한다.

▌제3조 ▌ 정 의

eIDAS 규정의 목적을 위하여 다음의 정의규정을 적용한다:

제1호 "전자신원확인(electronic identification)"이란 자연인이나 법인 또는 법인을 대표하는 자연인을 유일하게 나타내는 전자적 형태의 개인 신원확인데이터(person identification data)를 사용하는 절차를 말한다;

제2호 "전자신원확인수단(electronic identification means)"이란 개인 신원확인데이터를 포함하고 있는 물질적 및(또는) 비물질적 단위이며 온라인서비스의 인증(authentication)을 위하여 사용되는 것을 말한다;

제3호 "개인 신원확인데이터(person identification data)"란 자연인이나 법인 또는 법인을 대표하는 자연인의 신원(identity)을 확인할 수 있는 일련의 데이터를 말한다;

제4호 "전자신원확인체계(electronic identification scheme)"란 자연인이나 법인 또는 법인을 대표하는 자연인에게 전자신원확인수단이 발급되는 전자신원확인을 위한 시스템을 말한다;

제5호 "인증(authentication)"이란 자연인 또는 법인의 전자신원확인을 하거나 전자적 형식의 데이터의 출처(origin)와 무결성(integrity)을 확인할 수 있도록 하는 전자적 절차를 말한다;

제6호 "신뢰당사자(relying party)"란 전자신원확인 또는 신뢰서비스를 신뢰하는 자연인 또는 법인을 말한다;

제7호 "공공기관(public sector body)"이란 다음과 같다;

   − 국가, 지역 또는 지방 자치단체,

   − 공법의 적용을 받는 기관,

   − 하나 또는 여러 개의 그러한 지방 자치단체나 공법의 적용을 받는 하나 또는 여러

개의 기관에 의하여 조직된 협회,

   – 국가, 지방 자치단체 또는 기관의 적어도 하나에 의하여 위임된 사적 단체,

   – 그러한 위임을 받아 집행하는 경우에 공공서비스를 제공하는 협회

제8호 "공법의 적용을 받는 기관(body governed by public law)"이란 유럽 의회와 위원회 지침 2014/ 24/EU 제2조 제1항 제4호에서 규정하는 기관을 말한다;

제9호 "서명자(signatory)"란 전자서명을 생성하는 자연인을 말한다;

제10호 "전자서명(electronic signature)"이란 전자적 형식으로 된 다른 데이터에 첨부되거나 논리적으로 결합되고, 서명자의 서명에 사용되는 전자적 형태의 데이터를 말한다;

제11호 "고급전자서명(advanced electronic signature)"이란 제26조에 규정된 요건을 충족하는 전자서명을 말한다;

제12호 "적격전자서명(qualified electronic signature)"이란 적격전자서명 생성장치에 의하여 생성되고, 적격전자서명 인증서를 기반으로 한 고급전자서명을 말한다;

제13호 "전자서명생성데이터(electronic signature creation data)"란 서명자가 전자서명을 하는데 사용하는 유일한 데이터를 말한다;

제14호 "전자서명인증서(certificate for electronic signature)"란 전자서명 유효성 데이터를 자연인과 연결하고, 적어도 그 자연인의 이름 또는 가명을 확인하는 전자적 증명서를 말한다;

제15호 "전자서명용 적격인증서(qualified certificate for electronic signature)"란 적격신뢰서비스제공자가 발행하고, 부속서(Annex) I 에 규정된 요건을 충족하는 전자서명인증서를 말한다;

제16호 "신뢰서비스(trust service)"란 다음과 같은 내용으로 이루어지는 통상적으로 유상으로 제공되는 전자적 서비스를 말한다:

  (a) 전자서명, 전자인장 또는 전자타임스탬프, 전자등기배달서비스 및 그러한 서비스와 연계된 인증서의 생성, 확인 및 유효성 검증; 또는

  (b) 웹사이트 인증을 위한 인증서의 생성, 확인 및 유효성 검증; 또는

  (c) 그러한 서비스에 연계된 전자서명, 전자인장 또는 인증서의 보존;

제17호 "적격신뢰서비스(qualified trust service)"란 eIDAS 규정에서 정하고 있는 적용요건을 충족하는 신뢰서비스를 말한다;

제18호 "적합성 평가기관(conformity assessment body)"이란 규정(EC) No 765/2008 제2조 제13호에 정의된 기관으로, 적격신뢰서비스제공자와 그가 제공하는 적격신뢰서비스에 대한 적합성 평가를 수행할 자격을 가진 것으로서 위 규정(No 765/2008)에 따라 자격이 인정된 기관을 말한다;

제19호 "신뢰서비스제공자(trust service provider)"란 적격 혹은 비적격신뢰서비스제공자로서 하나 이상의 신뢰서비스를 제공하는 자연인 또는 법인을 말한다;

제20호 "적격신뢰서비스제공자(qualified trust service provider)"란 하나 이상의 신뢰서비스를 제공하는 자로서, 감독기관으로부터 적격지위를 부여받은 신뢰서비스제공자를 말한다;

제21호 "제품(product)"이란 신뢰서비스 제공을 위하여 사용되는 하드웨어나 소프트웨어 또는 하드웨어나 소프트웨어의 구성 부분을 말한다;

제22호 "전자서명생성장치(electronic signature creation device)"란 전자서명을 하기 위하여 사용하도록 설정된 소프트웨어 또는 하드웨어를 말한다;

제23호 "적격전자서명 생성장치(qualified electronic signature creation device)"란 부속서 II에 규정된 요건을 충족하는 전자서명생성장치를 말한다;

제24호 "전자인장 생성자(creator of a seal)"란 전자인장을 생성한 법인을 말한다;

제25호 "전자인장(electronic seal)"이란 전자적 데이터의 출처와 무결성을 보장하기 위하여 그 전자적 형태의 데이터에 첨부되거나 논리적으로 결합된 전자적 형태로 된 데이터를 말한다;

제26호 "고급전자인장(advanced electronic seal)"이란 제36조의 요건을 충족하는 전자인장을 말한다;

제27호 "적격전자인장(qualified electronic seal)"이란 적격전자인장 생성장치에 의하여 생성된 것으로서, 적격전자인장 인증서를 기반으로 한 고급전자인장을 말한다;

제28호 "전자인장생성데이터(electronic seal creation data)"란 전자인장을 생성하기 위하여 전자인장 생성자에 의하여 사용되는 유일한 데이터를 말한다;

제29호 "전자인장 인증서(certificate for electronic seal)"란 전자인장 유효성 데이터와 법인을 연결시키는 것으로서 그 법인의 이름을 확인하는데 사용되는 전자적 증명서를 말한다;

제30호 "전자인장용 적격인증서(qualified certificate for electronic seal)"란 적격신뢰서비스제공자가 발행하고, 부속서 III의 요건을 충족하는 전자인장용 인증서를 말한다;

제31호 "전자인장생성장치(electronic seal creation device)"라 함은 전자인장을 생성하도록 설정된 소프트웨어 또는 하드웨어를 말한다;

제32호 "적격전자인장생성장치(qualified electronic seal creation device)"란 부속서 II의 요건을 준용하여 이를 충족하는 전자인장생성장치를 말한다;

제33호 "전자타임스탬프(electronic time stamp)"란 전자적 데이터가 특정한 시간에 존재하였다는 것을 증명하는데 사용되는 것으로써 특정 시간에 그 전자적 데이터에 결합된

전자적 형태로 된 데이터를 말한다;

제34호 "적격전자타임스탬프(qualified electronic time stamp)"란 제42조에 규정된 요건을 충족하는 전자타임스탬프를 말한다;

제35호 "전자문서(electronic document)"란 전자적 형태로 저장된 콘텐츠로써 문자, 소리, 영상 또는 시청각기록을 말한다;

제36호 "전자등기배달서비스(electronic registered delivery service)"란 제3자 간에 전자적 수단을 통하여 정보를 전송해줄 수 있도록 하는 서비스로써, 정보의 송신 및 수신에 관한 증거를 포함하여 전송된 정보의 처리에 관련하여 증명을 제공하고, 전송된 데이터의 멸실, 도난, 손상 또는 무권한의 변경위험으로부터 전송된 데이터를 보호하는 서비스를 말한다;

제37호 "적격전자등기배달서비스(qualified electronic registered delivery service)"란 제44조의 요건을 충족하는 전자등기배달서비스를 말한다;

제38호 "웹사이트인증용 인증서(certificate for website authentication)"란 인증서를 발급받은 자연인 또는 법인과 웹사이트를 연결시키고 웹사이트를 인증할 수 있도록 하는 증명서를 말한다;

제39호 "웹사이트인증용 적격인증서(qualified certificate for website authentication)"란 적격신뢰서비스제공자가 발행하고 부속서 Ⅳ에 규정된 요건을 충족하는 웹사이트인증용 인증서를 말한다;

제40호 "유효성검증데이터(validation data)"란 전자서명 또는 전자인장의 유효성 검증에 사용되는 데이터를 말한다;

제41호 "유효성검증(validation)"이란 전자서명 또는 전자인장이 유효하다는 것을 검증하거나 확인하는 절차를 말한다.

Ⅰ. 입법 취지

본조는 정의규정인데, eIDAS가 다루고 있는 세 가지 주제 즉, 전자신원확인(Identificaton), 전자서명(electronic signature) 및 전자신뢰서비스(electronic trust services)에 관하여 정의하고 있다.[3]

---

3) Zaccaria/Schmidt–Kessel/Schulze/Gambino, 앞의 책, at 51.

II. 내 용

1. 전자신원확인

어느 주체에 관한 신원확인(identification)은 그 절차단계별로 네 개의 정의로 이루어지며, 다음에 정의하는 인증(authentication)과 구별된다.[4]

먼저 전자신원확인절차(electronic identification process)는 전자적 형태의 개인 신원확인정보가 한 사람을 표시하기 위하여 사용되는 절차이다. 개인 신원확인 데이터(person identification data)는 어떤 사람의 신원확인을 할 수 있는 일련의 데이터이다. 따라서 전자신원확인(electronic identification)이란 자연이나 법인 또는 법인을 대표하는 자연인을 유일하게 나타내는 전자적 형태의 개인 신원확인 데이터를 사용하는 절차(제1호)이다. 이는 국내법제도에 따라 다양하게 달라질 수 있다.

전자신원확인수단(electronic identification means)이란 온라인서비스의 인증(authentication)을 위하여 사용되는 개인 신원확인데이터를 담고 있는 물질적 및/또는 비물질적 단위이며(제2호), 인증의 정의에서 정하는 바와 같이 어느 개인의 신원의 동일성을 확인하기 위하여 사용되는 것이다. 기술중립성의 원칙에 따라 신원확인수단을 정의하고 있지는 않으나, 예컨대, 물질적 단위는 배지(a badge) 또는 토큰(a token)이 될 수 있고, 비물질적 단위는 패스워드가 될 수 있다. 신원확인절차는 유일한 개인의 신원을 확인할 수 있어야 하므로 여러 개인이 동일한 신원확인수단과 연결될 수 없는 것이다.

전자신원확인체계(electronic identification scheme)란 자연인, 법인 또는 법인을 대표하는 자연인에게 전자신원확인수단이 발급되는 전자신원확인을 위한 시스템을 말한다. eIDAS 규정 제2장 (전자신원확인)에 따라서, 회원국이 자기 나라의 신원확인체계를 유럽연합 집행위원회에 통지하고, 집행위원회가 이를 관보에 공표하면 그것은 eIDAS 규정 제6조 이하의 내용에 따라서 모든 회원국을 구속하는 효력을 가지는데, 이는 모든 회원국이 상호인정을 하여야 할 의무를 지기 때문이다. 다만, 모든 회원국이 선호하는 전자신원확인체계를 가질 수 있고 이를 집행위원회에 적절한 방법으로 통지할 수 있는데 이는 의무사항이 아닌 선

---

4) Zaccaria/Schmidt–Kessel/Schulze/Gambino, 앞의 책, at 54ff.

택사항이다. eIDAS 규정 제8조는 제공되는 신원확인체계의 보안수준에 따라 낮음, 보통 또는 높음의 세 단계 보증수준을 정하고 있다. 회원국이 보증수준에 대한 제한을 하는 경우 신원의 동일성을 비교하기 위하여 보통 또는 높음 수준의 보증을 사용하도록 정할 수 있고, 신원의 동일성에 대한 잘못된 이용이나 변경의 위험을 실질적으로 감소시키거나 이를 방지하기 위한 목적에 따라서 달라질 수 있는 것이다. 이와 관련하여 유의할 점은 eIDAS 규정에서 제공하는 절차에 따라서 신원확인체계를 상호인정하는 것은 제6조에 의하여 공공기관에 대해서만 구속력이 있고, 민간부문에서는 자발적으로 통지된 신원확인체계 내에서 전자신원확인수단을 사용하는 것을 권장할 수 있다는 점이다. 회원국들은 온라인서비스 또는 전자거래에서 신원확인을 하는 데 필요한 경우에 민간부문이 자발적으로 통지절차를 갖춘 전자신원확인수단을 사용하도록 장려하여야 하고, 회원국이 최소한 공공서비스에서 이미 널리 사용하고 있는 전자신원확인과 인증에 의거하여 민간부문에서 사용할 수 있도록 함으로써 기업과 시민은 국가 간 온라인서비스에 더욱 쉽게 접근할 수 있는 것이다(전문 제17호).

인증(authentication)이란 자연인, 법인의 전자신원확인 또는 전자적 형식의 데이터의 출처 및 무결성을 확인할 수 있는 전자적 절차를 말한다. '인증'의 개념은 공증인 또는 공무원이 어느 문서에 첨부한 서명의 진정성을 증명하는 절차와 관련하여 사용되는 용어로써 이해하면 명확해진다. 어느 개인은 개인 신원확인데이터를 이용한 전자신원확인수단에 의해서 전자신원확인체계에 접속하며, 인증은 이렇게 수행된 전자적 신원을 승인하는 것이다.

그리고 전자신원확인수단의 상호인정은 eIDAS 규정 제6조에 따라서 공공기관을 구속하는 효력이 있다.

제3의 주체에 의하여 신원확인이 된 개인으로써 어떤 신원확인시스템을 사용하는 자는 그 인증을 신뢰하는 당사자(party relying on the certification)인데, 이는 전자신원확인 또는 신뢰서비스를 신뢰하는 자연인 또는 법인이라고 정의할 수 있다. 여기서 인증(certification)이라는 용어는 전자서명, 전자인장 및 웹사이트인증과 관련하여서 사용된다는 점에서[5] 인증(authentication)과 차이가 있으나, 우리나라 번역으로는 다 같이 '인증'이라는 용어를 사용하는 것이 보통이다.

---

5) 즉, 이 경우에는 신뢰할 수 있는 제3자(The Third Party, TTP)에 해당하는 인증기관의 역할을 한다.

2. 전자서명

전자서명은 기술을 기반으로 하고 있다는 점에서 수기서명과 다르다. 1999년에 유럽연합은 전자상거래의 신뢰성을 확보하기 위하여 '전자서명지침'을 제정하였다. eIDAS 규정에 의하여 이 전자서명지침은 폐지되었고, eIDAS 규정에서 전자서명의 정의와 전자서명의 종류 및 그에 따른 법적 효력을 규정하고 있는데, eIDAS 규정의 내용은 '전자서명지침'의 내용을 많이 변경하지 않고 있다.

(1) 전자서명의 정의

'전자서명'이란 전자적 형태로 된 다른 데이터에 첨부되거나 논리적으로 결합되고, 서명자의 서명에 사용되는 전자적 형태의 데이터를 말한다. 종래 '전자서명지침'에서는 전자서명을 '다른 전자적 정보에 첨부되거나 논리적으로 결합된 인증(authentication)의 수단으로 사용되는 전자적 형태의 정보'라고 되어 있었다. 이러한 정의는 '기술중립성의 원칙'을 표현한 것인데, UNCITRAL의 다양한 입법에서 '비차별성의 원칙' 및 '기능적 등가성의 원칙'과 함께 채택되고 있는 원칙이다.

전자서명의 개념정의와 관련하여 eIDAS 규정은 '전자서명지침'과 비교할 때 두 가지 특징이 있다.

첫째, 전자서명은 동의의 수단으로 사용되는 '서명의 도구'라는 점이다. 전자서명의 기능은 '신원의 동일성 구별기능'으로부터 '진술에 대한 확인적 기능'으로 변화하였다.

둘째, 서명자의 정의가 '전자서명을 생성하는 자연인으로 정의되어 있다는 점이며, 이는 서명의 정의와 연결되어 있다는 점이다. 반면에 전자서명지침에서는 서명자는 서명생성장치를 소유한 자로써 그 자신 스스로 또는 자연인, 법인 또는 그를 대표하는 단체를 대신하여 행위를 하는 자'라고 정의하고 있다.

(2) 전자서명생성절차

eIDAS 규정에 따라서, 전자서명을 생성하기 위하여는 전자서명생성데이터, 유효성 데이터 및 장치가 필요하다. 전자서명생성데이터는 서명자가 전자서명을 생성하기 위하여 사용하는 데이터이며, 생체인식데이터나 패스워드가 될 수 있다. 이러한 데이터는 '유일'하여야 한다. 즉, 한 서명자에게만 연결되어야 한다. 유효성 검증데이터는 전자서명 또는 전자인장을 유효하게 하는데 사용되는 데이터이며, 전자서명이 유효하다는 것을 검증하고 확인하는 절차에 사용되는 데이터이다. 전자서명생성장치란 전자서명을 하기 위하여 사용되는 조합을 이룬 소프트웨어 또는 하드웨어를 말한다.

(3) 고급전자서명과 적격전자서명

고급전자서명의 정의는 제26조에서 규정하고 있다. 제3조에서는 이러한 서명 요건의 확인을 언급하고 있다. 즉, 전자서명이 만약 다음 요건을 갖추면 고급전자서명으로 간주된다. a) 서명자에게 유일하게 연결되어 있을 것, b) 서명자를 확인할 수 있을 것, c) 서명자가 높은 신뢰수준을 가지고, 그의 단독의 지배하에 사용할 수 있는 전자서명 생성데이터를 사용하여 생성될 것, d) 데이터에 일어난 어떠한 사후적인 변경도 검사할 수 있는 그러한 방식으로 데이터와 서명된 데이터가 서로 연결되어 있을 것을 요건으로 한다. 이것은 기술적으로 중립적인 서명이며, 따라서 특정한 기술을 규정하지 않고 오히려 정의에서 규정된 것처럼 보안 요건을 담고 있다. 여기서는 어떤 제품에 관하여 서술하지 않고, 기술적일 뿐만 아니라, 조직적인 절차에 관하여 서술을 하고 있다.

적격전자서명이란 적격전자서명생성장치에 의하여 생성되고, 적격전자서명인 증서를 기반으로 한 고급전자서명을 말한다. 그러므로 부속서 Ⅱ에 규정된 요건에 따른 특별한 장치가 사용되어야 하며, 적격인증서는 부속서 Ⅰ에 규정된 요건을 충족하는 적격신뢰서비스제공자가 발급하여야 한다. 거기에는 절대적인 기술중립성은 없으며, 인증서는 특별한 기술적인 구조로 구성된다.

eIDAS 규정은 2단계 접근법을 취하고 있는데, 오직 적격전자서명만이 수기서명과 동등한 효력을 갖는다는 것과 나머지 모든 다른 전자서명은 비차별성 원칙이 적용되는데 이는, 전자문서의 법적 효력은 그것이 전자적 형태라는 이유만으로 부인될 수 없다는 원칙에 따라서 성립된 원칙이다. 이러한 2단계 접근방식은 eIDAS 규정에서 다루고 있으며, 종전에 전자서명지침에서도 채택되었고, UNCITRAL 전자서명모델법 제6조에서도 채택된 바 있다. UNCITRAL에서 채택된 기술중립성 원칙은 입법자가 기술을 선택하지 않는다는 것을 확인하고 있다.

3. 신뢰서비스와 전자문서

(1) 신뢰서비스

전자서명, 전자인장, 전자타임스탬프, 전자등기배달서비스, 웹사이트 인증 및 보존서비스의 시스템은 이러한 특별한 서비스를 하기 위하여 '서비스제공자(providers)'를 필요로 한다. 이러한 서비스는 소위 신뢰서비스로 불리며, 그 서비스목록에는 다음의 내용이 포함된다: a) 전자서명, 전자인장 또는 전자타임스탬프, 전자등기배달서비스 및 그러한 서비스에 관련된 인증서의 생성, 확인, 유효성 검증, 또는 b) 웹사이트 인증을 위한 인증서의 생성, 확인 및 유효성 검증, c) 그러한 서비스와 관련된 전자서명, 전자인장 또는 인증서의 보존 등이다.

c)호와 관련하여서는 eIDAS 규정 전문 제61호는 eIDAS 규정이 정보의 장기보존을 보증하여야 한다는 것을 규정하고 있다. 즉, eIDAS 규정은 장래 기술변화와 무관하게 유효성검증을 받을 수 있도록 전자서명 및 전자인장의 법적 유효성검증을 보증하여야 한다.

신뢰서비스제공자는 하나 이상의 신뢰서비스를 제공하는 자연인 또는 법인으로 정의된다. 전자서명지침은 신뢰서비스제공자의 역할을 명확하게 전자서명과 관련한 인증서를 발급하거나 또는 다른 서비스를 제공하는 자로서 규정하였다는 점에서 eIDAS 규정이 정하는 신뢰서비스의 범위에서 차이가 있다. 신뢰서비스제공자는 감독기구가 제21조에 규정된 절차와 eIDAS 규정이 정하고 있는 요건에 따라서 적격지위를 부여하였는지 여부에 따라 적격 또는 비적격으로 나누어질 수 있다. 적격신뢰서비스는 오직 적격신뢰서비스제공자만이 제공할 수 있다.

적합성 평가기구(conformity assessment body)는 적격신뢰서비스제공자 및 적격신뢰서비스 제공에 대한 적합성 평가를 수행하는 권한을 갖는 것으로 인정된 기구이다. (적격인증자가 발급한 것으로 간주되는) 인증서에 관하여 '적격'이라는 용어는 첨부된 전자서명이 적격으로 정의되기 위하여 본질적인 사항이며, 결과적으로 eIDAS 규정 제25조에 의하여 수기서명과 동일한 법적 효력을 갖는다. 더구나, 적격서비스제공자에 대해서는 서비스제공자의 고의 또는 과실을 추정함으로써 eIDAS 규정 제13조에 따른 증명책임이 전환되는 다른 책임제도가 적용된다.

끝으로 제23조에 따라서, 신뢰목록에 등록한 이후에는 적격신뢰서비스제공자는 자신의 신뢰서비스를 바로 알아볼 수 있는 방법으로 EU 신뢰마크를 표시하여 사용할 수 있다. 전문 제21호에서 언급한 바와 같이 eIDAS 규정은 폐쇄된 시스템 내에서 제공되는 신뢰서비스에 대해서는 적용되지 않는다.

(2) 전자인장

eIDAS 규정은 전자서명지침에서는 규정하지 않았던 새로운 신뢰서비스 형태라고 할 수 있는 소위 전자인장제도를 도입하였다. 전자인장은 법인에 대하여서만 연결(생성)될 수 있고 자연인에 대하여서는 그렇지 아니하다.

전자인장은 그것이 결합된 문서에 포함된 정보의 출처와 무결성을 담보한다. 그러므로 전자서명과 같이 전자인장은 정보의 출처를 보증하고, 자연인이 아니라 법인에 연결된다. 더구나, 전자인장은 고급전자서명을 위하여 이용되는 경우 정보의 무결성을 보증한다. 그러므로 전자인장은 송장(invoice)을 봉인하기 위하여 사용될 수 있고, 거기에 포함된 정보의 출처가 확실하고 수정할 수 없는 것이라는 것을 보증한다.

전자인장은 법인과 관련되어 있으며, 법인조직 내에서 자연인과 연계된 전자인장의 사용은 가능하다. 전자인장을 법인의 서명과 똑같은 것으로 여기는 것은 의문이 있으나, 그 해답은 명백히 국내법 체계에 의하여 좌우되며, 특히 법인의 전자서명에 관한 국내법 체계의 규정에 의하여 좌우된다. 전문 제58호는 거래에서 법인의 적격전자인장이 필요한 경우, 법인의 권한 있는 대표자의 적격전자서명도 동등하게 수용되어야 한다고 규정한다.

전자서명과 유사하게, 전자인장은 고급과 적격으로 구분된다. 전자인장에 관한 인증서도 적격 또는 비적격인증서로 구분될 수 있다. 그러므로 고급전자인장은 제36조에서 정한 요건을 충족하는 전자인장이며, 적격전자인장은 적격전자인장생성장치에 의하여 생성되고, 전자인장용적격인증서를 기반으로 한 고급전자인장을 말한다. 전자인장생성데이터는 전자인장을 생성하기 위하여 전자인장생성자에 의하여 사용되는 고유한 데이터이다. 전자인장인증서는 전자인장유효성검증정보와 법인을 연결시키는 것으로서 그 법인의 이름을 확인하는데 사용하는 전자적 증명서로 정의된다. 전자인장용적격인증서란 전자인장인증서로서 적격신뢰서비스제공자가 발급한 것이고, 부속서 Ⅲ에 규정된 요건을 충족하는 것이다; 전자인장생성장치란 전자인장을 생성하기 위하여 설정된 소프트웨어 또는 하드웨어이다. 적격전자인장생성장치란 부속서 Ⅱ에 규정된 요건을 준용하여 이를 충족하는 전자인장생성장치이다. eIDAS 규정은 전자서명에 관하여도 적절하게 규정을 두고 있는데 위에서 언급한 바와 같다.

전자인장의 법적 효력은 제35조에서 규정하고 있다. 그리고 전자서명에서와 같이 eIDAS 규정은 2단계의 접근법을 취하고 있다. 1단계는 전자인장이 전자적 형식으로 되어 있다거나 비적격전자인장이라는 이유만으로 법적 효력이 부인되거나 법적 절차에서 증거로서 부인되지 않아야 한다는 비적격전자인장의 비차별성의 원칙이다. 2단계는 전자인장이 첨부된 정보의 무결성 추정과 정보의 출처의 정확성에 대한 추정이다. 이에 더하여 적격전자인장에 관한 상호인정의 원칙이다.

(3) 전자타임스탬프

타임스탬프에 관한 규정은 전자서명지침에 관한 규정을 혁신한 내용을 반영한 것이며, 그 목적은 어떤 정보에 대하여 시각과 날짜를 연결시키는 것이다. 타임스탬프는 정보가 생성된 시각을 보장하는 것은 아니며, 그 정보가 첨부된 시각만을 보장하는 것이다. 이에 더하여 타임스탬프는 어떠한 정보에 대하여서도 연결될 수 있는데, 예컨대 반드시 문장(텍스트)만이 아니라 음악 또는 이미지에도 연결될 수 있는 것이다.

전자타임스탬프와 적격전자타임스탬프 사이에 차이가 있는데, 이는 제공되는 서비스의 요건에 따른 차이점이다. 법적 효력과 관련하여서는 제41조에 따라 2단계 접근법을 채택하고 있다. 즉, 전자타임스탬프는 그것이 오직 전자적 형태로 되어 있거나 또는 적격전자타임스탬프의 요건을 충족하지 않았다는 이유만으로 법적 효력이 부인되거나 법적 절차에서 증거로서의 허용성이 부인되어서는 아니 된다.

적격전자타임스탬프는 그것이 표시하는 날짜와 시간의 정확성과 그 날짜와 시각이 들어있는 데이터의 무결성을 추정하는 효력이 있다. 마지막으로, 한 회원국에서 발급된 적격전자타임스탬프는 모든 회원국에서 적격전자타임스탬프로써 인정되어야 한다.

(4) 전자등기배달서비스 및 웹사이트 인증

전자등기배달서비스는 전자적 수단에 의하여 제3자 사이에 데이터가 전송되도록 하며 데이터의 송신, 수신 증명을 포함하여 전송된 데이터의 처리에 관련된 증거를 제공하는 서비스이다. 이 서비스는 또한 분실, 절도, 손상위험과 권한 없는 변경으로부터 전송된 데이터를 보호한다.

이것을 소위 전자우편증명이라고도 부르며, 배달증명을 하는 등기우편과 동등한 효력을 갖는다. 이 경우 제공되는 서비스요건에 따라서 전자등기배달서비스와 적격전자등기배달서비스로 구분된다.

또한 법적 효력은 2단계 접근법을 근거로 하고 있다. 즉 제43조에 따라서 첫째, 전자등기배달서비스를 이용하여 송신·수신된 데이터에 대한 법적 효력은 그것이 전자적 형태라는 이유만으로 또는 적격 전자등기배달서비스의 요건을 충족하지 않았다는 이유만으로 부인되어서는 안 된다는 것이다. 둘째, 전자등기배달서비스를 이용하여 송신·수신된 데이터는 데이터의 무결성과 인증된 송신자에 의하여 그 데이터가 송신되었다는 것, 인증된 수신자에 의하여 수신되었다는 것 및 적격전자등기배달서비스에 의하여 표시된 그 데이터의 송신·수신된 날짜 및 시각의 정확성을 추정하는 효력이 있다.

eIDAS 규정에는 웹사이트인증용인증서에 관한 새로운 규정이 도입되었는데, 웹사이트의 진정성을 명확하게 하고 그것을 사용하는 주체를 식별할 필요성을 충족하기 위하여 고안된 것이다. eIDAS 규정과 유럽연합 입법자들은 전자거래를 촉진하기 위하여 온라인 환경에서 신뢰를 구축하고자 한다. 신뢰는 전문 제67호에서 규정한 바와 같이 웹사이트에 대한 신뢰를 기반으로 한다. "웹사이트인증용 인증서"는 웹사이트의 인증을 할 수 있게 해주며, 웹사이트를 인증서가 발행된 자연인 또는 법인과 연결해 준다. "웹사이트인증용 적격인증서"는 적격신뢰서비스제공자가 발급한 웹사이트인증용 인증서이며, 부속서Ⅳ에 규정된 요건을 충족하는 것이다. 웹사이트인증용 인증서에 대하여는 어떤 특별한 법적 효력이 부여되지 않는다.

(5) 전자문서

전자문서는 특별한 글자, 소리, 동영상 또는 오디오 영상기록으로 전자적 형태로 저장된 콘텐츠라고 할 수 있다. 전자문서는 전자적 형태의 문자, 영상 또는 소리에 관한 콘텐츠이다. 이는 명백히 문서가 법적으로 관련성을 갖는다는 것을 의미하지 않는다. 그러나 그 정의는 정확하지 않은데 그 이유는 사용된 기술의 특정한 형태인 전자적 형태를 언급하기 때문이다. 이는 오히려 자기 전자 또는 광학적 기술 등 기술과 연관시키지 않고 정보의 디지털적 표현(digital representation)이라고 규정하는 것도 고려할 수 있었을 것이다.

Ⅲ. 비교법적 고찰

전자문서법은 전자문서의 개념정의(제2조 제1호), 전자문서의 효력(제4조), 전자문서의 서면요건(제4조의2), 전자문서의 보관(제5조)을 규정하고 있다. 또한 공인전자주소(제2조 제8호), 공인전자문서센터(제2조 제9호, 제31조의2 이하), 공인전자문서중계자의 인증제도(제31조의18)를 두고 있다.

한편 전자서명법은 전자서명의 정의(제2조 제2호), 전자서명의 효력(제3조), 전자서명인증업무(제2조 제7호), 전자서명인증사업자와 인정제도를 위한 인정기관과 평가기관(제9조, 제10조), 국제통용평가제도(제11조), 전자문서의 시점확인(제18조)제도를 두고 있다.

Ⅳ. 소 결

eIDAS 규정에 비추어 우리나라 전자문서법과 전자서명법상으로 참조할 수 있는 제도로는 전자서명의 종류별로 효력을 달리하고 있는 점, 전자시점확인제도, 전자인장제도, 웹사이트인증제도 등을 두고 있다는 점이다. 특히 eIDAS 규정은 전자신원확인에 관한 독립된 규정을 두고 있다는 점이다. 향후 전자문서법과 전자서명법에 대한 입법적 정비를 할 때 참고할 수 있는 사항이다.

▮ 제4조 ▮ 역내시장 원칙

제1항 본 규정이 적용된다는 이유로, 한 회원국에 설립된 신뢰서비스제공자가 다른 회원국 내에서 신뢰서비스를 제공하는 것에 제한이 없어야 한다.

제2항 본 규정을 준수하는 제품과 신뢰서비스는 역내시장에서 자유롭게 유통되어야 한다.

Ⅰ. 입법 취지

eIDAS 규정은 유럽연합이 역내시장에서 디지털 단일시장을 추진하기 위하여 공공부문과 민간부문에서의 온라인서비스, 전자상거래 등의 효율성을 증진시킴으로써 역내의 시민, 기업, 공공기관 간의 안전한 전자거래를 위한 공통의 기반을 제공하는 것을 목적으로 한다.[6]

본 규정이 도입되기 이전에는 대부분의 경우 다른 회원국의 서비스제공자들은 개별 국가의 전자신원확인제도가 다른 회원국에 의하여 인정되거나 승인되지 않았기 때문에, 유럽연합의 역내시장에서 시민들이 그들 자신의 전자신원확인수단을 다른 회원국에서 이용하지 못하였다. 따라서 상호인정되고 승인된 전자신원확인수단들을 인정함으로써 역내시장에서 다양한 서비스의 국경 간 적용을 가능케 하며, 기업들이 공공기관과의 업무에서 이와 같은 전자적 장벽에 부딪히지 않고도 기업이 해외에 진출할 수 있도록 할 수 있는 기반을 조성할 필요가 있다. 아울러 관련된 법제도는 신뢰서비스의 이용에 대한 일반적인 법적 프레임워크로 작용하도록 할 필요가 있다. 본 규정은 이와 같은 배경에서 마련된 것이다.

Ⅱ. 내 용

1. 조문의 구성

유럽연합의 디지털 단일시장이라는 목표를 달성하기 위한 정책적 선택으로서 제4조에서는 다음과 같은 두 가지 조치를 취하고 있다. 첫째, 다른 회원국에서 시민들로 하여금 자신들 스스로의 신원확인을 사용하여 인증하는 것을 막거나 서비스제공자들로 하여금 역내시장의 완전한 혜택을 누리는 것을 방해하는 전자적 장애물을 제거하는 구체적인 노력을 취하고 있다. 둘째, 신뢰서비스의 사용을 위한 일반적인 법적 체계를 구축하기 위하여 취해진 특별한 조치들이 있다.[7]

구체적으로 제4조 제1항은 본 규정에 의해 규율되는 특별한 영역에서 EU법

---

6) 김현수, "EU의 전자거래를 위한 전자신원확인 및 인증업무 규정에 관한 고찰", 충북대학교 법학연구소, 법학연구 제27권 제1호, 2016, 448면; 정완용, "유럽연합 전자인증규정(eIDAS 2014)에 관한 고찰", 동북아법연구 제10권 제3호, 2017, 685면.

7) Zaccaria/Schmidt-Kessel/Schulze/Gambino, 앞의 책, at 64.

에 의해 보장되는 서비스를 제공할 자유를 재확인하는 것으로 스스로 제한하고 있으며, 제2항은 제공되는 신뢰서비스를 지원하는 물품(또는 신뢰서비스에 의해 생성되는 물품)의 자유로운 유통에 관한 원칙을 재확인하고 있다.

2. 제한조치의 금지

제4조 제1항의 규정은 eIDAS 규정이 적용된다는 이유로 한 회원국에 설립된 신뢰서비스제공자[8]가 다른 회원국 내에서 신뢰서비스를 제공하는데 제한이 없어야 한다고 규정하고 있다. 유럽연합은 eIDAS 규정을 통하여 법적 파편화를 감소시키는 동시에 개별 국가들의 상호 충돌되는 어떠한 조치들보다 우선하는 신뢰서비스를 위한 법적 체계를 마련하였다. 따라서 eIDAS 규정은 계약의 성립과 유효성 또는 방식(form)에 관한 법적, 절차적 규칙과 같은 회원국들의 국내 법규에 영향을 미치지 않는다. 뿐만 아니라, 일정한 참가자들 사이에서만 운영되고 제3자에게 영향을 미치지 않는 폐쇄시스템 내에서 배타적으로 사용되는 신뢰서비스(예 기업이나 행정기관에서 내부절차를 관리하기 위하여 신뢰서비스를 구축하는 경우, 또는 대중에게 제공되지 않는 은행이나 전자쇼핑 소비자만이 활용할 수 있는 전자뱅킹 또는 전자상거래 지불체계)와 같이 통일규칙의 적용범위에 의해 배제되는 서비스의 제공을 다루는 회원국의 제한적인 국내 조치에 대해서는 영향을 미치지 않는다.

한편, 제4조 제1항의 '신뢰서비스제공자'의 개념은 eIDAS 규정 제3조의 규정에 정의되어 있다. 그러나 신뢰서비스제공자의 '설립'에 관한 개념은 유럽연합 사법재판소(ECJ) 판결례에 따라 확정되지 않은 기간 동안 고정된 시설을 통하여 경제적 활동을 실제로 추구하는 것을 포함한다. 따라서 웹사이트를 지원하는 장비가 위치하거나 웹사이트에 접속할 수 있는 장소는 설립지가 될 수 없다. 인터넷 웹사이트를 통하여 서비스를 제공하는 기업인 한, 설립지(place of establishment)는 해당 기업이 경제적 활동을 추구하는 곳이 된다.

---

8) 신뢰서비스는 eIDAS 규정 제3조 16호에 따라 정의되며, 전자서명, 전자인장, 전자등기배달서비스, 웹사이트 인증서와 같이 통상적으로 유상으로 제공되는 서비스를 말한다. eIDAS 규정에서 규율되는 신뢰서비스의 유형을 살펴보면, 전자서명만을 규율하던 종전의 전자서명 지침에 비해서 그 적용범위가 확대된 것을 알 수 있다. eIDAS 규정에도 불구하고 개별 회원국은 개별 국가차원에서 적격신뢰서비스로서 승인하기 위하여 다른 형태의 신뢰서비스를 정의할 수 있다(전문 제19호).

3. 물품과 서비스의 자유로운 유통

동 조 제2항은 '유럽연합의 기능에 관한 조약(TFEU)'이 적용됨을 명확히 밝히고 있다. 즉, 신뢰서비스가 하드웨어, 소프트웨어, 또는 그 관련 부속품과 같은 제품을 통하거나 제품에 포함되는 형태로 제공되는 경우, '유럽연합의 기능에 관한 조약(TFEU)'에서 명시한 물품의 자유로운 이동에 관한 원칙이 이들 제품에 적용되어야 한다고 규정하고 있다. 따라서 관세의무, 동일한 효과를 가지는 양적 제한 및 조치는 제거될 필요가 있으며, 물품의 유통을 방해하는 어떠한 물리적, 기술적 장애가 폐지되어야 한다.

Ⅲ. 비교법적 고찰

해당사항 없음

Ⅳ. 소 결

유럽연합은 eIDAS 규정을 시행하여 특정한 요건을 충족하는 신뢰서비스제공자로 하여금 적격신뢰서비스제공자로 규정하고 개별회원국은 신뢰목록을 작성하여 게시하여야 한다. 이를 위해 동 규정은 신뢰서비스제공자의 적합성(기술적 측면, 운영적 측면)을 평가하고 감독하기 위한 법적 프레임워크를 제공한다. 현재 국내에서는 전자서명을 중심으로 한 신뢰서비스 법제가 마련되어 있지만 eIDAS 규정에서 인정하고 있는 전자인장, 타임스탬프 등 다양한 신뢰서비스에 대한 근거 법령이 부재한 상황이다. 국내 기업의 거래활동을 위한 법적 기반으로서 eIDAS 규정은 국내 법제의 국제적인 상호운용성 관점을 고려한 입법의 개선을 위하여 중요한 참고자료로 활용될 수 있다.

▌제5조▐ 데이터 처리와 보호

제1항 개인정보의 처리는 「개인정보의 처리 및 자유로운 유통에 관한 개인보호 지침」(Directive 95/46/EC)에 따라 이행되어야 한다.

제2항 국내법하에서 가명(pseudonyms)에 주어진 법적 효과를 침해하지 않고, 전자거래 에서 가명의 사용은 금지되지 않아야 한다.

I. 입법 취지

본 조는 개인정보의 처리와 가명의 사용에 관한 것이지만, 이 규범의 목적이 전자상거래를 위한 공동 시장의 창조를 촉진하는 것이기 때문에 대상에 관한 구체적인 규정을 제시하지는 않고 있다. 이 규범의 목적은 관련된 모든 제도를 위하여 적절한 규율을 제시하는 것은 아니다.

따라서 본 조 제1항 및 제2항에서 이 규범의 표현은 일반적으로 이미 획득된 데이터에 대한 참조(reference) 형식으로 이루어져 있다. 특히, 「개인정보의 처리 및 자유로운 유통에 관한 개인보호 지침」(Directive 95/46/EC)에 대한 참조는 동 지침에 의한 제한에도 불구하고 회원국들에게 독점적 권한을 맡길 의사를 강조 하고 있다. 제5조에서 구체적인 사항의 규정 형식을 피한 것은 eIDAS 규정 입 안 당시 「개인정보의 처리 및 자유로운 유통에 관한 개인보호 지침」(Directive 95/46/EC)이 재검토되고 있었고, GDPR(Rugulation no. 679 of 27 April 2016)이 2018년부터 시행될 것이 예정되었기 때문에 이에 관한 상세한 규정은 새로이 제정되는 규정에 맡기는 형식이 되었다.

II. 내 용

1. 조문의 구성

본 조 제1항은 1999년 전자서명지침(Directive 99/93/EC) 제8조 제1항을 전체 적으로 다시 정리한 것이다. 반면, "회원국은 공중에 대하여 인증서를 발행하는 인증서비스제공자들이 개인정보를 데이터 주체로부터 직접 또는 데이터 주체의 명시적 동의, 그리고 인증서의 발행과 유지의 목적을 위해 필요한 한도 내에서 만 수집하도록 하여야 한다. 데이터는 데이터 주체의 명시적 동의 없이 어떠한 다른 목적으로 수집되거나 처리될 수 없다"고 규정한 제8조 제2항은 명시적으 로 eIDAS 규정에 도입되지는 않았고 eIDAS 규정의 전문 제11호에 그 내용의 일부가 다음과 같이 제시되어 있다. "본 규정은 유럽 의회와 이사회의 지침 95/46/EC17의 개인정보 보호에 관련된 원칙을 완전히 충족하도록 적용되어야 한다. 이러한 점에서, 본 규정의 상호인정 원칙과 관련해서, 온라인서비스를 위한 인증은 온라인서비스를 허가하는데 적합하고 관련되어 있으며 이를 넘어서지 않는 범위에서 신원확인데이터를 처리하는 것에 관한 것이어야 한다. 더구나 지침 95/46/EC에서 신뢰서비스제공자와 감독기관은 처리의 기밀성과 보안에 관련된 요건을 준수하여야 한다."

본 조 제2항과 관련해서는 지침 95/46/EC의 제8조 제3항 즉, "국내법상 가명에 대해 주어진 법적 효과를 침해하지 않고, 회원국은 인증서비스제공자들이 서명자의 이름 대신에 인증서에 가명을 표시하는 것을 방해해서는 안 된다"의 내용 중 일부를 다시 정리하여 규정하고 있다. 제2항이 1999년 전자서명지침과 구별되는 것은 eIDAS 규정의 적용범위가 종전의 인증서비스제공자를 넘어 전자신원확인체계와 전자서명 이외의 신뢰서비스에 미치는 것으로 확대된 결과에 따른 당연한 조치라고 할 수 있다.

2. 개인정보의 처리

(1) 의 의

eIDAS 제5조가 개인정보의 처리에 대하여 명시적으로 지침을 참조하도록 한 것은 eIDAS 규정이 또한 개인정보의 보호를 강화하는 변화과정을 가리킨다. 왜냐하면 본 규정은 주체의 사적인 생활에 대한 다른 사람의 간섭을 명백히 배제하는 정적 모델로부터 개인정보 주체로부터 개인정보의 사용에 대한 권한이 부여된 이후에도 통제나 개입에 관한 권한이 개인정보 주체에게 주어지는 동적 모델로의 변화를 승인하고 있기 때문이다.

이러한 변화는 특히 컴퓨터화된 협상에서 중요하다. 그 이유는 전자신원관리 시스템은 전자거래를 수행하기 위한 가능성을 포함하여 인터넷에서 제공되는 서비스의 사용을 위한 필요한 조건으로서 다양한 형식(로그인, 비밀번호 등)을 통하여 온라인서비스에 대한 이전의 신원확인과 인증에 의해 이용자에게 그 자신을 다양한 신원확인 표지(이름, 생년월일, 집주소나 이메일 주소, 전화번호 등)를 연결하도록 허용한다. 이러한 방식에 의해 사용자와 그의 디지털 신원 제공자 사이에 형성된 복잡한 법적 관계 하에서 서비스제공자는 사용자의 디지털 신원의 사용에 영향을 미칠 수 있다. 즉, 서비스제공자는 이용자가 인터넷상에서 무엇을 했는지를 알 수 있고, 특히 어떠한 거래가 이루어졌는지를 알 수 있기 때문에 사용자의 사적인 생활에서 서비스제공자는 중요한 역할을 한다는 것을 알고, 서비스제공자에게 신원확인 표지들에 관하여 주의를 기울여 관리와 통신을 하도록 할 필요가 있다.

(2) GDPR의 관련 규정

이용자의 프라이버시 보호는 두 가지 상황에서 위협받을 수 있다. 서비스에 접근하기 위하여 서비스제공자 또는 발행자와 과잉의 데이터 통신을 하고, 개인정보의 처리에서 과도한 보안 조건이 있는 경우, 결국 이러한 환경에서 제3자가 사용자가 가지는 현재의 데이터나 행위에 관하여 알게 되는 결과를 초래할 수 있다. 이러한 위험을 피하기 위하여 비례와 통제의 원칙들(principles of proportionality and control)의 적절한 적용에 따라 개인정보를 처리할 필요가 있다. 즉, 사용자는 인증절차(authentication procedure)에 절대적으로 필요한 개인정보만을 제출하도록 요구되어야 하고, 개인정보를 수정하거나 종국적으로 삭제할 가능성을 활용하면서 서비스제공자에 의한 정보의 보존을 지속적으로 감시할 수 있어야 한다.

GDPR은 회원국의 의사결정의 자율성에서 벗어나 통일된 규정을 제시할 필요성에 부합하는 것이다. 또한, GDPR은 유럽연합에서 설립되지 않은 자들에 대해서도 적용 원칙을 확대하고 있다. 실제로 GDPR 제3조는 다음과 같이 규정하고 있다. "1. 본 규정은 유럽연합 역내의 개인정보처리자 또는 수탁처리자의 사업장의 활동에 수반되는 개인정보의 처리에 적용되고, 이 때 해당 처리가 유럽연합 역내 또는 역외에서 이루어지는지 여부는 관계없다. 2. 본 규정은 개인정보의 처리가 다음 각 호와 관련되는 경우, 유럽연합 역내에 설립되지 않은 개인정보처리자 또는 수탁처리자가 유럽연합 역내에 거주하는 개인정보주체의 개인정보를 처리할 때에도 적용된다. (a) 개인정보주체가 지불을 해야 하는지에 관계없이 유럽연합 역내의 개인정보주체에게 재화와 용역을 제공, (b) 유럽연합 역내에서 발생하는 개인정보주체의 행태를 모니터링. 3. 본 규정은 유럽연합 역내에 설립되지 않았으나 국제공법에 의해 회원국의 법률이 적용되는 장소에 설립된 개인정보주체가 개인정보를 처리하는 데 적용된다."

3. 가명을 사용할 권리

(1) 의 의

eIDAS 규정 제5조 제2항의 직접적인 강제적 내용은 전자거래에서 가명 사용의 제거를 금지하도록 회원국에게 의무를 부과한 것에서 확인할 수 있다. 비록 제2항의 의무조항은 국내법하에서 가명에 대하여 이미 주어진 법적 효과를 보호하는 본 조 제1항에 의해 심각하게 제한될 수 있음에도 불구하고 그러한 법적 효과가 전자거래에 대하여 특별히 지켜져야 한다는 것을 명백히 하고자 하면서 eIDAS 규정에 의해 수정되지 않는다는 것으로 이해할 수 있다. 따라서 이 규범의 적용범위가 전자거래에 관하여서만 운영된다는 사실을 명확히 하고 있다.

그러나 가명을 신원확인이나 인증에서 사용할 수 있는지 여부에 관한 유럽연합 내 개별 회원국들의 법제도의 모습에는 많은 차이가 있다. 예를 들어 이탈리아의 경우 전자인증서에 보유자의 이름 대신 가명을 사용할 수 있지만, 오스트리아의 경우 온라인서비스에 대한 인증을 위하여 가명을 사용할 수 없도록 규정하고 있다.

(2) GDPR의 관련 규정

이와 같은 각 회원국간의 차이로 말미암아 제5조 제2항의 무용론이 등장하였다. 이 규범이 가지는 불충분한 표준화에도 불구하고 입법자들이 취한 규정의 방식은 개인정보의 수집과 처리에서 정보 주체의 효과적 보호를 보장하기 때문에 일반히 익명처리가 장려되어야 한다고 한 GDPR 규정과 전적으로 일치한다.[9]

특히, GDPR 전문 제29호는 "개인정보의 처리 시 가명처리 적용에 대한 인센티브를 부여하기 위해서는 가명처리 조치가 일반적 분석은 허용하되 동종의 컨트롤러 사업체 내에서 가능할 수 있어야 한다. 이때 동종의 컨트롤러 사업체 내

---

9) 가명처리는 추가적인 정보의 사용 없이는 더 이상 특정 개인정보주체에게 연계될 수 없는 방식으로 개인정보를 처리하는 것이다. 단, 그 같은 추가정보는 별도로 보관하고, 기술 및 관리적 조치를 적용하여 해당 개인정보가 신원확인(식별)된 또는 신원확인(식별)될 수 있는 자연인에 연계되지 않도록 해야 한다(GDPR 제4조 제5항).

의 컨트롤러는 관련 처리에 대하여 본 규정이 이행되고 개인정보를 특정 정보주체에 연결시키는 추가 정보를 별도 보관하도록 하는 기술적·관리적 조치를 취했어야 한다. 개인정보를 처리하는 컨트롤러는 동종의 컨트롤러 사업체 내의 인가받은 사람을 가리킨다"고 적시한다.

다음으로 GDPR 전문 제78호에서는 "개인정보의 처리와 관련하여 자연인의 권리와 자유를 보호하기 위해서는 적절한 기술적·관리적 조치를 시행함으로써 본 규정의 요건을 충족시켜야 한다. 본 규정의 준수를 입증하기 위해 컨트롤러는 특히 개인정보보호 최적화 설계 및 기본설정의 원칙을 충족시키는 내부 정책과 조치를 채택하고 시행하여야 한다. 그 같은 조치는 무엇보다 개인정보 처리의 최소화, 가능한 빠른 시일 내 적용되는 개인정보의 가명처리, 개인정보의 기능 및 처리에 관한 투명성으로 구성되고, 이를 통해 정보주체는 정보처리를 모니터링하고 컨트롤러는 보안을 확립 및 개선할 수 있다"고 첨언하고 있다.

끝으로, GDPR 제25조 제1항은 "1. 개인정보처리자는 개인정보의 처리가 자연인의 권리 및 자유에 미치는 위험의 다양한 가능성 및 정도와 함께 최신 기술, 실행 비용, 그리고 처리의 성격, 범위, 상황 및 목적을 고려하여, 가명처리 등의 기술 및 관리적 조치를 개인정보의 처리 방법을 결정한 시점 및 그 처리가 이루어지는 해당 시점에 이행해야 한다. 그러한 기술 및 관리적 조치는 본 규정의 요건을 충족시키고 개인정보주체의 권리를 보호하기 위해 데이터 최소화 등 개인정보보호 원칙을 효율적으로 이행하고 필요한 안전조치를 개인정보처리에 통합할 수 있도록 설계되어야 한다"고 규정하고 있다.

Ⅲ. 비교법적 고찰

우리나라 전자문서법은 정부로 하여금 전자거래의 안전성과 신뢰성을 확보하기 위하여 전자거래이용자의 개인정보를 보호하기 위한 시책을 수립·시행하도록 규정하고 있다. 아울러 전자거래사업자에게는 전자거래이용자의 개인정보를 수집·이용 또는 제공하거나 관리할 때 정보통신망 이용촉진 및 정보보호 등에 관한 법률 등 관계 규정을 준수하도록 하고 있다(전자문서법 제12조).

한편, 전자서명법은 전자서명인증사업자로 하여금 가입자의 개인정보의 보호 및 관리에 관한 사항 등 가입자 보호조치가 포함된 전자서명인증업무준칙을 작성하여 인터넷 홈페이지 등에 게시하고 이를 성실히 준수하도록 규정하고 있다 (전자서명법 제15조, 동법 시행규칙 제6조). 또한, 동법 시행령 제13조에 따라 운영 기준 준수사실의 인정을 받은 전자서명인증사업자(해당 사업자가 본인확인기관인 경우로 한정한다)는 제9조 제1항 제1호에 따른 신원확인에 관한 사무를 수행하기 위해 불가피한 경우 개인정보보호법 시행령 제19조에 따른 주민등록번호, 여권 번호 또는 외국인등록번호가 포함된 자료를 처리할 수 있다.

Ⅳ. 소 결

eIDAS 규정의 개정 작업이 진행되면서 동 규정의 적용대상인 신뢰서비스제공 자, 노드(node) 운영자 등에게는 유럽연합의 개인정보 처리 관련 자연인의 보호 및 정보의 자유로운 이동에 관한 규정(GDPR)이 적용된다.[10] 향후 우리나라 기 업과 유럽연합 내 거주자 간 신뢰서비스를 이용한 전자거래의 활성화를 위해서 는 eIDAS 규정과 더불어 GDPR 규정 역시 향후 전자문서법이나 전자서명법의 운영이나 개정에 참고할 필요가 있다.

제3절 전자신원확인(제6조~제12조)

▎제6조 ▎ 상호인정

제1항 유럽연합의 한 회원국(A)[11]의 공공기관에서 제공하는 온라인서비스에 접속하기 위 하여 국내법 또는 행정 실무상으로 전자신원확인수단과 인증을 이용한 전자신원확인이 요구되는 경우에, 다른 회원국(B)에서 발급된 전자신원확인수단이 그 온라인서비스를 이 용하기 위하여 국가 간 인증이 이루어지기 위해서는 다음과 같은 조건들을 모두 충족하 는 경우, 그 회원국(A)에서 인정되어야 한다:

(a) 제9조에 의하여 집행위원회에서 공포한 목록에 포함된 전자신원확인체계에 따라서 전자신원확인수단이 발급될 것;

(b) 회원국(A)의 공공기관이 요구하는 전자신원확인수단의 보증수준이 보통 수준 또는 높음 수준에 상당하는 것이라면, 다른 회원국(B)에서 발급된 전자신원확인수단의 보

---

10) 김현수, 유럽연합의 전자신원관리 및 신뢰서비스 법제 −2021 eIDAS 규정 개정안을 중심으로−, IT와 법연구 제24권, 2022. 2, 201면.
11) A 회원국, B 회원국의 표현은 필자가 추가한 것임.

증수준이 그 회원국(A)의 온라인서비스에 접속하기 위하여 관련 공공기관이 요구하
는 보증수준과 동등하거나 높은 보증수준에 상당하는 것일 것;
(c) 해당 공공기관이 온라인서비스에 접속하기 위하여 보통 또는 높은 보증수준을 사용
할 것.

그러한 상호인정은 집행위원회가 a)호에서 규정한 전자신원확인수단 목록을 공포한 후
12개월 이내에 이루어져야 한다.

제2항 제9조에 따라서 집행위원회가 공포한 목록에 포함된 전자신원확인체계 하에서 발
급된 전자신원확인수단으로써 낮은 보증수준에 상당한 전자신원확인수단은 공공기관에
서 제공하는 온라인서비스에 대한 국가 간 인증을 목적으로 해당 공공기관에서 승인될
수 있다.

Ⅰ. 입법취지

eIDAS 규정은 전자신원확인과 관련하여 다음과 같은 세 가지의 요건이 충족
되어야 할 것을 정하고 있다. ① 유럽연합 차원에서 전자신원확인의 교차적 이
용을 위한 법적 및 기술적 규범의 수립, ② 전자신원확인수단의 상호인정을 규
율하는 것, ③ 상호인정을 보장하게 하는 요건의 수립이다.[12] eIDAS 규정은
1999년 전자서명지침에 따른 디지털 서명이 공공기관에서만 부분적으로 이용되
었고, 각 국가 간의 규범적인 부조화가 있었으며, 전자서명용 소프트웨어가 나
라마다 달랐기 때문에 시민들이 다른 회원국에서 자국의 신원확인수단을 사용할
수 없었다는 문제점을 극복하기 위한 것이다.

본조는 전자신원확인의 국가 간 상호인정이 이루어지도록 함으로써 디지털
단일시장을 이루기 위한 취지의 규정이며, 상호인정의 강행적인 적용 범위는 전
자신원확인의 국가 간 이용에 관한 것이다. 회원국들의 공공기관이 제공하는 온
라인서비스에 접속하는 경우에만 적용되며, 민간기관의 경우에는 eIDAS 규정의
적용범위에서 제외된다.

---

12) Zaccaria/Schmidt-Kessel/Schulze/Gambino, 앞의 책, at 83ff.

II. 내 용

1. 조문의 법적 구조

eIDAS 규정은 한 회원국에서 발급된 전자신원확인체계가 다른 회원국의 공공기관이 제공하는 온라인서비스에 접속하기 위하여 승인될 수 있는 조건들을 정하고 있다. 특히 제6조의 요건에 따라서 온라인서비스를 제공하는 공공기관은 서명할 때에 다른 회원국이 발급한 전자신원증명(electronic credentials)을 승인하고 수용하여야 할 것이 요구된다. 그러한 법적 기술적 요건은 후반부(상호인정의 전제조건 부분)에서 검토한다. 제6조에서 규정하는 상호인정을 위한 요건은 ① 제1항 a)호 즉, 한 회원국이 사전에 집행위원회에 통지하고, 제9조에 따라 명시한 것으로서 필요한 전자신원확인수단이 그 회원국의 공공기관이 제공하는 온라인서비스에 접속하기 위하여 요구된다. ② 제6조 제1항 b)호, 통지된 전자신원확인수단의 보증수준이 공공기관이 제공하는 온라인서비스에 접속하기 위하여 다른 회원국이 요구하는 보증수준과 동등하거나 높아야 한다. ③ 그러나 전문 제15호에서 언급한 가능성과 부합하도록 제6조 제2항은 회원국에서 낮은 보증수준에 상당하는 신원확인수단도 역시 인정할 권리를 부여하고 있다.

2. 전자신원확인의 정의

"전자신원확인이란 자연인, 법인 또는 법인을 대표하는 자연인을 유일하게 나타내는 전자적 형태로서 개인신원확인정보를 사용하는 절차를 말한다(제3조 제1호)." 이는 객관적 의미의 신원확인이며, 성, 이름, 생년월일 및 출생지, 주소와 같은 모든 신원확인 요소로 구성되어 있고, 그 신원확인 요소에 대응하는 자를 높은 수준에서 검증할 수 있게 해 준다.

제7조 (d)호에 따라서, 회원국은 전자신원확인과 자연인 또는 법인 사이의 연결성(correspondence)을 담보할 책임을 제8조에서 규정하고 있으며, 요건으로 하는 보안수준에 맞추어 전자신원확인과 자연인 또는 법인의 결합 확인을 담보할 책임을 진다. 또한, 회원국은 제11조 제1항에서 규정하고 있는 것처럼, 그러한 보증수준을 신뢰한 자연인 또는 법인에 고의 또는 과실로 발생한 손해를 배상할 책임을 진다.

구체적인 효과에 관하여, 전자신원확인은 본질적으로 인증되고 신원확인이 된 자가 원격접속을 통한 운영 활동을 실행할 수 있도록 보증하는 목적이 있으며, 이는 스마트카드 또는 토큰 같은 물질적 장치의 사용과 연계된 것이나, 사용자 이름 및 패스워드를 이용하여 시스템에 접속하는 것이다.

3. 전자인증의 정의

eIDAS 규정 제3조 제5호에 따르면 인증이란 "자연인, 법인의 전자신원(표시) 또는 전자적 형식의 데이터의 출처 및 무결성을 확인하는 전자적 절차이다." 전자인증은 간접적인 신원검증을 위하여 일단 신원확인절차가 완성된 경우에 취해지는 일련의 절차 및 전자적 수단이라고 정의될 수 있다. 요컨대, 신원확인 및 인증은 전자적 시스템에 접속하기 위하여 채택된 동일한 절차의 두 개의 보완적인 단계이다.

제7조 (f)호에 따르면, 국가 간 인증은 공공기관이 제공하는 온라인서비스에서 수행되는 때에는 무료로 제공되어야 한다. 그리고 그러한 인증을 수행하려고 하는 신뢰당사자에게 특히 그러한 요건이 통지된 전자신원확인체계의 상호 간 적용을 심각하게 방해하거나 금지하는 경우에는 특별히 부적절한 기술적 요건을 부과할 수 없다. eIDAS 규정 제3조 제5호에 따르면 인증이란 "자연인, 법인의 전자신원(표시) 또는 전자적 형식의 데이터의 출처 및 무결성을 확인하는 전자적 절차이다." 전자인증은 간접적인 신원검증을 위하여 일단 신원확인절차가 완성된 경우에 취해지는 일련의 절차 및 전자적 수단이라고 정의될 수 있다. 요컨대, 신원확인 및 인증은 전자적 시스템에 접속하기 위하여 채택된 동일한 절차의 두 개의 보완적인 단계이다.

4. 전자신원확인수단 및 전자신원확인 체계에 관한 정의

제3조 제2항은 '전자신원확인수단'이란 개인 신원확인데이터를 담고 있는 물질적 또는 비물질적 단위이며 온라인서비스의 인증을 위하여 사용되는 것을 말한다고 정의하고 있다. 실제적으로 이것은 개인이 갖고 있는 비밀키이며, 이것을 가지고 있는 자에게 전자적 신원확인이 부여되는 것이다. 전자적 신원증명은 유저네임 및 패스워드의 일반적인 조합에 의하여 생성될 수 있으며, 또는 마찬

가지로 보통 특별한 보안수준이 요구되는 온라인서비스에 접속할 때 소위 토큰과 같은 물질적 장치로부터도 생성될 수 있다. 토큰을 사용할 때에는 일회성 패스워드(one-time password)가 생성된다. 전자적 신원은 소위 마이크로칩을 장착한 스마트카드를 사용하거나 지문이나 홍채와 같은 생체신원확인수단의 사용에 의하여서도 생성될 수 있다. 제3조 제4항은 '전자신원확인체계'란 자연인, 법인 또는 법인을 대표하는 자연인에게 전자신원확인수단이 발급되는 전자신원확인을 위한 시스템을 의미한다고 정의하고 있다. 즉, 그것은 특정 신원을 주장하는 자가 사실상 그러한 신원확인증명(ID)이 부여된 자라는 것을 보증하기 위하여 이에 대응하는 온라인신원 확인 수단을 자연인 또는 법인에게 일치시키는 절차이다(전문 제16호).

실제적으로, 이러한 보증은 신원확인이 생체인식으로 이루어지는 경우를 제외하고는 절대적인 것은 아니다. 물질적 또는 비물질적 키(keys)는 소유자가 사기적으로 도난당할 수 있고, 또는 자발적으로 대표 제도와 관련되어 소유자가 아닌 자에게 부여될 수도 있는 것이다. 후자의 경우에는 해석하기가 쉽지 않은 상황이 생길 수 있는데, 한편으로는 제11조의 규정에 따라서 책임 규정이 적용되지만, 다른 한편으로는 유럽공동체의 대표 제도에 관한 원칙이 없기 때문이다. 그러므로 보안이란 순수하게 법적인 것이며, 전자신원확인수단을 가진 자연인 또는 법인과 온라인으로 인증되는 자 사이의 상호대응하는 것(연계된 것, correspondence)이라는 의미에서 단지 하나의 추정에 불과하다. 전자신원확인의 신뢰성은 전자신원확인수단의 발급을 위하여 제공되는 통제 수준과 명백히 비례한다. 한편으로 전자신원확인수단의 발급은 공공기관에 대하여 개인이 신청한 후에 신분증명서를 제출하여 이루어지는 한편, 이러한 전자신원확인수단을 취득하기 위하여서 원격 장치로 이메일 주소 또는 휴대전화 번호를 제출하는 것으로 충분한 경우도 있다는 점이다. 사실 이러한 검토사항은 전문 제16호에 언급되어 있다.

서론 부분에서 언급한 바와 같이, 두 개의 서로 다른 요구사항이 조정될 필요가 있다. 하나는, 서로 다른 회원국 간에 사용되는 전자신원확인체계의 상호운용성을 확보하는 것이며, 다른 하나는, 안전한 전자신원확인을 보장하는 것이다(전문 제12호). 회원국 간에 사용되고 있는 서로 다른 기술적 시스템을 통일하는 것이 소지 비용과 기대효과 사이에서 과도한 불균형을 낳을 수 있기 때문에 유럽연합 입법자들은 회원국들의 전자신원확인수단들이 온라인서비스의 접속을 위하여 무료로 사용되어야 한다고 생각하였다. 회원국들은 그러한 수단들이 민간부문에서도 제공될 수 있도록 할 지 여부를 결정할 수 있도록 하였다(전문 제13호). 같은 방식으로, 제12조 제3항 (a)호와 전문 제16호에서 정하고 있는 것처럼, 회원국들이 기존에 쓰던 전자신원확인수단을 계속 사용하도록 허용하고, 어느 회원국 내에서 전자신원확인수단에 관한 특정한 국가의 기술적 솔루션들 사이에 차별함이 없이 또는 통일된 공동체의 모델을 강제함이 없이 기술중립적인 접근방식을 취하고 있다.

더구나, 전자신원확인수단의 상호인정의무는 합당한 보안수준을 가진 인증서와 연결되어 있으며, 전자신원확인체계가 보증수준이 낮음, 보통, 높음이라는 기준에 따라 제8조에 일정한 표준이 수립되어 있다. 공공부문에서 제공되는 온라인서비스의 국가 간 접속은 사실상 제8조의 기준요소에 의하여 규정된 바와 같이 보안수준에의 적합도에 의하여 영향을 받는다.

5. 공공기관 및 공법의 적용을 받는 기관

제9조에 따라 집행위원회에 통지된 것으로 회원국에서 사용되는 전자신원확인체계의 상호운용은 공공부문의 온라인서비스에 접속하는 경우에만 제공된다. 제3조 제7호에서 공공기관의 정의규정을 두고 있고, 제8호에서 공법의 적용을 받는 기관을 정의하고 있다.

6. 상호인정의 전제조건

(1) 전자신원확인체계의 통지: 형식과 효과

회원국이 집행위원회에 자국의 신원확인체계에 대하여 통지하는 것은 국가 간 상호인정을 담보하기 위하여 eIDAS 규정이 정하고 있는 수단이다. 제9조가 그 통지의 형식과 절차 등 내용을 규정하고 있다. 통지가 이루어질 수 있기 위하여 제7조에 규정되어 있는 모든 조건은 전자신원확인수단이 통지하는 회원국에 의하여 발급되고 승인되어야 하며, 그 회원국이 제공하는 공공부문의 온라인서비스 접속을 위하여 사용되어야 한다. 그러한 통지가 공표되면, 통지회원국의 개별 시민들은 다른 회원국에서 자기 나라의 전자신원확인 시스템을 사용할 수 있고, 그리하여 온라인서비스의 접속에 관한 전자신원확인의 상호인정원칙이 실행되는 것이다. 제6조 제1항에 따르면 국내법 또는 국내 실무가 전자신원확인수단을 이용하는 전자신원을 요구하고 공공부문에서 제공되는 온라인서비스에 접속하기 위하여 후속적인 전자인증을 요구하는 때마다 유효하다는 원칙이다. 제9조 제1호 및 제4호는 회원국들이 어떤 경우에 전자신원확인 또는 전자인증을 위한 새로운 수단을 도입할 수 있는가, 온라인서비스의 접속을 위하여, 사전에 통지된 전자신원확인 및 인증의 수정이나 제거를 요청할 수 있는가에 관하여 규정한다. 그러므로 다른 회원국이 통지한 전자신원확인 및 전자인증을 승인할 의무가 확인된다. 2015년 11월 3일 자 집행위원회 시행 결정 2015/1984에서 본 규정 제9조에 따른 통지의 상황, 규격 및 절차를 정하고 있다.[13]

(2) 전자신원확인체계의 통지를 위한 자격

모든 회원국이 자기의 전자신원확인체계를 통지하는 것이 바람직하지만, 그러나 유럽공동체 입법자들은 회원국들이 자국의 전자신원확인체계를 집행위원회에 통지할 의무를 지는 것으로 하지는 않았다. 적어도 공공부문의 온라인서비스 또는 특정 온라인서비스에 접속하기 위하여 국가 수준에서 사용되는 전자신원확인 체계의 전부 또는 일부를 통지하거나 전혀 통지하지 않는 것조차도 회원국의 선택에 맡기고 있다(전문 제13호). 회원국에 통지의 선택권을 부여하거나 전자신원확인체계가 단일시장 내에서 형평성을 결여하는 결과를 가져오지 않도록 하여야 하며, 회원국의 시민들이 그것을 통지하지 않기로 선택하는 경우에는 분명히 불이익이 될 수도 있다.

제7조 (d)호 및 (e)호 및 제11조 제1항의 연결된 조문들에 따라서, 통지회원국은 전자신원확인과 자연인 또는 법인 간의 연결점을 확보할 의무에 실패함으로써 발생하는 손해를 배상할 책임을 부담하며, 다른 회원국의 영토 내에 설립된 온라인서비스에 당사자들이 접속하기 위하여 전자인증을 이용할 수 있도록 하지 못함으로써 생긴 손해에 대하여도 마찬가지이다.

(3) 상호인정을 위한 통지 효과의 개시일자

제52조 제2항에 따라서 eIDAS 규정은 2016년 7월 1일부터 적용된다. 실제로

---

13) 전자신원확인 4. 개별회원국의 전자신원확인체계의 통지 등에 관한 규정 참조.

eIDAS 규정이 완전히 적용되기 위해서는 많은 수의 시행령 및 시행규정들이 필요하다.

제52조 제2항 c호에 따라, 효력의 시작 일자에 관하여 전자신원확인체계의 상호인정은 제8조 제3항 및 제12조 제8항에서 규정한 시행령의 적용 일자로부터 3년이 되는 시점부터 강행적으로 적용된다. 따라서 이 시행령은 2015년 9월 8일 자 유럽연합 관보에 공표되었기 때문에 전자신원확인에 관한 상호인정은 2018년 9월 28일부터 강행적으로 적용된다.

제52조 제3항은 만약 통지된 전자신원확인체계가 제9조에 따라 집행위원회가 공표한 리스트에 포함되었다면, 상호인정은 그 공표 후 12개월 이내에 이루어져야 하며, 제52조 제2항 c호에 규정된 날짜 이전에 이루어져야 한다.

그러므로 이 시행규정의 적용이 2015년 9월 28일에 있으므로, 결과적으로 제9조 제2항에 따른 통지에 들어있는 목록이 2016년 9월 28일부터 적용되어야 하며, 상호인정의무는 2017년 9월 28일부터 시작되거나 제52조 제2항 c호에서 정한 시작 일자의 1년 전에 이루어져야 한다.

(4) 전자신원확인체계의 보증수준

회원국이 다른 회원국에서 발급된 전자신원확인수단을 인정하기 위하여는 그러한 전자신원확인수단에 대한 신원보증수준이 회원국의 해당 온라인서비스에 필요한 수준과 동등하거나 높은 보증수준에 해당하는 경우로 한정된다(전문 제15호). 또한 이 의무는 해당 공공기관이 해당 서비스에 액세스하는 것과 관련하여 '보통' 또는 '높음'이라는 보증수준을 사용하는 경우에만 적용된다. 신원확인의 보증수준이 낮은 전자신원확인수단에 대하여는 회원국은 인정의무가 없다. 보증수준은 사람의 신원을 확인하는데 있어 전자신원확인수단의 신뢰도를 확보해야 하므로 특정 신원을 주장하는 사람이 그 신원이 부여된 자라는 보장을 제공하여야 한다. 따라서 보증수준은 신원확인 프로세스(ID 확인, 검증, 인증), 관리활동(ID 발급 주체)을 고려하여 사람의 주장 또는 주장된 신원을 전자신원확인수단에 의하여 제공할 수 있는 신뢰도에 따라 달라진다(전문 제16호). 보증된 신원인증서 발급을 위한 보증수준과 관련하여 적용되는 최소기술요건은 기술중립적이어야 하며, 서로 다른 기술을 통하여 필요한 보안요건을 달성할 수 있어야 한다.

제8조는 적합한 보안수준을 확보할 필요성을 충족할 수 있도록 세 가지 보증수준 즉, 낮음, 보통, 높음 단계의 기준 및 기술적 규격을 규정하고 있으며, 이는 신뢰 정도에 따라서 전자신원확인체계에 설정된 것이다. 이러한 신뢰수준 덕분에 전자신원확인시스템은 국경을 넘어서 사용될 수 있는 확실성을 갖게 되었다. 정확하게 말하면 제6조 제1항 (b)호는 한 회원국(A)의 공공기관은 다음과 같은 경우에는 전자신원확인체계를 이용하는 자에게 자신이 제공하는 온라인서비스에 접속할 수 있도록 허용하여야 할 의무를 부과하고 있다. 즉, 전자신원확인수단의 보증수준이 보통 또는 높음 단계에 해당하는 것을 전제로 하여, 어떤 사람이 한 회원국(A)의 해당 공공기관의 온라인서비스에 접속하기 위하여 요구되고 있는 보증수준과 동등하거나 그보다 높은 보증수준에 대응하는 전자신원확인체계를 이용하는 때에는 언제나, 그러한 온라인서비스에 접속을 허용하여야 한다는 것이다. 즉, 예를 들면 다른 회원국의 공공기관이 높음 수준의 전자신원확인체계를 요구하는 경우, 보통 수준의 전자신원확인수단을 써서는 그러한 서비스에 접속할 수 없다는 것이다.

제6조 제1항 c호는 관계 공공기관은 그 온라인서비스에 접속하는 경우에 보통 또는 높은 보증수준을 이용한다는 것을 규정하고 있지만, 제6조 제2항에 따르면 그러한 공공기관은 낮음 수준의 전자신원확인체계를 허용할 수 있도록 하였다. 이 규정은 전문 제15호의 결과로 나온 것인데 이 내용이 더욱 이해하기 수월하다. 즉, 전자신원확인수단을 승인하여야 할 의무는 해당 온라인서비스가 요구하는 수준과 동등하거나 높은 수준에 대응하는 전자신원확인 보증수준의 신원확인수단에 관련해서만 인정되어야 한다는 것이다. 이에 더하여 그러한 의무는 오직 해당 공공기관이 그 서비스에 접속하기 위하여 "보통" 또는 "높은" 보증수준을 사용하는 때에만 적용되어야 한다. 그러므로 국가 간 접속을 위하여 전자신원확인체계의 보증수준은 더욱 낮은 단계를 허용할 수 있는 권리를 제외하고는, 요구되는 것과 동등 또는 높음 수준의 것이어야 한다는 것이다.

7. 기대효과

(1) 유럽연합 시민을 위한 기대효과

전자신원확인과 전자인증수단의 법적, 기술적 상호운용에 걸림돌을 제거함으로써 얻을 수 있는 잠재적인 이익으로는 다음과 같은 예가 있다. ① 유럽연합한 회원국의 학생이 다른 회원국의 대학교에 온라인 절차를 이용하여 지원할 때에 해당 대학교에 물리적으로 가지 않고도 가능하게 되었다는 점, ② 해외에서 의료서비스를 받고자 할 때 자신의 의료기록에 직접 접근하여 볼 수 있게 되었고, 또한 해외치료를 받았을 때 가정 주치의가 자신의 의료기록에 접근하여 참조할 수 있게 되었다는 점, ③ 기업가가 다른 회원국의 정부 기관이 제시한 입찰에 참여하기 위하여 운송회사를 통하여 서류 뭉치를 보내는 대신에 자신의 사무실에서 온라인 접속을 통하여 전자서명으로 서명하고 전자인장이 찍힌 문서를 첨부하여 응찰할 수 있게 되었다는 점을 들 수 있다.

일반적으로 유럽공동체 차원에서 공공기관이 제공하는 디지털 서비스의 발전과 전자신원확인시스템의 상호운용으로 중요하고도 직접적인 이익(빠른 회답, 정부 자원의 절약, 일관된 사무환경 등)을 얻을 수 있고, 관료제를 유지하는데 드는 물리적인 시간을 줄임으로써 간접적인 이익 또한 얻을 수 있다.

(2) 민간부문이 제공하는 서비스 접속을 위한 국가 간 승인의 배제 및 장래제안

2012년 eIDAS 규정의 최초 제안서에서는 원칙적으로 상호인정의 규범적 효과가 누구를 위한 것인지 특정하고 있지 않았기 때문에 공공부문에서 제공되는 서비스뿐 아니라, 민간부문에서 제공되는 서비스에 대해서도 아무런 차별 없이 모든 종류의 온라인서비스에 적용될 수 있었다. 이러한 일반적 적용에 대하여 의문이 제기됨에 따라 유럽연합 집행위원회는 eIDAS 규정의 적용 범위를 제한함으로써, eIDAS 규정은 최종적으로는 국가 간 상호인정의 의무는 공공부문의 단체에 의하여 제공되는 서비스에 대해서만 적용되게 되었다. 이는 공공기관이 제공하는 서비스에만 배타적으로 적용된다. 전문 제12호 및 제6조 제1항의 계획된 문구로부터 간접적으로 추정된다고 할 수 있다. eIDAS 규정은 회원국에게만 국가 전자신원확인시스템을 통지할 가능성을 부여하고 있으며, 그리하여 사적부문의 온라인서비스제공자들에게는 독립적으로 자신의 신원확인시스템을 통지할 가능성이 금지되어 있고, 결과적으로 다른 회원국에서 민간부문이 제공하는 온라인서비스에 접속하기 위하여 국가 간 상호인정의 이점을 얻는 것은 금지되고 있다는 것이 명백하다. 그러한 한계는 전자상거래와 역내 시장의 발전에 잠재적인 장애물이 될 수 있다.

반면에, 사적 부문을 상호인정의 구속력으로 묶어두는 것은 그러한 회사들이 그들의 IT 시스템을 이에 적용하기 위하여 드는 비용증가의 문제가 있고, 이러한 것은 이미 경제적 측면에서 부정적인 상황에 해당한다는 것이 지적되었다. 유럽법이 꾸준히 진화하는 길목에 있고, 기술적 및 규범적인 이슈를 개선하기 위하여 꾸준한 진보를 이루고 있다는 평가를 받고 있기 때문에, 처음에는 eIDAS 규정의 적용 범위를 오직 공공부문으로 제한할 필요가 있고 후에 실제로 상호운용의 도입으로 실제로 얻은 결과가 궁극적으로 민간부문의 관심을 촉진하는지를 검토하는 것도 필요하다고 본다. 정확한 규정을 채택함으로써 민간부문이 자발적으로 유럽공동체의 체계에 참여할 수 있고, 공공기관에 부과된 것과 똑같은 상호인정의무를 따를 수 있다고 해석된다.

Ⅲ. 비교법적 고찰

전자문서법은 전자문서법의 적용에 관하여 상호주의를 선언하고 있다. 즉, 외국인 및 외국법인에 대하여도 전자문서법을 적용하되, 다만, 대한민국 국민 또는 대한민국 법인에 대하여 전자문서법에 준하는 보호를 하지 아니하는 국가의 외국인 또는 외국법인에 대하여는 그에 상응하게 전자문서법 또는 대한민국이 가입 또는 체결한 조약에 따른 보호를 제한할 수 있다(전자문서법 제40조).

한편 전자서명법은 전자서명인증업무 운영기준에 관한 국제통용평가제도를 규정하고 있다(전자서명법 제11조). 즉, 과학기술정보통신부장관은 운영기준에 부합한다고 인정하는 국제적으로 통용되는 평가(국제통용평가)를 정하여 고시할 수 있으며(제11조 제1항), 전자서명인증사업자가 국제통용평가를 받은 경우에는 평가기관의 평가를 받은 것으로 본다(제11조 제2항). 국제통용평가를 받은 전자서명인증사업자는 인정기관에 운영기준 준수사실의 인정을 신청하여 인정을 받은 경우 인정사업자로서 증명서를 발급받아 전자서명인증사업을 수행할 수 있게 된다.

Ⅳ. 소 결

전자문서법과 전자서명법은 외국과의 상호인정제도를 서로 다르게 설계하여 정하고 있다. 전자문서법은 전통적인 상호주의를 선언하고 있고, 전자서명법은 국제통용평가제도를 채택하고 있다. eIDAS 규정의 상호인정제도는 유럽연합 회원국 상호간의 전자신원확인수단에 대한 상호인정의무를 회원국에게 부여하고 있는 것으로써 전자문서법이나 전자서명법의 제도취지와 부합하지 않는 면이 있지만, 우리나라 전자문서 및 전자서명제도를 운영하는데 참고가 될 수 있다고 본다.

▌ 제7조 ▌ 전자신원확인체계의 통지를 위한 자격

전자신원확인체계는 다음의 모든 조건을 충족하는 경우 제9조 제1항에 따른 통지를 할 수 있는 자격이 인정된다:

(a) 전자신원확인체계에 의한 전자신원확인수단은 (i) 통지하는 회원국에 의해서; (ii) 통지하는 회원국으로부터 위임을 받아서; 또는 (iii) 통지하는 회원국과 독립적으로 발급되는 경우, 그 회원국에 의하여 인정을 받을 것;

(b) 전자신원확인체계에 의한 전자신원확인수단은 공공부문이 제공하는 서비스로서 통지하는 회원국에서 전자신원확인을 요구하는 최소한 하나의 서비스에 접속하기 위해서 사용될 수 있을 것;

(c) 전자신원확인체계 및 그러한 체계에 따라 발급된 전자신원확인수단은 제8조 제3항에서 규정한 시행법이 정하는 보증수준 중 최소한의 하나의 요건을 충족할 것;

(d) 통지회원국은 제8조 제3항에 의한 시행법이 정하는 적합한 보증수준을 위한 기술적 규격, 기준 및 절차에 맞으며, 그 전자신원확인체계에 의하여 전자신원확인수단이 발급된 때에, 관계된 자를 유일하게 나타내는 개인 신원확인데이터가 제3조 제1호에 규정된 자연인 또는 법인에 귀속된다는 것을 보증할 것;

(e) 전자신원확인체계에 따라 전자신원확인수단을 발급하는 당사자는 전자신원확인수단이 제8조 제3항에 의한 시행법에서 정하는 적합한 보증수준을 위한 기술적 규격, 표준 및 절차에 맞으며 본조 (d)호에 규정된 자에게 귀속된다는 것을 보증할 것;

(f) 통지회원국은 온라인 인증을 이용할 수 있도록 보증할 것, 그 결과로 다른 회원국의 영역 내에 설립된 신뢰당사자는 전자적 형식으로 받은 개인신원확인데이터를 확인할 수 있을 것

공공부문 이외의 신뢰당사자를 위하여 통지회원국은 그러한 인증에 접근할 수 있는 조건을 정의할 수 있다. 국가 간 인증이 공공기관이 제공하는 온라인서비스와 관련하여 수행되는 때에는 무료로 제공되어야 한다.

회원국은 통지된 전자신원확인체계의 상호운용을 방해하는 요건이면, 인증을 수행하려고 하는 신뢰당사자에게 그러한 특정된 불합리한 기술적 요건을 부과해서는 아니 된다;

(g) 적어도 제9조 제1항에 따른 통지 6월 전에, 통지회원국은 다른 회원국에 제12조 제5

항의 의무를 이행할 목적으로, 제12조 제7항에 의한 시행법으로 수립된 절차규정에 따라서 전자신원확인체계의 상세내용을 제공하여야 한다;

(h) 전자신원확인체계는 제12조 제8항에 의한 시행법이 정하는 요건을 충족하여야 한다.

Ⅰ. 입법취지

eIDAS 규정 제7조는 전자신원확인체계의 기능과 상호인정에 관한 매우 중요한 내용을 정한 조항이다. 다른 회원국에 대하여 전자신원확인체계를 통지하기 전에 그 상세한 내용을 제공하는 것이 전자신원확인수단의 상호인정의 전제조건이 된다. 특히, 제7조는 전자신원확인제도의 통지를 위한 적격성 요건을 정하고 있다.[14]

제6조에서 규정한 것처럼, 회원국은 그들의 전자신원확인체계를 통지할 의무를 지는 것은 아니다. 전문 제13호가 명확히 하는 바와 같이, 집행위원회에 공공 온라인서비스 또는 특정 서비스에 접속하기 위한 국가 수준의 전자신원확인체계의 전부 또는 일부를 통지할지 여부의 선택권은 회원국에게 달려있다. 만약에 한 회원국이 제공하는 공공부문의 온라인서비스에 접속하기 위하여 국내법 또는 행정실무 상으로 전자신원확인수단의 이용 및 인증의 이용이 요구되는 때에, 국가 간 인증을 위하여 다른 회원국에 의하여 동일하게 승인받을 목적을 갖는다면, 그러한 경우에만 전자신원확인체계의 통지 절차가 필요한 것이다.

eIDAS 규정 제9조가 통지할 정보의 목록을 열거하고 있는 반면에, 제7조는 통지의 전제요건을 정의하고 있다. 제7조는 전자신원확인체계가 충족하여야 할 통지의 적격요건의 목록을 담고 있다. 비록 이러한 요건은 대부분 공식적인 것이지만, 이 요건들은 통지절차의 실질적인 적용 범위를 정하고 있으며, 그러한 요건으로부터 전자신원확인체계가 eIDAS 규정에 의한 상호인정으로부터 이익을 얻을 수 있다.

Ⅱ. 내 용

제7조에 규정된 요건은 서로 다른 특별한 목적을 반영하고 있다. 그러나 이러

---

14) Zaccaria/Schmidt-Kessel/Schulze/Gambino, 앞의 책, at 94ff.

한 조건들의 일반적 목표는 전자신원확인을 사용하는 관계자들의 보안과 신뢰를 증진하는 데 있다. eIDAS 규정의 전문 제14호는 이러한 조건들이 각각의 전자신원확인체계에서 회원국들의 필요한 신뢰를 형성하고, 통지된 신원확인체계 내에 있는 전자신원확인수단의 상호인정을 위하여 도움이 되어야 한다는 것을 정하고 있다. 더욱 상세하게 살펴보면 전자신원확인체계가 통지의 적격성을 갖추기 위하여 다음의 여섯 가지 조건을 충족하여야 한다.

통지대상이 되는 전자신원확인체계에 의한 전자신원확인수단은 ① 통지회원국에 의해서, ② 통지회원국으로부터 위임을 받아서, 또는 ③ 통지회원국과 독립적인 경우, 그 회원국에 의하여 승인을 받아서 발급되어야 한다. 그러므로 사기업이 발급한 전자신원확인수단은 통지회원국이 그것을 승인하지 않는 한, 통지 적격성이 없는 것이다. eIDAS 규정 전문 제13호는 회원국은 온라인서비스에 접속하기 위하여 이용하는 전자신원확인수단에 관한 규정에 민간 부문을 포함할지 여부를 자유롭게 결정하여야 한다고 규정하고 있다.

통지대상이 되는 전자신원확인체계에 의한 전자신원확인수단은 적어도 공공기관이 제공하는 서비스로서 통지회원국이 전자신원확인을 요구하는 하나의 온라인서비스에 접속하기 위하여 이용할 수 있어야 한다. 이러한 요건을 정함으로써, eIDAS 규정은 관련된 신원확인수단이 공공기관이 제공하는 서비스에 접속하기 위하여 이용될 수 있다면, 그것은 요구되는 보안기준을 충족하는 것이 된다.

전자신원확인체계와 이에 근거하여 발급되는 전자신원확인수단은 적어도 eIDAS 규정 제8조 제3항에 따라 채택된 2015/1502 집행위원회 시행규정(전자신원확인수단 보증수준에 관한 최소 기술규격 및 절차)이 정한 보증수준(낮음, 보통, 높음)의 하나의 요건을 충족하여야 한다. 최소한의 기술규격, 표준 및 절차는 보증수준의 내용을 이해하고, 통지된 전자신원확인체계의 국가보증수준을 설계할 때 상호운용성을 확보하기 위한 핵심 요소가 된다. 규격 및 절차는 2015/1502 집행위원회 시행규정 부속서에서 정하고 있다. 이 부록의 규정은 ① 기능, ② 전자신원확인수단의 관리, ③ 인증, ④ 관리 및 조직을 포함하는 요소의 신뢰성과 품질을 기반으로 하여 통지된 전자신원확인체계에 따라 발급된 전자신원확인수단의 보증수준을 평가하는 것을 허용하고 있다.

통지회원국은 개인신원확인정보가 유일하게 관계된 자를 나타내는 것임을, 그리고 그러한 신원확인은 전자신원확인체계에 따라 전자신원확인수단이 발급된 때에, 집행위원회 시행규정 2015/1502에서 정하는 보증수준에 따라서 기술적 규격, 표준 및 절차에 일치하도록 이루어진 것임을 담보한다. 그러므로 또한, 전자신원확인체계와 그에 따라 발급된 c)호에서 규정하는 신원확인수단을 위하여 설정된 요건을 충족하여야 개인신원확인정보의 귀속이 인정된다. "유일하게 개인을 나타낸다"라는 말은 그러한 개인의 표시가 하나의 방법으로 명확히 수행되어야 한다는 의미이다.

통지대상이 되는 신원확인체계에 따르는 전자신원확인수단의 발급당사자는 전자신원확인수단이 2015/1502 집행위원회 시행규정이 정하는 보증수준을 갖는 기술적 규격, 표준 및 절차에 따라서 관계된 자에게 귀속된다는 것을 담보한다. 그러므로 전자신원확인수단의 귀속은 보증수준을 위하여 설정된 요건에 종속된다.

통지회원국은 온라인 인증을 이용할 수 있도록 담보한다. 그리하여 다른 회원국에 설립된 신뢰당사자가 전자적 형식으로 받은 개인신원확인정보를 확인할 수 있도록 허용하여야 한다. 회원국은 공공기관 이외의 신뢰당사자를 위한 인증에 접속하기 위한 요건을 정의할 것이 요구된다. 공공기관이 제공하는 온라인서비스에 접속하기 위하여 국가 간 인증이 수행되는 때에는 그러한 서비스는 무료로 제공되어야 한다. 어떠한 불합리한 기술적 요건이 통지된 전자신원확인체계의 상호운용성을 방해하거나 심각하게 저해하는 경우에는, 그러한 요건은 인증을 수행하는 (공공 또는 민간부문의) 신뢰당사자에게 부과되어서는 안 된다.

이러한 요건에 더하여, 제7조는 통지회원국이 다른 회원국에 통지 전 적어도 6월 전에 신원확인체계의 상세내용을 제공할 것을 요건으로 하고 있다. 이러한 상세 기술내용은 2015/1984 집행위원회 시행결정에서 동료 간 검토를 할 수 있도록 하기 위하여 설정한 절차조항에 따라서 검토가 수행되어야 한다. 마지막으로 제7조는 전자신원확인체계가 상호운용 구조에 관한 2015/1501 집행위원회 시행규정에서 정하는 요건을 충족하여야 함을 정하고 있다.

Ⅲ. 비교법적 고찰

eIDAS 규정 제7조는 전자신원확인체계의 통지를 위한 자격에 관한 조항이며 이러한 절차는 유럽연합 회원국간의 전자신원확인수단의 상호인정을 위하여 필요하다. 우리나라는 전자신원확인체계에 관하여 명시적인 상호인정제도를 두고 있지 않다. 다만, 전자서명법상 국제통용평가제도(제11조)가 이와 유사한 제도라고 할 수 있다.

Ⅳ. 소 결

UNCITRAL 신원관리모델법(안)이 채택되면 이를 참작하여 신원확인체계에 관한 국제적인 상호인정제도를 마련할 필요가 있을 것으로 본다.

▌제8조 ▌ 전자신원확인체계의 보증수준

제1항 제9조 제1항에 따라서 회원국으로부터 집행위원회에 통지된 전자신원확인체계에는 그러한 체계에 따라 발급된 전자신원확인수단을 위한 낮음, 보통 또는 높음 보증수준을 명시하여야 한다.

제2항 낮음, 보통, 높음 보증수준은 각각 다음 기준을 충족하여야 한다.

(a) 보증수준 낮음(assurance level low)은 전자신원확인체계의 구조에서 사용되는 전자신원확인수단으로서, 당해 개인의 신원확인을 하면서 제한된 신뢰수준(limited degree of confidence)을 제공하며, 신원확인의 오용 또는 변형위험을 감소시키기 위할 목적으로 기술적 통제를 포함하여 관련된 기술적 규격, 표준 및 절차를 적용하는 것을 말한다.

(b) 보증수준 보통(assurance level substantial)은 전자신원확인체계의 구조에서 사용되는 전자신원확인수단이 당해 개인의 신원확인을 하면서 보통의 신뢰수준(substantial degree of confidence)을 제공하며, 신원확인의 오용 또는 변형위험을 감소시키기 위할 목적으로 기술적 통제를 포함하여 관련된 기술적 규격, 표준 및 절차를 따라야 한다.

(c) 보증수준 높음(assurance level high)은 전자신원확인체계의 구조에서 사용되는 전자신원확인수단이 당해 개인의 신원확인을 하면서 보통의 보증수준을 가진 전자신원확인수단보다 더 높은 정도의 신뢰수준을 제공하며, 신원확인의 오용 또는 변형위험을 감소시키기 위할 목적으로 기술적 통제를 포함하여 관련된 기술적 규격, 표준 및 절차를 따라야 한다.

제3항 집행위원회는 관련된 국제표준과 제2항의 내용을 고려하여, 제1항의 전자신원확인수단을 위한 낮음, 보통 및 높음 보증수준이 명시된 최소한의 기술규격, 표준 및 절차를 정하는 시행법을 2015년 9월 18일까지 마련하여야 한다(IR 2015/1502–08/09/2015). 이러한 최소 기술규격, 표준 및 절차는 다음과 같은 요소의 신뢰성 및 품질을 참고하여 제정되어야 한다.

(a) 전자신원확인수단의 발급을 위하여 적용되는 자연인 또는 법인의 신원을 증명하고 확인하기 위한 절차,
(b) 요청된 전자신원확인수단의 발급 절차,
(c) 인증구조 및 이를 통한 자연인 또는 법인이 그 신뢰상대방에게 자신의 신원을 확인하기 위한 전자신원확인수단을 사용하는 것,
(d) 전자신원확인수단의 발급 주체,
(e) 전자신원확인수단의 발급을 위한 애플리케이션에 관련된 다른 당사자,
(f) 발급된 전자신원확인수단의 기술적 및 보안 규격.

이 시행법은 제48조 제2항에 규정된 검토절차에 따라서 채택되어야 한다.

Ⅰ. 입법취지

eIDAS 규정의 주된 목적은 신뢰할 수 있는 온라인 환경을 만드는 것이다. 이러한 목표를 위하여 eIDAS 규정은 역내 시장에서 전자거래의 신뢰성 향상을 추구하고 있다. 시민, 기업과 공공기관 사이의 안전한 전자거래를 위한 공통된 기초를 제공함으로써 공공과 민간의 온라인서비스, 유럽연합 내에서 전자적 기업활동과 전자상거래의 효율성을 높이고자 하는 것이다.[15]

이 분야에서 가장 중요한 시금석은 전자신원확인 또는 eID이다. eID의 배경은 대부분의 경우 한 국가의 전자신원확인체계가 다른 회원국에서 인정되지 않기 때문에 자연인 또는 법인이 그들의 전자신원확인을 다른 회원국에서 인증을 위하여 사용할 수 없다는 점에서 쉽게 이해된다. 이러한 장애로 인하여 자연인, 법인이 역내 시장에서 충분한 이익을 누릴 수 없게 된다. 그러므로 eID의 구조는 역내 시장에서 국가 간의 다양한 서비스의 제공을 수월하게 하고, 공공기관과의 상호활동에서 많은 장애에 부딪히지 않고 국가 상호 간 차원에서 작동할 수 있도록 하는 것이다.

eID에 관한 eIDAS 규정은 온라인 공공조달 또는 국가 간 헬스케어와 같은 공공서비스로 제한된다는 것이고, eIDAS 규정은 회원국이 자연인 및 법인(제1조(a))의 전자신원확인을 승인하는 것을 전제조건으로 규정하고 있다. 이러한 제한은 회원국이 그러한 공공서비스의 제공에 민간부문을 관여시키는 것을 배제하는

---

15) Zaccaria/Schmidt-Kessel/Schulze/Gambino, 앞의 책, at 98ff.

것은 아니다.

eID는 자연인이나 법인 또는 법인을 대표하는 자연인을 유일하게 나타내는 전자적 형식의 개인신원확인정보를 사용하는 절차라고 정의할 수 있으며(제3조 제1호), '인증'과 직접 연결되어 있는데, 인증이란 자연인, 법인 또는 전자적 형식의 정보의 출처 및 무결성을 확인할 수 있게 하는 전자적 절차를 의미하며(제3조 제5호), 또한 '전자서명'과 연결되어 있다. 전자서명은 전자적 형식의 다른 데이터에 첨부되거나 논리적으로 결합되고 서명자가 서명하기 위하여 사용하는 전자적 형식의 정보라고 정의된다(제3조 제10호).

eID의 창설은 회원국 간의 eID의 상호인정원칙에 근거를 두고 있다(제6조). 그러나 상호인정은 사전에 회원국이 자신의 eID 체계를 통지하고, 인증서비스를 이용할 수 있도록 확립한 경우에만 오직 가능하다. eID 체계는 전자신원확인수단이 자연인, 법인 또는 법인을 대표하는 자연인에게 발급되는 전자신원확인시스템이라고 정의된다(제3조 제4호). 전자신원확인수단은 개인신원확인정보를 담고 있는 물질적 또는 비물질적 단위이며, 온라인서비스의 인증을 위하여 사용되는 것이다(제3조 제2호), 예컨대 전자신분카드(eIDCards), 디지털인증서 또는 다른 형태의 자격증명이 있다.

이러한 맥락에서 상호인정원칙은 통지회원국의 전자신원확인체계가 통지요건을 충족하고, 그 통지가 유럽연합 관보에 공표된 때에만 적용되어야 한다. 이러한 요건들로 인하여 회원국들은 다른 회원국들의 전자신원확인체계에서 필요로 하는 신뢰를 구축하는 데 도움이 된다.

이러한 공통된 프레임워크를 달성하기 위하여, 전자신원확인체계의 보증수준은 핵심적 역할을 한다. 사실상, 이러한 보증수준은 상호인정이 가능하게 된다는 점을 강조하기 위하여 eID에 관한 제2장 첫 조문에서 규정되어 있고, 만약 특정 보증수준이 달성되면 사전통지의 요건이 충족된다(제8조).

전자신원확인수단의 승인은 문제된 온라인서비스에서 요구되는 것과 동등하거나 더욱 높은 수준에 대응하는 신원확인의 보증수준을 가진 신원확인수단에 대해서만 관련된다. 이에 더하여, 공공기관이 제공하는 온라인서비스에 접속하기 위하여 보통 또는 높음 보증수준을 사용하도록 하는 경우에만 그러한 승인이 필요하다. 그런데도 회원국은 만약 유럽법에 부합하는 경우라면 보다 낮은 보증수준을 가진 전자신원확인수단을 자유롭게 승인할 수 있다.

유럽에서 eID의 이러한 구조를 완성하기 위하여, eIDAS 규정은 eID 체계의 상호운용제도를 마련하였고(제12조 이하), 회원국 간의 협력을 규정하고 있다. 비록 회원국이 그들의 eID 체계를 자유롭게 통지할 수 있다 하더라도, 통지회원국은 부정확하게 발급된 eID 수단 또는 인증서비스의 실패로 인하여 발생한 손해를 배상할 책임을 진다(제11조). 유럽에서 eID 제도의 수립은 다음과 같은 핵심제도 즉, 상호인정, 통지, 전자신원확인수단의 보증수준, 상호운용성, 협력 및 책임이라는 제도를 기반으로 이루어졌다.

Ⅱ. 내 용

1. 전자신원확인수단 보증수준(낮음, 보통, 높음)의 기능

전자신원확인수단의 보증수준은 유럽에서 eID의 상호인정을 위한 기둥역할을 한다. 보증수준은 사람의 신원을 형성하는 전자신원확인수단에 대한 신뢰 정도를 특징적으로 나타내는 기능을 가지며, 특정 신원을 주장하는 자가 사실상 그 신원이 부여된 자라는 신뢰를 제공하는 것이다. 보증수준은 전자신원확인수단이 절차(예 신원증명 및 검증, 인증), 관리활동(예 전자신원확인수단을 발급하는 주체 및 그러한 수단을 발급하는 절차) 및 기술적인 통제가 실현되는 점을 고려하여 개인의 신원을 주장하는 자에게 제공하는 신뢰의 정도에 의하여 좌우된다.

많은 EU 회원국에서 국가 eID 시스템이 발전하고 있는데, 예를 들면, 오스트리아 시민 카드, 독일 nPA, 네덜란드 DiGiD 및 벨기에 eID가 있다. 이러한 사례들은 eID 시스템이 eID 카드에 기반을 두고 있다. 또한 다양한 국제적인 프로젝트가 개발되고 있는데, 예를 들면 Stork 및 Future ID는 국가 간 사용기반을 마련하기 위하여 발전시켜왔다. 그러나 이러한 카드의 유럽형 표준화는 국가 시스템보다 뒤떨어진다. 이러한 목적으로 eIDAS 규정은 낮음, 보통, 높음의 세 가지 보증수준을 규정한다. 세 가지 보증수준의 차이는 개인의 신원 주장에 대한 신뢰성의 정도와 그 신원의 남용 및 변경의 위험성에 따른다.

"낮음 보증수준"은 개인의 신원확인에 대한 제한된 신뢰성을 제공하며, 기술적 통제를 포함하여 전자신원확인수단에 관한 기술적 규격, 표준, 절차가 그 신원의 남용 또는 변경위험을 감소시킬 수 있는 전자신원확인수단이다. 반면에 "보통의 보증수준"은 개인의 신원확인에 대한 '보통' 정도의 신뢰성을 제공하며,

기술적 통제를 포함하여 전자신원확인수단에 관한 기술규격, 표준 및 절차가 신원의 남용 또는 변경위험을 '상당히' 감소시킬 수 있는 전자신원확인수단이다. "높음 보증수준"은 개인의 신원확인에 대하여 보통의 보증수준을 가진 전자신원확인수단보다 '높음' 신뢰수준을 제공하며, 기술적 통제를 포함하여 전자신원확인수단에 관한 기술규격, 표준 및 절차가 신원의 남용 또는 변경을 방지할 수 있는 전자신원확인수단을 말한다.

보증수준 간의 차이는 각 전자신원확인수단의 기술규격, 표준 및 절차에 따라 달라진다. 이러한 이유로 eIDAS 제8조 제3항에 따라서, 전자신원확인수단에 대한 보증수준 낮음, 보통, 높음을 명시하도록 최소 기술규격, 표준, 절차를 정하기 위한 시행령 제정 권한이 집행위원회에 위임되었다(2015년 9월 18일 이전). 이에 따라 2015년 9월 8일의 2015/1502 집행위원회 시행규정이 채택되었다(OJEU, 9.9.2015,L 235/7). 유럽연합이 지원한 대규모 파일럿, 표준활동의 결과 예컨대 STORK 및 ISO 29115의 결과로 보증수준에 관한 다양한 기술적 정의 및 설명이 제시되었다. 특히, 국제표준인 ISO/IEC 29115이 검토되어왔다. 그러나 어떤 이슈에 대하여서 예컨대, 신원증명 및 검증요건에 관련하여서는 내용이 다르다.

2. 보증수준을 위한 최소 기술규격, 표준 및 절차에 관한 시행규정

기술변화로 인하여 eIDAS 규정은 혁신에 개방적인 접근법을 채택하고 있다. 그러므로 eIDAS 규정은 기술중립적이며, 다른 기술을 통하여서도 필요한 보안요건을 달성할 수 있도록 하였다. 다시 말하면, eIDAS 규정은 기술중립성 원칙을 인정하고 이를 고려하고 있으며, eIDAS 규정이 부여하는 법적 효력이 eIDAS 규정의 요건을 충족하는 다른 기술적 수단에 의해서도 달성될 수 있어야 한다.

이러한 원칙은 eIDAS 규정 제8조 제3항에 따라 채택된 시행규정에 의해서도 충족되어왔다. 이 시행규정의 핵심 내용은 다음과 같다.

1. 애플리케이션 및 등록: 자연인, 법인을 위한 신원확인증명 및 확인 (verification), 자연인과 법인의 전자신원확인수단 사이의 구속력
2. 전자신원확인수단의 관리
   2.1. 전자신원확인수단의 특징 및 디자인
   2.2. 발급, 송달 및 활성화

2.3. 정지, 취소 및 재활성화

2.4. 갱신 및 교체

3. 인증: 인증구조

4. 관리 및 기구

4.1. 총설

4.2. 공개된 통지 및 이용자 정보

4.3. 정보보안 관리

4.4. 기록보관

4.5. 시설 및 직원

4.6. 기술적 통제

4.7. 준법 및 감사

보증수준 간의 차이에 관한 가장 중요한 특징:

1. 신원확인증명 및 확인

2. 전자신원확인수단의 특징 및 디자인

3. 인증구조

(1) 신원확인증명 및 확인

세 가지 보증수준의 신원확인증명 및 확인에 관한 차이점은 그 형식과 관계 없이 신원증명에 사용될 수 있는 정확한 데이터, 정보 및 증거를 의미하는, '권위 있는 출처[혹은 신뢰할 수 있는 근원(authoritative source), 우리나라의 '주민등록대장'과 같은 공적으로 신뢰할 수 있는 장부가 이에 해당함]의 개념 검토로부터 오직 이해될 수 있다. 이를 토대로 하여, 시행령은 신원확인에 관련한 일반적인 가정 하에 낮은 보증수준을 규정하였고, 보통의 보증수준은 확인통제와 관련하여 정하고 있다.

그러므로 자연인과 법인을 위하여 낮음 수준의 보증요건으로 필요한 요소는 다음과 같다.

1. 자연인은 회원국이 승인한 증거의 점유를 한 것으로 간주할 수 있다. 전자신원확인수단을 위한 애플리케이션이 만들어졌고, 주장된 신원 또는 법인의 신원을 표시하는 것이 전자신원확인수단을 위한 애플리케이션이 만들어진 회원국에서 승인한 증거를 기반으로 하여 입증되어야 한다.

2. 자연인의 경우에, 그 증거나 권위 있는 출처에 의하여 진실한 것이거나 또는 존재하는 것으로 간주할 수 있고, 그 증거가 유효한 것이어야 한다. 또한, 법인의 경우, 그 증거가 권위 있는 출처에 따라 유효한 것으로 나타나거나 진정한 것으로 추정(assume)할 수 있어야 하며, 이 경우 권위 있는 출처에 법인을 포함하는 것이 자발적이며, 법인과 권위 있는 출처 사이에 합의에 따라 규율될 것.

3. 권위 있는 출처에 의하여, 주장된 신원이 존재하고, 그 신원 주장자가 한 사람 또는 동일인이라는 것이 추정될 수 있을 것, 또는 법인이 권위 있는 출처에 의하여 그 법인으로써 행동하지 못하도록 하는 지위에서 알려지지 않을 것.

자연인을 위한 보통의 보증수준의 요건을 위해서는 다음의 추가적인 요소로 확인이 되어야 한다.

1. 자연인은 회원국이 승인한 증거의 점유로 확인될 것.

전자신원확인수단을 위한 애플리케이션이 만들어지고, 주장된 신원과 증거를 표시하는 것이 권위 있는 출처에 따라서 진정한 것이라는 것을 결정하기 위하여 검토되고, 그것이 실제 인물과 관련되고 존재하는 것으로 알려지며, 상실, 절도, 정지, 취소 또는 만료된 증거의 위험을 고려할 때 자연인의 신원이 주장된 신원에 해당하지 않는다.

2. 법인을 위하여 필요한 요소는 다음과 같다.

법인의 신원 주장은 회원국이 승인한 증거에 기반을 두어 입증되어야 할 것, 이 경우 전자신원확인수단을 위한 애플리케이션이 만들어지고 법인의 이름, 법적 형태, 및 등록번호(가능한 경우)를 포함하고, 증거가 진정한 것인지, 권위 있는 출처에 의하여 존재하는 것으로 알려진 것인지, 권위 있는 출처에 법인을 포함하는 것이 그 분야에서 운영을 위하여 법인에 요구되는 것인 경우, 단계들이 위험의 최소화를 위하여 고려되어야 하는데, 법인의 신원이 주장된 신원이 아닐 수도 있는 위험, 상실, 도난, 정지, 취소 또는 만료된 문서의 위험을 고려할 때 그러하다.

대안적으로 다음의 경우에는 보통 수준으로 자격을 부여할 수 있다.

1. 자연인을 위하여서, 신분증서가 발급된 회원국에서 등록절차 중에 신분증서가 제출될 것 그리고 그 증서는 그것을 제시하는 사람과 관련성이 나타날 것, 상실, 도난, 정지, 취소 또는 만료된 문서의 위험을 고려할 때 자연인의 신원증

명이 주장된 신원에 해당하지 않는다는 위험을 최소화할 조치가 취해질 것.

2. 자연인과 법인을 위해서, 같은 회원국에서 전자신원확인수단의 발급 이외의 목적으로 공공부문 또는 민간부문이 사전에 사용한 절차가 대등한 보증수준을 제공하는 경우에, 그러면 그 등록에 대한 책임 주체는 그러한 초기절차를 반복할 필요가 없고, 그러한 대등한 보증수준은 765/2008 규정 제2조 제13호에서 언급된 적합성 평가기관에 의하여 확인된다.

3. 자연인 또는 법인을 위해서, 전자신원확인수단이 유효한 통지된 전자신원확인수단으로서 보통 또는 높음 보증수준을 가진 것이고, 개인 신원확인데이터의 변경위험을 고려하여 발급된 것이면, 신원증명 및 검사 절차를 반복할 것이 요구되지 않는다. 기반으로 이용되는 전자신원확인수단이 통지되지 않은 것일 경우에는, 보통 또는 높음 보증수준은 765/2008 규정 제2조 제13호에서 규정한 적합성 평가기관 또는 동등한 단체에 의하여 확인되어야 한다.

높음 보증수준을 위하여서는, 그 차이는 자연인의 경우에 전자신원확인수단을 위한 애플리케이션이 제작된 회원국에서 승인된 사진 또는 생체 신원인증의 점유는 필요하다. 그리고 그러한 증거는 주장된 신원을 나타내며, 그 증거는 권위 있는 출처에 따라 유효하다는 것을 결정하기 위하여 검토되어야 하며, 그 신청자는 권위 있는 출처를 가진 자의 하나 또는 그 이상의 물리적 인적 특성의 비교를 통하여 주장된 신원으로서 구별되어야 한다. 그러나 그 신청자가 어떠한 승인된 사진 또는 생체 신원증명을 제출하지 않으면, 그러한 승인된 사진 또는 생체 신원증명을 얻기 위하여 등록에 대한 책임이 있는 단체의 소속 회원국의 국가 차원에서 사용되는 같은 절차가 적용되어야 한다.

법인의 경우, 법인의 주장된 신원은 법인명, 법인 형태, 국가 차원에서 사용된 법인을 나타내는 하나의 유일한 신분확인 요소, 그 증거는 권위 있는 출처에 따라서 유효하다는 것임을 결정하기 위하여 검토되어야 하며, 전자신원확인수단의 애플리케이션이 만들어진 국가인 회원국이 승인한 증거의 기초에 따라 증명되어야 한다.

같은 회원국에서 전자신원확인수단의 발급 이외의 목적으로 공공기관이나 민간기관이 사전에 사용한 절차가 동등한 보증수준을 제공하거나 전자신원확인수단이 높은 보증수준을 갖는 유효하게 통지된 전자신원확인수단에 근거하여 발급된 경우에는 신원증명 및 확인절차를 반복할 필요가 없게 된다. 기반으로 활용되는 전자신원확인수단이 통지되지 않으면, 높은 보증수준은 유럽연합 765/2008 규정 제2조 제13호가 정하는 적합성 평가기관 또는 동등한 기관에 의하여 확인되어야 하며, 이러한 사전적 절차의 결과가 유효하다는 것을 증명할 절차가 남아있다.

(2) 전자신원확인수단의 특징 및 디자인

전자신원확인수단의 특징 및 디자인은 '인증팩터(요소)'의 개념과 밀접하게 연결되어 있다. 이는 다음과 같은 범위에 속하는 사람에게 연결된 확인요소를 의미한다:

- 소유기반 인증요소, 이는 그 주체가 소유를 증명하여야 할 필요가 있는 인증요소이다.
- 지식기반 인증요소, 이는 주체가 그것을 알고 있음을 증명하여야 할 필요가 있는 인증요소이다.
- 고유기반 인증요소, 이는 자연인의 신체적 특성에 기반을 둔 인증요소로, 그 주체가 그러한 신체적 특성이 있음을 증명하여야 하는 인증요소이다.

이러한 것을 근거로 하여, 낮음 보증수준은 전자신원확인수단이 적어도 하나의 인증요소를 사용하면 충분하다. 그 전자신원확인수단은 발급자가 오직 그것이 속한 사람의 지배 또는 소유 아래서만 사용되는지를 점검하기 위한 필요한 단계를 밟도록 디자인되었다. 보통 수준의 전자신원확인수단이 적어도 두 가지의 범위에 속하는 두 가지 인증요소를 사용할 것이 요구되며, 전자신원확인수단은 그것이 속한 사람의 통제 또는 소유하에서만 사용되는 것으로 추정할 수 있도록 설계되었다.

최종적으로 높음 보증수준은 다음의 추가적인 요소가 필요하다. 전자신원확인수단은 높은 수준의 침해 능력을 지닌 공격자는 물론 복제 및 부당변경에 대하여 보호할 수 있는 것이며, 전자신원확인수단이 다른 자에 의하여 사용되는 것을 방지하기 위하여 그것이 소속된 자에 의하여 신뢰성 있게 보호될 수 있도록 디자인되었다.

(3) 인증의 구조

인증구조는 세 가지 보증수준에 따라 다르다. 낮음 보증수준은 만약에 전자신원확인수단의 신뢰성 있는 확인과 그에 따른 유효성검증(validity) 확인이 개인신원확인정보의 양도(release)보다 선행한다면 충분하다. 개인신원확인정보가 인증구조의 일부로서 저장되는 경우, 그러한 정보는 상실 및 훼손으로부터 보호하기 위하여 오프라인 분석을 포함하여 보안 처리되고, 인증구조는 전자신원확인수단의 검증을 위하여 보안 통제를 하는 결과, 고도의 침해 능력을 가진 침해자에 의한 추측, 도청, 재생, 통신조작 등의 활동이 인증구조를 전복시키는 일은 생기지 않을 것이다.

다음 단계인 보통 수준으로 도달하기 위하여, 다음 요건이 추가된다.

신뢰할 수 있는 전자신원확인수단의 확인 및 생체 인증(dynamic authentication)을 통한 유효성 검증이 개인 신원 데이터의 양도(제공)에 선행되어야 한다. 이러한 인증은 암호기술 또는 다른 기술을 사용하는 전자적 절차인데, 해당 주체가 인증데이터를 통제하거나 소지한다는 전자적 증명을 요청에 따라 생성하는 수단을 제공하기 위한 것으로, 주체와 주체의 신원을 검증하는 시스템 간의 각각의 인증에서 변화한다. 그 인증구조는 전자신원확인수단의 확인을 위하여 보안 통제를 하며, 그 결과 보통의 침해 능력을 가진 침해자에 의한 통신의 추측, 도청, 재생 같은 활동이 인증구조를 전복하는 일은 일어나지 않을 것이다.

마지막 요건은, 높은 보증수준에 도달하는 데 필요한 인증구조이다. 이는 전자신원확인수단의 확인을 위하여 보안 통제를 실행하며, 고도의 침해 능력을 가진 침해자에 의한 추측, 도청, 재생 또는 통신의 변경 같은 활동이 인증구조를 전복하지 못할 것이다.

Ⅲ. 비교법적 고찰

국내법상 전자신원확인제도는 여러 개별법령에 산재하여 있으며, 통일적인 전자신원확인체계와 전자신원확인수단 및 그에 대한 보증수준별로 구분이 되어 있지 않은 실정이다. 정보통신망법상 주민등록번호의 대체수단으로 본인확인제도가 있고(정보통신망법 제23조의3), 전자서명법상 전자서명인증서(전자서명법 제2조)

가 본인확인수단으로 이용되고 있으나 전자신원확인수단의 보증수준에 관한 규정이 미흡한 상태이다.

Ⅳ. 소 결

eIDAS 규정 제8조(전자신원확인체계의 보증수준) 및 UNCITRAL 신원관리모델법(안)의 내용을 참작하여 다양한 기술을 이용한 전자신원확인수단을 포괄할 수 있도록 전자신원확인체계의 보증수준에 관한 규정을 마련하는 것이 필요하다고 본다.

▌ 제9조 ▌ 통 지

제1항 통지회원국은 다음 정보와 후속적인 변경사항을 집행위원회에 지체없이 통지하여야 한다:

(a) 전자신원확인체계의 보증수준 및 그 체계 아래에서 전자신원확인수단의 발급자를 포함한 전자신원확인체계에 관한 서술;

(b) 다음 사항에 관련된 감독체계 및 배상책임 제도에 관한 정보:
(i) 전자신원확인수단을 발급하는 당사자
(ii) 인증절차를 운영하는 당사자;

(c) 전자신원확인체계에 대하여 책임있는 정부 기관;

(d) 유일한 개인신원확인데이터의 등록을 관리하는 주체에·관한 정보;

(e) 제12조 제8항에서 규정된 시행법에서 정하는 요건을 어떻게 충족하는지에 관한 설명;

(f) 제7조 f호에서 정하는 인증에 관한 설명;

(g) 통지된 전자신원확인체계 또는 인증 또는 훼손에 관계된 부분의 정지 또는 폐지에 관한 방식.

제2항 제8조 제3항 및 제12조 제8항에 의한 시행법의 적용일로부터 1년 이내에 집행위원회는 관보에 본조 제1항에 따라 통지받은 전자신원확인체계 목록과 관련된 기본정보를 공표하여야 한다.

제3항 만약 집행위원회가 제2항의 기간이 경과 한 후에 통지를 수령한 때에는 유럽연합 관보에 통지수령일로부터 2월 이내에 제2항에 규정된 목록의 수정사항을 공표하여야 한다.

제4항 회원국은 집행위원회에 제2항에서 정한 목록으로부터 회원국이 통지한 전자신원확인체계의 삭제를 요청할 수 있다. 위원회는 유럽연합 관보에 회원국의 그러한 요청서를 수령한 날로부터 1월 내에 목록의 수정사항을 공표하여야 한다.

제5항 시행법에 따라 집행위원회는 제1항에 따른 통지의 상황, 형식 및 절차를 정의할 수 있다. 그 시행법은 제48조 제2항에 규정된 검토절차를 따라서 채택되어야 한다.

Ⅰ. 입법취지

eIDAS 규정의 목적은 전자신원확인체계의 기술적인 상호운용성이 궁극적으로 상호인정을 필요로 하는 전자신원확인체계의 법률적 상호운용성과의 결합을 확실하게 하는 데 있다. 그러한 상호인정을 달성하기 위하여, 회원국은 집행위원회에 eIDAS 규정 제7조에 따른 통지 적격성을 갖추고 있으며, 제8조가 규정하는 보증수준을 충족하는 전자신원확인체계에 관한 특정 정보의 조합을 통지하여야 한다.[16] 제9조에서 정한 요건은 제48조에서 정하는 집행위원회 절차에 따라서 제5항에 의한 2015년 11월에 채택된 2015/1984 집행위원회 시행 결정의 내용과 연결하여 해석되어야 한다. 이 시행 결정은 통지의 환경, 형식 및 절차를 정의하고 있다.

그러므로 통지는 전자신원체계의 중요한 단계로 구성되어 있는데, 회원국의 상호인정의 이익을 얻고, 공식적으로 다른 회원국에 대하여 특정 시기(소위 12개월) 이내에 동일한 승인을 얻을 수 있도록 하는 단계로 구성된다. 회원국은 자신의 전자신원확인체계를 통지할 의무를 부담하지 않으며, 국가 차원에서 사용되는(민간부문 또는 공공부문) 전자신원확인체계의 전부 또는 일부의 어떤 것에 대하여 상호인정을 얻을 것인지 아닌지는 회원국에 달려있다. eIDAS 규정 제7조는 특정 조건을 충족하는 전자신원확인체계로 접속을 제한함으로써, 사실상 통지절차의 적용 범위를 제한하고 있다. 예컨대 전자신원확인체계에서 사용되는 전자신원확인수단은 공공부문이 제공하는 전자신원확인을 요구하는 적어도 하나의 서비스에 접속하기 위하여 사용되어야 한다. 이렇게 하여 eIDAS 규정은 전자신원확인수단이 공공기관이 운영하는 서비스의 제공과 관련하여 사용된다면, 이 기관은 적절한 보안수준을 보장하는 것이다.

통지 언어는 영어이며, 통지형식은 영어로 쓰여야 한다. 그러나 회원국은 불

---

16) Zaccaria/Schmidt-Kessel/Schulze/Gambino, 앞의 책, at 107ff.

합리한 부담을 지우는 결과가 되는 때에는(전자신원확인규정에 관한 국내 입법을 포함하여) 관련 문서를 번역할 의무를 부담하지 않는다. 또한, 통지는 전자적으로 이루어져야 한다. 마찬가지로 집행위원회는 전자적 수단으로 통지의 수령 확인을 하여야 한다. 이에 더하여 집행위원회는 통지형식이 적절하게 충족되지 않았거나 형식 또는 관련 서류에 명확한 오류가 있는 경우에는 추가적인 정보나 명확한 내용을 요청할 권리가 있다. 집행위원회는 만약 통지회원국이 eIDAS 규정 제7조를 따르지 않을 때는 전자신원확인체계에 대한 서술내용을 적어도 통지 6월 전에 다른 회원국에 제공할 것을 요구할 수 있다. 이는 소위 사전통지제도로 회원국들이 제12조 제6항 (f)호에 따라서 협력의 틀의 관계에서 요건을 충족하는지를 평가하기 위하여 전자신원확인체계에 관한 동료평가절차를 수행할 수 있도록 하는 데 목적이 있다. 이러한 평가로 협력네트워크(Cooperation Network)에 의하여 채택된 공식적 의견을 얻을 수 있다.

II. 내 용

1. 사전통지 및 동료평가 절차

'전자신원확인에 관한 회원국 간의 협력을 위한 절차방안 수립을 위한 규정'인 2015년 2월 24일 자, 2015/296 집행위원회 시행규정에 따라 특별규정으로 사전통지와 협력네트워크에 의한 동료평가가 상세하게 규정되어 있다. 이 시행규정은 eIDAS 규정 제12조 제7항에 따라 채택되었으며, 집행위원회가 회원국 간의 협력을 쉽게 하기 위하여 필요한 절차적 방안을 수립하기 위하여 2015년 9월 18일까지 시한을 정하여 두었다. 이 방안은 전자신원확인체계에 관한 모범사례, 정보, 경험의 교환, 전자신원확인체계에 관한 동료평가, 협력네트워크를 통한 협력 등을 규정한다.

동료평가에 관하여 집행위원회 시행령 제7조는 이러한 구조는 통지된 전자신원확인체계의 상호운용성 및 보안을 확보할 목적임을 밝히고 있다. 회원국의 동료평가 참여는 임의적인 제도이고 강제적인 것은 아니며, 동료평가를 요청하는 사전통지 회원국은 다른 회원국의 참가를 거절할 수 없다. 동료평가는 자국의 전자신원확인체계에 대한 동료평가를 요청하거나, 회원국에 의하여 다른 회원국의 전자신원확인체계를 동료평가하기를 원함으로써 개시될 수 있다. 후자의 경우에, 그 절차가 어떻게 하여 전자신원확인체계의 상호운용성 또는 보안에 기여할 수 있을 것인지에 관한 상세한 내용과 함께, 동료평가를 유발한 특별한 이유가 특정되어야 한다.

그 신청은 협력네트워크에 이루어져야 하며, 동료평가가 예정된 회원국은 모든 필요한 정보를 제공하여야 한다. 전자신원확인체계에 대하여 동료평가가 한 번 이루어지면, 2년 이내에는 더 이상 동료평가의 대상이 되지 않는다. 동료평가는 그러므로 전자신원확인체계의 사전통지에 뒤따르는 선택적인 사항이다. 집행위원회 시행규정 제9조에 따라서 모든 관련 활동(관련 서면평가, 절차에 대한 검사, 기술세미나, 독립적 제3당사자에 의한 평가의 고려 등)은 동료 회원국이 그들의 대표단의 이름 및 연락정보를 제공한 후 3월 이내에 수행되어야 한다. 동료평가 절차의 종료 후 1월내에, 동료 회원국은 협력네트워크에 보고서를 제출하여야 한다.

협력네트워크는 이러한 단계와 다른 절차에서 중요한 임무를 수행한다. 협력네트워크는 회원국이 제공한 통지형식의 시안을 검토할 수 있는 적격성을 가진 기구이며, eIDAS 규정이 정한 요건에 기술된 전자신원확인체계의 부합성을 설명하는 의견서를 발급한다.

협력네트워크의 임무, 구성 및 운용은 집행위원회 시행규정 2015/296의 제14조, 제15조 및 제16조에 상세하게 규율되어 있다.

eIDAS 규정 제9조 상의 통지는 존재하는 전자신원확인체계의 변화에 관한 것이 있고, 지체없이 통지되어야 한다. 통지 절차의 목적은 집행위원회가 통지된 전자신원확인체계의 목록을 공표하기 위하여 허용하는 데 있다. 회원국은 또한 사전에 통지된 전자신원확인체계를 통지목록으로부터 삭제하여 줄 것을 집행위원회에 요청할 수 있다. 그러한 요청이 신고되면, 집행위원회는 요청 수령일로부터 1개월 이내에 필요한 개정을 하여야 한다. 이 목록은 eIDAS 규정 제12조, 제9조에 따라 요청된 시행령의 채택 일자 후 1년 이내에 공표되어야 한다.

2. 통 지

통지의 내용에 관하여 제9조는 서로 다른 정보 유형을 규정하고 있는데, 이는 집행위원회 2015/1984 시행규정에서 상세히 명시하고 있다.

첫째, 통지회원국은 전자신원확인체계의 서술내용과 신원확인체계의 보증수준 (낮음, 보통, 높음) 및 그 체계에 따라 전자신원확인수단의 발급자에 관한 내용을 제공하여야 한다. 특히 전자신원확인체계의 서술내용은 그 체계가 작동하는 구조와 범위에 초점을 맞추고 있으며, 신뢰당사자가 요구하면, 신원확인 체계상의 법인 또는 자연인에게 제공될 수 있는 추가적인 속성에 초점을 두고 있다.

보증수준에 관하여, 2015/1502 집행위원회 시행규정에서 정하고 있는 요건을 주어진 신원확인체계에서 어떻게 충족시킬 것인지에 관한 상세한 내용의 통지가 이루어져야 한다. 이러한 요소는 다음과 같은 것을 포함한다. 등록(즉, 애플리케이션 및 등록, 법인과 자연인의 신원증명 및 확인, 자연인과 법인의 전자신원확인수단 간의 구속력), 전자신원확인수단의 관리(특징과 디자인, 즉 발급, 배달 및 활성화, 정지, 폐지와 재활성화, 갱신 및 교체), 인증구조(특히, 공공기관 이외의 신뢰당사자에 의한 인증의 조건), 특징적인 면에 관한 관리 및 조직(총칙, 공개적 통지 및 이용자 정보, 기록관리, 정보보안관리, 시설 및 직원, 기술적 통제, 준법 및 감시).

통지는 또한 적용될 감독체계에 관한 서술내용을 포함하며, 전자신원확인수단의 발급당사자 및 인증절차를 운영하는 당사자의 책임제도에 관한 정보를 포함한다. 적용할 책임 체계의 서술내용은 eIDAS 규정 제11조에 따른 회원국이 지는 책임의 결과에 대한 것도 포함한다.

추가적으로, 통지회원국은 전자신원확인체계에 대하여 책임을 부담할 기관과 유일한 개인 신원정보의 등록 절차를 관리하는 주체에 관한 정보에 관한 상세한 내용을 제공하여야 한다.

앞서 말한 내용에 더하여, 다음과 같은 내용을 포함하여 통지가 이루어져야 한다. 첫째, 2015/1501 집행위원회 시행규정이 정하는 상호운용성 요건을 어떻게 충족할 것인지, 둘째, 전체 신원확인체계 또는 인증 또는 훼손된 부분에 대한 정지, 폐지계획이다.

협력네크워크가 독일 신원확인체계에 동료평가를 하기로 합의하고, 그 견해를 공표한 이후에, 2017년 9월 26일에 집행위원회는 유럽연합 관보 C-319/2017을 통하여 소위 두 가지 수단 즉, 국가 신분카드 및 전자체류 허가증에 관한 확장된 접속통제에 기반한 최초의 독일 eID의 통지를 하였다. 이 체계는 가장 높은 보증수준을 가진 신원확인수단이라고 통지되었다.

협력네트워크는 사실 사전통지문서와 제공된 추가정보가 충분히 증명되었고,

통지된 신원확인체계가 eIDAS 규정이 정하고 있는 요건을 충족하였음을 확인하였다.

추가적으로, 2017년 11월 24일에, 이탈리아 행정부는 집행위원회 부의장에게 서신으로 국가 전자신원확인체계(Sistema Pubblico di Identità Digitale, SPID)를 사전통지하였다. SPID의 사전통지는 민간부문이 운용하는 최초의 전자신원확인체계로써 대단히 환영받았다. 그러므로 그것은 민간부문과 공공부문 사이의 긍정적인 협력모델로서 간주되며, 전자신원확인체계의 상호인정에 근거한 시장의 창설에 영향을 줄 수 있다. SPID는 회원국에 대하여 구속력을 가지는 공식적인 통지절차가 이루어지기 이전에 현재 협력네트워크에 의하여 동료평가가 진행 중이다. SPID는 2014년 10월 24일 시행령을 통하여 새로운 유럽연합의 규범으로 디자인될 수 있는 시스템을 창설할 목적으로 소개되었다. SPID의 채택은 이탈리아의 민간부문(시민과 기관을 포함)과 공공기관 간의 관계의 광범위한 디지털화의 구조에서 조심스러운 시작이 이루어진 이후에 꽤 성공적인 것으로 평가되어 왔다.

Ⅲ. 비교법적 고찰

eIDAS 규정 제9조는 회원국이 자국의 전자신원확인수단과 전자신원확인체계를 유럽 집행위원회에 통지하도록 규정한 절차조항인데, 우리나라의 경우 이러한 전자신원확인체계의 통지제도를 두고 있지 않다.

다만 UNCITRAL 신원관리모델법(안)은 국가 또는 국가에 의하여 자격이 인정된 기관이 신뢰할 수 있는 신원관리시스템을 지정할 수 있고, 이 경우 신뢰할 수 있는 신원관리시스템으로 지정된 신원관리시스템목록을 공표하도록 규정을 두고 있다(모델법안 제11조).

Ⅳ. 소 결

UNCITRAL 신원관리모델법(안)이 마련되는 경우에는 이를 참작하여 우리나라 신원관리체계를 수립할 때 신뢰할 수 있는 신원관리시스템목록의 공표와 관련된 규정을 둘 수 있을 것이다.

▌제10조 ▌ 보안침해

제1항 제9조 제1항에 따라 통지된 전자신원확인체계 또는 제7조 (f)의 규정에 의한 인증
이 침해되거나 부분적으로 훼손되어 그 체계의 국가 간 인증에 대한 신뢰성에 영향을 미
치게 되는 경우, 통지 회원국은 국가 간 인증이나 훼손된 부분을 지체없이 정지하거나 폐
지하고, 다른 회원국과 집행위원회에 통지한다.

제2항 제1항에서 규정한 침해나 훼손이 복구되면, 통지 회원국은 국가 간 인증을 재개하
고 타 회원국과 집행위원회에 지체없이 통보한다.

제3항 제1항에서 규정한 침해나 훼손이 정지나 폐지 3개월 이내에 복구되지 않으면, 통지
회원국은 타 회원국과 집행위원회에 전자신원확인체계의 철회를 통지한다.

집행위원회는 이에 따라 제9조 제2항에 언급된 목록의 개정본을 유럽연합관보에 지체
없이 게재한다.

Ⅰ. 입법 취지

eID에 관한 조항을 도입함으로써 EU는 완전히 통합된 디지털단일시장을 촉
진하는 것을 목표로 한다. 지금까지는 eID에 관한 EU의 포괄적인 입법이 존재
하지 않았기 때문에 다른 회원국에서 공공행정문제를 해결하기 위하여 국내에서
사용하던 전자신원확인수단(에, 독일 신분카드, 오스트리아 시민카드, 벨기에 eID 또
는 네덜란드의 EigiD)을 사용할 가능성은 존재하지 않았다. 이처럼 자국의 eID
체계를 사용할 수 있도록 하기 위하여, 회원국이 외국의 신원확인체계를 인정하
는 것을 의무화하여야 할 뿐만 아니라, 그 시스템의 상호운용성도 필수적으로
요구된다. 이러한 쟁점들을 다루고 국가 간 운영을 활성화하기 위하여, eIDAS
규정은 상호운용성 체계(제12조)를 기반으로 한 통지된 전자신원확인수단(제7조,
제8조, 제9조)의 상호인정(제6조)을 도입하였다. 대신, 회원국들은 자신이 통지한
체계에 대하여 의무와 책임을 부담하게 된다. 제10조는 이를 위하여 전자신원확
인체계와 전자인증체계에서 보안 취약점에 관한 어떠한 형태의 사건이 탐지된
경우 취해야 할 행동방침을 구축하기 위한 것이다.

제10조는 DigiNotar 사건과 같은 보안사고의 결과 도입된 것이다. DigiNotar
는 SSL 웹사이트 인증서를 제공하는 서비스제공자였는데 2011년 해킹을 당하여
500개의 위조 디지털 인증서(digital certificates)가 발생되었다. 당시 DigiNotar는

네덜란드 당국의 감독하에 있었음에도 불구하고 그 감독기관은 이를 사전에 예방할 수 없었으므로 DigiNotar가 사기당하여 발급하게 된 모든 인증서를 취소하지 못하고 처리함으로써 심각한 법적 불확실성을 초래하였다.

II. 내 용

1. 조문의 구성

본 조의 구조는 그 내용과 상응한다. 즉, 내용과 구조 모두 유사하게 보안사고의 경우 취해져야 할 행동방침을 보여준다. 보안침해와 즉각적 대응조치가 취해지는 것을 시작으로(제1항), 복구에 의해 보안침해가 제거된 결과에 대하여 규정하고 있다(제2항). 만약 해결방안을 찾을 수 없거나 성공하지 못하는 경우 마지막 해결책은 제3항에서 규정하는 바와 같이 통지된 전자신원확인체계를 철회(중단)하는 것이다. 궁극적으로 통지된 체계의 목록을 수정하고 수정본을 공시하는 것과 같은 절차가 마련되어 있다.

2. 보호의 목적

본 조의 보호 목적은 전체적인 전자신원확인체계의 신뢰성(reliability)에 있다. 이러한 신뢰성은 국가 간 인증체계에 영향을 주는 결과를 갖는 어떠한 훼손에 의해 위협받는다. 해당 체계 자체는 통신을 위하여 데이터의 무결성과 진정성이 보호되는 것과 같이 프라이버시와 데이터의 기밀성을 보호한다. 이용가능성의 결여가 전자신원확인체계 자체의 신뢰성에 영향을 준다면, 이용가능성 또한 보호의 목적이 될 수 있다.

3. 보안사고

제10조는 보안침해를 구성하는 다른 네 가지 대안을 담고 있다. 두 가지 다른 사고들 즉, 침해 또는 부분적 훼손은 두 체계 즉 제9조에 따라 통지된 전자신원확인체계와 제7조 (f)에 규정된 인증에 영향을 미친다.

(1) 침해 또는 부분적 훼손

제10조는 전자신원확인체계의 보안침해에 관한 정확한 법적 정의를 두고 있지 않다. 일반적으로 본 조는 특정한 전자신원확인체계의 국가 간 인증의 신뢰성에 영향을 미치는 결과를 가져오는 보안침해와 부분적 훼손에 대하여 규정하고 있다.

전자신원확인에 관해 통일된 수준의 기준을 보장하기 위해서는 침해 또는 부분적 훼손에 관한 확인이 공통의 방식(common formula)을 따라야 한다. 정보 또는 데이터 보안은 처리되거나 처리될 데이터의 기밀성 또는 무결성이 보장될 수 없을 때, 즉 정보 또는 데이터 보안이 eIDAS 규정이나 기술적 사양 또는 다른 법령과 일반적으로 인정되는 기준들에 의한 정보보안 기준들을 따르지 못하는 경우 위협받게 된다. 이용가능성 역시 마찬가지이다. 해당 체계가 기능을 하지 못할 때마다 즉 시민들이 사전에 정해진 방식과 장소에서 전자신원확인체계에 접속하지 못하는 경우 해당 정보의 이용가능성은 침해 받게 된다.

(2) 제9조 제1항, 전자신원확인체계

보안침해는 제9조 제1항에 따라 통지된 전자신원확인체계에 영향을 미친다. 통지된 전자신원확인체계는 제7조, 제8조, 그리고 제9조에 의해 마련된 기준들과 관련 위원회의 시행규정들을 준수하여야 한다.

(3) 제7조 (f), 인증

전자신원확인체계의 보안침해 이외에 제10조의 두 번째 대안은 제7조 (f), 즉 온라인 인증이다. 이 인증 가능성은 다른 회원국에 위치한 어떤 신뢰당사자가 전자적 형식으로 받은 개별신원확인데이터를 인증하는 것에 의해 전자적 신원확인에 관한 eIDAS 규정의 체계를 사용할 수 있도록 하는 것을 보장하는 것이다. 주장되는 신원에 관한 인증가능성 없는 신원확인 시스템은 가치가 없다. 따라서 온라인 인증은 전자신원확인체계와 인증체계의 핵심적 부분이다. 그러나 온라인 인증은 신원도용 등에 의해 보안침해를 당하기 쉽다.

4. 정지와 폐지

제1항에 의한 보안침해로 인한 기본적 결과는 회원국의 전자신원확인수단의 국가 간 인증 또는 그 훼손된 부분을 지체없이 정지(suspension)하거나 폐지(revocation)하는 것이다. 다른 회원국과 위원회는 통지를 받게 된다. 정지는 일시적인 해결책이지만 폐지는 확실한 경우에 해당된다. 따라서 정지는 보안 문제에 관한 의심이 발생하는 경우에 적절한 대응책이고, 폐지는 보안침해가 이미 발생한 경우에 이루어져야 한다. 그러나 회원국은 정지되거나 폐지된 전자신원확인체계를 재개하거나 재설립할 가능성을 가진다.

정지나 폐지 절차에 관하여 통지의 전제조건과 충족하여야 할 기간을 제외하고는 EU 차원에서 특정한 요건이 존재하지는 않는다. 따라서 이는 개별 회원국 수준에서 이루어져야 한다. 정지 또는 폐지에 관한 기술적, 절차적 요건들은 제8조 제3항에 따라 집행위원회 시행규정 (EU) 2015/1502에 규정되어 있다.

5. 재개(reactivation) 또는 재설립

해결방안이 발견된 경우, 즉 정지 또는 폐지된 관련 전자신원확인수단의 인증의 결함이 복구된 때 국가 간 인증은 정지의 경우 재개되거나 폐지의 경우 재설립(re-eatablished)되어야 한다. 집행위원회뿐만 아니라 회원국들은 통지를 받아야 한다. 전제조건은 정지 또는 폐지 이전에 설립된 것과 동일한 보증 요구사항이 충족되어야 한다는 것이다. 다른 회원국과 집행위원회에 대한 통지뿐만 아니라 재개·재설립 자체에 대한 사항도 지체 없이 통지되어야 한다.

6. 철 회

해결방안이 발견되지 않는 경우 최초로 통지한 회원국은 전자신원확인체계를 철회(withdrawal)할 의무가 있다. 전자신원확인체계의 보안침해 위협이 eIDAS 규정 하에서 전자신원의 국가 간 사용의 신뢰성에 영향을 미치기 때문에 훼손된 체계의 철회를 결정하는 것에 관한 회원국의 재량을 두지 않고 있다. 철회는 해결방안이 발견되지 않은 때 국가 간 인증의 정지나 폐지일로부터 시작하여 3개월 내에서 효력을 가진다. 그리고 이 사실은 다른 회원국과 집행위원회에 통지되어야 한다.

Ⅲ. 비교법적 고찰

UNCITRAL 신원관리 및 신뢰서비스의 이용 및 국경 간 승인에 관한 모델법(안) 제7조에서는 데이터 침해시 신원관리서비스제공자의 의무에 관해 규정하고 있다. 제1항에 의하면 관리되는 속성을 포함하여 신원관리시스템에 중대한 영향을 미치는 보안 침해 또는 무결성 상실이 발생하면, 신원관리서비스제공자는 (a) 영향을 받은 서비스의 중단 또는 영향을 받은 신원자격증명의 철회 등 보안 침해 또는 무결성 상실을 방지하는 모든 합리적인 조치를 취하고, (b) 보안 침해 또는 무결성 상실을 해결하며, (c) 준거법에 따라 보안 침해 또는 무결성 상실을 통지하여야 한다. 제2항에서는 사람이 신원관리서비스제공자에게 보안 침해 또는 무결성 상실을 통지하면, 신원관리서비스제공자는 (a) 잠재적 보안 침해 또는 무결성 상실을 조사하고, (b) 제1항에 따른 기타 적절한 조치를 하도록 규정하고 있다.[17]

Ⅳ. 소 결

우리나라에서는 국제적인 전자거래 등을 위한 전자신원확인 서비스제공자에 대한 관련 규정을 두고 있지 않다. 향후 UNCITRAL 신원관리 및 신뢰서비스 모델법(안)이 최종적으로 확정되면 동 규정을 고려하여 관련 규정의 마련을 고려할 필요가 있다.

▌ 제11조 ▌ 책 임

제1항 통지 회원국은 국가 간 거래에 있어서 고의 또는 과실에 의하여 제7조 (d)와 (f)의 규정에 의한 의무를 준수하지 않아 자연인이나 법인에게 발생한 손해에 대하여 책임을 진다.

제2항 전자신원확인수단을 발행하는 자는 국가 간 거래에 있어서 고의나 과실에 의해 제7조 (e)에 규정된 의무를 준수하지 않아 자연인이나 법인에게 발생한 손해에 대한 책임

---

17) A/CN.9/1112, Annex, art. 7.

을 진다.

제3항 인증절차를 수행하는 자는 국가 간 거래에 있어서 고의나 과실에 의하여 제7조 (f)에 규정된 인증을 적절히 운영하지 못하여 자연인이나 법인에게 발생한 손해에 대한 책임을 진다.

제4항 제1항, 제2항 및 제3항은 책임에 관한 국내 법규에 따른다.

제5항 제1항, 제2항 및 제3항은 제9조 제1항에 의하여 통지된 전자신원확인체계에 따른 전자신원확인수단을 사용하는 거래에 대한 국내법상 책임 규정을 침해하지 않고 적용된다.

I. 입법 취지

eIDAS 규정에서 책임 규칙들이 근본적인 중요성을 가진다는 점에 대해서는 의문의 여지가 없다. 1999년 전자서명지침 특히 제6조에서 규정된 책임에 관한 규칙들은 eIDAS 규정의 책임에 관한 규칙들과 동일하게 근본적으로 중요하게 다루어졌다. 전자신원확인에 관한 제11조는 세 종류의 다른 행위자에 대한 책임을 규정하고 있다. 그러나 이 영역에서도 회원국의 국내법이 가장 중요하다.[18]

II. 내 용

1. 조문의 구성

eIDAS 규정은 전자신원확인(제11조)과 신뢰서비스(제13조)에 관한 책임규정을 두고 있다.

2. 통지 회원국의 책임

제11조 제1항에 따라 통지 회원국은 국가 간 거래에 있어서 고의 또는 과실에 의하여 제7조 (d)호과 (f)호의 규정에 의한 의무를 준수하지 않아 자연인이나 법인에게 발생한 손해에 대하여 책임을 진다. 본 항은 과실책임(fault-based liability)을 규정한 것이다.

제7조 (d)호는 통지 회원국이 제8조 제3항의 시행규정에서 지정한 관련 보증

---

18) Zaccaria/Schmidt-Kessel/Schulze/Gambino, 앞의 책, at 122.

수준을 위한 기술규격, 표준 및 절차에 따라, 통지하는 회원국은 개인신원확인데이터가 유일하게 나타내는 자가 전자신원확인수단이 전자신원확인체계에 의해 발급된 시점에 제3조 제1호에 규정된 자연인이나 법인에 귀속된다는 것을 보장하도록 하고 있다. 이 점에서 이 부문의 전문가들은 통지하는 회원국이 개인신원확인데이터가 위에서 언급한 절차에 따라 귀속될 것을 보장할 의무가 있다고 한다. 아울러 그 데이터가 해당되는 자를 유일하게 나타낼 것을 보장할 의무가 있다고 한다.

대신에 제7조 (f)호는 세 조항으로 나뉘어져 있다. 첫 번째 조항은 통지하는 회원국들로 하여금 온라인 인증을 보장하도록 하고 있다. 두 번째 조항은 공공기관에 의해 제공되는 서비스에 관련하여 국가 간 온라인 인증이 무료로 제공되도록 규정하고 있다. 끝으로 세 번째 조항은 "이러한 요건이 통지된 전자신원확인체계의 상호운용성을 방해하거나 심각하게 지연시키게 된다면, 회원국은 이와 같은 인증을 하고자 하는 신뢰당사자에게 특정한 과잉의 (disproportionate) 기술 요건을 부과하지 말아야 한다"고 규정함으로써 상당히 탄력적인 개념에 초점을 맞춘 조항을 두고 있다.

3. 전자신원확인수단을 발행하는 자의 책임

제11조 제2항에 따라 "전자신원확인수단을 발행하는 자는 국가 간 거래에 있어서 고의나 과실에 의해 제7조 (e)호에 규정된 의무를 준수하지 않아 자연인이나 법인에게 발생한 손해에 대한 책임을 진다." 이 조항에서도 과실책임원칙이 채택되어 있다.

제7조 (e)호는 "전자신원확인체계에 의해 전자신원확인수단을 발행하는 기관은 제8조 제3항에 따른 시행규정에서 지정하는 관련 보장수준에 대한 기술규격, 표준 및 절차에 따라 전자신원확인수단이 본 조항의 제(d)호에 언급된 자에게 귀속된다는 것을 보장한다"고 규정하고 있다.

4. 인증체계를 운영하는 자의 책임

제11조 제3항에 따라 "인증절차를 수행하는 자는 국가 간 거래에 있어서 고의나 과실에 의하여 제7조 (f)호에 규정된 인증의 적절한 운영을 하지 못하여

자연인이나 법인에게 발생한 손해에 대한 책임을 진다." 이 조항 역시 과실책임 규정이다.

5. 책임에 관련한 국내 법규와의 관계

제11조 제4항에 따르면 위에서 서술한 규칙들은 책임에 관한 국내 규칙들을 따라야 한다는 것은 명백하다. 이 점에서 eIDAS 규정은 예를 들어 손해배상의 정의 또는 증명책임을 포함한 관련 절차규칙들과 같은 국내법에 영향을 미치지 않는다. 따라서 적용가능한 국내법에서 책임들의 속성에 관한 문제 – 계약적, 불법행위적, 심지어 사전계약적인 것 – 는 사전에 고려되는 것으로 의도된 것이다.

전자서명에 관한 오랜 경험을 통해 책임에 관한 유럽의 규칙들과 함께 개별 국가의 규칙들 중에서 중요한 역할을 하는 것은 많은 체계에서 규정되어 있는 채권자의 기여과실(contributory negligence)에 관한 것을 알 수 있다. eIDAS 규정은 순전히 개별 국가의 거래에 관여하는 다양한 행위자들의 책임에 관한 것을 규정하지는 않는다. 따라서 개별 회원국은 책임을 다른 방법으로 자유롭게 분배할 수 있다.

Ⅲ. 비교법적 고찰

우리나라 정보통신망법에서는 제23조의3 제1항을 위반하여 본인확인기관의 지정을 받지 아니하고 본인확인업무를 한 자와 제23조의3 제2항에 따른 본인확인업무의 휴지 또는 같은 조 제3항에 따른 본인확인업무의 폐지 사실을 이용자에게 통보하지 아니하거나 방송통신위원회에 신고하지 아니한 자에게 1천만원 이하의 과태료를 부과하고 있다.

한편, UNCITRAL 신원관리 및 신뢰서비스의 이용 및 국경 간 승인에 관한 모델법(안) 제12조에서는 신원관리서비스제공자가 제6조(신원관리서비스제공자의 의무) 및 제7조(데이터 침해 시 신원관리서비스제공자의 의무)에서 규정하고 있는 의무를 지키지 못하여 이용자나 신뢰당사자에게 손해를 야기한 경우 책임에 관한 규정을 두고 있다. 이와 함께 일정한 경우 서비스제공자의 책임을 제한하는 내용을 포함하고 있다.[19] 한편 제12조는 서비스제공자가 공공부문에 해당하는 경

---

19) A/CN.9/1112, Annex, art. 12.

우나 민간부문에 해당하는 경우에 차이를 두지 않고 있다.[20]

Ⅳ. 소 결

우리나라에서는 전자신원확인서비스제공자의 의무와 책임에 관한 사항 및 책임 제한에 관한 사항에 관한 규정이 미흡한 실정이다. 향후 국내의 전자신원확인 제도를 정비하는 때에 eIDAS 제11조와 UNCITRAL 신원관리 및 신뢰서비스 모델법(안) 제12조를 참조하여 국제적 정합성을 확보한 규정을 마련하여야 할 것이다.

‖ 제12조 ‖ 협력과 상호운용성

제1항 제9조 제1항에 따라 통지된 국내 전자신원확인체계는 상호운용되어야 한다.

제2항 제1항의 목적을 위하여 상호운용체계가 구축되어야 한다.

제3항 상호운용체계는 다음의 기준을 충족하여야 한다.

  (a) 기술중립적인 것을 목표로 하며, 회원국 내에서의 전자신원확인을 위하여 어떠한 특정 국가의 기술 솔루션도 차별하지 않는다;
  (b) 가능한 한 유럽과 국제표준을 준수한다;
  (c) 개인정보보호 적용 설계(privacy by design) 원칙의 구현을 가능하게 한다; 또한
  (d) 개인정보는 지침 95/46/EC에 따라 처리될 것을 보장한다.

제4항 상호운용체계는 다음의 사항으로 구성된다.

  (a) 제8조에 따른 보증수준에 관련된 최소한의 기술적 요구사항에 대한 참조;
  (b) 통지된 전자신원확인체계의 국가적 보증수준이 제8조에 따른 보증수준 중 어디에 해당하는지 확인;
  (c) 상호운용을 위한 최소한의 기술적 요구사항에 대한 참조;
  (d) 자연인이나 법인을 유일하게 나타내는 최소한의 개별신원확인 데이터세트에 대한 참조로, 전자식별체계에서 이용가능한 것;
  (e) 절차규정;
  (f) 분쟁해결 절차; 그리고
  (g) 통상적인 운용성 보안 표준.

---

20) 다만, 모델법에서는 개별 회원국이 동 규정을 적용하는 경우 공공부문에 해당하는 신원관리서비스 제공자의 책임에 관한 특별한 규정을 마련할 수도 있다는 점을 부연설명하고 있다. A/CN.9/1112, para. 172.

제5항 회원국은 다음 사항에 대하여 협력하여야 한다:

(a) 제9조 제1항에 따라 통지된 전자신원확인체계의 상호운용 및 회원국이 통지하고자 하는 전자신원확인체계; 그리고
(b) 전자신원확인체계의 보안.

제6항 회원국간의 협력사항은 다음과 같다:

(a) 전자신원확인체계에 관련된 정보, 경험과 지침의 교환, 그리고 특히 상호운용과 보증 수준에 관련된 기술적 요구사항;
(b) 제8조에 따른 전자신원확인체계 보증수준의 운영에 관련한 정보, 경험과 지침의 교환;
(c) 본 규정에 의한 전자신원확인체계의 상호검토; 그리고
(d) 전자신원확인 부문에 관련된 개발 내역의 조사.

제7항 2015년 3월 18일까지, 집행위원회는 위험의 정도에 따라 고수준의 신뢰 및 보안을 촉진한다는 관점에서 제5항과 제6항에 의한 회원국 간의 협력을 촉진하는데 필요한 절차를 시행법을 통하여 수립한다.

제8항 2015년 9월 18일까지, 제1항에 따른 요건을 구현하기 위한 균일한 조건을 설정하는 것을 목적으로, 집행위원회는 제3항에 지정된 기준을 조건으로 하되 회원국간의 협력 결과를 고려하여 제4항에 규정된 상호운용체계에 관한 시행법들을 채택한다.

제9항 본 조의 제7항과 제8항에 규정된 시행법은 제48조 제2항에서 규정된 검토절차에 따라 채택한다.

Ⅰ. 입법 취지

전자신원확인에서 포괄적이고 예측가능한 법적 체계는 공적 행정에서 현대화를 달성하기 위한 필요한 전제조건이다. 한 국가의 eID가 다른 회원국에서 인정되지 못하기 때문에 초기의 문제는 시민들이 자신의 eID를 다른 회원국에서 스스로를 인증하는 데 사용하지 못하는 것이다. 이는 예를 들어 공적 조달과 같은 국가 간 온라인서비스에 대한 주된 장애물을 대표하는 것이었고 신뢰성있고 안전한 eID를 뒷받침할 것을 필요하게 하였다. 이러한 문맥에서 eIDAS 규정은 유럽에서 eID의 기초를 마련한 것으로 평가할 수 있다. 여기에는 상호인정, 통지, 전자신원확인수단의 보증수준, 상호운용성, 협력과 책임이 포함된다. 이 중 두 가지, 상호운용성과 협력이 제12조에서 다루어지는 내용이다.

Ⅱ. 내 용

1. 상호운용성

(1) 의 의

상호운용성은 상호인정(제6조)과 전자신원확인체계의 통지(제9조), 그리고 전자신원확인의 보증수준(제8조)과 직접적으로 연결된다.

회원국 간 eIDAS 규정의 상호인정은 가장 중요한 것이다. 그러나 인정은 사전에 회원국들이 전자신원확인체계를 통지하고, 해당 통지가 eIDAS 규정에서 정한 조건을 충족하는 경우에만 가능할 뿐이다. 이러한 조건들은 각기 다른 전자신원확인체계에서 필요한 신뢰를 회원국들이 형성하는 데 도움을 주어야 한다.

회원국들은 자신들이 공적 온라인서비스에 접근하기 위하여 국가차원에서 사용하던 전자신원확인체계의 일부나 어떠한 것도 통지하거나 하지 않을 수 있다. 그러나 회원국들은 다른 회원국들로부터 eIDAS 규정에 따라 통지된 전자신원확인체계를 인정할 의무를 가진다. 상호인정을 위한 가장 중요한 조건은 전자신원확인체계의 보증수준이다.

자연인이나 법인이 온라인 공적서비스를 향유하는 것을 배제하는 장애물이 제거되어야 eID를 상호운용할 수 있으며, 온라인서비스들의 국가 간 운영이 가능하게 된다. 이러한 목적을 위해서 eIDAS 규정은 상호운용성에 관한 기준을 규정하고 있다. 1. 기술중립적이고 전자신원확인을 위한 어떠한 특정한 국가의 기술적 해결책 간에 차별하지 않고 유럽과 국제 기준을 따르며, 2. 계획적으로 프라이버시 원칙의 이행을 가능하게 하며, 개인정보는 지침 95/46/EC에 따라 처리될 것을 보장한다.

(2) 시행규정

eIDAS 제12조 제8항에 따라 유럽연합 집행위원회는 제4항에 규정된 상호운영체계에 관한 시행법을 채택할 권한을 위임받았다. 이에 따라 전자거래를 위한 전자신원확인과 신뢰서비스에 관한 집행위원회 시행규정 (EU) 2015/1501 of September 2015가 채택되었다.

1) 노드

시행규정은 노드(node)에 기초하고 있다. 노드는 회원국의 전자신원체계를 상호연결하는 데 중요한 역할을 한다. 노드는 전자적 신원확인 상호운용성 아키텍처의 한 부분으로 사람들의 국가 간 인증에 결부되고, 한 회원국의 국가 전자신원확인 기반이 다른 국가의 전자신원확인 기반에 접속할 수 있도록 하는 것에 의해 다른 노드에 대한 과정이나 순방향 전송(forward transmission)을 인정할 수 있는 능력을 가진 접속점을 의미한다.

2) 개인신원확인정보

시행규정의 두 번째 중요 부분은 개인신원확인데이터이다. 이는 자연인이나 법인을 유일하게 나타내는 것으로 전자신원확인체계로부터 사용가능한 것이다. 국가 간에 사용되는 경우 시행규정의 부록에서 자연인 또는 법인을 위한 최소한의 데이터가 규정되어 있다.

유럽의회에서 받아들인 최종 버전은 최초의 제정안에 비하여 강력한 데이터 보호에 관한 내용을 포함하고 있다. 전문 제11호에서는 이 점에 관해 명백히 하고 있다. "본 규정은 유럽의회와 이사회의 지침 95/46/EC에 규정된 개인정보의 보호에 관련된 원칙을 완전히 충족하도록 적용되어야 한다. 이런 측면에서 볼 때, 본 규정에 의해 제정된 상호인정의 원칙에 관련해서는, 온라인서비스를 위한 인증은 온라인서비스를 허가하는데 적합하고 관련되어 있으며 과도하지 않는 선에서 개인신원확인데이터를 처리하는 것에만 관심을 가져야 한다. 나아가, 지침 95/46/EC 하에서, 신뢰서비스제공자와 감독기관은 처리의 기밀성과 보안에 관련된 요건을 준수하여야 한다."

eIDAS 규정의 전문에서는 데이터의 최소화 필요성과 전자신원확인의 구조적 설계에 프라이버시 요건이 포함될 필요가 있다는 점을 강조하고 있다.

2. 협 력

(1) 의 의

통지된 전자신원확인체계의 기술적 상호운용성과 전자신원확인체계의 보안은 분명히 회원국들의 협력을 필요로 한다. 따라서 eIDAS 규정은 회원국들의 협력

체계를 마련하였다. 이는 다음과 같은 사항으로 구성된다. (a) 전자신원확인체계에 관련된 정보, 경험과 지침의 교환, 그리고 특히 상호운영과 보장수준에 관련된 기술적 요구사항, (b) 제8조에 따른 전자신원확인체계 보장수준의 운영에 관련한 정보, 경험과 지침의 교환, (c) 본 규정에 의한 전자신원확인체계의 상호검토, 그리고 (d) 전자신원확인 부문에 관련된 개발 내역의 조사.

(2) 시행결정

제12조 제7항에 따라 집행위원회는 위험의 정도에 따라 고수준의 신뢰 및 보안을 촉진한다는 관점에서 제5항과 제6항에 의한 회원국 간의 협력을 촉진하는 데 필요한 절차를 시행규정을 통하여 수립한다. 이에 따라 집행위원회 시행결정 (EU) 2015/296(2015.2.24.)이 마련되었다.

1) 협력 네트워크

유럽연합 회원국과 유럽경제지역(European Economic Area)내의 국가들은 협력네트워크(cooperation network)의 회원들이다. 의장인 집행위원회는 협력네트워크 외에서 특정한 주체에 대한 전문가를 초청할 수 있으며 협력 네트워크와 상의하여 개인이나 조직에게 옵저버(observer)의 지위를 부여할 수도 있다. 핵심적인 아이디어는 정기적 회의를 하는 포럼을 설립하는 것으로, 회원국들은 이를 통해 관련 정보, 경험, 모범례 등을 교환할 수 있다.

2015년 9월부터 2017년 12월까지 협력 네트워크는 8번의 회의를 개최하였으며, 세 가지의 의견과 두 가지의 가이드를 채택하고, 2017년 2월 20일 독일의 eID 카드에 관한 최초의 전자신원확인 통지에 대한 동료평가를 실시하여 6개월 내에 이를 마쳤다.

2) 단일 접촉지점

각기 다른 회원국 내에서 다른 기관이나 조직에 의해 전자신원확인체계의 다양한 요소들이 관리되고 있기 때문에 회원국들간에 협력을 목적으로 하기 위해서는 각 회원국 내에 eIDAS 규정의 단일 접촉지점을 지정하는 것이 중요하다. 또한, 효과적인 협력을 따르고 행정절차를 간소화하기 위해서 각 회원국이 관련 기관과 조직들에게 연결할 수 있는 단일 접촉지점을 확보하는 것이 적절하다.

3) 동료 평가

마지막으로 전자신원확인체계의 상호검토는 회원국들 간에 통지된 전자신원확인체계의 상호운용성과 보안을 보장하기 위해 고안된 협력체계이다. 회원국들 간에 신뢰를 쌓는 데 도움을 주는 상호학습과정으로 간주되어야 하기 때문에 동료 회원국의 참여는 자발적으로 이루어진다. 상호검토는 통지된 전자신원확인체계에 관한 충분한 정보가 제공될 것이 요구된다.

Ⅲ. 비교법적 고찰

우리나라 전자서명법은 정부로 하여금 전자서명의 안전성, 신뢰성 및 전자서명수단의 다양성을 확보하고 그 이용을 활성화하는 등 전자서명의 발전을 위하여 전자서명의 상호연동 촉진, 외국의 전자서명에 대한 상호인정 등 국제협력에 대한 시책을 수립하고 시행하도록 규정하고 있다(제4조).

한편, UNCITRAL 신원관리 및 신뢰서비스 모델법(안) 제27조에서는 공적이든 사적이든 관할 국가에 의하여 권한이 있는 특정된 사람, 기관 또는 당국은 신원관리 및 신뢰서비스에 관한 정보, 경험 및 모범사례를 교환함으로써 해외 기관과 협력할 수 있다고 규정하고 있다. 구체적인 협력 사항은 (a) 단독적 허가이든 또는 양자합의에 의한 허가이든 외국의 신원관리 시스템과 신뢰서비스의 법적 효력을 승인, (b) 신뢰서비스 및 신원관리시스템의 지정, (c) 신원관리시스템의 신뢰보증수준 및 신뢰서비스의 신뢰성 수준의 정의에 관한 것이다(제27조).

Ⅳ. 소 결

eIDAS 규정 제12조는 eID에 관한 상호운용성에 관한 내용을 규율하는 것으로 역내 시장의 디지털 단일화를 위한 유럽연합의 제도적 기반으로서 가장 중요한 것 중 하나로 평가할 수 있다. UNCITRAL의 신원관리 및 신뢰서비스 모델법(안) 역시 회원국 간 신원관리 및 신뢰서비스의 국경 간 승인을 위한 전제로서 상호운용성을 위한 사항을 구체적으로 규정하고 있다. 향후 국내의 관련 규정의 정비를 위하여 참조가 될 수 있을 것으로 판단된다.

제4절 신뢰서비스(제13조~제45조)

제1관 총 칙(제13조~제16조)

▌제13조 ▌ 책임과 증명책임

제1항 제2항에 영향을 주지 않는 한, 신뢰서비스제공자는 본 규정에서 정한 의무위반으로 개인이나 법인에게 고의 또는 과실로 인하여 발생한 손해에 대하여 책임을 진다.

비적격신뢰서비스제공자의 고의 또는 과실에 대한 증명책임은 제1항 제1문에 규정된 손해의 배상을 청구하는 개인 또는 법인에게 있다.

적격신뢰서비스제공자는 제1항 제1문에 규정된 손해가 그의 고의 또는 과실로 발생하지 않았음을 증명하지 못하는 한, 그의 고의 또는 과실로 추정된다.

제2항 신뢰서비스제공자가 고객에게 사전에 그가 제공하는 서비스의 사용 제한에 관하여 충분히 통보하고 이러한 제한이 제3자에게도 명백한 경우에, 신뢰서비스제공자는 이러한 제한을 초과하는 서비스의 사용으로 인하여 발생한 손해에 대해서는 책임을 지지 않는다.

제3항 제1항 및 제2항은 책임에 관한 회원국 법률에 따라 적용된다.

I. 입법 취지

1. 제도적 배경

온라인 환경에서 신뢰는 경제적, 사회적, 기술적 발전의 핵심 요소이다. 특히 디지털 경제의 기반인 전자거래가 일상화되면서 다양한 측면에서 입법적 과제도 증가하고 있다.[21] 예컨대, 디지털 경제의 선순환에 대한 주된 장애 요소로는 디지털 시장의 분열, 상호운용성 부족, 사이버 범죄의 증가를 들 수 있다.[22] 이러한 장애를 극복하기 위해서는 전자거래 이용자의 신뢰를 형성할 수 있는 전자적 상호작용의 확실성을 보장할 수 있는 법적 기반이 필요하다. 하지만 기존의

---

21) 정진명, "온라인 환경에서 신원확인 및 신뢰서비스에 대한 법제 연구 -유럽연합의 eIDAS 규정과 국제연합의 신원관리규정(안)을 중심으로-,「비교사법」, 제29권 1호(2022. 2), 269면 이하.

22) EU Commission, "A Digital Agenda for Europe", COM(2010) 245 final of 19.5.2010.

법체계는 특정 분야에 국한된 입법을 통하여 온라인 환경의 변화에 대응해 왔다. 예컨대, 유럽연합 의회는 정보사회서비스의 자유로운 이동을 보장하려는 역내 시장의 기능을 활성화하기 위하여 2000년 6월 8일 「역내 시장에서 정보사회서비스, 특히 전자상거래에서의 법적 측면에 대한 지침(이하 '전자거래지침'이라고 한다)」[23]을 제정하였으며, 전자서명을 더 쉽게 사용하고 그리고 유럽연합 내에서 법적으로 인정함으로써 온라인에서 발생하는 통신 보안 및 법적 무결성을 보장하기 위하여 1999년 12월 13일 「전자서명지침」[24]을 제정하였다. 그러나 특정 분야에만 적용되고 기술적으로도 고립된 이러한 법률들은 디지털 시장의 경제적, 사회적, 기술적 변화에 대응하기에 부적합하고 비효율적이다. 디지털 시장의 법체계는 전자거래의 안전하고 신뢰할 수 있는 수준의 보장을 넘어 이용자에게 편리성을 제공하는 포괄적인 법체계로의 전환을 요구한다. 그리하여 유럽연합 의회는 회원국 간의 전자신원확인 및 인증수단에 관하여 신뢰를 향상시킴으로써 디지털 단일시장을 형성하고, 이에 관한 법적 확실성과 회원국 간의 상호인증을 도모하기 위하여 2014년 7월 23일 「역내 시장에서 전자거래를 위한 전자신원확인과 신뢰서비스에 관한 규정」[25]을 제정하였다.[26] 본 규정은 1999년에 제정된 "유럽연합 전자서명지침"을 대체하는 것으로서 2016년 7월 1일부터 시행되고 있다.[27]

본 규정은 일정한 종류의 신뢰서비스(trust service)에 한정하여 규율하고 있다. 그러므로 각 회원국은 본 규정에서 정하는 종류의 신뢰서비스와 함께 국내법으

---

23) 정식 명칭은 "Directive 2000/31/EC of the European Parliament and of the Council of 8 June 2000 on certain legal aspects of information society services, in particular electronic commerce, in the Internal Market (Directive on electronic commerce)"이다.

24) 정식 명칭은 "Directive 1999/93/EC of the European Parliament and of the Council of 13 December 1999 on a Community framework for electronic signatures(Directive on electronic signatures)"이다.

25) 정식명칭은 "Regulation (EU) No 910/2014 of the European Parliament and of the Council of 23 July 2014 on electronic identification and trust services for electronic transaction in the internal market and repealing directive 1999/93/EC"이다.

26) 김현수, "EU의 전자거래를 위한 전자신원확인 및 인증업무 규정에 관한 고찰", 「법학연구」(충북대), 제27권 제1호(2016. 6), 445면 이하; 정완용, "유럽연합 전자인증규정(eIDAS 2014)에 관한 고찰", 「동북아법학」, 제10권 제3호(2017. 3), 683면 이하.

27) eIDAS 규정은 전자서명지침과 달리 '규정(Regulation)'의 형식으로 제정되었다. 그 이유는 유럽연합 회원국들이 국가 간 전자거래의 기반이 되는 전자신원확인이나 신뢰서비스에 대한 감독 및 관리에 관해서 개별 회원국 간 차이를 없애는 동시에 상호운용성을 높일 수 있도록 개별 회원국에 직접 적용될 수 있도록 하기 위한 것이다(김현수, 앞의 논문, 449면).

로 정한 다른 종류의 신뢰서비스를 적격신뢰서비스의 수준으로 인정할 자유가
있다(전문 제25호). 하지만 본 규정은 제4절부터 제8절까지 규정된 신뢰서비스에
대해서만 통일적으로 적용된다.

2. 규율 목적

본 조는 모든 신뢰서비스제공자의 책임에 관한 기본원칙을 규정하고 있다.
즉, 본 조는 신뢰서비스제공자의 책임을 적격신뢰서비스제공자와 비적격신뢰서
비스제공자로 구분하여 규정하며, 본 조의 중요한 역할은 이 분야에서 각 회원
국의 법률을 확보하는 것이다.[28]

Ⅱ. 내 용

1. 신뢰서비스에 대한 법체계

(1) 개 념

'신뢰서비스'는 (a) 전자서명, 전자인장, 전자타임스탬프, 전자등기배달서비스
및 이러한 서비스와 관련된 인증서(certificate)의 생성, 확인(verification), 유효성
검증(validation), 또는 (b) 웹사이트 인증(authentication)을 위한 인증서의 생성,
확인, 유효성 검증, 또는 (c) 이러한 서비스와 관련된 전자서명, 전자인장 또는
인증서의 보존(preservation)을 내용으로 하는 통상적으로 유상으로 제공되는 전
자적 서비스를 말한다(제3조 제16호). 이러한 신뢰서비스를 제공하는 행위는 통
상적으로 유상행위이며, 하나 이상의 특정 신뢰서비스를 제공하는 자연인 또는
법인을 '신뢰서비스제공자'라 한다.

(2) 적용 범위

본 규정은 유럽연합 내에서 설립된 신뢰서비스제공자에게만 적용되며(제2조
제1항), 개별 회원국 내에서만 배타적으로 사용될 목적으로 제공되는 신뢰서비스
제공자에게는 적용되지 않는다. 또한 본 규정은 회원국법 또는 일정한 범위의
참가자들의 합의에 의하여 수립된 폐쇄시스템(closed system)에서 배타적으로 사

---

28) Zaccaria/Schmidt-Kessel/Schulze/Gambino, 앞의 책, at 135.

용되는 신뢰서비스에도 적용되지 않는다(제2조 제2항). 예컨대, 신뢰서비스를 사용하는 내부절차를 관리하기 위하여 기업 또는 공공기관에 구축된 시스템은 본 규정의 적용대상이 아니다(전문 제21호 참조). 나아가 본 규정은 계약의 체결과 유효성 또는 방식과 관련된 기타의 법적 또는 절차적 의무와 관련된 회원국법 또는 유럽연합법에 대해서는 적용되지 않는다(제2조 제3항). 예컨대, 본 규정은 공적 등기부, 특히 상업 및 토지등기부에 관한 회원국의 형식요건에 대해서는 영향을 미치지 않는다(전문 제21호 참조). 이처럼 본 규정은 일반 대중에게 제공되는 신뢰서비스에만 적용되므로 본 규정의 적용은 신뢰서비스를 이용하기 원하는 자는 누구나 신뢰서비스를 이용할 수 있도록 하는 것이 중요하다고 한다.[29]

(3) 종 류

본 규정은 역내 시장에서 중소기업(small and medium-sized enterprises, SMEs)과 소비자의 신뢰를 강화하고, 신뢰서비스와 관련된 제품의 사용을 촉진하기 위하여 적격신뢰서비스와 적격신뢰서비스제공자 개념을 도입하였다(전문 제28호 참조). 여기서 '적격신뢰서비스(qualified trust service)'는 본 규정에서 정하는 요건과 부속서상의 요건[30]을 모두 갖춘 신뢰서비스를 의미하며(제3조 제17호), '적격신뢰서비스제공자(qualified trust service provider)'는 하나 이상의 적격신뢰서비스를 제공하는 자로서 감독기관으로부터 적격지위(qualified status)를 부여받은 신뢰서비스제공자를 말한다(제3조 제20호). 이처럼 본 규정은 적격신뢰서비스의 요건과 의무를 명시하여 어떠한 적격신뢰서비스 및 제품의 사용과 제공에 대하여도 높은 수준의 보안을 보장하려고 한다(전문 제28호 참조). 그리고 각 회원국은 신뢰서비스 목록을 정하고, 이와 더불어 적격신뢰서비스제공자의 책임에 관한 정보와 적격신뢰서비스에 관한 정보를 유지하고 공시하여야 한다.

(4) 법률효과

모든 회원국은 신뢰서비스가 국가 간의 보편적 이용에 제공될 수 있도록 신뢰서비스를 법적 절차에서 증거로 사용할 수 있도록 하여야 한다. 이를 위해 회

---

29) Zaccaria/Schmidt-Kessel/Schulze/Gambino, 앞의 책, at 47.
30) 전자서명용 적격인증서에 대하여는 부속서 I, 적격전자서명생성장치에 대하여는 부속서 II, 전자인장용 적격인증서에 대하여는 부속서 III, 웹사이트인증용 적격인증서에 대하여는 부속서 IV가 있다.

원국은 본 규정에서 정하는 것을 제외하고는 회원국의 국내법으로 신뢰서비스의 법률효과를 규정하여야 한다(전문 제22호 참조).

2. 책임 원칙

본 조 제1항은 모든 신뢰서비스제공자의 책임에 관한 기본원칙을 규정하고 있다. 즉, 제2항에 영향을 주지 않는 한, 신뢰서비스제공자는 본 규정에서 정한 의무를 준수하지 않아 자연인 또는 법인에게 고의 또는 과실로 인하여 발생한 손해에 대하여 책임을 진다(제1문). 그러나 제1항은 적격신뢰서비스제공자(본 규정에 따라 사후관리뿐만 아니라 사전관리도 적용됨)와 비적격신뢰서비스제공자(본 규정에 따라 사후관리만 적용됨)의 증명책임에 대해서는 차이를 둔다.

비적격신뢰서비스제공자의 고의 또는 과실에 대한 증명책임은 제1항 제1문에 규정된 손해의 배상을 청구하는 자연인 또는 법인에게 있다(제2문). 이는 증명책임 배분을 규율한 것이며, 책임의 추가적인 요건이 아니다. 따라서 책임의 추가적인 요건을 증명하기 위해서는 해당 회원국의 국내법을 참조해야 한다.

적격신뢰서비스제공자는 제1항 제1문에 규정된 손해가 그의 고의 또는 과실에 의하여 발생하지 않았음을 증명하지 못하는 한, 그의 고의 또는 과실로 추정된다(제3문). 적격신뢰서비스제공자는 제20조 제1항에 따라 운영과 서비스에 대한 상당한 주의, 투명성, 책임(accountability)을 보장하기 위해 보안과 책임에 관한 규정에서 정한 모든 요건을 준수해야 한다. 따라서 적격신뢰서비스제공자의 의무위반에 대해서는 고의 또는 과실이 추정되므로 증명책임의 전환(Beweislastumkehr)이 발생하며, 적격신뢰서비스제공자는 그 손해가 그의 고의 또는 과실로 인한 피해가 아님을 증명할 책임이 있다.

본 조 제1항은 과실(fault)에 기초한 손해배상 체계를 정립할 의무를 규정한 것이다(전문 제37호). 그러나 본 조 제1항은 증명책임 배분과 관련하여 적격신뢰서비스제공자와 비적격신뢰서비스제공자를 구분한다. 즉, 적격신뢰서비스제공자의 경우 고객에게 적격인증서를 발급하거나 그러한 적격인증서를 보증하는 인증서비스 제공과 관련하여 고의 또는 과실이 추정되므로 증명책임의 전환을 규정하고 있다. 이에 반하여 비적격신뢰서비스제공자의 경우 증명책임에 관한 일반원칙에 따라 피해자에게 증명책임을 지우고 있다.

3. 책임 제한

본 조 제2항은 특정 조건에서 "신뢰서비스제공자가 부담하여야 하거나 보험 정책으로 커버하여야 할 금융 위험의 평가가 가능하도록" 신뢰서비스제공자의 책임 제한을 규정한다(전문 제37호). 즉, 신뢰서비스제공자는 고객에게 사전에 그가 제공하는 서비스의 사용 제한에 관하여 충분히 통보하고 이러한 제한이 제3자에게도 명백한 경우에, 신뢰서비스제공자는 이러한 제한을 초과하는 서비스의 사용으로 인하여 발생한 손해에 대해서는 책임을 지지 않는다(제13조 제2항).[31] 이러한 요건으로, 첫째 신뢰서비스제공자는 고객에게 사전에 그가 제공하는 서비스의 사용 제한 사항을 충분히 알려야 하고, 둘째 이러한 제한은 제3자에게도 인식될 수 있어야 한다. 이 경우 신뢰서비스제공자는 고객이 명시된 사용 제한 사항을 초과하는 서비스의 사용으로 인하여 발생하는 손해에 대해서는 책임을 지지 않는다.

4. 책임에 관한 회원국 법률과의 관계

본 조에 규정된 책임에 대한 효력이 발생하려면 제11조에 규정된 책임 규정과 마찬가지로 책임에 관한 회원국 법률이 적용되어야 한다(제3항). 그 결과 본 규정은 회원국의 국내법에서 정하는 것, 예컨대 손해, 고의, 과실의 개념 또는 관련된 해당 소송절차상의 개념에 관한 회원국의 법률에 대해서는 영향을 미치지 않는다(전문 제37호).

본 규정의 특징은 본 규정이 직접 적용되거나 해당 회원국의 책임에 관한 법률이 적용될 수 있는 여지를 남겨두고 있다. 그러므로 신뢰서비스제공자의 책임성격, 계약 책임 또는 불법행위 책임은 해당 회원국의 책임에 관한 법률에 따라 특정되어야 한다.[32] 하지만 해당 회원국의 책임에 관한 법률에 따라 책임의 성격이 특정되는 경우에도 과실과 무관한 엄격책임(strict liability)으로 확정하여서는 안 된다. 그 이유는 본 규정은 신뢰서비스제공자의 책임을 과실책임에 기초하고 있기 때문이다.

---

31) 이와 유사한 규정으로는 유럽연합 전자거래지침 제6조 제3항 및 제4항이 있다.

32) Zaccaria/Schmidt-Kessel/Schulze/Gambino, 앞의 책, at 138.

5. 다른 조문과의 관계

본 조는 다소 직설적인 반면, 제11조는 본 조보다 의아하게 규정되어 있다. 즉, 제11조는 회원국이 전자신원확인시스템에 관하여 통지하도록 하는 특별히 중대한 책임을 규정하고 있다. 그런데 제11조는 유럽연합 집행위원회에 회원국의 전자신원확인시스템을 통지하는 것을 피할 수 있도록 한다. 따라서 제11조는 본 규정의 기초가 되는 상호인정 원칙을 사실상 차단하는 효과가 있다. 하지만 제11조와 본 조의 근본적인 차이는 제11조에 규정된 책임은 회원국들이 유럽연합 집행위원회에 그들의 전자신원확인시스템을 통지하는 한 단계를 더 이행할 경우에만 적용될 수 있다. 반면에 본 조에 규정된 책임은 신뢰서비스제공자와 직접 관련되는 사실만을 근거로 한다.

Ⅲ. 비교법적 고찰

1. 우리나라

신뢰서비스는 그 종류가 다양하며, 책임은 일부 신뢰서비스에 대해서만 규정하고 있다. 우리나라의 경우 전자서명법, 전자문서법, 정보통신망법, 전자금융거래법 등이 신원관리 및 신뢰서비스제공자의 의무와 책임을 규정하고 있다. 특히 전자서명법은 "운영기준 준수사실의 인정을 받은 전자서명인증사업자가 전자서명인증업무의 수행과 관련하여 가입자 또는 이용자에게 손해를 입힌 경우에는 그 손해를 배상하여야 한다. 다만, 전자서명인증사업자가 고의 또는 과실이 없음을 입증하면 그 배상책임이 면제된다"고 전자서명인증사업자의 손해배상책임을 규정하고 있다(제20조). 그리고 전자서명법은 전자서명인증업무와 관련하여 포괄적인 책임 발생 가능성을 열어두고 있는 반면에, 전자금융거래법은 책임이 발생하는 구체적 사유를 제한적으로 규정하고 있다.

2. 유엔 신원관리규정

(1) 의 의

신원관리규정은 '신뢰서비스'를 데이터 메시지의 특정 품질을 보증하는 전자적 서비스를 의미하며, 전자서명, 전자인장, 전자타임스탬프, 웹사이트 인증, 전자기록보관 및 전자등기배달서비스를 생성 및 관리하는 방법을 포함한다고 규정한다(제1조 (k)호).[33][34] 이처럼 신뢰서비스는 전자거래 이용에 있어 신뢰를 구축하는 데 매우 중요하며, 기본적으로 소스, 무결성 및 데이터와 관련된 특정 작업을 처리하는 시간과 같은 데이터 메시지의 특정 품질에 대한 보증을 제공하는 것과 관련이 있다.[35] 이러한 신뢰서비스 개념은 해당 서비스뿐만 아니라 서비스 제공과도 관련이 있으며, 이 경우 하나 이상의 신뢰서비스를 제공하는 자를 '신뢰서비스제공자'라고 한다(제1조 (l)호).

(2) 신뢰서비스제공자의 책임

신뢰서비스제공자는 본 규정에 따른 의무의 불이행으로 인하여 가입자에게 발생한 손해에 대하여 책임을 진다(제24조 제1항). 제1항은 법률에 따른 책임 규칙이 적용되며, (a) 계약상 의무의 불이행으로 인한 책임을 포함하여 법률에 따른 책임의 기타 근거 또는, (b) 신뢰서비스제공자가 본 규정에 따른 의무의 불이행으로 인한 본 규정에 따른 기타 법적 결과를 침해하지 않는다(제2항). 제1항에도 불구하고 신뢰서비스제공자는, (a) 그 사용이 신뢰서비스가 사용될 수 있는 거래의 목적 또는 가치에 대한 제한을 초과하고, (b) 이러한 제한이 신뢰서비스제공자와 가입자 간에 합의되었고,[36] 그리고, (c) 신뢰서비스제공자는 법률에 따라 이러한 제한 사항을 가입자에게 통지한 범위에서 신뢰서비스의 사용으로 인하여 발생한 손해에 대하여 가입자에게 책임을 지지 아니한다(제3항). 이처럼 신뢰서비스제공자는 약정한 대로 또는 법률에서 요구하는 대로 신뢰서비스를 제공하지 못한 결과에 대해 책임을 져야 한다. 따라서 신뢰서비스제공자가 제공하는 신뢰서비스의 유형을 비롯한 여러 요소가 해당 책임의 범위를 결정하며,

---

33) '신뢰서비스'의 정의는 제61차 작업반 회의(A/CN.9/1051, paras. 35-36)의 심의를 반영하여 개정되었다.

34) 우리나라는 초안 제13조의 기능적 등가성 원칙을 고려하여 정의 규정을 유연하고 개방적인 형식으로 규정하여야 한다는 의견을 제시하였다. 또한 해당 조항 내 열거된 예시 목록과 관련하여서는 원칙적으로 예시 목록의 삭제에 찬성하며, 예시 목록을 유지하는 경우에는 "etc."와 같은 문자를 추가하여 확장 가능성을 열어 둘 것을 제안하였다.(공보영, "UN 국제상거래법위원회 제4실무작업반 논의 동향", 「통상법률」, 제151호(2021. 5), 202면.)

35) A/CN.9/WG.IV/WP.171, para. 25.

36) 제24조 제3항 (b)는 책임의 한계가 합의된 것으로 인식될 수 있다는 작업반의 이해를 반영하기 위해 추가되었다.

이러한 책임 규정은 본 규정 밖에서 발생하는 의무의 불이행에 대한 책임에는 영향을 미치지 않는다.[37] 한편, 어떤 경우에는 신뢰서비스제공자를 식별하는 것이 어렵거나 불가능하므로 책임이 할당되지 않을 수 있다. 예컨대, 타임스탬프 서비스가 블록체인의 분산 원장 기술과 함께 사용되는 경우를 들 수 있다. 이 경우 시스템은 신뢰서비스 사용에 대한 신뢰를 구축하기 위해 다른 방식을 제공할 수 있다.

Ⅳ. 소 결

본 조에 규정된 다양한 책임들은 각자 고유한 특성을 띠고 있으며, 엄격책임의 일반적인 거부에도 불구하고 전반적으로는 다소 과도한 것으로 보인다. 따라서 해당 부문의 신뢰서비스제공자들은 관련 위험을 처리하기 위해 상당한 투자가 필요하다. 더욱이 본 규정에 포함된 조항들은 체계적 성격에서 자유롭고 일반적인 것만은 아니어서 필연적으로 법적 불확실성을 가져온다. 결국 개별 회원국의 다양한 관리와 법관이, 최소한 유럽연합의 입법행위와 사법재판소의 판결이 발효될 때까지, 본 규정의 적용과 해석을 다르게 할 가능성이 존재한다.[38]

▌ 제14조 ▌ 국제적 측면

제1항 제3국에서 설립된 신뢰서비스제공자가 제공하는 신뢰서비스는, 그 서비스가 제3국에서 유럽연합과 해당 제3국 또는 국제기구 간에 TFEU 제218조에 의거하여 체결된 협정의 범위에서 승인되는 한, 유럽연합에서 설립된 적격신뢰서비스제공자가 제공하는 신뢰서비스와 법적으로 동등한 것으로 인정되어야 한다.

제2항 제1항의 협정은 특히 다음을 보장해야 한다.

  (a) 유럽연합에서 설립된 적격신뢰서비스제공자와 이들이 제공하는 적격신뢰서비스에 적용되는 요건은 협정이 체결된 제3국 또는 국제기구의 신뢰서비스제공자와 이들이 제공하는 신뢰서비스에 의해 충족된다.

  (b) 유럽연합에서 설립된 적격신뢰서비스제공자가 제공하는 적격신뢰서비스는 협정이 체결된 제3국 또는 국제기구의 신뢰서비스제공자가 제공하는 신뢰서비스와 법적으로 동등한 것으로 인정되어야 한다.

---

37) A/CN.9/WG.IV/WP.171, para. 178.
38) Zaccaria/Schmidt-Kessel/Schulze/Gambino, 앞의 책, at 141.

Ⅰ. 입법 취지

1. 제도적 배경

본 조는 유럽연합 내에 거주하지 않는 자가 제공하는 신뢰서비스에 대한 상황을 규정한다. 본 조는 본 규정 제2조 제1항의 적용범위를 확장한다. 본 규정은 회원국에 의하여 통지된 전자신원확인체계와 유럽연합에서 설립된 신뢰서비스제공자에게만 적용되며(제2조 제1항), 이와 달리 본 조는 유럽연합 밖에서 설립된 신뢰서비스제공자에 대한 적용을 규정한다. 본 규정은 1999년에 제정된 전자서명지침과 비교하여 3가지의 다른 변화를 반영하였다.[39] 첫째, 유럽연합 내에 거주하지 않는 서비스제공자가 운영할 수 있는 활동 유형을 변경한다. 전자서명지침은 전적으로 인증서비스제공자만을 대상으로 하며, 전자서명지침 제2조 제1항 제11호에 따라, 증명서를 발급하거나 전자서명과 관련된 기타 서비스를 제공하는 인격체, 법인 또는 자연인으로 한정한다. 반면에 본 조는 더 넓은 의미에서 모든 신뢰서비스를 대상으로 하며, 비록 다른 활동들이 고려되기는 하지만 더 구체적으로는 인증과 관련된 보다 적합한 개념을 확인한다. 둘째, 전자서명지침은 유럽연합 내에 거주하지 않는 서비스제공자가 제공하는 서비스의 인정을 보장하기 위해 유럽연합과 제3국 또는 기타 국제기구 간에 규정된 절차적인 형식 및 필수 협정 내용에 대한 명시적인 언급이 부족했다. 반면에 유럽연합 집행위원회로부터 간청의 표시로 지원된 양자간 또는 다자간 합의에 대한 일반적인 표시는 TFEU 제218조에 대한 특정 참조와 그 협정이 제3국에 거주하는 서비스제공자에게 규정 확대를 보장하기 위해서 협정이 가져야 하는 최소요건에 대한 명확한 표시로 대체되었다. 셋째, 전자서명지침 제7조 제1항은 유럽연합 내에 거주하지 않는 서비스제공자에 의한 인증 활동의 인정을 회원국이 직접 참여하는 세 가지 상황과 연계하였다. 그러나 본 규정은 전자서명지침 제7조 제1항 (c)호가 언급한 사례만을 유일하게 인정하며, (a)호와 (b)호는 회원국의 법률이 이를 채택하여야 적용된다.

---

39) Zaccaria/Schmidt-Kessel/Schulze/Gambino, 앞의 책, at 144ff.

2. 규정의 의의

본 조는 제3국에서 설립된 신뢰서비스제공자가 제공하는 일반신뢰서비스와 적격신뢰서비스를 비교한 것이다. 본 조의 문구는 일반신뢰서비스와 적격신뢰서비스 간의 차이를 강조한다. 즉, 본 규정은 유럽연합 내에 거주하지 않는 신뢰서비스제공자가 제공할 수 있는 신뢰서비스의 종류를 명시하지 않으므로 본 조는 이를 분명히 한다. 본 조는, 한편으로 일반신뢰서비스를 제공할 수 있는 일반적인 가능성과, 다른 한편으로 일정한 특정 조건하에서 적격신뢰서비스의 생성을 목적으로 하는 활동을 할 수 있는 가능성을 인정한다.

Ⅱ. 내 용

1. 원칙: 유럽연합 내에 거주하지 않는 신뢰서비스제공자에 대한 본 규정의 부적용

본 조 제1항은 본 규정의 유효성의 영역적 한계를 확인한 것이다. 본 규정이 유럽연합 내에 거주하지 않는 서비스제공자에게는 적용되지 않는다는 원칙은 제2조 제1항에 의하여 파악된다. 그리고 본 조 제1항은 제3국에서 설립된 신뢰서비스제공자에 의하여 제공되는 일반신뢰서비스와 적격신뢰서비스를 비교하기 때문에 해당 규범의 문구를 고려해야 한다. 즉, 본 규정 제3조 제1항 제17호는 본 규정에 명시된 해당 요건을 충족하는 신뢰서비스를 적격신뢰서비스로 규정하고 있으므로 제3조 제1항 제16호에 명시된 일반신뢰서비스와 구분된다. 그 결과 유럽연합 내에 거주하지 않는 서비스제공자는, 본 규정 제14조에 명시된 조건이 적용되지 않는 경우, 유럽연합 내에 적격인증서비스를 제공할 수 없다. 이들에게는 해당 규범에 따라 유럽연합 내에 비적격신뢰서비스를 제공하기 위한 자격만 부여된다.

본 조 제1항은 기본적으로 유럽연합 내에 거주하지 않는 서비스제공자는 유럽연합 내에 거주하는 서비스제공자와 동일한 통제를 받지 않는다는 사실에 터잡고 있다. 즉, 유럽연합 내에 거주하지 않는 서비스제공자는 본 규정에 명시된 규범을 준수하였다는 사실을 보증하는 것이 불가능하다. 따라서 본 규정이 적용될 수 없는 범위에는 해당 규범이 명시된 제3장 제2절(제17조-제19조)과 제3절

(제20조-제24조)에 포함된 조항, 제4장(제25조-제34조), 제5장(제35조-제40조), 제6장(제43조-제42조)의 모든 조항이 해당한다. 그리고 적격신뢰서비스를 다루고 있는 제8장(제45조)은 성격, 보안 요건 및 법적 효과를 규제한다. 하지만 본 규정은 일반신뢰서비스에 대해서는 최소한의 법적 효과만을 부여하므로 유럽연합 내에 거주하지 않는 서비스제공자에 의해 제공된 서비스에 대해서는 이러한 조항의 적용을 거부할 이유가 없다. 이 경우 본 규정 제25조 제1항, 제35조 제1항, 제41조 제1항 및 제46조를 반드시 고려해야 한다. 특히 이 경우 해당 자격 요건을 위한 본 규정의 후속 조항에 규정된 요건의 공백을 참조하여 전자서명, 전자인장, 전자타임스탬프 및 전자문서를 명시적으로 고려되어야 한다.

유럽연합 내에 거주하지 않는 서비스제공자에 대한 직접 적용은 본 규정 제13조에서 제15조까지만 해당한다. 본 규정 제16조는 회원국들에게 본 규정 위반에 대한 효과적인 제재를 제정할 의무를 부과하면서 회원국들을 직접적으로 규율하고 있다. 다만, 그 표현이 제재가 유럽연합 내에 거주하는 서비스제공자에게만 적용되어야 한다고 되어 있지 않으므로 회원국이 법률로 이행하지 않는 경우에도 제재를 하지 못한다. 그러므로 서비스제공자가 유럽연합 내에 거주하고 있는지와 관계없이 개별 회원국에 영향을 미치는 서비스를 제공하는 모든 사람에게 효과적인 제재시스템을 제공하는 것은 결국 회원국의 선택에 달려있다.

본 규정 제15조는 의무사항은 아니지만 모든 신뢰서비스제공자에게 적용된다. 즉, 장애인의 신뢰서비스에 대한 접근의 공정한 보장의 필요성은 실제로 이러한 사람들이 사는 장소에 대한 특별한 언급이 확인되어야 한다. 만일 서비스제공자가 유럽연합 밖에서 설립되고, 서비스 사용자는 회원국 내에 거주하는 경우에 본 규정 제15조의 적용이 불가능하다고 한다면 장애인의 접근이 보장되지 못하는 상황에서 서비스가 제공될 수 있어 불합리한 차별이 발생할 수 있다. 하지만 제15조의 '가능한 경우'라는 문구가 장애인의 접근성을 보장하여야 할 의무를 제한하기 때문에 규범의 의무적인 적용 범위가 매우 제한적이다. 그러므로 본 조에서는 실질적인 평등에 대한 보다 넓은 원칙을 확인해야 한다.[40]

본 규정 제13조는 계약 위반에 관한 것이므로 해당 조항이 계약에 적용 가능한 규율을 강화한다는 사실을 강조할 필요가 있다. 즉, 본 규정 제13조는 국제

---

40) Zaccaria/Schmidt-Kessel/Schulze/Gambino, 앞의 책, at 146-7.

사법 규범에 규정된 연결점이므로 계약이 회원국의 법률에 적합해 보일 경우마다 유럽연합 내에 거주하지 않는 서비스제공자에 대해서도 본 규정 제13조가 적용되어야 한다.

마지막으로 본 규정 제1조에서 제12조까지는 대부분 신뢰서비스 및 그 이행방식을 구체적으로 다루지 않으므로 본 조의 적용을 고려할 필요가 없다. 예를 들어, 회원국 간의 관계를 규율하는 제6조에서 제12조까지는 유럽연합 내에 거주하지 않는 사람에게는 적용되지 않는다. 하지만 본 규정 제3조에서 규정하는 일부 개념에 대해서는 본 조를 적용해야 한다. 예를 들어, 본 규정 제3조 제1항 제16호에서 규정하는 신뢰서비스 개념에 대해서는 본 조가 적용된다.

2. 예외: 행사가능한 신뢰서비스

본 조는 유럽연합 내에 거주하지 않는 서비스제공자가 제공할 수 있는 신뢰서비스의 유형에 대해서는 언급하지 않는다. 다만, 적격신뢰서비스를 일반신뢰서비스와 구분할 필요성은 확인한다. 따라서 본 조는 보수를 위하여 통상적으로 제공된 전자적 서비스로서, 제3조 제1항 제16호에 규정된 일반신뢰서비스에 해당하는 ① 전자서명, 전자인장 또는 전자타임스탬프, 전자등기배달서비스 및 해당 서비스와 관련된 인증서의 생성, 확인 및 유효성 검증, 또는 ② 웹사이트 인증을 위한 인증서의 생성, 확인 및 유효성 검증, ③ 전자서명, 전자인장 또는 해당 서비스와 관련된 인증서 보존에 적용된다.

본 조에서 규정하는 신뢰서비스는 계약관계와 관련된 일련의 서비스를 말한다. 즉, 신뢰서비스를 제공받기 위하여 지급시 또는 전자적 협상의 맥락에서 신뢰서비스제공자와 접촉한 사람은 제3자와 다른 계약의 형성, 실행 또는 증거에 대하여 기능적 지위를 가진다. 이 경우 제3자는 신뢰서비스제공자와 직접적인 접촉이 없더라도 이러한 서비스를 사용하여 유효한 계약을 체결하거나 계약을 변경하거나 분쟁이 발생하면 증거로 사용할 수 있으므로 해당 서비스로부터 간접적으로 이익을 얻을 수 있다.

본 조는 신뢰서비스 신청자의 주체성을 나타내지 않는다. 따라서 신청자는 자연인, 공공기관 또는 민간기관일 수 있으며, 후자를 대표하도록 지명된 자연인일 수도 있다. 다만, 특정 신뢰서비스를 제공하기 위하여 신청자가 자연인 또는 단체일 필요가 있는 경우는 제외한다. 예를 들어, 자연인이 전자서명의 작성자로 고려될 수 있는 본 규정 제3조 제1항 제9호, 법인만 전자인장을 생성할 수 있는 본 규정 제3조 제1항 제24호 등이 있다.

본 규정 제3조 제1항 제16호는 계약이 제2조 제3항을 준수하여 이행해야 하는 방식에 대해서는 언급하지 않는다. 즉, 제2조 제3항에 따르면, 본 규정은 계약의 체결 및 유효성 또는 방식에 관한 법적 또는 절차적 의무와 관련된 국내법 또는 연합법에 영향을 미치지 않는다. 따라서 이러한 문제는 전적으로 개별 회원국의 입법에 달려있다. 예를 들어, 소비자법, 계약에 관한 적용 가능한 법률의 식별을 위한 국제사법 규정, 전자상거래 규정 및 일반적으로 개인정보처리 규정과 관련된 유럽연합 규범에 따라 수정되고 강화된다. 이러한 모든 규정은 유럽연합 내에 거주하지 않는 신뢰서비스제공자에게도 적용될 수 있다.

3. 제3국에서 제공하는 신뢰서비스 인정

본 조의 의무적인 적용 범위는 유럽연합 내에 거주하지 않는 서비스제공자가 유럽연합 내에 거주하는 서비스 이용자의 이익을 위하여 일반신뢰서비스를 제공하기 위한 활동을 할 수 있는 가능성을 인정한다고 하여 축소되지 않는다. 또한 본 조는 제3국에 거주하는 서비스제공자가 적격신뢰서비스를 제공하는 것을 목적으로 하는 활동을 수행하는 것을 허용한다. 하지만 문제는 이러한 서비스제공자가 적격신뢰서비스의 이행을 위해 본 규정에서 규정하고 있는 보안요건의 엄격한 준수를 보장하는 것과 같은 실현 가능한 기법을 사용할 수 있는지가 아니라 서비스에 대한 자격의 귀속이 (본 규정의 틀에서) 회원국들의 구체적인 협력에 달려있다는 사실이다. 이러한 의미에서 본질적인 것은 본 규정 제3조 제20호 규정이며, 이에 따라 자격을 갖춘 신뢰서비스제공자는 제20조에 규정된 정기적 및 수시적 감사를 수행하는 감독기관으로부터 이러한 지위를 부여받은 1개 이상의 자격을 갖춘 신뢰서비스를 제공하는 사람이다. 따라서 신뢰서비스제공자는 적격자로 되기 위하여 적격절차를 수립하여야 하며, 적합성 평가기관(제21조)이 발행하는 적합성 평가보고서와 함께 감독기관에 자신의 의사를 통보하여야 한다.

일반신뢰서비스와 적격신뢰서비스의 구별은, 누구나 일반신뢰서비스를 제공할 수 있다면, 적격신뢰서비스를 제공하기 위한 명시적 권한을 획득할 필요가 서비스제공자의 기업가적 특성에 영향을 미치기 때문에 서비스제공자에게 영향을 미친다. 특히 제3국에 거주하는 신뢰서비스제공자가 적격신뢰서비스를 제공하기 위해서는 이미 언급한 인증 프로세스와는 전혀 다른 인증 프로세스를 수립해야 한다. 따라서 본 조는 제3국에 거주하는 서비스제공자가 제공하는 신뢰서비스의 적격성을 인식할 가능성을 언급하는 경우에 해당 규정에 따라 제공되는 인가 메커니즘의 영토적인 확장은 전혀 규제하지 않는다. 다만, 본 조는 유럽연합에게 제3국에 거주하는 서비스제공자에게 일반적으로 예상되는 적격신뢰서비스의 수행에 대한 금지를 무시할 수 있는 여지를 부여한다. 이러한 무시는 유럽연합과 제3국 또는 국제기구 간의 협정 체결로 보장된다. 그러나 해당 규범에 따라 본 규정에 규정된 조건이 적용되는 경우에 제3국에 거주하는 서비스제공자가 수행하는 활동과 유럽연합 내에 거주하는 서비스제공자가 수행하는 활동 사이에 절대적인 평등을 보장한다.

4. 유럽연합과 제3국 또는 국제기구 간의 협정

본 조 제2항은 협정의 최소 내용을 규정하고 있다. 즉, 유럽연합 내에 거주하지 않는 신뢰서비스제공자에게는 유럽연합에서 설립된 적격서비스제공자에게 적용되는 요구사항을 반드시 동일하게 적용하여야 하며(a호), 그리고 협정이 체결된 제3국 또는 국제기구는 유럽연합에서 설립된 서비스제공자가 수행하는 적격 활동을 그들의 서비스와 법적으로 동등한 것으로 간주하여야 한다. 실제로 유럽연합 입법자는 이러한 요구사항의 비교가 신뢰서비스제공자와 신뢰서비스 모두에 관련되어야 한다고 규정하기 때문에 협정의 내용과 관련된 첫 번째 요구사항의 문구는 다소 복잡하다. 즉, 이 협정은 유럽연합에서 제공하는 것과 유사한 서비스제공자에 대한 감시 및 감독 메커니즘을 정의하고, 서비스를 적격으로 정의하기 위해 본 규정과 동일한 요구사항이 규정되어 있는지를 검증하는 것을 목적으로 하며, 이러한 요건이 유럽연합에서 설립된 서비스제공자에 의해 수행되는 것과 동등하다는 사실은 이러한 서비스에 대해서도 본 규정이 적용 가능한 것으로 인정된 순서에 따른다. 결과적으로 이 협정은 해당 규정에 따라 인증되고, 이미 통제되고 있는 것과 다른 특정 유형의 신뢰서비스를 개략적으로 설명하는 것을 목적으로 하지 않으며, 독립적인 서비스 규정을 개략적으로 설명하는 것으로 본 규정을 대체할 수도 없다. 이와 반대로 자격요건에 필요한 통제의 이행 방식에 관한 문제를 극복해야 하는데, 자격요건은 한 번 획득하면 시장에서 사업자에게 유럽연합에서 거주하는 사업자와 동일한 지위를 보장하기 때문에 동일하게 유지된다. 또한 서비스를 이행하는 동안 수행한 행위에 대한 법적 효과도 동일하게 보장한다.

이러한 인정 결과는 회원국과 비교하여 자율적 주체로 의도된 유럽연합에만 적용되는 것이 아니다. TFEU 제216조 제2항은 국제협정이 회원국을 자동으로 구속하기 때문에 일단 협정이 체결되면 자격을 갖춘 것으로 인정된 서비스제공자는 국제적 합의에 따라 충분한 조건에 맞는 통제를 수용해야 하는 개별 회원국이 관리하는 서비스제공자 목록에 자동으로 포함되어야 한다.

현재로서는 해당 모델에 부합하는 국제협정이 존재하지 않으므로 그 내용에 대한 더 자세한 평가는 불가능하다. 그 결과 제3국에 거주하는 서비스제공자에 대한 통제와 감독을 수행하는 양식에 대한 지표는 제3국 또는 국제기구와 협정을 체결하는지에 따라 달라지는 것으로 가정하는 것이 타당하다. 사실상 협정은 해당 법률에 명시된 것처럼 호환성, 전문성, 보안 등의 요구사항을 평가하는 데 집중하기 때문에, 단지 유럽연합이 본 규정에 명시된 서비스의 적용대상이 되는 것으로 간주하는 신뢰서비스에 대한 자격을 부여하기 위해서는 체약국의 국내법에서 이미 시행되고 있는 통제양식을 언급하는 것일 수 있다. 이와 반대로 국제기구와 협정을 체결할 경우에 감독 방식은 확실히 분석적으로 나타난다. 즉, 국제기구는 유럽연합 전역에서 서비스제공자의 자격을 얻기 위해 그때까지 예측하지 못했지만 필요한 통제 메커니즘을 시행한다.

나아가 회원국 밖에 거주하는 적격신뢰서비스제공자 목록에는 포함되나 이러한 목적으로 제공되는 감독체계는 제출하지 않아 경쟁 시장의 왜곡이 발생한 경우에 본조 제2항 (b)호에 명시된 상호 조항이 언급된다. 즉, 제3 체약국의 국내법 또는 국제기구의 규제는 제3국 또는 국제기구에서 규제하는 시장에 접근할 수 있는 여지를 보장하기 위해 반드시 동일한 조건으로 유럽연합에서 설립된 서비스제공자가 제공하는 적격신뢰서비스를 인정하도록 규정해야 한다.

5. 자발적 인정의 폐지

전자서명지침 제7조 제1항을 분석한 결과, 유럽연합 입법자는 유럽연합 내에 거주하지 않는 서비스제공자가 제공한 서비스의 인정을 위해 유럽연합이 규정한 협정에 배타적인 역할을 부여하지 않았다는 사실을 인식하였다. 특히 제7조 제1항의 (a)호와 (b)호는 회원국이 제3국에 거주하는 서비스제공자에게 자발적 인정을 취득할 수 있는 여지를 보장하고, 서비스제공자는 각 회원국의 법률에 따라 완전히 규제되며, 서비스제공자가 발급한 인증서가 해당 국가에서 적격인증서와 동일한 법적 관련성을 가지고 있음을 보증하기 위한 권한을 가진다. 이처럼 동 조항들은 사실상 회원국에게 각 국가에 배타적으로 적용되는 대체적 인정체계를 도입할 수 있는 권리를 부여하였다. 동 조항은 모두 본 규정에서 대체되었으며, 본 규정 제14조는 이를 다시 언급하지 않았다.

신뢰서비스 인정체계의 증가는 영토적 사용을 제한하고, 법률의 일반화와 유럽 표준화에 관한 한계 없는 장애물이었다. 또한 전자서명지침이 배타적으로 언급한 단순한 인증 이외의 활동으로 확대되면 신뢰서비스 인정체계가 위험할 수 있다. 신뢰서비스 인정은 유럽연합 역내 시장에서 경쟁의 자유에 대해서 상당한 영향을 미칠 수 있으며, 또한 유럽연합 입법자가 국제협정의 효력을 상호 조항의 존재에 종속되도록 유도할 수 있도록 한다. 유럽연합 입법자는 이러한 상황을 인지하고, 아마도 유럽연합 내에 거주하는 서비스제공자와 동일한 접근을 제공할 수 없는 국가에 거주하는 사업자들에게 시장에 대한 접근을 보장해 주었던 이전의 규율을 폐지하는 결정을 하였다. 즉, 유럽연합 입법자는 제3국에 거주하는 서비스제공자가 유럽연합 역내 시장에 접근할 수 있는지를 결정하는 독점적 임무를 유럽연합에 부여함으로써 이러한 가능성을 없앨 것을 선호하였다.

그러나 배제할 수 없는 것은 전자서명지침에 따라 권리를 행사하는 일부 회원국의 국내법이 자발적 인정 절차를 도입할 수 있었다는 점이다. 이 경우 문제는 국내 입법자가 본 규정의 새로운 조항과 현재 상황과의 조화를 위하여 이 문제에 관한 체계적인 규정을 공표하지 않을 때까지 본 조항을 어떻게 처리해야 하는지이다. 예를 들어, 독일은 2001년 5월 16일에 제정된 전자서명법 제15조 및 제16조에 자발적 인정이 필요한 신청자는 독일연방에 거주해야 한다고 명시하지 않았다. 따라서 제3국에 거주하는 서비스제공자도 명시된 조건을 충족하는 한, 자발적 인정을 획득할 자격이 있음을 시사한다.

하지만 이와 유사한 폐지가 없는 경우, 본 규정의 시행으로 인해 인정 절차가 없어지는 것으로 간주할 가능성에 의문을 제기하는 것이 타당하다. 사실 본 규정의 시행에 따라 국내법 규정을 폐지하기 위해서는 본 규정과 양립 불가능성이 표시되어야 한다. 즉, 본 규정은 TFEU 제288조 제2항에 따라 전체가 구속력이 있고 모든 회원국에 직접 적용할 수 있으나 국내법 규범을 폐지하거나 개정할 수 없다. 기존의 국내법 규범에 대한 본 규정의 확산은 원래의 계층적 시스템에서 그 위치에 따라 달라지며, 국내 입법자에 의해 명시적으로 폐지되지 않는 한, 기존 법률은 본 규정의 규칙 범위를 직접 변경하지 않는 모든 조항이 완전하게 효력을 가진다. 자발적 인정에 전념하고 전자서명지침 제7조 제1항 (a)호와 (b)호의 이행으로 시행되는 국내법 규범은 실제로 본 규정 제14조와 양립한다. 이들은 -본 규정의 완전한 준수하에- 국제협정이 동등한 대우를 보장한다는 것을 확인하며, 유럽연합에서 설립되지 않는 서비스제공자는 유럽연합에서 설립된 서비스제공자와 동일한 요건을 갖추도록 명시적으로 요구한다. 따라서 새로운 공동체의 법률을 시행하기 위해서는 서비스제공자가 새로운 규정에 명시된 요건을 충족하고, 본 규정 전문 제24호와 제25호를 완전히 준수하는 경우에만 동등성이 허용된다. 이러한 요구사항은 신뢰서비스가 본 규정과 완전히 조화를 이루지 않는 한, 회원국이 신뢰서비스와 관련된 국내법 조항을 유지하거나 도입할 수 있도록 한다. 또한 본 규정을 준수하고 역내 시장에서 자유롭게 유통되는 한도에서, 국가 차원에서 적격신뢰서비스로 인정하기 위한 목적으로 본 규정에서 제공하는 신뢰서비스의 비공개 목록의 일부를 구성하는 서비스 외에 다른 유형의 신뢰서비스를 정의할 수도 있다.

자격요건이 개별 국가 차원에서만 운영될 수 있다면, 자격요건이 개별 국가의 법률을 준수하는 한, 본 규정이 통상적으로 자격요건을 준수하는 서비스를 이행하는 것을 배제하는 서비스제공자라고 하더라도 회원국이 이를 허용하는 것을 배제할 이유가 없다. 물론 신뢰서비스에 대한 자발적 인정과 유럽연합의 자격요건 간의 차이와 관련하여 사소한 조정 문제가 여전히 남아 있다. 전자서명지침 제7조를 이행하는 것으로 제한되는 경우, 영구적인 타당성을 가지는 국내법 규범은 실제로 해당 규정에서 규제되는 모든 신뢰서비스를 다룰 수 없다. 하지만 전자서명의 생성과 보존으로 이어질 수 있는 인증 활동에 대해서는 입장을 표명하였어야 한다. 본 규정 제3조 제1항에서 규정하는 그 밖의 모든 서비스에 대하여, 서명에 적용되는 동일한 조건하에서, 제3국에 거주하는 서비스제공자가 제공하는 서비스와 개별 회원국의 영토 내에 거주하는 서비스제공자가 제공하는 서비스 간의 동등성을 허용하는 것을 목적으로 하는 동일한 국가 규정을 적용하는 것은 불가능하다. 이러한 방향으로 진행하기 위해서는 본 규정의 비적용성 일반원칙이 제3국에 거주하는 서비스제공자에게 적용되어야 하며, 다른 한편, 서명 관리에 사용된 방식은 다른 신뢰서비스에 대해서는 효과적이지 않다. 그러므로 각 회원국 입법자들에 의한 신속한 조정이 필요하며, 전자서명지침에 규정된 것을 모든 신뢰서비스에 적용하도록 할 것이 촉구되었다.

Ⅲ. 국내 적용

1. 원 칙

대한민국에 거주하는 신뢰서비스제공자는 원칙적으로 유럽연합에 적격신뢰서비스를 제공할 수 없으며, 다만 일반신뢰서비스는 제공할 수 있다. 이 경우 대한민국에 거주하는 신뢰서비스제공자는 제공하는 서비스와 그 운영이 본 규정 제20조(적격신뢰서비스제공자의 감독 의무)에 해당하는지를 판단할 필요가 있다. 그 이유는 일반신뢰서비스제공자는 일반적인 감독 대상에 해당하지 않지만, 그가 제공하는 서비스와 운영의 특성은 사후 감독 대상에 해당하기 때문이다. 그러나 대한민국에 거주하는 신뢰서비스제공자가 유럽연합 내에 적격신뢰서비스를 제공하기 위해서는 본 규정 제24조(적격서비스제공자의 요건)에 따라 적격신뢰서비스제공자의 요건을 갖추어야 한다.

유럽연합 내에 설립된 적격신뢰서비스제공자와 이들이 제공하는 적격신뢰서비스에 적용되는 요건은 협정이 체결된 제3국 또는 국제기구의 신뢰서비스제공자와 이들이 제공하는 서비스에 의해서도 충족될 수 있다. 따라서 대한민국에서 설립된 서비스제공자가 유럽연합 내에 적격신뢰서비스를 제공하기 위해서는 우선적으로 유럽연합과 관련 협상을 체결하여야 한다. 즉, 대한민국은 유럽연합 집행위원회와 본 규정의 적용에 관한 협상을 개시하여야 하며, 이 경우 유럽의회는 협상 개시를 승인하고, 협상 지침을 채택하며, 협정의 서명을 승인하고, 이를 체결한다(TFEU 제218조 제2항). 이처럼 대한민국에서 설립된 서비스제공자가 유럽연합 내에 적격신뢰서비스를 제공하기 위해서는 대한민국이 유럽연합과 이에 관한 협상을 체결하는 경우에만 법적 효력이 인정된다.

2. 적용 범위

유럽연합 내에 거주하지 않는 적격신뢰서비스제공자에 대한 본 규정의 직접적인 적용 범위는 본 규정 제13조에서 제15조까지만 해당된다. 즉, 대한민국에 거주하는 적격신뢰서비스제공자가 유럽연합 내에 신뢰서비스를 제공하는 경우에는 본 규정 제13조(책임과 증명책임), 제14조(국제적 측면), 제15조(장애인을 위한 접근성)가 직접 적용된다.

본 규정 제15조는 의무사항이 아니지만 모든 적격신뢰서비스제공자에게 적용된다. 즉, 장애인의 신뢰서비스에 대한 공정한 접근 보장의 필요성은 실제로 장애인이 사는 장소에 대한 특별한 언급이 확인되어야 한다. 만일 적격신뢰서비스제공자가 유럽연합 내에 거주하지 않지만 신뢰서비스 사용자는 유럽연합 내에 거주하는 경우에 본 규정 제15조가 적용되지 않는다. 그러므로 장애인의 접근이 보장되지 않는 상황에서 신뢰서비스가 제공될 수 있다고 약관에 명시된 경우에 장애인에게 불합리한 차별이 될 수 있다. 따라서 대한민국에 거주하는 적격신뢰서비스제공자가 유럽연합 내에 적격신뢰서비스를 제공하는 경우에 장애인을 위한 접근성을 보장하여야 하며, 만일 이를 보장하지 못하는 경우에는 본 규정 제16조(벌칙)에 따라 회원국에서 규정한 제재를 받는다.

본 규정 제13조는 계약 위반에 관한 것이므로 적용 가능한 조건을 검증하기 위해 해당 조항이 계약에 적용 가능한 규율을 강화한다는 사실을 강조한다. 이 조문은 국제사법 규범에서 규정된 연결점으로서 계약이 회원국의 법률에 적합할 경우 유럽연합 내에 거주하지 않는 신뢰서비스제공자에게도 적용되어야 한다. 반면, 우리나라 국제사법은 "소비자가 직업 또는 영업활동 외의 목적으로 체결하는 계약이 다음 각 호 중 어느 하나에 해당하는 경우에는 당사자가 준거법을 선택하더라도 소비자의 상거소가 있는 국가의 강행규정에 의하여 소비자에게 부여되는 보호를 박탈할 수 없다"고 규정하고 있다(제27조 제1항). 따라서 적격신뢰서비스제공자의 의무위반으로 인한 손해배상의 준거법은 소비자의 상거소가 있는 국가의 법률에 따라야 한다. 예컨대, 유럽연합 내에 설립된 적격신뢰서비스제공자가 대한민국에 적격신뢰서비스를 제공하는 과정에서 신뢰서비스 사용자에게 손해가 발생한 경우에 그 사용자가 소비자에 해당하면 대한민국의 손해배상에 관한 법률이 적용된다.

3. 행사 가능한 신뢰서비스

본 규정 제14조는 유럽연합 내에 거주하지 않는 신뢰서비스제공자가 제공할 수 있는 신뢰서비스의 유형을 언급하고 있지 않다. 다만, 본 규정은 신뢰서비스를 적격신뢰서비스와 일반신뢰서비스로 구분하여 적격신뢰서비스만을 규율대상으로 하고 있다. 하지만 본 규정이 규율하는 신뢰서비스는 (a) 전자서명, 전자인장 또는 전자타임스탬프, 전자등기배달서비스 및 해당 서비스와 관련된 인증서의 생성, 확인 및 유효성 검증, (b) 웹사이트 인증을 위한 인증서의 생성, 확인 및 유효성 검증, (c) 전자서명, 전자인장 또는 해당 서비스와 관련된 인증서의 보존을 내용으로 한다. 따라서 대한민국 국민이 유럽연합의 신뢰서비스제공자와 직접적인 접촉이 없더라도, 이러한 서비스를 사용하여 유효한 계약을 체결하거나 계약을 이행하거나 분쟁이 발생할 경우에 증거로 제공할 수 있으므로 해당 서비스로부터 간접적으로 이익을 얻을 수 있다.

본 규정 제14조는 계약 또는 방식에 관한 기타 법적 또는 절차적 의무의 체결 및 유효성과 관련된 국내법 또는 유럽연합법에 영향을 미치지 않는다. 이러한 문제는 전적으로 각 회원국의 입법에 달려있다. 예를 들어, 소비자법, 계약에 관하여 적용 가능한 법률의 식별을 위한 국제사법 규정, 전자상거래 규정 및 개인정보처리 규정과 관련된 유럽연합 규범에 의해 수정되고 강화된다. 따라서 유럽연합에서 설립된 적격신뢰서비스제공자가 대한민국에 적격신뢰서비스를 제공하는 경우 또는 대한민국의 적격신뢰서비스제공자가 유럽연합 내에 적격신뢰서비스를 제공하는 경우에 유럽연합법과 대한민국 법률이 함께 적용된다. 그러므로 우리나라가 유럽연합과 이에 대한 협상을 체결한다면 우리나라의 적격신뢰서비스제공자는 유럽연합 내의 적격신뢰서비스제공자와 동일한 법적 효력을 인정받을 수 있다.

4. 제3국 기원의 신뢰서비스 인정

본 규정 제14조는 유럽연합 내에 거주하지 않는 신뢰서비스제공자가 유럽연합 내에 거주하는 신뢰서비스 사용자의 이익을 위한 일반신뢰서비스 제공에 대해서는 제한하지 않는다. 이는 신뢰서비스에 대한 자격의 귀속 여부가 회원국의 구체적 협력에 달려있으며, 신뢰서비스는 회원국 내에서만 실질적으로 수행될 수 있고, 그리고 유럽연합이 아닌 장소에서는 구현할 수 없는 적절한 통제 및 감독 메커니즘을 제공할 것을 요청한다. 따라서 대한민국의 신뢰서비스제공자가 유럽연합 내에 신뢰서비스를 제공하는 경우에 각 회원국의 통제 및 감독 메커니즘을 파악할 필요가 있다. 예컨대, 적격자로 간주되기 위해서는 적격절차를 수립하여야 하며, 적합성 평가기관(제21조)이 발행하는 적합성 평가보고서(제2조)와 함께 감독기관에 자신의 의사를 통보하여야 한다. 이를 통하여 해당 규정에서 규정된 조건이 적용되는 경우에 대한민국의 신뢰서비스제공자가 수행하는 활동과 유럽연합 내에 거주하는 신뢰서비스제공자가 수행하는 활동 사이에 절대적인 평등이 보장된다. 나아가 대한민국의 신뢰서비스제공자는 본 규정 제22조가 요구하는 신뢰목록 등록대상에 포함되어야 하므로 본 규정 제23조에 따라 EU신뢰마크를 취득해야 한다. 이처럼 대한민국의 신뢰서비스제공자가 유럽연합 회원국의 법률을 충족하는 경우에는 차별을 받지 않는다.

▎제15조 ▎ 장애인을 위한 접근성

가능한 경우, 신뢰서비스 및 이러한 서비스를 제공하는 데 사용되는 최종 사용자 제품은 장애인이 접근하고 이용할 수 있도록 해야 한다.

I. 입법 취지

1. 규정 목적

본 조는 기존의 전자서명지침에는 없는 새로운 조항이며, 신뢰서비스의 이행과 관련하여 평등 및 비차별의 기본원칙을 적용하는 것을 목적으로 한다.

2. 규정의 적용 범위

본 조의 의무적인 적용 범위는 전문 제29호와 연계하여야 윤곽이 드러날 수 있으며, 특히 본 조는 유럽연합 이사회 결정(Council Decision 2010/48/EC) 제9조에 의해 승인된 「유엔장애인권리협약」에 따른 의무사항과 일치한다. 이러한 의무는 장애인이 다른 소비자와 동등하게 서비스 제공에 사용되는 신뢰서비스 및 최종 사용자 제품을 사용할 수 있도록 하여야 한다. 따라서 실현 가능하다면, 신뢰서비스와 이러한 서비스 제공에 사용되는 최종 사용자 제품은 장애인이 접근할 수 있도록 하여야 한다. 여기서 실현 가능성(feasible)에 대한 평가에는 기술적, 경제적 고려사항이 포함되어야 한다.

본 조는 전문 제29호와 비교했을 때 두 가지의 차이를 보여준다. 두 조항 모두 접근성에는 신뢰서비스뿐만 아니라 이러한 서비스 제공에 사용되는 최종 사용자 제품도 포함하여야 한다는 것을 명확히 한다. 그러나 전문 제29호는 장애인에게 다른 소비자와 동등하게 접근성이 보장되어야 하며, 따라서 실질적 평등의 원칙에 기초해서 보장되어야 한다고 명시하고 있다. 이러한 원칙은 서로 다른 상황에 대해 서로 다른 취급을 하더라도 동등한 접근 및 계약조건을 보장함으로써 불평등을 극복하는 것을 목적으로 한다. 더욱이 전문 제29호에서는 실현 가능성에 대한 평가에 기술적, 경제적 고려사항이 포함되어야 한다고 명시하고 있어 장애인에 대한 접근방식은 공정성(fairness)과 비고가성(inexpensiveness) 원칙을 무시할 수 없다는 점을 강조한다.

본 조에는 공정성과 비고가성 원칙이 명시적으로 언급되어 있지 않지만, 해당 조항의 해석과 관련하여 그들이 갖는 중요성을 의심할 이유는 없다. 장애인에게 접근 가능한 서비스와 제품을 제공해야 한다는 일반적인 문구는 장애를 이유로 장애인의 접근을 금지하지 않는 것으로 소극적으로 해석될 수 있으므로 장애인이 무능력자가 아닐 경우에는 이러한 원칙의 적용을 허용하지 않는다. 이와 반대로 실현 가능한 경우에만 이행되어야 한다는 본 조의 문구는 규범으로서 개인들에게 그들의 책임을 회피하기 위해 편리한 구두 편법을 부여하는 것으로 보인다. 특히 본 조의 의무적인 적용 범위가 특별히 높지 않다는 점을 지적할 필요가 있다. 사실 본 조는 수범자가 누구인지 설명하지 않으며, 특히 본 조에 명시된 원칙이 즉시 신뢰서비스제공자에게 구속력이 있거나 그와 반대로 회원국이 법률을 개정해야 하는 경우 더욱 그러하다. 특히 이러한 목적을 위해 고려할 수 있는 유일한 해결책이 손해 발생 또는 이익 손실에 대한 금전적 보상의 등가라는 점을 고려할 때, 신뢰서비스제공자에게 의무를 부과하는 것은 장애인의 접근이 보장되지 않는 다소 불법적인 상황에 대처하는 데 있어 어려움이 있음을 상상할 수 있다.

Ⅱ. 내 용

1. 장애의 개념

본 조는 유럽 사회의 입법과 사법의 장애 개념에 관한 가장 최근의 발전과 완전히 일치한다. 즉, 유럽경제공동체(European Economic Community)를 설립하는 조약의 특성을 나타내는 부문적 및 기능적 접근방식은 기본법 또는 헌법의 법적 체계에 대한 언급을 금지했다. 그리고 유럽연합 사법재판소도 어떤 조약도 인권에 관한 규칙을 제정할 수 있는 일반적인 권한을 유럽경제공동체에 부여하지 않는다는 것을 강조한다. 이러한 권리는 유럽경제공동체 목표의 필수적인 부분을 구성하는 수평적 원칙으로부터 인권의 흐름을 보호하는 것이 될 것이기 때문에 유럽경제공동체 규범의 일반원칙에 의해 보호된다고 한다(1996년 3월 28일 유럽연합 사법재판소 의견).

최근 유럽연합 사법재판소는 장애인을 이유로 차별을 금지하는 것은 장애인은 물론 장애인이 있어 정기적으로 활동하지 못한 사람에 대한 것이라고 명시하였다. 또한 사법재판소는 장애의 개념을 신체적, 정신적, 심리적 장애로 인한 장기적 한계로 이해하여야 한다고 보았다. 이러한 장애는 다양한 장벽과 상호작용하여 다른 노동자와 동등한 기준으로 직업 생활과 관련된 당사자의 완전하고 효과적인 참여를 방해할 수 있다. 이러한 관점에서 장애인은 어떠한 형태의 '활동'도 물질적으로 수행할 수 없는 사람일 뿐만 아니라 특정 사례의 구체적인 상황을 신중하게 평가하여 장기적인 장애의 평가부터 시작하여 보다 나은 환경조건이 필요한 사람이라고 한다.

2. 신뢰서비스 및 최종 사용자 제품의 접근성

본 규정 전문 제29호의 '접근성(Accessibility)'이라는 제목은 「유엔장애인권리협약」 제9조에 특히 주목하고 있다. 이 조항은 다음과 같이 명시되어 있다. (1) 장애인이 독립적으로 생활하고 삶의 모든 측면에 완전히 참여할 수 있도록, 회원국 당사자는 장애인이 다른 장애인과 동등하게 물리적 환경, 운송, 정보 및 통신을 포함한 정보 및 통신 그리고 기술 및 시스템, 기타 시설 및 서비스(또는 도시 및 농촌 지역 모두에서 일반인에게 제공됨)에 접근할 수 있도록 적절한 조치를 해야 한다. 접근성 장애물과 장애물의 식별 및 제거를 포함해야 하는 이러한 조치로는 (a) 학교, 주택, 의료 시설 및 사업장을 포함한 건물, 도로, 기타 실내 및 실외 시설, (b) 전자서비스 및 응급 서비스를 포함한 정보, 통신 및 기타 서비스에 적용되어야 한다. (2) 또한 회원국 당사자는 다음과 같은 적절한 조치를 취하여야 한다. (a) 대중에게 개방되거나 제공되는 시설 및 서비스의 접근성을 위한 최소한의 기준 및 지침의 이행을 개발, 공포 및 모니터링할 것, (b) 대중에게 개방되거나 제공되는 시설과 서비스를 제공하는 민간기업이 장애인의 접근성에 대한 모든 측면을 고려하도록 보장할 것, (c) 장애인이 직면한 접근성 문제에 대하여 이해당사자를 위한 교육을 제공할 것, (d) 개방된 건물 및 기타 시설에 점자 및 쉽게 읽고 이해할 수 있는 방식으로 공공 간판을 제공할 것, (e) 대중에게 개방된 건물 및 기타 시설에 대한 접근을 용이하게 하기 위한 안내자, 독자 및 전문 수화 통역사를 포함한 라이브 지원 및 중개자의 형태를 제공할 것, (j) 장애인이 정보에 접근할 수 있도록 다른 적절한 형태의 지원 및 보조를 촉진할 것, (g) 장애인이 인터넷을 포함한 새로운 정보통신기술 및 시스템에 대한 접근성을 촉진할 것, (h) 접근 가능한 정보통신기술과 시스템의 설계, 개발, 생산 및 보급을 조기에 촉진하여 이러한 기술과 시스템에 최소한의 비용으로 접근할 수 있도록 할 것이다.

본 조에 명시된 장애인의 신뢰서비스에 대한 접근 보장의 필요성은 「유엔장애인권리협약」 제9조에 명시된 장애인과 협약 서명국 간의 관계와 비교할 때, 더 넓은 정보 접근 권리를 포함한다. 본 조는 장애인이 비장애인이 사용하는 도구와 다른 특수 도구에 접근할 수 있도록 함으로써 장애인에게 정보를 제공하는 어려움과 관련된 일련의 서비스를 서명국에 부과하는 것이다. 하지만 본 조는 순수한 프로그램적인 측면을 내포하고 있어 사법 관계에 직접 적용될 수 없다. 즉, 본 조는 프로그램적 조항을 명시하고 있으므로 「유엔장애인권리협약」이 유럽연합에 의해 채택되었을 경우에 회원국들이 이미 채택한 협약(commitment)을 반복하는 것으로 보인다. 하지만 본 조를 위반할 경우에 어떤 벌칙이 발동될 수 있는지는 명시되어 있지 않으므로 신뢰서비스제공자는 아무런 의무도 지지 않으며, 그 결과 장애인은 신뢰서비스제공자에게 이의를 제기할 수 없다. 결국 헌법에서만 유효한 차별금지의 실질적인 원천을 유럽연합과 회원국의 관계에서 파악하기 위해서는 이러한 규범에서 야기된 헌법적 가치에 초점을 맞추어야 결론이 날 것이다.[41]

3. 신뢰서비스제공자에게 부과되는 정보제공 의무

본 조는 장애인의 접근을 보장해야 하는 규범을 수동적인 형식으로 규정하지만, 유럽연합과 회원국 간의 관계와 관련된 범위의 제한은 전적으로 「유엔장애인권리협약」과의 관계에 달려있다. 실제로 「유엔장애인권리협약」과 관련하여 본 조는 프로그램적 가치만 있는 조항을 세부적인 민간 사례에 확장하는 것을 목표로 하여 통합 기능을 추구할 수 있다. 이러한 관점에서 본 조가 신뢰서비스제공자에게 의무를 설정한다고 상상하는 것은 어렵지 않으며, 장애인에게 제공되는 서비스에 대한 접근방식을 조정하도록 신뢰서비스제공자에게 요구하고 있다.

본 조는 신뢰서비스와 최종 사용자 제품의 구별이 해당 의무가 신뢰서비스제공자와 서비스 신청자 사이의 단일 계약관계로 끝나지 않는다는 점을 명확히 한다. 본 규정 제3조 제1항 제16호에 규정된 신뢰서비스 개념에 따르면, IT 계약 분야에서는 제3자와 기타 계약의 형성, 실행 또는 증명에 사용되는 특정 서비스를 고려하지 않고, 신뢰서비스제공자를 이용하는 자가 취득할 수 있도록 하는 것을 목표로 하는 협업적 성격의 계약관계를 특징짓는 일련의 편익을 나타낸다는 것을 알 수 있다. 이들은 신뢰서비스제공자와 직접적인 관계가 없으나 서비스를 사용함으로써 분쟁 발생의 경우에 유효한 계약을 완료 또는 이행하거나 증거를 제공할 수 있으므로 간접적으로 혜택을 받게 된다. 그 결과 신뢰서비

---

41) Zaccaria/Schmidt-Kessel/Schulze/Gambino, 앞의 책, at 167.

스제공자의 책임은 두 가지의 다른 측면을 가정할 수 있다. 하나는 신청자와의 계약관계를 고려하는지, 다른 하나는 신뢰서비스제공자가 제공하는 서비스의 정확한 이행에 의존하는 제3자와의 관계에 미치는 영향에 따르는지이다.

서비스제공자와 계약을 체결하는 당사자가 장애인인 경우에 본 조에 따른 접근권은 장애인에게 제공되는 서비스의 특성 및 구현 방법을 쉽게 이해할 수 있도록 하기 위한 정보에 관한 구체적인 의무를 서비스제공자에게 부과한다. 이와 달리 장애인이 서비스의 최종 사용자인 경우, 즉 이용자와 계약관계가 있고 따라서 계약의 구성, 실행 또는 증명에 기능적이기 때문에 간접적으로 서비스로부터 편익을 얻는 사람이라면, 서비스제공자는 계약 관련 데이터를 유지하여야 하고, 사용자의 장애를 고려한 접근 도구를 제공해야 한다. 두 경우 모두 약술된 의무는 최종 조항에 대한 특정 이익의 충족과 직접 관련되지 않고, 장애의 존재와 관련된 비대칭 정보를 극복하는 것을 목적으로 하므로 부수적이다. 그 이유는 본 조는 장애인에게 제공된 서비스가 일반신뢰서비스인지 또는 적격신뢰서비스인지 고려하지 않으며, 서비스제공자가 본 규정에 따라 설립된 감독기구에 접근하는 데 필요한 요구사항을 충족하지 않는 경우에도 적용되기 때문이다.

4. 의무 불이행의 결과

본 조에 명시된 의무를 위반하는 경우에 발생하는 결과를 규정하지 못한 것과 관련하여 본 조의 모호성이 특히 비판의 대상이다. 하지만 이러한 비판은 본 조의 범위에 대한 프로그램적 또는 의무적 측면에서 재구성의 영향을 받지 않은 언급이다. 실제 조항이 자동으로 신뢰서비스제공자에게 행동 의무를 부과할 수 있다는 사실을 부인하는 취지에도 불구하고, 기존 법률이 장애인 보호에 적용되지 않는 처벌의 종류를 미리 명시할 수 없다는 사실이 해당 조항을 위반할 수 있는 더 높은 위험을 초래한다. 이는 누가 언제 이행하여야 하는지를 지정하지 않고 단지 가능성 평가를 규범의 효율성에 의존하는 본 조의 문구에 의해 악화된다. 결국 전자서명지침 및 「유엔장애인권리협약」에 명시된 의무와 관련하여 원칙과 법률이 도달한 중요한 결과는 이러한 내용이 다소 보수적인 기능을 하고 있으며, 장애인 보호에 대한 합리적인 사전 평가의 필요성을 요구한다고 볼 수 있다.

Ⅲ. 비교법적 고찰

우리나라에서 '장애인'은 "신체적·정신적 장애로 오랫동안 일상생활이나 사회생활에서 상당한 제약을 받는 자"를 말하며(장애인복지법 제2조 제1항), 여기서 '신체적 장애'란 주요 외부 신체 기능의 장애, 내부기관의 장애 등을 말하며, '정신적 장애'란 발달장애 또는 정신 질환으로 발생하는 장애를 말한다(제2조 제2항). 따라서 우리나라의 장애인 개념은 협의의 장애인뿐만 아니라 장애인이 있어 정기적으로 활동하지 못한 사람도 포함하는 본 규정보다 좁은 의미이다.

한편, 우리나라에는 신뢰서비스를 통합적으로 규정한 법률이 아직 없으며 전자문서법, 전자서명법, 정보통신망법 등에서 산발적으로 관련 서비스를 규정하고 있다. 개정 전자서명법은 전자서명인증업무 운영기준에 장애인·고령자에 대한 이용 보장을 규정하고 있다. 즉, 과학기술정보통신부장관은 전자서명의 신뢰성을 높이고 가입자 및 이용자가 합리적으로 전자서명인증서비스를 선택할 수 있도록 정보를 제공하기 위하여 필요한 조치를 마련하여야 하며(제7조 제1항), 이러한 조치로서 전자서명인증업무 운영기준(이하 "운영기준"이라 한다)을 정하여 고시하여야 한다. 이 경우 운영기준은 국제적으로 인정되는 기준 등을 고려하여 정하여야 하며(제2항), 그 기준으로 "장애인·고령자 등의 전자서명 이용 보장"을 규정하고 있다.

Ⅳ. 소 결

장애인 보호는 신뢰서비스 제공에 관한 경제적 조건이 비합리적으로 악화되고, 결과적으로 신뢰서비스제공자에게 현저한 비용이 발생하지 않는 경우에만 필요하다. 그 이유는 신뢰서비스에 접근하기 위한 서비스 방식의 조정은 신뢰서비스제공자가 직접 부담하며, 서비스를 요청하는 사용자가 지급할 수수료를 정할 때 간접적으로 고려되는 비용을 발생시키기 때문이다. 이처럼 장애인 보호는 신뢰서비스제공자가 체결한 계약조건과 관련 방식에 영향을 미친다. 따라서 가능한 경우 장애인에 대한 접근을 보장할 필요성은 신뢰서비스제공자에게 계약의 이행 방법과 관련하여 완전한 자유를 보장해야 한다는 결론으로 이어진다. 즉, 신뢰서비스제공자에게 신청자가 원하는 대로 동의를 할 수 있는 자유를 주어야 다양한 대안을 제시할 수 있으며, 이는 신청자가 가장 편리한 대안을 선택할 수 있는 물질적 기회를 얻을 수 있도록 한다.

▌제16조▌ 벌 칙

회원국은 이 규정의 위반에 대한 벌칙 규정을 제정해야 한다. 이러한 벌칙은 효과적이고, 비례적이며, 경고적이어야 한다.

Ⅰ. 입법 취지

1. 규정 목적

본 규정 위반에 적용할 수 있는 벌칙에 전념하는 본 조의 의무적인 적용 범위는 국내 신뢰서비스의 생성 및 규제에 대한 회원국 입법의 역량을 명시적으로 인정함으로써 제한되기 때문에 그리 넓지 않다. 유효성, 비례성, 경고라는 세 가지 원칙은 각 회원국의 징벌적 조치와 제재의 경고적 성격의 조화를 목표로 하고 있어 징벌적 손해배상 문제에 접근할 수 있는 여지를 제시하고 있다.

2. 적용 범위

본 조는 기존 전자서명지침에는 없는 것으로 높은 의무적 수준을 보장하는 것을 목적으로 한다. 이는 회원국의 법률시스템(TFEU 제288조 제2항에 명시되어 있음)에 명시되어 있는 자동적이고 즉시적인 효력이 본 규정에 도입된 규범 위반에 대한 적절한 벌칙 체계를 채택할 필요성을 면제하지 않는다. 본 조의 정당성은 쉽게 식별할 수 있으나, 조문 위치는 본 조의 적용 범위를 식별하기 어렵게 한다. 본 조는 문자 그대로 본 규정 제6조 이하에서 언급된 전자신원확인체계와 관련된 규정을 포함하여 모든 조항 유형에 대한 침해를 언급한다고 생각할 수 있다. 하지만 본 조의 적용 범위는 제13조에서 제16조까지이며, 이는 신뢰서비스를 대상으로 하므로 제3조 제1항 제16호 및 제17호에 따른 조항에만 한정된다. 이에 따라 당사자가 거주하는 장소와 독립적으로 그리고 회원국이 정한 처벌 대상자와도 독립적으로 신뢰서비스를 제공할 수 있다.

II. 내 용

1. 신뢰서비스에 관한 규정 위반

본 조는 중요한 의무적인 적용 범위를 규정하고 있지 않다. 즉, 국내 입법자가 자격을 갖춘 것으로 인정하는 데 필요한 요구사항 없이 신뢰서비스의 법적 관련성을 배제한 경우, 본 규정 제3조 제1항 제9호와 제16호, 제25조 제1항, 제35조 제1항, 제41조 제1항 및 제46조의 침해는, TFEU 제288조 제2항에서 언급한 바와 같이, 국내 규범에 대한 본 규정의 선점에 의해 우회된다. 이러한 조항들은 신뢰서비스에 대한 일반적인 개념과 신뢰서비스를 구별하는 단일 서비스를 각각 고려하여 최소한의 효과성을 보장하는 것을 목적으로 한다. 국내 입법자가 일반신뢰서비스에 적격신뢰서비스에 관한 본 규정과 동일한 법적 효력을 부여하려고 한다면 동일한 결과가 달성될 것이다. 따라서 유럽연합 규범과 양립할 수 없는 국내 규범의 적용 불가능성은 이미 본 규정의 침해를 방지하고, 유럽연합 입법자의 논리를 효과적으로 보호하기에 충분하다.

본 조의 구체적인 의무적인 적용 범위는 배타적으로 내부적으로만 사용되며, 이를 규제하는 국가에서만 효과를 창출하고자 하는 신뢰서비스의 생성 및 규제에 대한 회원국 입법자의 역량을 명시적으로 인정함으로써 더욱 제한된다. 실제로 본 규정 전문 제24호는 회원국이 본 조에 따라 서비스가 완전히 조화를 이루지 않는 한, 유럽연합 규범에 따라 국내 조항을 유지하거나 도입할 수 있도록 규정하고 있다. 하지만 본 조를 준수하는 신뢰서비스는 역내 시장에서 자유롭게 유통되어야 한다. 본 규정 전문 제25호에서는 회원국들이 국가 차원에서 적격신뢰서비스로 인정하기 위해 본 규정에서 제공하는 비공개 신뢰서비스 목록의 일부를 만드는 것 외에 다른 유형의 신뢰서비스를 정의하는 것을 계속 허용해야 한다고 덧붙인다. 하지만 본 조는 이러한 규정 위반 시 회원국 입법이 처벌을 적용해야 하는 시기를 전제로 하여 규정하지 않았기 때문에 전문에서 추론할 수 있는 원칙의 적용을 간과할 수 없다. 따라서 회원국들의 침해와 관련하여, 본 조의 실제적인 의무적인 적용 범위는 TFEU 제114조 이하 및 제258조 이하에 따른 침해 절차의 시작을 정당화하기 위해, 회원국과 유럽연합 규범 간의 조화가 결여된 것에 대한 회원국들의 책임을 계속 반복하고 있다. 본 조는 해당 회원국이 아닌 주체에 대해 회원국에게 적절한 처벌 체계를 마련해야 하는 의무, 특히 본 규정 제17조에 따라 신뢰서비스의 자격을 부여하는 제도를 위한 의무를 부여하는 데 사용될 수 있다. 이러한 의무는 설치된 통제 메커니즘이 신뢰서비스를 적격으로 간주하기 위해 필요한 최소 수준의 보안 준수를 보장하는 데 불충분하고 부적합한 것으로 판명될 때마다 부여된다. 하지만 본 규정이 목표로 하는 통일성은 각 국가마다 다른 관리체계를 구축함으로써 구체적으로 무시될 수 있으므로, 본 규정의 시행에 관한 회원국의 감독을 보장하기 위하여 본 조만 효과적으로 발동할 수 있다.

서비스 이행에 피해를 주는 회원국과 개별 신뢰서비스제공자 간의 관계에 대해서는 본 규정 제13조를 참조하며, 전자적 협상의 맥락에서 민감한 개인 데이터의 불법 처리에 관한 구체적인 내용은 본 규정 제5조를 참조한다.

2. 회원국이 제정하는 침해의 일반적 특성

본 조 제2문은 회원국이 정한 벌칙에 관한 일반원칙을 확립하는 것을 목적으로 한다. 이러한 원칙의 일반적인 특성을 자유롭게 결정할 수 있지만, 효과적이고 비례적이며 경고적인 원칙을 설명해야 한다. 이러한 세 가지 원칙이 동일하게 고려되나 범칙금의 경고적 성격은 가장 효과적인 방법으로 요약되기 때문에 중요하다. 본 조의 근본적인 목적은 오직 침해에 대처할 수 있는 조치만을 수행하고, 침해의 재발가능성을 경제적으로 막는 데 있다. 그리고 피해 보상에 관한 한, 본 조는 침해행위 가해자가 실제로 발생시킨 피해에 대해 부담해야 할 금액 이상의 대가를 치르게 하기 위한 징벌적 조치의 도입에 대해서도 반대 표시를 하지 않는다.

제2관 감독(제17조~제19조)

‖ 제17조 ‖ 감독기구

제1항 회원국은 그들의 국가 내에 설립된 기관이나 다른 회원국과의 상호협의에 따라 다른 회원국 내에 설립된 기관을 감독기구로 지정하여야 한다. 지정된 기관은 해당 회원국에서 감독업무를 수행할 책임을 진다. 감독기구에게는 업무수행에 필요한 권한이 부여되고 적합한 지원이 이루어져야 한다.

제2항 회원국은 지정된 감독기구의 이름과 주소를 집행위원회에 통지하여야 한다.

제3항 감독기구의 기능은 다음과 같다:

(a) 적격신뢰서비스제공자와 그가 제공하는 적격신뢰서비스가 본 규정에서 정한 요건을 충족하도록 보장하기 위하여, 해당 회원국 내에 설립된 적격신뢰서비스제공자의 활동을 사전, 사후적으로 감독하는 일;

(b) 비적격신뢰서비스제공자와 그가 제공하는 신뢰서비스가 본 규정에서 정한 요건을 충족하지 못한다는 사실을 안 때에는, 필요한 경우에 해당 회원국 내에 설립된 비적격신뢰서비스제공자에 대하여 사후적으로 감독 활동을 하는 일.

제4항 제3항의 목적을 위하여 규정된 한도 내에서, 감독기구의 역할은 특히 다음의 내용을 포함하여야 한다:

(a) 제18조에 따라서 다른 감독기구와 협력하고 도움을 제공하는 것;

(b) 제20조 제1항 및 제21조 제1항에 규정된 적합성 평가보고서를 분석하는 것;

(c) 제19조 제2항에 따라서 보안침해 또는 무결성 훼손이 있는 경우 다른 감독기구 및 국가 행정기관에 이를 알리는 것;

(d) 본조 제6항에 따른 주요활동을 집행위원회에 보고하는 것;

(e) 제20조 제2항에 따라서 적격신뢰서비스제공자에 대한 적합성 평가를 수행하도록 적합성 평가기관에 요청하고 감독을 수행하는 것;

(f) 정보보호기관과 협력하는 것, 특히 개인정보보호 규범이 침해된 것으로 나타나면, 적격신뢰서비스제공자에 대한 감사 결과를 지체 없이 정보보호기관에 알리는 일;

(g) 제20조 및 제21조에 따라서 신뢰서비스제공자와 그들이 제공하는 신뢰서비스에 대하여 적격지위를 부여하는 것 및 적격지위를 철회하는 것;

(h) 적격지위 부여 또는 철회 결정에 관련하여 제22조 제3항에 규정된 국가 신뢰 목록에 책임을 지는 기관에 알리는 일, 만약 그 기관이 감독기구가 아닌 경우 그러하다;

(i) 적격신뢰서비스제공자가 그 업무 활동을 중단하는 경우에, 제24조 제2항 h호에 따라 관련 정보를 어떻게 접속할 수 있게 보존할 것인지를 포함하여 종료계획에 관한 규정의 존재 및 정확한 적용을 검사하는 것;

(j) 신뢰서비스제공자가 eIDAS 규정에서 정한 요건을 충족하지 못한 경우 구제책 마련

을 요구하는 것.

제5항 회원국은 국내법의 제 조건에 따라서 신뢰 구조를 수립하고, 유지하고 업데이트할 것을 감독기구에 요청할 수 있다.

제6항 매년 3월 31일까지 각 감독기구는 집행위원회에 제19조 제2항에 따라서 신뢰서비스제공자로부터 받은 위반내용 통지의 요약문과 함께 전년도 주요활동 사항에 관하여 보고서를 제출하여야 한다.

제7항 집행위원회는 회원국이 제6항에 규정된 연례보고서를 이용할 수 있도록 하여야 한다.

제8항 집행위원회는 시행법을 통하여, 제6항에 규정된 보고서의 형식과 절차를 정의할 수 있다. 그러한 시행법은 제48조 제2항에 따라서 검토절차를 거쳐서 채택되어야 한다.

Ⅰ. 입법취지

제17조의 규정은 유럽연합의 완전한 디지털단일시장 형성이라는 eIDAS 규정의 공통목표를 실현하는데 핵심적인 기능을 하는 규정이다. 안전하고 신뢰할 수 있는 전자거래의 포괄적인 국가 간 구조를 만드는 것에 의하여 이러한 목표를 달성할 수 있고, 제17조의 규정은 이러한 구조의 핵심적인 부분이다. 전자거래의 안전성과 신뢰성은 감독기구에 의하여 신뢰서비스제공자가 제17조 상의 규범을 준수하는지 관리되고, 감독기구가 이를 담보할 때만 달성될 수 있다.[42] eIDAS 규정 제17조가 적용되는 것으로서 eIDAS 규정의 감독을 받는 것은 오직 적격·비적격신뢰서비스만 해당하며, 전자신원확인체계는 영향을 받지 않는 것이다. 이는 eIDAS 규정이 신원확인서비스와 신뢰서비스를 구분하기 때문이다. 이러한 구분은 두 개의 법률적으로 복합적인 부분에 적용되는 서로 다른 법률적 권한에 기인한다. 유럽연합 의회와 유럽연합 이사회는 신원확인서비스에 관한 법률적 권한을 가지고 있지 않지만, 신뢰서비스에 대하여는 그러한 권한을 갖는다. 그러므로 집행위원회는 신뢰서비스에 관한 감독규정을 포함하여 신뢰서비스에 관한 포괄적인 규정을 제정할 수 있었다.

반면에 집행위원회는 신뢰서비스제공자의 감독에 관하여 강력하고 모호하지 않은 법적 틀을 만드는 한편, 다른 측면에서는 절차적인 면과 감독 주체의 구조 면에서 회원국의 자율성을 유지하여야 한다는 문제에 직면하였다. eIDAS 규정

---

42) Zaccaria/Schmidt-Kessel/Schulze/Gambino, 앞의 책, at 177ff.

은 감독기구의 실제적 법적 권한에 대하여는 몇 가지의 가이드라인만을 정하고 있는데 비하여, 감독기구에 대한 엄격하고 명확한 책임을 부여함으로써 이러한 충돌을 해결할 수 있도록 하고 있다.

법 정책적인 측면에서 제17조는 상당히 새로운 내용을 담고 있다. eIDAS 규정이 정하고 있는 전자서명은 기반 기술로서 공개키기반구조(Public Key Infrastructure, PKI) 즉, 서명자의 신원에 대한 안전하고 독립적인 확인(verification)을 할 수 있는 기술을 사용한다.

eIDAS 규정은 그러므로 최초의 PKI에 대한 감독체계를 정한 법적 틀의 하나이고, 국가 또는 다른 제3자로부터 독립적으로 운영될 것이 예정되어 있다. PKI는 서명자, 서명수신자 등 관련된 주체에 의하여 확인을 받게 된다. PKI의 다른 적용영역에서는 국가의 감독이 논란이 되고 있는 주제이다. 예컨대, 널리 알려진 비트코인과 같은 암호화폐의 분야에서, 국가의 감독 또는 규정의 도입이 암호화폐의 운영에 중대하게 영향을 미치고 있다.

II. 내 용

1. 감독기구의 설치

제17조는 8개 문항으로 나누어져 있다. 제1항은 모든 회원국은 감독기구를 설치하거나 다른 회원국과 공동감독기구를 설립하기 위한 협력을 하도록 규정하고 있다. 이 규정은 명시적으로 회원국들 사이에 공동감독기구의 설립을 위한 상호합의를 할 수 있도록 허용한다. 이 규정은 감독기구가 그들의 임무를 수행할 수 있는 필요한 권한이 부여되어야 한다는 것을 정하고 있으며, 이 필요한 권한이 무엇을 포함하는지에 관하여는 정의되어 있지 않다. 제2항은 모든 회원국은 집행위원회에 회원국의 감독기구의 이름과 주소에 관하여 통지하여야 할 의무를 정한다.

감독기구의 요건과 관련하여 사설기관을 감독기구로 지정하는 문제이다. 제17조는 이 규정에서 정하는 사항 이외에 감독기구에 대한 보다 상세한 기준을 담고 있지 않다. 제1항은 회원국은 자국 내에 설립된 하나의 감독기구를 지정하여야 한다고 정한다. 이는 자국 내에 설립되어 있는 한, 회원국이 사설 기관을 감독기구로 지정하는 것이 허용되는 것으로 본다. 이 규정은 오직 회원국이 법에 의해서 사설 기관에 법령상의 권한을 이전하는 것을 허용한다는 것만을 정하고 있다. eIDAS 규정의 해석상 국가로부터 지정되지 않은 사설 기관이 감독기구로서 활동할 수 있는 것으로 추정할 수 없다. 그 이유는 첫째, 제17조 제5항에 따르면, 회원국은 필요한 PKI를 위하여 감독기구에게 안전장치를 갖춘 신뢰서비스제공자로써 행위를 할 것을 요구할 수 있다. 만약에 분리된 사설 PKI 제공자의 옆에 하나의 다른 사설 기관이 감독기구가 되는 것으로 eIDAS 규정을 이해하면 이 규정은 타당성이 없는 것이다. 둘째, 집행위원회는 감독기구를 하나의 권한 있는 국가기관으로서 공표 시에 기재하는 것이며, 신뢰서비스제공자에 대한 감독은 권한이 있는 기관에 의하여 수행되어야 한다는 점이다.

2. 감독기구의 역할

감독기구의 감독의 목적은 기본적으로 제공된 적격신뢰서비스가 eIDAS 규정이 정하는 요건을 충족하도록 확보하는 데 있다(제3항). 다음의 두 가지로 나누어진다.

(1) 적격신뢰서비스제공자의 감독

제17조 제3항에서는 적격 및 비적격신뢰서비스제공자의 구별을 확인할 수 있다. 적격신뢰서비스제공자에 대하여는 eIDAS 규정은 책임있는 감독기구에 의한 상시적인 감독을 규정하고 있다. 제3항 (a)호에 따르면 감독기구는 사전적 및 사후적인 감독 활동을 하여야 하는데, 이는 eIDAS 규정의 침해를 방지하기 위하여 적격신뢰서비스제공자에 대한 상시적인 통제를 하고, 이미 발생된 침해의 경우에는 조사를 함으로써 eIDAS 규정의 준수를 확보하여야 한다는 의미이다.

(2) 비적격신뢰서비스제공자에 대한 감독

비적격신뢰서비스제공자에 대하여는 감독기구는 제17조 제3항 b호에 의하여 사후적인 규제 임무만을 수행한다. 제3항의 해석이 어떻게 되어야 하는지는 명확하지 않다. 즉, 제3항 (b)호는 '감독기구가 비적격신뢰서비스제공자 또는 제공된 신뢰서비스가 eIDAS 규정에서 정하는 요건을 충족하지 못하였음을 안 때 사후적 감독 활동이 수행되어야 한다'라고 규정하고 있다. 이것은 비적격신뢰서비스제공자에 대하여 감독기구가 제3자로부터 정보를 접수하였을 때만 감독할 수 있는 것인지 그리하여 감독기구가 침해 혐의를 조사할 고유의 권리가 없는 것인지에 대하여는 불명확하다.

실제로, 제3항 (a)호와 (b)호는 서로 다른 문구를 사용하고 있다. 제3항 (a)호가 사전의 정보 없이도 사전적 감독을 할 수 있도록 허용하고 있는 규정은 위의 주장을 뒷받침하는 것처럼 보인다. 그러나 eIDAS 규정 제17조의 규정의 의미와 목적은 eIDAS 규정을 폭넓게 적용하고 그럼으로써 기대되는 복지수준을 높이기 위하여 유럽연합 내에서 단일디지털시장이 안전하고 신뢰할 수 있는 방식으로 기능하도록 하는 것이다. 그러므로 감독기구가 비적격신뢰서비스제공자가 eIDAS 규정을 위반하였다는 충분한 정보를 얻었을 때는 스스로 조사행위를 할 수 있도록 허용되어야 한다.

그렇지 않으면 감독기구는 제3자의 통지 여부에 좌우될 것이기 때문이다. 만약 이렇게 되면, eIDAS 규정은 불완전한 것으로 간주될 수 있으며, 그것은 공식적인 통지요건이나 제3자에 관한 요건을 규정하지 않은 것이 된다. 그러므로 제3자는 그들의 지위 또는 역할을 묻지 않고 감독기구에 정보를 제공할 수 있는 것으로 추정되어야 한다.

이 경우에 왜 감독기구가 스스로 행위를 할 수 있어서는 안 되는지 그 이유가 이해될 수 없는 것이다. 이것은 감독기구가 그 스스로 비적격신뢰서비스제공자에 대하여 사후적 감독 활동을 할 권한을 갖는다는 결론을 뒷받침한다.

3. 감독기구의 구체적인 역할 목록

제4항은 감독기구가 책임을 지는 역할의 목록을 열거하고 있다. 이 열거목록은 감독기구의 역할이 제4항에 열거된 역할을 포함하여야 한다는 것을 규정하는 것으로 끝나는 것은 아니다. 열거된 목록의 여러 곳에서 계속 이어지는 조문들이 그러한 역할들이 어떻게 수행되어야 하는지에 관하여 상세한 규칙을 포함하고 있다. 이 열거된 역할은 다음의 네 가지 유형의 임무 즉, 정보, 협력, 유효성 검증 및 통제의 네 가지로 분류할 수 있다.

(1) 정 보

감독기구는 디지털단일시장의 실현을 위하여 관련된 다른 주체들의 정보에 관련된 여러 역할을 수행하여야 한다. 감독기구는 제4항 (c)에 따라서 제19조에 의한 보안 침해 사실을 다른 감독기구 및 정부 행정기관에 알려야 한다. 여기서 다른 감독기구란 eIDAS 규정 제17조 제1항의 의무를 이행할 책임이 있는 다른 회원국의 감독기구를 의미한다. 또한, 감독기구는 제4항 (d)호, 제6항, 제7항, 제8항에 따라서 매년 집행위원회에 보고를 하여야 한다. 나아가서, 감독기구는 제4항 h호에 따라서 신뢰서비스제공자 적격지위의 부여 또는 취소에 관련한 결정사항을 제22조 제3항에 따라 국가 신뢰 목록에 책임 있는 기관에 보고하여야 한다.

(2) 협 력

제4항 (a)호에 따라, 감독기구는 eIDAS 규정상의 다른 감독기구와 협력하여야 하며, 도움을 제공하여야 한다. 이에 관한 상세는 제18조에서 규정한다. 협력의 범위는 광범위하며, 협력하는 감독기구들이 필요하다고 인정되는 모든 조치가 포함된다.

제4항 (f)호에 따라, 감독기구는 회원국의 정보보호기관과 협력하여야 한다. 이러한 임무는 제3항에서 설정하고 있는 목적과 충돌하는 것처럼 보인다. 제4항 (f)호에 따르면, 감독기구는 만약 적격신뢰서비스제공자에 대한 감사 활동을 하는 동안에 개인정보보호 규칙을 위반한 사실이 발견되면 정보보호기관에 이를 알려야 한다. 정보보호 규칙에 대한 통제 권한은 아직 제3항에 따르면 감독기구의 임무에 포함되는 것은 아니다. 그러므로 그 임무는 감독기구가 개인정보보호 규칙을 위반한 사고내용을 그 기구의 의무를 위반하지 않고 권한 있는 기관과 공유하는 것이 허용된다는 의미로 해석되어야 한다. 감독기구가 감독업무의 일부로써 신뢰서비스제공자가 개인정보보호 규칙을 준수하는지 여부에 대하여 조사할 수 있는지에 관하여는 논란이 있다. 제3항에서 규정하는 문언의 한계가 그러한 가정에 반대하는 의미를 말하고 있다.

(3) 유효성 검증

제4항 (b)호에 따라 감독기구는 제20조 및 제21조에 규정된 평가보고서가 이들 규정상의 적용기준에 부합하는지를 검증하여야 한다. 감독기구는 신뢰서비스제공자의 검증에 관한 임무를 가지고 있다. 제4항 (g)호에 의하여 감독기구는 신뢰서비스제공자에게 적격지위의 평가와 부여를 하여야 한다. 감독기구는 지속

적인 사후감독을 통하여 신뢰서비스제공자가 제20조, 제21조의 필요 요건을 충족하지 못할 때는 적격지위를 취소하여야 한다.

(4) 통 제

네 번째 유형의 마지막으로, 감독기구는 여러 가지 통제기능을 수행한다. 감독기구에 부여된 임무로써 가장 밀접한 것이 제4항 (e)호에 규정되어 있는 임무이다. 감독기구는 적격신뢰서비스제공자에 대하여 감독업무를 수행하거나 제20조에 규정된 적합성 평가기관에 의한 적합성 평가를 요청하여야 한다.

제4항 (i)호에서 감독기구는 신뢰서비스제공자가 그 활동을 중단하는 경우에 종료계약이 존재하는지를 확인하여야 한다. 상세한 내용은 제24조에서 규정한다. 제4항 j)호에 근거하여 감독기구는 신뢰서비스제공자에게 eIDAS 규정상의 요건을 충족하지 못하는 경우에 그 실패에 따른 구제 수단을 요청하여야 한다. eIDAS 규정은 이 이상으로 감독기구가 신뢰서비스제공자에게 eIDAS 규정 위반에 따른 구제수단을 마련할 것을 요구하는 보다 상세한 내용을 정하고 있지 않다. 제17조의 문맥상으로 볼 때, 이러한 조치들은 어떠한 징벌적인 수단을 포함하지는 않는다. 그러나 제17조의 문면상으로는 아무런 제한이 없기 때문에 감독기구는 신뢰서비스제공자에게 그의 적격지위의 유지를 위하여 신뢰서비스제공자의 eIDAS 규정상의 요건 위반의 결과로서 제3자에게 입힌 손해를 구제할 수단을 마련하는 것을 요구할 수 있다.

4. 국가신뢰체계의 수립

제17조 제5항에 따라서 개별회원국은 감독기구에 신뢰 체계의 수립을 요구할 수 있다. 이는 각 회원국은 효율적으로 자신의 공개키기반구조(PKI)를 유지할 수 있다는 의미이다. 이 조항은 eIDAS 규정하에서 회원국이 디지털 신원확인 절차 안에서 핵심적인 기능을 수행하는 전술한 특성을 강조하고 있다. 그것이 비통상적이고 적어도 논란이 있을 수 있으나, PKI가 한 국가에 의하여 감독을 받으며, 한 국가에 의하여 그러한 기반구조가 운영될 수 있는 것인가에 대하여는 이것이 통상적이지 않으며 적어도 의문이 있을 수 있다. 그러나 eIDAS 규정의 목적을 달성하기 위해서는 그러한 규정이 필요하다. PKI 없이는 디지털단일시장의 형성이 어렵게 된다. eIDAS 규정은 국가가 운영하는 PKI에 대한 어떤 형식의 제한

도 하고 있지 않다. 제5항의 문언에 따르면, 개별회원국에서 사설 PKI가 운용되는 때에도 국가 운영의 PKI도 가능하다. 감독 활동과 명백한 연관성이 없기 때문에, 이 규정이 제17조에 포함되어 있는 이유는 없는 것처럼 보인다.

5. 연례보고

제6항에서 제8항의 규정은 집행위원회에 감독기구의 주요활동 내용을 연례적으로 보고하여야 할 의무를 규정한다. 여기에는 제19조 2항에 따라 신뢰서비스제공자로부터 받은 위반통지의 요약이 포함되어야 하고, 매년 3월 31일까지 보고하여야 한다. 이 보고는 회원국들이 이용할 수 있어야 하며, 집행위원회는 보고서의 형식과 절차를 정할 수 있는 권한이 있다.

6. 감독기구의 광범위한 권한과 책임

규제목적 달성을 위한 제17조의 적합성과 관련하여 제17조는 국가감독기구가 광범위한 권한과 책임을 갖는 것으로 규정하고 있다는 점이다. 이는 집행위원회가 추구하는 디지털단일시장 형성을 위하여 모든 신뢰서비스제공자의 일정 수준의 역할을 확정하고 모든 이용자의 보호를 하기 위한 목적이다. 제17조는 감독기구에게 강력하고 영향력이 있는 권한을 부여함으로써 이러한 목적을 달성할 수 있도록 규정되었다. 그러나 제17조의 많은 규정에서 나타나는 것과 같이 그 권한의 범위가 때때로 필요한 정도로 정확하게 구분될 수 없기 때문에 이러한 규정은 매우 폭넓게 되어 있다는 점이다. 이 규정은 종종 윤곽이 드러나지 않고, 위험 요소를 수반할 수 있어서, 감독기구가 권한을 넘을 수 있는 위험이 있다. 특히, 감독기구가 전자신원확인 절차에서 실제적인 플레이어로서 활동하는 경우에는 모호한 규정이 바람직하지 않은 결과를 낳거나, eIDAS 규정의 성공적인 적용과 이용을 방해할 수 있다.

Ⅲ. 비교법적 고찰

전자문서법은 공인전자문서센터로 지정받을 수 있는 자를 법인 또는 대통령령으로 정하는 국가기관으로 한정하고, 인력, 기술능력, 재정능력과 그 밖의 시설 장비 중의 요건을 충족하면 과학기술정보통신부장관에게 지정신청을 하여 지정받을 수 있는 제도를 두고 있다(제31조의2 이하). 과학기술정보통신부장관은 공인전자문서센터에 대한 정기점검과 필요시 검사를 수행할 수 있는데(제31조의 10, 제31조의11), 전자문서, 전자거래진흥 전담기관으로 하여금 공인전자문서센터에 대한 정기점검 등 업무와 기술지원으로 수행할 수 있도록 하고 있다(제22조).

전자서명법은 한국인터넷진흥원을 전자서명인증업무 운영기준 준수사실의 인정에 관한 업무를 수행하는 기관으로 지정하여 전자서명인증서비스의 인정제도를 운영하고 있다(전자서명법 제7조, 제8조, 제9조).

Ⅳ. 소 결

eIDAS 규정상의 감독기구는 적격신뢰서비스제공자와 비적격신뢰서비스제공자 모두에 대하여 감독기능을 수행하도록 정하고 있다는 점에서 전자서명법상 과학기술정보통신부의 평가기관 지정과 인정기관에 의한 인정제도와 차이가 있다. 우리나라의 전자문서법과 전자서명법은 국가의 개입을 최소화하고 규제를 완화하는 방향으로 법제가 개선되고 있다는 특징을 갖는다.

▌제18조 ▌ 상호협력

제1항 감독기구는 모범사례를 교환할 수 있도록 협력하여야 한다. 감독기구는 다른 감독기구로부터 정당한 요청을 받은 때에는 그 기관에 협력을 제공하여야 하며, 감독기구의 활동이 일관된 방법으로 수행될 수 있도록 하여야 한다. 특히 상호협력은 제20조 및 제21조에 규정된 적합성 평가보고서에 관련된 검사수행요청과 같은 정보요청 및 감독 수단을 포함한다.

제2항 상호협력 요청을 받은 감독기구는 다음의 어느 하나에 해당하는 경우에는 그러한 요청을 거부할 수 있다.

(a) 감독기구가 요청받은 도움을 제공할 능력을 갖추지 못한 경우

(b) 요청된 도움이 제17조에 따라서 수행된 감독기구의 감독 활동에 적합하지 않은 경우;

(c) 요청된 도움을 제공하는 것이 eIDAS 규정과 배치되는 경우

제3항 적절하다고 인정되는 경우, 회원국은 그들의 감독기구와 다른 회원국의 감독기구의 직원이 포함된 공동조사를 수행하도록 허용할 수 있다. 그러한 공동활동의 방법 및 절차는 각국의 국내법에 따라서 관련 회원국이 합의하거나 마련하여야 한다.

Ⅰ. 입법취지

본조는 감독기구의 상호협력에 관하여 모범사례의 교환과 상호협력 요청을 받은 감독기구가 그러한 요청을 거부할 수 있는 사유를 열거함으로써 감독기구의 상호협력을 강화하고 운용성을 확보하려는 취지가 있다.

Ⅱ. 내 용

제18조는 3개 항으로 구성되어 있고, 유럽연합 보안기구 사이의 협력 개념을 정하고 있다. 제1항은 정보 및 보안 조치의 요청으로 이루어지는 모범적인 협력의 실행을 규정하고 있으며, 전자인 정보요청은 제20조 및 제21조에 언급된 적합성평가보고서와 연관된 검사를 수행하기 위하여 요구되는 것이다. 조항에서 '특별히'라는 표현은 정보요청의 목록이 완전한 것이 되어야 한다는 것은 아니며, 그러므로 특정되지 않은 활동이지만, 그러나 지속적인 감독 활동을 수행할 목적을 가지는 모범사례의 교환범위 내에 있는 것을 포함할 수 있다.[43]

협력 요청을 받은 보안 기관은 신청기관과 협력을 할 것이 요구된다. 이것은 협력이며, 일반 대체활동이 아니고, 협력이란 협력 요청을 받은 기관에 의하여 채택된 보안 조치에 관한 정보의 공유와 연결되어 있는 것이다.

문제는 특히 관련되어 있는 다양한 기관 사이에서 공동책임을 질 가능성과 관련하여서, 협력요청을 받고 그로부터 발생되는 협력의무의 불이행 시에 보안 기관의 책임을 구별하는 것에 있다.

그러나 제2항은 협력을 요청받은 보안 기관이 협력의 제공을 거절할 수 있는 사유를 정하고 있다. 이 조항은 엄격하게 해석되어야 한다는 의미에서, 문언적 및 구조적 해석에서 이전 조항에서 정하고 있는 것과 반대되는 결론을 제시할 수 있다: 이 조항에는 협력의 거부사유를 설명하는 특정한 사항이 열거되어 있다. 더구나, 문제의 조항은 제1항에서 정한 협력원칙의 예외를 정하고 있다는 점에서 이론상 제한적이어야 한다.

보안 기관의 협력 거절은 세 가지 경우가 있다: 보안 기관의 능력이 안되는 경우, 협력을 요청받은 내용이 제17조에 따라서 보안 기관이 수행하는 활동과

---

43) Zaccaria/Schmidt-Kessel/Schulze/Gambino, 앞의 책, at 183ff.

불균형을 이루는 경우, 요청받은 협력을 실제로 제공하는 것이 eIDAS 규정에 위반되는 경우이다.

문제된 세 가지의 사항은 행정행위의 전형적인 세 가지 잘못(무능력, 과도한 권한, 법률위반)을 말하는 것으로 보이며, 세 가지 모두 규정 위반이라는 동일한 법리에 해당한다는 점에서 유사하다. 실제 감독 활동의 능력 적합성과 비례성은 명시적으로 같은 규정에서 찾아볼 수 있다.

이에 더하여, 세 가지 사유의 하나가 발생하였다는 증명책임은 협력의 요청을 받은 보안기관에게 있기 때문에, 협력을 제공하는데 필요한 전문성이 전혀 없다거나, 요청받은 협력이 eIDAS 규정과 불균형이거나 대조적이라는 것을 증명하는 것이 사실상 어렵다고 할 것이다.

끝으로 협력 요청의 정신을 바탕으로, 제3항은 회원국이 다른 회원국의 보안기관의 직원들과 공동조사를 할 수 있다는 내용을 정하고 있다.

이러한 관점에서 신탁된 업무에 관한 기술적 가이드라인을 담고 있는 ENISA 문서는 흥미롭다. 참고로 "유럽 네트워크 및 정보보안기구(European Network and Information Security Agency, ENISA)"[44]는 2004년 3월 10일의 유럽연합 의회 및 이사회 규정 No 460/2004에 의하여 설립되었는데, 유럽공동체 안에서 네트워크 및 정보보안의 고도의 효율적 수준을 달성하기 위하여 그리고, 유럽연합의 시민, 소비자, 기업 및 공공기관의 이익을 위해 네트워크 및 정보보안 문화를 발전시킴으로써 역내 시장의 적절한 기능수행에 기여한다는 특별한 목적을 가지고 있다.

이 가이드라인에서, ENISA는 모든 유럽연합 회원국의 보안 기관으로 이루어진 협력위원회의 설치를 희망하고 있으며, 국가 간 감독을 포함하여 실제 사례 및 모범사례에 관한 경험을 토의하고 정보를 교환할 정례회의를 구상하고 있다. 이 문서는 이러한 형태의 협력은 eIDAS 규정에서 명시적으로 규정되어 있지는 않지만, 그러나 이는 EU 회원국들이 기존의 유사한 공식 또는 비공식 그룹이나 위원회의 영향력을 이용하여 그러한 협력위원회나 그와 유사한 위원회를 설치하는 것을 금지해서는 안 된다는 것을 명시하고 있다.

그러므로 이 규정의 목적은 명확한 데, 그것은 보안 기관 사이 협력의 형식과

---

44) ENISA(European Union Agency for Cybersecurity)는 유럽연합 사이버 보안기구이며, 처음 European Network and Information Security Agency라는 이름으로 2005년 9월 1일 설립되었다. 웹사이트; https://www.enisa.europa.eu

상호작용을 장려하는 것이다. 이 목적은 두 가지 요소가 있다. 즉, 개인정보의 유통에 관한 하나의 공통규범을 만들어서 유럽연합 법률의 통일적인 적용을 확보하려는 의도뿐만 아니라, 또한 규범적 수단에 의하여 관련된 주제에 관한 법률적 상황의 보호를 추구하려는 것이다. 그러한 근거는 이미 eIDAS 규정의 전문으로부터 보면 명백하다. 특히 전문 제30호는 회원국은 이 규정에 따라 감독 활동을 수행하기 위한 단일한 또는 다수의 감독기구를 지정하여야 한다. 회원국은 다른 회원국과의 상호합의에 따라 다른 회원국의 영토 내에 있는 감독기구를 지명할 수 있어야 한다고 규정한다. 또 전문 제31호는 감독기구는 적격신뢰서비스제공자에 대한 감사 결과 개인정보보호법을 위반한 것으로 밝혀진 경우, 이를 개인정보보호기관에게 정보제공을 함으로써 개인정보호기관과 협력하여야 한다. 그리고 정보의 제공은 특히 보안사고와 개인정보의 위반을 포함하여야 한다고 정하고 있다. 전문 제32호는 모든 신뢰서비스제공자는 유럽의 단일시장에서 이용자들의 신뢰를 증진시키기 위하여 그들의 활동에 관련된 위험에 대처할 수 있는 충분한 보안훈련을 받아야 할 의무가 있음을 정하고 있다.

eIDAS 규정의 모든 내용이 강행적인 성격을 가짐에도 불구하고, 그 규정의 많은 부분이 법률 또는 관행이라는 방식에 의하여 추가적인 실행규범을 필요로 한다는 것이다. 이러한 내용은 제17조와 제18조의 경우도 포함되고 있기 때문에, 보안기관의 설립 및 상호협력의무로 인하여 유럽연합 각 국의 입법자들에게 특별한 법규의 수립이 요구되고 있다.

Ⅲ. 비교법적 고찰

전자문서법 제19조는 전자문서 및 전자거래를 촉진하기 위하여 민간 주도에 의한 추진, 규제의 최소화, 전자문서 및 전자거래의 안전성과 신뢰성 확보, 국제협력의 강화를 규정하고 있다. 또한 동법 제29조는 정부로 하여금 전자문서 및 전자거래에 관한 국제협력을 촉진하기 위하여 관련 정보, 기술, 인력의 교류, 공동조사 연구 및 기술협력, 국제표준화 등의 사업을 지원하도록 하고 있다. 아울러 정부의 적극적인 국제기구의 참여와 관련 사업자의 국외시장 진출을 활성화하기 위한 노력을 기울여야 할 의무를 부과하고 있다.

전자서명법은 정부가 전자서명의 안전성, 신뢰성 및 전자서명수단의 다양성을 확보하고 그 이용을 활성화하여 전자서명의 발전을 도모할 수 있도록 외국의 전자서명에 대한 상호인정 등 국제협력을 위한 시책을 수립, 시행하도록 하였다 (제4조 제7호).

Ⅳ. 소 결

eIDAS 규정 제18조는 유럽연합 회원국의 감독기구간의 상호협력의무를 규정하고 있는 조항이다. 전자문서법 및 전자서명법상 우리나라 정부의 국제협력의무, 상호인정등을 위하여 노력할 의무를 부과하고 있는 규정은 이와 유사한 취지를 갖는다고 평가된다.

▌ 제19조 ▌ 신뢰서비스제공자에게 적용되는 보안요건

제1항 적격 및 비적격신뢰서비스제공자는 그들이 제공하는 신뢰서비스의 보안에 부과되는 위험관리를 위하여 적절하고도 조직적인 조치를 취하여야 한다. 최신 기술발전을 참조하여 이러한 조치들은 위험의 정도에 상응할 수 있도록 보안 수준이 확보되어야 한다. 특히, 그 조치들은 보안사고를 방지하고 보안사고의 영향을 최소화하도록 취해져야 하며, 어떠한 사고에 대하여서도 이해관계자에게 그 사고의 부정적 효과를 알려야 한다.

제2항 적격 및 비적격신뢰서비스제공자는 어떤 사고이든 그 사고 발생을 안 때로부터 24시간 이내에 지체없이, 감독기구 및 다른 관련 기관 예컨대, 국가정보보호기관 또는 데이터보호기관에게 제공된 신뢰서비스 또는 거기에 포함된 개인정보에 중요한 영향을 미치는 보안 침해 또는 무결성 훼손에 대하여 통지하여야 한다.

보안 침해 또는 무결성 훼손이 신뢰서비스를 받은 자연인 또는 법인에 불리하게 영향을 미칠 우려가 있는 경우에는, 그 신뢰서비스제공자는 그 자연인 또는 법인에 바로 보안 침해 또는 무결성 훼손 사실을 통지하여야 한다.

적합하다고 인정되는 경우, 특히 보안 침해 또는 무결성 훼손이 두 나라 이상의 회원국과 관련된 경우, 통지받은 감독기구는 다른 회원국의 감독기구와 ENISA에게 통지하여야 한다.

제3항 감독기구는 ENISA에 대하여 신뢰서비스제공자로부터 받은 보안 침해 및 무결성 훼손에 대한 통지요약문을 일 년에 한 번 제공하여야 한다.

제4항 집행위원회는 시행법에 의하여 다음을 정할 수 있다:
  (a) 제1항에 규정된 조치에 대하여 더욱 상세한 내용을 특정하는 것
  (b) 제2항의 목적을 위하여 적용할 수 있는 형식, 절차 및 기한을 정하는 것
     그러한 시행법은 제48조 제2항에 규정된 검토절차에 따라서 채택되어야 한다.

I. 입법취지

본조는 보안사고를 방지하고 그 피해를 최소화하기 위하여 신뢰서비스제공자가 적절하고 기술적이며 조직적인 보안 조치를 취해야 할 것을 규정한 것이다.[45] 이 규정은 적격 및 비적격신뢰서비스제공자 모두에게 적용되며, 높은 보안수준을 확보하기 위한 목적을 가지고 있다. 달성되어야 할 보안수준의 정도는 제공되는 신뢰서비스로 발생되는 위험의 정도에 비례하여야 한다. 그러므로 신뢰서비스제공자는 그들의 활동에 연관되어 있는 위험을 식별하기 위하여 먼저 위험평가를 하여야 한다. 기술발전을 고려하여 적합한 보안조치를 선택하여야 한다. 신뢰서비스제공자가 보안사고의 영향을 완화하기 위하여 채택하여야 하는 조치들의 하나는 이해관계자들에 대한 통지의무이다. 통지의무는 또한 감독기구와 관련하여 부과되고 있는데, 감독기구는 일반공중, 다른 회원국의 관할기관 및 ENISA에 대하여 궁극적으로 보안사고의 통지를 하여야 한다. 마지막으로 이 규정은 집행위원회에 통지절차에 관한 법률요건을 구체화하고 상세한 내용을 정하기 위한 시행법의 채택권한을 부여하고 있다. 이 시행법은 아직 채택되고 있지 않다. 그렇지만 신뢰서비스제공자에 대한 일정한 가이드라인은 ENISA의 공표내용에서 찾아볼 수 있다.

II. 내 용

1. 본조의 목적

제19조의 목적은 신뢰서비스의 높은 보안수준을 달성하는 데 있다. 이 보안성은 법적 확실성을 높이고(전문 제44호), 역내 시장에서 전자거래 이용자의 신뢰를 형성하는 데 이바지하여야 한다.

상술한 목적을 달성하기 위하여, 즉, 높은 수준의 신뢰와 보안을 촉진하기 위하여서(이 개념은 또한 전문 제2호, 제20호, 제28호, 제32호, 제44호, 제67호 및 제72호에 나타나 있음), eIDAS 규정 제19조는 신뢰서비스제공자(TSPs)에게 위험의 정도에 상응하는 보안조치를 적용할 것을 요구한다. 즉, 그들이 제공하는 신뢰서

---

45) Zaccaria/Schmidt-Kessel/Schulze/Gambino, 앞의 책, at 188ff.

비스의 보안에 제기되는 위험을 관리하기 위하여 적절한 기술적 및 조직적인 수단을 취하여야 한다.[46].

2. 적용대상

제19조는 적격 및 비적격신뢰서비스제공자를 구별하지 않고 양자에 보안요건이 모두 적용되어야 한다고 정하고 있으며, 역내시장의 전자거래에서 적격 및 (궁극적으로 제공하는 서비스의 적격지위를 준비하는) 비적격신뢰서비스제공자로서 eIDAS 제3조 16호에서 정의하고 있는 적어도 하나의 신뢰서비스를 제공하는 모든 신뢰서비스제공자에게 적용된다. 적격신뢰서비스제공자는 관할기관(eIDAS 제17조 제3항 및 제20조 참조)에 의한 감독을 받게 되는 반면, 비적격신뢰서비스제공자에 대하여서는 eIDAS는 감독기구가 비적격신뢰서비스제공자가 eIDAS 제19조에 규정된 요건(eIDAS 제17조 제3항 참조)을 포함하여 법적 요건을 충족하지 못하였다는 것을 안 때, 오직 사후적인 감독 활동만을 하도록 규정하고 있다.

예컨대 제5조, 제13조, 제15조는 모든 신뢰서비스제공자에 공통적인 규정들이다. 반면에 전문 제35호에 따라 eIDAS 제24조는 오직 적격 TSP 에게만 필요한 요건을 정하고 있다.

3. 조문의 구조

(1) 제19조 제1항, 제2항, 제3항

제19조는 네 개의 항으로 구성되어 있다. 첫 두 개의 항은 이 법에 따라서 신뢰서비스제공자가 충족하여야 할 요건을 규정한다. 특히 법문은 TSP가 a) 보안사고를 방지하거나 그 영향을 최소화하기 위한 기술적, 조직적 보안 조치를 취하여야 하고(eIDAS 제19조 제1항); b) 보안사고와 무결성 훼손에 관한 사항을 감독기구 또는 다른 기관 예컨대, 정보보호 기관에 통지하여야 하고(eIDAS 제19조 제2항); c) 보안 침해 및 무결성 손실과 관련되어 있는 이해당사자에게 통지하여야 할 것(eIDAS 제19조 제2항)을 정하고 있다.

eIDAS 제19조 제2항은 또한 보안 침해 및 무결성 훼손 사실을 일반 국민에

---

46) 미준수에 따른 부정적 결과에 관하여는 전문 제37호, 제67호 및 제13조 참조, 제16조는 회원국이 eIDAS 규정의 침해 시 적용할 제재규정을 정할 것을 요구한다.

게도 알려야 할 의무를 정하고 있다. 이 의무는 우선적으로 통지된 감독기구에게 부여되어 있으며, 요청을 받은 경우에는, 신뢰서비스제공자에 의해서도 역시 수행될 수 있다.

나아가 보안 침해가 두 개 이상의 회원국과 관련되어 있는 경우에는 협력의무가 규정되어 있다. 이 경우 감독기구는 관계된 회원국(국가 간 통지)의 관할기구에 대하여 정보를 제공하여야 하며 통지 절차의 효율성을 평가함에 있어서 집행위원회를 보조하는 ENISA(전문 제39호)에게 알려야 한다. 초국가적 수준에서의 상호협력의무는 eIDAS 규정의 목표 중의 하나이다. 반면에 다른 회원국과의 상호협력의무는 1999년 전자서명지침에서는 찾아볼 수 없다(전문 제3호 참조).

제3항에 따라, 감독기구는 ENISA에게 연중에 TSP로부터 받은 통지의 요약문을 제공하여야 한다(ENISA에 대한 연례보고).

유사한 요건은 다른 규범들에서도 요구되고 있다. 예를 들면, 프라이버시 및 전자통신에 관한 지침(2002/58/EC) 제4조, 개인정보보호규정[GDPR; Regulation(EU) no 2016/679; 전문 제83호, 제84호 참조], 통신망 프레임워크 지침 제13조(Directive no 2009/140/EC), 유럽공동체 네트워크 및 정보시스템의 고도의 공통 보안수준을 위한 수단에 관한 지침 제14조[Directive (EU) no 2016/1148], 유럽연합 공동체 기관 및 단체에 의한 개인정보의 처리에 관한 개인의 보호 및 개인정보의 자유이동에 관한 규정 제35조[Regulation (EC) no 45/2001]이다.

(2) 제19조 제4항

제19조 제1항에서 정한 요건을 충족하고, 제19조 제2항에서 정의된 목적을 위하여 필요한 기한을 포함하여 형식뿐만 아니라 절차를 확정하기 위하여 신뢰서비스제공자가 취하여야 할 조치를 더욱 구체화하기 위하여, eIDAS 규정 제19조 제4항은 집행위원회에 제48조 제2항의 절차에 따라 두 개의 시행법률의 채택 권한을 부여하고 있다. 그러나 이러한 시행법률은 아직 채택되지 않았다. 사실, 그러한 시행법률이 채택되기 전에 일정 기간 동안의 eIDAS 규정의 시행을 분석하는 것이 바람직하다.

적합한 보안수준 유지에 관한 ENISA의 신뢰서비스제공자를 위한 보안 프레임워크 V.0/O.1.는 신뢰서비스제공자가 eIDAS 규정 제19조 제1항에서 정한 요건을 충족하는 데 도움이 될 수 있고, 최소한의 보안 수준을 유지할 수 있도록 도움을 주는 특정한 가이드라인이다. 이에 더하여 ENISA는 또 다른 연구 결과물(eIDAS 규정 제19조의 보안사고 보고, 사고 보고 프레임워크)을 공표하였는데, 이는 감독기구의 통지절차에서 채택되어야 할 일정한 형식(비구속적임)을 제안한 것이다.

다른 가이드라인 및 ENISA의 운영상 실행 결과물과 마찬가지로 ENISA의 가이드라인은 eIDAS 규정 제19조 제4항에서 규정한 시행법률의 채택에 더하여 집행위원회가 모범사례로써 사용할 수 있는 것이다. 시행법률의 제정 노력과 함께 집행위원회는 현존하는 기준을 언급하고 있다(전문 제72호; 기준에 관하여 보다 상세한 정의는 전문 제72호 참조). EU 입법 분야에 관한 권고뿐만 아니라 신의성실 및 통지요건이 또한 고려되어야 한다.[47] 동시에 ENISA의 상술한 가이드라인은 (만약 정규적으로 업데이트되고 신뢰서비스제공자가 자발적으로 준수한다면) 불필요할 수도 있는 집행위원회의 시행법률 채택의 대안이 되는 연성법률(soft law)로서 작용할 수 있다.

4. 신뢰서비스제공자의 적절한 보안조치 채택의무

(1) 위험평가절차

제19조 제1항에 따라 신뢰서비스제공자가 채택하여야 할 보안조치는 최신기술발전을 고려하여 적합한 것이어야 한다. 나아가 그 보안수준은 위험의 정도에 비례하여야 한다(전문 제20호 참조). 그러므로 적절한 보안조치를 결정하기 위하여서는 신뢰서비스제공자는 위험성 평가절차를 채택하여야 한다. 만약에 제공된 신뢰서비스가 적격신뢰서비스인 경우에는, 신뢰서비스제공자가 달성하여야 할 보안수준은 비적격신뢰서비스제공자에게 요구되는 것보다 명백히 더 높은 수준이 되어야 한다(전문 제35호 참조). ENISA가 제시한 바에 따르면 위험평가절차는 세 가지 다른 단계로 이루어진다. (a) 위험확인, (b) 위험분석, 및 (c) 위험평가이다.

첫 번째 단계는 위험의 결정과 평가를 위하여 도움이 되는 서로 다른 요소들

---

47) 전문 제44호, 이는 집행위원회가 no 765/2008 (EC) 규정의 경우처럼 유럽 및 세계적인 체계에 관련된 기존내용과 시너지를 구하기 위하여 제품과 서비스의 적합성 평가를 다룰 때 제안하고 있다.

의 식별뿐만 아니라 위험평가 목적의 한계설정으로 구성된다. 이러한 목적을 위하여 신뢰서비스제공자는 보안사고 시에 관련될 수 있고, 손해를 입을 수 있는 유형·무형의 자산(⑩ 기관이 보호할 필요가 있고, 기관을 위하여 가치가 있는 평판도 또는 신뢰관계)을 식별하여야 한다. 나아가, 신뢰서비스제공자는 그들 조직에 대한 위협(자연적인 것이거나, 내부인이나 외부인에 의하여 의도적이거나 우발적인 데이터의 파괴와 같은 인위적으로 만들어진 것일 수도 있다.), 취약점, 즉, 보안사고를 용이하게 할 수 있는 자산의 약점(취약점은 예컨대, 등록 기간에 주체의 신원증명에 대한 적절한 입증이 부족한 것일 수 있다.) 및 만약 그러한 통제가 충분한지 그렇지 않은지를 결정하기 위하여 현재의 통제를 분석하여야 한다. 위험확인 프로세스의 일부로써 유효한 인증서 또는 취소된 인증서의 사기적인 사용 및 사고 시나리오의 식별(CA 또는 개인 데이터 침해 훼손)이 있다.

두 번째 단계는 위험분석이다. 위험분석은 사고 시나리오가 다른 자산에 대하여 미칠 수 있는 가능한 영향(즉, 무결성 손실, 평판의 손실 등; 그러한 영향은 공개적으로 전달되기 때문에 명확히 적격신뢰서비스제공자의 경우에 더 높다.)을 기반으로 하여 위험의 수준에 대한 평가와 그것으로부터 발생할 수 있는 개연성(가능한 위협, 발생 가능성, 자산의 취약성, 현존하는 통제 등으로 정의 된다.)으로 이루어진다.

세 번째 단계는 위험평가이다. 이 단계에서는 모든 식별된 위험목록은 위험분석, 영업표준, 자산, 그들의 취약점 및 가능한 위협에 대한 결과를 기반으로 하여 도출되어야 한다.

(2) 기술발전

위험이 확인되고, 분석되어 평가가 이루어진 후에는 신뢰서비스제공자에 의하여 적절한 보안 조치가 취해져야 한다. eIDAS 제19조 제1항은 이러한 조치들은 기술적, 조직적인 조치가 될 수 있으며, 사고를 방지하거나 그 영향을 최소화하도록 취해져야 한다고 정한다. eIDAS 규정 제19조 제1항은 신뢰서비스제공자가 취하여야 할 가능한 위험 및 조치의 목록을 정하고 있지는 않다. 제2항은 이해관계자들에게 신뢰서비스제공자가 발생된 사고의 부정적 영향을 알려야 한다고 정하고 있다. 그럼에도 불구하고, 정보제공의무는 신뢰서비스제공자가 사고를 방지하고 사고의 영향을 최소화하기 위하여 취하여야 할 다른 조직적 또한 기술적인 수단들이 있기 때문에 완벽한 성격의 그것은 아니다. 아무튼 모든 신뢰서비스제공자가 채택하여야 할 특정한 수단들을 미리 확정하는 것은 어렵다.

실제로 이것은 또한 제공되는 서비스[48] 및 적격 또는 비적격신뢰서비스제공자(전문 제35호 참조) 여부에 달려있기 때문이다.

더 나아가, 신뢰서비스제공자가 취하는 보안 조치는 제19조 제1항이 명확히 정하고 있는 것처럼 항상 최신기술발전에 부응하는 것이어야 한다. 이 규정은 신뢰서비스제공자가 취해야 할 조치가 기술발전에 따라 변화할 수 있는 개방적 성격을 갖는다는 것을 나타낸다. 결과적으로 요구되는 보안수준은 사전에 설정될 수 없다. eIDAS 규정이 혁신에 개방적인 접근방법을 채택하도록 요구하고 있는 전문의 규정(전문 제26호)에 따라서, 기술혁신을 채택할 필요성이 있으며, 또한 eIDAS 규정의 기술 중립성이 강조되고 있다(전문 제27호, 제16호). 이러한 것은 입법자에 의하여 특정 기술을 차별하지 않고 서로 다른 기술을 통하여 법적 요건을 충족할 수 있도록 하는 유럽법의 기본원칙을 반영한 것이다.

그러므로 신뢰서비스제공자는 정기적으로 그들이 제공하는 서비스뿐만 아니라, 채택한 보안수단에 대하여서도 또한 업데이트를 하여야 할 필요가 있다. 이러한 관점에서 현재의 기준을 준수하는 것은 국제적인 관계에서 적합한 보증수준을 가진 서비스를 제공하고자 하는 신뢰서비스제공자에게 근본적인 중요성을 갖는다(전문 제72호 참조). 기준(표준)이란 표준화 기구[예 유럽표준화위원회(CEN), 유럽전기통신표준협회(ETSI), 국제표준화기구(ISO), 국제전기통신연합(ITU)]에 의하여 채택되거나 작성된 규격을 의미하며, 또한 그 표준이란 사용자 그룹의 경우 그에 관한 준수가 의무적인 것은 아니지만, 신뢰서비스제공자에게는 사용자들에 의하여 신뢰를 얻기를 희망하고, 법률에 적합하여야 하므로 그 준수가 바람직한 데, 반복적이고 지속적인 적용을 하는 사용자 그룹에 의하여 채택 적용되는 규격을 의미한다.

표준은 항상 진화하는 것이기 때문에 표준을 준수한다는 것은 막대한 비용이 수반된다. 이러한 점에서 eIDAS 제19조는 비용에 관한 언급을 하고 있지 않은데, 이러한 비용은 신뢰서비스제공자의 조직을 유지하고 특히 그들의 보안구조를 업데이트하는데 필수적이다[반면에, 적합한 보안수단을 실행하는 비용은 개인정보보호규정(GDPR) 제32조에 따라서 고려되어야 한다]. 신뢰서비스제공자는 비록 그들

---

48) 전자서명 이외의 다른 서비스 예컨대 전자인장, 전자타임스탬프, 전자등기배달서비스 및 웹사이트 인증 인증서 서비스.

이 업데이트하는 것이 불균형적인 경제적 노력을 수반하는 것임을 증명하더라도 책임으로부터 면제될 수 없다(eIDAS 규정 제13조, 전문 제37호 참조). 그럼에도 불구하고 사용자들의 불편함은 역시 고비용을 수반하기 때문에 보안 및 신뢰비용은 이익을 극대화하기 위하여서는 이를 감당해야 한다.

5. 신뢰서비스제공자의 사고대응

(1) 예방조치

제19조 제1항은 첫째로 보안사고를 방지하기 위하여 보안 조치가 취해져야 한다고 정하고 있다. 조직적 관점에서 보면 신뢰서비스제공자가 보안사고 발생에 대응할 수 있도록 적절한 보안정책이 필요하다.

2016년 ENISA의 연구보고서는 신뢰서비스제공자가 보안사고 발생 전에 이에 대비하여 스스로 준비하기 위해서 취하여야 할 일정한 조치를 제시하고 있다. 예컨대 신뢰서비스제공자는 다른 외부 당사자들은 물론 신뢰당사자가 의심스러운 활동을 보고할 수 있도록 관련 정보를 접수할 수 있는 헬프데스크 또는 지원팀을 구성하여야 한다. 사고가 외부로부터 보고될 수 있기 때문에, 신뢰서비스제공자는 그때에 직원이 표준화된 형식으로 비정상적인 사고를 등록할 수 있도록 하여야 한다. 나아가 신뢰서비스제공자는 외부자원으로부터 새로운 위협을 인지한 경우에는 경보체계를 취하여야 한다. 시스템 로그에 관하여 의심스러운 활동이 있는 경우에 경보 활동은 자가 모니터링 및 자가 테스트 활동뿐만 아니라 적절한 보안 조치가 된다. 대응팀 및 사고관리를 위한 특별한 절차에 대한 정의가 역시 필요하다. 따라서, 신뢰서비스제공자는 대비 시스템이 준비되어있어야 하는데, 직원의 역할을 정하고 책임을 결정해 두어야 하며, 주기적인 사고대응 훈련행위를 통하여 사고관리를 위하여 준비되어 있어야 한다. 신뢰서비스제공자는 eIDAS 제17조 제3항 (b)호에 따라서 감독이 실시되는 경우에 사용되어야 할 특정한 절차를 마련해 둘 것이 권고된다. 신뢰서비스제공자는 사고 발생의 경우(자산목록, 재난 프로세스 등)에 사용될 수 있는 모든 데이터에 관한 정보를 그때 업데이트하였어야 한다. 인증서 소지자, 신뢰당사자, 감독자 및 관할기관에 관한 정보의 저장소는 eIDAS 제19조 제2항에서 통신 및 통지 절차의 이행을 수월하게 할 수 있도록 속도를 높일 수 있다. 백업 사이트와 기업활동의 연속성유지 계획은 또한 권장된다. 이러한 관점에서, 예컨대 신뢰서비스제공자는 그들의 서비스를 극단적 상황에서도 제공할 수 있도록 하기 위하여 서로 협약을 체결해야 한다. 서비스의 종료가 필요한 경우에, 그 승계계획이 존재하여야 한다.

어떻든 적합한 보안 조치를 채택함으로써, 가능한 공격 매개체가 사전적으로 식별되어야 한다. 예컨대, 내부공격으로부터 스스로를 방어하기 위하여 신뢰서비스제공자는 이러한 것이 단일한 사람에게 속하는 것을 회피하기 위하여 극단적 행위에 대한 이중통제와 같은 특정 조치를 실행하여야 한다.

(2) 완화조치

eIDAS 제19조 제1항에 따라, 보안사고가 발생한 경우에는[49] 신뢰서비스제공자는 신속하고 효율적으로 그 사고의 영향을 최소화할 수 있는 대응책을 취하여야 한다.

이를 위하여, 발생한 사고의 유형을 조사하는 것이 중요하다. 사실, 보안사고는 인증서비스의 무결성이 훼손되었는지 그렇지 않은지에 따라서 다음 두 경우로 구분될 수 있다. 먼저, 신뢰서비스의 무결성을 훼손한 경우이다. 예컨대 개인키(private key)에의 접근이 이에 해당한다. TSP는 최상위 인증기관의 인증서를 포함하여 모든 인증서를 취소하여야 하고, 이용자들이 서비스를 이용할 수 없게 되는데, 이 경우 손해배상의 한도가 가장 우선시 되어야 한다. 반면에, 신뢰서비스의 무결성을 훼손하지 않은 경우이다. 대응수단은 사고에 따라 달라진다. 예컨대 개인정보침해가 발생하였다면, 그 정보의 기밀성 보호가 가장 우선시 되어야 한다.

완화 보안조치에 관하여, 2016년 11월 ENISA 연구보고서는 신뢰서비스제공자가 취할 수 있는 일련의 가능한 행위 대응 가이드를 제시한다. 예컨대, CA(Certificate Authorities) 훼손의 경우에, 사기적인 인증서의 이용을 방지하기 위하여, 신뢰서비스제공자는 영향을 받은 CA로부터 새로운 인증서 발급을 중단하여야 하며, CA 인증서를 취소하여야 하며, 취소상태 정보를 업데이트하며, 신뢰당사자에게 통지하며, 취소정보를 업데이트하도록 하며, 다른 CA로부터 대체

---

49) 2016년 12월의 ENISA의 공표기록물에 따르면 성공하지 못한 로그인 시도 또는 무효인증서 사용 시도 같은 요소들이 사고유형으로 분류되어 있다.

인증서를 영향을 받은 주체에게 제공하여야 한다. 유사한 전략이 다른 사건 시나리오에 대하여 제시되고 있다(예, 등록대행기관이 손상을 입은 경우, 취소서비스의 손상, 암호모듈 및 주체의 키쌍, 인증주체에 의한 평판에 대한 분쟁, 가장 공격, 개인정보침해 및 서비스 이용 가능성의 상실).

(3) 신뢰서비스제공자의 사고 보고

사고의 영향을 최소화하기 위한 보안 조치가 취해져야 하며 이와 함께 eIDAS 규정 제19조 제2항에서 정한 이해관계자에 대한 통지가 이루어져야 한다(전문 제38호). 이는 모든 적격, 비적격신뢰서비스제공자에게 요구된다. 신뢰서비스제공자는 권한있는 감독기구 및 정보보호 기관 등에 통지하여야 한다(제17조 및 제18조, 특히 제17조 제4항, 반면에 여기에는 유럽연합 감독기구는 없다). 신뢰서비스제공과 관련된 보안사고 또는 무결성 손실의 경우 정보보호기관 같은 다른 관련 기구[50]에 통지하여야 한다.

통지의무의 이행과 사고 영향의 최소화를 위하여 신뢰서비스제공자는 적합한 통신설비능력을 갖추어야 하며, 적합하고 업데이트된 통신계획이 준비되어야 한다.

eIDAS 규정 제19조 제2항에 따라 신뢰서비스에 중요한 영향을 미치는 사고 및 거기에 포함된 개인정보에 관한 사고는 외부자에게도 보고되어야 한다. 신뢰서비스제공자가 국가 감독기구에 통지하여야 할 한도 사항은 국가적 상황에 따라 달라진다. 사고의 심각성에 대한 평가가 지체없이 이루어져야 하며, 적시에 통지가 이루어지지 않으면 신뢰서비스제공자에 대하여 위험성이 연관될 수 있으므로 사고를 인지한 후 24시간 이내에 이루어져야 한다. 신뢰서비스제공자는 책임의 면제를 위해서 발생한 모든 사고를 통지하여야 한다.

감독기구에 대한 통지와는 별도로 거기에는 두 가지 더 신뢰서비스제공자가 취해야 할 통신 사항이 있다. 첫째로, 그들은 고객에게 통지하여야 한다. 즉, 보안 침해 또는 무결성 훼손이 관련되어 있는 자연인 또는 법인인 고객이 그러한 사고로부터 부정적으로 영향을 받을 수 있기 때문이다. 그러한 정보는 모든 사

---

50) 제17조 제4항은 감독기구에 대하여 동일한 의무를 부과하고 있다. 전문 제11호에 언급한 바와 같이 eIDAS는 지침 95/46/EC, 현재는 GDPR로 대체된 것이다. 이 기구에서 제공된 개인정보의 보호에 관한 원칙에 완전히 준수하도록 적용되어야 한다. 반면에 프라이버시법의 참조는 위원회의 제안서에서는 나타나지 않는다.

람이 이해할 수 있는 언어를 사용하여 명확하고 지체없이 제공되어야 한다(투명성 의무에 따름). 데이터 침해의 경우에 신뢰서비스제공자는 ENISA가 공표한 보고서를 사용할 것이 권장된다. 이는 개인에게 통지할 때 일정한 팁을 제공하고 있다. 개인정보침해에 대하여는 일정한 가이드가 개인정보침해통지에 관한 Opinion 03/2014 제29조에서 찾아볼 수 있다.

더구나, 만약 공중의 이해 관점에서 사고가 식별될 수 있다. 이러한 목적을 위하여, 신뢰서비스제공자는 가능한 통지형식으로써 언론보도를 사용할 수 있다. 결과적으로 대변인이 언론의 질문에 대하여 답변하거나 준비할 수 있어야 하며, 대화 또는 토론이 시작될 수 있다.

Ⅲ. 비교법적 고찰

전자문서법은 전자거래의 안전성 확보 및 소비자보호를 위한 규정을 두고 있다(전자문서법 제3장 제12조 내지 제17조). 즉, 전자거래사업자가 전자거래이용자의 개인정보를 수집, 이용 또는 제공하거나 관리할 때 「정보통신망 이용촉진 및 정보보호등에 관한 법률」등 관계 규정을 준수하여야 한다(제12조 제2항). 전자거래사업자는 전자거래의 안전성과 신뢰성을 확보하기 위하여 암호제품을 사용할 수 있다(제14조 제1항). 또한 공인전자문서센터는 누구든지 공인전자문서센터에 보관된 전자문서나 그 밖의 관련 정보를 위조 또는 변조하거나 위조 또는 변조된 정보를 행사하여서는 안된다고 하는 정보보안규정이 마련되어 있고(제31조의12 제1항), 누구든지 공인전자문서센터에 보관된 전자문서나 그 밖의 관련 정보를 멸실 또는 훼손하거나 그 비밀을 침해하여서는 아니된다는 규정을 두고 있다(제31조의12 제3항).

전자서명법은 정부가 전자서명의 안전성, 신뢰성을 확보하기 위하여 전자서명인증사업자가 안전한 암호를 사용하도록 하는 시책을 수립 시행하도록 하였다(제4조 제6호). 또한 전자서명법은 누구든지 타인의 전자서명생성정보를 도용하거나 누설해서는 아니 되며, 거짓이나 그 밖의 부정한 방법으로 타인의 명의로 인증서를 발급받거나 발급받을 수 있도록 하는 행위, 부정하게 행사하게 할 목적으로 인증서를 타인에게 양도 또는 대여하거나, 부정하게 행사할 목적으로 인증서를 타인으로부터 양도 또는 대여받는 행위를 금지하고 있다(전자서명법 제19조).

Ⅳ. 소 결

eIDAS 규정 제19조가 정하는 신뢰서비스제공자에게 적용되는 보안요건은 전자문서법 및 전자서명법에 전자문서에 의한 전자거래 및 전자서명의 안전성, 신뢰성 확보를 위하여 안전한 암호의 사용제도, 개인정보보호제도 및 전자서명생성정보의 보호제도 등으로 법제화 되어 있다.

제3관 적격신뢰서비스(제20조~제24조)

▌제20조▌ 적격신뢰서비스제공자의 감독

제1항 적격신뢰서비스제공자는 최소 24개월마다 적합성평가기관에서 자비로 검사를 받아야 한다. 검사의 목적은 적격신뢰서비스제공자와 그가 제공하는 적격신뢰서비스가 이 규정에 명시된 요건을 충족하는지 확인하는 것이다. 적격신뢰서비스제공자는 수검받은 적합성평가보고서를 수령한 후 근무일 기준 3일 이내에 감독기구에 제출해야 한다.

제2항 전항과는 별도로, 감독기구는 언제든지 적합성평가기관을 검사하거나 적격신뢰서비스제공자의 비용으로 그가 제공하는 신뢰서비스가 이 규정에 명시된 요건을 충족하는지 적합성평가를 실시할 것을 요구할 수 있다. 개인정보보호규정을 위반한 것으로 판단되는 경우 감독기구는 검사결과를 정보보호관청에 통지하여야 한다.

제3항 감독기구가 본 규정에 따른 요건을 충족하지 못하는 적격신뢰서비스제공자에게 이를 이행할 것을 요구하는 경우 그리고 특히 미충족의 범위, 기간 및 결과를 고려하여 감독기구가 정한 기한 내에 당해 제공자가 이에 따른 조치를 취할 수 있었음에도 하지 않은 경우에, 감독기구는 적격신뢰서비스제공자의 적격지위 또는 그가 제공하는 서비스의 지위를 철회할 수 있으며 제22조 제1항에 규정된 신뢰목록을 갱신하기 위해 제22조 제3항에 규정된 기관에 통보할 수 있다. 감독기구는 적격신뢰서비스제공자에게 적격지위 또는 해당 서비스 적격의 철회를 통지하여야 한다.

제4항 집행위원회는 다음 각 호의 기준에 대한 참조번호(reference number)를 제정할 수 있다.
　(a) 제1항에 언급된 적합성평가기관 및 적합성평가보고서에 대한 승인;
　(b) 적합성평가기관이 제1항에 언급한 적격신뢰서비스제공자에 대한 적합성평가를 수행하는 검사규칙. 이 시행법은 제48조 제2항의 심사 절차에 따라 채택되어야 한다.

Ⅰ. 입법 취지

1. 제도적 배경

적격신뢰서비스는 신뢰서비스 중에서도 가장 높은 신뢰수준을 유지해야 한다. 이를 위해서는 높은 신뢰수준의 확보를 공신력있게 감독(supervision)할 필요가 있다. 이러한 감독시스템을 상세하고 명확하게 규정하기 위해 본조를 두고 있다.

2. 감독의 개요

감독은 적격신뢰서비스제공자와 그가 제공하는 적격신뢰서비스 모두를 대상으로 하는 검사로 구성된다. 그리고 감독에 관여되는 조직은 적합성평가기관과 회원국에 설치된 제17조의 감독기구가 있다. 즉 적합성평가기관이 적격신뢰서비스제공자와 그가 제공하는 신뢰서비스를 검사하고 적합성평가보고서를 적격신뢰서비스제공자에게 발급하면, 적격신뢰서비스제공자는 이를 감독기구에 제출하는 절차를 통해 감독이 이루어지게 되는 것이다. 만약 적격신뢰서비스제공자와 그가 제공하는 서비스가 적격판정을 위한 요건을 충족하지 못하는 것으로 최종판정 되면, 적격지위를 철회하고 신뢰목록에서 삭제함으로써 더 이상 적격신뢰서비스를 제공할 수 없게 된다.

Ⅱ. 내 용

1. 신뢰서비스의 종류

신뢰서비스는 적격신뢰서비스와 적격에는 해당되지 아니하는 비적격신뢰서비스로 구분된다.

(1) 적격신뢰서비스

1) 제도적 취지

유럽연합은 역내 시장에서 중소기업과 소비자의 신뢰를 고양시키고 신뢰서비스와 그 제품의 사용을 촉진하기 위해서 신뢰서비스 중에서도 높은 수준의 보안을 보장하는 서비스를 특별히 적격신뢰서비스로 구분하고 있다. 그리고 이 적격신뢰서비스는 오로지 적격신뢰서비스제공자만이 제공할 수 있다. 적격신뢰서비스가 되기 위해서는 이 규정에서 정하는 요건뿐만 아니라 부속서에서 정하고있는 요건을 모두 충족하여야만 한다.

2) 적격신뢰서비스의 종류

적격신뢰서비스는 모든 신뢰서비스 중에서 eIDAS 규정에서 정하고 있는 요건을 충족하는 경우에 인정된다. 따라서 5가지 신뢰서비스 모두에서 적격신뢰서비스가 존재한다. 구체적으로는 적격전자서명, 적격전자인장, 적격전자타임스탬프, 적격전자등기배달서비스, 웹사이트 인증을 위한 적격인증이 그것이다. 그리고이 적격신뢰서비스중에서 전자서명, 전자인장, 웹사이트 인증의 경우에는 각각적격인증서를 발급하게 된다. 적격전자타임스탬프와 적격전자등기배달서비스의경우에는 적격인증서가 존재하지 않는다.

3) 기술중립성의 예외

여기에서 주목해야 할 점은 적격신뢰서비스는 절대적인 기술중립성을 보장하는 것은 아니라는 점이다. eIDAS는 전문 제27호에서 이 규정이 기술중립적이어야 한다는 선언을 하고 있지만, 적어도 적격신뢰서비스에서는 철저하게 지켜지고 있지는 못하다. 적격신뢰서비스 중의 하나인 적격전자서명의 경우에는 적격전자서명생성장치에 의하여 생성되어야 하는데, 적격전자서명장치는 부속서 II에서 그 기술을 PKI방식으로 특정하고 있고, 적격인증서는 부속서I에 규정된 특별한 기술적 구조로 된 요건을 충족하는 적격신뢰서비스제공자가 발급하여야 한다. 예를 들어 패턴 방식의 전자서명은 고급전자서명은 될 수 있어도 적격전자서명은 될 수 없다.

(2) 비적격신뢰서비스

신뢰서비스가 위와 같은 적격의 특별한 요건을 갖추지 아니한 경우에는 비적격(non-qualified)신뢰서비스가 된다. 비적격이라고 해서 신뢰서비스로서 법적으로 인정되지 못하는 것은 아니지만, 적격신뢰서비스가 갖는 특별한 효력은 부여되지 않는다. 예를 들면 적격전자서명만이 수기서명과 동등한 법적 효력을 갖도록 제25조 제2항에서 규정하고 있으므로 비적격전자서명은 수기서명과는 법적으로 차별화되고, 적격전자인장에만 자료의 무결성이 추정되므로 비적격전자인장은 자료의 무결성이 추정되지 못한다.

비적격신뢰서비스가 적격신뢰서비스와 구별되는 또 다른 차이점은 다음과 같다. 첫째로 비적격신뢰서비스는 eIDAS의 부속서에서 정하는 특정 기술을 전제로 한 요건을 충족시키지 아니하여도 무방하다. 그러한 점에서 기술중립성의 원칙을 철저히 보장받는다. 둘째로 감독기구의 감독을 받지만, 사전적인 감독은 받지 아니하고 사후적인 감독만을 받는다. 셋째로 손해배상책임을 부담하는 경우에 그 증명책임은 손해배상을 청구하는 피해자가 부담하여야 한다. 끝으로 적격신뢰서비스를 제공할 수 없으므로, 제22조의 신뢰목록에 기재될 수 없고 제23조의 EU신뢰마크를 사용할 수 없다.

2. 적격신뢰서비스의 감독

(1) 정기검사

적격신뢰서비스제공자는 적어도 24개월 마다 정기적으로 검사를 받아야 한다. 정기검사의 주체는 적합성평가기관이다. 적합성평가기관은 정기검사를 실시한 후, 반드시 3일 이내에 검사결과를 감독기구에게 제출하여야 한다. 정기검사의 내용은 적격신뢰서비스제공자 및 그가 제공하는 적격신뢰서비스가 eIDAS에서 정하고 있는 요건을 충족하고 있는가를 확인하는 것이며, 정기검사의 비용은 당연히 적격신뢰서비스제공자가 부담을 하여야 한다.

(2) 수시검사

적격신뢰서비스제공자는 정기검사 이외에도 감독기구가 적합성평가를 받을 것을 요구하는 경우에는 언제든지 수시검사를 받아야 한다. 이 수시검사의 비용도 적격신뢰서비스제공자가 부담하게 된다. eIDAS 규정에서 명시하고 있지는 않지만, 수시검사의 경우에도 적합성평가기관은 검사 후 3일 이내에 검사결과를 감독기구에 제출하여야 한다.

3. 적합성평가기관

적합성평가기관은 EU가 아니라 개별 회원국이 설치한다. 적합성평가기관은 적격신뢰서비스제공자와 그가 제공하는 적격신뢰서비스의 적합성평가를 수행하므로 그에 걸맞은 기술적인 지식, 경험 및 능력을 갖추어야 한다. 적합성평가기관의 중요성을 고려하면, 적합성평가기관의 역량이 적절한가도 문제가 된다. 적합성평가기관이 충분한 능력을 갖추지 못한 상태에서 적격신뢰서비스제공자를 검사하는 것은 무의미하기 때문이다. 그러므로 감독기구는 적합성평가기관을 직접 검사할 수 있다.

4. 적격신뢰서비스의 부적격 판단

적격신뢰서비스제공자에 대한 검사결과 eIDAS 규정에서 정하고 있는 요건을 충족하고 있다면 아무런 문제가 되지 않는다. 그러나 요건을 충족하지 못하는 문제점이 발견된다면 미충족의 범위나 시기 및 검사결과를 고려하여 일정한 기한 내에 이를 개선하도록 감독기구가 요구하게 된다. 만약 그 기한 내에 이를 이행하지 못하게 되면, 감독기구는 적격신뢰서비스제공자 또는 적격신뢰서비스의 적격지위를 박탈하게 된다. 부적격으로 적격지위가 박탈되면, 감독기구는 해당 적격신뢰서비스제공자에게 그 사실을 통지하고, 제22조 제1항의 신뢰목록에서 삭제하도록 해당 회원국의 신뢰목록을 관장하는 기관에게 통보하게 된다. 신뢰목록에서 제외되면 당연히 더 이상 적격신뢰서비스를 제공할 수 없게 됨은 물론이다.

5. 개인정보보호 규정 위반

적격신뢰서비스는 그 성격상 다수의 개인정보를 취급하게 된다. 특히 자연인 또는 법인 대표자의 신원확인이 이루어지고 이들의 전자서명이나 전자인장 등의 서비스를 행하므로, 취급하는 개인정보의 중요도도 상대적으로 높다. 그러므로 적격신뢰서비스제공자와 적격신뢰서비스에서의 개인정보보호를 위한 요건은 철저하게 준수되어야 한다.

만약 적합성평가에서 개인정보보호 규정을 위반한 것으로 판단되는 경우에는 회원국의 감독기구가 자국의 개인정보보호를 담당하는 정부기관에게 이 위반 사실을 반드시 통지하도록 의무화하고 있다. 신뢰서비스의 감독기구로부터 개인정보보호 규정 위반 사실을 통지받은 담당 정부기관이 각국의 개인정보보호법에 따른 적절한 조치를 취함으로써, 적격신뢰서비스에서도 개인정보보호가 철저하게 이루어질 수 있도록 하고 있다.

6. 참조번호의 제정

집행위원회는 검사를 실시하는 적합성평가기관 및 적합성평가보고서에 대한 승인 기준과 적합성평가기관이 적격신뢰서비스제공자에 대한 적합성평가를 수행하는 검사규칙에 참조번호(reference number)[51]를 부여할 수 있다.

Ⅲ. 비교법적 고찰

1. 우리나라

eIDAS와 전자서명법의 가장 큰 차이는 전자서명의 등급화 여부이다. 전자서명법은 2020년 개정을 통해 공인전자서명제도를 폐지하여 전자서명을 단일화하였다. 이는 전자서명 등 신뢰서비스를 3등급으로 세분화하는 eIDAS 규정과는 정반대의 태도를 취하는 것이다. 또 전자서명인증사업자가 운영기준의 준수 여부를 평가받아 운영기준의 준수 사실의 인정을 받을 것인가의 여부는 임의적인 선택에 달려있고, 설령 운영기준의 준수 사실의 인정을 받지 않은 전자서명인증사업자의 전자서명이라도 전자서명법상 법적 효과에서는 아무런 차이가 없다.

eIDAS 규정은 적격신뢰서비스제공자의 감독의 절차가 감독기구 - 적합성 평가기관 - 적격신뢰서비스제공자의 3단계로 구성되어 있으나, 전자서명법은 과학기술정보통신부장관 - 한국인터넷진흥원 - 평가기관 - 전자서명인증사업자의 4단계로 구성된다. eIDAS 규정에서는 적격신뢰서비스제공자가 적어도 24개월마다 주기적으로 적합성 평가기관의 적합성평가를 받도록 하고 있으나, 전자서명법에서는 운영기준 준수사실의 인정을 받을 때 평가기관의 평가를 받도록 규정하고 있고(전자서명법 제10조), 운영기준 준수사실의 인정 유효기간은 1년으로 되어 있다(전자서명법 시행령 제4조). 그리고 eIDAS 규정에서는 감독기구가 적합성 평가기관을 검사하거나 적합성 평가기관이 적격신뢰서비스의 적합성평가를 실시하도록 규정하고 있으나, 전자서명법은 과학기술정보통신부장관이 운영기준 준수사실의 인정을 받은 전자서명인증사업자에게 직접 자료제출을 요구하거나 공무원

---

51) 여기에서 참조번호(reference number)란 특정 문서에 붙이는 고유한 약어 표시로서, 예를 들면 "DECS/ESR(89)17"이나 "CDL-UDT(2008)015"와 같은 표시를 말한다.

이 직접 사업자를 검사할 수 있도록 규정하고 있는 점은 상이하다(전자서명법 제
16조 제1항). 즉 과학기술정보통신부장관이 직접 전자서명인증사업자를 감독하는
체계로 되어 있다.

2. 미 국

미국의 전자서명에 관한 법규범은 연방법인 ESIGN(Electronic Signatures in
Global and National Commerce Act)과 각주가 주법으로 채택할 수 있도록 제안
된 모델법인 UETA(Uniform Electronic Transactions Act)를 들 수 있다. 미국은
전자서명을 포괄적으로 정의하고 전자서명의 기술에 대한 차별을 두고 있지 아
니하다. 미국은 연방차원에서는 EU와 같이 전자서명의 기술적 안전성에 관해
차별적 지위를 두고 있지 아니하지만, 특정한 주의 경우에는 전자서명의 유효성
에 일정한 승인 요건을 부과하기도 한다. 대표적으로는 캘리포니아주의 경우에
디지털 서명 규정 제22005조에 따라 공공기관을 상대로 하는 문서를 작성하는
데 사용되는 전자서명은 허가된 인증기관이 발행한 디지털서명을 의무화하고 있
다. 다만 디지털 서명 규정 제22003조에서 디지털서명이 공개키 기반 구조의
PKI방식에 국한된 것은 아니고 동적 서명(signature dynamics)이나 기타 새로운
전자서명 기술이라도 적절한 신뢰성과 안전성이 확보되면 이를 포함시킬 수 있
도록 기술중립적인 태도를 취하고 있다.[52]

3. 일 본

일본의 "전자서명 및 인증업무에 관한 법률"(이하 일본 전자서명법) 제4조 제1
항은 특정인증업무를 행하려는 자는 주무대신의 인정을 받도록 규정하고 있고,
이를 '인정인증사업자'라고 부르고 있다. 또한 동법 제15조에서 외국에 있는 사무
소에서 특정인증업무를 행하려는 자는 주무대신의 인정을 받도록 하고 있으며,
이를 '인정외국인증사업자'로 다시 구분하고 있다. 인증업무를 행하는 인정인증
사업자와 그러하지 아니한 비인정인증사업자로 크게 둘로 나뉘는 점은 우리 전
자서명법과 유사하지만, 특정인증기관의 인정업무를 정부기관이 직접 수행한다
는 점에서 인정업무를 수행하는 인정기관을 따로 두고 있는 우리와는 구별된다.

---

52) https://www.sos.ca.gov/administration/regulations/current-regulations/technology/digital-
signatures.

Ⅳ. 소 결

적격신뢰서비스의 높은 신뢰성을 보장하기 위해서는 책임있는 기관의 감독이 매우 중요하다. 그러므로 제20조의 적격신뢰서비스제공자의 감독규정은 필수적이다. 적격신뢰서비스제공자의 검사주기는 24개월 이내이며, 검사결과 요건을 충족하지 못하면 적격지위를 철회하게 된다.

우리 전자서명법에서는 운영기준 준수사실의 인정을 받는 시점에서만 검사를 받도록 되어 있으나, 인정의 유효기간이 1년에 불과하므로 실질적으로는 1년마다 검사를 필수적으로 받을 수밖에 없다. 이 점에서는 eIDAS 규정보다는 강화된 감독이 시행되고 있다고 평가할 수 있을 것이다. eIDAS 규정에서는 필요하다고 인정되면 수시로 적합성 평가기관에 의한 검사를 받을 것을 감독기관이 명령할 수 있으나, 전자서명법에서는 과학기술정보통신부장관이 직접 자료제출을 요구하거나 공무원이 사업자를 검사하도록 규정하는 점에 차이가 있다. 전자서명법도 평가기관을 두고 있으므로, 주무관청이 직접 검사를 할 것이 아니라 전문성 있는 평가기관이 사후 수시검사를 할 것을 주무관청이 명하는 것으로 사후감독 제도를 개선할 필요가 있을 것이다.

제21조 적격신뢰서비스의 개시

제1항 비적격신뢰서비스제공자가 적격신뢰서비스의 제공을 개시하고자 하는 경우에는 적합성평가기관이 발행한 적합성평가보고서와 함께 본인의 의사를 감독기구에 제출하여야 한다.

제2항 감독기구는 신뢰서비스제공자와 이에 의해 제공되는 신뢰서비스가 본 규정에서 정한 요건을 준수하는지, 특히 적격신뢰서비스제공자와 이들이 제공하는 적격신뢰서비스가 요건을 준수하는지 검증해야 한다. 신뢰서비스제공자 및 그가 제공하는 신뢰서비스가 제1항의 요건을 준수한다고 판단되면, 감독기구는 신뢰서비스제공자와 그가 제공하는 서비스에게 적격지위를 부여하고, 제22조 제1항의 신뢰목록을 갱신하기 위해 제22조 제3항에서 정한 주체에게 이를 통지하여야 하며, 이러한 절차는 제1항에 따른 신청 후 3개월 이내에 행하여져야 한다. 감독기구는 신청 후 3개월 이내에 검증이 종료되지 않을 경우, 지연 사유 및 검증 종료 예상 시기 등을 신청한 신뢰서비스제공자에게 알려야 한다.

제3항 적격신뢰서비스제공자는 제22조 제1항의 신뢰목록에 적격지위가 표시된 이후 적

격신뢰서비스의 제공을 개시할 수 있다.

제4항 집행위원회는 제1항 및 제2항을 위한 형식과 절차를 시행법을 통해 규정할 수 있다. 이 시행법은 제48조 제2항의 심사 절차에 따라 채택되어야 한다.

I. 입법 취지

적격신뢰서비스는 내용적으로 엄격한 요건을 충족시켜야 함은 물론이고 절차적인 측면에서도 적절한 과정을 준수하여야 한다. 이를 위해 제21조에서 적격신뢰서비스를 제공하기 위한 신청에서부터 서비스개시까지의 절차를 명확히 규정하고 있다.

II. 적격신뢰서비스 제공을 시작하기 위한 절차

1. 적합성평가

비적격신뢰서비스제공자가 적격신뢰서비스를 제공하기 위해서 가장 먼저 해야 할 절차는 적합성평가기관으로부터 적격신뢰서비스로서 적합한가의 검사를 받는 것이다. 적합성평가기관의 검사는 제20조에서 규정하고 있는 정기검사나 수시검사와 동일한 내용으로 구성되어 있다. 즉 적격신뢰서비스 제공을 위해 eIDAS 규정에서 정하고 있는 요건을 완전히 충족하고 있는가를 검사하는 것이다. 비적격신뢰서비스제공자는 적합성평가를 받은 후에 따른 적합성평가보고서를 수령하여 감독기구에 제출하여야 한다.

2. 서비스 개시 신청

비적격신뢰서비스제공자는 전술한 적합성평가보고서와 더불어 자신이 적격신뢰서비스를 제공하는 적격신뢰서비스제공자가 되고자 한다는 의사를 감독기구에 공식적으로 제출하여야 한다.

3. 감독기구의 검증

비적격신뢰서비스제공자가 제출한 신청서와 적합성평가보고서를 받은 감독기구는 그에게 적격지위를 부여하는데 적합한가를 검증하여야 한다. 이 검증은 eIDAS 규정에서 정하는 요건을 모두 충족하는가를 확인하는 것이다. 모든 요건을 충족하였다면 신뢰서비스에 '적격'의 지위를 부여하게 된다. 감독기구의 검증은 비적격신뢰서비스제공자가 적격지위 부여 신청을 한 날로부터 3개월 이내에 이루어져야 한다. 다만 그 기간 내에 검증을 종료할 수 없는 경우에는 검증이 지연되는 사유 및 검증 종료 예상시기 등을 신청한 비적격신뢰서비스제공자에게 고지하여야 한다.

4. 신뢰목록의 표시

각 회원국의 감독기구는 검증결과 적격으로 판단되면 신뢰목록을 관리하는 주체에게 신청한 신뢰서비스제공자에게 적격지위를 부여한다는 사실을 반드시 통지하여야 한다. 이 통지 역시 신청 후 3개월 이내에 이루어져야 한다. 이 통지를 받은 신뢰목록 관리 주체는 신뢰목록에 적격지위를 기재하여야 한다. 신뢰목록에 적격지위가 기재되어야 적격신뢰서비스제공자로서 적격신뢰서비스를 제공할 수 있다. 그러므로 적격신뢰서비스제공을 위한 최종 요건이 신뢰목록의 표시라고 할 수 있다.

Ⅲ. 비교법적 고찰

1. 우리나라

전자서명법상 운영기준 준수사실의 인정을 받으려는 전자서명인증사업자는 먼저 평가기관에 평가를 신청하여야 한다(전자서명법 제9조 제3항). 그 평가결과를 평가기관이 인정기관에 제출하도록 규정하고 있는데(전자서명법 제10조 제3항), 이는 적합성평가기관이 적합성평가보고서를 신뢰서비스제공자에게 발행하는 eIDAS 규정과는 구별되는 점이다.

이 평가를 받은 전자서명인증사업자(또는 전자서명인증업무를 하려는 자)는 인정기관에 인정을 신청할 수 있다. 이는 감독기구에 적격신뢰서비스를 신청하는 eIDAS 규정과 유사하다. 그러나 엄밀한 관점에서 보면 다음과 같은 사소한 차이는 있다. eIDAS 규정은 비적격신뢰서비스를 제공하는 자가 적격신청을 하는 것이지만, 전자서명법은 이미 전자서명인증사업을 하고 있는 사업자뿐만 아니라 아직 전자서명인증업무는 하고 있지 않으나 장래에 하고자 하는 자까지도 인정신청을 할 수 있다는 점이다.

그리고 인정기관은 평가기관의 평가결과를 제출받은 경우 그 평가결과와 운영기준 준수사실의 인정을 받으려는 전자서명인증사업자가 전자서명법 제8조에서 정하는 자격을 갖추었는지 여부를 확인하여 운영기준 준수사실의 인정 여부를 결정하여야 한다(전자서명법 제9조 제2항). 인정기관이 운영기준 준수사실을 인정하는 경우 그 인정내용 및 유효기간이 기재된 증명서를 해당 전자서명인증사업자에게 발급하여야 하고, 발급사실을 인정기관의 홈페이지에 공고하여야 한다(전자서명법 제9조 제3항). 그리고 인정기관은 이러한 인정에 필요한 비용을 신청한 전자서명인증사업자에게 징수할 수 있다(전자서명법 제9조 제4항). 위와 같이 인정기관의 검증을 요구하는 것, 인정결과를 공시하는 것, 그리고 비용은 신청자의 부담으로 하는 것은 eIDAS 규정과 동일하다.

다만 eIDAS 규정에서는 적격신뢰서비스의 모든 요건을 충족하였다고 판단되어 적격지위를 부여하더라도 신뢰목록에 적격지위가 표시되어야만 적격서비스의 제공을 개시할 수 있도록 규정하고 있지만, 전자서명법에서는 신뢰목록과 같은 제도를 두고 있지 아니하므로 인정 증명서를 발급받은 이후부터는 운영기준 준수사실의 인정을 받은 전자서명인증업무를 개시할 수 있다는 점은 명확히 구별된다.

2. 일 본

일본 전자서명법에서 특정인증업무의 인정은 주무대신이 담당하므로 특정인증업무 인정신청도 주무대신에게 하여야 한다(일본 전자서명법 제4조 제2항). 또한 특정인증업무 인정을 위한 요건 심사도 주무관청이 직접 시행한다(일본 전자서명법 제6조). 이러한 점은 EU나 우리나라와는 특이한 일본의 정부주도형 인정체계라고 할 수 있다.

Ⅳ. 소 결

eIDAS 규정의 특징은 신뢰서비스제공자가 검증결과 적격으로 판단되더라도, 신뢰목록에 기재되는 시점부터 적격신뢰서비스를 제공할 수 있도록 규정하고 있다는 점이다. 즉 신뢰목록의 기재가 적격신뢰서비스제공의 요건이 된다. 이는 우리나라나 일본과는 구별되는 특유한 제도이다.

▌ 제22조 ▌ 신뢰목록

제1항 각 회원국은 관장하는 적격신뢰서비스제공자 및 그가 제공하는 적격신뢰서비스와 관련된 정보가 포함된 신뢰목록을 작성, 유지, 발행해야 한다.

제2항 회원국은 제1항에 언급한 전자서명 또는 전자인장이 첨부된 신뢰목록을 자동화된 처리에 적합한 형식으로 안전하게 작성, 유지, 게시해야 한다.

제3항 회원국은 국가 신뢰목록의 작성, 유지 및 게시를 담당하는 기관의 정보, 해당 목록이 게재된 장소, 신뢰목록의 전자서명 또는 전자인장 등에 사용된 증명서 및 변경사항 등을 지체 없이 집행위원회에 통지해야 한다.

제4항 집행위원회는 자동화된 처리에 적합한 전자서명 또는 전자인장이 첨부된 형태로 제3항의 정보를 안전한 경로를 통하여 대중에게 공개하여야 한다.

제5항 2015년 9월 18일까지 집행위원회는 제1항의 정보를 명시하고, 제1항부터 제4항까지에 적용될 신뢰목록의 기술적 규격과 형식을 정의해야 한다. 이 시행법은 제48조 제2항의 심사 절차에 따라 채택되어야 한다.

I. 입법 취지

신뢰서비스제공자가 적격인지 비적격인지 여부는 이용자에게 매우 중요한 사실관계이다. 이용자는 신뢰서비스제공자가 적격지위를 갖고 있는가를 객관적으로 명확하게 알 수 있어야 한다. 이를 위해서는 일종의 공시수단이 필요한데, 그 기능을 본 조의 신뢰목록이 담당한다. 신뢰서비스제공자가 신뢰목록에 기재되어 있지 않다면 적격신뢰서비스를 제공할 수 없으며, 신뢰목록에 적격지위로 표시되어 있는 경우에만 적격으로 간주된다. 신뢰목록은 각 회원국이 담당하므로, 본 조는 신뢰목록과 관련된 회원국의 의무를 직접 부과하는 것이다.

II. 내 용

1. 신뢰목록의 기능

신뢰목록은 적격지위를 갖는 신뢰서비스제공자를 공시하는 기록이다. 제21조에서 규정하는 바와 같이 감독기구가 심사를 거쳐 신뢰서비스제공자의 적격지위를 인정하면, 신뢰목록에 기재하도록 반드시 통보하여야 한다. 신뢰목록에 적격으로 표시된 이후부터 적격신뢰서비스제공자는 적격신뢰서비스를 제공할 수 있다. 그러므로 신뢰목록에의 기재는 신뢰서비스제공을 위한 필수불가결한 요건이라고 할 것이다.

2. 신뢰목록의 운영주체

신뢰목록은 각 회원국이 관장하므로, 국가 차원에서 운영한다. 회원국은 신뢰목록을 담당하는 기관을 두어 그 기관이 신뢰목록을 작성하고 유지하며 발행하도록 하고, 그 기관에 관한 정보를 EU에 제공해야 한다.

3. 신뢰목록에 기재되는 정보

신뢰목록에 기재되는 정보는 주로 적격신뢰서비스 토큰의 유효성 검증을 지원하기 위한 것으로, 이 토큰에는 적격신뢰서비스를 사용하여 생성되거나 발급된 물리적 또는 논리적 개체가 포함된다. 특히 적격전자서명이나 적격전자인장, 적격전자등기배달증명에 관한 토큰이 해당된다.[53]

4. 신뢰목록의 기술규격과 형식에 관한 시행 결정

신뢰목록에 관련된 기술 규격과 형식을 정하는 시행법을 제정하도록 본 조에서 규정하고 있다. 이에 EU는 2015년 9월 8일 2015/1505 집행위원회 시행 결정(implementing decision)을 채택하였다. 이 결정에서 각국의 신뢰목록이 통일적인 판형으로 이루어질 수 있도록 기술규격을 규정하고 있고, 신뢰목록의 현재와 과거 연혁에 관한 정보 모두를 제공할 것을 요구하고 있다. 특히 검사를 받아

---

53) Zaccaria/Schmidt-Kessel/Schulze/Gambino, 앞의 책, at 203.

적격으로 인정되는 신뢰서비스에 대해 "승인"(apporoved), "인가"(accredited) , "검사필"(supervised) 의 용어로 표기할 것을 각국의 신뢰목록과 관련된 시스템에 요청하고 있다.

Ⅲ. 비교법적 고찰

1. 우리나라

전자서명법 제9조 제2항은 인정기관이 운영기준 준수사실의 인정을 하면 그 인정내용 및 유효기간이 기재된 증명서를 해당 전자서명인증사업자에게 발급하고, 증명서 발급사실을 공고하도록 규정하고 있다. 이 공고의 구체적인 방법은 인정기관의 인터넷 홈페이지에 공고하는 것이다(전자서명법 시행령 제2조). 전자서명법에서는 eIDAS 규정에서 감독기구의 신뢰목록과 같은 공시기능을 인정기관의 홈페이지 공고를 통해서 수행하고 있다. 결정적인 차이점은 eIDAS 규정의 신뢰목록은 적격신뢰서비스를 제공하기 위한 최종적인 필수요건이지만, 전자서명법의 공고는 인정의 효력발생 요건이 아니라 단순한 공시적 역할을 한다는 점이다.

2. 일 본

일본 전자서명법 제4조 제3항에서 주무대신이 특정인증업무의 인증을 한 경우에는 그 사실을 공시하도록 규정하고 있다. 이 공시가 eIDAS 규정의 신뢰목록과 유사한 것이라고 볼 수도 있으나, 엄격하게는 질적 차이가 분명히 존재한다. eIDAS 규정의 신뢰목록은 적격신뢰서비스를 제공하기 위한 최종적인 요건이지만, 일본 전자서명법의 공시는 우리 전자서명법의 공고와 마찬가지로 인증업무 수행의 요건이라고 할 수는 없다. 즉 인정을 받았음을 공시하는 것은 단지 주무대신의 의무로 규정하고 있을 뿐, 이 공시가 이루어진 이후에만 사업자가 특정인증업무를 수행할 수 있다는 명시적인 규정은 존재하지 않기 때문이다. 또 공시의 주체가 주무대신이라는 점에서 eIDAS 규정의 감독기구나 우리나라의 인정기관보다는 격상되어 있다.

Ⅳ. 소 결

eIDAS 규정의 신뢰목록은 단순한 공시의 기능을 넘는 중요한 기능을 수행하고 있다. 이 신뢰목록은 EU에 특유한 제도로 전자서명제도에 시사하는 바가 크다고 할 것이다. 전자서명법도 운영기준 준수사실의 인정 증명서를 발급하면 이를 인정기관의 홈페이지에 공고하도록 되어 있으나, 인정기관인 KISA의 홈페이지에 접속하여도 이를 확인하는 것은 매우 어렵게 되어 있다.[54] 그러므로 운영기준 준수사실을 인정받은 전자서명인증사업자가 누구인가를 확인하는 것을 용이하게 제도 개선을 할 필요가 있다.

제23조 ┃ 적격신뢰서비스를 위한 EU 신뢰마크

제1항 적격신뢰서비스제공자는 제22조 제1항에 규정된 신뢰목록에 제21조 제2항 제2문에서 규정하는 적격지위로 표시된 이후에는 그가 제공하는 적격신뢰서비스를 명확하게 표시하여 쉽게 인식할 수 있도록 EU 신뢰마크를 사용할 수 있다.

제2항 적격신뢰서비스제공자는 제1항에 규정된 적격신뢰서비스를 위해 EU 신뢰마크를 사용할 경우에 웹사이트에서 해당 신뢰목록으로 연결되는 링크를 제공해야 한다.

제3항 집행위원회는 2015년 7월 1일까지 시행법을 통해 양식, 특히 적격신뢰서비스에 대한 EU 신뢰마크의 제시, 구성, 규모 및 설계에 관한 사양을 제공해야 한다. 이 시행법은 제48조 제2항의 심사 절차에 따라 채택되어야 한다.

Ⅰ. 입법 취지

신뢰서비스를 제공하는 자가 적격지위를 갖고 있는가를 이용자가 판단하는 가장 정확한 방법은 제22조의 신뢰목록에 적격으로 기재되어 있는가를 살펴보는 것이다. 그러나 그 과정이 매우 간단하고 용이하다고 할 수는 없다. 그러므로 제공자가 적격인지 비적격인지 여부를 이용자가 직관적으로 인식할 수 있는 보다 간이한 수단을 제공할 필요가 있다. 그것이 바로 적격신뢰서비스를 표시하

---

54) KISA 홈페이지(https://www.kisa.or.kr/)에 접속하면 상위메뉴의 사업소개 → 디지털보안산업본부 → 정보보호서비스기업지정제도 → 전자서명인증사업자인정·평가제도에 2022년 6월 현재 증명서를 발급받은 17개 사업자가 게시되어 있다.

는 EU 신뢰마크(trust mark)이다. 본 조는 EU 신뢰마크의 이용에 대해 규정하고 있다.

II. 내 용

1. EU 신뢰마크의 기능

EU 신뢰마크는 적격신뢰서비스제공자가 자신이 제공하는 서비스가 적격신뢰서비스임을 이용자가 간단하고 쉽게 인식할 수 있도록 표시하는 표지로서 마케팅 목적으로 사용할 수 있다. 이 신뢰마크는 eIDAS 규정에 명시된 요건을 충족하고 있음을 보증하는 것이므로, EU 차원에서 각 회원국 모두가 동일한 표지를 사용하도록 하는 것이다. 적격신뢰서비스제공자가 EU 신뢰마크를 사용할 것인지는 자유롭게 결정할 수 있으며 의무사항은 아니다. 적격신뢰서비스제공자일지라도 EU 신뢰마크를 사용하지 않아도 무방하다. 다만 적격신뢰서비스제공자가 아니면 절대로 이 EU 신뢰마크를 사용하여서는 아니된다. EU 신뢰마크는 표절이나 부정사용으로부터 보호하기 위해 영국 지식재산청 및 국제기구에 단체 표장(collective mark)으로 등록되어 있다.

2. 신뢰목록으로의 링크 제공

EU 신뢰마크를 사용하는 적격신뢰서비스제공자는 웹사이트에서 자신이 기재된 신뢰목록으로 연결되는 링크를 반드시 제공하여야 한다. 이는 이용자에게 EU 신뢰마크가 진정한 것인가를 검증하는 수단을 용이하게 제공하기 위한 것이다.

3. 신뢰마크의 형태와 관련된 규격을 명시한 시행규정

EU는 2015년 6월 12일부터 시행된 EU 신뢰마크의 형태와 관련된 규격을 명시한 시행규정(implementing regulation)인 No. 2015/806을 채택하였다. 이 규정에서는 매우 상세하게 색상과 관련된 규율을 하고 있으며,[55] 흑백으로 사용하는 경우에도 배경색과 대조를 이루어야 하며 그 크기는 64×85픽셀, 150dpi이상이

---

55) 구체적으로는 팬톤(Pantone) No. 654와 116 또는 4색 도를 사용할 때 파랑(100% 청록+78% 자홍+25% 노랑+9% 흑색)과 노랑(19% 자홍+95% 황색)이며, RGB 색상 사용 시 기준 색상은 파랑(43 빨강+67 녹색+117 파랑)과 노랑(243 빨강+202 녹색+18 파랑)이 되어야 한다.

되어야 한다고 규정하고 있다.

〈그림 1 EU적격신뢰서비스의 신뢰마크〉

Ⅲ. 비교법적 고찰

1. 우리나라

우리나라도 운영기준 준수사실의 인정을 받으면 그 운영기준을 준수한다는 사실을 표시할 수 있으며, 운영기준 준수사실의 인정을 받지 아니한 자 또는 유효기간 도과 등의 사유로 운영기준 준수사실의 인정의 효력이 상실된 자는 운영기준 준수사실 표시 또는 이와 유사한 표시를 하여서는 아니 된다(전자서명법 제13조). 운영기준 준수사실의 표시는 다음과 같은 인증마크를 부착하며, 이는 eIDAS의 신뢰마크와 같은 취지이다.

〈그림 2 전자서명법상 인정마크〉

인정마크의 표시 방법 등에 대해서는 전자서명법 시행규칙 제4조와 [별표 2]에서 다음과 같이 상세히 규율하고 있다. 인정마크 아래에는 인정을 받은 사업자명, 인정을 받은 전자서명인증서비스명, 인정을 받은 연도 및 해당 연도에 인정을 받은 순서에 따라 인정기관에서 부여하는 번호를 순차적으로 기입한다. 인정마크는 청색 색상을 사용하지만, 필요한 경우 인정마크를 표시하는 인쇄물의 주된 단일색상과 유사한 색상을 사용하거나 인정마크의 색상이 명확하게 나타날 수 있는 바탕색 위에 흑백으로 사용할 수 있다. 인정마크의 크기는 표시물 대상의 크기나 표시장소의 여건에 따라 조정할 수 있으며, 이 경우 인정마크를 상하좌우 같은 비율로 축소 또는 확대하여 표시해야 한다.

인정마크는 유효기간 동안 사용할 수 있으며, 유효기간 중 인정이 취소된 경우에는 인정마크의 사용을 즉시 중지해야 한다. 운영기준 준수사실의 인정을 받은 것이 다른 전자서명인증서비스에 비해 우월한 것으로 보이게 해서는 안된다. 그리고 운영기준 준수사실의 인정을 받은 전자서명인증서비스 외에 다른 제품이나 서비스에 인정마크를 표시해서는 안 된다.

2. 일 본

일본 전자서명법도 제13조 제1항에서 인증사업자의 해당업무가 특정인증업무의 인정을 받고 있음을 표시할 수 있다는 근거 규정을 두고 있다. 또한 이러한 표시나 이와 혼동되는 표시를 인정인증사업자 이외에 사람이 부착하여서는 안된다는 금지규정도 동조 제2항에 두고 있다.

〈그림 3 일본 전자서명법상 인정인증업무 표시〉

IV. 소 결

적격신뢰서비스제공자는 적격의 지위를 갖고 있음을 쉽게 알아볼 수 있도록 신뢰마크를 표시할 수 있다. 우리나라나 일본도 동일하게 보다 높은 신뢰가 주어지는 인증사업자임을 나타내는 표시를 활용하고 있다.

▌제24조 ▌ 적격신뢰서비스제공자의 요건

제1항 적격신뢰서비스제공자는 신뢰서비스를 위한 적격인증서를 발급할 때 적절한 수단
과 국내법에 따라 적격인증서를 발급할 자연인 또는 법인의 신원과 해당이 있는 경우에
는 특정한 속성을 확인해야 한다. 각호의 정보는 적격신뢰서비스제공자가 직접 확인하거
나 각국 법에 따라 제3자에게 위탁하여 다음과 같은 방법으로 확인하여야 한다:

(a) 자연인 또는 법인 대표의 현장 방문(physical presence); 또는

(b) 적격인증서의 발급 이전에 자연인 또는 법인 대표의 현장 방문이 보증되고 '보통' 또
는 '높음'의 보증수준과 관련하여 제8조에 규정된 요건을 충족하는 전자신원확인수
단을 이용하거나; 또는

(c) (a) 또는 (b)호에 따라 발급된 적격전자서명의 인증서 또는 적격전자인장을 통하거
나; 또는

(d) 현장 방문에 대한 신뢰성 측면에서 동등한 보증을 제공하는 국가 차원에서 인정된
기타 신원확인방법. 동등한 보증 여부는 적합성평가기관에 의해 확인되어야 한다.

제2항 적격신뢰서비스를 제공하는 적격신뢰서비스제공자는:

(a) 감독기관에 적격신뢰서비스 제공의 변경사항과 활동을 중단하려는 의사를 통지하여
야 하고;

(b) 보안 및 개인정보보호 규칙에 관한 적절한 교육을 받고 필요한 전문 지식, 신뢰성, 경
험 및 자격을 보유한 직원을 고용하여야 하고 제3자에게 위탁하는 경우에는 유럽 또
는 국제 표준에 부합하는 행정 및 관리 절차를 적용하는 하청업체를 채택하여야 하
며;

(c) 제13조에 따른 손해배상책임의 위험과 관련하여 충분한 재원을 유지하고/또는 국내
법에 따라 적절한 책임보험에 가입하여야 하며;

(d) 계약을 체결하기 전에 적격신뢰서비스를, 부분적인 경우를 포함하여 이용하려는 모
든 사람에게 해당 서비스의 이용에 관한 정확한 약관을 명확하고 포괄적인 방식으로
통지해야 하며;

(e) 변경으로부터 보호되는 신뢰할 수 있는 시스템 및 제품을 사용하고 이러한 시스템이
지원하는 프로세스의 기술적 보안과 신뢰성을 보장하며;

(f) 신뢰할 수 있는 시스템을 사용하여 제공된 데이터를 다음과 같이 검증 가능한 형태
로 저장하며; (i) 해당 데이터와 관련된 사람의 동의가 있는 경우에만 공개적으로 검
색할 수 있고, (ii) 인가된 사람만 데이터를 입력하고 변경할 수 있으며, (iii) 데이터의
신뢰성을 확인할 수 있고;

(g) 자료의 위조와 도용에 대해 적절한 조치를 취하며;

(h) 적격신뢰서비스제공자의 활동이 중단된 이후까지 포함하여 적격신뢰서비스제공자가
발급하고 수신한 자료에 관한 모든 관련 정보를, 특히 법적 절차에서의 증거 제공 및
확인을 위해, 적절한 기간 동안 접근 가능하도록 저장하고 유지하며, 이러한 저장은
전자적으로 이루어질 수 있다;

  (i) 제17조 제4항 (i)호에 따라 감독기구가 확인한 조건에 부합하는 서비스 연속성을 보
     장하기 위한 최신의 종료 계획을 수립하여야 하며;
  (j) 지침 95/46/EC에 따라 개인정보의 합법적 처리를 보장하며;
  (k) 적격신뢰서비스제공자가 적격인증서를 발급하는 경우 인증서 데이터베이스를 설정
     하고 업데이트 상태를 유지하여야 한다.

제3항 적격인증서를 발급하는 적격신뢰서비스제공자가 인증 폐지 결정을 하는 경우, 적시
에 그리고 요청 접수 후 24시간 이내에는 반드시 인증 폐지 여부를 인증서 데이터베이스
에 등록하고 이를 공표하여야 한다. 그 폐지는 공표 즉시 효력이 발생되어야 한다.

제4항 제3항에 관하여, 적격인증서를 발급하는 적격신뢰서비스제공자는 발급받은 적격인
증서의 유효성 또는 해지 여부에 대한 정보를 당사자에게 제공해야 한다. 이 정보는 신뢰
할 수 있고 무료이며 효율적인 자동화된 방식으로 인증서의 유효기간 경과 후에도 언제
든지 최소한 인증서별로 제공되어야 한다.

제5항 집행위원회는 시행법을 통해 본조 제2항 (e)호 및 (f)호에 따른 요건을 준수하는 신
뢰할 수 있는 시스템 및 제품에 대한 참조번호를 부여할 수 있다. 신뢰할 수 있는 시스템
및 제품이 이러한 표준을 충족하는 경우 본 조에 규정된 요건을 준수하는 것으로 추정된
다. 이러한 시행법은 제48조 제2항의 심사절차에 부합되도록 채택하여야 한다.

I. 입법 취지

1. 제도의 목적

  적격신뢰서비스를 도입하는 목적은 신뢰서비스를 이용하는 사람들로부터 더
높은 신뢰를 얻고 이를 통해 신뢰서비스의 활용을 적극적으로 촉진하는데 있다.
일반적인 신뢰서비스보다 높은 보안이 확보된 특별한 적격신뢰서비스를 마련함
으로써 이러한 목적을 달성할 수 있게 된다. 높은 보안이 유지되는 적격신뢰서
비스에 대해 EU의 모든 회원국이 같은 수준을 확보하도록 요건화함으로써 '완
전히 통합된 EU 디지털단일시장 형성'이라는 eIDAS 규정의 궁극적인 규범목적
을 달성하고자 한다.

2. 구체적 요건 제시 및 통일적 규율

  eIDAS 제24조의 핵심적인 의의는 높은 보안수준을 유지하기 위한 요건을 구
체적으로 명시하는데 있다. 21세기의 전자거래 경험을 통해 소비자의 신뢰는 적

격신뢰서비스제공자가 되기 위한 특정한 요건이 충족되어야만 보장될 수 있다는 점을 인식하게 되었다. 1999/9/EC 전자상거래지침에서는 적격신뢰서비스에 대한 구체적인 요건이 명시되지 않았으나, eIDAS 규정에서는 구체적으로 상세한 요건을 규율하게 되었다. 적격신뢰서비스제공자가 적격인증서를 발급하고 적격신뢰서비스를 제공하기 위한 요건뿐만 아니라 인증서의 폐지와 관련된 요건 역시 규정하고 있다.

적격신뢰서비스에 대한 입법적 권한은 회원국에게 맡겨진 것이 아니라, 유럽의회와 이사회에 귀속되어 있다. EU차원에서 eIDAS 규정을 통해 적격신뢰서비스제공자에 대해 세부적으로 규율함으로써, 각국 적격신뢰서비스제공자의 질적 균일성이 보장된다. 이를 통해 모든 회원국이 동일한 요건을 충족하는 적격신뢰서비스제공자를 둠으로써 적격신뢰서비스제공자의 운영 및 책임과 서비스 품질 보장이 유지될 수 있게 되었다.

Ⅱ. 내 용

1. 적격인증서 발급을 위한 신원확인

적격인증서를 발급하기 위한 가장 중요한 선결문제는 진정한 본인에게 발급되어야 한다는 것이다. 그러므로 적격인증서를 발급받는 자의 신원확인은 필수적이다. 여기에서의 신원확인은 제6조 이하의 전자신원확인과는 다른 기능을 하는 것이다. 제6조 이하의 전자신원확인은 온라인서비스에 접속하기 위한 신원확인이나, 제24조 제1항의 신원확인은 적격인증서를 발급하기 위한 것이므로 양자는 구별되는 것이다. 다만 적격인증서 발급을 위한 신원확인의 한 방법으로 제8조에 규정된 요건을 충족하는 전자신원확인수단을 이용하는 것도 포함하고 있다.

신원확인은 적격신뢰서비스제공자에 의해 직접 이루어질 수도 있으나, 신뢰할 수 있는 제3자에 위탁하여 행하여져도 무방하다. 신원확인을 위한 검증절차까지는 제24조에서 규정하고 있지 않으며, 이는 각 회원국의 법률과 제도에 따라 적절하게 이루어지게 된다.

또한 필요한 경우에는 발급받는 당사자에게 유일하게 해당되는 특정한 속성도 확인하여야 하며, 그 대표적인 예로는 우리나라의 사업자등록번호에 해당하는 '부가가치세 식별번호'를 들 수 있다. 그러나 모든 적격인증서에 특정한 속성이 확인되어야 하는 것은 아니다. 전자서명 또는 전자인장을 위한 적격인증서의 경우에 반드시 특정한 속성이 포함되어야 하는 것은 아니므로, 특정한 속성이 포함되지 않은 적격인증서라면 이를 확인할 필요는 없다.

신원확인을 위해 검증되어야만 하는 항목에 대해서는 제24조 제1항에서 상세히 규정하고 있다. 첫째로 자연인이나 법인 대표가 실제로 본인이 방문하여 신원을 확인하는 방법이다. 따라서 대리인의 방문을 통한 신원확인은 불가능하다. 두 번째로 사전에 본인 방문 과정이 있었던 보통 또는 높음의 보증수준이 인정되는 제3조 제2호의 전자신원확인에 의한 신원확인이다. 셋째로 위와 같은 절차를 거쳐 발급된 적격전자서명의 인증서 또는 적격전자인장을 통하는 신원확인방법이 있다. 끝으로 본인 방문과 동등한 보증을 제공하는 개별 회원국에서 인정된 기타 신원확인방법도 인정되고 있다. 대표적으로 독일 신뢰서비스법(Vertrauensdienstgesetz) 제11조 제1항에서는 eIDAS의 본 규정에 의거한 기타 신원확인 방법을 연방 네트워크청(Bundesnetzagentur)이 정할 수 있도록 위임하고 있다. 그렇지만 본인이 방문하는 것과 동등한 보증이 제공되는가의 여부는 적합성 평가기관에 의해 인정되어야만 한다.

2. 적격신뢰서비스의 제공

(1) 관리적 준수사항

적격신뢰서비스제공자는 전문성과 신뢰성을 담보할 수 있는 교육을 받고 경험과 자격을 갖춘 인력을 고용하여야 하고, 유럽 또는 국제표준에 부합하는 행정 및 관리절차를 적용하는 하도급업체에게 업무를 위탁하여야 한다. 또한 손해배상책임을 감당하기에 충분한 재원을 확보하면서 또는 확보하거나 적절한 책임보험에 가입하여야 한다.

해킹 등으로부터 보호되는 신뢰성있는 시스템 및 제품을 사용하고 이를 통해 프로세스의 기술적 보안과 신뢰성을 보장하여야 한다. 그리고 해당 데이터와 관련된 사람의 동의가 있는 경우에만 공개적으로 검색할 수 있고 인가된 사람만 데이터를 입력하고 변경할 수 있으며 데이터의 신뢰성을 확인할 수 있는 검증 가능한 형태로 데이터를 저장하여야만 한다. 적격신뢰서비스제공자는 이용자의 개인정보를 합법적으로 처리할 것을 보장하여야 하며, 적격인증서를 발급하는 경우에는 인증서 데이터베이스를 설정하고 업데이트된 상태를 유지하여야 한다.

데이터의 위조와 도용에 대해 적절한 조치를 취해야 하며, 적격신뢰서비스제 공자의 활동이 중단된 시점까지 적격신뢰서비스제공자가 발급하고 수신한 자료에 관한 모든 관련 정보를 적절한 기간 동안 접근가능하도록 저장하고 유지하여야 한다. 이는 특히 소송과정에서 증거로 제공되거나 법원에 의해 검증될 수 있어야 하며, 전자적 방식으로 저장하고 유지하여도 무방하다.

(2) 적격신뢰서비스제공을 위한 계약

적격신뢰서비스제공을 위한 계약을 체결하는 경우에는, 사전에 적격신뢰서비스를 이용하고자 하는 사람에게 해당 서비스 사용에 관한 정확한 약관을 명확하고 포괄적인 방식으로 통지하여야 한다. 이는 서비스의 일부만을 이용하고자 하는 경우에도 마찬가지이다.

(3) 적격신뢰서비스제공의 변경 또는 종료

적격신뢰서비스제공을 변경하거나 종료하고자 하는 때에는 우선 감독기관에 변경 또는 종료 의사를 통지하여야 한다. 적격신뢰서비스제공을 종료하는 경우에는 감독기관이 확인한 조건에 부합하는 서비스 연속성을 보장하기 위해 최신의 종료 계획을 수립하여야 한다.

3. 적격인증서의 폐지

적격신뢰서비스제공자는 적격인증서를 폐지하는 결정을 할 수 있다. 적격신뢰서비스제공자의 적격인증서 폐지는 적격신뢰서비스제공자가 필요하다고 판단한 경우 뿐만 아니라 이용자가 적격인증서를 폐지해달라고 요청하는 경우에도 결정하게 된다. 이용자의 요청이 있는 경우에는 이를 접수한 후 24시간 이내에 폐지여부를 결정하여야만 한다. 다만 인증폐지 결정을 하는 구체적인 절차나 요건에 대해서는 제24조 제3항에서 명시하고 있지 아니하다. 적격인증서의 폐지결정이 이루어지게 되면 인증서 데이터베이스에 등록하고 이를 공표하여야만 하며, 공표시점부터 적격인증서 폐지의 효력이 발생된다.

적격인증서가 폐지되어야 할 필요가 있는 경우를 생각해보면, 우선 적격인증서가 위조되거나 보안에 결함이 발견되는 때에는 폐지되어야 한다. 또한 신원확인 과정에서 문제가 발생하여 타인에게 인증서가 발급된 경우에도 폐지되어야만 한다. 적격신뢰서비스제공자가 폐업 등으로 더 이상 서비스를 제공할 수 없는 경우에도 당연히 적격인증서는 폐지되어야 할 것이다. 그리고 적격인증서의 폐지의 효과는 비가역적이고 확정적이어서, 폐지가 철회되어 당해 적격인증서의 효력이 부활되는 경우는 결코 있어서는 아니된다. 당사자는 필요하다면 적격인증서를 다시 발급받아야 한다.

적격인증서를 발급하는 적격신뢰서비스제공자는 자신이 발급한 적격인증서의 유효 여부에 관한 정보를 당사자에게 제공하여야 한다. 즉 반드시 유효한 적격인증서에 관한 정보만을 제공하는 것이 아니라 해지되거나 폐지된 적격인증서에 대한 정보도 당사자에게 제공하여야 한다. 이러한 정보의 제공은 당사자에게 무상으로 이루어져야 하며, 인증서마다 개별적으로 제공되어야 한다.

4. 시행법의 제정

신원확인을 위한 신뢰할 수 있는 시스템과 제품을 규정하기 위해서는 제24조만으로 충분하지 않다. 이를 시행하기 위한 세부적인 규율이 필요하므로 집행위원회에 시행법을 제정할 수 있는 권한을 부여하고 있다. 집행위원회가 제정한 시행법에서 표준을 정하고 이에 부합하면, 제24조의 요건을 충족한 것으로 법적으로 추정하고 있다. 집행위원회의 시행법을 EU 전체에 적용함으로써 통일적인 법적 규율을 가능하게 하는 효과를 거둘 수 있다.

Ⅲ. 우리 전자서명법과의 비교법적 고찰

1. 신원확인

전자서명법은 과거의 공인인증제도를 폐지함으로써 eIDAS 규정과 같은 등급화된 신뢰시스템제도를 채택하고 있지 않다. 다만 전자서명인증사업자가 운영기준 준수사실의 인정을 받음으로써 이용자의 높은 신뢰를 추가적으로 확보하는 정도에 그치고 있다. 운영기준 준수사실의 인정을 받은 전자서명인증사업자는 전자서명인증서비스에 가입하려는 자의 신원을 확인하여야 한다(전자서명법 제14조). 그 구체적인 신원확인 방법은 해당 전자서명인증사업자가 정보통신망법 제23조의3 제1항에 따른 본인확인기관인 경우에는 금융실명법 제2조 제4호에 따른 실지명의를 기준으로 확인하는 방법을 따르면 되는데, 단 가입하려는 자의 신원이 실지명의 기준으로 확인된 사실을 해당 전자서명인증사업자가 확인할 수 있는 경우에는 운영기준 준수사실의 인정을 받은 가입자 확인방법으로 할 수 있으며, 해당 전자서명인증사업자가 본인확인기관이 아닌 경우에는 운영기준 준수사실의 인정을 받은 가입자 확인방법으로 하여야 한다(전자서명법 시행령 제9조 제1항).

신원확인방법에 대해서는 eIDAS 규정도 현장 방문과 동등한 수준의 신뢰성이 보장되는 회원국 각국의 고유한 방법도 인정하고 있다. 우리의 실지명의 기준으로 하는 신원확인은 본인이 현장 방문할 것을 원칙으로 하고 있으므로 신뢰성이 보장된다고 할 수 있으나, 본인확인기관이 아닌 경우에 '운영기준 준수사실의 인정을 받은 가입자 확인방법'이 구체적으로 무엇인가는 전자서명법이나 하위 법령에 전혀 나타나 있지 않다.

2. 전자서명인증업무준칙의 준수

운영기준 준수사실의 인정을 받은 전자서명인증사업자는 ① 전자서명인증서비스의 종류, ② 전자서명인증서비스의 요금, 이용범위 및 유효기간 등 이용조건, ③ 전자서명인증업무의 수행방법 및 절차, ④ 그 밖에 전자서명인증업무의 수행에 필요한 사항이 포함된 전자서명인증업무준칙을 작성하여 인터넷 홈페이지 등에 게시하고 성실히 준수하여야 하며, 인증업무준칙을 변경한 경우에도 또한 같다(전자서명법 제15조 제1항).

3. 전자서명인증업무의 휴지 또는 폐지

운영기준 준수사실의 인정을 받은 전자서명인증사업자는 전자서명인증업무의 전부 또는 일부를 휴지하려는 경우 휴지기간을 정하여 휴지하려는 날의 30일 전까지 그 사실을 가입자에게 통보하고 인터넷 홈페이지 등에 게시하여야 한다(전자서명법 제15조 제2항). 또한 운영기준 준수사실의 인정을 받은 전자서명인증사업자는 전자서명인증업무를 폐지하려는 경우 폐지하려는 날의 60일 전까지 그 사실을 가입자에게 통보하고 인터넷 홈페이지 등에 게시하여야 한다(전자서명법 제15조 제3항). 위와 같이 통보하거나 게시하는 내용에는 요금의 반환, 가입자의 개인정보 폐기 등 가입자 보호조치가 포함되어야 한다(전자서명법 제15조 제4항). eIDAS에서는 감독기관에 적격신뢰서비스의 제공을 중단하려는 의사를 표시하도록 하면 되고, 이용자에 대한 통지는 명시되어 있지 않다는 점과는 구별되는 것이다. 다만 eIDAS 규정은 적격신뢰서비스제공이 중단되더라도 소송 과정에서 증거로 활용될 수 있도록 상당한 기간 동안 관련 정보 일체를 보관하도록 규정하고 있으나, 전자서명법에는 그러한 규정이 누락되어 있는 점도 발견된다.

4. 책임보험

운영기준 준수사실의 인정을 받은 전자서명인증사업자는 가입자에 생긴 손해를 배상하기 위하여 책임보험에 가입하여야 한다(전자서명법 제20조 제2항). 책임보험의 내용은 연간 총 보상액의 한도가 10억 원 이상이어야 하며, 운영기간 준수사실의 유효기간인 인정을 받은 날로부터 1년 동안 발생한 사고를 보장 대상으로 하여야만 한다(전자서명법 시행령 제11조). 이는 eIDAS 규정의 책임보험 가입에 관한 규정과 매우 유사한 것이다.

IV. 소 결

제24조는 적격신뢰서비스의 제공을 위한 가장 중요한 내용을 규정하고 있는 조항이다. 적격신뢰서비스의 적격인증서를 발급하기 위한 선행 요건으로서 신원확인에 관해 규율하고 있고, 적격신뢰서비스제공자가 준수해야 할 사항들을 구체적으로 규정하고 있다. 또한 적격신뢰서비스제공의 변경이나 종료 그리고 적격인증서의 폐지에 관해서도 상세한 규정을 두고 있다는 점은 과거의 EU전자상거래지침에서 진일보한 것이라고 평가할 수 있다.

우리 전자서명법은 eIDAS 규정과 유사한 규정들을 두고 있으나, 인증서와 관련한 규정을 전혀 두고 있지 않다는 점은 문제로 지적될 수 있다. 특히 eIDAS 규정은 적격인증서의 폐지와 관련해서 구체적인 규정을 마련하고 있으므로, 우리 전자서명법에서도 이와 관련된 규정을 신설하는 것이 필요하다고 생각된다.

제4관 전자서명(제25조~제34조)

▌제25조▌ 전자서명의 법적 효력

제1항 전자서명은 전자적 형태로 되어 있거나 적격전자서명의 요건을 충족하지 않는다는 이유만으로 법적 절차의 증거로서 법적 효력 및 증거능력이 부인되지 않는다.

제2항 적격전자서명은 수기서명과 동등한 법적 효력을 지닌다.

제3항 한 회원국에서 발급된 적격인증서를 기반으로 하는 적격전자서명은 다른 모든 회원국에서 적격전자서명으로 인정된다.

I. 입법취지

제25조는 제26조의 고급전자서명을 제외한 일반전자서명과 적격전자서명의 법적 효력을 규율하며, 제35조 이하의 법인에 대한 전자인장(electronic seals)에 대하여도 병행하여 규율한다. 이 조항은 다음과 같은 세 가지 일반원칙을 정하고 있다. 즉, a) 전자형식이라는 이유 또는 적격전자서명 요건을 충족하지 않았다는 이유로 도구(instrument)를 차별하는 것을 금지하는 원칙(제1항), b) 적격전자서명과 수기서명 간의 등가성 원칙(제2항), c) 유럽연합 역내에서 적격전자서명에 대한 상호인정원칙(제3항).[56]

전자서명은 2000년의 전자서명지침(지침 1999/93/EC)에서 이미 채택되었던 개념으로서 전자상거래의 발전을 촉진하기 위한 목적에 부응하므로 eIDAS 규정에서도 유지되고 있다. 그러나 이러한 목적은 적격전자서명에 대하여 수기서명과 동일한 효력을 부여하는 법적 체계를 정의함으로써 달성되는데, 이로써 데이터의 출처와 서명인에 대한 속성을 안전하게 식별할 수 있는 새로운 통신 및 데이터 전송기술의 신뢰성과 효율성에 대한 신뢰와 확신을 증진시키는데 적합하다.[57]

---

56) Zaccaria/Schmidt-Kessel/Schulze/Gambino, 앞의 책, at 215ff.
57) 전문 제2호에 표현된 필요성에 따라 시민, 기업 및 공공기관 간에 안전한 전자적 상호작용을 위한 공통 기반을 제공함으로써 역내시장에서 전자거래에 대한 신뢰를 강화하여 유럽연합 내의 공공 및 민간 온라인서비스, 전자사업 및 전자상거래의 효율성을 증가시키는 방안을 모색한다.

Ⅱ. 내 용

1. 전자서명의 개요

전자서명에 관한 법적 효력에는 전자서명 개념의 다른 정의들도 고려하여야 한다. 즉 eIDAS 규정 제3조 제10호에서 정의하는 전자서명은 제3조의 서명자 (제9호), 적격전자서명(제12호) 및 적격전자서명인증서(제15호)를 함께 해석하여야 이해될 수 있다.

전자서명의 개념은 제3조 제10호에서 규정하는 바와 같이 전자형식의 다른 데이터에 첨부되거나 논리적으로 연관되고 서명자가 서명하는데 사용되는 전자형식의 데이터를 의미한다.

이 정의는 전자서명지침 1999/93/EC에서 규정한 개념과 대체로 일치하지만, eIDAS 규정에서는 전자적 형식의 데이터에 대하여 "서명자가 서명하는데 사용 (which is used by the signatory to sign)"이라는 문장이 추가되었다. 이는 서명을 인증방식으로 사용하였던 기존의 정의에서 나아가 선언적 기능을 추가하였다는 것을 의미한다. 즉, 전자서명을 첨부함으로써 서명자가 해당 문서의 내용에 동의를 표시하는 기능도 추가하였다는 것을 의미한다. 이는 전자서명이 인증기능을 하지 않는다는 의미는 아니다. 사실상 신원확인기능은 동의를 표현하는 가장 강력한 기능 중의 하나이며, 현재 명시적으로 그리고 자동적으로 인정된다.

제3조 제9호에 따르면, 서명자는 전자서명을 생성하는 사람, 즉 서명을 실제로 사용하는 사람이다(전자서명지침 1999/93/EC에서의 서명자의 개념은 전자서명의 생성을 위하여 생성장치를 소지한다는 기준에 관한 것이었다).

2. 소위 기술중립성원칙

이 원칙에 대한 정의는 정의규정 제3조가 아닌 제26조 고급전자서명에서 정하는 기술중립성의 원칙을 기반으로 한다. 또한 전문 제27호에서도 언급하고 있으며 이 원칙을 적용하는 것이 적절한 경우에만 적용하므로 구속력은 없다.[58] 이는 기술진보로 곧 노후될 기술과 관계없이 규제적 접근방식을 원활하게 하기

---

58) 전문 제27호 참조: 이 규정은 기술 중립적이어야 한다. 이 규정이 부여하는 법적 효력은 이 규정의 요건이 충족되는 경우 기술적 수단에 의해 달성할 수 있어야 한다.

위한 것이다. 따라서 전자서명의 개념은 상이한 방식의 기술과 인증방법뿐만 아니라 현재까지 아직 사용되지 않는 기술 및 인증 방법에 기반한 서명을 모두 포함한다. 전자서명지침 1999/93/EC과 eIDAS 규정은 UNCITRAL이 전자서명에 대한 기본입장으로 채택한 기술중립성 원칙을 수용한 것이다.

기술중립성원칙에 대한 예외로서 전자서명용 인증서가 있다. 이 개념은 해당 사람의 이름 또는 가명을 연결하는 전자 증명으로서 제3조 14호에서 정의하고 있다. 적격신뢰서비스제공자가 발급하고 부속서 I에 규정된 요건을 충족하는 경우 전자서명용 인증서는 제3조 제15호에 의해 적격의 속성을 획득한다. 제3조 제14호의 정의는 공개 키(key) 인프라에 기반한 특정 전자서명 시스템을 전제로 한다.

3. 전자서명과 전자인장 간 구별(기본 개념)

전자인장은 제3조 제25호에서 새로 도입되었지만 그 개념 내용은 전자서명의 정의를 반복하고 있다. 그러나 전자서명과 전자인장은 첨부되거나 연관된 데이터와 관련하여 사용되는 기능이 다르다는 점에서 크게 구별된다. 특히, 전자서명은 진술, 전자서명 주체에 관한 지식 또는 의도, 그 내용과 연결된 본인을 확인할 수 있는 기능을 하는 반면, 인장은 데이터의 출처와 무결성을 보장하는 목적으로만 사용된다(제35조).

또한, 자연인에 의해서만 생성될 수 있는 전자서명과 달리 법인만이 전자인장을 생성할 수 있다. 이것은 자연인 또한 전자 데이터의 출처와 무결성을 보장할 수 있음을 의미한다. 그러나 이러한 효력을 구하는 자연인은 반드시 전자서명을 사용해야 한다.

4. 세 가지 유형의 전자서명(일반, 고급 및 적격전자서명)

eIDAS 규정 제3조는 전자서명의 유형을 3가지로 구별하여 규정하고 그에 해당하는 각각의 법적 효력을 부여하고 있다. 이 세 가지의 전자서명은 전자서명의 보안과 기술개발의 수준이 각각 다르며, 그에 관련된 법률효과도 달라진다.

특히, a) 제3조 제10호에 나타낸 용어로 정의된 일반전자서명은 다른 서명 유형에 대한 엄격한 요건을 충족하지 못하는 유형의 서명으로서 상대적으로 보안

수준이 낮고 쉽게 조작될 수 있다. b) 고급전자서명은 규정 제26조에 규정된 모든 파라미터(eIDAS 규정 제3조 제11호)를 충족하는 전자서명이다. c) 적격전자서명 즉, eIDAS 규정 제3조 12호에 따라 적격전자서명생성장치에 의해 생성되고 전자서명용 적격인증서를 기반으로 하는 고급전자서명이다.

5. 적격전자서명

적격전자서명에 의해 보장되는 보안수준은 매우 높다. 고급전자서명의 특정 세부유형이기 때문에, 적격전자서명이 보장하는 보안수준은 제26조에 규정된 조건에 따라 고급 수준이다. 그러므로 고급보안수준을 사용하는 적격전자서명은 이를 생성한 자연인에게만 관련되어 있고(서명자에게 유일하게 연결되어 있고), 서명자를 특정할 수 있다[제26조 (a)호 및 (b)호]. 또한 적격전자서명은 서명자가 높은 수준의 신뢰를 가지고 이 목적을 위해 자신의 단독 통제 하에 사용하는 전자서명생성데이터(즉, 규정 제3조 제13호에 의거한 고유식별정보)를 사용하여 생성되며[규정 제26조 (c)호], 서명자는 그 데이터의 후속 변경을 기술적으로 탐지할 수 있다[제26조 (d)호].

고급전자서명의 유형 내에서 이 전자서명의 세부유형을 구별하는 것은 두 가지의 고도로 적격인 성질, 즉 서명의 생성에 사용된 컴퓨터 장치와 서명 생성의 기반이 되는 인증서 두 가지이다(제3조 제12호).

적격장치의 요건은 규정 제3조 제23호의 정의에 따라 본 규정의 부속서 II에서 규정된다. 기타 요건들 사이에서 장치는 전자서명 생성에 사용되는 전자서명생성데이터의 기밀성과 보안을 보장해야 한다. 특히, 후자의 목적은 다음을 통해 달성된다. (b) 이러한 데이터 사용의 1회성과 유일성. (c) 현재 사용 가능한 기술을 사용하여 위·변조 방지기술로 신뢰할 수 있는 보호, (d) 전자서명 생성에 사용되는 전자서명생성데이터를 타인의 사용으로부터 보호하여 신뢰를 유지하여야 한다.

또한 서명자를 대신하여 전자서명생성데이터의 생성 및 관리는 규정에 명시된 엄격한 요건을 충족하는 적격신뢰서비스제공자(부속서 II 제3항)만 수행할 수 있다고 명시하고 있다. 그 외에, 적격전자서명생성장치는 서명할 데이터를 변경하거나 서명 전에 해당 데이터가 서명자에게 제공되지 않도록 하여야 한다(부속서 Ⅱ 제2항).

적격인증서에 관하여는, eIDAS 규정 제3조 14호에 제시된 정의로 명백하기 때문에, 전자서명유효성검증데이터를 자연인에게 연결시키는 것은 인증서에 의해 즉, 적어도 해당 사람의 이름 또는 가명을 확인하는 전자증명(electronic attestation)에 의해 보장된다. 전자서명용인증서는 적격신뢰서비스제공자에 의해 발급될 때 적격인 것으로 정의되며 이 규정의 부속서 Ⅰ에 규정된 요건을 충족한다[eIDAS 규정 제3조 제15호(전자서명의 적격인증서의 개념)와 제38조(전자인장의 적격인증서)].[59] 전술한 바와 같이, 전자증명의 개념은 특정 기술 인프라를 전제로 하기 때문에 이 개념은 기술적으로 중립적이지 않다(제3조 하위 참조).

6. 전자서명의 법적 효력 및 증거법상의 의미

(1) 2단계 접근방식

전자서명에 대한 법적 프레임워크는 전자서명지침 1999/93/EC에서와 같이 2단계 접근방식을 따르고 있으며, 법문을 긍정문과 부정문의 형식으로 서술하고 있다. 1단계 접근방식은 적격전자서명에만 적용된다. 즉, 긍정문으로 적격전자서명의 효력을 규정하고 있으며, 특히 수기서명과 등가하는 효력을 부여받은 유일한 서명이다. 2단계 접근방식은 다른 모든 전자서명(비적격, 즉 일반전자서명과 고급전자서명)에 대하여 차별금지의 원칙이 적용된다(법적 문서가 전자적 형식으로 생성된다는 이유만으로는 법적 효력이 부인되지 않는다는 부정문의 형식으로 서술됨).

(2) 전자적 형식 또는 적격전자서명의 요건을 충족시키지 못하였다는 이유만으로 서명을 인정하지 않는 것을 금지하는 원칙(제1항)

eIDAS 규정 제25조 제1항의 법문은 대체로 전자서명지침(지침 1999/93/EC의 제5조 제2항 참조)에서의 일반원칙을 따른 것으로서 전자문서 규정의 범위에서 포괄적인 원칙이다.

이 원칙에 따라 전자서명은 일반전자서명의 형식이더라도 전자형식이나 적격전자서명에 대한 요건을 충족하지 않는다는 이유만으로 a) 법적 효력을 부인할 수 없으며, b) 법적 절차에서 증거능력(admissibility)이 부인되지 않는다.

---

59) (a) 적격신뢰서비스제공자의 고유한 신원확인, (b) 최소한 서명자의 이름이나 가명, (c) 인증서의 유효기간이 포함된다.

이 원칙은 서명의 법적 효력과 증거능력에 대해서 매체(물질적 의미에서)와의 무관함을 강조한다. 또한 모든 서명에 대해 동등한 법적 대우(차별금지 원칙)를 설정한다. 서명에 부여된 법적 효력은 구체적으로 채택된 기술적 솔루션에 따라 달라질 수 없다는 생각에 근거하므로 차별금지원칙은 기술중립성원칙과 밀접하게 관련되어 있다.

서명의 법적 효력에 관한 한, 규정의 전문 제63호에서 명시한 바와 같이 원칙의 근거는 거래가 전자형식이라는 이유만으로 부인되는 것을 방지하여 유럽의 디지털시장을 강화하려는 것이다.

제25조 제1항의 문구는 부정문의 형식을 취하고 있다. 전자서명에 대해 어떤 법적 효력이 부인될 수 없는지는 명확하지 않다. 그러나 전문 제49호는 eIDAS 규정에서 명시하지 않는 한 각 회원국의 입법자들에게 전자서명의 법적 효력을 규율할 수 있도록 위임하고 있다. 따라서 각 회원국은 제25조의 취지에 따라 전자서명의 법적 효력을 입법하여야 하며, 적격전자서명에 대하여는 제25조 제2항에서 정하는 수기서명과 적격전자서명 간에 동등한 법적 효력을 유지하여야 한다.

전자서명의 증거법상의 효력은 일반적으로 소송 유형(민사, 형사, 행정, 조세 등)과 관련하여 어떠한 차별도 없이 그리고 일반적으로 증거방법과 관련하여 다양한 유형의 절차를 구분하는 각 국가의 법률 시스템과 관련하여 어떠한 조정도 없이 소송 절차에 적용된다. 그러나 이 문제에 대한 유럽연합의 불충분한 권한을 감안하면, 증거에 관한 유럽 규정이 형사소송 절차에 관하여 적용될 수 있는지는 불확실하다.

(3) 법적 효력 측면에서 적격전자서명과 수기서명 간의 등가성(제2항)

제2항에 따르면, 적격전자서명은 수기서명과 동등한 법적 효력을 갖는다. 그러나 본 규정 제3조 제12호에서 적격전자서명의 개념은 예상대로 잘 정의되어 있는 반면 수기서명에 대하여는 정의규정을 두고 있지 않다.

eIDAS 규정이 전자서명과 전자인장 간의 병행주의를 취하고 있음에도 불구하고, eIDAS 규정은 적격전자인장에 대해 제35조 제2항의 추정력 즉, 적격전자인장이 데이터의 무결성과 전자인장이 연결된 해당 데이터의 출처에 대한 정확성에 대한 추정력을 부여한다는 규정을 적격전자서명에는 도입하지 않고 있다. 반대로, 적격전자서명과 수기서명 간 등가성 원칙을 침해하지 않고, 제25조 제2항에 따라 규정은 적격전자서명의 법적 효력의 정의를 회원국에 위임하고 있다.[60]

그러나 적격전자서명과 적격전자인장을 달리 규율함으로써 보안수준이 더 높은 적격전자서명의 법적효력이 적격전자인장보다 낮게 되는 체계상의 불일치가 나타나고 있다. 적격전자서명의 법적 효력은 회원국의 국내법으로 정하도록 하고 있으나, 제35조 제2항은 적격전자인장이 첨부된 데이터의 무결성 추정과 출처의 정확성에 대한 추정력을 보장한다.

(4) 상호인정원칙(제3항)

제25조 제3항은 소위 상호인정원칙을 명시하고 있으며, 이를 통해 회원국에서 발급된 적격인증서를 기반으로 한 적격전자서명은 모든 회원국에서 인정되어야 하며, 그 결과 동일한 효력이 유럽연합 역내 전체에 적용된다. 이 원칙은 적격전자서명과 관련하여 전자서명지침 1999/93/EC에 이미 명시되어 있었으며 이제는 전자인장(제35조 제3항 참조)과 전자타임스탬프의 유효성검증(제41조 제3항 참조)으로도 확대 적용되었다.

이 원칙의 취지는 전자신원확인, 인증 및 서명 도구의 법적 확실성을 강화하고 그러한 법제의 상호운용성과 국가 간 상호인정을 보장함으로써 디지털단일시장을 활성화하기 위한 것이다.

상호인정을 보장하기 위해 국내법은 적격전자서명에 추가 필수요건을 둘 수 없음이 명확하다(제28조 제2항). 회원국은 국내법으로 적격전자서명의 상호운용성과 상호인정을 유지하기 위한 비필수 특정속성(specific attributes)만을 정할 수 있다(제28조 제3항).

III. 비교법적 고찰

유럽연합은 모든 회원국의 법률시스템에서 전자서명에 관한 필수적인 기능이 통일적으로 보장될 수 있도록 eIDAS 규정체제를 선택하였다. 그러나 각 회원국은 eIDAS 규정에서 정하는 완전한 조화를 이루어야 하는 범위 이외에는 다른

---

60) 그러나 전문 제49호에서 명시하고 있는 바와 같이, 적격전자서명이 수기서명과 동등한 법적 효력을 가져야 한다는 것에 따라 본 규정에 제공된 요건 외에 전자서명의 법적 효력을 정의하는 것은 국내법으로 정한다.

종류의 신뢰서비스를 규율하는 조항들을 유지하거나 도입할 자유가 있다(전문 제24호, 제25호).

벨기에는 2016년 경제법에 의하여 신뢰서비스를 도입하였는데 여기에서 전 자서명은 자연인만이 사용할 수 있고 법인은 전자인장을 사용하도록 구분하고 있다.

프랑스는 2016년 계약법 개혁에 따라서 민법 제1366조에서 문서는 생성자의 신원이 확인되고 성질상 무결성이 보장되는 조건하에서 작성되고 보존되는 경우 에 한하여 종이문서와 동일한 효력을 갖는다. 또한 제1367조는 제2항에서 다음 과 같이 전자서명에 관하여 신뢰성의 추정을 규정하고 있다. "전자서명은 서명 과 해당 문서와의 관련성을 보장하는 신뢰할만한 신원확인절차를 사용하여 생성 된다. 국사원법(décret en Conseil d'État)에서 정하는 요건에 따라 서명자의 신원 과 문서의 무결성을 보장하는 방식으로 전자서명이 된 경우에는, 반대의 증명이 있을 때까지, 이 절차의 신뢰성이 추정된다."

독일은 2017년 독일 국내법인 eIDAS 시행법을 제정하여 eIDAS 규정이 국내 에서 적절히 작동할 것을 보장하고 있다. 독일민사소송법(ZPO) 제371a조 제1항 에서 적격전자서명이 첨부된 전자문서의 진술은 중대한 의심을 받는 사유에 의 하여 반박되지 않는 한 그 진정성이 추정된다고 규정하고 있다. 이 경우에는 문 서에 대한 증거규칙인 일응의 추정(Prima facie Beweis)이 적용된다. 또한 전자공 문서에 대하여는 공공기관이 그 직무권한의 범위 내에서 작성한 전자문서 또는 공증권한이 있는 자의 직무 범위 내에서 규정된 방식으로 작성한 전자문서에 대하여는 그 진정성에 대하여 법률상 추정규정이 적용된다(ZPO 제371a조 제3항).

Ⅳ. 소 결

디지털 단일시장 활성화의 핵심요소는 전자서명이므로 eIDAS 규정에서 그 효 력체계와 회원국간의 상호인정을 명시하여 유럽연합을 디지털단일시장으로 통합 하고 이를 미래전략사업의 기틀로 삼고 있다. eIDAS 규정은 전자서명의 유형을 전자서명의 보안기술의 수준에 따라서 일반전자서명, 고급전자서명, 적격전자서 명으로 구분하고, 각 전자서명의 유형에 따른 법적 효력을 이단계 접근방법에 따라 체계화하였다. 보안기술수준이 가장 높은 적격전자서명에 대하여는 제25조

제2항에서 수기서명과 동등한 효력을 인정한다는 보다 강한 효력규정을 두었으며 제25조 제3항에서 적격전자서명에 대한 유럽연합 회원국들의 상호인정의무를 규정함으로써 유럽디지털단일시장전략을 관철할 수 있도록 하고 있다.

또한 전자서명의 개념과 관련하여 본 규정의 제25조에서 "서명자가 서명하는" 문구를 추가하였으며 이는 전자서명이 본인인증뿐만 아니라 메시지인증을 위한 것이기도 함을 분명히 하는 의미가 있다. 한편, 자연인이 사용하는 전자서명이 반드시 본인이 아니더라도 일정한 경우 사업자도 본인을 위하여 대리서명이 가능하도록 한 것은 디지털단일시장을 활성화시키는데 필요한 클라우드 서비스 사업을 발전시키기 위한 조치이다.

전자서명의 종류에 관하여 우리나라의 전자서명법은 단일한 종류의 전자서명을 정의하고 있는데(제2조 제2호), 다만 부칙 제7조에서 종래 '공인전자서명'을 규정하고 있던 개별법령 조항을 개정하여 "전자서명법 제2조 제2호에 따른 전자서명(서명자의 실지명의를 확인할 수 있는 것을 말한다)"으로 개정하고 있다. 따라서 전자서명법은 실제적으로는 조세, 전자금융등 당사자의 신원확인과 거래의 안전성이 고도로 요구되는 분야에서는 '서명자의 실지명의를 확인할 수 있는 전자서명'을 사용하도록 하고, 그 외의 경우에는 일반 '전자서명'을 사용하도록 이원적인 규정을 두고 있는 것으로 평가된다. 그리고 전자서명의 효력에 관하여는 전자서명법 제3조 제1항에서 '비차별성의 원칙'을 정하고 있고, 제2항에서 "법령의 규정 또는 당사자 간의 약정에 따라 서명, 서명날인 또는 기명날인의 방식으로 전자서명을 선택한 경우 그 전자서명은 서명, 서명날인 또는 기명날인으로서의 효력을 가진다"라고 하여 전자서명은 서명 또는 기명날인으로서의 법적 효력을 가지는 것으로 하여 전자서명은 서명자의 실지명의를 확인할 수 있는 것인지를 묻지 않고 모두 동등한 효력을 갖는 것으로 규정하고 있는 점이 특색이라고 할 수 있다.

우리 전자서명법도 전자서명의 종류와 효력의 체계를 정비하고 현재 법적으로 불확실한 부분이 있는 상태를 해소하기 위하여 eIDAS 규정에서 정비하고 있는 체계를 참고할 필요가 있다.

▌ 제26조 ▌ 고급전자서명의 요건

고급전자서명은 다음 요건을 만족하여야 한다. 즉,

  (a) 서명자에게 유일하게 연결되며;
  (b) 서명자를 신원확인 할 수 있으며;
  (c) 높은 수준의 신뢰를 가지고 서명자가 자신의 단독 통제 하에 사용할 수 있는 전자서명생성데이터를 사용하여 생성된다; 그리고
  (d) 데이터에 대한 후속 변경을 탐지할 수 있도록 서명되는 데이터에 연결된다.

I. 입법취지

제26조에 나열된 네 가지 요건을 모두 충족하는 전자서명은 고급으로 정의된다. 이러한 요건은 일반전자서명이 제공하는 수준에 비해 고급전자서명에 더 높은 수준의 보안을 보장한다. 그러나 이 보안 수준은 적격전자서명에 도달하지 못하므로 (eIDAS 규정 제25조 제2항에 규정된 것과 같이) 고급전자서명을 수기서명과 동등한 법적 효력을 연관시키기에 충분하지 않다. 실제로 적격전자서명은 부가 기술 및 안전 요건을 충족하는 고급전자서명이라 할 수 있다. 따라서 제26조는 고급전자서명에 어떠한 법률상의 효력도 귀속시키지 않으며, 증거 관련 효력조차도 부여하지 않고 있다. 다른 모든 전자서명과 마찬가지로 고급전자서명에 대하여도 그것이 전자 형식 또는 적격서명이 아니라는 이유만으로 서명을 인정하지 않는 것을 금지하는 원칙을 적용한다. 그러나 각국의 법관들은, 상황에 따라, 제26조에 규정된 기술요건에 의해 보장되는 유사한 수준의 보안과 관련되어 있다는 점을 감안하여, 고급전자서명을 적격전자서명과 실질적으로 동등한 것으로 다루는 경향이 있을 수 있다.[61]

고급전자서명에 관하여는 전문 제27호에 표현된 소위 기술중립성 원칙이 적용된다. 비록 구속력없는 원칙이지만 이것은 혁신에 개방된 접근방식이며 기술변화에 대한 적응을 촉진하는 것을 목표로 한다(전문 제26호). eIDAS 규정은 충족되어야 하는 정확한 기술적 형식을 지정하지 않고 고급 자격을 갖추기 위해 필요한 전자서명의 요건만을 나타낸다.

---

61) Zaccaria/Schmidt-Kessel/Schulze/Gambino, 앞의 책, at 227.

II. 내 용

1. 고급전자서명에 대한 요건

(1) 서명자와의 유일한 링크(a)와 서명자의 신원을 확인할 수 있는 능력(b)

(a)와 (b)에 규정된 요건은 고급전자서명이 이를 생성한 사람(서명자)과 유일하게 링크되고 전자서명이 첨부된 문서의 수신자는 문서를 발행한 사람이 유일하며 그의 신원이 확인되었다는 것을 보장받아야 할 필요성을 충족시킨다.

(2) 서명을 생성하는 데이터의 유일한 제어(c)

(c) 요건에 따르면, 전자서명을 생성하는데 사용되는 전자 데이터는 서명자의 단독 제어 하에 높은 수준의 보안을 유지하면서 사용 가능해야 한다. 그러나 높은 수준의 보안은 서명자 자신이 단독 제어를 유지할 수 있는 방법을 이용하여 생성되도록 의도된 고급전자서명에 관한 전자서명지침 1999/93/EC 제2조 2)호 (c)에 명시된 보다 엄격한 표준을 완화한 것이다.

(3) 데이터의 후속 변경 탐지 가능성(d)

서명 후 전자 데이터 변경의 탐지 가능성은 데이터의 지속적인 무결성 보장을 제공한다. 기술중립성원칙에 따라, 이 조항은 특정 기술적 방법이 데이터의 무결성을 제어할 수 있어야 함을 명시하지 않고 단지 이러한 목적을 위해 데이터에 대한 링크가 있어야 함을 규정한다.

III. 입법론

최근 이탈리아에서 태블릿에 그래픽 서명하는 전자서명방식이 늘어났다. 이 전자서명방식은 고급전자서명의 요건을 충족하는 것으로 보지만, 이러한 서명의 증거력에 대하여는 실제 도입된 기술사양에 따라 달라질 수 있다. 즉 서명자가 특정한 적격전자서명이나 고급전자서명에 의하여 서명자의 신원확인을 하기에 앞서 문서의 무결성을 보장하는 방식으로, 그리고 그 서면이 작성자에게 귀속할 수 있음을 분명히 하는 방식의 절차를 거쳐 서명을 생성한 경우에는 그 IT문서는 서면의 방식요건을 충족하고 이태리민법 제2702조에 의하여 수기서명과 동등한 효력이 있는 전자서명이 첨부된 전자문서로 인정된다. 다른 경우에는 해당 문서의 무결성에 관하여는 법관의 자유심증에 의한다. 적격전자서명장치 또는 디지털서명장치를 사용하는 것은 전자서명자가 이를 달리 증명하지 않는 한 그에게 귀속하는 것으로 추정한다.

Ⅳ. 소 결

우리나라의 경우 전자서명법 제7조 제2항에 따라 과학기술정보통신부장관이 고시한 "전자서명인증업무 운영기준 제4조는 운영기준 준수사실의 인정을 받은 전자서명인증사업자(고시 제2022-5호, 2022.4.20.)(이하 "인정사업자"라 한다)가 전자서명인증서비스를 제공할 때 충족하여야 할 적정 기술의 이용요건을 다음과 같이 여섯 가지로 규정하고 있다.

1. 전자문서에 전자서명을 한 서명자의 신원을 알 수 있도록 할 것
2. 가입자의 전자서명은 가입자 본인의 통제 아래에서만 생성할 수 있어야 하고, 가입자의 통제를 벗어나 가입자 이외의 다른 자가 가입자의 전자서명을 생성할 수 없도록 할 것
3. 서로 다른 전자문서에 사용된 전자서명은 구별될 수 있도록 하여, 하나의 전자문서에 사용된 전자서명이 다른 전자문서에 재사용될 수 없도록 할 것
4. 전자문서가 전자서명된 후 해당 전자문서 및 전자서명의 변경여부를 확인할 수 있을 것
5. 안전한 암호알고리즘을 사용할 것
6. 특별한 사정이 없는 한 국가·단체 또는 국제 표준이 있는 경우 이를 준수할 것

이상과 같은 전자서명의 적정 기술요건은 구 전자서명법상 "공인전자서명"의 요건과 유사한 것으로 평가될 수 있다.[62]

---

62) 구 전자서명법 제2조 제3호 "공인전자서명"이라 함은 다음 각목의 요건을 갖추고 공인인증서에 기초한 전자서명을 말한다.
　가. 전자서명생성정보가 가입자에게 유일하게 속할 것,
　나. 서명 당시 가입자가 전자서명생성정보를 지배·관리하고 있을 것,
　다. 전자서명이 있은 후에 당해 전자서명에 대한 변경여부를 확인할 수 있을 것,
　라. 전자서명이 있은 후에 당해 전자문서의 변경여부를 확인할 수 있을 것

우리 전자서명법하에서 전자서명의 유형은 인증사업자의 기술적격성 여부에 의하여 구분될 것이다. 우리나라의 사업자들이 제공하는 전자서명서비스가 전자 서명인증업무 운영기준을 충족한다면 대부분 eIDAS 규정이 요구하는 적격전자 서명의 수준에 준할 것으로 생각되며, 그렇지 않더라도 고급전자서명의 수준에 해당될 것이다.

제27조 ┃ 공공서비스에서의 전자서명

제1항 회원국이 공공기관에서 제공하는 또는 공공기관을 대신하여 제공되는 온라인서비스를 이용하기 위하여 고급전자서명을 필요로 하는 경우에, 해당 회원국은 고급전자서명, 전자서명용 적격인증서에 기반한 고급전자서명, 그리고 최소한 제5항에 규정된 시행법에서 정의된 형식이나 방법을 사용하는 적격전자서명을 인정하여야 한다.

제2항 회원국이 공공기관에서 제공하는 또는 공공기관을 대신하여 제공되는 온라인서비스를 이용하기 위하여 적격인증서에 기반한 고급전자서명을 필요로 하면, 해당 회원국은 전자서명용 적격인증서에 기반한 고급전자서명, 그리고 최소한 제5항에 규정된 시행법에서 정의된 형식이나 방법을 사용하는 적격전자서명을 인정하여야 한다.

제3항 회원국은 공공기관이 제공하는 온라인서비스에 있어서 적격전자서명보다 높은 보안 수준을 갖는 전자서명의 국가 간 사용을 요청하지 않아야 한다.

제4항 집행위원회는 시행법을 통하여 고급전자서명을 위한 표준의 참조번호를 구축한다. 고급전자서명이 그 표준을 충족시키면 본 조항의 제1항과 제2항에 규정되고 제26조에 규정된 고급전자서명의 요건을 준수하는 것으로 추정된다. 시행법은 제48조 제2항에 규정된 검토절차에 따라 채택한다.

제5항 2015년 9월 18일까지, 기존의 지침, 표준 및 유럽연합의 법을 고려하여, 집행위원회는 시행법을 통해 고급전자서명의 참조형식 또는 다른 형식이 사용되었을 경우에는 참조방법을 정의한다. 시행법은 제48조 제2항에 규정된 검토절차에 따라 채택한다.

I. 입법취지

제27조는 온라인 공공서비스에서 전자서명을 규정한다. 제27조는 전자인장에 적용되는 제37조와 유사하다(병행주의). 제27조 제1항 및 제2항에 따르면 회원국은 집행위원회 시행결정[공공기관이 인정하여야 할 전자서명과 전자인장의 포맷에 관한 규정 (EU) 2015/1506]에서 제공되는 특정 포맷을 준수하는 경우, 요청된 유형과 관련하여 동등하거나 더 높은 수준의 신뢰성을 보장하는 전자서명을 인정할

의무가 있다. 마지막으로 제4항은 집행위원회가 고급전자서명에 대한 표준 참조 번호를 설정할 수 있도록 권한을 부여한다. 표준 준수는 제1항 및 제2항 그리고 제26조에 따른 고급전자서명 요건을 준수한다는 적합성의 추정을 받는다.

II. 내 용

1. 규범의 범위

현재의 규칙은 특히 공공서비스의 전자서명에 관한 것이다. 이것은 역내시장 의 적절한 기능을 보장하기 위해 전자서명 및 특정 인증서비스에 대한 법적 프 레임워크를 수립하는 일반적인 목적을 가지는 전자서명지침(1999/93/EC)의 구조 와 비교할 때 새로 추가된 규정이다.

이는 전자서명지침 체계 하에서 발생한 문제를 개선할 필요성이 강했기 때문 이다. 회원국간의 규정 사이에는 상당한 차이가 존재하여 상호운용성의 문제를 초래했으며 결과적으로 전자서명의 사용에 대한 심각한 불확실성으로 이어졌다. 이러한 문제는 유럽 기관들의 관심을 끌었다. 실제로 전문 제50호는 '관계 당국 이 전자적으로 문서에 서명하기 위한 고급전자서명의 포맷이 서로 다르다'고 지 적하고 있다.

따라서 해당 서명이 시행법을 통해 집행위원회에 의해 설정된 요건에 해당하 는 한 이 규정은 회원국 간의 온라인 공공서비스에서 특정 유형의 전자서명에 대한 상호인정 의무에 맞추기 위한 것이다. 이러한 방식으로 그리고 규정의 직 접적인 효력을 고려해 볼 때, 디지털 단일 시장의 목적을 보다 효과적으로 추구 할 목적으로 유럽 역내에서 전자서명의 사용이 촉진될 것으로 예상된다.

상호인정의무는 온라인서비스를 제공하는 '공공기관' 또는 대신에 같은 서비 스를 제공하는 민간기관에 부여된다. 제3조 제7호에 따르면, 이들은 '주, 지역 또는 지방 정부 당국, 공법이 적용되는 기관 또는 하나 또는 여러 기관에 의해 형성된 협회 또는 공법이 적용되는 여러 기관, 또는 그러한 권한에 따라 대행할 때 공공 서비스를 제공하기 위해 당국, 기관 또는 협회 중 최소 하나 이상에 의 해 위임된 민간단체'로 정의된다. 이는 공적조달에 관한 지침(2014/24/EU)[63]의

---

63) Directive 2014/24 EU of the European Parliament and of the Council of 26 February 2014 on public procurement and repealing Directive 2004/18/EC.

제2조 제1항 제4호를 참조하여 제3조 제8호에 명시된 바와 같이, 공법이 적용되는 기관의 개념에 해당하는 모든 대상뿐만 아니라 국가 조직 및 지방 정부 당국을 확실히 포함하는 매우 광범위한 정의이다. 2014/24/EU 제2조 제1항 제4호에 따르면 '공법이 적용되는 기관'은 다음과 같은 특성을 가진다. a) 산업적 또는 상업적 특성이 없는 공공이익의 요구를 충족하기 위한 특정 목적을 위해 설립된다. b) 법인격이 있다. c) 대부분의 경우 국가, 지역 또는 지방 정부 당국, 또는 공법이 적용되는 타 기관에 의해 자금이 지원되거나, 해당 당국 또는 기관에 관리 감독을 받거나, 행정, 관리 또는 감독위원회를 두고 있으며, 그 구성원의 반 이상이 국가, 지역 또는 지방 정부 당국, 또는 공법이 적용되는 타 기관에 의해 임명된다.

2. 제27조에서 정하는 서명의 유형

제27조에서 정하는 전자서명의 유형은 고급전자서명, 적격전자서명 그리고 적격인증서를 기반으로 한 고급전자서명이다.

첫 번째 유형은 제3조 제11호를 참조하여 제26조에서 정의하고 있다. 대신 적격전자서명은 보안수준을 높이는 두 가지 부가 요건(모든 전자서명 범주 중에서 가장 높음)을 가지는 고급서명이다. 즉, 두 가지 부가 요건은 부속서 Ⅱ에 규정된 요건을 충족하는 적격생성장치, 적격신뢰서비스제공자에 의해 발행되고 부속서 Ⅰ에 규정된 요건을 충족하는 적격인증서이다. 적격전자서명의 정의는 제3조 제12호에서 규정한다.

반대로, 적격인증서를 기반으로 하는 고급전자서명은 특별히 정의되지 않는다. 그럼에도 불구하고 그것은 고급전자서명과 전자서명의 적격인증서에 각각 관련된 제3조 제11호 및 제3조 제15호를 결합함으로써 쉽게 정의될 수 있다. 따라서 고급전자서명은 제3조 제23호에 의한 적격전자서명생성장치에 의해 생성되지 않기 때문에, 적격인 것으로 정의될 수 없는 고급전자서명이라고 평가될 수 있다. 일부 회원국은 공공서비스를 이용하는데 전술한 적격전자서명생성장치를 요구하지 않는다. 이는 현재 시스템과 인프라를 위협하지 않기 위한 절충의 결과이다.

3. 제37조 전자인장과의 유사점

제27조는 공공서비스에서의 전자인장에 관한 제37조와 유사하다. 두 조문 모두 문서의 출처와 신뢰성을 보장하는 기능을 갖는다. 제27조는 자연인을 위한 것인 반면, 제37조는 법인용이다.

전자인장은 eIDAS 규정에 의해 신규 도입되었다. 이를 통해 법인은 독립체로서 자신을 자연인과 구별할 수 있다. 동시에 본 규정은 전자서명의 개념을 일부 새로이 정의하였다. 이 개념하에서 '서명자가 서명하는'은 더 이상 '인증수단'의 역할을 하는 일련의 전자 데이터로 구성되지 않는다. 전자서명은 자연인과 밀접하게 관련되어 있다. 결과적으로, 전자서명에 대한 규정 전체가 자연인에게만 적용될 뿐만 아니라 공공서비스에서의 전자서명에 관한 제27조도 자연인에게만 적용된다.

또한, 이 유사성은 집행위원회시행결정 (EU) 2015/1506의 전문 제6호에 명시된 바와 같이 기술적 유사성에서 유래된 것이다.

4. 전자서명의 인정의무

(1) 인정의무의 내용 및 기능

제27조 제1항 및 제2항은 공공기관(또는 이를 대신하는 민간기관)이 제공하는 온라인 공공서비스에서 일정한 유형의 전자서명에 대하여는 인정할 의무를 설정한다. 특히, 고급전자서명이 필요한 경우, 제3조에서 정의한 바와 같은 적격전자서명뿐만 아니라 고급전자서명, 전자서명용 적격인증서를 기반으로 하는 고급전자서명은 집행위원회가 정하는 특정 시행결정에 따르는 '최소한'의 포맷을 갖춘 경우 또는 집행위원회가 정하는 시행결정과 동등한 레퍼런스 방법에 따라 유효성이 검증된 대체포맷으로 인정된다. 따라서 고급전자서명이 필요한 경우, 회원국은 동등하거나 더 높은 수준의 안전을 보장할 수 있는 서명에 대하여는 인정할 의무가 있다. 서명은 집행위원회의 시행결정에 규정된 기술적 특성을 갖춰야 하며 이는 최소한의 신뢰성 수준을 나타낸다. 그 수준 이상에서는 회원국에게 인정의무가 부과된다. 그 수준 이하에서도 인정이 가능하다. 유사하게, 제2항은 적격인증서를 기반으로 한 고급전자서명이 요구되는 경우 동일한 의무를 명시한다.

이 원칙은 온라인 공공서비스에서 전자신원확인수단(instruments)에 대해 전문 제15호에 규정된 원칙과 동일하다. 전문 제15호에 따르면, '전자신원확인수단을 인정하는 의무는 문제의 온라인서비스에 필요한 수준 이상에 해당하는 신원확인 증명 보증수준을 가지는 수단에만 관련되어야 하며, 한편 회원국은 유럽연합법에 따라 낮은 신원 보증수준을 가지는 전자신원확인수단을 자유롭게 인정할 수 있어야 한다.' eIDAS 규정에서 신규도입된 이 인정의무를 채택함으로써, 입법자는 공공부문에서 전자서명수단의 조화를 이루고, 회원국들이 서로 다른 자국의 포맷을 사용하는 것을 회피하고자 했다. 2010년 8월 26일 집행위원회의 커뮤니케이션('유럽을 위한 디지털 아젠다')에서 지적한 바와 같이 기술적 상호운용성의 부족은 '디지털 경제의 선순환에 대한 주요 장애물'이 되었다. 마찬가지로 이 규칙은 사용자를 위한 법적 확실성뿐만 아니라 이러한 장애물을 극복하고 고급전자서명의 더 큰 기술적 조화와 더 쉬운 국가 간 사용을 제공하는 것을 목표로 한다. 궁극적 목표는 연합 내에서 디지털 단일시장을 창출하는 것이다.

(2) 집행위원회시행결정 (EU) 2015/1506

제27조 제5항(제1항 및 제2항 참조)은 집행위원회가 시행법을 통해 제1항 및 제2항의 최소 의무 요건을 뒷받침하는 고급전자서명의 레퍼런스 포맷 또는 대체포맷에 사용되는 참조방법을 정의할 수 있도록 권한을 부여한다. 이러한 시행법은 집행위원회가 의견을 표명하도록 요청받은 전문가위원회의 지원을 받는 조건으로 제48조에 언급된 검토절차에 따라 채택되어야 한다.

이러한 법률을 완료함으로써 회원국의 재량은 더욱 좁아진다. 이는 EU 수준에서 확실한 규제조치의 균등성을 달성할 필요가 있기 때문이다. 동시에 기술적 측면의 정의는 2차법에 의해 제공된다. 따라서 2차법이 더 쉽고 빠르게 업데이트될 수 있다는 점을 고려하면 이 규정은 기술 혁신을 촉진한다.

2015년 9월 18일까지 조치를 취하도록 요청받은 집행위원회는 2015년 9월 8일의 시행결정 (EU) 2015/1506을 채택(이후 결정)했다. eIDAS 규정 제5항은 집행위원회가 위임된 권한을 행사함으로써 기존 관행, 표준 및 유럽연합법을 고려한다고 명시하고 있다. 이와 관련하여, 이 시행결정은 2014년 3월 17일의 집행위원회시행결정 (EU) 2014/148을 의미하는데, 이는 역내시장의 서비스에 관한 유럽의회와 이사회 지침 2006/123/EC에 따라 관계 당국에 의해 전자적으로 서명된 문서의 국가 간 처리를 위한 최소 요건을 설정하는 결정 (EU) 2011/130을 수정한 것을 의미한다. (EU) 2014/148 결정의 전문 제4호에서 강조한대로 '온라인상의 행정절차에 고급전자서명이 필요한 회원국들에 의해 기술적으로 지원받는 다수의 가장 일반적인 고급전자서명 형식을 정의했다.' 특히, 이 결정 제1조는 적합성 수준 B, T, LT 수준[64]에서 또는 관련 서명 컨테이너를 사용하는 XML, CMS 및 PDF 고급전자서명을 규정하며, 이러한 서명은 별첨 부속서에 나열된 기술규격을 준수한다.

제2조는 대체형식의 채택에 관한 것이며, '서명자에 의해 사용되는 신뢰서비스제공자가 설립된 회원국이 가능하다면 자동화 처리에 적합한 다른 회원국의 서명 유효성검증 가능성을 제공하는 경우' 서명 인정의무를 설정한다. 이 결정의 전문 제8호는 자동화 처리가 불가능하더라도 인정의무가 있다고 명시하고 있다.

제2조 제2항에 따른 유효성검증 가능성은 다른 회원국이 수신된 전자서명을 온라인에서 무료로 그리고 비원어민이 이해할 수 있는 방식으로 검증할 수 있도록 허용하며, 서명된 문서, 전자서명 및 전자서명 컨테이너에 표시되고, 제2조 제2항 제c호 (1-8)에 규정된 조건이 충족되는 경우 고급전자서명의 유효성을 확정한다. 이러한 조건(8호 제외)과 관련하여, 결정의 전문 제9호는 '비슷한 유효성검증 요건을 제공하고 일반적으로 지원되는 형식보다 다른 전자서명의 형식에 대해 회원국이 제공하는 유효성검증 가능성의 신뢰를 높이기 위해' 회원국이 제3조에 따라 적격전자서명의 유효성검증 요건에서 도출해야 한다고 규정하고 있다. 그러나 제32조는 적격전자서명만을 다루며, 제27조는 고급전자서명과 적격인증서를 기반으로 하는 고급전자서명도 포함한다. 이러한 이유로 이 결정 제32조에 명시된 조건과 규정의 제2조 제2항 c호에 언급된 조건들 간에는 약간의 차이가 있다.

마지막으로, 제2조 제2항 c호의 요건 8번은 유효성 검증 시스템이 '신뢰당사자에게 유효성검증 과정의 정확한 결과를 제공하고 신뢰당사자가 보안 관련 문제를 탐지할 수 있도록 한다'고 규정하고 있다.

이 결정은 전자서명과 전자인장 간 기술적 유사성 때문에 공공서비스에서 전

---

64) B Level(Basic Signature), T Level(Signature with Time), LT Level(Signature with Long-Term validation Material).

자인장의 참조형식에 관한 제37조 제5항을 시행한다. 실제로 결정의 전문 제6호는 고급전자서명의 포맷에 대한 표준을 고급전자인장의 포맷에 적용할 것을 제안한다. 결정의 제3조 및 제4조는 전자인장에 중점을 두고 있다.

5. 온라인 공공서비스의 국가 간 사용

제27조 제3항에 따라 회원국은 온라인서비스의 국가 간 사용을 위해 적격전자서명의 보안수준보다 더 높은 보안 수준을 요구할 수 없다.

반대로, 전자서명지침(1999/93/CE)에서 회원국은 추가 요건을 요청할 수 있었는데, 단 요건이 '객관적이고, 투명하며, 비례적이고, 비차별적'이며 관련 애플리케이션의 특정 특성에만 관련되는 경우여야 하며, 시민을 위한 국가 간 서비스에 대한 걸림돌이 되지 않아야 한다. 그러나 주석서에서 지적한 바와 같이, 공공부문에서 전자서명이 추가 파라미터에 빈번하고 광범위하게 종속되었으며, 그 결과 국가 간 상호운용성이 부족하여 전자서명의 확산과 유럽의 디지털단일시장의 형성에 장애가 되었다.

현재의 eIDAS 규정은 이러한 단점을 개선하는 것을 목표로 한다. 전문 제6호는 '2011년 5월 27일의 결론에서 이사회는 전자서명과 같은 핵심 동력을 국가 간 상호인정하기 위한 조건과 유럽연합 전역에 걸쳐 상호운용이 가능한 전자정부 서비스를 위한 적절한 조건을 생성함으로써 디지털단일시장에 기여하도록 집행위원회에 요청하였다'고 선언하고 있다. 결과적으로 전자서명지침 제3조 제7항에 명시된 보안수준 상향 입법의 권리에서 이 규정의 제27조 제3항에 따라 금지로 전환되었다. 그렇지만 회원국은 낮은 수준의 신뢰성을 갖는 전자서명을 인정할 재량이 있다.

6. 표준화 (제4항)

일관된 시행 조건을 보장하기 위해, 규정은 시행법을 공포하거나 규율의 기술적 측면을 직접 정의하거나 특정 유럽기구에 의해 만들어진 표준의 참조번호를 설정하여 집행위원회를 지정한다. 시행법은 제48조 제2항에 규정된 절차에 따라 채택된다.

제4항에 따라 집행위원회는 고급전자서명에 대한 표준의 참조번호를 설정해야 한다. 이러한 표준을 준수하는 것은 제27조 제1항, 제2항 및 제26조에 규정

된 고급전자서명에 대한 요건을 충족하였다고 추정하는 근거가 될 것이다. 이와 관련하여 집행위원회는 시행결정을 공시하지 않았다.

Ⅲ. 소 결

전자서명법은 eIDAS 규정 제27조와 같은 공공서비스를 이용하기 위한 전자서명에 대한 이용요건이나 외국이용자가 국내 공공서비스를 이용할 때 준수하여야 할 전자서명요건을 별도로 규정하고 있는 것은 아니다. 그렇지만, 전자서명법은 과학기술정보통신부장관이 운영기준에 부합한다고 인정하는 국제통용평가(제2022-4호, 2022.4.20.시행), 즉 국제적인 전자서명인증서비스 단체 등에서 통용되거나 인정되는 것으로써 전자서명인증서비스의 안전성과 신뢰성이 있는 국제적으로 통용되는 평가를 정하여 고시할 수 있도록 정하고 있다(전자서명법 제11조, 동법 시행령 제7조). 이에 따라 선정 고시된 국제통용평가는 웹트러스트 인증기관에 대한 원칙 및 기준(Webtrust Principles and Criteria for Certification Authorities)에 따른 평가를 말한다(과학기술정보통신부고시 제2021-74호, 2021.10.14. 제정 및 시행). 한편 전자서명법은 정부가 전자서명의 발전을 위한 시책의 하나로 '외국의 전자서명에 대한 상호인증 등 국제협력(제4조 제7호),' '공공서비스에서 사용하는 전자서명의 안전한 관리'(제4조 제8호)를 정하고 있다.

우리 전자서명법이 우리 국민이 외국의 공공기관의 서비스를 사용하는 경우 또는 반대로 외국인이 우리나라의 공공기관의 서비스를 사용하는 경우에 필요한 전자서명에 관하여 양국의 공공기관이 상호인정하여야 할 전자서명의 포맷에 관한 적합성 기준이 필요한 경우에 eIDAS 규정 제27조에서 규정하고 있는 요건을 참조하는 것은 거래의 신뢰를 향상시키는데 큰 도움이 될 것이다.

▌ 제28조 ▌ 전자서명용 적격인증서

제1항 전자서명용 적격인증서는 부속서 I에 규정된 요건을 충족시켜야 한다.

제2항 전자서명용 적격인증서는 부속서 I에 규정된 요건을 초과하는 어떠한 필수 요건도 부과 받지 않아야 한다.

제3항 전자서명용 적격인증서는 비필수 특정 속성을 부가적으로 포함할 수 있다. 이 속성은 적격전자서명의 상호운용성과 인정에 영향을 미치지 않는다.

제4항 전자서명용 적격인증서가 초기 활성화 이후 폐기되었다면, 폐기 순간부터 그 유효성을 상실하며, 그 상태는 어떠한 상황에서도 되돌릴 수 없다.

제5항 다음 조건을 따라, 회원국은 전자서명용 적격인증서의 일시 정지에 관한 국내규칙을 제정할 수 있다.

  (a) 전자서명용 적격인증서가 일시적으로 정지되면, 해당 인증서는 정지기간 동안 유효성을 상실한다.
  (b) 정지기간은 인증서 데이터베이스에 명확하게 표기되며, 정지기간 동안 인증서 상태에 관한 정보를 제공하는 서비스에 정지 상태로 나타난다.

제6항 집행위원회는 시행법을 통하여 전자서명용 적격인증서에 대한 표준의 참조번호를 제정할 수 있다. 전자서명을 위한 적격인증서가 해당 표준을 충족시키면 부속서 I에 규정된 요건을 충족시키는 것으로 추정된다. 해당 시행법은 제48조 제2항에 규정된 검토절차에 따라 채택한다.

부속서 I 전자서명용 적격인증서 요건

전자서명용 적격인증서 요건

전자서명용 적격인증서는 다음 사항을 포함한다:

  (a) 인증서가 전자서명용 적격인증서로서 적어도 자동 처리에 적합한 방식으로 발행되었음을 나타내는 표시;
  (b) 적격인증서를 발행하는 적격신뢰서비스제공자를 명확하게 나타내는 데이터 집합으로서 적어도 서비스제공자가 설립된 회원국가 및
    – 법인인 경우 : 법인명과 적용가능한 경우 공적 기록에서 명시하는 등록 번호,
    – 자연인인 경우 : 그 사람의 이름;
  (c) 적어도 서명자의 이름 또는 가명; 가명을 사용하는 경우에는 가명 사용 사실이 명확하게 표시되어야 한다.
  (d) 전자서명생성데이터에 대응하는 전자서명유효성검증데이터;
  (e) 인증서의 유효성검증기간의 시작일자와 종료일자에 대한 세부사항;
  (f) 반드시 적격신뢰서비스제공자에게 유일한 인증서 신원확인증명 코드;
  (g) 발행하는 적격신뢰서비스제공자의 고급전자서명 또는 고급전자인장;
  (h) (g)항에 언급된 고급전자서명 또는 고급전자인장을 지원하는 인증서를 무료로 이용할 수 있는 위치
  (i) 적격인증서의 유효성검증상태를 질의하기 위해 사용할 수 있는 서비스의 위치;
  (j) 전자서명유효성검증데이터와 관련된 전자서명생성데이터가 적어도 자동 처리에 적합한 형태로 적격전자서명생성장치에 위치하는 경우, 이에 대한 적절한 표시.

Ⅰ. 입법취지

제28조는 부속서 Ⅰ을 참조하여 적격인증서의 필수요건을 열거하며, 이 요건은 전자인장용적격인증서를 언급하는 제38조와 유사하다. 제2항에 따르면, 추가 필수요건을 설정하는 것은 금지된다. 그러나 제3항에 따르면, 필수는 아니지만, 적격전자서명의 상호운용성과 인정에 영향을 주지 않는 경우 국가 차원에서 추가 특정 속성을 요청할 수 있다. 제4항 및 제5항은 인증서의 취소 및 정지를 규정한다. 마지막으로, 제6항은 시행법을 통해 전자서명의 적격인증서에 대한 표준의 참조번호를 결정하도록 집행위원회에 위임한다. 해당 표준의 준수는 부속서 Ⅰ에 규정된 필수 요건을 준수한 것으로 추정한다.

Ⅱ. 내 용

1. 전자서명용 적격인증서의 요건

(1) 적격인증서의 정의

제28조는 적격인증서에 대한 요건을 규정한다. 적격인증서의 개념에 관하여는 제3조 제1항과 제15항에서 규정하는 '적격인증서'의 정의에 의한다. 적격인증서는 eIDAS Section Ⅲ에서 정하는 적격신뢰서비스제공자에 의해 발급되며, 제28조에서 규정하는 부속서 Ⅰ의 요건을 충족한다. 이러한 요건을 준수하면 서명자와 서명 간 양방향 연결 측면에서 일반 전자서명인증서보다 더 높은 수준의 보안을 보장한다. 실제로 전자서명인증서는 '해당 사람의 이름 또는 가명을 연결하는 전자증명(electronic attestation)'으로 구성되는 반면 제28조에 언급된 요건은 부속서 Ⅰ의 요건이 추가된다. 따라서 적격인증서를 기반으로 한 (그리고 부속서 Ⅱ에 규정된 요건을 충족하는 장치에 의해 생성된) 서명은 제25조 제2항에 언급하는 수기서명과 동일한 효력이 있는 적격전자서명의 범주에 속한다.

(2) 전자서명지침 1999/93/EC의 요건과의 비교

전자서명 인증서의 적격 요건은 제28조가 언급하는 부속서 Ⅰ에 열거되어 있다. 부속서 Ⅰ은 서명자와 인증서를 발급하는 신뢰서비스제공자를 정확히 신원확인하기 위한 일련의 정보와 함께 인증서 자체에 대한 기타 정보 및 일련의 부가 정보까지 포함하고 있다. 구체적으로 말하면 인증서는 서명자의 이름 또는 대체로 가명을 명확하게 나타낸다. 부속서 Ⅰ 제1항 b호에 따른 적격신뢰서비스제공자와 관련하여 인증서는 최소한 설립 회원국과 자연인 또는 법인의 이름을 포함하여 신뢰서비스제공자를 명확하게 나타내는 일련의 데이터를 포함한다. 법인의 경우에 해당되는 경우 공식기록으로 등록번호도 요청된다. 또한, 위에서 언급된 서명이나 인장을 지원하는 인증서를 무료로 이용할 수 있는 위치와 함께 신뢰서비스제공자의 고급전자서명 또는 고급전자인장을 제공한다. 인증서와 관련하여, 인증서가 적격인증서로서 발급되었다는 표시, 발급 제공기관에 대한 고유 신원확인증명 코드, 유효기간의 시작과 종료일자가 포함되어야 한다. 또한 제32조에 따른 전자서명유효성검증데이터를 제시해야 하며, 전자서명유효성검증데이터에 관련된 전자서명생성데이터가 제29조에서 정하는 기기 중의 하나에 위치하였다면 이를 명확하게 밝혀야 한다. 마지막으로 적격인증서의 유효성검증 상태에 대해 조회하는데 사용될 수 있는 서비스의 위치가 보고되어야 한다.

이러한 필수요건은 본질적으로 폐지된 이전의 전자서명지침 1999/93/EC의 부속서 Ⅰ에 있는 요건을 반영하고 있다. 이러한 의미에서 제28조는 특별히 획기적인 영향을 주는 것은 아니다. 부속서 Ⅰ은 단지 이러한 요건들 중 일부를 명시한다. 예를 들어, 인증서 발급자와 관련하여 부속서 Ⅰ 제1항 b호는 자연인과 법인을 구분한다. eIDAS 규정이 도입한 혁신적인 신규규정들로 인하여 부가사항이 추가되었다. 예를 들어, 신뢰서비스제공자의 고급전자인장의 표시는 법인을 위한 새로운 서명도구이므로 전자서명지침의 부속서 Ⅰ제1항 h호에는 나타나지 않았다. 마지막으로, 신뢰서비스제공자의 서명 또는 인장의 인증서 위치, 인증서 유효성에 대한 조회서비스, 그리고 적격전자서명생성장치의 서명 유효성검증 데이터와 관련된 일부 부가 정보는 부속서 Ⅰ 제1항 h호-i호-j호에서 찾을 수 있다.

(3) 필수요건 추가 금지

제28조 제2항은 적격인증서에 대해 부속서 Ⅰ에 규정된 요건 이외에 각 회원국의 차원에서 필수요건을 추가하는 것을 금지한다. 이것은 전자서명지침 1999/93/EC 측면에서 eIDAS 규정에 새로 도입된 것이다. 유럽 지역에서 인증서

특성의 완전한 조화를 이루기 위하여 회원국에 입법 권한을 부여하지 않는다. 이 조항의 범위는 적격인증서의 국가 간 상호운용성과 상호인정을 보장하는 것이다. 이 지침에 따르면 회원국 간의 상이한 국내법규로 인하여 상호운용성이 부족하게 되는 것은 전자서명의 사용이 확산되지 못함으로써 디지털 단일시장의 발전을 저해된다. 전문 제54호에 규정된 바와 같이 '적격인증서의 국가 간 상호운용성과 인정'은 적격전자서명의 국가 간 인정을 위한 전제 조건이다. 따라서 적격인증서는 본 규정에서 정한 요건을 초과하는 필수 요건의 대상이 되어서는 안 된다.

본 규범은 동일한 범위에서 구상된 적격전자서명에 대한 제27조 제3항을 반복한다. 전자서명, 전자신원확인수단, 전자문서 및 전자등기배달서비스의 상호인정의무는 규정에서 가장 중요한 혁신 중 하나이며, 디지털 단일시장에 기여하기 위해 필요하다. 따라서 위에서 언급된 의무는 전체 규정에 관한 것이며 그것을 기초로 많은 조항을 해석할 수 있다.

(4) 비필수 부가 특정 속성

제28조 제3항은 필수조항이 아닌 경우 회원국이 국내법으로 인증서에 대한 '특정 속성(specific attribute)'를 포함할 수 있다고 명시하고 있다. '특정 속성' 표현의 의미는 '고유식별자'를 언급하는 전문 제54호와 '서명자'에게 귀속하는 특정 속성을 언급하는 전자서명지침 1999/93/EC의 부속서 I 제1항 d호에 의해 명확해진다. 전문협회의 소속, 공무원의 역할, 대표권의 소유와 같은 인증서 보유자의 특정 자격요건을 파악할 수 있다.

이 단락은 특별히 혁신적인 것으로 보이지 않는다. 실제로 부속서 I에서 전자서명지침 1999/93/EC에 규정된 특정 속성조차도 '인증서가 의도된 목적에 따라 관련이 있는 경우'로 표시되어야 했기 때문에 강제적인 것이 아니다.

규정은 또한 이러한 속성이 '적격인증서와 전자서명의 국가 간 상호운용성 및 인정'을 방해하지 않아야 한다고 명시하고 있다. 이것은 회원국이 부속서 I에 규정된 요건을 충족하는 적격인증서의 유효성과 효율성을 부인할 수 없음을 의미한다.

2. 적격인증서의 폐지와 정지

제28조 제4항 제5항은 적격인증서의 유효성 상실에 대한 두 가지 가설, 각각 폐지(revocation)와 정지(suspension)를 규정한다. 둘 사이의 주된 차이점은 폐지된 인증서는 그 유효성을 회복할 수 없는 반면에 정지는 인증서의 효력을 일시적으로 중단하는 것이다.

폐지와 정지에 해당하는 다양한 경우가 있을 수 있다. 그러한 경우가 발생하는 방식뿐만 아니라 그에 대한 판단은 국내법에 의한다. 한편, 폐지는 적격전자서명의 상호운용성이 더 이상 보장되지 않는 경우에 도움이 될 수 있기 때문에 필수규정이다. 다른 한편으로, 정지는 기간제한을 두기 때문에 필수적인 것은 아니다. 이러한 이유로 폐지는 법체계에 존재하지만, 정지는 단지 '여러 회원국에서 확립된 신뢰서비스제공자의 운영 관행'일 뿐이며, 일부 회원국에서는 규정되지 않는다. 사실, 제28조 제5항은 회원국이 적격인증서의 일시 정지에 관하여 국내법으로 정할 수 있다고 명시하고 있다.

그러나 정지에 대한 규율을 설명할 때 규정 자체는 일부 조건을 준수하도록 강요한다. 첫째, 인증서는 정지기간 동안 유효성을 상실한다. 또한 '정지 기간은 인증서 데이터베이스의 상태에 대한 정보를 제공하는 서비스에서 정지에 관하여 명확히 표시되어야 하며, 정지 기간 동안 인증서의 상태에 대한 정보를 제공하는 서비스에서 정지 상태를 볼 수 있어야 한다.' 따라서 신뢰서비스제공자는 인증서가 정지된다는 사실과 정지 기간을 표시해야 한다. 이것은 부속서 I 제1항 j호에 언급된 바와 같이 인증서의 상태에 대한 정보를 제공하는 신뢰서비스에서 명확하게 볼 수 있어야 한다. 그렇지 않으면 제13조에 따라 법적 책임이 있는 것으로 추정된다. 일부 국가에서 정지에 관한 규율을 하지 않는 경우에 이러한 조항에 의하여 투명성과 법적 확실성이 보장된다.

3. 표준화

제28조 제6항은 시행법을 통해 적격전자서명인증서에 적용할 수 있는 표준의 참조번호를 설정하도록 위임한다.

eIDAS 규정이 발효되기 전 회원국 간에 전자서명지침 1999/93/EC의 부속서 I 에 규정된 요건의 다른 기술적 구현으로 인한 상호운용성 문제의 위험이 지적되었다. 따라서 표준의 사용을 장려할 것이 제안되었다. 실제로, 제6항은 집행위원회가 표준의 참조번호를 제정할 수 있다고 규정하고 있으므로, 회원국이 자율적으로 행동할 여지를 줄일 수 있게 된다.

제48조 제2항에 언급된 절차에 따라 집행위원회에 의해 수립된 표준을 적용하는 행위는 부속서 Ⅰ에 명시된 요건(전자서명용 적격인증서 요건)을 준수한다는 추정을 받게 될 것이다.

4. 전자인장용 적격인증서에 관한 제38조와의 유사성

제28조는 전자인장용 적격인증서에 관한 제38조와 유사하다. 전자인장은 현재 규정에 처음으로 도입되었다. 전자인장이 법인에 집중하여 적용된다는 것을 제외하면 전자서명과 유사하다. 실제로 전자서명뿐만 아니라 전자인장은 데이터의 출처와 무결성을 보장한다.

보안 등급에 따라 여러 유형의 전자인장이 존재한다. 적격전자인장은 최고 수준의 신뢰성을 보장한다. 적격전자인장은 적격전자인장생성장치에 의해 생성되며 전자인장용 적격인증서를 기반으로 하며, 적격전자서명과 동일한 요소에 의해 특성화된다. 전자인장인증서는 적격신뢰서비스제공자에 의해 발급되고 제38조에서 정하는 부속서 Ⅲ에 규정된 요건을 충족하는 경우 적격인 것을 의미한다.

전자인장에 관한 eIDAS 규정의 구조는 전자서명용 적격인증서에 대한 규정을 완전히 반영하고 있다. 이러한 병행주의는 두 서명수단의 유사한 기능뿐만 아니라 기술적 특성 때문이다.

Ⅲ. 소 결

적격전자서명은 eIDAS 규정 제3조 12호에 따라 적격전자서명생성장치에 의해 생성되고 전자서명용 적격인증서를 기반으로 하는 고급전자서명이다. 이에 따라 제28조에서 전자서명용 적격인증서의 필수요건을 법제화하고 있으며 그 필수요건은 부속서 Ⅰ에 열거되어 있다. 회원국은 필수요건 이외의 속성을 부가할 수 없도록 하고 있다.

적격인증서는 유럽 디지털단일시장에서의 원격거래에서 서명자의 신원확인과 인증서를 발행하는 신뢰서비스제공자를 명확하게 파악함으로써 해당 거래의 안전과 신뢰를 보장하기 위한 것이다.

적격인증서와 전자서명에 대한 국가 간 상호운용성과 상호인정을 위한 전제조건인 제28조와 부속서 Ⅰ의 필수요건은 우리나라가 외국과의 디지털시장을 신뢰할 수 있는 방식으로 운용하기 위한 한 요건으로서 인증서에 대한 참조기준이 될 것이다.

제29조 ‖ 적격전자서명생성장치의 요건

제1항 적격전자서명생성장치는 부속서 Ⅱ에 규정된 요건을 충족해야 한다.

제2항 집행위원회는 시행법에서 적격전자서명생성장치를 위한 표준의 참조번호를 제정할 수 있다. 적격전자서명생성장치가 이 표준들을 충족할 경우 부속서 Ⅱ에 지정된 요건을 준수하는 것으로 추정된다. 시행법은 제48조 제2항에 언급된 검토절차에 따라 채택한다.

부속서 Ⅱ 적격전자서명생성장치에 대한 요건

1. 적격전자서명생성장치는 적절한 기술적 절차적 수단을 통해 적어도 다음의 경우를 보장해야 한다.

   (a) 전자서명 생성에 사용된 전자서명생성데이터의 기밀성이 합리적으로 보장된다.
   (b) 전자서명 생성에 사용된 전자서명생성데이터는 사실상 한 번만 발생할 수 있다.
   (c) 전자서명 생성을 위해 사용된 전자서명생성데이터는 도출될 수 없는 것이 합리적으로 보증되어야 하며, 전자서명이 현재 이용 가능한 기술을 사용하여 위·변조로부터 신뢰성 있게 보호되어야 한다.
   (d) 전자서명 생성에 사용된 전자서명생성데이터는 타인에 의한 사용에 대응하여 합법적인 서명자에 의해 안전하게 보호될 수 있어야 한다.

2. 적격전자서명생성장치는 서명자가 서명하기 전에 서명할 데이터의 변경이 일어나지 않도록 하거나 변경된 데이터가 서명자에게 제시되지 않도록 하여야 한다.

3. 서명자를 대신하여 전자서명생성데이터를 생성하거나 관리하는 것은 적격신뢰 서비스 제공자만이 할 수 있다.

4. 위 1호의 (d)를 침해하지 않으면서 서명자를 대신하여 전자서명생성데이터를 관리하는 적격신뢰서비스제공자는 다음 요건이 충족되면 백업 목적으로만 전자서명 생성 데이터를 복제할 수 있다.

   (a) 복제된 데이터 세트의 보안은 원래의 데이터 세트와 동일한 수준이어야 한다.
   (b) 복제된 데이터 세트의 수는 서비스의 연속성을 보장하기 위해 필요한 최소값을 초과하지 않아야 한다.

Ⅰ. 입법취지

eIDAS 규정은 안전한 상호작용을 위한 공통 기반을 제공하여 전자거래에 대한 신뢰를 높이는 것을 입법목적으로 한다. 이를 달성하는 관점과 그러한 측면에서 고급전자서명의 기능성을 보장하기 위해 eIDAS 규정은 적격전자서명생성장치(qualified electronic signature creation devices, 이하 QSCDs라 하기로 한다)에 대한 요건을 도입한다. 따라서 제29조의 기능은 QSCDs에 대한 실질적인 요건을 설정하는 것이다. 이러한 이유로 제1항은 QSCDs가 부속서 Ⅱ에 규정된 요건을 충족해야 한다고 명시하고 있다. 또한, 제2항은 집행위원회가 시행법을 통해서 QSCDs의 참조번호를 제정할 수 있도록 한다. 그밖에 제2항은 적격전자서명이 해당 표준을 충족하는 경우 부속서 Ⅱ에서 정하는 실체적 요건을 준수한 것으로 추정한다는 규정을 두고 있다.[65]

QSCDs에 대한 품질 표준을 도입함으로써, eIDAS 규정은 이 규정이 분류(일반, 고급 및 적격전자서명)하는 바에 따라 가장 안전한 유형의 전자서명, 즉 적격전자서명이 갖추어야 할 보안의 특정 수준을 촉진하는 것을 목표로 한다. 그런 점에서, 제29는 EU 지침을 보완하기 위해 표준이 사용되는 유럽제품안전법(European product safety law)의 접근방식과 일치하는 것으로 보인다는 점을 언급할 가치가 있다. 따라서 eIDAS 규정에 제29조를 도입하는 것은 디지털제품안전법을 향한 첫 번째 단계가 될 수 있다.

Ⅱ. 내 용

1. 구 조

먼저, 원칙적으로 제29조 제1항의 QSCDs는 부속서 Ⅱ에 규정된 요건을 충족하는 전자서명을 생성하는데 사용되는 구성된 소프트웨어 또는 하드웨어로서, 제3조 22호, 23호에 정의하는 QSCDs이다. 또한 QSCDs에 대한 실체적 요건을 설정하는 것과 관련하여 제1항은 부속서 Ⅱ를 참조하여 작성된다. 예를 들어, 이

---

65) Zaccaria/Schmidt-Kessel/Schulze/Gambino, 앞의 책, at 242.

것은 부속서 Ⅱ가 제29조의 실체적 요건의 필수 부분을 구성하는지 또는 구체적 구속력이 있는 법적 효력을 발생시키지는 않는가에 관한 문제와 관련이 있다. 그러나 이는 법문을 보다 더 명확하게 구성함으로써 법적 확실성의 요구에 부응하여야 하기 때문에, 부속서 Ⅱ에 규정된 요건은 제29조의 법문의 내용을 구성하는 것으로 보아야 한다.

원칙적으로 부속서 Ⅱ는 각 QSCD에 요구되는 품질에 대한 지표를 설정한다. 부속서 Ⅱ의 제1항은 QSCD의 적격요건을 긍정문의 형식으로 명시하고 있으며 제2항에서의 데이터의 무결성관련 품질표준은 부정문의 형식으로 규정하고 있다. 또한, 제3항 및 제4항은 전자서명생성데이터를 생성 및 관리하는 절차에서 데이터보호에 관한 품질기준을 제공한다. 따라서 제3항에 따라 전자서명생성데이터를 생성 또는 관리하는 것은 제3조 제17호에 정의된 적격신뢰서비스제공자에 의해서만 수행될 수 있다. 또한 제4항에 따라 적격신뢰서비스제공자는 제4항 (a)호 및 (b)호에 따른 추가 요건이 충족되는 경우 백업 목적으로만 데이터를 복제할 수 있다.

마지막으로, 제29조 제2항은 두 가지 표준화 문제, 즉 표준을 제정해서 회원을 구속할 수 있는 집행위원회의 권한과 적격전자서명장치가 해당 표준을 충족하는 경우 부속서 Ⅱ의 준수에 대한 객관적 추정에 관한 것이다. 또한 제48조 제2항을 참조하면, 제2항은 집행위원회가 해당 시행법을 도입할 수 있도록 하는 절차를 규정한다.

2. 실체적 요건

(1) 서 문

1) QSCDs의 법적 효력

출발점이자 핵심 요건으로서, 국내법에 따른 적격전자서명의 법적 특성과 관계없이 제25조 제2항에 따라 수기서명의 법적 효력을 발생시키는 것은 전자서명을 QSCD에 의하여 생성하는 것이다. 이는 제3조 제12호에 따라 적격전자서명을 QSCDs에 의해 생성되고 전자서명인증서를 기반으로 하는 고급전자서명으로 정의한 결과이다. 따라서 부속서 Ⅱ에 규정된 요건은 전자서명이 수기서명과 동등한 효력을 갖는지의 문제와 그에 따른 다른 회원국 법률에 따라 정의된 법적 결과와 밀접하게 관련되어 있다. 또한, QSCDs에 의한 생성은 제32조 제1항 (f)호에 따라 적격전자서명의 유효성을 검증하기 위한 실체적 요건을 형성한다.

2) 규정 내 분류

QSCDs의 실체적 요건에 대한 완전한 그림을 제공하기 위해, 서로 상호작용하고 상호 간에 영향을 주는 적격전자서명에 대한 세 가지 요건 중 하나로 QSCD를 분석하고 이해하는 것이 필수적이다. 복잡한 기술적 환경과 이 규정 내에 상호 관련된 조항으로 인해, 부속서 Ⅱ의 요건은 적격전자서명에 대한 두 가지 해당 부가적 요건인 전자서명용 적격인증서(제28조)를 기반으로 하는 고급 전자서명(제26조)에 대한 조항을 고려하여 해석되고 적용되어야 한다. 또한, 제 30조에 따라 부속서 Ⅱ에 규정된 요건에 대한 QSCDs의 적합성은 회원국이 지정한 적절한 공공기관 또는 민간기관에 의해 인증되어야 한다.

3) 기술적 환경

적격전자서명의 생성은 기술적 절차, 즉 신원확인(제3조 제1호) 및 인증(제3조 5호)의 복잡한 상호작용이 특징이다. QSCDs는 전자서명 생성에 필요한 두 가지 기술적 절차 내에서 중심적인 역할을 한다. 앞에서 언급했듯이, QSCDs는 적격 전자서명생성절차의 세 가지 중요한 요건 중 하나이며, 따라서 전자서명을 생성하는데 사용되는 소프트웨어 또는 하드웨어(제3조 22호, 23호)로서 전자서명생성 데이터(제3조 13호)를 지니고 처리한다. 또한 전자서명용 적격인증서는 적격전자 서명의 생성 절차에 필요하다(제3조 12호). 제24조 제1항에 따라 적격신뢰서비스 제공자에 의해 발급된 후 해당 전자서명용 적격인증서는 QSCDs에서 관리된다. 따라서 QSCDs는 전자서명생성데이터를 관리하고 처리하며, 특히 요구된 적격인 증서와 관련하여, 전자서명의 두 기술적 절차에 의해 영향을 받고, 전자서명 데 이터는 적어도 부분적으로 신원확인 절차의 결과이고 인증절차를 허용하고 작동 시킨다. 이런 점에서 부속서 Ⅱ에 규정된 요건의 다수가 전자서명생성데이터에 관하여 기밀성(제1항 a호), 유일성(제1항 b호), 도출 및 서명위조에 대한 보호(제1 항 c호), 그리고 타인의 사용으로부터 보호(제1항 d호)와 관련이 있음을 강조하는 것이 중요하다. 이런 이유로, 전자서명의 두 기술적 절차인 신원확인 및 인증 그리고 규정 내 해당 법률 규정은 부속서 Ⅱ에 따른 QSCDs의 요건을 분석할 때 고려해야 한다.

(2) 부속서 Ⅱ

가. 부속서 Ⅱ의 범위

QSCDs에 대한 요건을 도입함으로써 이 규정은 고급전자서명의 기능을 보장하는 것을 목표로 한다(전문 제56호). 이것은 제25조 제1항에 의해 처음 통과된 비차별의 중심 개념을 설명하는데, 전자서명이 전자적 형태로 되어 있거나 적격전자서명에 대한 요건을 충족하지 않는다는 이유만으로 법적 효력 및 법적 절차의 증거로서 증거능력을 부인당하지 않는다. QSCD에 대한 요건을 도입하여 고급전자서명의 기능을 보장한다는 목표를 강조함으로써, 전문 제56호는 적격전자서명의 요건을 충족하는 것이 기능 측면을 강화시킬 수 있지만 적어도 국내법에 따라서는 어쨌든 요구되지 않는다.

또한, 이 규정은 그런 QSCDs가 작동하는 전체시스템에 적용되지 않아야 한다(전문 제56호). 그런 점에서 제30조에 따른 인증 의무의 범위는 QSCD에서 생성, 저장 또는 처리되는 전자서명생성데이터를 관리하고 보호하는데 사용되는 하드웨어 및 소프트웨어로 제한되어야 하며, 특히 서명 생성 애플리케이션은 제외되어야 한다. 전문 제56호에 따른 이러한 제외가 다시 나타나는데, 원칙에 따라, 제29조 및 부속서 Ⅱ의 중심이 되는 규정 목적과 부속서 Ⅱ와 제30조에 따른 해당 요건 인증에 대해 중심이 되는 규정 목적, 즉 전자서명데이터를 관리하고 보호하는 해당 소프트웨어 또는 하드웨어의 구성요소에 관한 품질 요건을 설정하는 것을 보여준다.

나. 물리적으로 소지한 QSCD에 대한 요건

문구에 따르면 부속서 Ⅱ는 적절한 기술적·절차적 수단을 통해 QSCDs에 의해 보장되어야 하는 긍정적 최소요건(~적어도~)을 포함하고 있다. 제1항에 따른 요건은 전자서명생성데이터에 대한 중심 및 공통 참조지점을 언급한다. 따라서 부속서 Ⅱ 제1항에 따른 QSCDs의 품질평가는 생성, 저장 또는 처리된 전자서명생성데이터의 보호 및 보안수준에 의존한다는 점에 유의하는 것이 중요하다. 특히, 이 보호와 보안수준과 관련하여, 부속서 Ⅱ 제1항은 매우 추상적 수준의 법적 개념으로 구성되어 있다는 점이 특징이다. 실제로 전자서명생성데이터와 관련하여 QSCDs는 기밀성 보증을 보장해야 하고(a호), 해당 생성 데이터는 실제로 한 번만 발생할 수 있으며(b호), 해당 생성 데이터가 도출되지 않는다는 것이 합리적으로 보장되어야 하며 서명위조로부터 확실하게 보호되고(c호), 타인이 사용하지 못하도록 합법적 서명자에 의해 확실하게 보호될 수 있다(d호).

이러한 추상적인 법률 용어는 한편으로는 법적 불확실성을 유발할 수 있지만, 반면에 본 규정의 일반적인 목표, 즉 혁신에 개발적인 기술중립적 접근방식을 채택하는 것을 따른다. 또한, 집행위원회는 시행법을 통해 제29조 제2항에 따른 QSCDs에 대한 표준을 참조한다. 그러나 사실 전자신원확인에 대한 조항(제8조 이하)은 신원확인 목적을 위한 보증수준을 분류하고 정의하는 반면, 실제로 QSCDs에 대한 다른 조항뿐만 아니라 기밀성 보증(a호) 및 합리적 보증(c호)을 언급하는 부속서 Ⅱ에 따른 추상적인 법적 요건은 구체적인 보증수준에 대한 어떠한 지표도 제공하지 않는다. 이러한 모든 고려사항의 관점에서 그리고 집행위원회가 제29조 제2항에 따라 시행법을 채택할 권한을 행사할 때까지 부속서 Ⅱ에 따라 법률 용어를 정의할 수 있는 QSCDs에 대한 표준을 설정하기 위해 이러한 추상적인 법적 개념을 해석하려는 시도밖에 할 수 없다.

QSCDs에 의해 합리적으로 보증될 수 있는 생성 데이터의 기밀성(a호)과 관련하여, 전문 제11호는 규정이 정보보호지침 95/46/EC에 정하는 개인정보보호와 관련이 있는 원칙을 완전히 준수하여 적용되어야 한다고 명시하고 있다. 이러한 이유로, 정보처리의 기밀성 보안에 관한 정보보호지침(95/46/EC)에 따른 요건은 신뢰서비스제공자 및 감독기관이 준수해야 한다. 이를 감안할 때, QSCDs가 예를 들어 개인 키 및 인증서와 같은 생성 데이터를 포함하고 인증을 위해 PIN 또는 생체인식 특징을 처리하는 것으로 보아, 정보보호지침 94/46/EC 제16조는 부속서 Ⅱ 제1항 (a)호에 따라 정의되지 않은 용어인 기밀성을 해석하는데 사용될 수 있다. eIDAS 규정의 관점에서, 전자서명을 생성하기 위해 서명자가 사용하는 데이터로서 제3조 제13호에 따라서만 정의된 전자서명생성데이터에 정보보호지침 95/46/EC의 제2조 a호에 따라 개인 데이터도 포함되는지 여부는 불분명하다. 부속서 Ⅰ에 따른 전자서명용 적격인증서는 최소한 서명자의 성명 또는 가명을 포함하지만(c호), 필요하면 예를 들어 제3자 대리권에 대한 정보와 관련이 있는 데이터 또한 포함될 수 있다. 또한 QSCD에 저장되고 전자서명을 암호화하는데 사용되는 개인 키에 대한 지식은 오용 및 신원확인증명 도용으로 이어질 수 있다. 이러한 이유와 전문 제11호에 비추어 볼 때, 처리의 기밀성에 대한 조항(제16조)은 부속서 II 제1항 (a)호에 따라 기밀성이라는 용어를 해석하는 데 지표로서의 역할을 할 수 있다. 어쨌든 부속서 II 제1항 a호는 최소한 QSCD에 저장된 개인 키 공개를 금지하는 것으로 해석될 수 있다.

제1항 (b)호에 따라 QSCDs는 적절한 기술 및 절차적 수단을 통해 최소한 전자서명 생성에 사용되는 전자서명생성데이터가 실제로 한 번만 발생할 수 있음을 보장한다. 제3조 13호에 따른 전자서명생성데이터(전자서명을 생성하는데 사용되는 유일한 데이터)의 정의가 전자서명지침 1999/93/EC 제2조 4호에 따른 이전의 정의(서명자가 전자서명을 생성하는데 사용하는 코드 또는 개인 암호화키와 같은 유일한 데이터)보다 더 추상적인 방식으로 채택된다는 것을 언급할 가치가 있다. 개인키를 명시적으로 언급하지 않으면서, 다소 추상적으로 정의한 것은 전문 제26호에 비해 혁신에 개방된 접근 방식을 채택하는 규정의 일반적인 개념과 일치하는 것으로 보인다. 이를 고려하면, 제1항 (b)호에 따라 개인 키는 실질적으로 한 번만 발생하는 것이 요구된다. 실제 불확정한 법률 용어와 관련하여 아마도 (b)호는 개인키 및 다른 생성 데이터의 임시 중간 저장을 허용할 가능성이 있다.

또한 제1항 (c)호는 생성 데이터가 합리적인 보증수준에서는 도출될 수 없고, 전자서명이 현재 사용할 수 있는 기술을 사용하여 신뢰할 수 있는 형태로 확실하게 위조를 방지할 수 있음을 명시하고 있다. 이러한 요건을 보장하고 생성 데이터, 특히 개인키가 도출되지 않도록 하기 위해 그리고 생성된 전자서명을 위조로부터 보호하기 위해 QSCDs 및 해당 서명 생성 체계는 기술적으로 강력한 암호화 알고리즘을 사용할 필요가 있는데, 추상적인 법률 용어의 요건, 즉 합리적인 보증과 신뢰할 수 있는 보호를 충족하는 것이다. 집행위원회가 제29조 제2항에 따른 시행법을 통해 표준의 선택적 참조번호를 채택할 때까지 국내법이 적용될 것이다.

그 외에, 제1항 (d)호에 따라, QSCDs는 전자서명생성데이터가 다른 사람에 의해 사용되지 않도록 합법적 서명자에 의해 확실하게 보호될 수 있도록 보장해야 한다. 특히 이러한 요건은 QSCDs에 저장된 생성 데이터에 접근하고 전자서명을 생성할 때 합법적 서명자에 의해 활성화된 인증체계에 의거한다. 따라서 예를 들어 QSCD의 생성 데이터에 대한 접근을 제공하는 PIN 또는 생체인식 특징과 같은 사용자 활성화 데이터는 (d)호에 따라 확실한 보호 요건을 충족해야 한다. 그러나 불확정한 법률 용어를 사용함으로써 (d)호는 생성 데이터에 접근하기 위한 구체적인 요건에 의거하지 않는다. 이것은 기술중립성원칙을 채택하는 규정의 일반적인 목표에 상응하는 것이다. 그러나 (d)호는 또한 제29조 제2항에 따라 시행법을 통해 표준의 참조번호를 설정하는 것이 보다 더 명확성을 제공할 것이라는 것을 보여준다.

QSCDs는 서명자가 서명하기 전에 서명할 데이터의 변경이 일어나지 않도록 하거나 변경된 데이터가 서명자에게 제시되지 않도록 하여야 한다.

부속서 II 제2항에서 QSCDs는 서명자가 서명하기 전에 서명할 데이터의 변경이 일어나지 않도록 하거나 변경된 데이터가 서명자에게 제시되지 않도록 하여야 한다는 것을 명시하고 있다. 전자서명지침 1999/93/EC에 따라 부속서 III 제2항은 유사한 요건을 포함하지만, 사실 안전한 서명생성장치는 서명될 데이터를 변경하지 않아야 한다는 것을 명시하고 있다. 제29조 및 부속서 II의 핵심목적은 QSCDs에 대한 요건을 규정하고 고급전자서명의 기능을 보장하기 위해, 불확정 법문임에도 불구하고 제2항의 조항을 품질 요건으로 볼 수 있다.

그러나 전자서명을 통해 서명자를 명확하고 안전하게 신원확인하기 위해서 생성 데이터, 특히 개인키와 공개키가 유일하게 일치할 수 있도록 해야 한다. 그러나 전자서명에 의해 서명될 데이터와 수반되는 데이터가 서명절차에 의해 변경되지 않는 것도 필수불가결하다. 그러한 이유로 서명자 자신도 제2항에 따라 다루어져야 한다. QSCDs는 또한 서명자가 서명하기 전에 변경된 데이터가 제공되는 것을 방지하여야 한다.

다. 서명자의 대리서명에 관한 QSCDs의 요건(원격서명)

제3항에서 서명자를 대신하여 전자서명 데이터를 생성 또는 관리할 수 있는 가능성을 도입하였으며, 이 대리서명은 적격신뢰서비스제공자에 의해서만 수행될 수 있음을 명시하고 있다. 이 조항과 다음의 원격서명(remote signing) 가능성은 전체 규정을 고려하여 분석해야 한다. 제26조 a호 이전의 전자서명지침 1999/93/EC(제1조 c항은 자신의 통제하에 유지)의 공식화를 약화시킴으로써, eIDAS 규정에 따른 고급전자서명은 서명자가 자신만의 통제 하에 높은 수준의 확신을 가지고 사용할 수 있는 전자서명생성데이터를 사용하여 생성되어야 한

다. 따라서 이제 서버의 생성 데이터를 저장, 관리 및 처리하고 원격으로 전자서명을 할 수 있게 되었다. 그러므로 QSCD에 의해 생성되어야 하는 적격전자서명의 원격 생성과 관련하여, 서명자가 자신의 전자서명생성데이터 사용에 대한 단독 통제권을 갖도록 적절한 메커니즘 및 절차가 구현된 경우, QSCD를 전문 제51호에 따라 가능할 수 있는 제3자, 예를 들어 서버제공자에게 맡기는 것이 필수적이다. 결과적으로 부속서 Ⅱ 제3항은 이것이 제3조 제20호에 따라 정의된 적격신뢰서비스제공자에 의해서만 수행될 수 있다고 명시하고 있기 때문에 단연 중요하다. 이 원격서명의 도입은 서명자를 대신하여 관리되는 원격전자서명의 생성이 여러 경제적 이점에 비추어 증가할 것으로 예정되어 있음을 강조하는 전문 제51호에 의해 언급되었다.

본 규정 내에서 원격서명에 관한 요건을 정의하기 위해 집행위원회에 부여된 보안조치나 요건 또는 권한에 대한 구체적인 조항이 없다는 것은 부속서 Ⅱ 제1항에 따른 추상적인 법적 요건의 해석과 관련하여 언급할 가치가 있으며 가장 중요하다. 전문 제52호는 전자서명 생성 환경이 신뢰할 수 있음을 보장하고 서명자의 통제 하에 사용되도록 보장하기 위해, 특정 관리 및 관리적 보안절차 그리고 안전한 통신 채널을 포함한 신뢰할 수 있는 시스템 및 제품의 사용만을 참조한다. 이러한 통신 채널은 정의되지 않으며 서명 생성 환경, 결과적으로 특히 적격신뢰서비스제공자가 관리하는 QSCD가 신뢰할 수 있음을 또 다른 추상적인 법적 개념으로 보장해야 한다.

이러한 법적 불확실성으로 인해, 서명 생성 환경의 신뢰성을 달성하기 위해, 부속서 Ⅱ 제1항 a호~d호에 따라 QSCDs의 추상적인 법적 요건에 대한 해석, 생성 데이터의 기밀성, 보호 및 보안은 원격서명의 경우 재평가되어야 한다. 잠재적 출발점은 생성 환경의 신뢰성과 관련하여, 적격전자서명이 원격 QSCD를 사용하여 생성된 경우, 이 규정에 명시된 신뢰서비스제공자에 적용될 수 있는 요건이 적용되어야 한다고 명시하고 있는 전문 제52호이다. 이것은 부속서 Ⅲ 제3항을 준수하는 것인데, 또 다른 품질 요건으로서 서명자를 대신하여 전자서명생성데이터를 생성 및 관리하는 적격신뢰서비스제공자만을 요건으로 한다. 결과적으로 위에서 언급한 요건과 일치하는 것으로 보이며 제24조 제1항 b호에 따라 적격신뢰서비스제공자에 대한 원격 신원확인 요건과 관련 있는 원격서명의 경우 제24조 제1항 a호~d호의 추상적인 법률 용어를 해석하는 것이 가능해 보인다.

특히 제24조 제1항 b호를 참조할 수 있다. 이것은 전자서명 체계의 두 가지 중요한 절차, 신원확인 및 인증이 기술적 방식으로 밀접하게 관련되어 있어 둘 모두 최소한 부분적으로 부속서 Ⅱ에 따라 보호된 생성 데이터에 영향을 미치기 때문에 강조되어야 한다. 특히 원격서명의 경우, QSCD 및 생성 절차가 모바일 장치 또는 다른 온디멘드(On Demand)를 통해 서버에 저장되고 관리될 때 신원확인 및 인증절차는 병행하는 방식으로 실행된다. 특히 서명자가 생성 데이터에 접근하는 것과 관련이 있는 부속서 Ⅱ 제1항의 이러한 요건은 생성이 원격으로 발생할 때 관련성을 얻는다. 이러한 이유로 원격신원확인, 생성 데이터에 대한 인증 및 접근에 관한 요건 해석을 위한 제8조를 참조하여 제24조 제1항 b호에 따라 요구되는 보통 또는 높은 보증수준을 사용할 수 있다. 이를 통해 다음과 같은 부속서 Ⅱ의 해당 추상적 용어를 해석할 때 이러한 보증수준을 사용할 수 있다. 즉, 기밀성에 대한 합리적 보증(부속서 Ⅱ 제1항 a호), 합리적인 보증수준에서 생성 데이터의 도출 및 위·변조 방지(부속서 Ⅱ 제1항 c호), 그리고 생성데이터에 대한 타인의 사용으로부터의 신뢰할 만한 보호(부속서 Ⅱ 제1항 d호)가 그러하다.

또한 데이터 보호 목적 때문에 부속서 Ⅱ 제4항은 복제된 데이터세트의 보안이 원 데이터세트와 동일한 수준이어야 하고 복제된 데이터세트의 개수가 서비스의 연속성을 보장하기 위해 요구되는 최소 개수를 초과하지 않아야 하는 경우 서명자를 대신하여 생성 데이터를 관리하는 적격신뢰서비스제공자는 백업 목적으로만 생성 데이터를 복제할 수 있다고 명시하고 있다. 이러한 요건은 신뢰서비스제공자와 관련 있는 데이터 보호에 관한 전문 제11호에 따른 규정의 일반적인 접근 방식을 준수하는 것이다. 제4항은 적격신뢰서비스제공자에 대한 구체적인 의무에 원격서명을 위해 데이터 보호에 관한 일반적인 접근방식을 제시한다.

(3) 부속서 Ⅱ에 규정된 요건 준수의 추정

제29조 제2항은 집행위원회가 시행법을 통해 표준의 참조번호를 설정하고 이에 따라 회원국을 구속할 수 있다는 권한을 부여하고, 적격전자서명장치가 해당 표준을 충족하는 경우 부속서 Ⅱ를 준수한 것을 객관적으로 추정한다는 규정이

다. 이러한 표준은 일단 집행위원회에 의해 도입되면 부속서 Ⅱ에 따라 QSCDs에 대한 추상적인 법적 요건을 해석하는 데 단연 중요하다. 현재 유럽표준화위원회의 실무그룹 17은 QSCDs에 대한 안전 요건을 작성하고 있으며 특히 원격서명의 경우 서버 서명을 지원하는 신뢰할 수 있는 시스템에 초점을 맞추고 있다.

그런 측면에서, 집행위원회가 이미 제30조 제3항에 따라 QSCDs의 보안평가에 대한 표준을 규정하는 시행결정 (EU) 2016/650[66]을 채택했음을 강조하는 것이 단연 중요하다. 따라서 집행위원회는 제29조 제2항에 따라 QSCDs에 대한 표준의 참조번호를 설정하는 것보다 제30조 제3항에 따라 인증절차에 대한 표준화 목록을 채택하는 권한을 사용하고 있어서, 부속서 Ⅱ에 규정된 요건을 준수하였다는 추정을 받을 수 있다.

지금까지 집행위원회가 제29조 제2항에 따라 표준을 도입하는 권한보다 제30조 제3항에 따른 권한을 사용한 두 가지 이유를 살펴보면 다음과 같다. 첫째, 전문 제56호에서 제안된 제30조의 인증 범위가 더 좁아졌기 때문일 수 있다. 전문 제56호에 따르면, 제30조에 따른 인증 범위는 서명생성 데이터보호로 제한되며 서명생성 애플리케이션은 제외되는 반면에 부속서 Ⅱ의 범위 및 제29조 제2항에 따른 부속서 Ⅱ에 대한 QSCDs의 준수 추정은 실제로 제한되지 않는다. 둘째, 제29조 제2항에 따라 부속서 Ⅱ에 규정된 요건을 준수한다고 추정하는 강력한 법적 효력과는 대조적으로 제30조 제3항에 따른 보안평가체계는 인증지정기관에 어느 정도의 재량 권한을 남겨둔다. 이것은 인증이 예를 들어 시행법을 통해 제정된 표준에 따라 수행되는 보안성 평가를 기반으로 하여야 한다(shall)고 명시하고 있는 제30조 제3항 문언에 따른 것이다.

지금까지 집행위원회가 제29조 제2항에 따른 권한보다 제30조 제3항에 따른 권한을 사용했기 때문에, 시행결정 (EU) 2016/650에 의해 도입된 보안평가에 대해 열거된 표준은 부속서 Ⅱ에 규정된 추상적인 법적 개념을 해석하는 데 중요한 지표로서의 역할을 할 수 있다.

QSCD가 향후 제29조 제2항에 따라 집행위원회가 정할 가능성이 있는 표준을 충족하는 경우, 부속서 Ⅱ에 규정된 요건을 준수하는 것으로 추정될 것이다. 따라서 일단 시행법에 의해 도입되면, 이러한 표준은 부속서 Ⅱ에서 정의되지

---

66) (EU) 2016/650(25 April 2016)은 eIDAS 규정 제30조 제3항과 제39조 제2항에 따른 적격전자서명 생성장치와 적격전자인장생성장치의 기술표준을 정한 것이다.

않은 광범위하게 요구되는 법적 요건으로 인해 법적 불확실성을 초래할 것이다. 표준이 EU 지침을 보완하기 위해 사용되는 유럽제품안전법의 전반적인 접근 방식과 일치하는 것으로 보이는 이것은 혁신에 개방적인 접근 방식을 채택하기 위한 규정의 일반적인 목표를 촉진하는 것을 목표로 한다. 또한 제29조 제2항에 따른 표준화는 기술 중립적으로 전자서명체계에 접근하기 위해 규정의 의도에 부합하는 부속서 Ⅱ에 따른 추상적인 요건을 채택하는데 도움이 된다. 제48조 제2항을 참조하면, 제2항은 집행위원회가 이러한 시행법을 도입할 수 있도록 하는 절차를 규정한다. 규정 (EU) 182/2011의 제5조를 참조하여 제48조 제2항은 검토절차를 채택한다. 따라서 공동위원회(comitology committee)[67]는 집행위원회의 제안에 채택될 법률에 대한 다수의 의견을 전달해야 한다.

Ⅲ. 소 결

eIDAS 규정 제29조 제1항에서 QSCDs에 대한 실질적인 요건과 부속서 Ⅱ에 규정된 요건을 충족하여야 할 것을 명시하고 있다. 부속서 Ⅱ에 규정된 요건들은 주로 전자서명생성데이터에 관하여 기밀성(제1항 a호), 유일성(제1항 b호), 도출 및 서명위조에 대한 보호(제1항 c호), 그리고 타인의 사용으로부터의 보호(제1항 d호)와 관련된다.

이는 QSCDs에 대한 품질표준을 준수한 적격전자서명이 생성되면 서명자가 서명하기 전에 서명할 데이터의 변경이 일어나지 않아야 하며 변경된 데이터가 서명자에게 제시되지 않아야 한다는 보안수준이 보장된 것으로 추정하여, 적격전자서명에 대하여 수기서명에 등가하는 효력을 인정하고 이에 대한 구체적인 효력은 회원국에 일임하고 있다.

(구) 전자서명법상 법인용 공인인증서(사업자 범용인증서)를 이용하여 조달청 나라장터에 이용되어온 보안토큰(Hardware Security Module, HSM)은 바이오보안토큰(지문인식보안토큰)이라고 하여 USB 메모리방식(혹은 스마트카드, USIM칩 방식)을 채택하고 있다. 보안토큰은 전자서명 생성키를 안전하게 저장 보관할 수 있고 내부에 프로세스 및 암호 연산장치가 있어서 전자서명키 생성과 전자서명 생성 및 검증이 가능한 하드웨어장치이며, 내부에 저장된 전자서명생성키는 장

---

67) 이에 관하여는 제48조 집행위원회 절차에 관한 설명을 참조할 것.

치 외부로 복사 또는 재생성되지 않는다. 종래 한국인터넷진흥원 전자서명인증관리센터에서는 보안토큰모델별로 인증절차를 거쳐서 적합판정을 받은 제품을 공시하여왔다. 이러한 보안토큰은 eIDAS 규정 제29조와 부속서 Ⅱ의 적격전자서명생성장치(QSCDs)와 유사한 것으로 평가될 수 있다. 지난 2020년 전자서명법의 개정으로 전자서명에 관한 무결성 추정 규정(구 전자서명법 제3조 제2항)을 삭제한 후 이에 관한 법적 불확실성이 야기되었으며 상당한 비판이 있었던 것도 사실이나 전자서명법상 서비스 사업자의 보안의무는 강화되었다. 일정한 보안수준을 유지하면서도 편리한 서비스가 확장될 수 있는 법적 기반을 마련하는데 eIDAS 규정 제29조와 부속서 Ⅱ도 좋은 참조기준이 될 것이다.

▎제30조 ▎ 적격전자서명생성장치의 인증(Certification)

제1항 부속서 Ⅱ에 규정된 요건에 따른 적격전자서명생성장치의 적합성은 회원국이 지정한 적절한 공공·민간기관에 의해서 인증된다.

제2항 회원국은 제1항에 규정된 공공·민간기관의 이름과 주소를 위원회에 통지한다. 위원회는 해당 정보를 회원국이 사용할 수 있도록 한다.

제3항 제1항에 규정된 인증은 다음중 하나를 기반으로 한다. 즉,

(a) 제2항에 따라 구축된 목록에 포함되어 있는 정보기술제품의 보안평가를 위한 표준 중 하나에 따라 수행된 보안평가 절차

(b) 상당한 보안수준을 사용한다는 조건과 제1항에 규정된 공공 또는 민간기관이 해당 절차를 위원회에 통지한다는 조건으로, (a)호에 규정된 절차 이외의 절차. 해당 절차는 (a)호에 규정된 표준이 존재하지 않거나 (a)호에 규정된 보안평가절차가 개발 중인 경우에 사용될 수 있다.

집행위원회는 시행법을 통해 (a)호에 규정된 정보기술제품의 보안평가를 위한 표준의 목록을 제정한다. 해당 시행법은 제48조 제2항에 규정된 검토절차에 따라 채택한다.

제4항 집행위원회는 본 조항의 제1항에 언급된 지정 기관들이 충족하여야 하는 특정 기준의 제정에 관하여 제47조에 따라 위임법을 채택할 권한을 갖는다.

Ⅰ. 입법취지

제30조는 부속서 Ⅱ에 규정된 요건에 따라 적격전자서명생성장치(QSCDs)의 적합성 인증(Certification)을 관리한다. 따라서 그것은 인증사업자(즉, 지정된 공공

또는 민간기관)와 이러한 기관에 의해 처리되는 인증 절차 둘 모두에 대한 조항을 도입하고 있다. 따라서 회원국은 QSCDs를 인증할 권한을 부여받은 적절한 공공 또는 민간기관을 지정해야 한다. 또한, 법적 확실성을 보장하기 위해, 제4항은 지정된 기관에 의해 충족되어야 하는 특정 기준의 제정에 관하여 제47조에 따라 집행위원회가 위임법을 채택할 수 있도록 한다.

제3항은 인증절차를 규정하고 있다. 따라서 정보기술제품의 보안평가를 위한 표준 중 하나에 따라 보안평가절차에 우선권이 부여되어야 한다. 그러나 두 번째 하위 항은 제48조 제2항에 따른 시행법을 통해 집행위원회가 이 보안평가를 위한 표준의 목록을 제정할 수 있도록 한다. 실제로 표준은 이 보안평가절차에 대한 조항을 보완하는데 사용된다. 이것은 제30조가 유럽제품안전법과 근사하다는 것을 보여준다.

제30조는 인증서가 없는 경우에 그 법률상의 인과를 명시적으로 규율하고 있지 않다. 따라서 문제는 인증이 의무를 형성하는지, 더 나아가 전자서명생성장치의 적격상태에 대한 실체법적 요건을 구성하는지 여부이다.

Ⅱ. 내 용

1. 구 조

제30조의 두 가지 주제는 인증사업자 지정과 인증절차 그 자체이다. 제1항, 제2항과 제4항은 지정절차(designation process)를 규율하는 반면, 제3항은 인증절차(procedure of certification)를 규정한다. 이러한 구조적 복잡성은 제30조의 명확성 부족에 기인한다.

제1항은 회원국이 실제로 QSCDs가 부속서 Ⅱ에 부합함을 증명하는 적절한 공공 또는 민간기관을 지정해야 한다고 명시하고 있다. 이러한 기관은 제4항의 규정에 따라 제정된 특정 기준을 충족해야 한다. 따라서 집행위원회는 이 설정에 관하여 제47조에 따라 위임법을 채택할 권한을 부여 받아야 한다. 또한, 제2항은 회원국이 다른 회원국에 통지되어야 하는 해당 기관의 이름과 주소를 집행위원회에 통지해야 한다고 명시하고 있다.

제3항은 두 가지 인증절차에 관한 것이다. 정보기술제품의 보안평가를 위한 표준에 따라 수행되어야 하는 제3항 a호에 따른 보안평가절차에 우선순위가 부

여되어야 한다. 따라서 제3항 a호는 집행위원회가 제48조 제2항에 따른 시행법에 의해 이러한 표준의 목록을 제정해야 한다고 명시하고 있는 두 번째 호에 적용된다. 제3항 b호에 따르면 a호에 따른 보안평가절차 이외의 다른 절차를 사용할 수 있다. 즉, 상응하는 보안수준과 공공 또는 민간 인증기관이 해당 보안평가절차를 집행위원회에 통지하여야 한다는 조건으로 a호에 규정된 절차 이외의 절차를 사용하여 적격전자서명장치의 인증을 할 수 있다.

다음으로, 제31조 제1항에 따라, 회원국은 인증이 취소된 후 지체 없이 1개월 이내에 집행위원회에 더 이상 인증되지 않는 전자서명생성장치에 대한 정보를 통지해야 한다. 따라서 인증을 취소할 수 있는 권리가 있다고 해석할 수 있다. 그러나 제30조는 인증 취소권을 명시하지 않고 있다. 결과적으로 법률상 취소권을 규정한 것은 아니므로 이에 대한 법적 확실성이 결여되어 있다.

2. 공공기관 또는 민간 지정 기관

(1) 적절한 기관의 지정

제30조 제1항에 따른 적합성 인증은 회원국이 지정한 적절한 공공기관 또는 민간기관에 의해 인증되어야 한다. 법문이 추상적이므로 제1항에 따라 어떤 기관이 이 요건을 적절하게 충족할 수 있는지는 명확하지 않다. 그러나 제4항은 제1항에 언급된 지정 기관이 충족해야 하는 기준과 관련하여 집행위원회가 제47조에 따라 위임법을 채택할 권한을 부여받아야 함을 명시하고 있다. 집행위원회는 지금까지 이러한 기준에 관한 위임법을 채택할 권한을 사용하지 않았기 때문에, 언뜻 보기에 어떤 지정 기관이 제30조 제1항에 따라 적절한지 그리고 이러한 기관이 어떤 기준을 충족해야 하는지 명확하지 않다.

제30조는 이러한 적절한 기관이 제20조에서의 적합성평가기관에 관련되는지 여부에 대하여 언급하지 않고 있다. 제20조는 적격신뢰서비스제공자와 그들의 서비스를 감사하는 적합성 평가기관이 eIDAS 규정에서 정하는 요건을 충족하였다는 것을 확인하기 위한 규정이다. 규정 765/2008에 대한 참조 및 제20조에 따른 적합성 평가기관의 인가 요건과는 대조적으로 제30조 제1항 및 제4항은 유럽의 인정제도를 명시적으로 요구하지 않는다. 그러나 신뢰서비스의 높은 보안수준을 제공한다는 관점에서 일관된 프레임워크를 보장하기 위한 규정의 목표

를 촉진하는 전문 제44호에 비추어 볼 때, 집행위원회는 제품과 서비스의 적합성 평가를 다루는 경우 규정 765/2008과 같은 기존의 관련 유럽 및 국제 제도와 함께 동반 상승효과를 모색한다. 따라서 제30조 제1항에 따라 적절한 기관을 지정할 때 회원국이 규정 765/2008에 해당하는 기존 인정제도(accreditation scheme)[68]를 사용하는 것이 가능하고 전문 제44호의 목표에 부합하는 것으로 보인다. 특히, 이것은 지정된 기관이 충족해야할 기준을 규정하는 제39조 제4항에 의한 위임법이 여전히 부족한 상황에서 가능한 것으로 보인다.

또한, 전자서명지침 1999/93/EC에 따라, 집행위원회는 결정 2000/709/EC를 통해 회원국이 제3조 제4항에 따라 어떤 기관이 어떻게 지정될 수 있는지 여부와 방법을 결정하기 위한 최소 기준을 제정했다. 집행위원회가 아직 제30조 제4항에서 언급된 위임법을 채택하지 않았기 때문에, 회원국은 결정 2000/709/EC에 규정된 지정 기관이 충족해야 할 최소 기준을 추가로 사용할 수 있는 것으로 보인다.

이전의 전자서명지침 1999/93/EC과 결정 2000/709/EC의 제3조 제4항과는 대조적으로 제30조 제4항은 위임법을 통해 집행위원회가 제정해야 하는 특정 기준을 언급하고 있음을 밝힐 필요가 있다. 따라서, 특히 집행위원회가 제30조 제4항에 따라 위임법을 채택할 때까지 회원국은 자신의 지정절차뿐만 아니라 자신의 일반 기준을 결정하고 적용하는 것이 가능할 수 있다. 이것은 또한 특정 회원국 법률에 따라 발생할 수 있는 헌법적 우려와 너무나 모호한 지정 기준으로 인해 방해받을 수 있는 직업의 자유와 같은 기본권과도 일치한다.

---

68) 유럽의회 및 집행위원회 규정(Regulation(EC) No 765/2008 of the European Pariament and of the Council of 9 July 2008) 제4조에서 국가의 승인기관(accreditation body)에 의하여 인정받은 '적합성평가기관(conformity assessment body)'에 의하여 인증기관에 대한 감독을 수행하도록 권고하고 있다. 이러한 국가승인기관은 유럽승인협력기관(European Cooperation for Accreditation; EA)의 회원이 된다. 적합성평가기관은 'ETSI TS 102 042(전자서명 및 인프라스트럭쳐;공개키인증서를 발급하는 인증기관의 정책요건)', 'CA/Browser Forum 인증서 가이드라인', 'CA/Browser Forum 신뢰인증서 발급 및 관리 기본요건'에 따른 평가를 위하여 국가승인기관으로부터 인정증명서(accreditation certificate)를 받아야 한다. 이러한 일련의 인정평가절차를 통틀어서 인정제도(accreditation scheme)라고 부른다; ETSI Special Report, "Electronic Signatures and Infrastructures(ESI); Recommendations on Governance and Audit Regime for CAB Forum Extended Validation and Baseline Certificates" ETSI 003 091 v1.1.2(2013-03), p.7.

(2) 지정절차

그러나 집행위원회가 위임법을 채택하고 제30조 제1항에 따라 지정된 기관이 충족해야 할 특정 기준을 명시하는 경우, 제30조 제4항은 제30조 제4항에 언급된 권한의 위임을 위한 별도의 특정 규정을 설정하는 제47조를 참조하여 작성된다. TFEU 제290조에 따라, 제47조 제2항은 제30조 제4항에서 언급된 위임법을 채택할 권한을 부여하는 기간, 즉 권한 위임 개시일에 관한 세부사항을 규정한다. 또한 제47조 제3항은 유럽의회 또는 이사회의 결정에 의한 철회를 통한 위임 종료를 명시하고 있다. 위임법이 채택되는 즉시 집행위원회는 제4항에 따라 그것을 유럽의회와 이사회에 동시에 통지해야 한다. 또한 제5항은 제30조 제4항에 따른 위임법이 발효되기까지 2개월의 기간을 예정하고 있다. 그들 주도로 2개월까지 연장되어야 하는 해당 기간동안, 유럽의회 또는 이사회는 위임법이 발효되지 못하도록 하는 이의를 제기할 수 있다.

(3) 통지절차

제30조 제2항에 따라 회원국은 제1항에 언급된 공공기관 또는 민간기관의 이름과 주소를 집행위원회에 통지해야 한다. 집행위원회는 회원국에 그 정보를 제공하여 이용할 수 있도록 해야 한다.

3. 인증 절차

(1) 범 위

먼저, 원칙적으로 제29조 및 부속서 II의 언급과는 대조적으로 제30조에 따른 인증범위는 전문 제56호에 따른 서명생성장치에서 생성, 저장 또는 처리된 전자서명생성데이터를 관리 및 보호하는데 사용되는 하드웨어 및 소프트웨어로 명시적으로 제한되어야 한다. 특히 서명 생성 애플리케이션은 범위에서 제외되어야 한다. 집행위원회가 이미 제29조 제2항에 따라 표준의 참조번호를 도입하는 대신 시행결정 2016/650을 채택함으로써 제30조 제3항에 따른 시행법을 통해 QSCDs의 보안평가 표준을 채택할 권한을 이미 사용한 것은 이러한 이유 때문일 수 있다.

제30조의 문구에 근거하면, eIDAS 규정에 의해 도입된 QSCDs의 새로운 인

증체계가 적극적인 의무를 생성하는지, 더 나아가 QSCD에 대한 실체적 요건을 구성하는지 여부는 불분명하다. 일반적으로 QSCDs의 인증이 의무인가에 대한 질문에 대해서는 인증의무[obligation 또는 Zertifizierungspflicht(독일)]의 범위를 나타내는 전문 제56호를 참조할 수 있다. 그럼에도 불구하고 인증을 받지 않은 것이 자동적으로 QSCDs의 법적 효력을 문제 삼게 되는 결과로 이어지는 것은 아니라는 점을 강조하는 것이 중요하다. 제25조 제2항에 따른 법적 효력을 발생시키기 위해 추가 요건으로 제30조 제3항에 따른 QSCDs의 인증이 필요한지에 대한 추가 질문이 있다. 그러나 QSCD에 대한 요건을 설정하는 제29조도, QSCD의 정의도, 제3조 12호 따른 적격전자서명의 정의(제3조 22호, 23호)도 인증절차를 참조하지 않는다. 따라서 인증이 없다는 것이 적격전자서명의 법적 효력에 문제되는 것은 아니다. 이 결과는 역내시장의 전자거래에 대한 신뢰를 높이고 일반적으로 인증절차에 영향을 미치지 않는 QSCD 사용자를 보호하기 위한 eIDAS 규정의 일반적인 목표와 일치한다. 그러나 이러한 관점에서, 인증장치가 실제로 부속서 Ⅱ에 언급된 요건을 만족하는지에 대해 의문을 불러일으킬 수 있기 때문에 인증이 없으면 실제 QSCDs의 법적 효력에만 영향을 미칠 수 있다.

(2) 인증절차

이미 언급된 바와 같이 제3항은 두 가지의 인증절차에 관한 것이다. 제3항 a호에 따라 보안평가절차에 우선순위를 부여해야 한다. 이는 수행된 보안평가 절차 이외의 절차가 a호에 따른 표준이 없거나 보안평가 절차가 진행 중일 때에만 사용될 수 있음을 명확하게 명시하는 제3항 b호 문구의 결과이다.

a호에 따른 보안평가절차는 주로 정보기술제품의 보안평가를 위한 표준에 주로 결정되며, 그 표준은 시행법을 통해 집행위원회에 의해 제정된다(제3항 2호). 시행결정 EU 2016/650을 통해 집행위원회는 이미 제30조 제3항에 따라 QSCDs의 보안평가를 위한 표준을 채택하는 권한을 사용했다. 이 시행결정의 채택으로 집행위원회결정 2003/511/EC가 쓸모없게 되었다.

가. 시행결정 (EU) 2016/650

일반적으로 집행위원회가 제29조 제2항에 따른 QSCDs에 대한 표준 참조번호를 설정하는 것보다 제30조 제3항에 따른 표준목록을 채택하는데 자신의 권한을 사용했음을 언급할 가치가 있다. 이는 전문 제56호에 의해 제안된 제30조에 따른 좁은 인증 범위에 기인한다. 전문 제56호에 따르면, 제30조에 따른 인증 범위는 전자서명데이터를 보호하는데 국한되며 서명 생성 애플리케이션은 제외되는 반면 부속서 II의 범위와 제29조 제2항에 따른 부속서 II에 대한 QSCDs의 준수 추정은 사실 제한되지 않는다. 위에서 언급한 제한된 인증 범위와는 대조적으로 부속서 목록은 전자서명 생성 애플리케이션과의 통신과 관련하여 확대적용되는 표준을 정한다. 따라서 결정 2016/650의 전문 제7호는 전문 제56호를 고려하여 결국 제품 제조업체가 서명 생성 애플리케이션을 참조하는 이러한 확장을 자유롭게 적용할 수 있음을 강조하고 있다.

원칙적으로 제29조 제2항의 추정을 활용하지 않고 열거된 보안평가를 위한 표준 및 기타 조항이 부속서 II에 규정된 추상적인 법적 개념을 해석하는데 중요한 지표로서의 역할을 할 수 있는 것은 시행결정 (EU) 2016/650을 도입한 이후이다. 이것은 적극적 의무로서 제30조에 따른 인증이 QSCDs에 대한 실질적인 요건을 구성하기 때문에 더더욱 그러하다. 특히, 부속서 II 제1항 c호를 명시적으로 참조함으로써 전문 제8호는 인증된 제품의 보안을 위해 그리고 전자서명이 서명위조로부터 보호되는 것을 보장하기 위해 적절한 암호화 알고리즘, 키(key) 길이 및 해시 기능을 결정해야 할 필요가 있음을 강조하고 있다. 또한 이 문제는 유럽 수준에서 조화를 이루지 않았기 때문에 전문 제8호는 회원국이 적절한 암호화 알고리즘 등에 협력하고 합의할 것을 촉구하고 있다.

나. 시행결정 (EU) 2016/650에 따른 사용자 관리 및 원격서명

시행결정 (EU) 2016/650은 보안평가를 위한 표준을 설정하는 두 가지 접근방식을 포함하고 있다. QSCDs에 대해, 생성 데이터가 제1항에 따라 저장되지만 반드시 독점적으로 사용자 관리 환경에서 저장될 필요가 없는 QSCDs의 인증에 적용되는 표준은 결정 (EU) 2016/650의 부속서에 나열된다. 이런 표준은 표준화 명령 M/460에 따라 유럽표준화위원회(European Committee for Standardization, CEN)에 의해 개발되었으며 부속서 II에 대한 적합성평가에 적합한 것으로 간주된다(전문 제4항). 마찬가지로 본 규정의 전문 제55호는 ISO 15408과 같은 국제표준의 중요성과 IT 보안 인증을 위한 상호인정의 협약을 촉진한다.

반면, 적격신뢰서비스제공자가 서명자를 대신하여 전자서명생성데이터를 원격으로 관리하는 경우, 제2항은 집행위원회가 표준목록을 구축할 때까지 인증 프로세스는 제30조 제3항 b호에 따라 제30조 제3항 a호에 의해 요구되는 보안수준에 필적하는 보안수준을 사용하고 제30조 제1항에 따라 지정기관에 의해 집행위원회로 통지되는 프로세스를 기반으로 해야 함을 명시하고 있다. 보안 표준이 아직 이용 가능하지 않은 모바일 서명 또는 클라우드 서명과 같은 혁신적인 솔루션과 관련하여, 규정의 전문 제55호는 이 접근 방식을 지원하므로 제30조 제3항 b호에 따라 원격 서명 대체 프로세스에 대해 규정하고 있다. 또한 전문 제5호는 원격서명에 대한 보안요건과 해당 인증 기술규격이 다르다는 점을 강조하고 있다. 이러한 이유로 결정 (EU) 2016/650의 부속서에 나열된 표준은 원격서명에 적용할 수 없다. 원격 제품의 인증을 위해 공시된 이러한 표준은 아직 존재하지 않지만, 실제로 전문 제6호로부터 집행위원회는 표준이 존재하면 결정 (EU) 2016/650을 보완할 것이다. 집행위원회가 발령한 위임명령 460에 따라 CEN, CENELEC 및 ETSI는 서명 표준화를 위한 프레임워크를 구축하기 위해 전자서명조정그룹(e-Signature Coordination Group)을 설치했으며 현재 원격서명 및 원격으로 사용되는 QSCDs를 위한 표준을 개발하고 있다.

표준이 확정되면, 이러한 표준은 적격신뢰서비스제공자가 관리하는 원격서명을 위한 서비스를 구현할 때 고려될 수 있다. 실제로 집행위원회가 결정 (EU) 2016/650을 통해 아직 원격서명을 위한 표준을 시행하지 않았기 때문에 이러한 표준은 현재 eIDAS 요건을 다루는 모범사례 표준의 역할만을 할 수 있다.

4. 인증 취소

위에서 언급된 바와 같이 제31조 제1항의 문구에 의하여 회원국은 인증이 취소된 후 1개월 이내에 지체없이 더 이상 인증되지 않는 QSCDs는 취소된 정보라는 점, QSCD의 인증을 취소(cancellation)할 가능성이 있다는 정보를 집행위원회에 통지할 의무가 있다. 제30조와 제31조 모두 취소권에 대한 추가 표시를 규정하지 않기 때문에 많은 법적 불확실성이 발생한다. 전체 규정에 비추어 볼 때, 제31조의 문구에 따라 QSCDs의 인증을 취소하는 언급된 옵션을 해석하는 데 사용될 수 있는 취소권을 언급하는 다른 조항은 없다. 이를 염두에 두고 삭제된 명시적 표현 취소로 인해, 예를 들어 이 취소 옵션을 다루는 방법에 대해 제20조 제3항에 따른 신뢰서비스제공자의 적격지위 철회로부터 아이디어를 얻는 것은 불가능하다. 그러나 제30조 제3항에 언급된 평가절차에 취소제도에 대한 표준을 도입하는 것이 가능해 보인다.

제30조와 제31조 모두 인증취소로 인해 어떤 법적 효력이 발생하는지를 명확하게 나타내지 않는다. 위에서 언급된 바와 같이 제30조에 따른 QSCDs의 인증이 의무적인 것으로 해석될 수 있지만, QSCD의 실체법적 요건을 구성하지 않는다. 따라서 인증 취소가 QSCD의 적격상태에 영향을 미치지 않는 것은 분명해 보인다. 또한 회원국이 더 이상 인증되지 않는 QSCDs에 대한 정보를 집행위원회에 통지해야 한다는 것과 함께 취소 후 1개월의 기간 이내를 언급하고 있는 제31조 제1항의 문구를 따르면 취소의 범위와 효력의 시점은 장래에 한하여 미친다. 마지막으로, 인증 취소 또한 이러한 지정 기관에 의해 관리되어야 한다는 것은 인증의 핵심 요소로서 제1항, 제2항 및 제4항에서 실제로 인증을 처리하는 적절한 기관의 지정에 초점을 맞추고 있는 제30조의 목적 및 접근방식과 일치하는 것으로 보인다.

Ⅲ. 소 결

우리나라의 전자서명시장에서 이미 10여 년 전부터 인증서의 암호화 키 관리를 위한 하드웨어 보안 모듈, 일명 보안토큰(Hardware Security Module, HSM)을 도입하였고 최근에는 블록체인, IoT, 다양한 사설인증과 함께 클라우드 기반 HSM의 사용으로 HSM시장이 확장되고 있다. 대체로 우리나라의 HSM은 한국암호모듈검증프로그램(KCMVP) 또는 미국국립표준기술원(NIST)의 FIPS 140-2레벨 3인증과 국제 표준인 공통기준 인증(CC) EAL4＋을 획득하고 있다.

▌ 제31조 ▌ 인증된 적격전자서명생성장치의 목록 공시

제1항 회원국은 제30조 제1항에 언급된 기관에서 인증한 적격전자서명생성장치에 관한 정보를 인증 완료 이후 1개월 이내에 지체 없이 집행위원회에 통지한다. 회원국은 또한 더 이상 적격이 아닌 전자서명생성장치에 관한 정보를 인증 취소 이후 1개월 이내에 지체 없이 집행위원회에 통지한다.

제2항 수신한 정보에 기초하여 집행위원회는 인증된 적격전자서명생성장치의 목록을 제 정, 공시 및 유지한다.

제3항 집행위원회는 시행법을 통하여 제1항의 목적에 부합되도록 형식과 절차를 정의할 수 있다. 해당 시행법은 제48조 제2항에 언급된 검토절차에 따라 채택한다.

Ⅰ. 입법취지

제31조는 집행위원회가 인증된 적격서명생성장치(QSCDs)의 목록을 공시한다 고 명시하고 있다. 따라서 인증의 투명성을 높이고 법적 확실성을 보장하는 것 이 제31조의 목적이다. 대중에게 알림으로써 제30조는 전자거래의 신뢰를 향상 시키고 이를 통해 유럽 단일 시장에서 신뢰할 수 있는 국가 간 디지털 서비스 를 확대하고자 한다. 제31조는 통지나 공시의 부재로 인한 구체적인 법적 결과 를 제공하지 않는다. 특히 제31조에 따라 인증된 QSCDs에 대한 정보의 통지 및 공시가 QSCDs에 대한 실체법적인 요건을 형성하는지 여부는 불분명하다.

Ⅱ. 내 용

1. 구 조

원칙적으로 공시에 대한 요건으로서 제1항은 회원국이 인증이 완료된 QSCDs 에 대한 정보를 인증이 완료된 후 지체 없이 1개월 이내에 집행위원회에 통보 해야 한다고 명시하고 있다. 또한 회원국은 취소로 인해 더 이상 인증되지 않는 전자서명생성장치에 대한 정보를 통지해야 한다. 이 조항은 인증 취소권이 있다 는 의미를 내포한다.

제31조 제1항에 따른 통지 과정을 위해 제3항은 집행위원회가 제48조 제2항 에 따라 시행법을 통해 형식과 절차를 정의하는 것을 가능하게 한다. 제2항에 따라 집행위원회는 통지 후 인증된 QSCDs의 목록을 설정, 공시 및 유지해야 한다.

그러나 제31조는 회원국에 의한 통지 미흡 및 집행위원회에 의한 공시의 결 여에 대한 구체적인 법적 효력을 규정하지 않는다. 따라서 통지와 공시가 QSCDs에 대한 실체법적인 요건을 형성하는지 여부는 불명확한 것으로 보인다.

실제로 이것은 법적 확실성이 부족하다는 증거이며, 반대로 eIDAS 규정의 목적을 달성하기 위해 특히 전자거래에 대한 대중의 신뢰를 높일 필요가 있다.

2. 인증된 QSCDs의 통지

(1) 통지의 범위

일반적으로 집행위원회는 시행법을 통해 제31조 제3항에 따라 통지체계의 목적에 적용할 수 있는 형식과 절차를 정의할 수 있다. 해당 시행법은 제48조 제2항에 언급된 검토절차에 따라 채택되어야 한다. 일단 발의되면, 해당 시행법은 보다 정확하게 통지의 범위와 과정을 정의할 수 있다.

회원국은 제30조 제1항에 언급된 기관에 의해 인증된 QSCDs에 대한 정보를 집행위원회에 통지하여야 한다. 따라서 통지는 제30조에 따라 이전에 처리된 인증체계와 직접 연결된다. 특히, 제31조는 회원국이 인증된 QSCDs의 정보를 집행위원회에 통지할 의무가 있는지에 대해서는 침묵하고 있다. 그러나 제1항의 '통지되어야 한다'는 문구는 제31조가 인증된 QSCDs에 대한 정보를 집행위원회에 통지해야 하는 회원국의 자족적 의무 – 제31조를 독립적으로 이해하는 – 를 포함하지 않음을 나타낸다. 그렇다 하더라도, 제31조 제1항 이전의 통지체계가 직접 연결되고 후속하는 제30조에 따른 인증 의무에 비추어 볼 때, 통지의 다른 법적 효력이 발생할 수 있다.

(2) 통지체계

제1항은 인증된 QSCDs에 대한 정보의 통지의 시한을 명시적으로 결정한다. 회원국은 인증이 완료된 후 지체 없이 1개월 이내에 이 정보를 집행위원회에 통지해야 한다. 회원국은 이 기간의 범위를 독립적으로 결정할 수 있는 자유를 가질 것이다. 그러나 인증의 완료는 이 기간의 결정적인 출발점이다. 제30조에 따른 인증체계는 완료 시간을 결정하는 조항을 두지 않았기 때문에, b호에서의 대체 절차를 위해 설정된 표준뿐만 아니라 제30조 제3항 a호에 따른 보안평가 절차를 위해 설정된 표준은 사실 이 출발점을 결정한다.

인증 취소의 경우에도 동일한 기간이 적용된다. 사실 통지 기간만을 결정하는 제31조가 취소권을 도입하는 것은 출발점으로서 언급할 가치가 있지만 제30조는 취소를 전혀 언급하지 않는다. 제30조에 따른 취소 요건에 대한 조항을 누락

했기 때문에 기존 기간의 결정적인 출발점은 규정의 조항에 따라서는 신원확인
될 수 없다. 그러나 제30조 제3항에 언급된 평가 과정에서 취소의 결정 시간을
결정하는 취소체계에 대한 표준을 도입하는 것은 가능해 보인다.

제31조 제1항에는 인증된 QSCDs에 대한 구체적인 정보를 집행위원회에 통지
해야 하는 추가 기술규격이 포함되어 있지 않다. 또한 정보의 형식과 범위를 명
시할 수 있는 제31조 제3항에 따라 정의된 형식 및 절차는 아직 존재하지 않는
다. 따라서 집행위원회가 시행법을 채택하여 그러한 통지 형식과 절차를 정의할
때까지, 회원국은 집행위원회에 통지된 정보의 범위를 결정할 자유가 있다. 그
러나 상호인정의 목적은 통지된 정보가 인증된 QSCDs에 대한 주요 정보를 포
함한다는 것을 의미할 수 있는데, 예를 들면, 제한된 기간이 있는 경우 인증의
유효 기간, 인증 및 지정 참조, 관련 하드웨어 및 소프트웨어 환경 정보 등이
그러하다.

그럼에도 불구하고, 향후 제30조 제3항에 따른 시행법은 구체적인 통지 절차
를 정의할 수 있고, 구체적인 용어로 지체 없이 기간과 출발점을 표시할 수 있
으며, 실제로는 간접적인 방식과 추가 정의의 부족으로 제1항에 도입된 취소 절
차를 분명히 할 수 있다. 이러한 시행법은 규정 (EU) 182/2011의 제5조를 참조
하여 검토절차를 채택하는 제48조 제2항에 따라 채택되어야 한다.

3. 인증된 QSCDs의 공시

제31조 제2항의 문구와 관련하여 집행위원회는 인증된 QSCDs의 목록을 제
정, 공시 및 유지하여야 한다. 인증된 QSCDs의 통지에 대해 앞서 논의된 바와
같이, 자족으로 제31조 제2항에서 파생할 수 있는 공시의무가 없다는 것은 이
문구로 인해 발생한다. 그러나 공시체계에 대해 위에서 언급된 바와 같이, 제30
조 제1항에 따른 인증의무에 비추어 다른 법적 효력이 발생할 수 있다.

제31조 제3항에 따라 집행위원회는 접수된 정보를 기반으로 인증된 QSCDs의
목록을 제정, 공시 및 유지해야 한다. 그러나 제3항의 문구에 따르면, 인증된
QSCDs의 공시가 어떤 형식을 취해야 하는지는 불명확하다. eIDAS 규정의 중요
한 목적 중 하나는 제25조 제3항에서 정하는 전자서명의 상호인정을 달성하기
위한 것이다. eIDAS 규정이 전자서명에 대한 적격상태의 공시를 도입하고 이를
공시하도록 규정함으로써 인증된 QSCDs 정보에 대한 대중의 접근을 향상시키

고 일반적으로 전자서명 체계에 대한 신뢰를 구축하는 것을 목표로 한다는 것은 명확해 보인다. 이러한 이유로 집행위원회는 최소한 인증된 QSCDs에 대한 정보를 대중에게 널리 알리는 것을 목표로 해야 한다. 또한 집행위원회는 공시 후 이 목록을 유지해야 한다. 따라서 인증된 QSCDs에 대한 정보는 최소한 시기적절해야 하고 정확하게 유지되어야 한다.

제31조 제3항은 공시된 목록은 집행위원회가 수신한 정보를 기반으로 정하여야 할 것을 명시하고 있다. 한편 이것은 공시체계가 인증된 QSCDs에 대한 정보의 이전 통지와 얼마나 직접적으로 연결되는지를 강조한다. 반면, 제31조 제2항을 둔 배경은 공시의 목적을 위해 공시 내용에 대한 책임이 집행위원회에게로 이동함을 나타낸다. 따라서 수신된 정보의 본질을 검토하기 위한 집행위원회의 법제나 의무라기보다는 단지 일반 대중에게 알리기 위한 법제로서 공시체계를 이해하는 것이 제31조 제2항의 문구와 일맥상통하는 것 같다.

4. 통지 및 공시 부족의 법적 효력

제31조의 문구에 따르면, 전자서명생성장치가 적격지위를 획득하는데 인증된 QSCDs의 통지가 실체법적 요건인 것은 아니다. 반대로 집행위원회의 다음 공시를 위한 중간 단계로서 통지 및 공시 과정 자체는 제30조에 따른 인증체계와 직접 연결되고 후속 조치를 취한다. 이러한 직접적인 연결은 통지 기간의 결정적인 출발점으로써 인증(또는 취소)과 공시되어야 하는 통지를 통해 수신된 정보에 대한 제31조 제2항에 언급된 내용을 도입함으로써 확정된다. 이를 명심하면, 제31조에 따른 통지와 공시체계가 대부분 인증 의무에 의존한다는 것이 분명해진다. 그러나 그것은 제31조에 따라 인증된 QSCDs에 대한 정보를 통지하고 공시할 의무가 있다는 점만으로는 결론을 내릴 수 없다. 그리고 여전히 적격전자서명의 상호인정을 위해서는 사실 인증된 QSCDs에 대한 집행위원회의 통지와 해당 QSCDs에 대한 정보의 공시가 필수적으로 요구된다. 따라서 제31조에 따른 통지 및 공시를 의무적인 것으로 이해할 수 있다.

반면에, 인증의무에 대해 앞서 언급된 바와 같이, 미통지 또는 미공시가 전자서명생성장치의 적격상태에 영향을 미치는지 여부는 다른 문제이다. 가장 중요한 것은, 통지 및 공시가 제30조에 따른 유효성 인증을 위한 요건을 형성하는지 여부에 관해 eIDAS 규정에 언급이 없다는 것이다. 그러나 그렇다 하더라도,

QSCD의 인증 부족은 적격전자서명의 법적 효력을 위한 필수요건으로서 QSCD의 상태에 영향을 미치지 않을 것이다.

Ⅲ. 소 결

eIDAS 규정 제31조에서는 공공 또는 민간기관에서 실행된 보안평가를 거쳐서 인증된 적격전자서명생성장치에 관한 정보를 유럽연합 집행위원회에 통지하고 그 목록을 공시하여 유지하도록 하고 있다. 우리나라의 경우 적격전자서명생성장치에 해당하는 것으로 보안토큰(HSM)이 이용되고 있는데, 이는 전자서명생성키를 암호화하여 보안토큰 내에 보관하고 보안토큰을 가지고 전자서명을 수행한다. 개정전자서명법상 운영기준에 부합하는 것으로 인정받은 전자서명인증사업자(인정사업자) 중에서 '공동인증서'를 발급하는 인증기관(구 공인인증기관)에서는 특히 조달청의 나라장터에서 전자입찰에 응찰할 때 사용하는 사업자(법인/개인)용 범용인증서(공동인증서)를 발급한다. 이러한 범용(사업자)인증서로는 '지문보안토큰'을 이용하여 전자서명을 행하며, 인증서 유효기간은 3년이다. 보안토큰에 대한 인증절차는 한국인터넷진흥원이 실시하고, 인증받은 보안토큰 목록을 한국인터넷진흥원 전자서명인증관리센터 웹사이트에 게시한다.

▎제32조 ▎ 적격전자서명의 유효성 검증 요건

제1항 적격전자서명의 유효성 검증 절차는 다음 요건을 갖출 경우 적격전자서명이 유효한 것으로 확인한다:

  ⓐ 서명시 해당 서명을 뒷받침하는 인증서가 부속서 I에 따른 전자서명의 적격인증서일 것;
  ⓑ 적격신뢰서비스제공자가 발행한 적격인증서이며 서명시 유효한 것일 것;
  ⓒ 서명 검증데이터가 신뢰당사자에게 제공된 데이터와 일치할 것;
  ⓓ 인증서에 저장되어 서명자를 유일하게 나타내는 일련의 데이터가 신뢰당사자에게서 정확하게 제공되었을 것;
  ⓔ 서명시 가명이 사용된 경우 그 가명의 사용을 신뢰당사자가 명확하게 명시할 것;
  ⓕ 전자서명이 적격전자서명 생성장치에 의하여 생성될 것;
  ⓖ 서명된 데이터의 무결성이 훼손되지 않았을 것;
  ⓗ 제26조에 제시된 요건이 서명시 충족되었을 것.

제2항 적격전자서명의 유효성을 검증하는데 사용되는 시스템은 신뢰당사자에게 유효성 검

증절차의 정확한 결과를 제공하며 신뢰당사자가 보안에 관련된 문제를 탐지하도록 한다.

제3항 집행위원회는 시행법을 통하여 적격전자서명의 유효성 검증을 위한 표준의 참조번호를 제정할 수 있다. 적격전자서명의 유효성 검증결과가 해당 표준을 충족시키면 제1항에 규정된 요건을 충족시키는 것으로 추정된다. 해당 시행법은 제48조 제2항의 검토절차에 따라 채택된다.

Ⅰ. 입법 취지

1999년 전자서명지침은 전자서명의 유효성 검증과 관련한 명시적인 규정을 두지 않았다. 동 지침의 부록 Ⅳ에서 일반적으로 안전한 서명의 확인에 관하여 회원국들에 대한 권고 목록만을 두고 있었다. 전자서명 지침 제3조 제6항에 기초하고 부록에 규정된 7가지 권고들은 안전한 서명의 확인을 목적으로 하는 제품의 개발과 사용을 촉진하기 위하여 회원국들에게 제공되는 기본적인 사항이었다. 대부분의 회원국들은 전자서명 지침 부록 Ⅳ의 권고를 국내법으로 수용하였다.

일부 국가들은 여기서 더 나아가 해당 권고들을 법적으로 구속력있는 요건으로 규정하였다. 집행위원회의 행동계획에서도 적시하고 있는 바와 같이, 전자서명의 국가 간 사용에 대한 주요한 장애물은 다른 회원국으로부터의 전자서명에 대한 신뢰의 부족이었고, 이는 이러한 서명들의 유효성 검증의 어려움과 연결되어 있었다. 이러한 어려움은 EU 차원의 기준과 실무의 차이에서 기인하는 것이었고, 회원국 간의 차이는 국가 간 유효성 검증과 상호운용을 방해하였다. 따라서 종래와는 달리 규정에 법적 구속력 있는 유효성 검증 요건을 통일적으로 규정할 필요성에 근거하여 본 조가 마련되었다.

Ⅱ. 내 용

1. 목적 및 조문의 구성

(1) 목 적

적격전자서명이 수기서명과 동등한 법적 효력을 가지지만 수기서명은 거의 유효성 검증과정을 거치는 경우가 없다. 그러나 전자서명은 수기서명된 문서와 동등한 문서를 물리적으로 만들 수 없다. 따라서 전자서명이 물리적 문서에 대한 수기서명의 전통적인 기능(서명자 확인, 진정성 확인, 확인가능성, 증거력 등)을 가지도록 하기 위해서는 기술적 조치들이 요구된다. 유효성 검증은 전자서명과 전자인장에 대한 부수적 서비스이다. 적격전자서명의 유효성은 적격전자서명의 최종사용자(신뢰당사자)가 해당 서명의 법적 가치를 평가하도록 허용하고 신뢰를 위한 기초를 제공한다.

제32조의 주된 목적은 서명의 유효성을 검증하는 기술적 과정에서 평가되어야 할 적격전자서명의 구성요소의 목록을 특정하고 표준화하는 것이다. 궁극적으로 본 조는 국가 간 상황에서 가장 중요한 법적 확실성과 상호운용성을 보장하는 것이다. 제32조는 명백히 신뢰당사자와 유효성 검증서비스제공자로서 적격신뢰서비스제공자를 대상으로 한다. 제32조는 제3조 12호에 정의된 적격전자서명에 적용되며, 제3조 27호에 정의된 적격전자인장에 적용된다.

(2) 조문의 구성

정의에 관한 두 가지 측면이 제32조의 구조에 반영되어 있다. 서명의 유효성에 대한 유효성 검증은 제32조 제1항에서 제시된 다양한 요소들을 시험할 것을 요구하며, 유효성에 대한 확정은 신뢰당사자에게 적절한 단계를 밟을 수 있도록 시험의 결과를 알려주는 것이다.

2. 내 용

(1) 적격전자서명의 유효성 검증 요건

제1항은 적격전자서명의 유효성을 검증하는 과정이 적격전자서명의 유효성을 확인하도록 규정하고 있다. 이런 점에서 첫 번째 문장은 서명의 증거적 가치로서 유효성 검증에 대한 기술적 과정과 유효성에 관한 법적으로 관련한 결과와의 관계에 대한 이해를 바탕으로 하고 있다고 할 수 있다. eIDAS 제32조 (a)~(h)의 내용은 1999년 전자서명지침에 비하여 포괄적이다.

제1항 (a)는 서명을 뒷받침하는 인증서의 지위에 대한 요건을 규정하고 있다. 서명시 서명을 뒷받침하는 인증서는 부록 Ⅰ을 준수하는 전자서명용 적격인증서이다(제28조 참조). 시간에 관한 요건은 중요하다. (a)는 인증서가 유효성 검증

시 적격을 요구하는 것이 아니라 서명시 적격일 것을 요건으로 하고 있다. 적격인증서의 폐지나 정지는 장래효(ex nunc)만을 가진다. 따라서 서명 당시 적격인증서인 경우 이후 해당 인증서의 정지나 폐지가 있어도 해당 서명이 무효화되는 것은 아니다. 이러한 점에서 적격타임스탬프(시점확인)가 중요한 역할을 수행한다.

(b)는 적격인증서의 유효성에 관한 두 가지 요건을 규정한다. 전자서명용 적격인증서가 적격신뢰서비스제공자에 의해 발행되어야 하고 서명 당시 유효한 것일 것이 요구된다.

(c)는 전자서명이나 전자인장의 유효성을 검증하는 데 사용되는 데이터(코드 또는 공개키)에 관한 것이다.

(d)는 서명자의 데이터가 신뢰당사자에게 적절히 제공될 것을 규정하고 있다.

서명시 가명이 사용되는 경우 (e)는 신뢰당사자에게 분명히 명시되어야 할 것을 규정하고 있다. 실무적으로는 통상 서명자가 제시하는 이름 뒤에 ':PN'을 사용함으로써 이 요건이 충족된다.

(g)호는 서명 데이터 내용의 무결성에 관한 것이다.

(2) 유효성 검증과정의 결과

제32조 제2항은 유효성 검증과정의 결과에 관한 요건들을 규정하고 있다. 제2항의 규정에 의하면, 적격전자서명을 유효성 검증하는데 사용되는 시스템은 신뢰당사자에게 유효성 검증절차의 정확한 결과를 제공하며 신뢰당사자가 보안에 관련된 문제를 탐지하도록 한다.

적격신뢰서비스는 그러한 정보를 제공하거나 보안문제를 탐지하지 못하여 발생하는 손해를 배상할 책임이 있다. 그리고 부정확한 정보의 제공으로 신뢰당사자에게 발생한 손해에 대해서도 배상책임이 있다(제13조 참조)

(3) 유효성 검증을 위한 표준 참조번호의 제정

제3항은 집행위원회가 시행법을 통하여 적격전자서명의 유효성 검증을 위한 표준의 참조번호를 제정할 수 있도록 규정하고 있다. 제3항의 두 번째 문장에서는 적격전자서명의 유효성 검증결과가 해당 표준을 충족시키면 제1항에 규정된 요건을 충족시키는 것으로 추정한다. 따라서 요건 충족을 하지 않았다는 증명책

임은 이를 주장하는 자에게 있다.

III. 비교법적 고찰

해당없음

IV. 소 결

전자거래의 국제화에 따라 우리나라 신뢰서비스의 상호인정을 위한 법제 정비에 있어서 eIDAS 규정 제32조에서 규정하고 있는 적격전자서명의 유효성 검증 요건을 참조할 필요가 있을 것이다.

▎ 제33조 ▎ 적격전자서명용 적격유효성 검증서비스

제1항 적격전자서명용 적격유효성 검증서비스는 다음의 적격신뢰서비스제공자에 의해서만 제공될 수 있다:

   (a) 제32조 제1항을 준수하여 유효성을 검증하는 자, 그리고
   (b) 신뢰당사자들이 신뢰성있고 효율적인 자동화된 방법으로 유효성 검증절차의 결과를 받을 수 있도록 하고 적격유효성 검증서비스제공자의 고급전자서명이나 고급전자인장을 가진 자

제2항 집행위원회는, 시행법을 통하여, 제1항에 제시된 적격 유효성 검증서비스를 위한 표준의 참조번호를 제정할 수 있다. 적격전자서명의 유효성 검증이 해당 표준을 충족시키면 제1항에 규정된 요건을 충족시키는 것으로 추정된다. 해당 시행법은 제48조 제2항의 검토절차에 따라 채택된다.

I. 입법 취지

집행위원회의 전자서명과 전자신원확인에 관한 2008년 행동계획에 따르면 각 회원국들로부터의 전자서명에 대한 신뢰의 부족과 이들 전자서명에 대한 유효성 검증과 관련한 어려움이 국경 간 전자서명을 사용하는 데 주요한 장애물이라는 점을 지적하고 있다. 유효성 검증절차의 어려움들은 주로 개별 회원국이 가진 표준들과 관행들(standards and practices)의 차이에 기인하는 것이다(제32조 참

조).

신뢰서비스는 전자서명이 유효한지를 검증하고 확정하는 과정을 위하여 사용된다(유효성 검증; 제3조 (41) 참조). 이러한 서비스는 일련의 유효성 검증규제에 의지하여 전자서명을 유효하게 하고 최종 사용자들을 위한 유효성 검증 보고서를 생산한다. 최종사용자는 서비스제공자에 의해 작성된 유효성 검증보고서에 기초하여 해당 서명이 선뢰할 만한 것인지 그리고 법적으로 믿을 만한 것인지 판단하게 된다. 해당 서명의 유효성에 대한 결정이 궁극적으로는 최종사용자에게 달려 있지만, 이러한 결정은 해당 서명을 확인하는 주체가 기술적 또는 질적 요구사항의 대상이 되는지 그리고 이러한 기술적 또는 질적 요구사항에 대한 입법적 및 보편적 기준을 준수하는지에 대한 인식에 의해 많은 영향을 받는다.

Ⅱ. 내 용

1. 목적 및 조문의 구성

(1) 목 적

제33조의 주된 목적은 제32조에 따라 기술적 유효성 검증절차를 제공하고 사용자에게 그 결과를 제공하는 적격신뢰서비스제공자에 대한 요구사항을 제시하는 것이다. 적격유효성검증서비스를 사용하는 목적은 신뢰당사자에게 eIDAS 규정하에서 유효성검증절차가 이러한 요구사항을 준수하는지에 대한 확신과 보장을 증가시켜주기 위한 것이다. 따라서 제33조의 목적은 적격전자서명의 기술적 유효성을 촉진하는 것만이 아니라 전자서명의 신뢰를 형성하고 증가시키면서, 유효성 검증절차를 보다 손쉽게 그리고 편리하게 하는 것이다. 더구나 전문 제57호에서 서술한 바와 같이, 적격유효성검증서비스를 위한 EU 차원의 요구사항들은 궁극적으로 그러한 서비스들에 대한 민간 및 공적 영역의 투자를 촉진하는 결과를 가져올 것이다.

(2) 조문의 구성

제33조는 동 규정에 의해 도입된 새로운 개념을 제시하고 있다. 이러한 점에서 서명 유효성 검증과정은 신뢰검증을 촉진하는 요구사항 목록(제32조) 그리고 신뢰할 수 있는 주체에 의해 수행된 유효성 검증을 보장하는 요구사항 목록(제

33조)의 두 가지 단계로 나눌 수 있다.

2. 적격전자서명용 적격유효성검증서비스

제33조 제1항은 적격전자서명용 적격유효성검증서비스가 (a) 및 (b)에서 정한 요건의 열거적 목록을 모두 충족하는 적격신뢰서비스제공자에 의해서만 제공될 수 있다는 것을 규정하고 있다. 더구나 제1문은 동 조항은 제3조(12)에서 정의하고 있는 적격전자서명에만 적용된다는 점을 명백히 하고 있다.

제33조 제1항 (a)는 신뢰서비스제공자가 준수해야 하는 유효성검증절차에 관한 기술적 표준들을 나타낸다. 동 항은 제32조 제1항을 준수한 유효성검증을 제공하는 신뢰서비스제공자를 상호참조의 방식으로 규정하고 있다. 따라서 서비스제공자는 제31조 제1항(a)~(h)에 규정된 요건을 충족하여야 한다.

제33조 제1항 (b)는 유효성검증절차의 결과에 관한 표준들에 관한 것이다. 제32조 제2항은 적격전자서명의 유효성검증을 위해 사용된 시스템이 신뢰당사자에게 정확한 결과를 제공하고 어떠한 보안 관련 문제들을 탐지할 수 있도록 해야 하도록 규정하고 있다. 반면, 제33조 제1항 (b)는 그 결과가 어떻게 신뢰당사자에게 제시되어야 하는지에 관한 요구사항을 규정하고 있다. (b)는 한 문장으로 구성되어 있지만, 유효성검증절차의 결과에 관한 몇 가지의 기준을 포함하고 있다.

적격신뢰제공자는 신뢰당사자로 하여금 유효성검증절차의 결과를 받아볼 수 있도록 하여야 한다(제32조 제2항 참조). 그 결과는 신뢰할 수 있고 효율적인 자동화된 방법으로 만들어져야 한다. 그러나 무엇이 신뢰할 수 있고 효율적인지에 대한 것은 명확하지 않다. 결정을 수행하는 과정에서 승인된 산업표준이 신뢰성과 효율성의 기준을 충족시키는 기준을 제시할 수 있을 것이다.

3. 표준 참조번호 제정

제33조 제2항은 집행위원회로 하여금 제33조 제1항에서 규정한 적격유효성검증서비스를 위한 표준 참조번호를 만들 수 있도록 규정하고 있다. 시행법은 제48조 제2항에서 검토절차에 따라 채택될 것이다. 이 항에서 특히 주목할 만한 것은 제2문에 포함된 것이다. 즉, 유효성검증서비스가 집행위원회의 시행법에

따른 표준을 충족시키는 경우, 제33조 제2항의 요건을 준수하는 것으로 추정된다. 따라서 요건을 준수하지 않았다는 증명책임은 주장자에게 있다.

Ⅲ. 비교법적 고찰

해당없음

Ⅳ. 소 결

전자거래의 국제화에 따라 우리나라에서 운영되는 전자서명 등 신뢰서비스의 상호인정을 위한 법제 정비에 있어서 eIDAS 규정 제33조에서 규정하고 있는 적격전자서명용 적격유효성검증서비스에 관한 내용을 참조할 필요가 있을 것이다.

▌제34조▐ 적격전자서명의 보존

제1항 적격전자서명을 위한 적격보존서비스는 기술적 유효기간 이후에도 적격전자서명의 신뢰성을 연장할 수 있는 절차와 기술을 사용하는 적격신뢰서비스제공자만이 제공할 수 있다.

제2항 집행위원회는 시행법을 통해 적격전자서명의 적격보존서비스를 위한 표준의 참조번호를 제정할 수 있다. 이 표준을 충족하는 적격전자서명용 적격보존서비스를 위한 절차는 제1항에 지정된 요건을 충족하는 것으로 추정된다. 시행법은 제48조 제2항의 검토절차에 따라 채택된다.

Ⅰ. 입법 취지

eIDAS 규정과 1999년 전자서명지침은 기업, 시민, 그리고 공공기관들 사이의 안전하고 끊임없는 전자적 상호작용을 가능케하는 예측가능한 규제적 환경을 제공하는 획기적 사건이다. 제34조는 전자서명(그리고 전자문서 일반)과 관련한 핵심적인 주제를 다루고 있다. 즉, 시간의 경과에 따른 전자서명(그리고 전자문서)의 보존에 관한 것이다. 이 표현은 전자서명과 특정한 주체의 전자신원확인에 대한 통제가 해당 서명 시스템의 쇠퇴 후에도 어떻게 신뢰할 수 있도록 보장할 것인가를 의미하는 것이다.

이 점의 중요성은 이미 전문 제61호에서 언급되어 있다. 즉, 장기간동안 전자서명과 전자인장의 법적 유효성을 보장하고, 전자서명과 전자인장이 미래의 기술변화에 관계없이 유효하다는 것을 보장하기 위하여, 본 규정은 정보의 장기적 보존에 관하여 정하고 있다.

II. 내 용

1. 의 의

개별 회원국의 입법에서 문서의 보존은 주로 공공행정에 의해 생산된 문서에 초점이 맞추어져 있다. 그 이유는 이 문서들이 개인들이 그들의 활동에 대해 가지는 접근과 통제권을 존중할 실질적 의무를 제시하고 있기 때문이다.

이 분야에서 문서를 보존할 의무는 접근권, 역사적, 사법적, 문화적 그리고 과학적 목적의 연구와 같은 법적 권리나 법적 이익을 보호하기 위한 것이다. 따라서 공공행정에서 전자문서의 적절한 관리는 행정행위의 효율성, 효과성, 투명성을 적합하게 하는 과정으로서 문서의 비물질화(dematerialization)와 행정절차의 디지털화 과정에서 근본적인 것이다.

민간부문의 사적 문서와 관련하여 보존은 대부분의 경우 회사들에 대한 것으로 예를 들어 회계문서에 보존의무가 부과되는 것과 같은 것이다. 이탈리아 법에서는 사적 문서의 보존의무에 관한 유일한 규정은 회사의 회계자료에 관한 것이다. eIDAS 규정에서 보존은 일반적인 의무가 된다.

2. 전자문서의 보존

디지털 기록(digital documentation)을 장기보존하는 것은 매우 복잡하다. 시간의 경과에 따른 적절한 보존을 보장하기 위하여 디지털 기록은 시작의 순간부터 정확하고 적절히 관리되어야 한다. 사실 전자적 기록(그리고 따라서 전자서명과 전자신원확인의 유효성 검증)은 버리거나 소홀히 하는 경우 전통적인 기록에 비해서 복원력의 측면에서 훨씬 뒤떨어진다. 디지털 자원은 손실과 조작을 포함한 변형의 발생이 그 속성상 불가피하다.

IT 문서의 거버넌스는 문서 생산의 초기부터 관리와 보존 즉 장기 보존을 보장하는 규칙, 법적, 기술적, 문서의 보관과 관련한 기능적 절차들과 도구를 채택하는 것을 기반으로 이루어져야 한다. 오로지 적격신뢰서비스를 통한 적절한 전자문서의 유효성 검증만이 문서를 생산하고 유효성을 검증하는데 사용된 기술이 폐지된 이후에도 신뢰성 표준에 부합하도록 해 준다.

장기 보존은 비트 보존(bit preservation) 즉, 매체의 지원 감소, 하드웨어의 폐기, 시스템 사고로 폐지된 경우에도 애초 기록된대로 해당 비트(bits)에 접근할 수 있는 능력과 장래의 기술과 지식의 변화가 발생한 경우에도 지적 콘텐츠를 보존하면서 장래에 정보를 이해하고 사용할 수 있는 능력을 의미하는 논리적 보존(logical preservation)을 모두 포함하여야 한다. 보존은 문서의 출처를 추적하고 그 진정성과 무결성을 보장하는 것을 지원해야 한다.

보존은 eIDAS 규정하에서 신뢰서비스가 아닌 전자기록보관(electronic archiving)과는 구별된다. 사실 eIDAS 규정에서 보존은 시간의 경과에 따라 적격전자서명 또는 적격전자인장의 신뢰성을 보장하는 것에 목적이 있다. 따라서 그러한 신뢰서비스를 뒷받침하는 기술은 전자서명 또는 전자인장을 대상으로 한다.

반면, 전자기록보관은 무결성(과 다른 법적 특성들)을 보장하기 위하여 문서를 보관하는 것이다. 따라서 전자기록보관을 뒷받침하는 기술은 그 문서를 대상으로 한다. 전자기록보관은 개별 회원국의 권한이다.

3. eIDAS 규정에서의 보존

eIDAS 규정의 공포에 이어 일련의 2차법 그리고 규제에 관한 공동 규정들(co-regulatory acts)이 eIDAS 규정의 특정한 요구사항들을 어떻게 이행할지에 대한 기술적 가이드를 제공하기 위하여 공포되었다. 장기보존을 보장하기 위한 특정한 조치들을 위하여 보존에 관한 적격신뢰서비스의 규칙들을 따르는 것이 필요하다.

제34조 제2항은 제48조 제2항에서 규정한 특정한 검토절차에 따라 집행위원회에서 채택한 시행법에 관한 내용이다.

eIDAS 규정은 기술적 유효기간을 경과한 적격전자서명의 신뢰성을 확장하는데 사용될 수 있는 절차와 기술들에 관한 특정한 요건을 제시하지 않고 있다. 집행위원회는 이 분야의 표준들의 개발을 담당하고 있다. 보존을 위하여 적격신뢰서비스들은 고급전자서명의 장기유효성검증형식(Long Time Validation form of a AdES signature)을 형성하는 기술과 절차를 이용할 것이 추천된다. 해당 서명의 아카이브 형식은 집행위원회가 채택한 시행법의 목록에 있는 것으로 적절한 ETSI표준에 따라 마련되어야 한다.

Ⅲ. 비교법적 고찰

우리나라 전자문서법은 전자문서와 전자화문서에 대한 보존에 관하여 규정하고 있고 일정한 요건을 충족한 경우에는 관계 법령에서 정하는 문서의 보관에 갈음할 수 있도록 하고 있다(제5조). 그러나 eIDAS 규정 제34조에서 규정하고 있는 바와 같이 시간의 경과에 따라 적격전자서명 또는 적격전자인장의 신뢰성을 보장하기 위한 법적 규율은 미흡한 수준이다.

Ⅳ. 소 결

적격전자서명의 보존에 관한 eIDAS 규정 제34조는 우리나라 전자서명법 등 신뢰서비스에 관한 법제도 정비에 있어 전자문서의 보존과는 구별되는 관념으로서, 시간의 흐름에 따른 전자서명의 유효성을 보장하기 위한 전자서명 등의 장기 보존에 관한 규정의 마련에 참조할 수 있을 것이다.

제5관 전자인장(제35조~제40조)

┃ 제35조 ┃ 전자인장의 법적 효력

제1항 전자인장은 전자적 형태로 되어 있거나 적격전자인장의 요건을 충족시키지 않는다는 이유만으로 법적 효력과 증거능력이 부인되지 아니한다.

제2항 적격전자인장은 자료의 무결성과 적격전자인장이 연결되어 있는 자료의 출처가 정확한 것으로 추정한다.

제3항 한 회원국에서 발행한 적격인증서에 기반한 적격전자인장은 다른 모든 회원국에서도 적격전자인장으로 인정되어야 한다.

I. 입법취지

전자인장의 법률효과는 자연인의 전자서명에서 정하는 법률효과와 유사하다 (제25조). 제35조 제1항에서 정하는 차별금지원칙과 제3항의 적격전자인장에 대한 상호인정원칙은 전자서명에서 정하는 바와 동일하다. 그러나 제2항에서 정하는 적격전자인장이 첨부된 데이터의 무결성과 링크된 데이터의 출처의 정확성을 추정하는 법률효과는 전자서명에 대하여는 부여되지 않는 것이다.[69]

II. 내 용

1. 전자인장의 정의

eIDAS 규정에서 정하는 전자인장은 폐지된 전자서명지침과 다른 유럽연합법에서 규정된 적이 없었던 새로 등장한 중요한 신개념이다. eIDAS 제3조 제25호에서 정의하는 전자인장은 전자적 형식의 데이터로서 다른 데이터에 첨부되거나 논리적으로 결합되어 있는 것으로서, 전자적 형식이라는 점에서 전자서명과 동일하다. 기술적 관점에서도 전자서명의 개념과 다르지 않다. 전자서명과 전자인장은 첨부 또는 링크된 데이터의 관점에서 추구하는 기능이 다르다. 전자서명은 자연인의 진술(statement)에 관한 것인 반면 전자인장은 제3조 제24호에서 인장의 생성자를 정의한 바와 같이 법인에 의하여 생성된 데이터의 출처와 무결성을 보장하기 위하여 전자적으로 인장된 것이다.

유럽연합 회원국간의 법인의 개념은 통일되어 있지 않으며 나라마다 다르다. eIDAS 전문 제68호에서 법인설립에 관한 유럽연합의 기능에 관한 조약에 따라서 사업자는 사업을 수행하기에 적합한 법적 형태를 자유롭게 선택할 수 있도록 하고 있다. 따라서 모든 사업자는 법적인 형식에 관계없이 회원국의 법에 따라 구성되거나 규제의 범위 내에 있는 모든 법인을 의미한다.

2. 전자인장의 기능

eIDAS 규정에서 정하는 전자데이터에 인장된 전자인장의 기능은 전자문서의

---

69) Zaccaria/Schmidt-Kessel/Schulze/Gambino, 앞의 책, at 278ff.

수신인이 문서의 출처를 확인할 수 있으며 문서내용의 무결성을 인증할 수 있도록 하는 것이다. 보안수준에 비례하는 전자인장의 기술수준에 의하여 수신인은 수신한 정보가 전자인장에 의하여 보증된다는 것을 확인할 수 있다.

(1) 전자데이터의 출처를 보장하는 기능

전자인장은 전자데이터의 출처의 진정성을 보장하는 것이다. 그러나 전자인장이 첨부된 데이터의 출처인 어떤 기관이 그 전자인장에 의하여 그 기관의 진술에 동의한다는 것을 보장하는 기능은 없다.

전문 제58호는 거래에서 법인의 적격전자인장이 필요한 경우, 법인의 권한있는 대표자(자연인)의 적격전자서명도 동일하게 인정되어야 한다. 일반적으로 전자인장은 전자서명에 준하는 동일한 가치를 갖는 것으로 해석하지 않는다. 적격전자서명은 그 출처뿐만 아니라 전자서명이 첨부된 데이터의 무결성도 인증할 수 있는 기능이 있다.

(2) 전자데이터의 무결성을 보장하는 기능

전자인장은 첨부되어 있는 데이터가 변경되지 않았다는 것을 보장하는 기능을 한다. 이 무결성 기능은 적격전자서명에 의하여서도 수행될 수 있다. 적격전자서명에 의하여서도 제32조(g)에서 정한 바와 같이 서명된 데이터의 무결성이 손상되지 않았다는 의미에서의 서명의 유효성을 검증할 수 있다.

(3) 다른 전자데이터에 관한 전자인장의 기능

적격신뢰서비스제공자가 적격전자타임스탬프와 적격전자등기배달서비스를 제공할 때 전송하는 데이터의 송·수신의 안전을 보장하기 위하여 적격신뢰서비스제공자의 고급전자인장을 첨부하는 것을 요건으로 한다. 전자인장은 법인이 발급하는 문서의 진정성을 인증할 뿐만 아니라 법인의 디지털자산 즉 소프트웨어 코드 또는 서버와 같은 것이 그 법인의 디지털자산임을 인증하는데 사용할 수 있다(전문 제65호).

3. 전자인장의 기술수준과 보안수준의 차이

eIDAS 규정은 제3조 이하에서 전자서명의 기술과 보안의 구조는 전자인장의 기술과 보안의 구조와 동일하게 병행한다고 규정하고 있다. 따라서 전자인장은 전자서명과 동일하게 세 종류의 전자인장으로 나뉜다. 각각의 전자인장에 따라서 법률효과가 달라진다.

전자인장이 제36조에서 정하는 요건을 충족하면 고급전자인장이라 한다(제3조 제26호). 그러나 단순한 전자인장은 일반전자인장이라 한다. 일반전자인장은 보안수준이 상대적으로 낮아서 쉽게 위·변조될 수 있다. 고급전자인장은 고급전자인장생성장치에 의하여 생성되고, 전자인장용 적격인증서에 기반한 것인 때 적격상태로 규정된다(제3조 제27호). 이러한 종류의 전자인장의 보안수준은 매우 높다. 고급전자인장은 전자인장을 생성한 법인의 신원을 확인한다(이 규정의 제36조 a와 b). 이는 데이터를 수단으로 하여 생성되는데(eIDAS의 제3조 제28조) 법인은 높은 수준의 기밀성이 있고, 그의 통제하에(이 규정의 제36조 제c호), 그리고 데이터에 가해진 후속의 변경을 탐지할 수 있는 기술적 가능성과 관련된다(이 규정의 제36조 제d호). 더욱이, 전자인장의 생성에 사용된 IT 장치의 적격성질에 따라 전자인장의 종류가 결정된다. 적격생성장치를 규정하는 조건은 eIDAS 규정의 제3조 제32호의 정의에 따라서 이 규정의 부속서 II에서 규정하고 있다. 이 부속서는 전자서명의 생성장치에 관한 것이지만 전자서명과 전자인장 두 가지 도구의 기술적 내용이 유사하므로 전자인장에 준용하고 있다.

특히 가장 중요한 전자인장의 생성을 위한 데이터의 기밀성과 보안의 보증요건은 다음과 같다. a) 그 데이터의 일회성과 유일성, b) 현재의 기술 수준에서 합리적인 보안 수준으로 보호하고 위조를 방지, c) 제3자의 권한없는 사용을 예방하는 신뢰할 수 있는 데이터 보호(부속서 II 제1항과 부속서 II 제4항).

데이터의 생성과 관리는 오직 적격신뢰서비스제공자만이 수행(부속서 II 제3항)할 수 있다. 부속서 II 제2항 적격전자인장생성장치는 인장될 데이터를 변경하거나 인장이 첨부되기 전에 인장의 생성자에게 그와 같은 데이터가 제공되지 않도록 하여야 한다(부속서II 제2항).

적격전자인장은 전자인장의 발급을 근거로 인증서의 적격성질과 구분된다. 전자인장의 인증서는 법인과 그 법인의 이름을 확인하기 위한 전자인장유효성검증데이터를 연결하는 전자증명이다(제3조 제29호). 이 인증서는 eIDAS 규정 부속서 III에서 정하는 요건을 충족하는 적격신뢰서비스제공자가 발급할 때 적격으로서 규정된다(제3조 제30호와 제38조).

III. 전자인장의 법률효과와 증거적 관련성

1. 차별금지원칙(non-disavowal principle)

제35조 제1항은 eIDAS 규정에 의하여 전자인장뿐만 아니라 전자서명, 전자타임스탬프와 전자등기배달서비스에서 송·수신한 데이터에 관하여서도 적용되는 일반원칙이다(제25조 제1항, 제41조 제1항, 제43조 제1항). 이 원칙은 전자서명지침 체계에서 전자서명과 전자문서에 대하여 정립된 것이다.

이 원칙에 따라서, 일반전자인장에 대하여서도, 전자적 형식 또는 적격요건을 충족하지 못하였다는 이유만으로 법적 절차에서 a) 법적 효력과 b) 증거능력을 부인당하지 않는다.

차별금지원칙에 의하여 법적 효력을 인정하는 것은 궁극적으로 유럽디지털시장을 강화시켜야 할 필요성을 고려한 원칙이다(전문 제63호).

전자인장의 증거적 효력(probative effectiveness)이 적용되어야 하는 법적 절차의 종류는 eIDAS 규정에서 규정하지 않지만, 이 규정에서 정하는 증거원칙은 법률절차와 관계없이 적용되는 것이 일반적이다. 각 회원국가의 다양한 절차에 적용되는 증거수집에 관한 규정들이 다를 수 있으며, 특히 유럽연합은 이에 관한 권한이 없다는 점을 고려하면 형사절차에 대하여는 증거적 효력이 적용되지 않는다.

2. 데이터의 무결성 추정과 출처의 정확성 추정(제2항)

법률절차에서 신뢰서비스의 전자적 성질과 관계없이 신뢰서비스 증거의 증거능력을 인정하는 것은 일반 원칙이다. 그러나 데이터의 무결성과 출처의 정확성을 추정하는 규정은 eIDAS 규정에서 처음으로 특정 증거력을 추정할 것을 법률로 명시하였다는 점에 중요한 의미가 있다.

eIDAS 규정 제35조 제2항의 데이터의 무결성과 출처의 정확성이 추정되는 전자인장은 적격전자인장이다. 전자인장의 세 가지의 종류 중에서 적격전자인장에 대하여 특정 기술적 보안기술이 적용된 것이므로 추정력을 부여하는 것이 합리적이다. 전자인장이 링크된 전자데이터의 무결성과 출처의 정확성을 제공하기 위한 적격전자인장만이 진정한 추정력을 가진다는 것의 의미는 분쟁이 발생하였을 경우에 증거로 제출된 데이터의 진위에 대하여 당사자가 다투는 경우에 이 데이터에 대한 당사자의 증명책임에 대하여 실질적 영향을 미친다는 것이다. 다투어지는 데이터가 다른 출처에서 나온 것이라는 점 또는 그 데이터가 변경되었다는 점과 같은 반대사실의 증명의 부담은 상대방에게 있다. eIDAS 규정 제35조 제2항에서 정하는 추정의 성질결정은 법률상 추정이라 할 수 있다.

적격전자인장의 추정력은 전자서명에 대하여는 부여되지 않는다는 점에서 전자인장과 전자서명의 병행주의의 예외에 해당한다. 회원국은 전자인장의 법률효과를 국내법으로 정할 수 있다(전문 제22호와 제49호 그리고 제25조). 그러나 회원국간 추정의 개념이 달리 해석될 수 있으므로 회원국은 eIDAS 규정의 취지를 고려하여 자율적으로 의미를 부여할 필요가 있다. 한편 전자서명은 전자인장보다 더 높은 보안수준을 제공함에도 불구하고 그러한 추정력은 부여되지 않는다.

이 추정은 반박가능하므로 상대(iuris tantum)적인 것으로 분류하는 것이 바람직하다. 이러한 증명은 적격전자인장의 기술수준으로는 미지의 어떤 사항(데이터의 출처와 무결성)이 완전히 보증되는 사실의 수준에 이르지 않았다는 사실은 그다지 많지 않으며, 오히려 그 절대적 추정(iuris et de iure)이 특히 법률 시스템에서 중시하는 원칙을 법률로 명시하게 되는 특정 역사적 시점에서 그 기능이 파악된다는 점을 고려하게 된다. 그러나 이러한 판단은 법관의 자유심증주의(jedge's freedom of assessment)를 제한하기 때문에 엄격하게 적용되어야 한다.

IV. 상호인정의 원칙(제3항)

eIDAS 규정 제35조 제3항은 상호인정의 원칙의 적용범위를 회원국가의 법인이 발급한 적격전자인장으로 확대하였다. 그러므로 이 적격전자인장의 효력은 유럽연합 회원국 전체에 미친다. 전자서명지침에서 적격전자서명에 대하여 상호인정의 원칙이 적용되었는데, eIDAS 규정에 의하여 전자인장과 전자타임스탬프에 대하여도 그 적용범위의 확장을 명시하였다(eIDAS 규정 제41조 제3항).

상호인정의 원칙은 전자신원확인, 진정성과 서명도구들의 법적확실성을 강화시켜 국경 간 상호운용성을 보장함으로써 유럽연합의 디지털단일시장을 강화하는데 그 취지가 있다. eIDAS 규정 제38조는 각 회원국의 입법자가 전자인장의 적격인증서에 대한 추가 요건을 제정할 수 없도록 하였으며 단지 비필수적인 속성들만을 규정할 수 있도록 한 이유는 적격전자인장의 상호운용성과 상호인정의 체제를 안정시켜 디지털단일시장의 통합을 유지하려는 것이다(제38조).

V. 비교법적 고찰

유럽연합은 디지털단일시장에서 법인의 비중이 커지면서 자연인의 서명과 구분하여 별도의 법인의 전자인장서비스를 도입하였다. 법인이 작성한 전자데이터에 적격전자인장을 첨부하게 되면 그 데이터의 출처의 정확성과 무결성을 추정하는 법적 효력을 부여함으로써 원격거래에 대한 신뢰를 보호하여 거래를 활성화할 수 있다. 이는 적격전자인장에 관한 회원국법원의 판단을 통일시키는 결과가 된다.

유럽의 법인이 전자인장을 사용하는 예를 들면, 공공기관이나 금융기관의 경우 거래의 안전을 위하여 법인의 출처나 법인명을 명시하여야 할 필요성이 크다. 또한 한 회원국의 공공기관이 발주하는 사업에 다른 회원국의 법인이 응찰하는 경우에 그 법인의 출처를 명시하여야 한다. 의료기관과 같이 법인명의 의료기록을 반복적으로 작성 및 배포하는 경우에 그 전자문서에 법적 구속력과 유효성을 부여하기 위하여는 무결성을 확보하여야 한다. 그 밖에도 통지, 공증, 문서의 변환과 문서보존의무의 이행과 같은 다양한 필요에 따라 법인의 전자인장, 특히 적격전자인장서비스를 제공할 수 있도록 하고 있다.

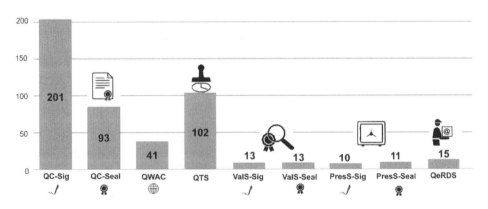

유럽연합 적격신뢰서비스제공자
[Qualified Trust Service Providers (QTSP)]의 현황(2019.7)[70]

---

70) https://blog.eid.as/tag/signature-generation-sealing-service/

현재 유럽에는 적격인증서를 발급하는 적격신뢰서비스제공자(Qualified Trust Service Provider, QTSP) 중에 전자서명에 대한 적격신뢰서비스제공자는 약 200여 개, 전자인장에 대한 적격신뢰서비스제공자(QC-Seal)는 약 90여 개, 타임스탬프에 대하여는 약 100여 개(QTS)가 있다는 것을 도표를 통하여 파악할 수 있다. 적격전자서명 또는 적격전자인장에 대한 유효성검증서비스(Validation Service, ValS)나 보존서비스(Preservation Service, PresS)의 제공은 현재까지는 상대적으로 적은 편이다.

이와 같은 전자인장 개념이 전면 도입되는 분야는 eIDAS 규정이 적용되는 개인과 기업 그리고 공공기관의 국경을 넘는 거래에 한정되며, 이 개념이 회원국의 국내법에 도입되었는지 여부는 회원국에 따라 다르다. 즉 스페인이나 벨기에에서는 이미 분야별 개념으로서 도입되어 있거나 최소한 국내법상 법인의 전자서명 사용의 근거를 마련하고 있다. 특이한 점은 벨기에는 법인의 진술에 구속력을 부여하기 위하여 법률행위에 포함된 진술에 전자인장을 첨부하여 의사표시할 수 있도록 하였다. 스페인의 전자서명법은 법인이 전자서명을 할 때 인증서를 소지할 수 있다는 것을 규정하였다. 2016년 7월 1일부터 권한당국(당시에는 산업, 에너지, 관광부)은 고시의 형식으로 전자인장을 위한 인증서는 법인과 법인 대표, 전자서명을 위한 인증서는 법인을 대표하는 자연인에게 발급될 수 있다는 것을 특정하였다.

이와 달리 이탈리아, 프랑스, 룩셈부르크 그리고 독일에서는 전자인장을 신개념으로 보아 전자서명의 적용례를 따른다. 이탈리아는 국내법으로 전자인장 개념을 도입하지 않았으며, 또한 이탈리아 입법자는 eIDAS 규정에서 인정하는 전자인장의 기능 이상의 기능은 인정하지 않고 있다. 따라서 적격전자인장의 증거적 효력에 관하여 구체적인 조항을 도입하지 않았고 이탈리아 입법자가 그 점에 관한 분명한 입장을 취하고 있지도 않다.

독일은 신뢰서비스법(VDG) 법에 의하여 eIDAS 규정에서 정하는 신뢰서비스가 독일에서 충분히 효력을 가질 수 있는 조건을 보장하지만 전자인장은 새로운 개념이다. 신뢰서비스법에 의거하여 독일민사소송법(ZPO) 제371a조 제1항 제2문에서 적격전자서명만을 대상으로 추정규정을 두고 있을 뿐 전자인장의 추정에 관하여는 여전히 해결되지 않고 있다. 해석상 ZPO 제371a조는 적격전자인장, 전자타임스탬프, 전자등기배달서비스를 포함하는 것으로 보고 이들 증거방법에 대한 법률상의 효력은 표현증명으로 보는 견해와 포함시키는 것을 부적절하다고 보는 견해로 나뉜다.

Ⅵ. 소 결

우리 개정전자서명법에서 인정하는 범용(사업자)인증서는 사업자를 서명 주체로 인정하였다는 점에서 전자인장의 개념과 유사하지만, 유럽연합의 eIDAS 규정에서 정하는 전자인장에 고유한 법적 효력을 명시한 것은 아니라는 점에서 구별된다. 앞서 전자서명에 관한 부분에서 설명하였듯이 운영기준에 부합하는 것으로 인정받은 전자서명인증사업자(인정사업자) 중에서 '공동인증서'를 발급하는 인증기관(구 공인인증기관)에서는 특히 조달청의 나라장터에서 전자입찰에 응찰할 때 사용하는 사업자(법인/개인)용 범용인증서(공동인증서)를 발급한다. 이러한 범용(사업자)인증서로는 '지문보안토큰'을 이용하여 전자서명을 행한다.

유럽연합은 eIDAS 규정에서 법인의 적격전자인장에 관하여 법인의 출처와 무결성을 추정한다는 것을 명시하고 있다. 디지털사회의 비대면시대에 사업자(법인/개인)용 범용인증서(공동인증서)의 효력을 국경을 넘어서도 손쉽게 인정될 수 있도록 독립적인 전자인장의 개념을 도입하고 그 효력을 정립함으로써 우리 기업의 거침없는 해외진출을 지원할 필요가 있다.

전자인장의 개념은 아직 우리법에 도입되지 않았으며, 전자서명과 전자인장의 병행주의에 의거하여 다음의 전자인장에 관한 조문분석에서의 소결은 앞서 전자서명에 관한 소결로 대체하기로 한다.

▮ 제36조 ▮ 고급 전자인장의 요건

고급 전자인장은 다음 요건을 충족해야 한다:

(a) 인장의 생성자와 유일하게 연결되어 있다;

(b) 인장의 생성자를 확인할 수 있다;

(c) 전자인장의 생성자가 고도로 확실하게 통제한 상태에서 전자인장을 생성하는데 사용할 수 있는 전자인장생성데이터를 사용하여 만든다; 그리고

(d) 데이터의 후속 변경이 감지될 수 있도록 관련 데이터와 연결된다.

Ⅰ. 개 요

고급전자인장은 일반전자인장보다 높은 수준의 신뢰성을 보장하지만, 전자인장이 첨부된 데이터의 출처와 무결성과 관련하여 eIDAS 제35조 제2항에서 정하는 추정력을 받기에는 여전히 충분하지 않다. 사실상, 추정력은 적격전자인장에 대하여서만 전속적으로 연결되어 있다. 적격전자인장은 고급전자인장의 기술적 요건과 보안요건을 충족시킨다는 점에서 원칙적으로 고급전자인장이라 할 수 있다.

eIDAS 규정에서 정하는 차별금지의 원칙은 모든 형식의 전자인장에 적용(제35조 제1항)되므로, 고급전자인장에 대하여도 차별금지의 원칙이 적용된다. 그러나 제35조 제2항에서 정하는 추정력은 부여되지 않는다. 그러나 이 조항에서 정한 기술요건을 준수함으로써 제공되는 보안효과로 인하여 고급전자인장이 연결된 데이터의 출처의 진정성과 무결성의 증거력을 회원국의 법관이 자유심증으로 판단할 때 어떤 경향성을 갖게 될 것임에 주의하여야 한다.

Ⅱ. 고급전자인장에 의하여 충족되어야 하는 요건들

이 조항은 전자인장이 고급전자인장으로 정의되기 위한 4가지의 필수요건을 정하고 있다.

1. (a), (b)의 요건

(a), (b) 요건은 고급전자서명의 요건[제26조 (a), (b)]과 같다. 이들 요건은 전자인장을 법인에 전속적으로 연결시켜서 인장을 생성하고, 다른 한편 전자적 형식으로 인장된 데이터의 수신인은 인장을 발급한 자를 확실하게 신원확인할 수 있도록 한다.

2. (c)의 요건

법인이 전자인장의 생성을 위하여 사용한 전자적 형식의 데이터에는 법인의 감독 하에 높은 수준의 신뢰성이 부여된다. 이 요건은 고급전자서명에 관한 요건[제26조(c)]에 표시된 사항을 정확하게 반영한다.

3. (d)의 요건

(d)에 제시된 요건, 즉 전자형식으로 전자인장된 데이터에 가해진 후속의 변경을 탐지할 수 있는 가능성에 의하여 고급전자인장은 해당 데이터의 무결성을 보장하는 기능을 수행한다.

┃ 제37조 ┃ 공공서비스에서의 전자인장

제1항 회원국이 공공기관이 제공하거나 또는 공공기관을 대신하여 제공되는 온라인서비스를 사용하기 위해 고급전자인장이 필요한 경우, 회원국은 고급전자인장, 전자인장용 적격인증서를 기반으로 한 고급전자인장, 그리고 최소한 제5항에 언급된 시행법에 정의된 방법 또는 형식에 기반한 적격전자인장을 인정하여야 한다.

제2항 회원국이 공공기관이 제공하거나 공공기관을 대신하여 제공되는 온라인서비스를 사용하기 위해 적격인증서를 기반으로 하는 고급전자인장이 필요한 경우, 해당 회원국은 적격인증서에 기반한 고급전자인장 그리고 제5항에 언급된 시행법에서 규정된 포맷과 방법을 사용한 적격전자인장을 인정하여야 한다.

제3항 회원국은 공공기관이 제공하는 온라인서비스의 국경 간 사용을 위하여 적격전자인장보다 더 높은 보안 수준의 전자인장을 요구해서는 안 된다.

제4항 집행위원회는 시행법에 의하여 고급전자인장에 대한 표준의 참조번호를 설정할 수 있다. 고급전자인장이 그러한 표준을 충족시키면 본 조 제1항과 제2항 및 제36조에 언급된 고급전자인장에 대한 요건을 준수한 것으로 추정하여야 한다. 그러한 시행법은 제48조 제2항에 언급된 심사절차에 따라 채택되어야 한다.

제5항 2015년 9월 18일까지 집행위원회는 유럽연합의 기존 관행, 표준 및 법적 조치를 고려하여 시행법을 통해 고급전자인장의 참조형식 또는 대체형식이 사용되는 참조방법을 정의해야 한다. 시행법은 제48조 제2항에 언급된 심사절차에 따라 채택되어야 한다.

I. 개 요

제37조는 제27조의 전자서명에서 정하는 요건과 유사한 조항이다. 우선 온라인 공공서비스를 사용하려면 전자인장을 필요로 하는 회원국가들은 최소한 동등 수준의 신뢰성이 있는 전자인장을 상호인정하여야 한다. 이 전자인장은 집행위

원회의 특정 시행법에서 정한 포맷을 준수하거나, 이 시행법에서 정하는 방식을 사용하여야 한다. 제3항은 국경 간 온라인공공서비스에 관한 것이고, 회원국가가 사용되는 전자인장에 대하여 기대할 수 있는 최상의 보안수준이 있는 적격전자인장을 결정한다.

Ⅱ. 일반적 관점 – 제37조에서 정하는 전자인장의 종류

온라인 공공서비스를 받기 위한 전자인장에 관하여 제37조의 제1항과 제2항은 고급전자인장과 적격전자인장을 정하고 있다. 이 두 가지의 전자인장은 일반전자인장과 구별되며 진보된 기술과 더 높은 보안수준을 제공한다. 이 전자인장들은 eIDAS 제3조 제26호와 제27호에서 각각 정의되어 있으며, 제35조상의 효력은 이 종류의 전자인장들과 연결되어 있다.

한편 제37조는 또 다른 종류의 전자인장, 즉 적격인증서에 기초한 고급전자인장을 규정하고 있다. 이 전자인장은 고급전자인장이며 그 전자인장의 생성장치의 비적격적 성질로 인하여 적격전자인장으로 볼 수 없다. 즉 전자인장생성장치는 eIDAS 규정에서 정한 적격에 필요한 모든 기준을 준수하지 않는다(제3조 제30호). 제37조는 공공서비스에서의 전자서명(제27조)과 유사하게 규정하고 있다.

이와 같은 병행주의는 전자서명과 전자인장 각각에 대하여 적용되는데, 또한 2015년 9월 8일 집행위원회의 시행 결정 2015/1506/EU의 제1조~제2조와 제3조~제4조의 내용을 비교함으로써 강조하고 있다. 기술적 관점에서 전자서명과 전자인장의 내용이 유사하다(전술한 시행결정의 전문6호). 물론, 그 기능상 수반되는 효력과 전자서명·전자인장이 첨부되는 주체에 관하여는 차이가 있다(제35조 sub Ⅱ.1).

Ⅲ. 온라인 공공서비스에서 고급전자인장에 대한 상호인정의무(제1항과 제2항)

1. 개 요

이 조항은 공공기관이 제공하거나 공공기관의 위임을 받아 제공하는 온라인서비스에 접근하려 할 때 회원국이 전자인장을 요구하는 경우에 관한 것이다.

eIDAS 규정 제3조 제7호에서 정하는 공공기관의 정의는 다음과 같다. '공공기관이란 주, 지역, 지방정부, 공법에 의해 규율되는 기구 또는 공법에 의해 규율되는 하나 이상의 기구에 의해 설립된 협회 또는 공법에 의해 규율되는 하나 이상의 협회, 또는 공적 서비스를 제공하기 위한 목적으로 최소한 하나 이상의 기관, 기구나 협회에 의해 위임된 민간 기구를 의미한다.'

제3조 제8호에서 정하는 공법이 적용되는 기관은 2014/24/EU지침의 제2조 제1항 제4호에서 정하는 기관이다.

2. 입법취지

회원국은 공공 온라인서비스를 이용하는데 필요한 고급전자인장과 (법)인에게 요구되는 적격인증서에 기반한 고급전자인장을 통일적으로 상호인정하여야 할 의무가 있다(제37조 제1항). 상호인정의무는 표준 방식에 따라 유효하게 확인된 참조포맷 또는 대체포맷을 준수할 것을 촉구하려는 목적이 있다.

적격전자인장은 이 규정에서 정하는 최상의 보안수준을 갖고 있으므로(제1항과 제2항) 시행법에서 지정한 포맷을 사용한 적격전자인장은 회원국 간에 상호인정되어야 한다.

이 법은 온라인 공공서비스에 접근하기 위한 전자신원확인수단에 관한 원칙과 관계가 있는데(전문 제15호), 회원국의 인정의무는 온라인상의 공공서비스에 필요한 보안수준보다 최소한 같거나 또는 더 높은 수준으로 보안이 된 전자서명이나 전자인장에 대하여 적용되기 때문이다.

유럽연합 입법자의 입법의도는, 전문 제50호와 집행위원회의 시행결정 2015/1506의 전문 제1호에 따라서, 회원국가들이 전자인장된 전자데이터를 처리하는데 반드시 필요한 기술적 도구들을 갖고 있다는 것을 보장하려는 것으로 보인다. 전자인장이 특정 포맷에 따라서, 그와 같은 IT시스템에서 정확하게 시행된다는 것을 보장하려는 것이 입법자의 의도이다.

또한 법인이 온라인공공서비스를 사용할 때 법적 확실성을 확보하면서 서비스의 장점을 취할 수 있다는 점에 더하여, 회원국가에게 인정의무가 부여되는 고급전자인장포맷에 주어진 개념정의는 회원국가 간의 기술적 조화를 증진시키고 국경 간 고급전자인장의 사용을 촉진하는 것을 목표로 한다.

3. 집행위원회의 시행결정 2015/1506/EU

2015년 9월 18일 eIDAS 규정 제37조 제5항은 같은 조 제1항과 제2항에 의거하여 회원국가가 인정하여야 하는 참조포맷과 대체포맷의 유효성을 검증하는 구체적 방식을 정하고 상세하게 만드는 것을 목표로 하여 시행법 제정의 임무를 집행위원회에 위임하였다.

eIDAS 전문 제64호에서 명시한 바와 같이, 집행위원회 시행결정 2011/130/EU을 참조할 것인데, 이는 2006/123/EC지침 하에서 권한당국에 의하여 전자서명된 문서의 국경 간 처리를 위한 최소요건들을 정하였고, 2014/148/EU결정으로 개정된 것이다. 특히 집행위원회 시행결정 2014/148/EU에서 온라인 행정절차에서 고급전자서명이 필요한 경우(2015/1506/EU결정 전문 제4호) 회원국이 기술지원하는 고급전자서명의 포맷들을 정하였다.

집행위원회가 승인한 2015/1506/EU 결정에서 고급전자서명(이 결정 제1조와 제2조)과 고급전자인장(제3조와 제4조)의 포맷을 정하였다. 2015/1506/EU 결정에 의하여 온라인공공서비스에 접근하는 경우에 고급전자서명 또는 고급전자인장을 요청하는 회원국은 이 고급전자서명 또는 고급전자인장을 인정한다는 것이 보장된다.

2015/1506/EU 결정 제3조에서 회원국가들은 적합성 레벨 B, T 또는 LT의 XML, CMS 또는 PDF 고급전자인장 또는 부속서에 기술된 기술규격을 준수하는 콘테이너 씰(associated seal container)의 사용을 인정하도록 규정하고 있다. 2015/1506/EU 결정 제4조 제1항은 전자인장의 생성자가 이용하는 신뢰서비스를 제공하는 사업자가 설립된 회원국가는 다른 회원국가에게 전자인장 유효성검증 가능성을 가능하다면 자동화처리에 적합하게 제공할 것을 규정한 경우에, 회원국가들은 제3조 이외의 다른 전자인장포맷도 인정하여야 한다.

2015/1506/EU 결정의 전문 제8호에서 정하는 바와 같이 대체포맷을 사용하는 전자인장에 관하여 유효성검증절차를 자동화할 가능성이 없을 때, eIDAS 규정 제37조 제1항과 제2항에 따라서 여전히 인정의무가 적용된다.

2015/1506/EU 결정의 제4조 제2항에서 유효성검증 가능성은, 고급전자인장의 다른 포맷들을 인정하는 것을 목적으로 하여야 한다. 특히, 온라인에서 무료로

그리고 외국인도 이해할 수 있는 방식으로 전자인장의 유효성을 검증할 수 있어야 한다. 이러한 가능성들은 전자인장된 문서, 전자인장 또는 전자문서 콘테이너에서 필수적으로 표시되어야 한다. 이러한 검증은 2015/1506/EU 결정 제4조 제2항(c)에서 가리키는 모든 조건들이 충족되는 경우에만 제공될 수 있다.

집행위원회는, 일반적으로 지원되는 포맷과 다른 전자서명 또는 전자인장 포맷에 대하여 회원국가가 제공하는 유효성검증의 해당 요건을 위하여 그리고 유효성검증가능성의 신뢰를 증진시키기 위하여(2015/1506/EU 결정 전문 제9호), 적격전자서명의 유효성검증에 관련된 eIDAS 규정 제32조에 의하여 신원확인된 것에 관한 이러한 가정(assumption)들의 분류에 근거할 것을 의도하였다. 이 조항은 eIDAS 규정 제40조에서 적격전자인장에 관하여 동일한 절차에 준용된다.

시행결정 2015/1506/EU 제4조에서 참조한 유효성검증 또한 일반·고급전자인장 또는 적격인증서에 근거한 고급전자인장을 참조한다는 점에 주의하여야 한다. 예컨대, 전자인장의 인증서의 요건에 대한 참조(이 규정 제3조 제29호에서 정의한)와 함께, 이 결정의 제4조(c) 제1호에서 규정된다. 고급전자인장만을 단독의 요건으로 하는 경우에는 전자인장이 된 때에 인증서의 유효성검증이 된다는 것으로 충분할 것이다(이 경우에 적격인증서에 관련되어 이 규정에서 정한 기준을 충족시킬 것을 요건으로 하지 말아야 한다).

가명을 사용하여 전자인장을 할 수 있는 가능성은 배제된다. 가명의 사용은 전자서명에서 명시하고 있으며, 특히 전자서명의 인증서가 적격으로 인정되기 위한 필수요건(제28조와 부속서I(c)를 보라)은 전자인장에 대하여는 해당되지 않는다(부속서 III).

최종적으로 주의하여야 할 점은 제4조 제2항(c) 제8호는 전자인장의 유효성검증절차의 정확성을 보장하기 위하여, 신뢰당사자에게 유효성검증절차의 정확한 결과를 제공하고 신뢰당사자에게 관련된 쟁점의 모든 보안을 탐지할 수 있도록 할 것을 규정하고 있다.

IV. 온라인 공공서비스에서 적격전자인장에 대한 상호인정의무와 국가 간 유통(제3항)

eIDAS 규정 제35조 제3항은 국경 간 온라인 공공서비스에서 회원국은 적격전자인장의 보안수준보다 더 높은 수준의 보안을 요구하지 않을 의무가 있다. 제35조 제3항과 관련된 요건을 충족하는 전자인장에 대하여는 가장 넓은 범위의 국경 간 상호운용성이 보장된다. 모든 회원국들 간에 인정되는 적격전자인장은 회원국이 제정한 요건을 충족하는 전자인장이다. 이는 또한 공적 분야에서 사용되는 적격전자인장에 해당하며(유럽 내에서는 통일적으로 규정되는데), 그리고 국경 간 공적온라인서비스의 사용에 지장이 있는 부분을 제거하는 것을 최종 목적으로 하고 있다.

과거 전자서명지침 제3조 제7항의 전자서명에서 회원국은 공공 분야에서 전자서명의 사용에 관하여 일정한 범위의 추가 요건을 둘 수 있다는 것을 규정하였다(그러한 요건은 객관적이며, 투명하고, 비례적이며 그리고 차별하지 않아야 한다는 것이다. 또한 관련된 어플리케이션의 특정 성질에 대하여서만 관련되어야 한다). 그러한 요건으로 시민이 국경 간 서비스를 이용하는데 장애가 될 수 없다는 것을 규정하였다. 전자서명지침 제3조 제7항에서의 원칙은 허용적인 법문의 형식을 취하였으나 eIDAS 규정 제37조 제3항은 금지적인 법문의 형식으로 바뀌었다. 이는 회원국이 유럽의 차원에서 합의한 보안요건에 더하여 다른 보안요건을 추가할 수 없도록 한다. 이로 인하여 회원국가는 공공기관이 제공하는 온라인서비스에서 국경 간 사용을 위해 적격전자서명(또는 적격전자인장)의 수준보다 더 높은 수준의 보안을 요구할 수 없게 되었다.

마지막으로 다룰 문제는 eIDAS 규정은 인정의무의 최소한의 내용만을 제시한다는 것이다. 한편, 회원국가가 전자인장의 보안수준이 낮아도 충분하다고 보거나 민간기업이 제공하는 온라인서비스에 보안수준이 낮아도 충분하다는 규칙을 적용하는 것은 제한하지 않는다.

제38조 전자인장용 적격인증서

제1항 전자인장용 적격인증서는 부속서 Ⅲ에 규정된 요건을 충족시켜야 한다.

제2항 전자인장용 적격인증서는 부속서 Ⅲ에 규정된 요건을 초과하는 필수 요건의 대상이 되어서는 안 된다.

제3항 전자인장용 적격인증서에는 비필수 추가 유일 속성이 포함될 수 있다. 이러한 속성은 적격전자인장의 상호운용성 및 상호인정에 영향을 미치지 않아야 한다.

제4항 전자인장용 적격인증서가 최초 활성화 후 폐지된 경우, 전자인장은 폐지된 시점부터 효력이 상실되며 어떠한 경우에도 그 상태가 회복되지 않아야 한다.

제5항 다음과 같은 조건을 전제로, 회원국은 전자인장용 적격인증서를 일시적으로 정지할 수 있는 국가 규칙을 제정할 수 있다.

(a) 전자인장용 적격인증서가 일시적으로 정지된 경우, 그 인증서는 정지기간동안 그 효력을 잃는다.

(b) 정지기간은 인증서 데이터베이스에 명확하게 표시되어야 하고, 정지기간 동안 인증서 상태에 대한 정보를 제공하는 서비스에서 정지상태임을 가시적으로 표시하여야 한다.

제6항 집행위원회는 시행법을 통해 전자인장용 적격인증서의 참조번호 표준을 설정할 수 있다. 전자인장용 적격인증서가 해당 표준을 충족하는 경우에 부속서 III에 규정된 요건을 준수한 것으로 추정된다. 시행법은 제48조 제(2)항에 언급된 심사 절차에 따라 채택되어야 한다.

부속서 III   전자인장에 대한 적격인증서 요건

전자인장의 적격인증서는 다음 사항을 포함한다:

(a) 인증서가 전자인장용 적격인증서로서 적어도 자동 처리에 적합한 방식으로 발행되었음을 나타내는 표시;

(b) 적격인증서를 발급하는 적격신뢰서비스제공자를 명확하게 대표하는 데이터 세트로서 최소한 서비스제공자가 설립된 회원국가 및
  - 법인의 경우 : 법인명과 적용가능한 경우 공적 기록에서 명시하는 등록 번호,
  - 자연인의 경우 : 그 사람의 이름;

(c) 최소한 인장 작성자의 이름과 적용가능한 경우 공식 기록에 명시된 등록 번호;

(d) 전자인장 생성데이터에 대응하는 전자인장 유효성검증데이터;

(e) 인증서의 유효성검증 기간의 시작일자와 종료일자에 대한 세부사항;

(f) 반드시 적격신뢰서비스제공자에게 유일한 인증서 신원확인증명 코드;

(g) 발행하는 적격신뢰서비스제공자의 고급전자서명 또는 고급전자인장;

(h) (g)항에 언급된 고급전자서명 또는 고급전자인장을 지원하는 인증서를 무료로 이용할 수 있는 위치;

(i) 적격인증서의 유효성 상태를 질의하기 위해 사용할 수 있는 서비스의 위치;

(j) 전자인장 유효성검증 데이터와 관련된 전자인장 생성데이터가 적어도 자동 처리에 적합한 형태로 적격전자인장생성장치에 위치하는 경우, 이에 대한 적절한 표시.

Ⅰ. 입법취지

제38조는 전자인장용 적격인증서(qualified certificates for electronic seals)가 갖추어야 할 요건을 규정하고 있다. 적격인증서는 적격전자인장의 주된 요소인 적격인증서에서의 신뢰를 적법하게 하여야 한다. 또한 적격인증서의 상호운용성이 보장되어야 한다. 적격인증서의 기능, 목적, 구조와 내용은 제28조의 전자서명을 위한 인증서에 관한 규정과 병행한다.

eIDAS 규정은 일정한 보안수준을 보장하기 위하여 적격전자인장을 도입하였다. 제3조 제27호에 따르면 적격전자인장은 고급전자인장으로서, 적격전자인장 생성장치에 의하여 생성되고, 부속서 Ⅲ의 요건을 충족하는 적격인증서에 근거하여야 한다. 따라서, 적격전자인장은 제36조의 고급전자인장의 요건, 제29조를 참조하는 제39조 제1항에서의 적격전자인장생성장치의 요건과 부속서 Ⅲ에서 정하는 전자인장용 적격인증서의 요건에 근거하여 적법한 신뢰를 부여받는다.

전자인장의 인증서는 어떤 법인과 전자인장 유효성데이터를 링크시키는 전자문서이며 해당 법인명을 확인한다. 신뢰서비스제공자가 이 인증서를 발급하며 전자인장을 생성할 수 있는 자가 이를 활용할 수 있다. 전자인장의 생성자가 데이터에 전자인장을 하고 그 인장된 데이터와 인증서를 함께 데이터의 수신자에게 전송한다. 인증서에 가시적으로 나타나 있는 전자인장의 유효성검증데이터를 사용함으로써 전자인장의 유효성이 승인될 수 있다. 인증서에서 법인명과 함께 유효성검증데이터를 링크시키기 때문에, 그 인장의 생성자의 신원을 확인할 수 있다. 그 인증서의 위·변조를 피하기 위하여, 인증서 자체는 고급전자서명 또는 고급전자인장으로 서명되어야 한다. 인증서를 적격으로 분류하는 것은 적격전자인장을 신뢰할 수 있는 주된 요인이다. 제38조는 이 신뢰를 적법하게 만들기 위한 목적에 봉사한다.

적격인증서 요건은 절대적으로 인증서에서의 신뢰를 합법화하는 것이 주된 기능이며, 인증서에 기재된 특정 법인명이 그 전자인장으로 생성되었다는 것을 인증하는 서비스이다. eIDAS 규정 자체는 이 신뢰를 일정한 법적 결과로 연결시키는데, 즉, 제35조 제2항에 따라서 적격전자인장은 적격전자인장이 링크된 그 데이터의 무결성과 출처의 정확성을 추정한다는 효력이 있다. 비적격전자인장에 대하여는 그러한 추정력을 부여하지 않는다.

제2항과 제3항은 부속서 III에서 정한 요건 이외의 추가요건을 제한하는 것은 적격인증서의 상호운용성을 보장하여야 하기 때문이다.

II. 내 용

1. 제1항

제38조 제1항은 적격인증서의 세부적인 요건을 정하는 부속서 III을 참조한다. 부속서 III과 전자서명의 적격인증서에 관한 요건을 정하는 부속서 I의 요건들을 함께 비교하면 전반적으로 일치한다.

2. 제2항~제6항

제38조 제2항~제3항은 초과하는 속성의 허용성에 관한 것이고, 제4항은 적격인증서의 폐지에 관한 것이다. 제5항은 일시정지에 관한 것이다. 마지막으로 제6항은 집행위원회가 전자인장용 적격인증서 기준의 참조번호를 정하는 시행법 제정권한의 위임규정이다.

III. 세부사항

1. 부속서 III의 전자인장에 대한 적격인증서 요건(제1항)

적격인증서는 적격인증의 목적을 달성하는데 반드시 필요한 기본정보를 포함하여야 한다. 즉, (a) 적격인증서의 수신자는 수신한 인증서가 적격 수준에 있다는 사실에 대한 정보를 받는다. 또한 (c) 첨부된 인증서에 전자인장을 생성한 법인명과 (d) 전자인장생성데이터에 해당하는 전자인장 유효성검증 데이터를 포함하여야 한다.

적격인증서의 추가요건은 그 기능으로 설명될 수 있다. 즉, 적격전자인장이 되어 있는 문서의 수신자는 인증서에 기재된 법인명의 법인이 전자인장을 생성하였다는 것을 신뢰하도록 하는 기능을 한다. 이러한 신뢰를 합법화하려면, (b) 적격인증서에는 적격신뢰서비스제공자가 적격인증서를 발급한다는 것을 나타내는 데이터 세트, (e) 인증서의 유효기간, (f) 인증서 ID 코드를 포함하여야 한다. 또한, (g) 인증서 위·변조의 위험을 최소화하기 위해, 적격인증서는 이를 발급하는 적격신뢰서비스제공자의 고급전자서명 또는 고급전자인장이 되어 있어야 할 필요가 있다. 이 서명 또는 인장 그 자체는 해당 인증서에 의해 보증된다. (g)항에서 언급한 서명 또는 인장을 지원하는 이 인증서가 무료로 제공되는 위치는 적격인증서 (h)에도 언급되어야 한다(h). 결과적으로 하나의 루트 인증서로 이어지는 인증서 체인은 추적될 수 있다. 놀랍게도, (g)에서 언급된 인장 또는 인증서는 적격전자서명 또는 적격전자인장에 대한 추가요건을 충족시킬 필요는 없다. 특히 서명 또는 인장을 생성하는 장치가 적격전자서명/적격전자인장 생성장치여야 할 필요는 없으며, 첨부된 인증서가 부속서 I 또는 III의 적격인증서의 요건을 충족하여야 할 필요도 없다. 그러나 제20조에 따르면 적합성 평가기관은 그러한 인증서를 발급하고 서명하는 적격신뢰서비스제공자의 기술과 조직상의 보안을 감사한다. 그러므로 간접적으로 적합성평가를 할 수 있는 최소한의 통제경로가 있다. 또한 적격인증서의 유효성 상태를 질의하는데 사용되는 서비스의 위치는 (i)로 지정하여야 한다. 마지막으로, 전자인장 유효성검증데이터와 관련된 전자인장생성데이터가 적격전자인장생성장치에 위치하는 경우, 적격인증서는 적어도 자동 처리에 적합한 형태로 이를 적절하게 표시한 것을 포함하여야 한다(j).

2. 추가요건과 속성

제38조 제2항과 제3항은 적격인증서의 상호운용성과 상호인정을 보장하는 것을 목표로 하며 상호 보완한다. 제2항은 전자인장의 국경 간 상호운용성에 있어서 법적 장애규정이고, 제3항은 상호운용성에 대한 실질적 장애를 규정한다.

(1) 추가적인 필수요건의 금지(제2항)

제2항에 의하면, 회원국의 법률요건으로 전자인장용 적격인증서를 위한 추가 필수요건을 정할 수 없다. 말하자면, 부속서 III에서 정한 요건은 전자인장용 적격인증서를 위한 회원국 간의 통일된 기준으로 보아야 하며 최소기준으로 해석할 수 없다.

(2) 상호운용성과 인정의 영향없음(제3항)

제3항에 따르면, 적격인증서는 필수요건이 아닌 특정 속성들을 포함할 수 있다. 그러나 그러한 속성들은 적격전자인장의 상호운용성 또는 인정 모두에 영향을 미치지 않는다. 제2항과 달리, 제3항은 요건 대신에 속성이라는 기술적 용어를 더 많이 사용한다. 용어를 바꾼 이유는 요건은 그 자체가 필수적이기 때문이다. 회원국가의 국내법에서 그와 같은 추가적인 속성을 필수요건으로 하지 않더라도, 적격인증서의 상호운용성과 인정에 실질적인 장애가 되어서는 안 된다. 예컨대, 가능한 추가적 속성에는 소위 유일한 신원확인자가 있다.

전문 제54호 이외에, 제3항은 국경 간 사건들에 대하여 상호운용성 있는 요건을 제한하지 않는다. 결과적으로, 적격인증서의 상호운용성은 동일한 회원국가 내에서 이용자들 간에 장애가 되지 않는다. 이는 제2항에서 명백하게 나타난 통일된 규정 원칙(완전한 조화)의 대상은 eIDAS 규정에서 정하는 신뢰서비스에 국한된다. 회원국가들은 다른 종류의 신뢰서비스에 대한 요건을 정할 자유가 있다.

3. 폐지(제4항)

제4항은 적격인증서의 폐지의 법률효과를 정하고 있다. 적격인증서를 처음 활성화한 이후 폐지되면 즉시 적격인증서의 유효성이 상실된다. 어떤 경우에도 폐지된 적격인증서는 재활성화되지 않으며 그 상태는 번복되지 않는다. 적격인증서의 일시적 비유효성은 정지이며 제5항에서 정하고 있다. 제4항에서 폐지의 인적 권한, 허용성 그리고 추가적 요건들을 정하고 있지 않다. 그러나 제기되는 일부 문제점들은 제24조 제3항에 도입되어 있다. 적격인증서의 폐지 여부는 신뢰서비스제공자 스스로 결정한다. 보안상의 이유로 인증서를 폐지할 수 있다. 또한 요청에 의하여서도 폐지할 수 있는데, 제24조 제3항에서 폐지를 요청할 수 있는 자에 관하여 규정하고 있지 않다. 폐지요청권한은 적격인증서에 표시된 법인에게 있어야 하지만 제3자가 폐지 요청할 수 있는지 여부, 제3자의 폐지요청에 대한 서비스제공자의 구속 여부는 불확실하다.

폐지요청을 수령한 후 24시간 이내에 폐지된 새로운 상태가 인증서 데이터베이스에 등록 및 폐지를 공시하여야 한다. 제38조 제4항의 의미에서 폐지의 시점은, 제24조 제3항에 따라서, 신뢰서비스제공자의 인증서데이터뱅크에 있는 공시된 때이다. 이 시점에서 인증서는 그 유효성을 상실한다.

제24조 제4항에 따라서, 추가로 신뢰당사자에게 인증서의 상태에 관한 정보를 제공하기 위하여 기 언급된 인증서를 발급하였던 적격신뢰서비스제공자에게 정보제공의무를 부과함으로써 폐지의 투명성이 달성된다. 이러한 정보는 신뢰할 수 있고 무료이며 효율적으로 자동화된 방식으로 인증서의 유효기간 이후 언제든지 최소한 인증서 단위로 사용할 수 있어야 한다.

폐지 후에는 적격인증서의 유효성이 상실되므로 법적 효력이 없다. 특히 제27조 제3항에 따라서 적격전자인장을 위한 근거로서 사용될 수 없다. 그러나 적격전자인장의 법적 상태는, 적격 상태로 생성된 후 기본적인 적격인증서가 폐지된 경우에는 영향을 받지 않는다.

4. 일시정지에 관한 국내법상의 요건(제5항)

제5항은 회원국이 적격인증서의 일시정지에 관한 조항을 제정할 수 있도록 하였는데, 이 인증서에는 다수의 회원국가에 있는 신뢰서비스제공자의 확립된 운영관행이 반영된다. 폐지와 달리 인증서의 일시정지는 잠정적이다. 제5항의 법적 기술규격은 투명성 규칙(lit. b) 및 적격인증서의 일시정지(lit. a)의 법적 결과로 제한된다. 일시정지 규칙을 도입하고 추가 요건의 도입에 관한 결정은 회원국가의 재량에 달려 있다.

(1) 투명성

제5항 lit.b에 따라서, 인증서의 상태에 관한 정보를 제공하는 서비스에서 명백하게 인증서데이터베이스에 일시정지의 기간이 명시되어 있어야 하고, 일시정지 상태는 일시정지 기간 동안 가시적이어야 한다.

(2) 일시정지의 법적 결과

제5항 lit.a에 따라서, 인증서는 일시정지 기간 동안 그 유효성을 상실한다. 그러므로 그 일시정지 기간 동안은 폐지상태와 그 법적 결과가 동일하다.

5. 집행위원회의 시행법

제6항은 집행위원회에 시행법을 제정할 권한을 부여하고 있다. 그러한 시행법은 전자인증을 위한 적격인증서 기준의 참조번호를 정할 수 있다. 이들 기준을 준수하는 인증서는 부속서 III에서 정한 요건을 준수한 것으로 추정된다. 시행법은 제48조 제2항에서 참조되는 검사절차에 따라서 채택되어야 한다.

┃ 제39조 ┃ 적격전자인장생성장치

제1항 제29조는 적격전자인장생성장치의 요건에 준용한다.

제2항 제30조는 적격전자인장생성장치의 인증에 준용한다.

제3항 제31조는 적격전자인장생성장치의 인증된 목록의 공표에 준용한다.

Ⅰ. 입법취지

제39조 적격전자인장생성장치에 관한 조항은 제27조 제31호와 제32호에서 부속서 II에서 정하는 요건을 준용한다. 이 요건에서 정하는 전자인장생성장치는 전자인장을 생성하기 위하여 설정된 소프트웨어 또는 하드웨어를 말한다. 적격전자인장생성장치의 요건(제1항), 그 인증서를 위한 요건(제2항과 제3항)을 정하는 제39조는 제품안전규정으로 분류될 수 있다. 제39조는 일정한 보안기준을 충족하는 장치로 생성된 적격전자인장에 의하여 정당하게 신뢰를 부여할 수 있다. 그러므로 그 기능은 전자인장용 적격인증서의 요건을 규정하고 있는 제38조의 기능과 비교된다. 제39조에 해당하는 적격전자인장생성장치로 생성되고 제38조에 해당하는 적격인증서를 갖춘 전자인장만이 적격전자인장으로 인정되고 제35조 제2항에서 정하는 무결성이 추정된다. 전자인장의 유효성검증은 적격전자인장생성장치에 의하여 생성된 적격전자인장일 것으로 추측할 수 있을 뿐이다.[71]

전자인장과 전자서명의 병행주의에 의하여 제39조는 제29조이하 제31조의 전자서명에 관한 규정을 준용한다.

---

71) Zaccaria/Schmidt-Kessel/Schulze/Gambino, 앞의 책, at 307.

II. 내 용

1. 적격전자인장생성장치의 요건(제1항)

(1) 요 건

제1항 적격전자인장생성장치의 요건은 제29조 적격전자서명생성장치의 요건을 준용한다. 제29조는 부속서 II의 일부에 관하여 언급하고 있다. 부속서 II는 다소 추상적으로 eIDAS 규정의 기술적 중립성 접근방법을 따라서 기능적 요건을 규정하고 있다. eIDAS 제8조 전자신원확인체계의 보증수준을 위한 정확한 요건과 비교할 때 이 요건은 추상적이다. 부속서 II는 다음과 같다.

부속서 II는 회원국가에게 추가요건을 도입할 기회를 주기 위하여 최소기준만을 정하고 있다. 이는 부속서 III(적격전자인증서의 요건)과 구별된다.

적격전자인장생성장치에 준용되어 적용될 표준의 참조번호를 정하는 시행법은 아직 정해지지 않았다. 당분간 적격전자인장생성장치는 최소한 보장되어야 한다는 것에 주의할 필요가 있다.

- 전자인장 생성에 사용된 전자인장 생성데이터의 기밀성이 합리적으로 보장된다.
- 전자인장 생성에 사용된 전자인장 생성데이터는 사실상 한 번만 발생할 수 있다.
- 전자인장 생성을 위해 사용된 전자인장 생성데이터는 합리적인 보증수준에서 유출될 수 없어야 하며, 전자인장이 현재 이용 가능한 기술을 사용하여 위·변조로부터 신뢰성 있게 보호되어야 한다.
- 적격전자인장생성장치는 작성자가 인장하기 전에 인장될 데이터의 변경이 일어나지 않도록 하거나 변경된 데이터가 서명자에게 제시되지 않도록 하여야 한다.
- 작성자를 대신하여 전자인장 생성데이터를 생성하거나 관리하는 것은 적격신뢰서비스제공자만이 할 수 있다.

부속서II 제4호에 따라서, 제1호(d)에 저촉(prejudice)되지 않으면서, 적격신뢰서비스제공자가 서명자[인증생성자]를 대신하여 전자서명[인증]생성데이터를 관리할 수 있다는 것은 그 전자서명[인증]생성데이터를 백업목적을 위하여서만 복제본을 만들 수 있는데, 복제된 데이터세트의 보안이 원본데이터세트의 보안수준과 동일한 경우에, 그리고 그 복제된 데이터세트의 수는 그 서비스의 연속성을 보장하는데 필요한 최소한을 초과하지 않는다.

다소 어려운 점은 제1호(d)의 준용규정이다. 즉, 전자서명생성에 사용되는 전자서명생성데이터는 타인이 사용하지 않도록 적법한 서명자가 신뢰할 수 있도록 보안되어야 한다. 법인에 첨부된 전자인장을 그 법인의 권한없는 직원이 사용한 경우에도 법인을 전자인장사용의 남용으로부터 보호하여야 하는가가 문제된다. 이 문제는 법인 소속인지 여부와 관계가 없으며, 사람이 전자인장생성장치를 남용하는 경우를 방지할 수 있는 기술적 보안조치는 비밀번호나 PIN 코드 또는 생체인식시스템과 같이 비교적 쉽게 구현될 수 있으며, 그러한 보호가 보장된다면 적격전자인장에 대한 신뢰는 상당히 커질 것이다. 그러나 법인인장에 대한 추정력은 인장된 데이터와 그 출처의 무결성에 국한된다. 그 인장을 사용하는 자연인의 권한은 법률상 추정되지 않는다.

(2) 준수/비준수의 결과

전자인장용 적격인증서를 근거로 하여야 하며 부속서 II와 연계된 제39조 제1항의 요건에 해당하는 적격전자인장생성장치로 생성된 고급전자인장만이 적격전자인장이 될 수 있다. 제39조 제1항의 의미 내에서 적격전자인장생성장치에 의하여 그러한 인장의 생성에 의존하는 적격전자인장의 존재에 한하여 법률효과가 발생하는 결과가 된다. 이러한 효과는, 그 중에서도, 제35조 제3항에 따라서 국경 간 인정뿐만 아니라 적격전자인장이 링크되어 있는 그 데이터의 무결성과 출처의 정확성을 추정하는 것으로 구성된다.

반대로, 적격전자인장생성장치로 생성되지 않은 인장은 그러한 법률효과를 인정받지 못하며, 그것이 적격인증서에 기초한 것인지 여부와 관계없다.

2. 적격전자인장생성장치의 인증서(제2항)

제39조 제2항에 따라서 적격전자서명생성장치의 인증에 관한 제30조는 적격전자인장생성장치의 인증서에 준용된다.

(1) 인증절차(제30조 제1항과 제4항)

제30조 제1항에 따르면 공공기관 또는 민간 서비스제공자는 부속서 II에서 정하는 요건으로 적격전자인장생성장치의 적합성을 인증(certify)할 권한이 있다. 제30조 제4항에 따라서 집행위원회는 시행법을 제정할 권한을 위임받았다. 집행위원회가 그러한 권한을 사용하지 않고 있는 동안에는 전자서명지침 1999/93/EC를 근거로 제정된 집행위원회 결정 2000/709/EC가 정하는 최소기준이 가이드라인이 된다. 더욱이, 제20조는 적격신뢰서비스제공자를 감사할 수 있는 기관으로 보기 때문에 제3조 제18호의 의미에서 최소한 적합성평가기관을 적절한 기관으로 분류하는 것이 합리적이다.

(2) 통지의무(제30조 제2항)

회원국은 집행위원회에 서비스제공자의 이름과 주소를 통지하여야 한다.

(3) 인증절차(제30조 제3항)

제30조 제3항에서 정하는 인증절차에는 2가지의 절차가 있다. 첫 번째 절차는 소위 보안평가절차로서, 정보기술제품의 보안평가에 대하여는 반드시 특정기준을 따라서 평가되어야 한다. 제30조 제3항(b)와 제48조 제2항에서 집행위원회는 언급된 심사 절차에 따라서 그러한 보안평가를 위한 기준의 목록을 정할 수 있는 권한을 부여하고 있다. 두 번째 절차는 보안평가절차를 위한 기준이 없는 경우 또는 그러한 평가가 진행 중인 경우, 그러한 절차들에서 정하는 보안수준에 준하는 보안수준을 사용한다면 다른 절차들을 적용할 수 있다. 인증기관은 집행위원회에 대체절차를 통지하여야 한다.

시행결정 EU 650/650을 수단으로, 집행위원회는 허용될 수 있는 보안평가기준의 목록을 만들었다. 시행결정은 명시적으로 서명과 인장의 생성장치를 인증하는데 적용되는 것임을 명시하였다. 시행결정 EU 650/650 제1조 제2항에 따라서, 그 표준은 단지 서명자 또는 인장의 생성자가 통제하는 장치에 적용될 뿐이다.

생성장치를 위한 인증은, 집행위원회가 그러한 장치의 인증을 위한 절차를 목록화하기 위하여 그의 권한을 사용할 때까지, 서명자 또는 인장(원격인장)의 생성자를 대신하여 전자서명생성데이터 또는 전자인장생성데이터를 관리하는 적격신뢰서비스제공자는, 제30조 제3항(b)에 따라서, 제30조 제3항(a)의 요건에 준하는 보안수준을 사용하는 절차를 근거로 하여야 한다. 현재 CEN(Comite Europeen de Normalisation, 유럽표준화위원회), CENELEC(European Committee for Electrotechnical Standardization, 유럽전자기술표준화유럽위원회), 그리고 ETSI (European Telecommunications Standards Institute, 유럽통신기준기관)이 그와 같은 표준을 개발하고 있는 것으로 알려져 있다.

제31조는 인증된 적격전자서명생성장치의 목록의 공시를 다루고 있는데, 인증서를 폐지할 수 있도록 하고 있다. 인증기관은 폐지할 권한이 있어야 하지만 인증을 폐지하여야 하는 상황이나 폐지의 소급효 여부는 불분명하다. 인증결정의 신뢰성을 높이기 위하여, 인증의 폐지는 예외적인 경우로 한정된다. 폐지의 효력은 불소급하여야 하며, 소급효를 인정하게 되면 전자인장에 대한 신뢰가 약화될 것이다.

비인증(non-certification)의 법률적 효과에 관한 명시적인 규정은 없다. 이러한 맥락에서 가장 중요한 문제는 만일 적격전자인장의 모든 요건을 충족시키는 경우, 특히 적격전자인장생성장치에 의하여 생성되었는데 인증되지 않는 경우, 제35조 제2항의 효력으로 잘 알려진 적격전자인장의 법률적 효력이 적용된다. 적격전자인장생성장치를 위한 요건을 정한 제29조, 적격전자인장생성장치의 개념 그리고 적격전자인장의 개념 모두 인증을 참조하지 않는데, 인증이 없다고 해서 적격전자인장의 법률적 효력에 문제되지 않는다. 이러한 해결방법론은 적절한데, 그렇지 않으면 인증의 이용자가 인증절차에 영향을 미치지 않으면서 인증부재로 인한 결과를 부담하게 될 것이기 때문이고, 또한 적격전자인장에 대한 신뢰성이 상당히 손상될 것이다. 그러나 비인증은 실제 문제를 일으킬 수 있는데, 만일 어떤 인장이 비인증장치를 사용하여 생성된 경우에, 이는 그 장치가 실제 부속서 II에서 정하는 적격인 장치의 요건을 충족하였는지 여부에 의심을 제기할 수 있기 때문이다.

3. 인증된 적격전자인장생성장치의 목록의 공시(제3항)

제39조 제3항은 적격전자서명생성장치의 목록의 공시를 정하는 제31조를 참조한다. 따라서 회원국가들은 적격전자인장생성장치가 인증된 후 1개월 이내에

그에 관한 정보를 집행위원회에 통지하여야 한다. 같은 방식으로, 회원국가는 인증서의 폐지에 대하여 집행위원회에 통지하여야 한다. 시행법에 의하여, 집행위원회는 통지에 적용되는 포맷과 절차를 정의할 수 있다. 통지된 정보를 근거로, 집행위원회는 인증된 적격전자서명생성장치의 목록을 공시하여야 한다.

▮ 제40조 ▮ 적격전자인장의 유효성검증과 보존

제32조, 33조, 34조는 적격전자인장의 유효성검증과 보존에 준용된다.

Ⅰ. 입법취지

제40조는 적격전자인장의 유효성검증과 보존에 관한 것이다. 제32조 이하 제34조에서 정하는 적격전자서명의 유효성검증과 보존에 관한 조항이 적격전자인장에 준용된다.

eIDAS 규정 제3조 제41호의 정의에 따르면 유효성검증은 전자서명 또는 전자인장이 유효하다는 것을 검증하고 확인하는 절차이다. 수신자(신뢰당사자)에게 전자서명 또는 전자인장이 전송된 후에 유효성검증절차가 실행된다. 만일 수신한 데이터에 서명 또는 인장하였던 (법)인이 그 데이터에 첨부된 인증서에서 신원확인된 자와 동일하다면, 그리고 서명 또는 인장된 데이터가 서명 또는 인장의 유효성검증데이터에 해당한다면(제3조 제40호의 정의를 보라), 그 서명 또는 인장은 일반적으로 유효하다고 본다. 이는 부속서 Ⅰ과 Ⅲ이 전자서명 또는 전자인장의 적격인증서에 전자서명 또는 전자인장생성데이터에 해당하는 유효성검증데이터가 포함되어야 한다는 것을 규정하는 이유이다.

서명 또는 인장의 유효성검증은 어떤 전자서명 또는 전자인장된 문서의 법률상의 가치를 신뢰할 수 있도록 하는 근거이다. 전자서명지침에서는 전자서명의 유효성검증에 관한 조항이 없었기 때문에 각 회원국이 정하는 상이한 표준에 의하여 국경 간 상호운용성에 장애가 되었다. 제32조의 적격전자서명의 유효성에 필요한 요건과 제33조 유효성검증 적격서비스의 요건은 상호운용성을 실현하기 위한 조항들이다.

제34조는 적격전자인장을 위한 적격보존서비스에 관한 조항이다. 디지털 기

술의 노후화가 가속화되면서 전자서명 또는 전자인장을 보존하는 것은 기술적·행정적으로 커다란 부담이 되고 있다. 현재 전자서명과 전자인장에 적용되고 있는 최신 암호기술이 장래에는 불완전한 기술이 될 것이다. 결과적으로, 구식의 표준에 근거한 서명과 인장은 위·변조 조작의 대상이 될 수 있으므로 그러한 서명과 인장에 대하여 신뢰를 부여하는 것이 더 이상 정당화될 수 없기 때문이다. 전문 제61호에서, EU 입법자는 보존의 요건을 다음과 같이 서술하고 있다. 이 규정은 장기 전자서명 및 전자인장의 법적 유효성을 보장하고 미래의 기술적 변화에 관계없이 유효성을 보장할 수 있도록 정보의 장기 보존을 보장해야 한다. 제34조에서 이러한 어려움에 대한 해결방안을 제공하고 있지만, 이는 보존서비스에 대한 요건에 국한되는데 기술요건이 지나치게 빨리 변화할 수 있기 때문이다.

Ⅱ. 내 용

1. 적격전자인장에 대한 유효성검증절차

(1) 적격전자인장의 유효성검증절차 요건

제32조 제1항에서 정하는 적격전자서명의 유효성검증을 위한 요건은 적격전자인장에 적용되는데, 다음 세 가지의 경우는 적용되지 않는 예외사항이다. 첫째, 부속서 Ⅰ에서의 lit.(a)에 대한 참조는 부속서 Ⅲ에 대한 참조로 대체되어야 한다. 둘째, 법인에 대하여는 가명의 사용이 예정되지 않으므로, lit.(c)는 적용되지 않는다. 셋째, 제26조 lit.(h)에 대한 참조는 고급전자인장의 요건을 다루는 제36조에 대한 참조로 대체되어야 한다. 이를 감안하면, 전자인장에 대한 유효성검증요건은 다음과 같다. 즉 (a) 전자인장을 지원하는 인증서는, 인장의 시점에서, 부속서 Ⅲ을 준수하는 전자인장용 적격인증서이다 (b) 적격인증서는 적격신뢰서비스제공자에 의하여 발급되며 인장시점에서 유효성이 있다 (c) 전자인장 유효성검증데이터는 신뢰당사자에게 제공된 데이터에 해당한다. (d) 인증서에 있는 인장의 작성자를 나타내는 유일한 데이터세트. (f) 전자인장은 적격전자인장생성장치에 의하여 생성된다. (g) 전자인장된 데이터의 무결성은 훼손되지 않는다. (h) 제36조(고급전자인장)를 위하여 규정된 요건은 서명당시에 충족된다.

(2) 수신자(Addressees)

앞서 개괄한 요건들은 신뢰서비스제공자가 신뢰당사자를 위하여 유효성을 검증하는 것을 전제로 한다. 또한 신뢰당사자에게 유효성 검사의 중요성에 대한 정보를 제공한다. 또한, 신뢰서비스제공자는 그들의 이용자로 하여금 유효한 전자인장을 산출할 수 있도록 하기 위하여 앞서 설명한 요건들을 전자인장생성자의 입장에서 준수하여야 한다. 그러나 제40조와 제32조는 신뢰당사자에 대하여는 수신한 적격전자인장의 유효성검증의무를 부여하지 않는다.

(3) 부정적 유효성검증결과 또는 유효성검증 결함의 법률적 결과

제40조와 제32조 모두 부정적 유효성검증결과 또는 유효성검증 결함의 법률적 결과를 규정하고 있지 않다. 특히, 이는 제35조 제2항의 추정이 적용되는 경우에 이 문제가 제기된다. 제35조 제2항 또한 이 문제들을 다루지 않는다. 제36조, 제38조, 제39조, 부속서 II와 III에서 정하는 유효성검증요건과 적격전자인장의 요건이 중복되기 때문에 유효성검증테스트를 통과하지 못하는 인장은 적격전자인장의 요건을 충족한다고 주장할 수 있는 경우는 매우 드물다. 특히 제36조, 제38조, 제39조, 부속서 II와 III은 그 인증서가 인장의 시점에서 유효하여야 한다는 것을 명시하지 않고 있다. 그러나 이 요건(그리고 추가적인 요건들은 전술한 규정과 부속서에 의하여 적용되지 않을 가능성이 있지만, 제40조와 제32조에 의하여 적용될 수 있다)은 적격전자인장의 목적과 기능으로부터 도출될 수 있다. 따라서 만일 전자인장이 유효성검증요건을 충족하지 못하는 것으로 판명되면, 이는 제35조 제2항의 의미에서의 적격전자인장으로 볼 수 없다. 이러한 해석은 독일의 eIDAS 규정 시행법에서 독일입법자가 적절하게 밝힌 바와 같다. 그 중에서도, 이 법이 ZPO 제371조 제1항 제2문으로 개정되었다. 이 조항에 따르면, 전자적 형식의 어떤 선언에 대하여 eIDAS 제32조의 적격전자서명의 유효성이 검증된 것으로 판단되어 진정성이 추정되면, 해당 선언을 할 책임이 있는 자가 선언하였다는 사실에 중대한 의심을 불러일으키는 경우 이외에는 그 선언의 진정성을 다툴 수 없다. 이러한 ZPO의 입법취지에 비추어 볼 때, 적격전자인장의 유효성에 대하여 신뢰당사자가 유효성검증을 받지 않는 한, 해당 선언에 책임 있는 자는 eIDAS 제35조 제2항에서 정하는 적격전자인장의 출처의 정확성과 무결성의 추정을 받을 수 없다는 것이 합리적이다.

(4) 유효성검증의 결과

제32조 제2항이 준용됨에 따라서, 적격전자인장을 유효하게 하는데 사용된 시스템은 신뢰당사자에게 유효성검증절차의 정확한 결과를 제공하여야 하고, 신뢰당사자가 어떤 보안관련 쟁점들을 탐지할 수 있도록 하여야 한다. 비준수의 경우에, 특히 그 시스템이 잘못된 결과를 보여주면, 적격신뢰서비스제공자는 제13조에 따라서 손해에 대한 책임이 있을 수 있는데, 특히 그 손해와 고의 또는 과실간에 인과관계가 있는 경우에 그러하다.

(5) 기준의 참조번호

제32조 제3항에 따르면, 집행위원회는 적격유효성검증서비스에 대한 기준의 참조번호를 시행법으로 정할 수 있다. 집행위원회가 장래 시행법을 정하면, 제32조 제1항의 요건을 준수하는 경우에 적격전자서명을 위한 유효성검증서비스는 해당 기준을 충족하는 것으로 추정될 것이다. 만일 그러한 기준이 전자인장을 대상으로 만들어지면, 그러한 추정은 전자인장에 대하여도 적용될 것이다.

2. 적격전자인장을 위한 적격유효성검증서비스

제33조는 제32조 제2항과 관련되어 적격전자서명의 유효성검증절차에 관한 추가적인 세부사항을 규정하고 있으며, 적격전자인장에 관하여서는 제40조와 관련된다. 이 유효성검증은 제32조 제1항을 준수하여야 하며, 당사자들이 자동화된 방식으로 유효성검증절차의 결과를 받을 수 있도록 하여, 신뢰할 수 있고, 효율적이며 적격유효성검증 서비스제공자의 고급전자인장이 인장되어 있어야 한다.

제33조 제2항은 집행위원회에 시행법에 의하여 제1항의 요건에 관한 기준의 참조번호를 정할 권한을 위임하고 있다. 이들 요건을 준수하는 것으로 그들 기준이 충족된 것으로 추정된다.

그 서비스의 사업자는 적격신뢰서비스제공자이다.

3. 보존서비스

제40조는 제34조 적격전자서명을 위한 적격보존서비스 규정을 적격전자인장

에 준용하는 것으로 규정하고 있다. 제34조 제1항에 따라서, 적격신뢰서비스제 공자만 적격전자서명을 위한 적격보존서비스를 제공할 수 있다. 이 서비스기관 은 충분히 신뢰할 수 있는 적격전자서명 절차와 기술을 사용하는 자로서 그 기 술의 유효기간이 지나도 제공할 수 있어야 한다. 집행위원회는 다시 제2항에서 적격보존서비스의 기준을 위한 참조번호를 정하는 시행규정을 정할 수 있도록 하고 있다. 제32조 제2항과 제33조 제2항에 따라서, 적격보존서비스 설비가 해 당 기준을 충족하면 제1항의 요건을 준수한 것으로 추정되어야 한다. 제34조에 따른 적격보존의 법률적 결과는 아직 정해지지 않았다. 전문 제61호에 따르면, 전자서명과 전자인장이 향후 기술 변경과 관계없이 장기간 법적 유효성을 보장 하여야 한다. 이는 비적격보존조치 또는 어떤 종류의 보존조치의 결손이 있는 경우 그 유효성이 기술변화를 이유로 배제될 수 있는지 여부에 관한 문제가 제 기된다. 기술변화에 의하여 최초의 인장 또는 서명기술이 더 이상 안전하지 않 다고 판단되더라도 최소한 적격보존은 그 서명 또는 인장의 유효성을 증명하는 증거로서의 기능을 한다.

제6관 전자타임스탬프(제41조~제42조)

제41조 전자타임스탬프의 법률상의 효력

제1항 전자타임스탬프는 전자적 형태로 되어 있거나 적격전자타임스탬프의 요건을 충족 시키지 않는다는 이유만으로 법적 효력과 증거능력이 부인되지 아니한다.

제2항 적격전자타임스탬프는 날짜와 시간이 나타내는 정확성과 그 날짜와 시간이 연결된 데이터의 무결성이 추정된다.

제3항 한 회원국에서 발행한 적격전자타임스탬프는 다른 모든 회원국에서도 적격전자타 임스탬프로 인정한다.

Ⅰ. 입법취지

1. EU공동체에서의 전자타임스탬프의 정의

타임스탬프는 전자타임스탬프와 적격전자타임스탬프로 나뉘어 정의된다. '전자타임스탬프(electronic time stamp)'는 전자적 형태의 다른 데이터를 특정 시간에 연계시켜 해당 자료가 그 시각에 존재했다는 것을 증명하는 전자적 형태의 데이터를 의미한다(제3조 제33호). '적격전자타임스탬프(qualified electronic time stamp)'는 제42조에 규정된 요건을 충족시키는 전자타임스탬프를 의미한다(제3조 제34호). 제42조의 요건은 다음 세 가지이다. (a) 데이터에 가해진 변경을 탐지할 수 없는 경우가 없도록 합리적인 방식으로 날짜와 시간을 데이터에 결합시킨다(제42조 제1항 a호). (b) UTC(국제표준시각)와 연결된 정확한 표준시를 기반으로 한다(제42조 제1항 b호). 그리고 (c) 적격신뢰서비스제공자의 고급전자인장이 첨부된 고급전자서명 또는 고급전자인장, 또는 그에 준하는 방법으로 서명된다(제42조 제1항 c호).[72]

2. 전자타임스탬프의 IT 개념

전자타임스탬프의 개념은 IT 개념과 다르지 않다. 디지털 문서에 특정 날짜와 시간 속성을 컴퓨터의 경로를 거쳐 전자적 방식으로 표시하는 것이다. 디지털문서는 모든 종류의 전자데이터나 파일을 의미하므로, 문자데이터에 한하지 않고, 디지털 정보가 아닌 시청각 자료 또는 동영상을 포함하는 전자데이터도 포함된다.

유럽공동체의 개념 정의에서 남은 유일한 요소는 시간 속성인 것 같다. 전자데이터에 연결된 특정 시간은 그 시간에 그 전자데이터가 존재한다는 것을 나타내는 증거가 필요한데(제3조 제33호), 이 증거는 전자타임스탬프의 증거적 관련성(probative relevance)을 밝히는 것이다.

IT 절차에서 디지털 문서에 시간을 결합시키는 기술은 디지털서명기술뿐만 아니라 소위 해시함수를 근거로 한다. 더욱 자세하게 말하면, 그 표시는 (a) 디지털 문서에서 타임 마크까지 해시(HASH)를 추출하는 것, 즉 디지털 문서만을 식별할 수 있고 원래의 컨텐츠로는 되돌아 갈 수 없는 알고리즘으로 몇 바이트의 고정 길이 문자열인 해시값을 추출하는 단계는 기밀정보가 담긴 디지털 문서에 시간 표시를 하는 경우에도 이 IT 기술의 기밀성 및 애플리케이션 측면에서의 장점이 있다 (b) 추출된 해시값을 날짜와 시간을 포함하는 정보와 연결, 그리고 궁극적으로 (c) 해시와 타임스탬프로 구성된 새 파일에 디지털 서명을

---

72) Zaccaria/Schmidt-Kessel/Schulze/Gambino, 앞의 책, at 317.

하는 방식으로 이루어진다.

실무에서, 타임스탬프는 어떤 문서가 특정 시간에 존재하였다는 증명이므로, 그것이 디지털인 경우에도, 그러한 절차는 정상적으로는 권한이 인증된 제3자, 즉 정의 규정 제3조 제19호와 제20호에서 의미하는 신뢰서비스제공자의 중계적 행위에 의하여 실행된다. 디지털 문서에 시간을 표시하려는 이용자는 한 인증기관과 자신의 컴퓨터를 전자적으로 연결하면 이용자가 선택한 디지털 문서에 시간이 표시될 특정 프로그램을 선택한다. 이용자는 해시를 추출하여, 그 후 인증자에게 타임스탬프 요청과 함께 전송한다. 이 시점에서, 인증자는 이 이용자가 요청하는 타임스탬프를 받아서, 수신된 문서에 사람이 개입하지 않고 자동으로 디지털 서명을 할당한 후 마지막으로 이용자에게 시간표시된 문서를 다시 전송한다. 디지털 문서에 첨부된 타임스탬프는 특별한 소프트웨어로 사후에 확인 (verification of time stamp)되는데, 이 소프트웨어는 시간이 표시되도록 의도된 디지털 문서의 해시를 재생성하여 타임스탬프가 첨부된 문서와 일치하는지 비교하기 위한 것이다. 디지털 서명의 확인에서와 같이, 타임스탬프의 확인은 인증자의 등록부와 연결하여 이루어지는데, 타임스탬프의 유효성에 영향을 줄 수 있는 만료, 폐지 또는 일시정지 사유가 표시된 특정 타임스탬프 키를 제외하기 위한 것이다.

Ⅱ. 전자타임스탬프의 법률상의 효력과 증거적 관련성(제1항)

1. 차별금지의 원칙

전자서명(제25조 제1항), 전자인장(제35조 제1항), 전자등기배달서비스(제43조 제1항), 그리고 전자문서(제46조)의 경우와 마찬가지로, 제41조 제1항은 전자타임스탬프는 그것이 전자적 형식이라는 이유로, 즉, 그것이 적격전자타임스탬프가 아니라는 이유만으로(제42조), 그 법률상의 효력과 소송절차에서의 증거능력을 부인당하지 않는다. 그러므로 전자타임스탬프의 법률상의 효력과 증거적 관련성은 그 형식을 고려하지 않으며, 이 eIDAS 규정에 의하여 적격전자타임스탬프로서의 제42조 제1항 (a), (b), (c)의 엄격한 요건을 충족하지 않는 일반전자타임스탬프라는 것을 의미한다. 그러나 제41조 제2항에서 언급되는 전자타임스탬프와 연결된 시간의 정확성과 데이터의 무결성의 추정이 적격의 형식에 전속한다는 것을 감안하면, 이 규정에서 비적격전자타임스탬프의 법률상의 효력이 정확히 무엇이며, 비적격전자타임스탬프가 첨부되어 있는 디지털문서의 증거적 관련성이 무엇인가는 명백하게 언급하고 있지 않다.

2. 증거적 관련성

eIDAS 규정은 새로운 종류의 증거방법에 관련성있는 증거력을 인정하는 유럽공동체의 첫 번째 입법조치에 해당한다. eIDAS 규정은 증거력의 추정은 적격신뢰서비스에 대하여만 적용하고(예 제35조 제2항, 제41조 제2항, 제43조 제2항), 비적격전자타임스탬프에는 적용하지 않는다.

Ⅲ. 시간의 정확성과 데이터의 무결성의 추정(제2항)

제41조 제2항에서 정하는 시간의 정확성과 데이터의 무결성에 대한 2개의 추정은 적격전자타임스탬프의 법률적 효력과 증거적 관련성에 관한 것이다. 시간의 정확성의 추정은, 전자데이터에 연결된 데이터와 시간을 적격전자타임스탬프에 의하여 그 시간의 정확성을 추정하는 것이다. 그리고 데이터의 무결성의 추정은 특정 데이터와 특정 시간이 연결된 데이터가 (현재까지) 변경되지 않았다는 것을 추정하는 것이다.

시간의 정확성과 데이터의 무결성에 대한 추정 모두 그 본질을 상대적 추정으로 보기 때문에, 타임스탬프의 시간의 진정성뿐만 아니라 특정 데이터에 연결된 날짜의 정확성을 다투는 상대방의 이의제기에 취약하다. eIDAS 규정에서 이러한 추정의 본질에 관한 설명이 없는 접근방법으로 인하여, 실체적 진실을 판단하지 않고 이러한 주된 증거적 관련성을 유지하기 때문에 절대적이라기보다는 상대적인 것으로 분류하는 것을 선호한다.

Ⅳ. 적격전자타임스탬프의 국경 간 인정(제3항)

적격전자타임스탬프의 효과적인 국경 간 상호운용성을 보장하기 위하여, 더 넓은 의미에서 다른 EU회원국가와의 상호인정원칙이 허용되어야 한다.

V. 소 결

eIDAS 규정은 필요한 보안수준에 따라서 다양한 형태의 신뢰서비스를 정하고 있다. 전자서명과 전자인장의 경우 일반, 고급, 적격서비스로 세 가지로 구분하고, 전자타임스탬프, 전자등기배달서비스의 경우 일반과 적격서비스의 두 가지로 정하고 있다.

우리 전자문서법은 공인전자문서중계자가 유통증명서를 발급한 경우에 전자문서법 제18조의 5의 1.에서 전자문서의 송신 및 수신 일시의 정확성을 인정하는 규정을 두고 있다. 이는 eIDAS 규정에서 일반전자타임스탬프와 적격전자타임스탬프 두 가지로 나누어 규정하고 있는 것과 비교된다. 우리 전자문서법에서 부여하는 효력을 인정받는 공인전자문서중계자가 발급한 유통증명서상의 송·수신일시와 전자문서법 제4조 제1항의 적용을 받는 일반적인 전자문서의 송·수신일시로 구분하는 것으로 해석할 수 있다.

전자문서에 첨부되는 송·수신일시는 시스템이 자동으로 기록하는 정보로서 증거의 가치가 크지만 시스템의 자동기록과 저장 기능에서 비롯되는 편집과 삭제가능성이 상존한다. 타임스탬프를 포함하는 자동기록된 메타데이터 정보에 대한 정확성을 확보할 수 있는 조치가 중요하다.

▌ 제42조 ▌ 적격전자타임스탬프를 위한 요건

제1항 적격전자타임스탬프는 다음과 같은 요건을 충족해야 한다.

  (a) 데이터의 감지되지 않은 변화의 가능성을 합리적으로 배제하는 방식으로 날짜와 시간을 데이터에 연결되어야 한다;

  (b) UTC(국제표준시각)와 연결된 정확한 표준시를 기반으로 한다; 그리고

  (c) 적격신뢰서비스제공자의 고급전자인장이 첨부된 고급전자서명 또는 고급전자인장, 또는 그에 준하는 방법으로 서명된다.

제2항 집행위원회는 시행법을 통하여 날짜와 시간을 데이터에 결합시키는 것과 정확한 표준시에 대한 참조 번호 기준을 설정할 수 있다. 날짜와 시간을 데이터에 결합시키는 것과 정확한 표준시가 이들 기준에 부합하면 제1항에서 정하는 요건을 준수한 것으로 추정되어야 한다. 시행법은 제48조 제2항에 언급된 심사 절차에 따라 채택되어야 한다.

Ⅰ. 입법취지

1. 적격전자타임스탬프

제42조 제1항에 따르면, 전자타임스탬프는 (a), (b), (c)에 수록된 세 가지의 기술적 요건을 모두 충족하면 적격전자타임스탬프로 보아, 제41조 제2항에서 표시된 시간의 정확성과 그 데이터의 무결성이 추정된다.

2. 기술중립성 원칙

기술중립성 원칙에 따라서 특정 기술이나 수행방식을 지정하지 않으면서도 필요한 조치와 보존할 기능을 가리키는 요건을 목록으로 만들었다. 이 원칙은 노후화의 위험을 줄이기 위한 것인데, 기술변화의 속도를 고려하여 이 규정은 반드시 혁신에 대하여 개방적인 입장을 채택하여야 하며(전문 제26호), 기술중립적이어야 하는데, eIDAS 규정의 요건에 해당한다면 어떠한 기술적 수단을 사용하여서도 eIDAS 규정에서 허용하는 법률적 효력이 적용될 수 있기 때문이다(전문 제27호). 현재 고급전자인장 또는 고급전자서명에 의하여 확보하는 보안수준을 신기술에 의하여 전자타임스탬프의 보안수준으로도 보장할 수 있게 되는 혁신을 예상할 수 있기 때문에, eIDAS 전문 제62호에서 적격전자타임스탬프에 관하여 기술하고 있는 것을 덧붙일 수 있다. 이는 현재 또는 장래의 다른 등가하는 기술적 수단을 사용할 가능성을 말한다(전문 제62호, 제42조 제1항(c)와 유사하다).

3. 데이터에 첨부된 날짜와 시간의 효력과 정확한 기준시를 정하는 표준의 참조번호

기술중립성 원칙은, 다른 적격신뢰서비스와 마찬가지로(eIDAS 규정 제27조 제4항, 제28조 제6항, 제29조 제2항, 제32조 제3항, 제33조 제2항, 제34조 제2항, 제37조 제4항, 제44조 제2항, 제45조 제2항), 기술적 또는 조직적 성질로부터 데이터에 날짜와 시간을 적용하는 것 그리고 정확한 기준시에 의한 시간측정에 이르기까지, 궁극적으로 집행위원회가 시행규정으로 기술표준의 참조번호를 정할 권한이 있다는 점에서 제42조 제2항에서 균형을 이루고 있다(집행위원회에 의하여 참조될 수 있는 기존의 것의 일반적 사례로서, 유럽전기통신기준기구(ETSI)에 의하여 발전된 것). 그러한 표준이 충족되면, 제42조 제1항에서 정한 요건과 전자타임스탬프가 적격으로 되기 위하여 기술된 요건들은 정당한 것으로 추정된다.

Ⅱ. 적격전자타임스탬프의 요건

1. (a)와 (b)에서 참조한 요건

(1) 적격전자타임스탬프의 첫 번째 요건은 시간표시와 전자데이터 시간표시의 링크로 눈에 띄지 않게 변경된 전자데이터를 합리적으로 차단할 수 있을 때 충족된다. 이 두 경우 모두 날짜와 시간뿐만 아니라 시간이 표시된 것들(텍스트, 시청각적 자료 등)도 포함된다.

(2) 적격전자타임스탬프의 두 번째 요건과 관련하여, 시간표시가 소위 협정세계시(Coordinated Universal Time), 즉, 지구의 회전 운동이나 다른 천체 현상과 관련이 없는 보다 신뢰할 수 있고 정확한 방식으로 시간을 계산하는 국제 원자시간에 링크된 정확한 시간소스에 근거할 때 충족된다.

(3) 제42조 제2항에 따라서 그리고 첫 번째와 두 번째 요건을 참조하여, 집행위원회가 시행규정을 수단으로 전자데이터에 날짜와 시간을 결합시키고 정확한 시간 소스를 위한 표준의 참조번호를 정하는 경우에, 전술한 두 개의 요건의 존재는 집행위원회의 표준에서 정하는 기준을 준수하는 경우에만 추정적으로 적용될 것이다.

2. (c)에 참조된 요건: 세 번째 요건

제1항의 세 번째 요건과 관련하여 적격전자타임스탬프가 되기 위해서는 그 전자타임스탬프가 (a) 고급전자서명을 사용하여 서명한 경우(제26조) 또는 (b) 적격신뢰서비스제공자에 의하여 제공(제24조)된 고급전자인장으로 인장된 경우(제36조), 또는 (c) 이에 등가하는 방식인 경우에 유효하다.

(c)호의 요건을 충족하는 전자타임스탬프는 고급전자서명을 첨부하거나 고급전자인장으로 인장된 것과 동등한 방식으로 수행되는 경우에도, 이 규정의 전문 제62호는 기술의 향상성 또는 장래기술과의 기능적 등가성을 근거로 하는지 여부에 따라서 기술의 등가성을 이중적 의미로 해석할 여지가 있다.

첫 번째 경우에, 고급전자서명 또는 고급전자인장의 첨부와 동등한 방식의 자격(eligibility)은 동등한 수준의 보안을 제공할 수 있는 기존의 대체기술과 기능적으로 등가하는가에 따른다.

두 번째의 경우에, 그러나 기능적 등가성은 이 eIDAS 규정이 발효하는 시기에는 존재하지 않는, 장래의 기술에 관하여 적용된다. 이러한 경우에도, 등가하는 방식의 자격기준은, 장래의 기술을 근거로 허용되어야 할 것이다. 전문 제62호에서 혁신적인 기술에 의하여 타임스탬프의 보안수준과 동등한 수준을 보장할 수 있는 신기술을 규정함으로써 장래의 어느 시기에 도래할 기술을 인정하고 있다.

등가하는 방법들은 불변의 기술 또는 장래의 기술에 의존한다는 사실 이외에, 두 경우 모두 전문 제62호에 따라서 적격신뢰서비스제공자는 적합성평가보고서에서 그 다른 기술방식이 이 규정에서 정하는 보안수준과 동등한 수준을 보장하고 그 의무를 준수한다는 것을 실증적으로 설명하여야 한다.

Ⅲ. 소 결

우리나라의 법제에서 타임스탬프에 대한 근거 규정은 다수이나 타임스탬프의 법적 효력에 관한 독립된 규정을 찾기가 어렵다. 전자문서법 제18조의5(유통증명서의 생성 및 발급 등) 제1항에서 전자문서의 송신 및 수신 일시에 관한 사항이 포함된 정보(이하 유통정보라 한다) 등에 대하여 같은 법 제3항에서 타임스탬프 등의 유통정보가 포함된 유통증명서에 대하여 포괄적으로 진정성을 추정하는 규정을 두고 있다.

또한 전자서명법 제18조에서도 전자문서의 시점확인을 독립한 규정으로 마련하고 있으며, 전자화문서의 작성 절차 및 방법에 관한 규정에서도 자세히 규정하고 있지만 시점확인에 관한 독립한 효력 규정은 찾아보기 어렵다.

이와 달리 유럽연합의 eIDAS 규정 제41조 제1항은 전자타임스탬프의 법률상 효력과 증거능력이 부인당하지 않는다는 것을 규정하고 같은 법 제41조 제2항에서 적격타임스탬프에 대하여 그것이 가리키는 날짜와 시간의 정확성과 그 날짜와 시간이 연결된 데이터의 무결성이 추정된다는 것을 규정하고 있다.

제7관 전자등기배달서비스(제43조~제44조)

▌제43조▐ 전자등기배달서비스의 법적 효력

제1항 전자등기배달서비스를 통해 송·수신된 자료는 전자적 형태로 되어 있거나 적격전자등기배달서비스의 요건을 충족시키지 않는다는 이유만으로 법적 효력과 증거능력이 부인되지 아니한다.

제2항 적격전자등기배달서비스를 통해 송·수신된 자료는 자료의 무결성, 신원확인된 송신자에 의한 그 자료의 송신, 신원확인이 된 수신자에 의한 수신, 그리고 적격전자등기배달서비스에서 인지한 송·수신 날짜와 시간이 정확한 것으로 추정된다.

I. 서 론

1. 개 념

전자등기배달서비스란 제3조 제36호와 제37호에서 정하고 있는데, 다른 신뢰서비스와 마찬가지로 전자등기배달서비스와 적격전자등기배달서비스 두 종류에 관한 것이다. 전자등기배달서비스는 전자적인 수단으로 제3자간에 데이터를 전송할 수 있고, 데이터의 송·수신 증명을 포함하여 전송된 데이터의 처리에 관한 증거를 제공하며, 전송되는 데이터에 대한 분실이나 도난의 우려 또는 권한 없는 변경의 위험으로부터 보호하는 업무를 말한다(제3조 제36호). 적격전자등기배달서비스는 제44조(제3조 제37호)에서 정하는 요건을 충족하는 전자등기배달서비스이다. eIDAS 규정의 특징인 기술중립성 원칙에 따르므로(전문 제27호), 그 서비스의 신뢰성을 달성하는데 필요한 기술적 수단을 정한 것은 아니므로 그러한 기술적 수단과 관계없이 관련성이 있다.

2. 입법 이유와 연혁

전문 제66호에서 입법이유를 밝히고 있는데, 전자등기배달서비스와 관련된 기존의 국가 법률 시스템 간의 국경 간 상호인정을 촉진하기 위한 법적 프레임워크를 제공하는 것이 필수적이다. 이 프레임워크는 유럽연합 내 신뢰서비스제공자에게 범유럽 전자등기배달서비스를 제공하는 새로운 시장을 개척할 기회를 열어줄 수 있다. 이를 위하여 유럽입법자는 처음으로 전자등기배달서비스 분야를 규율하는 제43조와 제44조를 도입하였다. 유럽공동체의 전자서명지침 1999/93/EC와 비교할 때 상당한 진전이라 할 수 있다.

일찍이 유럽공동체는 역내시장에서 우편서비스의 발전과 서비스 품질의 개선을 위한 공통 원칙으로서 1997/67/EC지침 제2항 제9호에서 이에 관한 개념 및 등록된 아이템(registered item)을 정의하였다. 이 지침에서 정의하는 등록된 메일은 우편물의 취급, 또는 수신자에게 우편을 송신하였다는 증거와 함께 적절한 요청을 하는 경우에, 등기우편은 송신자에게 분실, 도난 또는 훼손의 위험에 대해 일괄적인 보상금(flat rate guarantee)을 지급하고 송신자에게 전달하는 서비스였다.

이러한 관점을 발전시킨 제43조는 전자등기배달서비스에서 그 등록메일서비스와 수신사실의 인지를 전자적으로 등록된 메일(수신의 인지와 함께)의 형태로 도입하였다. 그러나 물리적으로 등록된 메일과 달리, 이 메일의 송신자는 수신의 통지를 요청하는 여부를 자유롭게 결정할 수 있는데, 송신자에게 과실이 없고 그 서비스의 본질적인 부분이기 때문이다. 이는 전자등기배달서비스의 정의로부터 추론될 수 있는데, 이 조항의 제2항으로부터 뿐만 아니라 그 데이터를 송·수신하는 증거를 참조하는 것인데, 적격전자등기배달서비스로 송신된 데이터는 추정력을 인정받는다. 즉 신원확인된 수신자에 의한 그 데이터의 수신 그리고 송신한 날짜와 시간의 정확성 그리고 적격전자등기배달서비스의 방식으로 수신되었다는 점이 추정된다.

이 규정은 전자등기메일의 수신자는, 그 메일이 그에게 보내졌다는 정보를 받은 자로서, 그 전송된 데이터를 거부할 기회가 있다.

3. 적격전자등기배달서비스의 상호인정

다른 신뢰서비스와 달리, 제43조는 상호인정 조항이 없는데, 유럽입법자의 단순한 실수로서 역내시장에서의 상호인정의 원칙은 eIDAS 규정 제4조에서 일반 원칙으로 규정되어 있고, 전문 제66호에도 이를 정하고 있다. 그러나 전자등기배달서비스에 관련된 국내 법률시스템 간에 국경을 넘는 상호인정을 촉진시키는 법률체계를 규정하는 것이 본질적이다. 이는 한 회원국가에서 발급된 적격전자등기배달서비스는 다른 모든 회원국가에서의 적격전자등기배달서비스로서 인정되어야 한다는 것으로 규정되어야 했다. 적격전자등기배달서비스의 상호인정은 그러한 서비스의 운영체계에 내재된 것으로 볼 수 있는데, 전술한 상호인정이 없으면 일관성과 효율성이 떨어질 수밖에 없다.

II. 전자등기배달서비스의 법률상의 효력과 증거적 관련성

1. 비적격전자등기배달서비스의 법률상의 효력과 증거적 관련성(제1항)

제1항은 전자증거가 전자적 형식이라는 이유만으로 또는 그것이 적격전자등기배달서비스의 요건을 충족하지 못한다는 이유만으로는 그 전자증거의 관련성이 배제될 수 없다는 것에 대한 일반적인 원칙을 정하고 있다. 이 규칙은 사법절차에서의 증거로서의 법적 관련성 및 증거능력에 대한 법은 데이터의 형식과는 관계가 없다는 원칙을 정하는 것이다.

2. 적격전자등기배달서비스의 이용에 관한 추정(제2항)

eIDAS 규정 제43조 제2항에서 적격전자등기배달서비스의 사용으로 네 가지 사항이 추정된다. 송·수신한 데이터의 무결성, 신원확인된 송신자가 그 데이터를 송신한다는 것, 신원확인된 수신자가 그 데이터를 수신한다는 것, 송신의 날짜와 시간의 정확성과 그 서비스로 나타난 수신사실이다.[73]

이 추정의 효력은 제한되는데, 데이터의 무결성 요소와 관련된 해석 방식으로, 데이터 전송 후 수정의 흔적을 남기지 않을 수 있기 때문이다. 그러므로 그 데이터가 목적하는 수신지에 도달하는 그 시간의 해당 데이터에 대하여서만 진정성의 추정이 이루어지는데, 전송과정에서는 수정되지 않기 때문이다. 수신 후에 그 데이터에 어떠한 일이 일어나는지는 알 수 없으므로 어떤 종류의 추정도 부여되지 않는다.

유럽 입법자는 어떠한 관점도 표명하지 않았기 때문에 제43조 제2항에서 고려하는 추정은 상대적 추정이라고 보며, 반대사실의 증거를 제출함으로써 반박될 수 있다.

---

73) Zaccaria/Schmidt-Kessel/Schulze/Gambino, 앞의 책, at 325ff.

이러한 점에서 법률상의 구별이 명시되지 않은 상태에서, 제43조 제2항의 추정은, 일반적으로, 제43조 제1항에서 일반적으로 언급된 모든 법률절차, 즉 그 절차의 성질이나 관할과 관계없이 효력이 있는 것으로 본다. 그러나 이 원칙은 형사소송절차에는 적용되지 않는데, 왜냐하면 유럽연합이 형사사건에 개입하기 위하여 -그 중에서도, 규정이 아니라 지침에 의하여- TFEU 제82조 제2항에서 정하는 조항을 적용할 근거가 없기 때문이다.

III. 소 결

전자문서법 제4조 제1항에서 전자문서는 전자적 형태로 되어 있다는 이유만으로 법적 효력이 부인되지 아니한다고 규정하고 있다. 이 전자문서의 효력규정을 일반전자문서중계서비스에 대하여 적용한다면, 일반전자문서중계서비스가 제공하는 전자문서가 공인전자문서중계자의 유통증명서상의 요건을 충족시키지 않는다는 이유만으로는 그 법적 효력을 부인할 수 없다는 것으로 해석할 수 있다.

eIDAS 규정은 신뢰서비스의 법적 효력에 관하여 2단계 접근방법을 취하고 있다. 그 중 비차별성의 원칙을 일반전자등기배달서비스(eIDAS 제43조 제1항)에 대하여 규정하고 있는 것과 맥을 같이 한다. eIDAS 규정에서의 일반원칙은 적격의 요건을 충족하지 않는 경우에도 실체법과 절차법상의 일반적 효력을 인정하여야 한다는 의미이다. 우리 전자문서법에서 규정하는 '법적 효력'의 범위를 실체법과 절차법을 모두 포괄하는 광의로 해석할 수 있다.

▎ 제44조 ▎ 적격전자등기배달서비스의 요건

제1항 적격전자등기배달서비스는 다음 요건을 충족해야 한다:

　　(a) 하나 혹은 그 이상의 적격신뢰서비스제공자가 제공해야 한다;

　　(b) 송신자의 신원을 높은 수준의 확인으로 보장하여야 한다;

　　(c) 데이터를 전송하기 전에 수신자의 신원확인을 보장한다;

　　(d) 데이터의 송·수신은 감지할 수 없는 데이터의 변경 가능성을 배제하기 위한 방식으로 적격신뢰서비스제공자의 고급전자서명 또는 고급전자인장으로 보호되어야 한다;

　　(e) 데이터의 송·수신 목적의 모든 변경은 송신자와 수신자에게 명확히 알려져야 한다;

　　(f) 데이터 송·수신 날짜 및 시간은 적격전자타임스탬프로 표시되어야 한다.

둘 이상의 적격신뢰서비스제공자간의 데이터 전송의 경우, 모든 적격신뢰서비스제공자
에 대하여 (a)호부터 (f)호까지의 요건이 적용된다.

제2항 집행위원회는, 시행법을 통하여, 데이터 송·수신 절차에 대한 참조 번호 표준을
설정할 수 있다. 데이터의 송·수신 절차가 이들 기준에 부합하는 경우에는 제1항에 규
정된 요건을 준수한 것으로 추정하여야 한다. 시행법은 제48조 제2항에 언급된 심사 절
차에 따라 채택되어야 한다.

I. 개 요

eIDAS 규정 제44조는 주로 적격전자등기배달서비스가 충족하여야 할 요건에
관한 것이다. 제44조 제1항은 적격전자등기배달서비스가 누적적으로 충족시켜야
할 요건을 모두 6가지로 분류하고 있다. 적격전자등기배달서비스를 사용하여
송·수신하는 데이터는 eIDAS 제43조 제2항에서 정하는 추정을 받는다.

II. 적격전자등기배달서비스에 의하여 충족되어야 할 요건

1. (a)호에서 언급하는 요건

적격전자등기배달서비스는 우선 하나 이상의 적격신뢰서비스제공자에 의하여
제공되어야 하는데, 즉, eIDAS 규정 제20조~제24조에서 언급하는 신뢰서비스제
공자를 말한다.

적격신뢰서비스제공자의 복수화(plurality of qualified trust service providers)는
송신자가 그/그녀의 신뢰서비스제공자를 통하여 데이터를 보내고 수신자는 동일
데이터를 그/그녀 자신의 신뢰서비스제공자와 다른 신뢰서비스제공자를 통하여
받는다는 가설을 고려하여 만든 것이다. 이러한 경우와 관련하여, 이 조항의 제
1항의 마지막 부분은 둘 이상의 적격신뢰서비스제공자간의 데이터 전송의 경우,
모든 적격신뢰서비스제공자에 대하여 (a)호~(f)호의 요건이 적용된다고 규정하
고 있다. 이 요건이 모두 적용되는 신뢰서비스제공자의 플랫폼은 상호운용성이
있는 경우에만 가능하다.

2. (b)호에 관한 요건

둘째, 적격전자등기배달서비스는 송신자의 신원확인을 고도의 기밀 수준으로 보장하여야 한다. 이러한 요건을 두는 것은 한편으로는 허위의 송신자가 허위의 전자등기메일을 보내는 것을 피하기 위한 것이고, 다른 한편으로는 메일을 송신한 자와 동일한 자가 송·수신한 데이터 증거를 수신하도록 하기 위한 것이다.

이러한 목적으로, 신뢰서비스제공자는 그 자신이 적절하다고 보는 수단을 사용할 자유가 있다. 서비스제공자와 그 서비스 이용자 간의 계약으로 자유롭게 정한 방식을 배제할 수 없다. 그러나 법률이 정하는 바에 따라서, 송신자의 신원확인을 고도로 보호한다는 것을 보장하여야 한다.

고도의 기밀수준에 대한 참조는 어떠한 경우에도 이 규정 제8조 제2항(c)호에서 정하는 높은 보증수준의 관점에서 해석된다.

3. (c)호에 대한 참조 요건

셋째, 적격전자등기배달서비스는 그 데이터가 배달되기 전에 수신자의 신원확인을 보장하여야 한다. 이 조항의 목적은 이 데이터를 수신하는 자가 그 자신이라고 주장하는 자이며 그 메일을 읽을 유효한 권리가 있다는 것을 보장하는 것이다.

대리인의 경우에, 그 데이터와 가까운 사람의 신원확인뿐만 아니라, 대리인의 진정성과 무결성 또한 확인되어야 한다. 또한 확인되어야 하는 것은 전자등기배달우편의 수신자가 대리의 자격을 발급받은 대리인임이 확인되어야 한다.

수신자에 대한 보안이 이루어지지 않은 일반 이메일주소에 데이터를 직접 전송하는 시스템(송신자에 의하여 결정된다)은 이 규정의 요건을 충족시키지 못하는데, 후자는 데이터를 전송하기 전에 수신자의 신원을 확인할 필요성을 내포하기 때문이다. 물론, 서비스제공자가 전자등기메일의 활용가능한 추정된 주소로 통신하기 위하여 이메일주소를 사용할 수 있다. 그러나 그 서비스제공자는 우선 수신자를 적절한 방식으로 확인하지 않으면서 이러한 방식으로 보낸 데이터를 전송할 수 없다.

이 조항의 (b)와 (c)를 비교하면서, 이 규정은 송신자의 신원확인을 위하여 고도의 신뢰수준을 요건으로 하지만, 수신자의 신원확인의 보증과 관련하여 동일한 요건을 언급하지 않고 있다. 송신자의 신원확인으로 인하여 문제의 조항에 대한 다른 표현에도 불구하고, 수신자의 신원확인은 송신자의 신원확인보다 보안수준이 낮을 수 없다는 것은 분명하다. 수신자의 신원확인 또한 높은 수준의 보안으로 보장되어야 할 필요성은 사실상 이 규정 이외의 일련의 포괄적인 조항으로 정하고 있다. 예를 들면 유럽연합의 기본권헌장 제7조에서 정하는 통신에 관한 권리 그리고 개인 데이터 처리 조항(이 규정 제5조 참조)이 그러하다.

4. (d)호에 대한 참조 요건

적격전자등기배달서비스가 되기 위한 네 번째의 필수요건은 데이터의 변경이 인식되지 않을 가능성을 배제하는 것이다(그 데이터의 변경가능성이 아닌). 두 가지의 대안이 되는 방법에 따라서 데이터의 송·수신을 보장함으로써 실현될 수 있다. 즉, 첫째 eIDAS 규정 제26조의 고급전자서명을 사용하는 것이다. 둘째 eIDAS 규정 제36조의 고급전자인장을 사용하는 것이다. 더욱이, 고급전자서명과 고급전자인장은 적격신뢰서비스제공자에 의하여 제공되어야 하는데, 즉 eIDAS 규정 제20조~제24조에 포함된 조항에 언급된 신뢰서비스제공자에 의하여 제공되는 것을 말한다.

이 규정 제3조 제36호에서 정하는 전자등기배달서비스의 정의로부터 나오는 요건은, 특히 그러한 서비스는 전송된 데이터가 권한없는 자가 변경할 위험으로부터 보호하는 서비스임을 규정하고 있다.

5. (e)호에 언급된 요건

다섯째 요건은 적격전자등기배달서비스가 되기 위하여 충족되어야 하는데, 이는 데이터를 송·수신하는데 필요한 목적으로 데이터에 가해진 모든 변경은 그 데이터의 송신자와 수신자에게 명시된다.

6. (f)호에 언급된 요건

마지막으로, 적격전자등기배달서비스가 되기 위하여 데이터의 송·수신 그리고 데이터를 변경한 모든 경우에 그 날짜와 시간은 제42조에 따르는 적격전자타임스탬프로 표시되어야 한다.

적격전자타임스탬프서비스를 동일한 적격전자등기배달서비스제공자가 제공하거나 또는 또다른 개인이 제공하는 것은 이 요건을 충족하는 것과 관련성이 없다.

Ⅲ. 비교법적 고찰

eIDAS 규정은 전자등기배달서비스를 일반서비스와 적격서비스로 이원화하고, 적격서비스에 대하여 다음 네 가지 사실에 대하여 추정력을 인정하고 있다. 송・수신한 데이터의 무결성, 신원확인된 송신자가 그 데이터를 송신한다는 것, 신원확인된 수신자가 그 데이터를 수신한다는 것, 송신한 날짜와 시간의 정확성과 그 서비스에서 나타난 수신사실에 대한 추정력이다.

이러한 eIDAS 규정의 기본체계를 중심으로 하되 각국은 효력 인정에 다소 차이가 있다. 이탈리아의 전자인증메일(Posta electronica certificata, PEC)은 신청자의 신원확인에 대한 신빙성이 없으며 메일서비스제공자는 관청으로부터 규제 준수를 확인받는 대상이 아니다.

독일은 (적격)전자메일등기서비스로서 De-Mail을 이용하고 있으며, 이는 2011년 4월 28일 De-Mail-Recht(법)에 의하여 규율된다. 또한 비적격전자등기배달서비스에 의하여 송・수신된 데이터 증거를 법원에 제출하는 경우에는 ZPO 제286조에 따라서 법관의 자유심증으로 규율한다. 법관의 자유심증주의원칙에 따르면, eIDAS 규정 제43조 제2항은 독일민법 제292조에서 정하는 법률상 추정(gesetzliche vermutungen)의 체계로 규율될 수 없지만, 제371a조 제1항 제2문의 표현증명(Anscheinbeweis)의 대상일 뿐이며, 그 신빙성을 심각하게 의심할 수 있는 반대증거를 제출함으로써 반박될 수 있다.

벨기에는 2016년 7월 21일 eIDAS 규정과의 법률 시스템을 조정하고 규제를 이행하는 조치를 취하였다. eIDAS 규정 제44조의 요건에 추가하여 혼합서비스를 제공하는데, 즉 송신자가 전자등기메일을 송신하면, 우편서비스 운영자가 확립한 실물화절차(materialization)를 거쳐 수신자는 실물인 편지로 수신하는 방식이다.

Ⅳ. 소 결

우리 전자문서법에서 정하는 공인전자문서중계서비스는 eIDAS 규정이 정하는 적격전자등기배달서비스에 준하는 것으로 생각된다. 그러나 eIDAS 규정이 정하는 적격전자등기배달서비스에 대하여 유럽연합의 회원국간에 그 법적 효력을 무결성 추정까지 인정함으로써 통일법 체계로 나아가는 한편 디지털단일시장의 효율성을 극대화하여 유럽연합의 미래산업발전의 기틀을 다졌다는 점에서 우리 전자문서법과 구별된다.

우리나라에서 2012년 시도하였던 샵(#)메일은 일종의 적격전자등기배달서비스라고 보인다. 샵메일은 신원확인을 거쳐 인증된 사람이나 기관 간의 송·수신 메일로서 등기우편으로 내용증명의 효력을 부여하였다. 샵메일 계정이 기존 이메일 계정과 호환되지 않는 일종의 상호운용성의 문제로 인하여 사업을 중단하였다는 점은 중요한 교훈이다. 향후 우리나라가 외국과의 거래에서 공인전자문서중계서비스를 제공할 때 공인전자문서중계자의 유통증명서에 대하여 부여하는 효력(전자문서법 제18조의 5)을 인정받기 위하여 외교적·기술적 노력이 병행되어야 할 것이다.

제8관 웹사이트 인증(제45조)

제45조 웹사이트 인증용 적격인증서

제1항 웹사이트 인증용 적격인증서는 부속서 Ⅳ의 요건을 충족하여야 한다.

제2항 집행위원회는 시행법을 통하여 웹사이트 인증용 적격인증서를 위한 표준의 참조번호를 제정할 수 있다. 웹사이트 인증을 위한 적격인증서가 표준을 충족시키면 부속서 Ⅳ에 규정된 요건을 준수한 것으로 추정하여야 한다. 이러한 시행법은 제48조 제2항에 언급된 심사 절차에 따라 채택되어야 한다.

부속서Ⅳ. 웹사이트 인증용 적격인증서를 위한 요건

웹사이트 인증에 대한 적격인증서의 요건은 다음과 같다.

(a) 최소한 자동 처리에 적합한 형태로, 인증서가 웹사이트 인증용 적격인증서로 발행되었음을 나타내는 표시;

(b) 적격인증서를 발급하는 적격신뢰서비스제공자를 명확하게 대표하는 데이터의 집합으로 최소한 신뢰서비스제공자가 설립된 회원국가 및
  – 법인인 경우: 공식 기록에 명시된 이름과 해당되는 경우 등록 번호,
  – 자연인의 경우: 그 사람의 이름;
(c) 자연인의 경우: 적어도 인증서가 발행된 사람의 이름 또는 가명. 가명이 사용되면 명확하게 표시되어야 한다.
  법인의 경우: 최소한 인증서가 발급된 법인의 이름 및 해당되는 경우 공식 기록에 명시된 등록 번호;
(d) 인증서가 발행된 자연인 또는 법인의 최소한 도시 및 주를 포함하는 주소. 해당되는 경우 공식 기록에 명시된 주소를 기재;
(e) 인증서가 발급된 자연인 또는 법인이 운영하는 도메인 이름;
(f) 유효 기간의 시작일자와 종료일자의 세부 사항;
(g) 적격신뢰서비스제공자에게 유일해야 하는 인증서 신원 코드;
(h) 발급하는 적격신뢰서비스제공자의 고급전자서명 또는 고급전자인장;
(i) (h) 항에 언급된 고급전자서명 또는 고급전자인장을 지원하는 인증서를 무료로 이용할 수 있도록 제공되는 위치;
(j) 적격인증서의 유효성 상태를 질의할 수 있는 인증서 유효성 상태 서비스의 위치.

Ⅰ. 입법취지

웹사이트 인증을 위한 인증서의 생성, 확인과 유효성검증은 이 규정의 제3조 제16호에 따른 신뢰서비스이다. 제3조 제38호에 따른 웹사이트 인증용 인증서 (certificate for website authentication)는 웹사이트를 인증할 수 있게 하며, 인증서를 발급된 자연인이나 법인이 해당 웹사이트에 연결되어 있다는 것을 증명하는 기능을 한다. 반면에, 제3조 제39호에 따른 웹사이트 인증용 적격인증서 (qualified certificate for website authentication)는 적격인증업무기관이 이를 발급하였고 웹사이트 인증용 적격인증서의 요건을 정하고 있는 부속서 Ⅳ의 요건을 충족하는 것을 의미하며, 또한 이 조항의 제1항에서 정하고 있는 바와 같이, eIDAS 규정 제8절 웹사이트인증에서 정하는 이에 관한 유일한 조항이다.[74]

---

74) Zaccaria/Schmidt-Kessel/Schulze/Gambino, 앞의 책, at 335.

Ⅱ. 웹사이트 인증용 적격 및 비적격인증서의 목적, 법률적 효력과 증거적 관련성

1. 목 적

이 규정은 웹사이트 인증용 인증서를 사용하여 웹사이트와 웹서버와의 관계가 진정하다는 것을 보장하는 것을 추구한다. 이러한 서비스는 이용자가 인증된 웹사이트를 신뢰하기 때문에 온라인 비즈니스 수행에 대한 신뢰성 및 기밀성을 구축하는데 기여하며(전문 제67호), 피싱(phishing)과 같은 사기적 현상이 늘어나는 것을 방지한다.

2. 법률적 효력과 증거적 관련성

이 조항은 웹사이트 인증용 적격 또는 비적격인증서의 법률효과와 증거관련성을 전혀 언급하지 않는다. 이러한 누락의 결과 회원국법원은 다시 구체적인 사건에서 그 효력을 판단하여야 한다.

Ⅲ. 웹사이트 인증용 적격인증서의 기술적 요건

1. 웹사이트 인증용 적격인증서

제45조 제1항 웹사이트 인증용 적격인증서는 부속서 Ⅳ에서 정하는 (기술적) 요건을 충족하여야 한다. 제2항은 집행위원회가 시행규정을 통하여 웹사이트 인증용 적격인증서를 위한 참조번호 기준을 제정할 수 있다. 웹사이트 인증을 위한 적격인증서가 이들 기준을 충족시키면 부속서 Ⅳ에 규정된 요건을 준수한 것으로 추정되므로 웹사이트는 적격이다.

2. 부속서 Ⅳ와 요건의 목록

이 규정의 부속서 Ⅳ에서는 요건의 목록을 정하고 있는데 적격웹사이트인증용 인증서를 사용함으로써 그에 수반되는 목적을 분명하게 이해할 수 있다. 사실상 그러한 인증서는 다음과 같은 사항을 포함하여야 한다. 적격인증서를 발급하는 적격신뢰서비스제공자를 명확하게 확인하는 데이터(b), 인증서가 발급되는 자연인 또는 법인[(c), (d)], 인증서가 발급되는 자연인 또는 법인에 의하여 운영되는 도메인네임(e), 인증서의 유효기간(f), 적격인증서의 유효성 상태를 질의할 수 있는 인증서 유효성 상태 서비스의 위치(j)를 포함하여야 한다.

3. 전문 제67호

더욱이, 이 규정이 이용자의 신뢰를 보호하기 위하여 신뢰서비스제공자와 신뢰서비스제공자의 서비스에 대하여 최소한의 보안과 책임의무를 규정하였지만, 웹사이트인증의 제공과 그 이용은 전적으로 자발적으로 행하여진다는 점을 고려하여야 한다. 이는 웹사이트의 인증이 이 규정에 포함되지 않는 다른 수단과 방법을 사용하는데 장애가 되어서는 안 된다(이 규정의 전문 제67호).

Ⅳ. 소 결

회사의 공식 홈페이지를 사칭하는 사이트에서 이용자가 ID/PW나 중요한 개인정보를 입력하면 큰 피해로 이어질 수 있다. 이러한 보안 위험을 피하기 위하여 방송통신위원회는 2017년 8월부터 개인정보를 취급하는 모든 웹사이트는 이용자가 입력하는 개인정보를 암호화하여 송수신하는 기능을 제공하는 보안서버를 설치하도록 행정지도를 하고 있다. 보안서버는 웹브라우저와 서버간 암호화 송신을 가능하게 하는 SSL(Secure Sockets Layer, 보안서버) 인증서를 설치하거나, 웹브라우저에 응용프로그램을 설치하는 방식이다. 이러한 의무를 위반하면 정보통신망 이용촉진 및 정보보호 등에 관한 법률 및 개인정보의 기술적 관리적 보호조치 기준에 따라 과태료가 부과된다.

웹주소가 https로 시작하는 웹사이트나 주소창의 시작 부분에 자물쇠 모양의 아이콘이 표시되어 있으면 해당 사이트가 인증되어 안전하다는 표시이다. 만일 이 사이트에 보안위험이 발생하면 연결이 안전하지 않다는 인증서 오류 메시지가 게시되므로 이를 확인할 수 있다. 문제는 우리나라와 마찬가지로 eIDAS 제45조에서도 웹사이트 인증용 적격 또는 비적격인증서의 법률효과와 증거관련성을 정하고 있지 않다는 점이다. 신뢰할 수 없는 사이트나 악성사이트를 식별하고 차단하여 이용자를 보다 안전하게 보호하기 위한 법적 효력규정의 정비가 필요하다.

제5절 전자문서(제46조)

▌제46조▐ 전자문서의 법적 효력

전자문서는 전자적 형태라는 이유만으로 법정 소송 절차에서 법적 효력 및 증거로서의 증거능력이 부인되지 아니한다.

Ⅰ. 입법 취지

1. 제도적 배경

전자문서는 역내 시장에서 전자거래의 발전을 위해 중요하다. 전자문서는 그 자체로는 신뢰서비스와 거리가 멀지만 신뢰서비스의 다양성을 고려하여 본 규정에서 규율하였다. 예컨대, 전자문서에 전자타임스탬프가 첨부됐거나 전자문서가 전자등기배달서비스를 통해 전송된 경우를 고려할 수 있다. 특히 본 조는 본 규정이 채택하고 있는 비차별 원칙(principle of non-discrimination)을 천명한 것이다. 이러한 비차별 원칙은 전자서명(제25조), 전자인장(제35조), 전자타임스탬프(제41조) 및 전자등기배달서비스(제43조)에 적용되며, 또한 모든 전자문서에도 적용된다.

2. 규율 목적

본 조는 문서가 전자적 형태라는 이유만으로 문서 자체에 대한 법적 절차에서 법적 효력 및 증거로서의 증거능력을 부인하는 근거가 될 수 없다는 것을 확인한다. 유럽연합 입법자가 본 조에서 추구하는 입법 목적은 문서가 전자적 형태라는 이유만으로 전자거래가 거절되지 않도록 하고, 또한 역내 시장에서 국경을 초월한 전자거래를 개발하려는 것이다(전문 제63호). 이러한 입법 목적은 본 규정이 추구하는 세 가지 목표, 즉 역내 시장의 적절한 기능, 전자거래에 대한 신뢰 구축, 그리고 전자신원확인수단과 신뢰서비스의 보안 강화를 위한 장애물을 제거하는 것이다. 본 조는 이러한 목표 중에서 주로 첫 번째 목표의 이행을 위한 것이다.

Ⅱ. 내 용

본 조의 효력 범위는 전자문서의 정의 규정에서 간접적으로 도출된다. 본 규정은 전자문서를 "전자적 형태로 저장된 콘텐츠로서 문자, 소리, 영상 또는 시청각 기록"으로 정의하고 있으며(제3조 제35호), 이러한 개념 정의에서는 전자문서가 법적 관련성을 갖는다고 할 수 없다. 하지만 전자문서 개념은 본 조와 결합하여 전자적 형태는 이러한 유형의 모든 콘텐츠(문서뿐만 아니라 소리, 영상, 또는 시청각 기록)에 대한 법적 절차에서 그 효력이 배제되지 않는다는 원칙을 추론할 수 있다.

본 규정은 적격전자서명, 적격전자인장, 적격전자타임스탬프, 전자등기배달서비스의 증명 효과를 명시적으로 규정하고 있는 반면, 본 조는 전자문서의 증명 관련성에 관한 규정이 부족하다. 그 결과 이러한 증명 관련성에 관한 요건은 회원국의 국내법에 따라 적용된다. 이러한 차이는 유럽연합 이사회가 작성한 2012년 6월 4일 규정의 법안 내용과 관련하여 유럽연합 의회가 강력하게 반대한 것에서 찾을 수 있다. 이 법안은 '전자문서의 법적 효력 및 승낙'이라는 제목의 제34조에서 전자문서가 종이문서와 동등한 것으로 간주되고 그리고 법적 절차에서 증거로서 인정되기 위한 조건을 명시하였다. 특히 이 법안은 전자문서의 신뢰성과 무결성 보장 수준과 관련하여 전자문서는 종이문서와 동등한 것으로 간주되고 그리고 법적 절차에서 증거로서 인정되어야 하며, 나아가 해당 문서를 발행할 수 있는 당사자의 적격전자서명 또는 적격전자인장이 있는 문서는 문서를 자동으로 변경할 수 있는 동적 기능이 없는 한, 문서의 진정성과 무결성을 법적으로 추정해야 한다고 제안하였다. 하지만 본 조는 비차별 원칙에 따라 문서의 전자적 형태가 문서 자체에 대한 법적 절차에서 법적 효력 및 증거로서의 증거능력을 부인하는 충분한 이유가 될 수 없다는 것만을 규정하고, 전자문서의 가치와 증명 효과에 대한 일반 규칙은 규정하지 않았다.

본 조는 TFEU 제288조 제2항에 따라 일반적으로 적용되어야 하며, 그 전체가 구속력이 있고, 모든 회원국에 직접 적용되어야 한다. 그리고 각 회원국 법률과 본 규정에서 확립된 원칙 사이에 충돌이 발생하는 경우에는 본 규정이 우선한다.

Ⅲ. 비교법적 고찰

1. 우리나라

현행 전자문서법은 전자문서에 의하여 체결된 계약과 종이서면이나 구두로 체결된 계약이 법적으로 완전히 동일한 가치를 가진다는 비차별 원칙을 천명하고 있다. 즉, 전자문서법은 전자문서를 종이문서의 기능적 등가물로 인정하고 양자를 동일하게 취급하고 있다.

전자문서법은 "전자문서는 전자적 형태로 되어 있다는 이유만으로 법적 효력이 부인되지 아니한다"고 규정하여 전자문서의 법적 효력을 인정하고 있다(제4조 제1항). 그러나 본 조는 전자문서의 절대적 효력을 인정한 것이 아니라 종이문서와의 비차별적 효력만을 규정한 것이다. 즉, 전자문서의 효력이 문제되는 개별 분야는 개별 법령에 특별한 규정을 두어 전자문서의 효력을 인정하거나 배제하는 것이 가능하다. 이처럼 전자문서법은 전자문서에 대하여 소극적인 비차별적 효력만을 천명하고 있어 다른 법률에서 '문서'를 요구하는 경우에 이를 전자문서로 대체할 수 있는지가 불명확하다. 그러므로 전자문서에 절대적 효력을 인정하기 위한 전제로서 종이문서와 등가성을 보장할 수 있는 객관적인 방식요건을 규정할 필요가 있다.[75]

한편, 전자문서법의 전신인 전자거래기본법은 전자문서의 증거능력에 대하여 "전자문서는 재판 기타의 법적 절차에서 전자적 형태로 되어 있다는 이유만으로 증거능력이 부인되지 아니한다"고 규정하였다(제7조).[76] 하지만 우리 민사소송법은 구술증거 배제의 원칙(parol evidence rule)을 채택하고 있는 영미법과 달리 증거능력이 문제되지 않으므로 제7조는 불필요한 것으로서 삭제되어야 한다는 의견이 제기되었고,[77] 이 규정은 2002년 전자거래기본법 전부개정에 의하여 삭제되었다.

---

75) 정진명, "전자거래 규정의 민법 편입 제안", 「민사법학」, 제48호(2010. 3), 95면; 김진환, "전자문서의 법적 효력에 관한 고찰 -스캐닝을 통해 생성된 전자화문서의 보관 문제를 중심으로-", 「경희법학」, 제41권 제1호(2006. 6). 98면.
76) 전자거래기본법 제7조는 유엔 전자상거래모델법 제9조를 수용한 것이다.
77) 김재형, "전자거래기본법에 관한 개정논의", 「법학」(서울대), 제42권 제4호(2001. 12), 153면.

2. 국제기구

① 유엔 전자상거래모델법은 "정보는 그것이 데이터메시지의 형태로 되어 있다는 이유만으로 그 법률효과, 유효성 또는 집행력이 부인되지 아니한다"고 규정하여 데이터메시지의 형태로 되어 있는 정보에 대한 어떠한 차별 취급도 있어서는 안 된다는 비차별 원칙을 천명하고 있다. 이는 데이터메시지의 법적 효과를 규정한 것으로서, 유엔 전자상거래모델법 제6조 내지 제10조에 포함된 법률요건을 무효로 하려는 것이 아니다.

② 유엔 국제전자계약협약은 "의사표시 또는 계약은 그것이 전자적 의사표시의 형태로 되어 있다는 이유만으로 그 유효성 또는 집행력이 부인되지 아니한다"고 규정하여 전자적 의사표시로 체결된 계약이 종이서면이나 구두로 체결된 계약과 법적으로 완전히 등가치를 가진다는 '차별금지의 원칙'을 반영하고 있다(제8조 제1항). 그러나 유엔 국제전자계약협약 제8조 제1항은 협약 제9조에서 규정하고 있는 형식요건에 우선하고자 하는 의도는 없으며, 또한 전자적 의사표시 또는 그것에 내포된 정보의 절대적인 법적 유효성을 인정하는 것도 아니다.[78]

③ 유럽연합 전자거래지침은 "회원국은 그들의 법체계가 전자적 수단에 의한 계약체결이 가능하도록 보장한다. 특히 회원국은 계약체결에 적용되는 그들의 법률 규정이 전자계약의 이용에 장애가 되지 않도록 하고, 계약이 전자적 수단에 의하여 이루어졌다는 이유만으로 그 유효성 또는 집행력이 부인되지 않도록 보장한다"고 규정하여 전자문서의 법적 효력을 인정하고 있다(제9조 제1항).

3. 미 국

미국 통일전자거래법은 "기록 또는 서명은 전자적 형태라는 이유만으로 그 집행력이 부인되지 아니한다"고 규정하여 전자기록의 법적 효력을 인정하고 있으며(제7조 (a)항), 또한 "계약은 그 체결에 전자기록이 사용되었다는 이유만으로 그 집행력이 부인되지 아니한다"고 규정하여 전자기록에 대한 차별금지의 원칙을 규정하고 있다(제7조 (b)항).

---

78) UNCITRAL, Electronic Communication in International Contracts, para. 41.

Ⅳ. 소 결

전자문서의 효력을 규정하고 있는 현행 전자문서법 제4조 제1항의 네거티브 규제방식은 전자문서의 이용 확대를 위해서는 부족한 측면이 있다. 하지만 이는 유엔 국제전자계약협약 등 관련 조약이나 다른 나라의 입법례와 부합하고, 현실적으로도 합리적인 규제방식이라고 할 수 있다. 그 이유의 하나는 전자문서의 효력을 적극적으로 인정하고 그 효력을 부인하는 경우에 예외 규정을 두어야 한다면 문서개념을 규정하고 있는 수많은 개별 법령과 특별한 사정을 빠짐없이 검토하여 예외 규정을 두어야 하기 때문이다. 다른 하나는 개별 법령이나 특별한 사정으로 전자문서에 대해서 그 효력을 인정할 수 없는 경우에 해석으로 문서의 효력을 부인할 수 있도록 하는 것이 타당하기 때문이다. 특히 개별 법령이나 특별한 사정으로 전자문서의 법적 효력을 부인하는 경우는 거의 찾을 수 없으며, 특정 법률이나 특정 절차에서 전자문서가 아닌 종이문서나 또는 일정한 방식을 갖춘 종이문서만을 사용하도록 하는 경우에도 전자문서 자체의 법적 효력이 부인되는 것이 아니라 해당 법률에 따른 법적 효과만 부인되는 것이므로 현행 전자문서법의 네거티브 규제방식은 타당하다.[79)]

현행 전자문서법은 전자문서의 효력에 대하여 eIDAS 규정이나 유엔 전자상거래모델법과 동일하게 규정하고 있으나 전자문서법은 전자거래의 촉진이나 진흥의 측면에서 제4조를 강행규정으로 규정하고 있는 것이 다르다. 하지만 전자거래 관련 국제법규가 취하고 있는 임의규정으로서의 법적 성격은 국제거래의 당사자 자치 원칙을 토대로 하고 있으므로 우리나라의 전자문서법이 이를 제한하는 것은 바람직하지 않다고 할 것이다.[80)]

---

79) 정보통신산업진흥원, 전자문서 법제 고도화 연구, 2012, 22면.
80) 정진명(2010), 전자거래 규정의 민법 편입 제안, 95면.

제6절 권한위임과 시행 조항(제47조~제48조)

제47조 위임된 권한의 행사

제1항 위임규범을 채택할 권한은 본 조에 규정된 요건에 따라 집행위원회에 부여된다.

제2항 제30조 제4항에서 규정한 위임규범을 채택할 수 있는 권한은 2014년 9월 17일부터 집행위원회에 무기한으로 부여되어야 한다.

제3항 제30조 제4항에서 규정에 따라 위임된 권한은 유럽연합의회 또는 이사회에 의해 철회될 수 있다. 철회 결정으로 그 결정에 명시된 권한의 위임이 종료된다. 이 조항은 EU의 공식 관보에 결정이 공표된 다음 날 또는 이에 명시된 날짜(at a date specified therein)에 발효된다. 이미 시행 중인 위임규범의 효력에는 영향을 미치지 않는다.

제4항 집행위원회는 위임규범을 채택하는 즉시 이를 유럽연합의회와 이사회에 동시에 통지해야 한다.

제5항 제30조 제4항에 따라 채택된 위임규범은 집행위원회가 해당 규범을 통지한 날로부터 2개월 이내에 유럽연합의회와 이사회가 모두 이의를 제기하지 않거나, 그 기간이 만료되기 전에 유럽연합의회와 이사회가 모두 그 위임규범을 반대하지 않을 것임을 집행위원회에 통지한 경우에만 발효된다. 그 기간은 유럽연합의회 또는 이사회의 발의가 있으면 2개월 연장된다.

I. 입법 취지 및 규율 구조

일반적으로 EU 규범은 ① 집행위원회가 제안한 규범안을 ② EU의회와 이사회가 검토하고 채택하여 형성된다. 즉, EU 규범안에 대한 제안권한은 집행위원회에, 채택권한은 EU의회와 이사회에 귀속된다.[81]

이처럼 집행위원회는 원칙적으로 EU규범을 채택할 수 없으나, TFEU 제290조 제1항은 제2차적 EU 규범의 연원에 명시적인 근거가 있다면 집행위원회가 '위임규범(delegated acts)'을 채택할 수 있다고 규정하고 있다. 여기서 '위임규범'은 모법(basic act)이 정하는 일정한 요건을 충족하여 모법을 증보(amend)하거나 비본질적 사항을 보충하기 위해 집행위원회가 형성하는 규범으로, TFEU 제289조

---

81) 채택되지 않은 규범안은 규범으로서 발효될 수 없으므로 EU규범안에 대한 채택권한을 갖는 EU의회와 이사회를 EU 입법기구(EU legislator)라고 부른다.

가 예정하는 규범형성절차에 의하지 않은 규범이다(non-legislative acts).[82]

제2차적 EU 규범의 연원으로서 eIDAS 규정 제47조는 집행위원회가 위임규범을 채택할 수 있는 기본적인 요건을 정하고 있다. 즉, 동 조항은 적격전자서명생성장치의 발전에 따른 법현실 변화에 시의적절한 법적 규율을 도모하기 위해 EU의회와 이사회는 EU 규범의 채택권한을 집행위원회에 위임하고 있다. 구체적으로 집행위원회는 적격전자서명생성장치의 인증에 관하여 다소 추상적으로 규율하는 eIDAS 규정 제30조 제4항을 구체화하고 그 내용을 증보함으로써 회원국의 eIDAS 규정 이행에 관한 통일적인 지침을 제공하게 된다.

eIDAS 규정 제47조는 집행위원회가 위임규범을 채택하기 위한 필수적 요건을 규정하는 제1항, 제4항과 절차적 요건 및 위임규범의 규율 범위를 규정하는 제2항, 제3항, 제5항으로 구성되어 있는바, 이하에서 그 구체적인 내용을 검토한다.

II. 내 용

1. 위임규범의 적법요건

(1) 권한의 위임 – 민주적 정당성

'유럽시민'의 이익을 대변하는 EU의회와 '회원국'의 이익을 대변하는 이사회의 관여 없이 '유럽연합 자체'의 이익을 대변하는 집행위원회가 유럽시민과 회원국을 인적 적용범위로 하는 EU 규범을 채택하는 경우, 그 EU 규범은 민주적 정당성을 흠결한 것으로 평가된다. 따라서 TFEU 제290조는 집행위원회의 위임규범 채택은 EU의회와 이사회가 채택한 EU 규범에 명시적인 근거를 두도록 요구함으로써 민주적 정당성의 사슬이 끊어지지 않도록 하고 있다. 즉, TFEU 제290조는 non-legislative acts인 위임규범이 legislative act에 명시적인 근거를 두도록 규정함으로써 위임규범에 민주적 정당성이 '존재'하여야 함을 요구하고 있다.[83]

---

82) TFEU 제289조가 예정한 규범형성절차[일반형성절차(ordinary legislative procedure)와 특별형성절차(special legislative procedure)를 의미한다. 일부 절차상의 차이에도 불구하고 양자는 모두 집행위원회가 제안한 규범안을 EU의회와 이사회가 채택한다는 특징이 있다]에 따라 형성된 EU규범을 'legislative acts'라 하며, 위임규범(delegated acts)이나 시행규범(implementing acts)과 같이 통상 집행위원회가 채택한 결정(decision)을 'non-legislative acts'라고 한다. 즉, legislative acts 와 non-legislative acts는 기본적으로 규범안에 대한 채택 주체가 다르다.

83) non-legislative acts인 위임규범이 legislative acts에 근거를 두어야 한다는 것은 민주적 정당성의 '존부'와 관련된 문제일 뿐, 위임규범이 모법인 legislative acts와 민주적 정당성의 '정도'가 같다는

이러한 관점에서 볼 때, EU 규범의 일반형성절차에 따라 EU의회와 이사회가 채택한 eIDAS 규정은 위임규범의 모법이 될 수 있고, 따라서 eIDAS 규정 제47조 제1항에 따른 위임규범은 민주적 정당성이 존재한다고 평가된다. 즉, eIDAS 규정 제47조 제1항은 TFEU 제290조에 따라 EU의회와 이사회가 집행위원회에 규범 채택 권한을 명시적으로 위임한 것이며, 집행위원회는 동 규정들에 따라 위임규범을 채택할 수 있는 권한을 부여받았다.

(2) 위임의 제한

1) 중대성 기준

EU의회와 이사회가 무분별하게 집행위원회에 EU 규범 채택권한을 위임할 경우, EU의회와 이사회에 부여된 EU 규범 채택 권한이 형해화될 우려가 있다. 이에 TFEU 제290조 제1항 제2호는 집행위원회가 비필수적 사항에 한하여 위임규범을 채택할 수 있도록 제한하고 있다. 즉, 당해 규범의 필수적 사항은 위임규범의 모법인 legislative acts에 규정되어야 한다. 이는 eIDAS 제47조 제1항에 따른 위임규범에 관하여 동일하다.

비록, 필수적 사항과 비필수적 사항의 구별에 관하여 유럽사법재판소는 현재 그 구별기준에 관한 명확한 기준을 제시하지 못하고 있으나, 과거 공동토론위원회(comitology)에 따른 시행조치에 관한 판례법을 형성하였으며, 그 내용으로부터 필수적 요소과 비필수적 요소의 구별에 관한 시사점을 얻을 수 있다. 즉, 유럽사법재판소는 EU 입법기구가 필수적 요소의 판단에 관한 광범위한 재량권을 인정하였고, 동시에 그 판단은 사법심사가 가능한 객관적인 기준에 기초하여 이루어져야 한다고 지적하였으며, EU 입법기구는 해당 규정의 핵심적인 특성과 특징을 고려하여야 한다고 판시하였다. 특히, 유럽사법재판소는 C-355/10 판례에서 기본권에 대한 개입을 허용하는 조항은 처음부터 필수적 요소로 분류된다고 판시함으로써 '중대성'이 기본권과 관련이 있음을 판시하였다. 이와 같은 유럽사법재판소의 관점은, 새로운 조항의 규제 내용이 정치적 결정이나 TEU 제3조에 따른 유럽연합이 추구하는 목적 또는 기본권 침해에 영향을 미치는 경우 중대성이 인정되어야 함을 의미하는 것이다.

것을 의미하는 것은 아니다.

위와 같은 유럽사법재판소의 관점에 비추어 볼 때, eIDAS 규정 제47조에 따른 위임규범의 내용형성 대상인 제30조 제4항이 집행위원회가 인증을 위해 회원국이 지정한 공공 또는 민간기관이 충족하여야 할 특정한 기준을 정하는 위임규범을 채택해야 한다고 명시하고 있는바, 집행위원회는 이러한 기관들이 충족해야 할 조직적, 인적 요건을 특정할 수 있는 피상적인 권한을 부여받은 것으로 볼 수 없다. 그런데 그 조직적, 인적 요건을 적격전자서명생성장치의 인증에 관한 근본적인 요소라거나 정치적 결정과 관련된 요소라고 보기는 어렵다. 따라서 eIDAS 규정 제47조는 중대성 기준을 준수한 것으로 일응 인정할 수 있고, 구체적으로 위임규범이 중대성 기준을 준수하고 그 허용 범위 내에서 순수한 비필수적 요소를 채택하였는지 여부는 채택된 위임규범의 내용을 통해 검증할 수 있게 된다.

2) 통지할 책무

eIDAS 규정 제47조 제4항은 위임규범을 채택하는 즉시 집행위원회로 하여금 그 사실을 EU의회와 이사회에 동시에 통지하도록 규정하고 있다[동시성 기준(The criterion of simultaneity)]. 이는 위임규범이 채택되는 시점에 그 위임규범에 관하여 집행위원회가 가진 정보의 수준과 EU의회 및 이사회가 가진 정보의 수준을 동일하게 함으로써 집행위원회에 대한 통제기관으로서 EU의회와 이사회가 그 기능을 효과적으로 수행할 수 있도록 함과 아울러 동조 제5항에 따른 기간 내에 위임규범의 내용과 본질에 대한 검토를 할 수 있도록 보장함에 그 취지가 있다. 이러한 동시성 기준은 집행위원회의 EU의회 및 이사회에 대한 포괄적인 정보교환이 권한위임의 민주적 정당성을 담보한다는 사고에 기초한다.

(3) 위임의 범위

TFEU 제290조가 집행위원회의 위임규범 채택 가능성을 인정한다고 하더라도 이는 구체적 위임을 허용하는 것으로, 모법은 위임규범의 규율 범위와 권한위임의 목적, 내용, 규율범위 및 기간을 특정하여야 한다(포괄위임의 금지). 이를 위반한 경우 그 권한위임은 무효이다. 이에 EU 입법기구는 위임된 권한의 행사를 위해 eIDAS 규정 제47조에 다음의 사항을 명시하였다.

1) 목 적

eIDAS 규정 제47조는 집행위원회에 권한을 위임하는 목적에 관하여 직접적으로 명시하고 있지는 않지만, 전문 제70호에 비추어 권한위임의 목적을 확인할수 있다. 즉, EU 의회와 이사회는 위임규범이 legislative acts가 아니라는 점에서 유연하고 시의적절하게 eIDAS 규정의 기술적 측면을 보완할 수 있는 수단으로 인식하고 있으며, 무엇보다도 적격전자서명 생성장치의 인증을 책임지는 기관이 충족해야 하는 기준에 관한 기술적 세부사항을 구체화하기 위해 EU 입법기구가 시간을 낭비하지 않도록 하는 것을 목표로 한다.

2) 내 용

eIDAS 규정 제47조 제2항은 제30조 제4항을 참조하여 채택할 위임규범의 내용을 정한다. 즉, 동 규정에 따라 집행위원회가 채택할 위임규범은 전자신원확인 및 전자신뢰서비스에서 높은 수준의 보안과 상호운용성을 보장하기 위해 eIDAS 제30조 제1항이 규정하는 기관들이 충족해야 할 구체적인 기준을 내용으로 담고 있어야 한다. EU 입법기구는 적격전자서명생성장치의 적합성을 인증하는 기관들이 채택할 기준과 관련하여 유럽 및 국제 표준화 기구, 즉 유럽 표준화 위원회(ECEN), 유럽 전기통신 표준연구소(ETSI), 국제 표준화 기구(ISO) 및 국제전기통신연합(ITU)이 정한 표준과 기술 사양을 고려하여야 한다고 규정하고 있다. 이러한 위임규범의 채택을 통해 집행위원회는 eIDAS 규정 제30조 제1항을 보충하게 된다.

3) 규율범위(Applicability)

eIDAS 규정 제47조 제2항이 동 규정 제30조 제4항을 명시함으로써 집행위원회가 채택할 수 있는 위임규범의 규율범위는 제30조 제4항이 정한 범위에 국한되어야 한다.

4) 기 간

eIDAS 규정 제47조 제2항은 권한위임의 기간을 규정하되, 개시일을 특정한 것과 달리 종료일은 특정하지 않았다. 이는 위임규범 채택 권한의 갱신에 대한 반복적 요청으로 인하여 규범 형성의 효율성과 신속성을 저해할 것이라는 EU

입법기관의 우려에 기인한다. 이러한 사고는 위임규범 채택권한의 위임 종료에 대해서도 반영되었다. 즉, 동조 제3항은 위임권한 종료와 관련하여 정치적 상황 변화에 유연하게 대처하기 위해 EU 입법기구에 철회권을 부여함으로써 집행위 원회의 위임규범 채택 권한위임의 기간을 통제하고 있다.

(4) EU의회와 이사회에 의한 위임규범의 민주적 통제

TFEU 제290조 제2항은 EU 입법기구의 위임규범에 대한 민주적 통제를 보장 하기 위해 위임규범의 모법은 EU 입법기구의 철회권과 이의제기권을 명시하여 야 한다고 규정하고 있는바, 적격전자서명생성장치의 인증을 담당하는 기관이 갖춰야 할 기준에 관한 위임규범 가능성을 명시한 eIDAS 규정 제47조는 제3항 에서 EU 입법기구의 철회권을, 제5항에서 EU 입법기구의 이의제기권을 규정하 고 있다. 이하에서 양자의 특징을 살펴본다.

1) 철회권

EU 입법기구의 철회권은 EU 입법기구가 집행위원회의 위임규범 채택권한을 장래에 향하여 회수하는 것으로, EU의회의 과반수 투표 '또는' 이사회의 적격과 반수 투표(qualified majority voting)로 행사된다(TFEU 제290조 제2항 a. E.). 즉, 철회는 EU의회나 이사회 중 어느 한 기관이 선언할 수 있다. 이 경우 다른 EU 입법기구는 그 선언에 대하여 동의하여야 한다. 주의할 점은, 법적 안정성과 명 확성을 위해 철회권 행사의 효력은 소급하지 않는다는 것이다(즉, 시행 중인 위임 규범의 효력은 EU 입법기구의 철회권 행사에 영향을 받지 않는다). 정리하면, EU 입 법기구의 철회권의 행사는 집행위원회에 대한 위임규범 형성 권한의 위임을 조 기에 종료시킬 뿐, 이미 형성된 위임규범을 무효화시키는 것은 아니다.

2) 이의제기권

반면, eIDAS 규정 제47조 제5항이 명시하고 있는 EU 입법기구의 이의제기권 은 집행위원회가 채택한 위임규범에 대하여 EU 입법기구가 특정한 결함을 지적 할 수 있는 권한으로서, 집행위원회가 EU 입법기구의 이의제기를 수용하여 신 중하게 위임규범을 채택하도록 하며, 특히, 지적된 결함의 보정없이 채택된 위 임규범을 무효화시키는 효력을 갖는다. 이의제기권은 EU 입법기구의 집행위원 회에 대한 민주적 통제를 담보하는 수단으로, 그 행사는 EU 입법기구의 재량이고, 이의제기의 사유는 제한이 없다. 그렇다고 하더라도 집행위원회의 위임규범 형성권한을 보장하기 위해 실질적인 이의제기의 이유를 특정하는 것이 타당하다고 할 것이다.

위와 같은 성질을 갖는 이의제기권은 집행위원회의 위임규범 채택을 지연시키는 효과를 유발한다는 점에서, 변화된 법현실에 대한 효과적인 부응이라는 위임규범의 제도적 취지와 상충하는 측면이 있다. 이에 TFEU 제290조 제2항은 철회권과 달리 이의제기권의 행사를 위해 EU의회의 과반수 및 이사회 적격 과반수의 찬성을 요구하고, 이의신청의 기간은 EU 입법기구가 집행위원회로부터 위임규범의 채택을 통지받은 날로부터 2개월 이내로 제한된다. 다만, 위임규범이 큰 논란을 불러일으키고 유관기관 간 극단적인 의견대립이 있을 경우 EU의회나 이사회의 주도하에 그 기간을 2개월 연장할 수 있다.

동 기간이 경과되면 EU 입법기구는 위임규범에 대하여 이의를 제기할 수 없으며, 단지 유럽사법재판소에 제소하여 그 효력을 다툴 수 있을 뿐이다.

2. 위임된 권한 행사의 현황

EU 입법기구는 집행위원회에 eIDAS 규정의 위임규범 채택권한을 부여하면서도 그 채택의 기한을 특정하지 않았고, 그 결과 eIDAS 주석서가 집필된 2020년까지도 집행위원회는 eIDAS 규정의 위임규범을 형성하지 않았다.

그 대신에 집행위원회는 기존에 자신들이 형성하였고 현재까지도 구속력을 갖는 결정 2000/709/EC가 eIDAS 규정 제30조 제4항의 요건을 충족하는 것으로 간주하고 위임규범의 채택을 포기하였는바, 동 조항의 해석에 관하여 위 결정을 참조할 필요가 있다.

3. 위임규범과 시행규범의 법적 구별

집행위원회에 의해 형성되는 제3차적 EU 규범의 연원으로 위임규범과 집행규범이 있는데, 전자는 TFEU 제290조에, 후자는 TFEU 제291조에 근거를 두고 있다. 이와 같은 권한행사 근거규범의 차이는 집행위원회가 채택하는 제3차적 EU 규범의 연원에 관여하는 EU기구의 범위와 관여의 형태 및 정도가 상이해지는 원인이 된다. 특히, eIDAS 규정의 규율 체계에 관하여 EU 입법기구는 집행위원회에 위임규범 채택권한과 시행규범 채택권한을 모두 부여하고 있는바, 위임규범과 시행규범의 차이점을 파악하는 것은 매우 중요하다.

위임규범과 시행규범의 차이점에 관하여 우선적으로 검토할 수 있는 것은 양자가 추구하는 목표가 다르다는 점이다. 즉, 시행규범은 회원국 내 EU 규범 시행을 위한 균일한 조건의 형성을 목표로 하는 반면, 위임규범은 EU의회와 이사회의 감독하에 신속하고 효율적인 모법의 증보를 목표로 한다. 집행위원회는 이들 각 규범의 형성 근거로 기능하는 TFEU 제290조와 제291조를 상호배타적인 관계로 파악하며, 위임규범과 집행규범은 경합한다고 이해하고 있다.[84]

위임규범과 집행규범이 추구하는 목표의 차이는 규율 내용과 효과의 차이로 이어진다. 즉, ① 위임규범의 형성 근거인 TFEU 제290조는 비필수적 조항의 보완 또는 수정을 위한 일반적인 적용 규범을 위임규범이라고 정의하고 있는바, EU 입법기구가 불충분하게 규율한 모법을 보완 또는 수정하는 비필수적 사항이 위임규범의 규율 내용이 되고, 모법인 legislative acts의 규범적 틀을 변경하는 것이 위임규범의 규율효과가 된다. 반면, ② 집행규범의 형성 근거인 TFEU 제291조는 EU 규범의 효과적인 집행을 위한 동일 요건을 '시행(implementing)'이라고 규정함으로써 변경 또는 확장이 불허되는 모법을 시행하기 위한 규정이 시행규범의 규율 내용이 되고, 시행규범으로 인하여 모법의 규범적 틀이 변경되지는 않는다. 이처럼 위임규범과 집행규범의 규율내용 및 효과에 있어서의 핵심적인 차이는 당해 규범이 모법을 '증보'하는지 여부라고 할 것인데, 집행위원회는 '증보'를 '비필수적 규정의 추가로 인하여 모법의 구조가 변경되는지 여부'를 기준으로 판단한다. 또한 유럽사법재판소도 모법의 규율 구조가 그 시행을 위해 명확화가 필요한 것인지 아니면 위임규범의 채택을 통한 증보가 요구되는지 여부를 기준으로 판단한다. 즉, 위임규범과 시행규범은 모법이 예정하는 규율 범위에 있어서 차이가 있다.

eIDAS 규정 제30조 제4항은 집행위원회에 동 규정 제30조 제1항의 기관이 충족해야 할 특정한 기준의 설정을 명시하는 위임규범을 채택할 권한을 부여하였다. 즉, 동 규정 제30조 제1항의 규율 범위가 불완전하게 되어 이를 증보하기 위한 위임규범의 채택이 필요하고, 이를 구체화하는 기준은 모법인 eIDAS 규정

---

84) 제1차적 EU 규범의 연원 중 TFEU 제290조와 제291조의 관계를 밝히는 규정은 없고, 이 문제에 관하여 EU 입법기구도 입장을 명확하게 밝히고 있지는 않다.

에 직접적으로 통합된다. 결론적으로 집행위원회는 eIDAS 규정의 특정한 기술적 측면을 유연하고 신속하게 통합하기 위해 위임규범을 채택할 수 있는 권한을 갖게 되었다.

▌ 제48조 ▌ 집행위원회(Committee) 절차

제1항 집행위원회(The Commission)는 규정서 (EU) No 182/2011에 의해 규율되는 의결위원회(Committee)의 지원을 받아야 한다.

제2항 본 항을 참조하는 경우 규정서 (EU) No 182/2011 제5조가 적용된다.

I. 입법 취지

TFEU 제291조에 법적 기초를 두는 eIDAS 규정 제48조는 집행위원회가 eIDAS 규정 제47조에 따라 시행규범(Implementing acts)[85]을 형성할 때 준수하여야 하는 절차를 규율한다.

회원국에 대하여 구속력을 갖는 EU 규범이라도 그 규범의 실효성을 저해하지 않는 이상 규범의 시행은 개별회원국의 소관이다. 즉, 구속력 있는 EU 규범을 이행하기 위해 회원국들은 그 규범을 국내법으로 전환하고, 자국의 행정·절차에 관한 국내법에 따라 EU 규범을 시행하여야 한다. 그럼에도 불구하고 TFEU 제291조는 회원국에 대하여 구속력 있는 규범의 집행에 통일된 조건(uniform condition)이 요구되는 경우, 집행위원회가 EU 입법자의 위임을 받아 시행규범을 형성할 수 있는 일반적인 권한을 부여하고 있다. 이는 유럽연합의 기관에 의해서 보다 효과적으로 EU 규범을 집행할 수 있다면 EU 입법자는 각 회원국이 갖는 시행규범 형성의 자율성을 제한할 수 있다는 사고에 기초한다. 그러나 이

---

85) 수권규범(delegated acts)과 달리 시행규범(Implementing acts)은 '자기집행력'을 갖는 것이 특징이다. 일반적으로 수범자에게 권리나 의무를 변동시키는 규범은 행정집행(모법을 구체화하는 행정입법을 포함한다)이나 사법작용을 매개하게 된다. 즉, 규범은 일반적으로 다른 기관의 집행행위를 매개한다는 점에서 자기집행력이 없다. 이러한 자기집행적 규범은 집행권 및 사법권과 입법권의 권력분립의 관점에서 그 허용 여부가 문제되나, 공동체 목적의 실현을 위한 권력기구의 통일성 요청에 의해 정당화된다(기능적 권력분립). 이처럼 규범의 자기집행력은 당해 규범의 실질적 규범력을 보장하는 기능을 한다. eIDAS 규정의 시행규범도 eIDAS의 실질적인 규범력을 촉진하는 수단으로 기능한다.

러한 관점은 구속력을 갖고 적용되는 당해 규범의 형성에 그 수범자인 회원국의 참여를 제한시키는 것이므로 민주주의에 부합하는지 의문이 제기된다.[86] 이에 TFEU 제291조 제3항은 그 시행규범에 대한 회원국의 통제권을 인정함으로써 시행규범의 민주적 정당성을 보완한다. 즉, 회원국의 대표로 구성된 의결위원회가 집행위원회의 시행규범 형성과정에 관여하는 형태로 회원국의 통제권이 보장된다.

결국 eIDAS 규정 제48조는 집행위원회의 eIDAS 규정 시행규범 형성과정에서 회원국 대표로 구성된 의결위원회의 통제(Comitology procedure)가 이루어져야 하고, 그 통제 방식은 소위 검사절차(examination procedure)에 의하며, 동 조에 따른 의결위원회의 통제사항(즉, eIDAS 제48조 제2항을 참조하는 규정들)은 eIDAS 규정 제8조 제3항, 제9조 제5항, 제12조 제9항, 제18조 제8항, 제19조 제4b항, 제20조 제4b항, 제21조 제4항, 제22조 제5항, 제23조 제3항, 제24조 제5항, 제27조 제4항, 제5항, 제28조 제6항, 제29조 제2항, 제30조 제3a항, 제3b항, 제31조 제3항, 제32조 제3항, 제33조 제2항, 제34조 제2항, 제37조 제4항, 제5항, 제38조 제6항, 제39조, 제40조, 제42조 제2항, 제44조 제2항, 제45조 제2항이 정하고 있다.

II. 내 용

1. 집행위원회에 의해 형성된 시행규범

(1) 집행위원회의 시행규범 형성 권한

EU 입법기구(EU legislator)는 시행규범의 채택에 관한 권한을 집행위원회에 부여할 수 있는 재량권이 있으나, 그 재량권의 행사는 제1차적 EU 규범의 연원으로서 TFEU 제291조 제2항이 정하는 요건을 충족하여야 한다. 즉, 시행규범은 제2차적 EU 규범의 연원을 회원국들에 통일적으로 적용하기 위한 구체화 규범

---

86) 민주주의는 자유의 관념에 기초한다. 즉, 임의의사에 의한 자기결정과 자기책임이 자유의 개념적 징표가 되며, 이와 같은 개인의 측면에서의 자유가 사회 나아가 국가로 적용범위가 확대된 것을 민주주의로 볼 수 있다. 즉, 민주주의는 공동체는 구성원의 의사에 의해 공동체의 운명을 결정하고 그에 대하여 책임을 지는 것을 의미한다. 따라서 민주주의의 요청은 공동체에 대하여 구속력을 갖고 적용되는 행위기준 내지 판단기준인 규범의 형성에 관하여 공동체의 관여 내지 통제를 요구한다.

이라는 점에서 ① 구속력 있는 제2차적 EU 규범의 연원을 모법(basic act)으로 하고, ② 그 내용은 모법의 효과적 시행을 위해 효용의 원리(effet utile principle)에 입각한 단일성 기준(The criterion of uniformity)을 충족하여야 하며,[87] ③ 모법으로부터 시행규범 형성권한을 위임받아야 한다.[88]

eIDAS 규정은, 안전한 전자신원확인 및 인증을 통해 회원국 간 온라인서비스 사용을 크게 촉진하고 디지털 경제의 핵심 영역에서 빠른 발전을 위해 디지털 단일시장을 창출하려는 목적으로 형성된 제2차적 EU 규범의 연원으로서, '규정(Regulation)'의 규범형식을 채택함으로써 일반적 구속력을 갖고, 동 규정 제47조는 집행위원회에 시행규범 형성 권한을 위임한다. 한편, 동 규정 제47조와 제48조가 단일성 조건(uniform condition)에 관하여 침묵하고 있으나, 위와 같은 eIDAS 규정의 목적과 동 규정 전문으로부터 단일성 조건의 필요성이 도출된다.

따라서 집행위원회는 eIDAS 규정의 시행규범을 형성할 수 있는 권한이 있다.

(2) 시행규범의 내용, 형식 및 구속력

eIDAS 규정의 시행규범은 안전한 전자신원확인 및 인증에 관한 표준의 실질적인 실현가능성과 기술적 품질을 보장하기 위한 정책과 절차의 확립 및 eIDAS 규정의 내용과 적용범위를 구체화하여야 한다. 이를 위해 eIDAS 규정은 집행위원회에 시행규범을 통하여 전자신원확인 및 인증에 관한 개별 기술 규칙 및 조직 규칙을 만들 수 있는 권한을 부여한다. 다만, 그 권한의 행사는 자유재량이 아닌 법적 허용으로 이해되어야 한다.

집행위원회는 위와 같은 권한을 행사하여 형성한 집행규범의 법형식을 자유롭게 선택할 수 있으나(TFEU 제288조), 모법인 eIDAS 규정과 명확한 구별을 위해 시행규범은 그 규범의 명칭에 '시행'이라는 문언이 명시되어야 한다.

한편, eIDAS 규정에 관한 시행규범은 제3차적 EU 규범의 연원이며, 그 법형식 선택의 자유로 인해 모법인 eIDAS 규정과 마찬가지로 일반적, 직접적 구속력을 갖는지 문제되나, TFEU 제288조 제2항 제1호에 따라 TFEU 제114조에 근거하여 형성된 eIDAS 규정은 그 규율내용과 충돌하는 여타의 EU 규범 및 회원

---

87) '효용의 원리에 입각한 단일성 기준'이란, 시행규범은 모법인 EU 규범이 회원국 내에서 완전한 실효성과 법적효과를 보장받을 수 있도록 구성되어야 한다는 요청을 의미한다.

88) TFEU 제288조는 집행위원회가 EU의회로부터 위임받아 시행규범을 형성할 수 있다고 규정하고 있다. 이는 집행위원회의 시행규범 형성에 관한 일반규정으로 기능한다.

국 국내법에 대하여 우선적용되고[우선적용의 원칙(The Principle of primary of application)], 우선적용의 원칙은 eIDAS 규정을 구체화하는 파생규범에도 미치는 것으로 해석되는바, eIDAS 규정의 시행규범도 eIDAS 규정과 마찬가지로 일반적·직접적 구속력을 갖는다.

2. 시행규범에 대한 통제

(1) 각 회원국의 통제권

일반적으로 EU의 규범은 집행위원회가 제시한 규범안이 EU의회와 이사회의 동의를 얻어 발효되는 모습을 보이는데, TFEU 제291조 제3항은 유럽연합의 개별 규범이 그 실현을 위한 시행규범의 형성을 예정하는 경우 집행위원회가 그 개별 유럽연합 규범의 시행규범을 형성할 수 있도록 규정하고 있으며, 위 TFEU 제291조 제3항에 따른 집행위원회의 시행규범 형성절차를 규율하기 위해 「시행규범 형성을 위한 공동토론위원회 절차에 관한 규정(Comitology-Regulation)」이 형성되었다.[89]

그리고 eIDAS 제48조 제1항은 집행위원회에 EU의 규범체계 중 '규정'에 해당하는 eIDAS의 시행법을 형성할 수 있는 권한을 부여함과 아울러 시행규범 형성과정에서 집행위원회의 관여를 보장하고 있다. 즉, 회원국들은 집행위원회를 통하여 eIDAS 규정의 시행규범에 대한 통제권을 행사할 수 있게 되었다. 그렇다면 통제의 구체적인 방식은 어떠한가? 「시행규범 형성을 위한 공동토론위원회 절차에 관한 규정」은 자문절차(advisory procedure, 동 규정 제4조)와 심사절차(examination procedure, 동 규정 제5조)를 예정하고 있으나, eIDAS 제48조 제2항은 자문절차의 준용없이 심사절차만을 준용한다.

---

89) 유럽연합의 일부 규범은 EU의회가 이사회의 동의를 매개하지 않고 집행위원회에 당해 규범의 시행규범을 형성할 수 있는 권한을 부여하는데, 특히 시행 대상 규범이 개별 회원국에 대하여도 효력을 갖는 경우 개별회원국은 그 시행규범 형성과정에서 자신의 이익에 대한 고려를 요구할 기회를 박탈당하는 문제가 있다[이사회는 회원국의 대표자(외무장관 등)로 구성되어 EU규범 형성 과정에서 회원국의 이익을 반영하는 기구이다]. 이러한 이유로 EU는 집행위원회가 시행규범 형성권한을 갖는 경우 회원국의 대표들(각 회원국의 해당 분양 전문가들)로 구성된 위원회(Committee)에서 공동 토론을 거쳐야 하며, 그 토론 절차를 규율하는 규범이 「시행규범 형성을 위한 공동토론위원회 절차에 관한 규정」이다. 즉, 시행규범 형성을 위한 공동토론위원회 절차는 시행대상 규범이 발효되는 회원국에게 당해 규범의 자국 내 시행 여부에 관한 의사결정권 제한을 보완하는 의미와 아울러 그 규범이 개별 회원국에 수용되기 위한 조건을 구체적으로 논의하는 장으로 기능하며, 결과적으로 이러한 절차는 개별 회원국이 대상 규범을 수용하도록 촉진시킨다.

구체적으로, 심사절차는 집행위원회가 제안한 시행규범에 대하여 공동토론위원회에 참석한 각 회원국의 대표가 찬성, 반대, 기권의 투표를 내용으로 하는데, 공동토론위원회의 투표 결과가 ① '찬성'인 경우 집행위원회는 시행법을 채택하고, ② '반대'인 경우 집행위원회가 제시한 시행법 초안은 폐기되고 집행위원회는 개정안을 마련하여 의결위원회와 재협의를 하게 되며, ③ '기권'인 경우 집행위원회는 시행규범 채택 여부에 관한 재량권이 인정된다.

(2) EU의회와 이사회의 통제권

유럽연합의 규범체계 내에서 EU의회는 유럽시민의 이익을 대변하고, 이사회는 회원국의 이익을 대변함에 따라 강한 민주적 정당성을 갖고 집행위원회의 규범형성을 통제하는 권한을 갖지만, 집행위원회가 형성한 eIDAS 규정의 시행규범 통제와 관련해서는 다른 모습을 보인다. 즉, TFEU 등 제1차적 EU 규범의 연원은 집행위원회가 형성한 eIDAS 규정의 시행규범에 관한 통제권한을 EU의회와 이사회에 부여하는 명시적인 규정이 없다. 다만, 집행위원회는 eIDAS 규정에 관한 시행규범 형성 권한을 EU의회와 이사회로부터 부여받았기 때문에, EU 법체계 내의 일반법인 「시행규범 형성을 위한 공동토론위원회 절차에 관한 규정」 제11조에 의하여 EU의회와 이사회는 언제든지 독립적으로 집행위원회가 형성한 시행규범이 모법의 위임범위를 일탈하였는지 여부에 관하여 심사할 수 있다. 다만, EU의회와 이사회가 시행규범이 수권범위를 일탈하였다는 의심이 있는 경우 이를 집행위원회에 경고할 의무는 있으나, 구체적인 일탈 여부를 심사할 의무가 있는 것은 아니며, 위 경고는 집행위원회에 대한 구속력이 없다.

(3) 유럽사법재판소의 통제권 – 추상적 규범통제(judicial review)

대세효를 갖는 유럽연합의 제2차, 제3차 규범들과 마찬가지로, 집행위원회가 형성하는 eIDAS 규정의 시행규범은 그 발효 전 유럽사법재판소에 의해 TFEU 등 상위법에 그 근거 존부, 수권의 원칙 위배 여부, 법형식 선택의 적법성 등을 심사받는다.

제7절 최종조항(제49조~제52조)

제49조 검토

제1항 집행위원회는 본 규정의 적용을 검토하고, 유럽의회 및 유럽이사회에 2020년 7월 1일까지 보고서를 제출하여야 한다. 특히 집행위원회는 본 규정의 과거 적용 사례와 기술적, 시장적(market), 법적 발전에 비추어 본 규정이나 규정 내 특별한 조항(제6조, 제7조 제(f)항, 제34조, 제43조, 제44조, 제45조 포함)의 적용범위를 변경하는 것이 적절한지 평가하여야 한다.

제2항 전항의 보고서는 적절한 경우 입법안과 함께 제출될 수 있다.

제3항 집행위원회는 전항의 보고서를 제출한 후 유럽의회 및 유럽이사회에 본 규정의 목표 달성에 관한 보고서를 4년마다 제출한다.

I. 입법취지와 내용

eIDAS가 특별한 일부 규정을 제외하고 2016년 7월 1일부터 시행되었다는 점을 감안하면 본조의 검토 조항(review clause)은 시행일로부터 만 4년 후에 집행위원회로 하여금 보고서를 제출하고, 그 이후 매 4년마다 유사한 취지의 보고서를 제출하도록 의무화하고 있다. 이는 eIDAS 규정이 매우 정치한 기술적 사항들에 기반하고 있을 뿐만 아니라 정책적인 견지에서도 사회적 효용을 적절히 수행하고 있는지에 대한 평가가 병행될 필요성이 있고, 만일 추가적인 보완이 필요한 경우 적절한 개정 또한 고려하여야 하기 때문인 것으로 이해된다.

이에 따라 집행위원회는 2020년 매우 상세한 내용의 설문조사 결과를 포함한 적지 않은 분량의 eIDAS에 관한 평가 보고서(Evaluation Study of the Regulation no910/2014)를 작성·제출하였는데, 그 기본 취지는 당시까지 회원국들 내에서 애초 eIDAS 규정이 의도한 효용과 부가가치를 충분히 달성하지 못하였다고 하면서 적절한 개정과 가이드라인 채택 등을 통해 보완할 것을 제안하는 것이었다.

II. 비교법적 고찰과 평가

본조가 규정하고 있는 사후적 입법평가(Retrospektive Gesetzesfolgenabschätzung, rGFA)는 현재 시행되고 있는 법률을 대상으로 하여 그 법률의 목표가 제대로 달성되고 있는지를 평가하는 것을 말하는데, 이러한 평가를 통해 법률에 대한 개정의 필요성을 확인할 수 있고 법률에 대하여 바라는 효과성과 효율성을 확정할 수 있는바, 이 평가의 목적은 ㉠ 법률(내지 개별 규정)의 목표가 제대로 달성되었는지를 사후에 파악하고, ㉡ 법률(내지 개별 규정)의 부수적 효과(역효과, 반작용)와 그밖에 발생한 효과를 인식하며, ㉢ 이상의 검토를 통하여 현재 시행되고 있는 법률(내지 개별 규정)의 존속, 개정과 개정범위, 폐지 여부를 확정하기 위해서이다.[90]

국내에서 본조와 같은 취지의 사후적 '입법평가' 또는 '입법영향평가'가 활발하게 시행되고 있지 않은 것으로 보인다. 다만, 국내에서는 주로 국회에서의 법령심사나 행정부 내에서의 규제영향평가 등의 제도가 유사한 기능을 담당하고 있기는 하나, 위와 같은 법령심사나 규제영향평가 등의 제도는 입법 시에만 시행되는 단발적인 성격을 가질 뿐 아니라, 법 시행 이후에는 현실적으로 적용상·해석상 문제가 발생하지 않는 이상 본조에서 규정하고 있는 것과 같은 사후적 평가가 이루어지는 경우를 국내에서 찾아보기는 힘들며, 더욱이 일정한 기간을 두고 정기적으로 평가가 행해지는 경우는 전무한 형편이다.

그러나 eIDAS 규정의 경우와 유사하게 기술적·정책적인 차원에서 발전 및 적용 추이를 살펴볼 절실한 필요가 있는 법률들의 경우에는 이러한 제도를 국내에도 적극 도입하는 것을 고려해보는 것이 적절하리라 생각된다. 우리나라의 경우 eIDAS 규정과 맥락을 같이하는 법률인 전자문서 및 전자거래 기본법, 전자서명법 등이 이러한 제도의 도입을 고려해볼 만한 대표적인 법률들이라고 하겠다.

제50조 ┃ 폐지

제1항 지침 1999/93/EC는 2016년 7월 1일부터 폐지된다.

제2항 폐지된 지침에 대한 언급(references)은 본 규정에 대한 언급으로 해석된다.

---

90) 김수용, "독일의 사후적 입법평가제도와 우리나라 헌법재판소의 위헌법률심판제도" 헌법학연구 제20권 1호, 한국헌법학회, 2014. 3., 381면.

Ⅰ. 입법취지와 내용

EU의 경우 이전에 전자서명 지침 1999/93/EC 이 존재하였는데 이제는 법령 (regulation)의 성격을 지닌 eIDAS 규정이 시행됨에 따라 이전의 전자서명 지침 은 eIDAS 규정 시행과 동시에 폐지되고, 한편, 다른 법령 등지에서 기존 전자서 명 지침을 언급하는 경우 eIDAS 규정 시행 이후로는 eIDAS 규정에 대한 언급 으로 해석된다는 뜻을 밝힌 일종의 주의적인 규정이다. 이는 동일 법역(法域) 내 에 중복되는 법률의 시행을 방지하고(지침의 폐지), 종래 법령을 대체하는 과정 에서 적용상·해석상의 혼란을 방지하기 위한 목적(폐지 지침에 대한 언급의 해 석)을 수행한다.

Ⅱ. 비교법적 고찰과 평가

EU나 우리나라와 같은 대륙법계 국가들은 물론 영미법계 국가들의 경우에도 해석상·적용상의 혼란을 미연에 방지하기 위해 기존 관련 법령의 폐지 시기 등을 언급하는 경우가 대부분이므로, 본조는 달리 특별한 비교법적 검토를 요하 지 않는다고 보인다. 다만, 우리나라의 경우, 본조 제2항과 같은 언급(reference) 에 관한 규정을 두기보다는 부칙 조항에서 '다른 법률의 개정'이나 '다른 법률과 의 관계' 조항을 통해 동일한 목적을 달성하는 것이 통상적인 것으로 보인다. 어느 방법이 더 우월하다고 단정하기는 쉽지 않아 보이나 우리나라에서 부칙을 이용하는 방법이 해석상·적용상의 혼란이나 미흡함을 좀더 확실히 제거하는 방안이 아닌가 한다.

┃ 제51조 ┃ 경과조치

제1항 1999/93/EC 지침의 제3조 제4항에 따른 보안서명생성장치는 이 규정에 부합하는 전자서명생성장치로 인정한다.

제2항 1999/93/EC 지침의 기준을 충족하는 자연인에 발행된 적격인증서는 만료될 때까 지 이 규정에 부합하는 전자서명에 대한 적격인증서로 인정한다.

제3항 1999/93/EC 지침에 따라 적격인증서를 발급하는 인증서비스제공자(certification-service–provider)는 감독 기구에 가능한 한 빨리, 늦어도 2017년 7월 1일까지는 적합성 평가보고서를 제출해야 한다. 적합성 평가보고서의 제출과 감독 기관의 평가가 완료되기 전에는 인증서비스제공자는 이 규정에 따른 적격신뢰서비스제공자로 취급된다.

제4항 만일 1999/93/EC 지침에 따라 인증서를 발급하는 인증서비스제공자가 제3항 상의 시일 내에 감독 기관에 적합성 평가보고서를 제출하지 않는다면, 그 인증서비스제공자는 2017년 7월 2일부터 적격신뢰서비스제공자로 취급되지 않는다.

Ⅰ. 입법취지와 내용

본조는 기존 전자서명 지침에서 eIDAS 규정 체제로의 원활한 전환을 위한 경과 규정이라고 할 수 있다. 이를 통해 전자서명 지침 상의 보안서명생성장치, 자연인에 발행된 적격인증서는 각각 eIDAS 규정상의 전자서명생성장치나 전자서명에 대한 적격인증서로 인정된다. 참고로, eIDAS 규정의 경우 더이상 법인에 대해서는 전자서명이 이용될 수 없고 전자인장만의 사용이 가능하므로, 위와 같이 자연인에게 발행된 적격인증서만이 eIDAS 규정 시행 이후에는 인정되게 되었다. 또한 기존 인증서비스제공자는 eIDAS 규정 시행 이후 1년 이내에 적합성 평가보고서를 감독 기구에 제출하는 경우 eIDAS 규정상의 적격신뢰서비스제공자로 취급받을 수 있게 된다.

Ⅱ. 비교법적 고찰과 평가

법 제·개정을 통해 기존 법률관계의 효력에 대해 경과 규정을 두는 것은 대부분의 입법례에서 취하고 있는 바이다. 우리나라의 경우에는 통상 부칙 규정을 통해 이러한 경과 규정을 두고 있는데, 전자문서 및 전자거래 기본법의 경우에도 공인전자문서센터나 공인전자문서중계자 등에 관한 여러 형태의 경과규정이 마련되어 시행되어 왔다.

‖ 제52조 ‖ 시행

제1항 본 규정은 유럽 관보에 게재된 이후 20일째 되는 날부터 시행된다.

제2항 본 규정은 다음을 제외하고 2016년 7월 1일부터 적용된다:

  (a) 제8조 제3항, 제9조 제5항, 제12조 제2 내지 9항, 제17조 제8항, 제19조 제4항, 제20조 제4항, 제21조 제4항, 제22조 제5항, 제23조 제3항, 제24조 제5항, 제27조 제4항과 제5항, 제28조 제6항, 제29조 제2항, 제30조 제3항과 제4항, 제31조 제3항, 제32조 제3항, 제33조 제2항, 제34조 제2항, 제37조 제4항과 제5항, 제38조 제6항, 제42조 제2항, 제44조 제2항, 제45조 제2항, 제47조, 제48조는 2014년 9월 17일부터 적용된다.

  (b) 제7조, 제8조 제1항과 제2항, 제9조, 제10조, 제11조, 그리고 제12조 제1항은 제8조 제3항과 제12조 제8항에 언급된 시행 법률의 적용일부터 적용된다.

  (c) 제6조는 제8조 제3항과 제12조 제8항에 언급된 시행 법률의 적용일로부터 3년이 지난 시점부터 적용된다.

제3항 고지된 전자신원확인체계가 제9조 제2항 제c호에 따른 날짜까지 집행위원회에 의해 공표된 목록에 포함되는 경우, 제6조에 따른 전자신원확인수단의 인정은 공표 후 12개월 이내에 이루어져야 하지만 제9조 제2항 제c호에 따른 날짜 이후에 이루어져야 한다.

제4항 제9조 제2항 제c호에도 불구하고, 회원국은 다른 회원국이 제9조 제1항에 따라 통보한 전자신원확인수단을 제8조 제3항과 제12조 제8항에 따른 시행법의 적용일에 맞추어 인정할 수 있다. 회원국은 집행위원회에 이를 알리고, 집행위원회는 해당 정보를 공개한다.

Ⅰ. 입법취지 및 내용

본조에 EU 입법 시 종종 쓰이는 시행(entry into force)과 법률행위 적용 (application of legal instrument)의 개념적 구별이 드러나는데, 본조 제1항은 규정의 시행일을 의미하는 것이고, 나머지 항은 규정의 적용일을 정하는바, 이와 같이 시행일과 적용일 사이에 기간을 둔 것은 회원국에게 새로운 법률에 적응할 수 있는 여유를 주고 집행위원회에는 구체적인 시행 관련 법령을 채택할 수 있도록 하는 것을 목표로 한다.[91]

---

91) Zaccaria/Schmidt-Kessel/Schulze/Gambino, 앞의 책, at 375.

Ⅱ. 비교법적 고찰과 평가

우리나라의 경우, EU의 경우와 달리 시행일과 적용일을 구분하는 방식을 굳이 채택하고 있지 않은데, 그것은 우리나라가 EU와 달리 단일국가이기 때문일 것이다. 그러나 우리나라의 입법에 있어서도 부칙에 시행일을 기재하면서도 간혹 제·개정 법률의 시행일과 구별하여 특정한 규정의 효력 발생일을 별도로 부칙에 정하는 경우도 드물지 않다. 전자문서 및 전자거래 기본법의 경우에도 개정법의 시행일을 정함과 동시에 다른 법률의 개정 사항에 대해서는 각 해당 법률의 시행일부터 시행한다는 취지의 부칙을 두는 경우가 적지 않게 존재하는데, 구체적인 목적은 다르지만, 본조의 기능과 유사한 입법 방식이라고 할 것이다.

제3장

eIDAS 규정의 시사점 및 향후의 전망

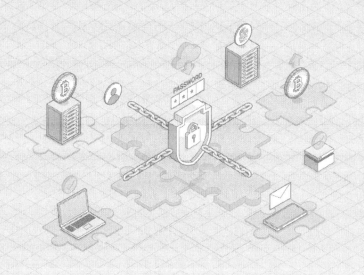

eIDAS 규정의 시사점 및 향후의 전망

이상 EU eIDAS 규정의 개관에 이어서 조문별 내용과 그 해석론을 살펴보고 우리나라와 해외 주요국의 관련된 입법례를 살펴보았다.

eIDAS 규정은 크게 신원확인과 전자서명을 위시한 신뢰서비스로 나누어서 통합적이고 포괄적인 법체계를 형성하고 있다는 특징을 갖는다.

반면에 우리나라의 경우는 신원확인에 대하여서는 정보통신망법상 본인확인제도(법 제23조의3)가 사용되고 있으며, 전자서명법에 의한 전자서명인증서가 개별 법령에서 사실상 신원확인수단으로 여전히 널리 이용되고 있는 실정에 있다.

한편 전자서명에 대하여서는 전자서명법이 규율하고 있고, 전자문서를 비롯한 공인전자문서센터, 공인전자문서중계자 및 공인전자주소제도 등의 신뢰서비스에 대하여는 전자문서법에서 규율하고 있다. 이하에서 eIDAS 규정의 특징과 그에 대한 평가보고서의 내용을 살펴보고, 우리나라 법제에 미치는 시사점을 정리하여 본다.

제1절 eIDAS 규정의 시사점

I. 전자신원확인과 전자신뢰서비스에 관한 포괄적인 입법

eIDAS 규정은 종래의 '전자서명지침'이 가지는 한계를 극복하기 위하여 이를 폐지하고 대신에 전자신원확인과 전자신뢰서비스에 관한 포괄적인 입법을 하고 있다는 점이 특징이다. eIDAS 규정의 법체계가 시행됨으로써 이용자는 온라인에 접속하는 단계에서 그 이용자의 신원확인수단을 통한 인증이 이루어지고, 웹사이트 인증을 거쳐서, 전자서명과 전자문서를 사용함과 아울러 전자타임스탬프 서비스와 전자등기배달서비스 그리고 법인의 경우 전자인장 서비스를 일관된 서비스로 이용할 수 있게 된다.

Ⅱ. 적격신뢰서비스와 비적격신뢰서비스의 이원화 및 법적 효력의 차이점

eIDAS는 신뢰서비스를 적격신뢰서비스와 비적격신뢰서비스로 계층화하여 법적 효력을 달리 부여하고 있다는 점이 특징이다. 또한, 유럽연합 역내에서 디지털 단일시장 형성을 위하여 회원국 신뢰서비스의 신뢰 목록 공표와 이를 근거로 한 회원국의 상호인정의무를 부과하고 있다는 점도 특징이다.

Ⅲ. 감독기구의 기능과 역할

회원국은 자국 내에 설립된 기관 또는 협정에 따라 다른 회원국에 설립된 기관을 감독기구로 지정하여 신뢰서비스에 대한 감독업무를 수행하도록 하였다. 감독기구는 적격신뢰서비스제공자에 대한 적격지위 부여 권한과 취소 권한을 행사할 수 있으며, 적격신뢰서비스제공자뿐만 아니라 비적격신뢰서비스제공자에 대한 감독권한도 행사한다는 특징이 있다. 이러한 점은 우리나라 인정기관의 역할과 비교할 때 유사성도 있지만, 차별성도 있음을 알 수 있다.

Ⅳ. 전자서명 종류의 다양화와 법적 효력의 차이

eIDAS는 전자서명을 일반, 고급 및 적격전자서명으로 세 가지 종류로 규정하고 적격전자서명에 대하여서 수기서명과 동등한 법적효력을 부여하고 있고, 다른 전자서명에 대하여서는 회원국의 국내법에 의하여 법적 효력을 자유롭게 부여할 수 있도록 개방적인 입법태도를 취하고 있다는 특징이 있다. 아울러 공공부문에서의 전자서명은 원칙으로 고급전자서명의 이용을 요건으로 정하고 있다.

Ⅴ. 적격전자서명에 관련한 보안 요건 및 유효성 검증요건 등

eIDAS는 종래 구 전자서명지침과 달리 유럽연합 회원국 간의 전자서명 상호운용성을 확보하고 전자서명에 대한 신뢰성 향상을 위하여 적격전자서명 생성장치의 인증제도, 보안성 평가기준, 인증된 적격전자서명 생성장치의 목록공시제

제3장 eIDAS 규정의 시사점 및 향후의 전망 **353**

도, 적격전자서명의 유효성 검증요건, 유효성 검증서비스규정, 적격전자서명을
위한 적격보존서비스 등의 제도를 마련하여 시행하고 있다.

Ⅵ. 전자서명과 전자인장의 병행주의

eIDAS 규정의 체계상 전자서명과 전자인장은 각각 자연인과 법인이 사용할
수 있도록 동일한 기술과 인증체계를 적용하고 있는데, 다만 전자서명의 경우
적격전자서명에 대하여 수기서명과 동일한 법적 효력을 부여하고(제25조), 적격
전자인장의 경우 자료의 무결성과 출처의 정확성을 추정하는 효력을 부여하고
있다는 점(제35조)에서 차이가 있다. 이에 따라 eIDAS 규정은 고급전자인장(제36
조), 공공서비스에서 전자인장의 사용(제37조), 전자인장용적격인증서(제38조), 적
격전자인장생성장치(제39조), 적격 전자인장의 유효성 검증 및 보존(제40조)에서
전자서명의 각각에 해당하는 규정(제26조, 제27조, 제28조, 제29조, 제31조, 제32조,
제33조, 제34조)을 준용하는 병행주의를 취하고 있다.

제2절 EU 집행위원회의 eIDAS 평가보고서의 주요내용

eIDAS 규정 제49조 제1항은 집행위원회는 2020년 7월 1일까지 유럽의회 및
유럽이사회에 eIDAS 규정의 적용결과를 검토하여 보고하도록 규정하고 있다.
이에 따라서 2020년 본 평가보고서[1]가 작성 제출되었는데 그 주요 내용을 살펴
본다.

Ⅰ. 전자신원확인(eID)

전자신원확인통지제도에도 불구하고 eIDAS 규정은 아직 충분하게 유럽연합
내에서 전자신원확인통지제도의 시행을 하지 못하고 있다. 아직 모든 회원국이
eID를 통지하지 않았거나 eIDAS 규정의 적용을 위한 노드 접속을 운영하고 있
지 않다.

---

1) Evaluation study of the Regulation no. 910/2014(eIDAS Regulation) SMART 2019/0046 Final
   Report, 2020 edition, European Union, 2021.

평가보고서 작성 당시를 기준으로 현재 유럽연합 내에서 14개 회원국이 eID 체계를 통지하였고, 13개 회원국이 아직 통지하지 않았다. 독일이 최초로 2017.9. 전자신원확인체계를 통지한 국가이며, 이탈리아가 2019.9. 통지하였고, 특이한 것은 영국이 2019.5. 전자신원확인체계를 통지한 국가에 해당한다. 리투아니아, 룩셈부르크, 네델란드, 스페인은 한 가지 이상의 전자신원확인체계를 운용하고 있고, 이 중 일부를 통지하고, 일부는 통지하지 않은 국가에 속한다.

공공분야 서비스제공자의 대부분은 아직 국가 간 이용자들을 위한 eIDAS 인증을 제공하지 않고 있으며, 통지된 eID의 사용이 아직 제한적이다. 은행 및 금융서비스와 같은 영역에서는 eID 체계의 대안으로서 자체적으로 개발한 eID 솔루션을 사용하고 있으며, 회원국의 통지된 eID 체계에 초점을 두고 있는 현행 eID 프레임워크는 유럽연합 시민들이 쉽고도 안전한 eID 솔루션을 사용하고자 하는 필요성을 충족시키지 못하고 있다. 특히 모바일기기의 사용이 증가함에 따라서 사용자들이 그들의 데이터를 지배관리하에 두고자 하는 욕구를 포함하여 사용자 경험을 반영하는 것이 필요하다.

eIDAS 규정의 시행상의 장애 요소로써 eID 체계의 적용상 잠재적 불일치가 있을 수 있고, 회원국의 국내법에 의한 규제가 있다. 표준화와 조화의 수준과 관련하여 여러 가지 추가적인 시행법이 필요하다는 의견이 제기되고 있다.

Ⅱ. 신뢰서비스(Trust services)

eIDAS 규정은 신뢰서비스와 관련하여 책임과 증명에 관한 법적 확실성을 갖도록 체계가 수립되었고, 전자서명, 전자인장, 전자타임스탬프, 전자등기배달서비스, 전자문서의 법적 효력을 정의하고 있다. 그럼에도 불구하고 일부 영역에서는 조화로운 접근이 부족하다는 문제 제기가 있었고, 신뢰서비스의 상호운용을 확실히 보장하도록 eIDAS 규정이 구성되어 있지만, 아직 이해관계자들이 장애를 느끼고 있다는 점이 지적되었다.

신뢰서비스와 관련하여서 제기된 문제점은 다음과 같다.
1. 신뢰서비스 감독에 관한 국가차원의 개별화(분화)
2. 보안침해에 관한 보고체계의 조화의 부족
3. 신뢰서비스 분야에서 협력에 대한 인식부족

4. eIDAS 규정은 기술중립성 원칙을 채택하고 있고 신기술의 도입을 방해하지 않지만 분산원장기술과 원격접속을 규정에서 수용하는데 따르는 문제점

5. 적합성평가기관과 감독기구의 활동간의 조화의 부족이다.

eIDAS 규정에 대한 국제적인 이해가 증가함에 따라서 유럽연합 회원국 내의 기업들은 적격신뢰서비스제공자의 지위를 취득함으로써 그들의 기업경쟁력이 강화되고, 국제적인 경쟁력도 증가하는데 도움이 될 수 있다고 인식하고 있다. 유럽연합 내에서 적합성평가기관, 감독기구 등 지위부여 기관의 관점에서 볼 때 eIDAS 규정은 EU 차원에서 감독활동을 강화하는데 있어서 조화가 부족하다고 평가된다. 즉, 신뢰서비스제공자에 대하여 부과되는 감독절차와 기술적 요건이 서로 다른 나라의 국내 표준 및 절차에 따라서 달라진다는 점이다.

전자서명 및 전자인장의 규격, 포맷과 표준을 정하기 위하여 아래와 같은 두 개의 시행법이 채택되었는데, 신뢰서비스산업계에서는 시행법을 하나로 만들어서 새로운 표준으로 통합할 것을 요청하고 있다.

1. 공공기관에서 인정되는 고급전자서명 및 고급전자인장의 포맷에 관한 규정 (2015/1506)

2. 적격 전자서명 및 적격 전자인장 생성장치의 보안평가를 위한 기준에 관한 결정(2016/650)

또한 이해관계자들은 eIDAS 규정이 eArchiving과 같은 다른 신뢰서비스까지도 포괄할 수 있도록 적용 범위를 넓혀서 eIDAS 규정이 규율하는 신뢰서비스의 종류를 늘릴 것을 제안하고 있다.

Ⅲ. 권고사항

유럽연합 집행위원회가 평가보고서에서 제시한 권고사항은 다음과 같은 세 가지 항목으로 구분된다.

첫째, eIDAS 규정의 개정 없이 가이드라인 및 시행법의 개정이나 채택을 통하여 현재의 법적 틀을 보완하는 규율방식(soft regulation),

둘째, eIDAS 규정의 일부분을 명확히 하고, 보완하기 위한 부분 개정방식

(light modification),

셋째, 이해관계자에게 미치는 영향과 법률요건의 성격을 근본적으로 변경하고, 법 규정의 중요한 변경을 수반하는 현행 eIDAS 규정의 근본적 검토방식(Fundamental review)이다.

먼저 eIDAS 규정에서 근본적인 변화가 필요한 부분은 사적 영역에서 요구되고 있는 신원확인의 사용을 지원하기 위한 변경이다. 현재의 규정체제의 개정으로 이러한 중요한 수정이 이루어질 수 있는데, 이는 신원 속성 및 원격 인증의 유효성 검증절차 규정을 다루는 신뢰서비스 정의규정의 개정을 포함한다. 그러한 개정은 제2장(eID)에는 영향이 없고, 오직 제3장(신뢰서비스)에 관한 규정에 영향을 준다. 즉, 새로운 신뢰서비스의 도입으로 인하여 통지된 eID 체계의 사전 상호인정원칙 및 사적 영역에서의 이용확대를 할 수 있도록 제도를 수립하는 것이다.

다음으로, 신뢰서비스와 관련하여서는 각 국가의 감독기구 간의 상호협력을 공식화할 것이 요구된다. 유럽연합 차원에서 신뢰서비스에 관하여 국가기구 간의 모범사례를 교환하고, 토의를 진행할 공식적인 장이 마련되어 있지 않다는 것이 지적되었다. 대부분의 감독은 국가차원에서 수행되기 때문에, 신뢰서비스의 요건을 충족할 수 있는 기술발전과 추세를 도모할 가능성을 침해하고, 개별적으로 분열을 촉진할 수 있다는 우려가 제기되었다. 원격 인증 및 유효성 검증 서비스를 지원할 필요성에 의하여 새로운 신뢰서비스의 채택이 요구되며, 분산원장기술에 기반한 솔루션을 개발할 것이 요청된다. 전자서명, 종이문서의 디지털화(전자화문서), 사물인터넷(IoT) 기기를 위한 인증과 같은 추가적인 신뢰서비스가 검토될 수 있다. 이러한 점에서 eIDAS 규정체계의 보완이 필요하다.

제3절 eIDAS 규정의 개정제안

위와 같은 eIDAS 규정에 대한 평가결과를 기초로 하여 eIDAS 규정에 대한 개정안(2021년 10월)이 제안되어 있는 바, 이에 관하여는 항목을 나누어 상세히 소개하기로 한다.[2]

---

2) 개정안에 대한 소개는 김현수, 유럽연합의 전자신원관리 및 신뢰서비스 법제 −2021 eIDAS 규정

Ⅰ. 목 적

eIDAS 규정 개정안이 제시하는 주된 목적은 유럽연합 회원국 사이에서 이루어지는 국경 간 온라인서비스 및 전자거래에서 ① 높은 안전성과 신뢰할 수 있는 전자신원솔루션에 대한 접근을 가능하게 하고, ② 신뢰가능하고 안전한 디지털신원솔루션에 의존할 수 있는 공적서비스 및 민간서비스를 제공하고, ③ 자연인과 법인이 디지털신원솔루션을 사용할 수 있도록 하고, ④ 이와 같은 솔루션들이 다양한 속성과 연결되어, 특정한 서비스에 요구되는 필요에 한정하여 신원데이터를 선택적으로 공유할 수 있도록 하며, ⑤ 유럽연합에서 적격신뢰서비스를 인정하고 그 서비스의 제공을 위한 동일한 조건을 제시하는 것이다.[3] 이를 위하여 개정안은 현행 규정 제1조를 다음과 같이 개정하고 있다.

"제1조를 다음과 같이 변경한다:

이 규정은 역내시장의 원활한 작용을 보장하고 적절한 보안수준을 갖춘 전자신원확인수단 및 신뢰서비스를 제공하는 것을 목적으로 한다. 전술한 목적을 위해 이 규정은

(a) 회원국이 다른 회원국이 통지한 전자신원확인체계에 해당되는 자연인 및 법인의 전자신원확인수단을 제공 및 인정하여야 하는 조건을 정하고;

(b) 신뢰서비스, 특히 전자거래에 대한 규칙을 정하고;

(c) 전자서명, 전자인장, 전자타임스탬프, 전자문서, 전자등기배달서비스, 웹사이트인증용 인증서비스, 전자문서보관 및 전자속성증명서, 원격전자서명 및 (원격전자)인장생성장치 관리와 전자원장에 대한 법적체계를 확립하고;

(d) 회원국이 유럽디지털신원지갑을 발급할 조건을 정한다."[4]

개정안을 중심으로-, IT와 법연구 제24권, 2022. 2, 182-198면의 내용을 전재(轉載)하고 본 책자의 발간 형식에 맞추어 각주 등 일부를 수정하고 보완한 것이다. 개정안에 관한 전체적인 내용은 위의 논문을 참조.

3) COM(2021) 281 final, p. 1.

4) 개정안 Art. 1, COM(2021) 281 final, p. 20.

Ⅱ. 디지털 신원지갑

1. 배 경

eIDAS 규정 개정안에는 "유럽 디지털 신원지갑(European Digital Identity Wallet)"에 관한 규정이 신설되었다. 일반적으로 디지털 신원지갑은 개별 회원국의 공공기관, 민간기관, 기업이 발행하는 것으로 시민들이 개별 회원국의 eID나 운전면허증, 의료처방전, 졸업증서, 은행계좌와 같은 공적 서류, 그리고 기타의 개인속성증명서를 전자적으로 보관하고 사용할 수 있게 해주는 수단이다. eIDAS 규정 개정안에서는 유럽연합의 각 회원국들로 하여금 시민에게 유럽 디지털 신원지갑을 제공할 의무를 부과하고 있다. 유럽 디지털 신원지갑은 유럽연합의 시민과 거주자들에게 자신의 신원과 관련된 데이터를 사용자의 독점적 관리 하에 사용자 친화적이고 편리한 방법으로 안전하게 공유할 수 있는 자율권을 보장하는 것을 목적으로 한다. 유럽 디지털 신원지갑을 사용함으로써 역내의 시민은 민간 ID를 사용하거나 개인 데이터를 불필요하게 공유하지 않고 스마트폰에서 전자지갑을 사용하여 국경 간 공적서비스나 민간서비스에 접근할 수 있게 된다. 이러한 목적을 달성하기 위해 디지털 신원지갑은 최고의 보안수준이 확보된 기술이 사용되어야 하며, 사용자의 편의성과 광범위한 사용환경을 갖추도록 하고 있다.

2. 내 용

(1) 정의 및 발급

eIDAS 규정 개정안 제3조에서는 유럽 디지털 신원지갑을 "사용자가 신원데이터, 자신의 신원과 연결된 증명서(credentials) 및 속성을 저장하고, 요청 시 해당 정보, 증명서, 속성을 신뢰당사자(relying party)에게 제공하고, 제6a조(유럽 디지털 신원지갑)에 따라 서비스를 위해 온라인 및 오프라인에서 인증에 사용하고, 적격전자서명 및 전자인장을 생성하도록 하는 제품 및 서비스"로 정의하고 있다.[5] 유럽연합의 각 회원국은 유럽연합의 모든 자연인 및 법인이 국경 간 공공

---

[5] 개정안 Art. 3 (42), COM(2021) 281 final, p. 22.

및 민간서비스가 안전하고 신뢰할 수 있으며 끊김 없이 접근할 수 있도록 개정안 발효 후 12개월 내에 유럽 디지털 신원지갑을 발급하여야 한다. 회원국 또는 회원국의 위임을 받아 지갑을 발급할 수 있으나, 발급시 독립성이 확보되어야 하며 회원국의 승인이 필요하다.

(2) 기능 및 적용사례

온라인 공공서비스 및 민간서비스를 활용하기 위한 온·오프라인 인증을 위하여 사용자는 유럽 디지털 신원지갑을 사용하여 투명하고 사용자에 의해 추적이 가능한 방식으로 필요한 법인의 신원확인 데이터와 전자속성증명서(electronic attestations of attributes)를 안전하게 요청, 저장, 선택, 통합 및 공유할 수 있어야 하며, 적격전자서명을 통해 서명할 수 있어야 한다.[6]

유럽 디지털 신원지갑은 전자거래나 온라인서비스를 둘러싼 당사자들에게 '공통의 인터페이스(common interface)'를 제공하여야 한다. 공통 인터페이스는 적격·비적격 전자속성증명서를 발급하는 적격·비적격 신뢰서비스제공자들에게 제공된다. 그리고 이는 개인신원확인데이터(person identification data)와 전자속성증명서를 요청하고 유효성을 검증하는 신뢰당사자와 유럽 디지털 신원지갑과 상호작용하는 사용자에게도 제공된다. 아울러 신원지갑을 통한 공통 인터페이스는 인터넷을 통하여 지갑에 접속할 필요가 없는 로컬모드(lecal mode)에서 신뢰당사자에게 개인신원확인데이터, 전자속성증명서, 증명서(credentials)와 같은 정보를 제시할 수 있도록 하는 기능과 유럽연합 디지털 신원지갑 신뢰마크(EU Digital Identity Wallet Trust Mark)를 표시하는 기능도 수행한다. 유럽 디지털 신원지갑은 신뢰당사자가 사용자를 인증하고 전자속성증명서를 수신할 수 있는 메커니즘도 제공하여야 한다.[7] 이와 함께, 개별 회원국은 유럽 디지털 신원지갑의 진정성(authenticity)과 유효성의 검증을 보장하고, 신뢰당사자가 속성증명서가 유효하다는 것을 확인하도록 하며, 신뢰당사자와 적격신뢰서비스제공자가 속성이 표기된 디지털 신원지갑의 진본성 및 유효성을 검증하기 위하여 유럽 디지털 신원지갑의 유효성검증(validation) 메커니즘을 제공하여야 한다.[8]

---

6) 개정안 Art. 6a 3, COM(2021) 281 final, pp. 23-24.
7) 개정안 Art. 6a, 4(d), COM(2021) 281 final, p. 24.
8) 개정안 Art. 6a, 5, COM(2021) 281 final, p. 24.

향후 유럽 디지털 신원지갑은 사용자가 다양한 공공 및 민간서비스에 접근하기 위해 국경 간 온라인 및 오프라인에서 전자적으로 신원을 확인하고 인증하도록 허용하게 하는 주된 수단이 될 것이다. 또한, 디지털 신원지갑은 공공 행정, 국제기구 및 유럽연합의 기관, 협회 및 단체에서도 필요한 경우와 일반적으로 대면을 통해 서비스가 제공되는 보건 분야의 오프라인에서의 사용이 예상된다. 구체적으로는 다음과 같은 적용사례를 상정할 수 있다. 유럽연합의 A회원국 국민인 甲은 자신의 스마트폰에 A회원국이 제공한 디지털 신원지갑 앱을 설치하여 자신의 기본적인 신원데이터, 운전면허증과 같은 자격증을 발급받아 보관하고 있다. 甲은 A회원국에서 출생증명서에 대한 발행 신청, 의료진단서의 청구, 주소가 변경된 경우 변경신고와 같은 공적 서비스에 디지털 신원지갑을 활용할 수 있다. 그리고 甲이 사업차 유럽연합의 B회원국에서 일정 기간 거주하게 된 경우, 甲은 자국에서 발급받아 보관 중인 신원데이터나 증명서를 활용하여 B회원국의 거주자로서 B회원국에서 은행계좌 개설, 스마트폰의 SIM 카드의 구입, 지하철이나 버스와 같은 교통기관의 정기권 구입, 대학 등 교육기관에 대한 온라인 입학신청을 할 수 있게 된다.

(3) 관리와 발급자의 개인정보 보호의무 등

유럽 디지털 신원지갑의 사용은 무상이며, 사용자가 전적으로 관리하게 된다. 사용자가 명시적으로 요청한 경우를 제외하고는 유럽 디지털 신원지갑의 발급자는 지갑 서비스를 제공하는 데 필요하지 않은 지갑의 사용에 관한 정보를 수집해서는 안 된다. 그리고 사용자의 명시적 요청이 없는 경우 저장되거나 지갑의 사용과 관련된 개인신원확인데이터와 다른 개인정보를 해당 발급자가 제공하는 다른 서비스에서 확보한 개인정보와 결합해서는 안 된다. 또한, 유럽 디지털 신원지갑의 제공과 관련된 개인정보는 저장된 다른 데이터와 물리적, 논리적으로 분리하여 보관하여야 한다. 민간기관이 유럽 디지털 신원지갑을 제공하는 경우에는 제45f조를 준용하여 개인의 소유와 구분되는 별도의 법적 실체(separate legal entity)로 해당 서비스를 제공하여야 한다.[9]

---

9) 개정안 Art. 6a, 7, COM(2021) 281 final, pp. 24-25.

(4) 보증수준

eIDAS 규정 제8조에서는 개별 회원국이 통지하는 전자신원확인체계의 보증수준(assurance level)을 규정하고 있다. 보증수준은 전자신원확인수단이 가지는 신뢰의 정도를 척도화하여 표시하는 기능을 가지는 것으로, 현행 규정 제8조에 의하면 보증수준은 높음, 보통, 낮음의 세 가지 수준으로 정해진다.[10] 그리고 개별 회원국에서 다른 회원국이 발급한 전자신원확인수단을 인정하는 의무는 자국의 온라인서비스에 필요한 보증수준에 비해 같거나 높은 때에만 인정되도록 규정하고 있다. eIDAS 규정 개정안에서는 이와는 달리 유럽 디지털 신원지갑이 통지된 전자신원확인체계에 따라 보증수준 '높음'으로 발급되도록 규정하고 있다. 현재에는 개별 회원국의 전자신원확인체계에 대한 보증수준의 결정이 회원국 간의 동료평가에 맡겨져 있지만, 개정안에서는 집행위원회가 시행법을 통하여 기술 및 운영규격, 참조표준을 회원국에게 제안하고 개별 회원국과 이에 관하여 합의하는 절차에 따른다. 유럽 디지털 신원지갑의 보증수준이 '높음'으로 채택된 기술 및 운영규격, 참조표준을 준수하고 있는가에 관해서는 개별 회원국이 지정한 공인 공공 또는 민간기관이 인증(certification)[11]하고 인정기관이 확인한다.[12] 인증은 유럽연합사이버보안국과 정보통신기술 사이버보안 증명에 관한 규정 (EU) 제2019/881호에 따라 수립된 관련 유럽 사이버보안 증명체계를 따라야 한다. 또한 이러한 인증은 GDPR에 따른 개인정보처리에 대한 증명을 침해하지 않아야 한다.[13]

(5) 신뢰당사자

개정안에서는 개별 회원국들로 하여금 신뢰당사자의 인증을 위한 공통 메커니즘 역시 실시하도록 하고 있다. 신뢰당사자가 동 규정에 따라 발급된 유럽 디지털 신원지갑을 필요로 하는 경우, 신뢰당사자는 특정한 서비스를 제공하는 데

---

10) Art. 8, OJ L 257, 28. 8. 2014, p. 88.
11) certification'에 대한 번역을 국내에서는 통상 '인증'으로 번역하고 있으므로 여기에서는 '인증'으로 번역하였다. 그러나 authentication(인증)과 구분할 필요가 있어 향후 관련 법제도의 개정 시에 용어가 가지는 목적과 명확성이 정확히 반영될 수 있도록 '증명'과 같이 다른 용어로 대체하는 정비 작업이 필요할 것으로 생각된다.
12) 개정안 Art. 6a, 11, COM(2021) 281 final, pp. 25.
13) COM(2021) 281 final, pp. 14.

있어 유럽연합법이나 개별 회원국법에 규정된 요건준수를 보장하기 위하여 신뢰당사자가 설립되어 있는 개별 회원국에게 그 사실을 알려야 한다. 유럽 디지털 신원지갑이 필요하다는 뜻을 알리는 경우에는 그 용도에 대해서도 함께 통지하여야 한다. 그리고 신뢰당사자는 유럽 디지털 신원지갑으로부터 발신된 개인신원확인데이터 및 전자속성증명서의 인증절차를 이행할 책임이 있다.[14]

(6) 증명과 통지

개정안에서는 유럽연합의 관련 규정과의 조화를 추구하고 있다. 우선, 사이버보안과 관련해서는 "유럽연합 사이버보안법"과 유럽연합 관보에 공포된 참조표준에 따른 사이버보안 체계에서 증명되거나 적합성보고서를 발급받은 경우 사이버보안 증명서 또는 적합성 보고서가 해당 요건을 충족하는 한, 앞서 언급한 제6a조의 3호, 4호, 5호에서 규정한 사이버보안 관련 요건을 준수한 것으로 추정한다. 또한, 개인정보보호에 관해서는 유럽 디지털 신원지갑의 발행자가 개인정보처리운영과 관련해 개정안 제6a조의 3호, 4호, 5호에 규정된 요건을 준수하는지는 GDPR에 따라 증명을 받아야 한다. 한편, 개정안 제6a조의 3호, 4호, 5호에 규정된 요건에 대한 유럽 디지털 신원지갑의 적합성은 개별 회원국이 지정한 공공 또는 민간의 인정기관에 의해 증명받아야 한다. 각 회원국의 인정기관의 이름과 주소는 집행위원회를 통하여 개별 회원국에게 통지된다.[15]

개별 회원국은 유럽 디지털 신원지갑이 발급되거나 회원국의 인정기관에 의하여 증명을 받은 경우에는 지체없이 집행위원회에 그 사실을 통지하여야 한다. 신원지갑의 발급이 취소되거나 인정기관에 의한 증명이 취소된 경우에도 마찬가지로 지체없이 그 사실을 집행위원회에게 통지하여야 한다.

(7) 국경 간 사용

개정안에서는 유럽 디지털 신원지갑이 국경 간 온라인서비스나 전자거래에 사용될 수 있도록 관련 규정을 마련하고 있다. 우선, 회원국이 공공기관이 제공하는 온라인서비스에 접근하기 위하여 회원국법이나 행정관행에 따라 전자신원확인수단 및 인증을 사용하는 전자신원확인을 요구하는 경우, eIDAS 규정을 준

---

14) 개정안 Art. 6b, COM(2021) 281 final, p. 25.
15) 개정안 Art. 6c, COM(2021) 281 final, p. 26.

수하여 발급된 유럽 디지털 신원지갑도 인정하여야 한다.[16] 그리고 서비스를 제공하는 민간 신뢰당사자가 회원국법이나 유럽연합법에 따라 온라인 신원확인을 위해 강력한 사용자 인증(strong user authentication)을 사용하도록 요구하는 경우 또는 교통, 에너지, 금융·은행 서비스, 사회보장, 건강, 식수, 우편서비스, 디지털 기반시설, 교육 또는 통신의 영역 등 계약에 따른 의무사항으로 강력한 사용자 인증이 요구되는 경우, 민간 신뢰당사자는 eIDAS 규정 개정안 제6a조에 따라 발급된 유럽 디지털 신원지갑의 사용도 인정하여야 한다.[17] 또한, 초대형 온라인 플랫폼이 사용자에게 온라인서비스 접속을 위한 인증을 요구하는 경우, 해당 플랫폼은 사용자의 자발적 요청에 한해서 그리고 연령 증명과 같이 인증이 요구되는 특정 온라인서비스에 필요한 최소한의 속성에 대하여 제6a조에 따라 발급된 유럽 디지털 신원지갑의 사용도 인정하여야 한다.[18]

한편, 앞서 언급한 민간 신뢰당사자 이외의 민간 온라인서비스제공자에 대해서는 다소 유연한 접근법을 택하고 있다. 즉, 집행위원회가 유럽 디지털 신원지갑의 사용이 개시된 후 18개월 내에 지갑의 가용성 및 사용성을 나타내는 증거를 기반으로, 사용자가 유럽 디지털 신원지갑의 사용을 자발적으로 요청하는 경우에 한하여 추가적인 민간 서비스제공자도 그 사용을 수용하도록 할 예정이다.[19]

3. 정 리

유럽 디지털 신원지갑은 유럽연합이 추구하는 디지털단일시장을 완성하기 위하여 필요한 국경 간 전자거래나 온라인서비스의 전제가 되는 전자신원확인 및 인증수단이다. 유럽 디지털 신원지갑은 개별 회원국의 기존 제도에 따라 구축되는 것이다. 따라서, 유럽연합의 개별회원국이 보유하고 있는 다양한 전자신원확인수단들을 대체하는 것이 아니며, 현행 eIDAS 규정 하에서 사용되던 기타의 전자신원확인수단은 계속해서 유효하다.[20] 현행 eIDAS 규정에서 인정되던 전자신원확인의 상호인정 개념과 비교하면 새로이 도입되는 유럽 디지털 신원지갑은

---

16) 개정안 Art. 12b, 1, COM(2021) 281 final, p. 28.
17) 개정안 Art. 12b, 2, COM(2021) 281 final, p. 29.
18) 개정안 Art. 12b, 3, COM(2021) 281 final, p. 29.
19) 개정안 Art. 12b, 5, COM(2021) 281 final, p. 29.
20) 개정안 Art. 12c, 1, COM(2021) 281 final, p. 29 참조.

다음과 같은 점에서 구별된다.

첫째, 개별 회원국에 대하여 유럽 디지털 신원지갑의 제공을 의무화하고 있다. 따라서 역내의 시민, 거주자, 법인은 누구나 신원지갑을 사용할 수 있는 환경을 제공하고 있다. 둘째, 유럽연합의 개별 회원국의 공적 서비스와 민간 서비스제공자인 경우에도 교통, 에너지, 금융·은행 서비스, 사회보장, 건강, 식수, 우편서비스, 디지털 기반시설, 교육 또는 통신의 영역과 같이 공공성이 높거나 초대형 온라인 플랫폼의 경우 유럽 디지털 신원지갑의 도입을 의무화하고 있다. 따라서 유럽 디지털 신원지갑은 현행 eIDAS 규정의 제한적인 적용범위(공적 서비스)를 넘어 민간부분을 포함하는 매우 넓은 범위에서 사용이 가능하다. 또한, 지갑에 다양한 증명서(@ 졸업증명서, 자격증명서)를 포함하여 상황에 필요한 신원증명이 가능하다. 이와 함께, 경우에 따라서는 연령과 같은 특정의 속성만을 증명하는 것도 가능하다. 셋째, 사용자에 의한 자기정보의 통제가 가능하다. 사용자는 유럽 디지털 신원지갑에 보관 중인 데이터 중 어느 것을 제3자에게 제공하거나 공유할지 선택하고, 제공되거나 공유된 내용을 추적할 수 있다. 결국 사용자가 자기의 정보를 통제함으로써 공유의 필요성이 있는 정보만을 제공하거나 공유하는 것이 보장된다고 할 수 있다.

Ⅲ. 전자신원확인 및 신뢰서비스의 확대

현행 eIDAS 규정에서는 전자서명을 비롯하여 전자인장, 전자타임스탬프, 전자등기배달서비스, 웹사이트 인증과 같은 다섯 가지의 신뢰서비스에 대하여 규율하였다. 그러나 규정의 개정배경에서 살펴본 바와 같이, 현행 규정의 적용범위만으로는 변화되고 있는 전자신원확인 및 신뢰서비스를 둘러싼 기술 및 거래환경에 대응하기가 어렵다는 점이 지적되었다. 이를 극복하기 위해 개정안에서는 속성증명과 같은 전자신원확인 방식을 도입하였다. 이와 함께 전자보관서비스(electronic archiving), 전자원장(electronic ledgers), 그리고 원격전자서명생성장치(remote electronic signature creation device)의 관리와 같은 새로운 신뢰서비스를 규율대상으로 포함시켜 적용범위를 확대하였다.[21]

---

21) 개정안 Art. 3 (16), COM(2021) 281 final, p. 21.

1. 전자속성증명

현행 eIDAS 규정에 대한 퍼블릭 코멘트에서는 개별 회원국에 의해 발급된 법적 신원에 기초하여 단일하고 보편적으로 받아들여지는 디지털 신원을 만드는 것을 대체로 환영하는 반응을 보였다. 회원국들도 대체로 현행 eIDAS 규정을 보강하여 공공서비스와 민간서비스에 대한 접근 가능성을 확대하는 한편, 전자속성증명서를 발급하고 국경 간 사용을 허용하는 신뢰서비스를 구축할 필요성에 찬성하였다.[22] 이처럼 디지털 신원확인에 대한 통일된 원칙은 회원국별로 상이한 솔루션을 사용하여 파편화된 현재의 신원확인의 위험성 및 비용을 절감하고 유럽연합의 시민들이 유럽연합 전역에서 편리하고 획일적으로 온라인 신원확인이 가능하도록 하여 단일시장화를 촉진시키는 방안으로 인식되었다. 따라서 개정안은 역내 모든 사람들이 신뢰서비스를 위한 개선된 환경과 유럽연합 어디에서든 법적으로 인정되는 대학 학위와 같은 확인된 신원이나 속성증명서를 신뢰하여 안전하게 공공 및 민간서비스에 접근할 수 있도록 하는 방안을 강구하였다. 이를 위해서는 졸업증명서, 면허증이나 출생증명서와 같이 증명된 속성을 수집, 생성 및 발급하는 모든 기관은 전자속성증명서의 제공자가 될 수 있어야 한다. 온라인서비스에서 신뢰당사자는 전자속성증명서를 종이 형태의 증명서에 상응하는 것으로 사용하게 된다. 따라서 전자속성증명서가 전자 형태라든가 적격전자속성증명서의 요건을 충족하지 못한다는 이유로 그 법적 효력이 부인되어서는 안 된다. 이런 관점에서 적격전자속성증명서가 종이 형태로 합법적으로 발급된 증명서에 상응하는 법적 효력이 있도록 일반 요건이 규정되어야 한다. 그 결과 개정안에서는 국가별 디지털 신원 솔루션만을 신뢰하는 것에서 벗어나 유럽연합에서 유효한 전자속성증명서를 제공하는 방식을 택하였다. 이를 통해 전자속성증명서의 제공자는 명확하고 통일된 규칙으로부터 이익을 얻을 수 있고, 공공 행정은 정해진 포맷으로 작성된 전자문서를 신뢰할 수 있는 환경이 마련될 수 있을 것으로 기대된다.

개정안에서는 전자속성증명서의 정의, 법적 효력, 정의된 부문에서의 사용, 그리고 적격속성증명서를 위한 요건에 관한 규정을 두고 있다. 전자속성증명서

---

22) COM(2021) 281 final, p. 6.

는 속성의 인증을 허용하는 전자적 형태의 증명서를 의미한다.[23] 그리고 적격전자속성증명서는 적격신뢰서비스제공자가 발급하고 부속서 V에 규정한 요건을 충족하는 전자속성증명서를 말한다. 전자속성증명서의 법적 효력에 관해서는 제45a조에서 규정하고 있다. 제45a조 제1항에서는 전자속성증명서에 대한 법적 승인으로서 전자속성증명서는 전자문서라는 이유만으로 그 법적 효력과 사법절차상에서의 증거능력을 부인당하지 않는다고 규정하고 있다. 제2항에서는 적격전자속성증명서에 대한 법적 효력에 대하여 합법적으로 발급된 종이 형태의 증명서와 동일한 법적 효력을 갖는다고 규정한다. 아울러 제3항에서는 어느 한 회원국에서 발급된 적격전자속성증명서는 다른 회원국에서도 적격전자속성증명서로 인정된다고 함으로써 국경 간 사용을 담보하고 있다.

그리고 회원국은 최소한 부속서 VI에 목록화된 속성들[1. 주소, 2. 연령, 3. 성별, 4. 신분(civil status), 5. 가족구성(family composition), 6. 국적, 7. 자격(교육관련), 8. 자격(전문자격), 9. 공적 자격, 허가(public permits and licenses), 10. 재정정보]에 대해서는 그 속성들이 공공부문의 어떤 인증출처에 따른 것인지와 관계없이 적격전자속성증명서 제공자가 사용자의 요청 시에 전자적 수단을 이용하여 해당 속성의 진본성을 회원국의 인증출처와 직접 확인하거나 또는 회원국법이나 유럽연합법에 따라 회원국에서 인정한 지정중개인을 통해 확인할 수 있도록 허가하는 조치를 취해야 한다고 규정함으로써 인증출처에 대한 속성을 검증할 수 있도록 하고 있다.

이와 더불어 개정안에서는 개인정보의 취급과 관련한 일정한 제한을 규정하고 있다. 우선, 적격 및 비적격전자속성증명서 서비스제공자는 그러한 서비스의 제공과 관련된 개인정보데이터를 그들이 제공하는 다른 서비스의 개인정보데이터와 결합시켜서는 안 된다. 그리고 적격전자속성증명서 서비스의 제공과 관련된 개인정보데이터는 다른 저장된 데이터와 물리적, 논리적 측면에서 분리되어 관리되어야 하며, 적격전자속성증명서서비스의 제공자는 개인의 소유와 구분되는 별도의 법적 실체로 해당 서비스를 제공하여야 한다.[24]

---

23) 개정안 Art. 3 (44), COM(2021) 281 final, p. 22.
24) 개정안 Art. 45f, COM(2021) 281 final, p. 40.

2. 전자보관서비스

개정안 제45g조에서는 유럽연합 차원에서 적격전자보관서비스의 제공에 관한 규정을 두고 있다. 전자보관서비스는 보존기간 동안 전자데이터 또는 문서의 무결성, 출처의 정확성 및 법적 특성을 보증하기 위해 전자데이터 또는 문서의 수령, 저장, 삭제 및 전송을 보장하는 서비스를 말한다. 제45g조에 의하면 전자문서용 적격전자보관서비스는 기술적 유효기간 이후에도 전자문서의 신뢰도를 연장할 수 있는 절차와 기술을 사용하는 적격신뢰서비스제공자만이 제공할 수 있다. 개정안 시행 후 12개월 내에 집행위원회는 시행법을 통해 전자보관서비스의 표준에 대한 참조번호를 설정해야 한다.

종래 유럽연합의 회원국들은 전자문서와 관련 신뢰서비스의 장기보존에 요구되는 안전하고 신뢰할 수 있는 디지털문서보관서비스에 대해 개별 국가 차원에서 관련 요건을 도입하여 운영해 왔다. 동 조항은 적격전자보관서비스의 국경 간 인정을 촉진하기 위한 법적 체계를 제공함으로써 해당 서비스에 대한 법적 확실성과 신뢰를 담보하는 것을 목적으로 한다. 한편, 제45g조는 적격전자서명과 적격전자인장을 위한 적격보존서비스를 규정하고 있는 현행 규정 제34조를 보완하는 것이다. 유럽연합 차원의 적격전자보관서비스에 대한 법적 체계를 마련함으로써 향후 적격신뢰서비스제공자에게 시장에서의 새로운 기회로 작용할 것으로 예상된다.

3. 전자원장

개정안 제45h조는 전자원장과 적격전자원장의 생성과 유지에 관한 신뢰서비스를 규정하고 있다. 전자원장은 데이터의 부정조작을 불가능하게 하는 전자적 기록(electronic record)으로서 기록된 데이터의 진본성(authenticity)과 무결성, 데이터의 일시 및 시간적 순서의 정확성을 제공하는 것이다. 제45h조에서는 우선 전자원장은 전자형태라는 이유로 또는 적격전자원장의 요건을 충족하지 않는다는 이유만으로 사법절차에서 법적 효력과 증거능력이 부인되지 않는다고 규정함으로써 전자원장에 대하여 법적으로 승인하고 있다. 다음으로는 적격전자원장에 대하여 원장에 기록된 데이터의 유일성 및 진본성, 데이터의 일자 및 시간의 정확성, 원장에 기록된 연속된 시간상의 순서에 대한 추정을 향유한다고 규정함으로써 적격전자원장에 대한 구체적인 법적 효력을 부여하고 있다.

이처럼 적격전자원장은 부정조작이 불가능한 방식으로 데이터 입력의 유일성, 진본성 및 올바른 순서를 보장하는 방식으로 데이터를 기록한다. 전자원장은 데이터의 타임스탬프 효과를 전자서명과 유사한 데이터 발신자에 관한 확실성과 결합하고 다자간 협력에 적합한 분산형 거버넌스 모델을 가능케 하는 부수적인 혜택이 있다. 예를 들어, 전자원장은 국가 간 무역에서 물품의 원산지에 대한 신뢰할 만한 추적관리를 가능케 한다. 그리고 이는 자기주권 신원(self-sovereign identity)을 위한 기초를 마련하는 동시에 더욱 효율적이고 변화된 공공서비스를 지원할 수 있을 것으로 예상된다. 이와 같이, 전자원장은 다수 당사자의 협력을 더욱 효율적이고 안전하게 함으로써 기업의 비용 절감을 돕는 한편, 규제적 통제를 촉진시킬 수 있다.

그러나 유럽차원의 규정이 부재한 경우, 개별 회원국의 입법자들이 각국의 사정에 따른 다양한 표준들을 마련할 것으로 예상된다. 이러한 상황을 막기 위해서는 전자원장의 운영을 지원하는 신뢰서비스의 국경 간 승인을 가능케 하는 유럽 차원의 체계가 필요하다. 개정안 제45i조 제1항에서는 적격전자원장의 요건을 규정하고 있다. 동조에 의하면 적격전자원장은 "(a) 하나 이상의 적격신뢰서비스제공자가 생성한다; (b) 원장에 기록된 데이터의 유일성(uniqueness), 진본성, 순서의 정확성이 보장된다; (c) 원장에 기록된 데이터의 연속된 시간상 순서의 정확성과 데이터 입력 날짜 및 시간의 정확성이 보장된다; (d) 데이터에 어떠한 후속 변경이 있으면 즉시 탐지되는 방식으로 데이터가 기록된다"와 같은 네 가지의 요건을 충족해야 한다. 집행위원회는 시행법을 통해 적격전자원장에 기록된 일련의 데이터 및 적격전자원장 생성의 시행과 등록 과정의 표준에 대한 참조번호를 설정할 수 있다. 그리고 전자원장이 이 표준을 만족시키는 경우 제1항에서 규정된 요건을 준수하는 것으로 추정된다.[25]

4. 원격전자서명생성장치

개정안 제29a조에서는 원격서명생성장치의 관리를 위한 적격서비스의 요건을

---

25) 개정안 Art. 45i, 2-3, COM(2021) 281 final, p. 41.

규정하고 있다. 이 신뢰서비스는 현행 eIDAS 규정에 대한 평가보고서에서 지적된 원격전자서명을 위한 증명절차의 유럽연합 내 조화가 필요하다는 지적을 반영하여 마련되었다. 원격적격서명생성장치는 적격신뢰서비스제공자가 서명자를 대신하여 전자서명생성데이터를 생성, 관리 또는 복제하는 적격전자서명생성장치를 의미한다. 그리고 적격신뢰서비스제공자가 인장 생성자를 대신하여 전자서명생성데이터를 생성, 관리 또는 복제하는 적격전자인장생성장치를 의미한다.

개정안에서는 원격적격전자서명생성장치의 관리를 위해 적격신뢰서비스를 제공하는 적격신뢰서비스제공자만이 서명자를 대신하여 전자서명생성정보를 생성, 관리, 복제할 수 있도록 규정하고 있다. 원격전자서명생성장치의 관리를 위한 적격서비스의 요건을 규정하는 제29a조에서는 (a) 서명자를 대신하여 전자서명생성데이터를 생성하거나 관리하는 적격신뢰서비스제공자, (b) 백업(back-up)의 목적으로 전자서명생성정보를 복제하는 자로서 ① 복제된 데이터세트가 원본 데이터세트와 동일한 보안수준을 갖고 ② 복제된 데이터세트를 지속적인 서비스를 위해 필요한 최소한의 수량을 초과하지 않는 요건을 준수하는 적격신뢰서비스제공자, (c) 제30조(적격전자서명생성장치의 증명)에 따라 발급된 구체적인 원격적격서명생성장치의 증명보고서에서 파악된 요건을 준수하는 적격신뢰서비스제공자만이 원격적격전자서명생성장치를 적격서비스로서 관리할 수 있다고 규정한다.[26] 제30조의 증명은 2년마다 정기적 취약성평가를 실시하는 조건으로 5년간 유효하며, 취약성이 발견되고 교정되지 않는 경우 증명은 철회된다.

---

26) 개정안 Art. 29a, COM(2021) 281 final, p. 36.

제**4**장

eIDAS 규정에 관한
기술규격과 시행법

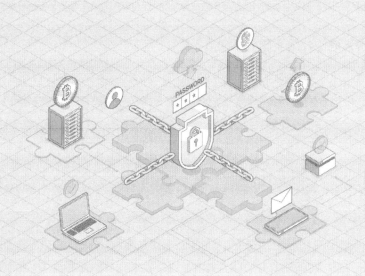

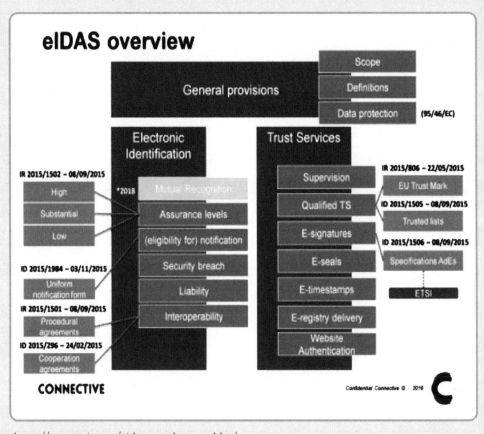

https://connective.eu/eidas−market−enabler/

eIDAS 규정에 관한 기술규격과 시행법

제1절 부속서(I ~ IV)

ANNEX I.	부속서 I.
REQUIREMENTS FOR QUALIFIED CERTIFICATES FOR ELECTRONIC SIGNATURES	전자서명용 적격인증서 요건

Qualified certificates for electronic signatures shall contain:	전자서명을 위한 적격인증서는 다음 사항을 포함한다:
(a) an indication, at least in a form suitable for automated processing, that the certificate has been issued as a qualified certificate for electronic signature;	(a) 인증서가 전자서명용 적격인증서로서 적어도 자동 처리에 적합한 방식으로 발행되었음을 나타내는 표시;
(b) a set of data unambiguously representing the qualified trust service provider issuing the qualified certificates including at least, the Member State in which that provider is established and: - for a legal person: the name and, where applicable, registration number as stated in the official records, - for a natural person: the person's name;	(b) 적격인증서를 발행하는 적격신뢰서비스제공자를 명확하게 나타내는 데이터 집합으로서 적어도 서비스제공자가 설립된 회원국가 및 - 법인의 경우 : 법인명과 적용가능한 경우 공적 기록에서 명시하는 등록번호, - 자연인의 경우 : 그 사람의 이름;
(c) at least the name of the signatory, or a pseudonym; if a pseudonym is used, it shall be clearly indicated;	(c) 적어도 서명자의 이름 또는 가명; 가명을 사용하는 경우에는 가명 사용 사실이 명확하게 표시되어야 한다.

(d) electronic signature validation data that corresponds to the electronic signature creation data;

(e) details of the beginning and end of the certificate's period of validity;

(f) the certificate identity code, which must be unique for the qualified trust service provider;

(g) the advanced electronic signature or advanced electronic seal of the issuing qualified trust service provider;

(h) the location where the certificate supporting the advanced electronic signature or advanced electronic seal referred to in point (g) is available free of charge;

(i) the location of the services that can be used to enquire about the validity status of the qualified certificate;

(j) where the electronic signature creation data related to the electronic signature validation data is located in a qualified electronic signature creation device, an appropriate indication of this, at least in a form suitable for automated processing.

(d) 전자서명생성데이터에 대응하는 전자서명유효성검증데이터;

(e) 인증서의 유효성검증 기간의 시작일자와 종료일자에 대한 세부사항;

(f) 반드시 적격신뢰서비스제공자에게 유일한 인증서 신원확인증명 코드;

(g) 발행하는 적격신뢰서비스제공자의 고급전자서명 또는 고급전자인장;

(h) (g)항에 언급된 고급전자서명 또는 고급전자인장을 지원하는 인증서를 무료로 이용할 수 있는 위치

(i) 적격인증서의 유효성검증 상태를 질의하기 위해 사용할 수 있는 서비스의 위치;

(j) 전자서명의 유효성검증데이터와 관련된 전자서명생성데이터가 적어도 자동 처리에 적합한 형태로 적격전자서명생성장치에 위치하는 경우, 이에 대한 적절한 표시.

ANNEX II.

REQUIREMENTS FOR QUALIFIED ELECTRONIC SIGNATURE CREATION DEVICES

1. Qualified electronic signature creation devices shall ensure, by appropriate

부속서 II.

적격전자서명생성장치에 대한 요건

1. 적격전자서명생성장치는 적절한 기술적 절차적 수단을 통해 적어도 다음의 경우

technical and procedural means, that at least:

(a) the confidentiality of the electronic signature creation data used for electronic signature creation is reasonably assured;

(b) the electronic signature creation data used for electronic signature creation can practically occur only once;

(c) the electronic signature creation data used for electronic signature creation cannot, with reasonable assurance, be derived and the electronic signature is reliably protected against forgery using currently available technology;

(d) the electronic signature creation data used for electronic signature creation can be reliably protected by the legitimate signatory against use by others.

2. Qualified electronic signature creation devices shall not alter the data to be signed or prevent such data from being presented to the signatory prior to signing.

3. Generating or managing electronic signature creation data on behalf of the signatory may only be done by a qualified trust service provider.

4. Without prejudice to point (d) of point 1, qualified trust service providers managing electronic signature creation data on behalf of the signatory may duplicate the electronic signature creation data only for back-up purposes

를 보장해야 한다.

(a) 전자서명생성에 사용된 전자서명생성데이터의 기밀성이 합리적으로 보장된다.

(b) 전자서명생성에 사용된 전자서명생성데이터는 사실상 한 번만 발생할 수 있다.

(c) 전자서명생성을 위해 사용된 전자서명생성데이터는 도출될 수 없는 것이 합리적으로 보증되어야 하며, 전자서명이 현재 이용 가능한 기술을 사용하여 위·변조로부터 신뢰성 있게 보호되어야 한다.

(d) 전자서명생성에 사용된 전자서명생성데이터는 타인에 의한 사용에 대응하여 합법적인 서명자에 의해 안전하게 보호될 수 있어야 한다.

2. 적격전자서명생성장치는 서명자가 서명하기 전에 서명할 데이터의 변경이 일어나지 않도록 하거나 변경된 데이터가 서명자에게 제공되지 않도록 하여야 한다.

3. 서명자를 대신하여 전자서명생성데이터를 생성하거나 관리하는 것은 적격신뢰서비스제공자만이 할 수 있다.

4. 위 1호의 (d)를 침해하지 않으면서 서명자를 대신하여 전자서명생성데이터를 관리하는 적격신뢰서비스제공자는 다음 요건이 충족되면 백업 목적으로만 전자서명생성 데이터를 복제할 수 있다.

provided the following requirements are met:

(a) the security of the duplicated datasets must be at the same level as for the original datasets;

(b) the number of duplicated datasets shall not exceed the minimum needed to ensure continuity of the service.

(a) 복제된 데이터 세트의 보안은 원래의 데이터 세트와 동일한 수준이어야 한다.

(b) 복제된 데이터 세트의 수는 서비스의 연속성을 보장하기 위해 필요한 최소값을 초과하지 않아야 한다.

ANNEX Ⅲ.

REQUIREMENTS FOR QUALIFIED CERTIFICATES FOR ELECTRONIC SEALS

부속서 Ⅲ.

전자인장용 적격인증서 요건

Qualified certificates for electronic seals shall contain:

(a) an indication, at least in a form suitable for automated processing, that the certificate has been issued as a qualified certificate for electronic seal;

(b) a set of data unambiguously representing the qualified trust service provider issuing the qualified certificates including at least the Member State in which that provider is established and:
 - for a legal person: the name and, where applicable, registration number as stated in the official records,
 - for a natural person: the person's name;

(c) at least the name of the creator of the seal and, where applicable, registration number as stated in the official records;

(d) electronic seal validation data, which corresponds to the electronic seal

전자인장용 적격인증서는 다음 사항을 포함한다:

(a) 인증서가 전자인장용 적격인증서로서 적어도 자동 처리에 적합한 방식으로 발행되었음을 나타내는 표시;

(b) 적격인증서를 발급하는 적격신뢰서비스제공자를 명확하게 대표하는 데이터 세트로서 최소한 서비스제공자가 설립된 회원국가 및

 - 법인의 경우 : 법인명과 적용가능한 경우 공적 기록에서 명시하는 등록번호,
 - 자연인의 경우 : 그 사람의 이름;

(c) 최소한 인장 생성자의 이름과 적용가능한 경우 공식기록에 명시된 등록번호;

(d) 전자인장생성데이터에 대응하는 전자인장유효성검증데이터;

creation data;

(e) details of the beginning and end of the certificate's period of validity;

(f) the certificate identity code, which must be unique for the qualified trust service provider;

(g) the advanced electronic signature or advanced electronic seal of the issuing qualified trust service provider;

(h) the location where the certificate supporting the advanced electronic signature or advanced electronic seal referred to in point (g) is available free of charge;

(i) the location of the services that can be used to enquire as to the validity status of the qualified certificate;

(j) where the electronic seal creation data related to the electronic seal validation data is located in a qualified electronic seal creation device, an appropriate indication of this, at least in a form suitable for automated processing.

(e) 인증서의 유효성검증 기간의 시작일자와 종료일자에 대한 세부사항;

(f) 반드시 적격신뢰서비스제공자에게 유일한 인증서 신원확인증명 코드;

(g) 발행하는 적격신뢰서비스제공자의 고급전자서명 또는 고급전자인장;

(h) (g)항에 언급된 고급전자서명 또는 고급전자인장을 지원하는 인증서를 무료로 이용할 수 있는 위치;

(i) 적격인증서의 유효성 상태를 질의하기 위해 사용할 수 있는 서비스의 위치;

(j) 전자인장유효성검증데이터와 관련된 전자인장생성데이터가 적어도 자동 처리에 적합한 형태로 적격전자인장생성장치에 위치하는 경우, 이에 대한 적절한 표시.

ANNEX IV.

REQUIREMENTS FOR QUALIFIED CERTIFICATES FOR WEBSITE AUTHENTICATION

Qualified certificates for website authentication shall contain:

(a) an indication, at least in a form suitable for automated processing, that the certificate has been issued as a qualified certificate for website

부록 IV.

웹사이트 인증용 적격인증서를 위한 요건

웹사이트 인증용 적격인증서의 요건은 다음과 같다.

(a) 인증서가 웹사이트인증용 적격인증서로서 적어도 자동 처리에 적합한 방식으로 발행되었음을 나타내는 표시;

authentication;

(b) a set of data unambiguously representing the qualified trust service provider issuing the qualified certificates including at least the Member State in which that provider is established and:
  - for a legal person: the name and, where applicable, registration number as stated in the official records,
  - for a natural person: the person's name;

(c) for natural persons: at least the name of the person to whom the certificate has been issued, or a pseudonym. If a pseudonym is used, it shall be clearly indicated;

for legal persons: at least the name of the legal person to whom the certificate is issued and, where applicable, registration number as stated in the official records;

(d) elements of the address, including at least city and State, of the natural or legal person to whom the certificate is issued and, where applicable, as stated in the official records;

(e) the domain name(s) operated by the natural or legal person to whom the certificate is issued;

(f) details of the beginning and end of the certificate's period of validity;

(g) the certificate identity code, which must be unique for the qualified trust service provider;

(h) the advanced electronic signature or

(b) 적격인증서를 발행하는 적격신뢰서비스제공자를 명확하게 대표하는 데이터 세트로 최소한 신뢰서비스제공자가 설립된 회원국가 및

  - 법인의 경우: 공식기록에 명시된 법인명과 해당되는 경우 등록번호,

  - 자연인의 경우: 그 사람의 이름;

(c) 자연인의 경우: 적어도 인증서가 발행된 사람의 이름 또는 가명. 가명을 사용하는 경우에는 가명 사용 사실이 명확하게 표시되어야 한다.

법인의 경우: 최소한 인증서가 발급된 법인명 및 해당되는 경우 공식기록에 명시된 등록번호.

(d) 인증서가 발행된 자연인 또는 법인의 최소한 도시 및 주를 포함하는 주소. 해당되는 경우 공식 기록에 명시된 주소를 기재

(e) 인증서가 발급된 자연인 또는 법인이 운영하는 도메인 이름

(f) 인증서의 유효성검증 기간의 시작일자와 종료일자에 대한 세부사항;

(g) 적격신뢰서비스제공자에게 유일해야 하는 인증서 신원 코드;

(h) 발급하는 적격신뢰서비스제공자의 고급

advanced electronic seal of the issuing qualified trust service provider;

(i) the location where the certificate supporting the advanced electronic signature or advanced electronic seal referred to in point (h) is available free of charge;

(j) the location of the certificate validity status services that can be used to enquire as to the validity status of the qualified certificate.

전자서명 또는 고급전자인장;

(i) (h) 항에 언급된 고급전자서명 또는 고급전자인장을 지원하는 인증서를 무료로 이용할 수 있도록 제공되는 위치.

(j) 적격인증서의 유효성 상태를 질의할 수 있는 인증서 유효성 상태 서비스의 위치

제2절 전자신원확인 관련 시행결정과 시행규정 및 부속서

I. 전자신원확인 1_ 전자신원확인체계의 상호운용성 및 보안 확보를 위한 시행결정

COMMISSION IMPLEMENTING DECISION (EU) 2015/296 of 24 September 2015

establishing procedural arrangements for cooperation between Member States on electronic identification pursuant to Article 12(7) of Regulation (EU) No 910/ 2014 of the European Parliament and of the Council on electronic identification and trust services for electronic transactions in the internal market

(Text with EEA relevance)

THE EUROPEAN COMMISSION,
Having regard to the Treaty on the Functioning of the European Union,

2015년 9월 24일 2015/296의 유럽 집행위원회 시행 결정

유럽 의회와 이사회의 유럽연합 규정 제910/2014의 제12조 제7항에 따라 역내 시장에서의 전자거래를 위한 전자신원확인 및 신뢰서비스와 관련해서 회원국 간 전자신원확인 협력을 위한 절차적 방식을 마련하기 위한 집행위원회 시행 결정.

(EEA 관련 텍스트 포함)

유럽 집행위원회,
유럽 연합의 기능에 관한 조약을 고려하고,

Having regard to Regulation (EU) No 910/2014 of the European Parliament and of the Council of 23 July 2014 on electronic identification and trust services for electronic transactions in the internal market and repealing Directive 1999/93/EC (1), and in particular Article 12(7) thereof,

Whereas:

(1) Cooperation between Member States on the interoperability and security of electronic identification schemes is essential to foster a high level of trust and security appropriate to the degree of risk in such schemes.

(2) Article 7(g) of Regulation (EU) No 910/2014 requires the notifying Member State to provide to other Member States a description of that scheme 6 months in advance, in order that Member States can cooperate in the way described in Article 12(5) of Regulation (EU) No 910/2014.

(3) Cooperation between Member States requires simplified procedures. Interoperability and security of electronic identification schemes cannot be created by procedures conducted in different languages. The use of the English language during cooperation should facilitate reaching interoperability and security of electronic identification schemes, however, translation of already existing documentation should not cause unreasonable burden.

(4) Various elements of the electronic

지침 1999/93/EC (1)을 폐지하고 역내 시장에서의 전자거래에 대한 전자신원확인 및 신뢰서비스에 관한 2014년 7월 23일 유럽 의회와 이사회의 규정 (EU) No 910/ 2014 제12조 (7)항에 관하여, 아래와 같은 사항을 고려함:

(1) 전자신원확인 체계의 상호운용성 및 보안에 관한 회원국 간의 협력은 그러한 체계에서 위험의 정도에 적합한 높은 수준의 신뢰와 보안을 강화하는 데 필수적이다.

(2) (EU) 규정 제910/2014 제7조 (g)호는 통지 회원국이(EU) 규정 910/2014의 제12조 (5)에 따른 방법으로 회원국들이 협조할 수 있도록 6개월 이전에 다른 회원국들에게 그 체계의 설명을 제공하는 것을 요구하고 있다.

(3) 회원국 간의 협력을 위해서는 절차 간 소화가 요구된다. 서로 다른 언어로 진행되는 절차로는 전자신원확인 체계의 상호운용성 및 보안을 구축할 수 없다. 협력하는 동안 영어 사용은 상호운용성 및 전자신원확인 체계의 보안을 용이하게 하지만, 이미 존재하는 문서의 번역이 불합리한 부담을 야기해서는 안 된다.

(4) 전자신원확인 체계의 다양한 요소는 회

identification schemes are managed by different authorities or bodies in the Member States. In order to allow effective cooperation and simplify administrative procedures, it is appropriate to ensure that each Member State has a single point through which its relevant authorities and bodies can be reached.

(5) Exchange of information, experience and good practice between Member States facilitates the development of electronic identification schemes and serves as a tool to reach technical interoperability. The need for such cooperation is specifically justified when it concerns adjustments of already notified electronic identification schemes, changes to electronic identification schemes on which information has been provided to Member States before notification, and when important developments or incidents occur that can affect interoperability or security of electronic identification schemes. Member States should also have the means to request such kind of information concerning interoperability and security of electronic identification schemes from other Member States.

(6) Peer review of electronic identification schemes should be viewed as a mutual learning process that helps to build trust between Member States, and ensures interoperability and security of notified electronic identification schemes. This requires notifying Member States to provide sufficient information about

원국의 다른 당국 또는 기관에 의해 관리된다. 효과적인 협력을 가능하게 하고 행정 절차를 간소화하기 위해서 각 회원국은 관련 당국과 기관이 연락 가능한 단일 접촉지점을 확보하는 것이 적절하다.

(5) 회원국 간 정보, 경험 및 모범사례의 교환은 전자신원확인 체계의 발전을 용이하게 하며 기술적 상호운용성을 확보하기 위한 수단으로 사용된다. 그러한 협력의 필요성은 이미 통지된 전자신원확인 체계의 조정, 통지 전에 회원국에 제공된 정보를 기반으로 하여 전자신원확인 체계의 변경 및 상호운용성 또는 보안에 영향을 미칠 수 있는 중요한 개발이나 사건이 발생할 경우 특히 정당화된다. 회원국은 또한 다른 회원국의 전자신원확인 체계의 상호운용성 및 보안과 관련하여 그러한 종류의 정보를 요청할 수 있는 수단을 가져야 한다.

(6) 전자신원확인체계에 대한 동료평가는 회원국 간의 신뢰 구축에 도움이 되는 상호 학습 과정으로 여겨져야 하며, 통지된 전자신원확인 체계의 상호운용성 및 보안을 보장해야 한다. 이를 위해서는 회원국에 전자신원확인체계에 대한 충분한 정보를 제공해야 함을 알려야 한다. 그러나 보안상 중요할 때에, 회원국

their electronic identification schemes. The need for Member States to keep certain information confidential, when this is critical for security, must however also be taken into account.

(7) In order to ensure that the peer review process is cost effective and produces clear and conclusive results, and to avoid placing an unnecessary burden on Member States, Member States should collectively conduct a single peer review.

(8) Member States should take into account independent third party assessments, if available, when cooperating on matters relating to electronic identification schemes, including when conducting peer reviews.

(9) In order to facilitate procedural arrangements to achieve objectives in Article 12(5) and (6) of Regulation (EU) No 910/2014, the Cooperation Network should be created. This is to ensure the existence of a forum which can include all the Member States and engage them in a formalised manner to cooperate vis-à-vis the practicalities of the maintenance of the interoperability framework.

(10) The Cooperation Network should examine draft notification forms provided by Member States under Article 7(g) of Regulation (EU) No 910/2014 and issue opinions providing indications as to the compliance of the schemes described therein with the

들은 특정 정보를 기밀로 유지해야 할 필요성을 고려하여야 한다.

(7) 동료평가 절차가 비용면에서 효과적이며 명확하고 결정적인 결과를 낳고 회원국에 불필요한 부담을 가하지 않기 위해 회원국은 공동으로 단일 동료평가를 실시해야 한다.

(8) 회원국은 가능한 경우, 동료평가를 수행할 때를 포함하여 전자신원확인 체계와 관련된 문제에 협력할 때 독립적인 제3자 관점에서의 평가를 고려해야 한다.

(9) (EU) 규정 No 910/2014 제12조 (5) 및 (6)의 목적을 달성하기 위한 절차적 합의를 용이하게 하기 위해 협력 네트워크가 창설되어야 한다. 이는 모든 회원국을 포함할 수 있는 포럼의 존재를 보장하고 상호운용성 프레임워크의 유지 관리의 실용성에 대한 협력을 공식화된 방식으로 수행하기 위함이다.

(10) 협력 네트워크는 (EU) 규정 910/2014 제7조 (g)호에 따라 회원국이 제공한 통지서 초안을 검토하여야 하고 규정 제7조와 제8조의 (1)−(2), 제12조의 (1), 제8조 (3)에 언급된 요건과 관련된 체계의 준수여부와 관련된 의견을 제시한다. (EU) No 910/2014 규정의 제9조 (1)

requirements of Article 7 and Articles 8(1)-(2) and 12(1) of that Regulation and the implementing act referred to in Article 8(3) of that Regulation. Article 9(1)(e) of Regulation (EU) No 910/2014 requires notifying Member States to describe how the notified electronic identification scheme meets the requirements of interoperability pursuant to Article 12(1) of Regulation (EU) No 910/2014. In particular, opinions of the Cooperation Network should be taken into consideration by Member States when preparing to discharge of their obligation under Article 9(1)(e) of Regulation (EU) No 910/2014 to describe to the Commission how the notified electronic identification scheme meets the requirements of interoperability pursuant to Article 12(1) of Regulation (EU) No 910/2014.

(e)는 통지하는 회원국에게 통지된 전자 신원확인 체계가 (EU) 규정 No 910/2014 제12조 (1)에 따라 상호운용성 요건을 어떻게 충족하는지 설명하도록 요구한다. 특히 EU 회원국은 (EU) 규정 No 910/2014 제9조 (1)항 (e)호에 따라 의무를 이행할 준비와 관련하여, (EU) 규정 No 910/2014의 제12조 (1)에 따라 어떻게 상호운용성 요건을 충족하는지 집행위원회에 설명할 때 협력 네트워크의 의견을 고려하여야 한다.

(11) All parties involved in notification should take note of the opinion of the Cooperation Network as guidance to the full cooperation, notification and interoperability processes.

(11) 통지에 관련된 모든 당사자는 완전한 협력, 통지와 상호운용성 프로세스에 대한 지침으로서 협력 네트워크의 의견을 기록해야 한다.

(12) In order to ensure the effectiveness of the peer review process conducted under this Decision, it is appropriate for the Cooperation Network to provide guidance to the Member States.

(12) 이 결정에 따라 수행된 동료평가 과정의 효과를 보장하기 위해 협력 네트워크가 회원국에 지침을 제공하는 것이 적절하다.

(13) The measures provided for in this Decision are in accordance with the opinion of the Committee established by Article 48 of Regulation (EU) No 910/2014,

(13) 이 결정에 제공된 조치는 (EU) 규정 No 910/2014 제48조에 의해 설정된 집행위원회의 견해와 일치한다.

HAS ADOPTED THIS DECISION:

이 결정을 채택하였다.

CHAPTER I
GENERAL PROVISIONS

제1장
총 칙

Article 1 **Objective**

Pursuant to Article 12(7) of the Regulation, this Decision lays down the procedural arrangements for facilitating cooperation between Member States, as is necessary in order to ensure the interoperability and security of electronic identification schemes of which Member States are intending to notify or have notified the Commission. The arrangements relate in particular to:

(a) the exchange of information, experience and good practice relating to electronic identification schemes and examination of the relevant developments in the electronic identification sector as set out in Chapter Ⅱ;

(b) peer review of electronic identification schemes as set out in Chapter Ⅲ; and

(c) cooperation through the Cooperation Network as set out in Chapter Ⅳ.

Article 2 **Language of cooperation**

1. Unless otherwise agreed by the concerned Member States, the language of cooperation shall be English.

2. Without prejudice to paragraph 1, Member States shall not be obliged to translate supporting documents referred

제1조 목적

규정 제12조 제7항에 의거하여, 이 결정은 회원국이 집행위원회에 통지하거나 보유하고자 하는 전자신원확인 제도의 상호운용성 및 보안을 보장하기 위해 회원국 간 협력을 촉진하기 위한 절차적 방식을 규정하고 있다. 이 합의는 특히 다음과 관련이 있다 :

(a) 전자신원확인체계에 관한 정보, 경험 및 우수 사례의 교환 및 제2장에 명시된 전자신원확인 분야의 관련 개발 검토

(b) 제3장에 명시된 전자신원확인체계에 대한 동료평가; 그리고

(c) 제4장에 명시된 바와 같은 협력 네트워크를 통한 협력.

제2조 협력 언어

1. 관련 회원국이 별도로 합의하지 않는 한, 협력 언어는 영어로 한다.

2. 제1항을 저해함이 없이 회원국은 제10조 (2)에 언급된 보조 서류가 부당한 부담을 지우는 경우 번역할 의무가 없다.

to in Article 10(2) where this would create an unreasonable burden.

Article 3 Points of single contact

1. For the purposes of cooperation between the Member States pursuant to Article 12(5) and (6) of Regulation (EU) No 910/2014, each Member State shall designate a point of single contact.

2. Each Member State shall communicate to the other Member States and the Commission information on the point of single contact. The Commission shall publish a list of the points of single contact online.

CHAPTER II

EXCHANGE OF INFORMATION, EXPERIENCE AND GOOD PRACTICE

Article 4 Exchange of information, experience and good practice

1. Member States shall share information, experience or good practice relating to electronic identification schemes with other Member States.

2. Each Member State shall inform other Member States accordingly where it introduces any of the following changes, developments or adjustments which are related to the interoperability or the assurance levels of the scheme:

(a) developments or adjustments to its already notified electronic identification scheme, where they do not require

---

제3조 단일접촉지점

1. (EU) 규정 제910/2014 제12조 (5) 및 (6)에 따라 회원국 간 협력을 위해 각 회원국은 단일접촉지점을 지정해야 한다.

2. 각 회원국은 단일접촉지점에 관한 정보를 다른 회원국 및 집행위원회에 통지한다. 집행위원회는 온라인으로 단일 접촉지점을 공표해야 한다.

제2장

정보, 경험과 우수 사례의 교환

제4조 정보, 경험, 우수 사례의 교환

1. 회원국은 전자신원확인 체계에 관한 정보, 경험 또는 우수 사례를 다른 회원국과 공유한다.

2. 각 회원국은 상호운용성 또는 계획의 보증수준과 관련된 다음과 같은 변경, 개발 또는 조정 중 어느 부분을 도입하는지에 따라 다른 회원국에게 이를 알린다.

(a) (EU) 규정 No. 910/2014의 제9조 (1)에 따라 통지할 필요가 없는 이미 통지된 전자신원확인체계에 대한 개발 또는

notification pursuant to Article 9(1) of Regulation (EU) No 910/2014;

(b) changes, developments or adjustments to the description of its electronic identification scheme provided pursuant to Article 7(g) of Regulation (EU) No 910/2014, where they occurred before the notification.

3. When a Member State becomes aware of any important development or incident that is not related to its notified electronic identification scheme but that could affect the security of other notified electronic identification schemes, it shall inform the other Member States.

Article 5 Request of information on interoperability and security

1. When a Member State considers that in order to ensure the interoperability between the electronic identification schemes it is necessary to have more information which was not already provided by the Member State notifying the electronic identification scheme, it may request such information from the latter. The notifying Member State shall provide such information, unless:

(a) it does not possess such information and to obtain it would cause an unreasonable administrative burden;

(b) such information concerns matters of public security or national security;

(c) such information concerns matters of business, professional or company

조정;

(b) 통지 이전에 발생한 (EU) 규정 No. 910/2014 제7조 (8)에 따라 제공된 전자신원확인체계에 대한 설명의 변경, 개발 또는 조정.

3. 회원국은 통지된 전자신원확인체계와 관련이 없지만 다른 통지된 전자신원확인체계의 보안에 영향을 미칠 수 있는 중요한 개발이나 사건을 알게 되면 다른 회원국에 통지해야 한다.

제5조 상호운용성 및 보안 관련 정보의 요청

1. 회원국은 전자신원확인체계 간의 상호운용성을 보장하기 위해 신원확인체계를 통지한 회원국이 제공하지 않았던 더욱 많은 정보를 확보하는 것이 필요하다고 판단한 경우, 회원국은 전자신원확인체계에 대한 해당 정보를 요구할 수 있다. 통지 회원국은 다음의 경우를 제외하고는 해당 정보를 제공해야 한다.

(a) 그러한 정보를 가지고 있지 않으며, 이를 획득하는 것이 불합리한 행정 부담을 초래할 수 있는 경우

(b) 그러한 정보가 공공 보안 또는 국가 안보와 관련된 경우

(c) 그러한 정보가 비즈니스, 전문직 또는 회사 비밀 문제와 관련된 경우

secrets.

2. In order to improve the security of electronic identification schemes a Member State that has a security concern affecting a scheme which has been notified or which is in the process of being notified, may request information about the security concern. The requested Member State shall then provide all Member States with the relevant information required to establish whether a security breach referred to in Article 10 of Regulation (EU) No 910/2014 has occurred or to establish whether there is a real risk that such a breach may occur, unless:

(a) it does not possess such information and to obtain it would cause an unreasonable administrative burden;

(b) such information concerns matters of public security or national security;

(c) such information concerns matters of business, professional or company secrets.

Article 6 Exchange of information through points of single contact

The Member States shall exchange information pursuant to Articles 4 and 5 through the points of single contact and shall provide the relevant information requested without undue delay.

CHAPTER III
PEER REVIEW

2. 전자신원확인체계의 보안을 향상시키기 위해, 통지되거나 통지 과정에 영향을 미치는 보안 문제가 있는 회원국은 보안 문제에 관한 정보를 요구할 수 있다. 요청된 회원국은 모든 회원국에게 (EU) 규정 No 910/2014 제10조에 언급된 보안 위반이 있었는지 여부를 확인하거나 그러한 위반이 실제로 발생할 위험이 있는지를 확인하는 데 다음의 경우를 제외하고는 필요한 관련 정보를 제공해야 한다.

(a) 그러한 정보를 가지고 있지 않으며, 이를 획득하는 것이 불합리한 행정 부담을 초래할 수 있는 경우

(b) 그러한 정보가 공공 보안 또는 국가 안보와 관련된 경우

(c) 그러한 정보가 비즈니스, 전문직 또는 회사 기밀 문제와 관련된 경우

제6조 단일접촉지점을 통한 정보의 교환

회원국은 제4조와 제5조에 의거한 정보를 단일접촉지점을 통하여 교환해야 하며 지체 없이 관련 정보를 제공해야 한다.

제3장
동료평가

Article 7 **Principles**

1. Peer review is a mechanism for cooperation between Member States designed to ensure interoperability and security of notified electronic identification schemes.

2. Participation of the peer Member States shall be voluntary. The Member State whose electronic identification scheme is to be peer reviewed may not refuse the participation of any peer Member State in the peer reviewing process.

3. Each Member State involved in the peer reviewing process shall bear the costs it incurs through participation in this process.

4. Any information obtained through the peer reviewing process shall be used solely for this purpose. Representatives of the Member States conducting the peer review shall not disclose any sensitive or confidential information obtained in the course of the peer review to third parties.

5. Peer Member State shall reveal any possible conflict of interest which representatives nominated by them to take part of the peer review activities might have.

Article 8 **Initiation of the peer reviewing process**

1. The peer review process may be initiated in one of the two ways:

제7장 원칙

1. 동료평가는 통지된 전자신원확인체계의 상호운용성 및 보안을 보장하기 위해 고안된 회원국 간의 협력 메커니즘이다.

2. 동료 회원국의 참여는 자발적이어야 한다. 전자신원확인 체계가 동료평가될 회원국은 동료평가 과정에서 동료 회원국의 참여를 거부할 수 없다.

3. 동료평가 과정에 참여한 각 회원국은 이 과정에 참여함으로써 발생하는 비용을 부담해야 한다.

4. 동료평가 프로세스를 통해 얻은 모든 정보는 이 목적을 위해서만 사용해야 한다. 동료평가를 수행하는 회원국 대표는 동료평가 과정에서 얻은 민감정보 또는 기밀정보를 제3자에게 공개해서는 안 된다.

5. 동료 회원국은 동료평가 활동에 참여하기 위해 지명된 대표가 가질 수 있는 가능한 모든 이해관계를 밝혀야 한다.

제8장 동료평가 프로세스의 개시

1. 동료평가 프로세스는 다음 두 가지 방법 중 하나로 시작할 수 있다.

(a) A Member State requests its electronic identification scheme to be peer reviewed.

(b) A Member State or Member States express the wish to peer review the electronic identification scheme of another Member State. In their request, they shall indicate the reasons for wishing to conduct the peer review and shall explain how the peer review would contribute to the interoperability or security of Member States' electronic identification schemes.

2. A request under paragraph 1 shall be announced to the Cooperation Network pursuant to paragraph

3. Any Member States intending to take part in the peer review shall inform the Cooperation Network within 1 month. The Member State whose electronic identification scheme is to be peer reviewed shall provide the Cooperation Network with the following information:

(a) the electronic identification scheme to be peer reviewed;

(b) the peer Member State(s);

(c) the timeline for the expected outcome to be presented to the Cooperation Network; and

(d) the arrangements on how to conduct the peer review pursuant to Article 9(2).

4. An electronic identification scheme shall not be subject to further peer

(a) 회원국은 전자신원확인체계에 대한 동료평가를 요청한다.

(b) 한 회원국 또는 회원국들은 다른 회원국의 전자신원확인체계에 대해 동료평가를 희망한다는 의사표시를 한다. 그들의 요청에 따라, 그들은 동료평가를 수행하고자 하는 이유를 표시해야 하며, 동료평가가 회원국의 전자신원확인체계의 상호운용성 또는 보안에 어떻게 기여하는지 설명해야 한다.

2. 제1항에 따른 요청은 제1항의 규정에 따라 협력 네트워크에 공표되어야 한다.

3. 동료평가에 참여하고자 하는 회원국은 1개월 이내에 협력네트워크에 통지해야 한다. 전자신원확인체계가 동료평가 대상이 되는 회원국은 협력네트워크에 다음과 같은 정보를 제공해야 한다.

(a) 전자신원확인 체계가 동료평가될 것;

(b) 동료평가 회원국(들);

(c) 예상 결과가 협력네트워크에 제출될 일정.

(d) 제9조 (2)항에 따라 동료평가를 수행하는 방법에 관한 협약.

4. 전자신원확인체계는 협력 네트워크가 합의한 경우를 제외하고는 동료평가가 체

review within 2 years of a peer review being concluded, unless agreed by the Cooperation Network.

결된 후 2년 이내에 더 이상의 동료평가를 받지 않아야 한다.

Article 9 **Preparation for the peer review**

제9조 동료평가의 준비

1. The peer Member States shall provide the Member State whose electronic identification scheme is being peer reviewed with the names and contact details of their representatives carrying out the peer review within 2 weeks after the peer Member States informed of their intention to take part in the review pursuant to Article 8(2). The Member State whose electronic identification scheme is being peer reviewed may refuse the participation of any representative in case of conflict of interest.

1. 동료 회원국들은 회원국이 참여 의사를 통지한 후 2주 이내에 동료평가를 수행하는 대표자의 성명 및 연락처 상세 정보를 동료평가를 요청한 회원국에 제8조 제2항에 따라 제공해야 한다. 전자신원확인체계에 대한 동료평가를 받는 회원국은 이해 상충이 있을 경우 대표자의 참여를 거부할 수 있다.

2. Taking into account the guidance provided by the Cooperation Network, the Member State whose electronic identification scheme is being peer reviewed and the peer Member States shall agree on:

2. 협력 네트워크가 제공하는 지침을 고려하여 회원국은 전자신원확인체계가 동료평가되기 위해서 동료 회원국은 다음 사항에 동의해야 한다.

(a) the scope and the arrangements of the peer review on the bases of the scope of Article 7(g) or Article 9(1) of Regulation (EU) No 910/2014 and interest expressed by the peer Member States in the initiation phase;

(a) (EU) 규정 제910/2014조 제7조 (g) 또는 제9조 (1)의 범위와 동료 회원국이 개시 시에 표명한 이해관계의 토대에 대한 상호 심사의 범위 및 약정 단계;

(b) timing of the peer review activities by determining an end deadline which cannot exceed 3 months after the peer Member States provided the names and contact details of their representatives pursuant to paragraph 1;

(b) 동료 회원국이 제1항에 따라 그들의 대표자의 성명 및 연락처를 제공한 이후, 3개월을 초과할 수 없는 마감 기일을 정하는 것에 의한 동료 심사 활동의 시기.

(c) other organisational arrangements relating to the peer reviewing process. The Member State whose electronic identification scheme is being peer reviewed shall inform the Cooperation Network of the agreement.

Article 10   **Peer reviewing**

1. The Member States involved shall conduct the peer review jointly. The Member States' representatives shall choose one representative from among themselves to coordinate the peer review.

2. The Member State whose electronic identification scheme is being peer reviewed shall provide the peer Member States with the notification form submitted to the Commission or a description of the scheme pursuant to Article 7(g) of Regulation (EU) No 910/2014 if the respective electronic identification scheme has not yet been notified. All supporting documents and additional relevant information shall also be provided.

3. Peer reviewing may include, but is not limited to, one or more of the following arrangements:

(a) the assessment of relevant documentation;

(b) examination of processes;

(c) technical seminars; and

(d) consideration of independent third

(c) 동료평가 과정과 관련된 다른 조직 배치. 전자신원확인 체계가 상호 검토되고 있는 회원국은 협력 네트워크에 합의 사항을 통지해야 한다.

제10조 동료평가

1. 관련된 회원국은 공동으로 동료평가를 실시해야 한다. 회원국 대표는 동료평가를 조정하기 위해, 그들 중 하나의 대표를 선출해야 한다.

2. 전자신원확인 체계가 동료평가되고 있는 회원국은 동등한 회원국에게 유럽연합에 제출된 통지서 또는 (EU) 규정 910/2014 제7조 (g)에 따른 계획에 대한 설명을 제공해야 한다. 각각의 전자신원확인 체계는 아직 통지되지 않았다. 모든 보조 문서 및 추가 관련 정보도 제공해야 한다.

3. 동료평가에는 다음 중 하나 이상의 사항이 포함될 수 있으나 이에 국한되지는 않는다.

(a) 관련 문서의 평가

(b) 공정 심사;

(c) 기술 세미나; 그리고

(d) 독립적인 제3자 평가의 고려.

party assessment.

4. The peer Member States may require additional documentation related to the notification. The Member State whose electronic identification scheme is peer reviewed shall provide such information unless:

(a) it does not possess such information and to obtain it would cause an unreasonable administrative burden;

(b) such information concerns matters of public security or national security;

(c) such information concerns matters of business, professional or company secrets.

Article 11   Outcome of the peer review

The peer Member States shall prepare and present within 1 month from the end of the peer review process a report for the Cooperation Network. Members of the Cooperation Network may require further information or clarification from the Member State whose electronic identification scheme was peer reviewed or from the peer Member States.

CHAPTER Ⅳ
THE COOPERATION NETWORK

Article 12   Establishment and working methods

A network to promote the cooperation pursuant to Article 12(5)-(6) of Regulation (EU) No 910/2014 ('the Cooperation

---

4. 동료 회원국은 통지와 관련된 추가 문서를 요구할 수 있다. 전자신원확인 체계가 동료평가를 거친 회원국은 다음의 경우를 제외하고 그러한 정보를 제공해야 한다:

(a) 그러한 정보를 가지고 있지 않으며 이를 획득하는 것이 불합리한 행정 부담을 초래할 수 있다.

(b) 그러한 정보는 공공 보안 또는 국가 안보와 관련된다.

(c) 그러한 정보는 비즈니스, 전문직 또는 회사 비밀 문제와 관련된다.

제11조   동료평가의 산출물

동료 회원국은 동료평가 과정 종료 후 1개월 이내에 협력 네트워크에 보고서를 작성하고 제출해야 한다.
협력 네트워크의 회원은 전자신원확인 계획에 대한 동료평가를 거친 회원국 또는 동료 회원국의 추가 정보 또는 설명을 요구할 수 있다.

제4장
협력 네트워크

제12장 수립 및 작업 방법

(EU) 규정 No 910/2014규정 제12조 제5항－제6항('협력 네트워크')에 따라 협력을 촉진하기 위한 네트워크가 설립된다. 협력 네

Network') is hereby established. The Cooperation Network shall conduct its work through a combination of meetings and written procedure.

트워크는 회의와 서면 절차의 조합을 통해 업무를 수행한다.

Article 13 **Draft notification form**

When the notifying Member State provides the description of its electronic identification scheme pursuant to Article 7(g) of Regulation (EU) No 910/2014, it shall provide the Cooperation Network with the draft notification form properly filled in and all the necessary accompanying documentation as specified in Article 9(1) of Regulation (EU) No 910/2014 and in the implementing act referred to in Article 9(5) of Regulation (EU) No 910/2014.

제13조 초안 통지 서식

통지 회원국이 (EU) 규정 910/2014 제7조 (g)에 따라 전자신원확인 체계에 대한 설명을 제공하는 경우, 그것은 (EU) 규정 No 910/2014 제9조 제1항 및 (EU) 규정 No 910/2014 제9조 제5항에 언급된 시행법에 명시된 대로 적절하게 기입된 통지 양식 초안과 필요한 모든 부속 문서를 협력 네트워크에 제공한다.

Article 14 **Tasks**

The Cooperation Network shall be mandated to:

(a) facilitate the cooperation between Member States on the establishment and functioning of the interoperability framework pursuant to Article 12(5)-(6) of Regulation (EU) No 910/2014, through the exchange of information;

(b) establish methods for the efficient exchange of information relating to all issues concerning electronic identification;

(c) examine the relevant developments in the electronic identification sector and discuss and develop good practices on interoperability and security for electronic identification schemes;

제14조 임무

협력 네트워크는 다음을 위임받아야 한다.

(a) 정보 교환을 통해 (EU) 규정 제910/2014 제12조 제5항-제6항에 따라 회원국 간의 상호운용성 프레임워크의 설립과 기능에 관한 협력을 촉진한다.

(b) 전자신원확인에 관한 모든 문제와 관련된 정보의 효율적인 교환을 위한 방법을 수립한다.

(c) 전자신원확인 분야의 관련 개발을 검토하고 전자신원확인체계에 대한 상호운용성 및 보안에 관한 우수 사례를 토의하고 개발한다.

(d) adopt opinions on developments relating to the interoperability framework referred to in Article 12(2)-(4) of Regulation (EU) No 910/2014;

(e) adopt opinions on developments concerning the minimum technical specifications, standards and procedures regarding assurance levels set out in the implementing act adopted pursuant to Article 8(3) of Regulation (EU) No 910/2014, and the guidance which accompanies that implementing act;

(f) adopt guidance on the scope of peer review and its arrangements;

(g) examine the outcome of the peer reviews pursuant to Article 11;

(h) examine the filled draft notification form;

(i) adopt opinions on how an electronic identification scheme to be notified, the description of which was provided pursuant to Article 7(g) of Regulation (EU) No 910/2014, meets the requirements of Article 7 and Articles 8(1)-(2) and 12(1) of that Regulation and the implementing act referred to in Article 8(3) of that Regulation.

Article 15 **Membership**

1. The Member States and countries in the European Economic Area shall be the members of the Cooperation Network.

2. Representatives of acceding countries

(d) (EU) 규정 No 910/2014의 제12조 제2항-제4항에 언급된 상호운용성 체계와 관련된 개발에 대한 의견을 채택한다.

(e) (EU) 규정 No 910/2014 제8조 제3항에 따라 채택된 시행법에 명시된 보증수준에 관한 최소한의 기술규격, 표준 및 절차에 관련된 개발에 관한 의견 및 그 시행법에 수반하는 지침을 채택한다.

(f) 동료평가 및 그 약정의 범위에 관한 지침을 채택한다.

(g) 제11조에 따라 동료평가의 결과를 검토한다.

(h) 기재된 초안 신고서를 검토한다;

(i) 본 규정 제7조 (g)에 의거하여, 전자신원확인체계가 통지되어야 하는 방식에 관한 의견을 채택하는데, 본 규정 제7조와 제8조 제1항-제2항의 요건 및 제12조 제1항의 요건 그리고 본 규정 제8조 제3항에서 언급하는 시행법의 요건을 충족시키는 방법에 관한 의견을 채택한다.

제15조 회원

1. 회원국과 유럽 경제 지역의 국가는 협력 네트워크의 회원국이어야 한다.

2. 의장은 가입국의 대표를 가입 조약 서명

shall be invited by the Chair to attend the meetings of the Cooperation Network as observers as from the date of signature of the Treaty of accession.

3. The Chair may invite experts from outside the Cooperation Network with specific competence in a subject on the agenda to participate in the work of the Cooperation Network or sub-group on an ad hoc basis, after consultation with the Cooperation Network. In addition, the Chair may give observer status to individuals and organisations after consultation with the Cooperation Network.

Article 16 **Operation**

1. The meetings of the Cooperation Network shall be chaired by the Commission.

2. In agreement with the Commission, the Cooperation Network may establish sub-groups to examine specific questions on the basis of terms of reference defined by the Cooperation Network. Such sub-groups shall cease to exist as soon as their mandate is fulfilled.

3. Members of the Cooperation Network, as well as invited experts and observers, shall comply with the obligations of professional secrecy laid down by the Treaties and their implementing rules, as well as with the Commission's rules on security regarding the protection of EU classified information, laid down in the

일부터 옵저버로서 협력 네트워크 회의에 참석하도록 초청한다.

3. 의장은 협력 네트워크와의 협의 후 임시로 협력 네트워크 또는 하위 그룹의 작업에 참여할 의제에 대한 구체적인 능력을 갖춘 협력 네트워크 외부의 전문가를 초청할 수 있다. 또한 의장은 협력 네트워크와의 협의 후 개인 및 조직에 옵서버 지위를 부여할 수 있다.

제16조 운영

1. 협력 네트워크 회의는 집행위원회가 의장을 맡는다.

2. 집행위원회와의 협의 하에, 협력 네트워크는 협력 네트워크가 정한 위임 사항을 토대로 특정 질문을 검토하기 위해 하위 그룹을 구성할 수 있다. 그러한 하위 그룹은 그들의 명령이 완료되는 즉시 중단되어야 한다.

3. 초청 전문가 및 참관인은 물론 협력 네트워크 회원은 조약 및 그 시행 규칙에 규정된 전문가의 비밀 의무 및 EU 기밀 정보의 보호에 관한 집행위원회의 안전 규칙을 준수해야 한다(집행위원회 결정 2001/844/EC, ECSC, Euratom (1) 부속서에 명시됨). 집행위원회는 이러한 의무를 존중하지 못하면 모든 적절한 조치를 취할 수 있다.

Annex to Commission Decision 2001/844/EC, ECSC, Euratom (1). Should they fail to respect these obligations, the Commission may take all appropriate measures.

4. The Cooperation Network shall hold its meetings on Commission premises. The Commission shall provide secretarial services.

5. The Cooperation Network shall publish its opinions adopted pursuant to Article 14(i) in a dedicated website. When such an opinion contains confidential information, the Cooperation Network shall adopt a non-confidential version of that opinion for the purposes of such publication.

6. The Cooperation Network shall adopt, by simple majority of its members, its rules of procedure.

Article 17 **Meeting expenses**

1. The Commission shall not remunerate those involved in the activities of the Cooperation Network for their services.

2. Travel expenses incurred by participants in the meetings of the Cooperation Network may be reimbursed by the Commission. Reimbursement shall be made in accordance with the provisions in force within the Commission and within the limits of the available appropriations allocated to the Commission services under the annual procedure for the allocation of resources.

---

4. 협력 네트워크는 집행위원회 건물 내에서 회의를 개최한다. 집행위원회는 비서 업무를 제공해야 한다.

5. 협력 네트워크는 제14조 (i)에 따라 채택된 의견을 전용 웹 사이트에 게시해야 한다. 그러한 의견에 기밀 정보가 포함되어 있는 경우, 협력 네트워크는 그러한 공개 목적을 위해 비공개 버전의 의견을 채택해야 한다.

6. 협력 네트워크는 회원국의 과반수가 그 절차 규칙을 채택해야 한다.

제17조 회의 경비

1. 집행위원회는 협력네트워크의 활동에 관련된 자에 대하여 그 근무에 대한 보수를 지급하지 아니한다.

2. 협력 네트워크 회의 참석자가 초래한 여행 경비는 집행위원회에 의해 상환될 수 있다. 상환은 집행위원회 내에서 시행되는 조항에 따라 그리고 자원 할당을 위한 연례 절차에 따라 집행위원회 서비스에 할당된 사용 가능한 예산의 한도 내에서 이루어져야 한다.

Article 18 Entry into force

This Decision shall enter into force on the twentieth day following that of its publication in the *Official Journal of the European Union*.

제18조 발효

이 결정은 유럽연합 관보에 공표된 날부터 20일째 되는 날에 발효한다.

Ⅱ. 전자신원확인 2_개별 회원국의 다양한 전자신원확인수단 사이 상호운용성 프레임워크 구축 시행규정

Regulations COMMISSION IMPLEMENTING REGULATION (EU) 2015/1501 of 8 September 2015

on the interoperability framework pursuant to Article 12(8) of Regulation (EU) No 910/2014 of the European Parliament and of the Council on electronic identification and trust services for electronic transactions in the internal market

(Text with EEA relevance)

2015년 9월 8일 유럽 집행위원회의 (EU) 2015/1501의 시행규정

유럽 의회 및 이사회의 (EU) 규정 910/2014 제12조 (8)에 따라 역내시장에서의 전자거래를 위한 전자신원확인과 신뢰서비스에 관한 상호운용성 프레임워크에 대한 시행규정

(EEA 관련 텍스트 포함)

THE EUROPEAN COMMISSION,
Having regard to the Treaty on the Functioning of the European Union,

Having regard to Regulation (EU) No 910/2014 of the European Parliament and of the Council of 23 July 2014 on electronic identification and trust services for electronic transactions in the internal market and repealing Directive 1999/93/EC (1), and in particular Article 12(8) thereof,

Whereas:

유럽 집행위원회는,
유럽 연합의 기능에 관한 조약을 고려하여,

역내시장에서의 전자거래에 대한 전자신원확인과 신뢰서비스에 관한 2014년 7월 23일 유럽 의회와 이사회의 (EU) No 910/2014규정, 전자서명지침 1999/93/EC (1)의 폐지, 특히 (EU) No 910/2014규정 제12조 제8항과 관련되어 다음 사항을 고려함:

(1) Article 12(2) of Regulation (EU) No 910/2014 provides that an interoperability framework should be established for the purposes of interoperability of the national electronic identification schemes notified pursuant to Article 9(1) of that Regulation.

(2) Nodes play a central role in the interconnection of Member States' electronic identification schemes. Their contribution is explained in the documentation related to the Connecting Europe Facility established by Regulation (EU) No 1316/2013 of the European Parliament and of the Council (2), including the functions and components of the 'eIDAS node'.

(3) Where a Member State or the Commission provides software to enable authentication to a node operated in another Member State, the party which supplies and updates the software used for the authentication mechanism may agree with the party which hosts the software how the operation for the authentication mechanism will be managed. Such an agreement should not impose disproportionate technical requirements or costs (including support, responsibilities, hosting and other costs) on the hosting party.

(4) To the extent that the implementation of the interoperability framework justifies, further technical specifications providing details on technical requirements as set out in this

(1) 그들의 기여는 (EU) 규정 No 910/2014 제12조(2)은 해당 규정 제9조(1)에 따라 통지된 회원국의 전자신원확인 체계간의 상호운용성을 목적으로 하는 상호운용성 프레임워크를 수립한다는 것을 규정하고 있다.

(2) 회원국의 전자신원확인 체계의 상호 연결에서 노드는 중심적인 역할을 한다. 유럽 의회 및 이사회의 (EU) 규정 No 1316/2013 제2조에 의해 설립된 유럽시설의 연결에 관한 문서에서 'eIDAS 노드'의 기능과 구성 요소를 포함하여 노드의 주된 역할을 설명하고 있다.

(3) 회원국 또는 집행위원회가 다른 회원국에서 운영되는 노드로 인증할 수 있도록 하는 소프트웨어를 제공하는 경우, 인증 메커니즘에 사용된 소프트웨어를 공급하고 업데이트하는 당사자는 인증 메커니즘의 작용을 관리하는 소프트웨어를 호스팅하는 당사자에 동의할 수 있다. 그와 같은 동의를 할 때 호스팅 당사자에게 과도한 기술적인 요건이나 비용(지원, 책임, 호스팅 및 기타 비용 포함)을 부과해서는 안 된다.

(4) 상호운용성 프레임워크의 시행이 정당화되는 한, 집행위원회는 본 규정에 명시된 기술요건에 대한 세부 사항을 제공하는 추가 기술규격을 회원국과 함께, 특히 집행위원회 시행결정 (EU) 2015/

Regulation could be developed by the Commission, in cooperation with Member States, in particular having regard to opinions of the Cooperation Network referred to in Article 14(d) of Commission Implementing Decision (EU) 2015/296 (3). Such specifications should be developed as part of the digital service infrastructures of Regulation (EU) No 1316/2013 which provides the means for the practical implementation of an electronic identification building block.

296 (3)의 제14조(d)에 언급된 협력 네트워크에 의거하여 협력하여 개발할 수 있다. 이러한 기술규격은 전자신원확인 빌딩 블록의 실제 시행을 위한 수단을 정하는 (EU) No 1316/2013 규정의 디지털 서비스 인프라의 일부로 개발되어야 한다.

(5) The technical requirements set out in this Regulation should be applicable despite any changes in the technical specifications that might be developed pursuant to Article 12 of this Regulation.

(5) 본 규정 제12조에 따라 개발될 수 있는 기술규격에 어떤 변화가 있더라도, 본 규정에 기술된 기술적 요건을 적용해야 한다.

(6) Large-scale pilot STORK, including specifications developed by it, and the principles and concepts of the European Interoperability Framework for European Public Services have been taken into the utmost account when establishing the arrangements of the interoperability framework set out in this Regulation.

(6) 대규모 파일럿 STORK와, STORK가 개발한 기술규격을 포함하여, 그리고 유럽 공공서비스를 위한 유럽 상호운용성 프레임 워크의 원칙과 개념은 이 규정에서 정하는 상호운용성 프레임워크의 협약을 정하는데 최대한 반영되었다.

(7) The results of the cooperation between Member States have been taken into utmost account.

(7) 회원국 간의 협력 결과는 최대한 고려되었다.

(8) The measures provided for in this Regulation are in accordance with the opinion of the Committee established by Article 48 of Regulation (EU) No 910/2014,

(8) 이 규정에서 정하는 조치는 (EU) 규정 No 910/2014 제48조에서 정하는 집행위원회의 견해와 일치한다.

HAS ADOPTED THIS REGULATION:

이 규정을 채택하였다.

Article 1 **Subject matter**

This Regulation lays down technical and operational requirements of the interoperability framework in order to ensure the interoperability of the electronic identification schemes which Member States notify to the Commission.

Those requirements include in particular:

(a) minimum technical requirements related to the assurance levels and the mapping of national assurance levels of notified electronic identification means issued under notified electronic identification schemes under Article 8 of Regulation (EU) No 910/2014 as set out in Articles 3 and 4;

(b) minimum technical requirements for interoperability, as set out in Articles 5 and 8;

(c) the minimum set of person identification data uniquely representing a natural or legal person as set out in Article 11 and in the Annex;

(d) common operational security standards as set out in Articles 6, 7, 9 and 10;

(e) arrangements for dispute resolution as set out in Article 13.

Article 2 **Definitions**

For the purposes of this Regulation, the following definitions shall apply:

(1) 'node' means a connection point

제1조 목적

이 규정은 회원국이 집행위원회에 통지하는 전자신원확인체계의 상호운용성을 보장하기 위해 상호운용성 프레임워크의 기술적 및 운영상의 요건을 정한다.

이러한 요건에는 특히 다음의 경우가 포함된다.

(a) 제3조와 제4조에서 정하는 (EU) 규정 No. 910/2014 제8조에 따라서 통지된 전자신원확인 체계 하에서 발행 및 통지된 전자신원확인수단의 보증수준과 국가 보증수준의 매핑에 관한 최소 기술 요건

(b) 제5조와 제8조에 명시된 상호운용성을 위한 최소기술요건.

(c) 제11조와 부속서에 명시된 자연인 또는 법인을 유일하게 나타내는 개인 신원확인데이터의 최소 세트.

(d) 제6조, 제7조, 제9조 및 제10조에 명시된 공통된 운영 보안 표준;

(e) 제13조에서 정하는 분쟁해결협약.

제2조 정의

이 규정의 목적상 다음의 정의가 적용된다.

(1) '노드'는 전자신원확인 상호운용성 아키

which is part of the electronic identification interoperability architecture and is involved in cross-border authentication of persons and which has the capability to recognise and process or forward transmissions to other nodes by enabling the national electronic identification infrastructure of one Member State to interface with national electronic identification infrastructures of other Member States;

텍처의 일부로서 특정인의 국가 간 인증에 관여하고, 국가 전자신원확인을 가능하게 하여 다른 회원국의 전자신원확인 기반 시설과 연계하기 위한 기반 시설로, 다른 회원국 노드로의 전송을 인정하고 처리 또는 전달할 수 있는 연결점을 의미한다.

(2) 'node operator' means the entity responsible for ensuring that the node performs correctly and reliably its functions as a connection point.

(2) '노드 운영자'는 노드가 연결점으로서의 기능을 정확하고 신뢰할 수 있게 수행하도록 하는 책임이 있는 실체를 의미한다.

Article 3   Minimum technical requirements related to the assurance levels

Minimum technical requirements related to the assurance levels shall be as set out in Commission Implementing Regulation (EU) 2015/1502

제3조 보증수준과 관련된 최소 기술요건

보증수준과 관련된 최소 기술요건은 집행위원회의 EU 2015/1502 시행규정에서 정하는 바에 의한다.

Article 4   Mapping of national assurance levels

The mapping of national assurance levels of the notified electronic identification schemes shall follow the requirements laid down in Implementing Regulation (EU) 2015/1502. The results of the mapping shall be notified to the Commission using the notification template laid down in Commission Implementing Decision (EU) 2015/1505.

제4조 국가보증수준과의 매핑

통지된 전자신원확인체계의 국가보증수준의 매핑은 (EU) 2015/1502 시행규정에 명시된 요건을 따라야 한다. 매핑의 결과는 (EU) 2015/1505 시행결정에 명시된 통지 템플릿을 사용하여 집행위원회에 통지되어야한다.

Article 5   Nodes

1. A node in one Member State shall be able to connect with nodes of other

제5조 노드

1. 한 회원국의 노드는 다른 회원국의 노드와 연결될 수 있어야 한다.

Member States.

2. The nodes shall be able to distinguish between public sector bodies and other relying parties through technical means.

3. A Member State implementation of the technical requirements set out in this Regulation shall not impose disproportionate technical requirements and costs on other Member States in order for them to interoperate with the implementation adopted by the first Member State.

Article 6 **Data privacy and confidentiality**

1. Protection of privacy and confidentiality of the data exchanged and the maintenance of data integrity between the nodes shall be ensured by using best available technical solutions and protection practices.

2. The nodes shall not store any personal data, except for the purpose set out in Article 9.

Article 7 **Data integrity and authenticity for the communication**

Communication between the nodes shall ensure data integrity and authenticity to make certain that all requests and responses are authentic and have not been tampered with. For this purpose, nodes shall use solutions which have been successfully employed in cross-border operational use.

---

2. 노드는 기술적 수단을 통해 공공기관과 기타 신뢰당사자를 구별할 수 있어야 한다.

3. 한 회원국이 본 규정에 명시된 기술요건을 시행하는 것은 그 회원국이 채택한 시행이 다른 회원국과 상호운용될 수 있도록 하기 위하여 그 다른 회원국에 기술요건과 비용을 과도하게 부과해서는 안 된다.

제6조 개인정보와 기밀성

1. 노드 간에 교환된 데이터의 개인정보 및 기밀성 보호와 그 데이터의 무결성 유지는 활용가능한 최상의 기술 솔루션과 보호 관행을 사용함으로써 보장되어야 한다.

2. 노드는 제9조에 규정된 목적을 제외하고는 어떠한 개인 정보도 저장하지 아니한다.

제7조 통신을 위한 데이터의 무결성과 인증

노드 간의 통신은 모든 요청과 응답이 진정하고 위조되지 않았음을 확인하는 데이터 무결성과 신뢰성을 보장하여야 한다. 이를 위해 노드는 국가 간 운영에 성공적으로 사용된 솔루션을 사용해야 한다.

Article 8　Message format for the communication

The nodes shall use for syntax common message formats based on standards that have already been deployed more than once between Member States and proven to work in an operational environment. The syntax shall allow:

(a) proper processing of the minimum set of person identification data uniquely representing a natural or legal person;

(b) proper processing of the assurance level of the electronic identification means;

(c) distinction between public sector bodies and other relying parties;

(d) flexibility to meet the needs of additional attributes relating to identification.

Article 9　Management of security information and metadata

1. The node operator shall communicate the metadata of the node management in a standardised machine processable manner and in a secure and trustworthy way.

2. At least the parameters relevant to security shall be retrieved automatically.

3. The node operator shall store data which, in the event of an incident, enable reconstruction of the sequence of the message exchange for establishing the place and the nature of the incident.

제8조 통신을 위한 데이터 포맷

노드는 회원국 간에 이미 한 번 이상 배포되어 운영 환경에서 작동하는 것으로 증명된 표준을 기반으로 하는 구문 공통 메시지 포맷에 사용해야 한다. 구문은 다음을 허용한다.

(a) 자연인 또는 법인을 유일하게 나타내는 최소 개인신원확인 데이터세트의 적절한 처리;

(b) 전자신원확인 수단의 보증수준의 적절한 처리;

(c) 공공기관과 기타 신뢰당사자의 구별;

(d) 신원확인에 관한 추가 속성의 필요성을 충족시킬 수 있는 유연성.

제9조 보안 정보와 메타데이터의 관리

1. 노드 운영자는 노드 관리의 메타 데이터를 표준화된 기계 처리 방식에 의하여 안전하고 신뢰할 수 있는 방식으로 전달해야 한다.

2. 최소한 보안과 관련된 파라미터는 자동으로 검색되어야 한다.

3. 노드 운영자는 사고가 발생하면 그 사고의 장소와 성질을 밝히기 위해 메시지 교환의 순서를 재구성할 수 있는 데이터를 저장해야 한다. 그 데이터는 국가의 법에서 정하는 보존기간동안 저장되어야

The data shall be stored for a period of time in accordance with national requirements and, as a minimum, shall consist of the following elements:

(a) node's identification;
(b) message identification.
(c) message date and time.

Article 10 Information assurance and security standards

1. Node operators of nodes providing authentication shall prove that, in respect of the nodes participating in the interoperability framework, the node fulfils the requirements of standard ISO/IEC 27001 by certification, or by equivalent methods of assessment, or by complying with national legislation.

2. Node operators shall deploy security critical updates without undue delay.

Article 11 Person identification data

1. A minimum set of person identification data uniquely representing a natural or a legal person shall meet the requirements set out in the Annex when used in a cross-border context.

2. A minimum data set for a natural person representing a legal person shall contain the combination of the attributes listed in the Annex for natural persons and legal persons when used in a cross-border context.

3. Data shall be transmitted based on original characters and, where appropriate, also transliterated into Latin

하며 최소한 다음과 같은 요소로 구성된다.

(a) 노드 확인.
(b) 메시지 확인.
(c) 메시지의 날짜와 시간.

제10조 정보 보증 및 보안 표준

1. 인증을 제공하는 노드의 노드 운영자는 상호운용성 프레임워크에 참여하는 노드와 관련하여 인증이나 동등한 평가 방법, 또는 국내 법규를 준수함으로써 표준 ISO/IEC 27001의 요건을 충족시켜야 한다.

2. 노드 운영자는 지체없이 보안상 중요 업데이트를 배포해야 한다.

제11조 개인 신원확인 데이터

1. 자연인 또는 법인을 유일하게 나타내는 최소한의 개인신원확인 데이터세트는 국가 간의 상황에서 부속서에 규정된 요건을 충족시켜야 한다.

2. 법인을 대표하는 자연인에 필요한 최소 데이터세트는 국가 간 상황에서 사용될 때 자연인과 법인에 대한 부속서에 열거된 속성의 조합을 포함해야 한다.

3. 데이터는 원본의 특성을 기반으로 전송되어야 하며, 적절한 경우 라틴 문자로도 번역되어야 한다.

characters.

Article 12 **Technical specifications**

1. Where it is justified by the process of implementation of the interoperability framework, the Cooperation Network established by Implementing Decision (EU) 2015/296 may adopt opinions pursuant to Article 14(d) thereof on the need to develop technical specifications. Such technical specifications shall provide further details on technical requirements as set out in this Regulation.

2. Pursuant to the opinion referred to in paragraph 1 the Commission in cooperation with Member States shall develop the technical specifications as part of the digital service infrastructures of Regulation (EU) No 1316/2013.

3. The Cooperation Network shall adopt an opinion pursuant to Article 14(d) of Implementing Decision (EU) 2015/296 in which it evaluates whether and to what extent the technical specifications developed under paragraph 2 correspond to the need identified in the opinion referred to in paragraph 1 or the requirements set in this Regulation. It may recommend that Member States take the technical specifications into account when implementing the interoperability framework.

4. The Commission shall provide a reference implementation as an example interpretation of the technical specifications. Member States may

제12조 기술규격

1. 상호운용성 프레임워크의 시행절차에 의하여 정당화되는 경우에, EU 2015/296 시행결정에 의해 설립된 협력 네트워크는 그 시행결정의 제14조 (d)에 따라 기술 규격을 개발할 필요성에 대한 의견서를 채택할 수 있다. 그와 같은 기술규격은 이 규정에서 정한 기술 요건에 관한 세부사항을 정해야 한다.

2. 제1항에 언급된 의견서에 따라, 집행위원회는 회원국과 협력하여 (EU) 규정 No. 1316/2013의 디지털 서비스 기간산업서비스의 일부로서 기술규격을 개발해야 한다.

3. 협력 네트워크는 제2항에 의거하여 개발된 기술 규격이 제1항에 언급된 의견서 또는 본 규정에서 정하는 요건에 나타난 필요성과 일치하는지 여부와 그 정도를 평가하는 (EU) 2015/296 시행 결정 제14조 (d)에 따라서 의견서를 채택하여야 한다. 제1항 또는 이 규정에서 정한 요건에 따라야 한다. 회원국은 상호운용성 프레임워크를 시행할 때 기술규격을 고려할 것을 권고한다.

4. 집행위원회는 기술규격의 사례 해석으로서 참고할 시행을 제공해야 한다. 회원국은 기술규격을 시행하는 테스트에서 이 참고시행을 적용하거나 이를 샘플로

apply this reference implementation or use it as a sample when testing other implementations of the technical specifications.

사용할 수 있다.

Article 13 **Dispute resolution**

1. Where possible, any dispute concerning the interoperability framework shall be resolved by the concerned Member States through negotiation.

2. If no solution is reached in accordance with paragraph 1, the Cooperation Network established in accordance with Article 12 of Implementing Decision (EU) 2015/296 shall have competence in the dispute in accordance with its rules of procedure.

제13조 분쟁 해결

1. 가능한 한, 상호운용성 프레임워크에 관한 모든 분쟁은 협상을 통해 관계 회원국에서 해결하여야 한다.

2. 제1항에 따라 해결책이 도출되지 않은 경우, (EU) 2015/296 시행 결정 제12조에 따라 설립된 협력 네트워크는 그 절차 규칙에 따라 분쟁에 대한 권한이 있다.

Article 14 **Entry into force**

This Regulation shall enter into force on the twentieth day following that of its publication in the *Official Journal of the European Union.*

제14조 발효

이 규정은 유럽연합 관보에 공포된 날로부터 20일째 되는 날에 발효한다.

ANNEX

Requirements concerning the minimum set of person identification data uniquely representing a natural or a legal person, referred to in Article 11

부속서

자연인 또는 법인을 유일하게 나타내는 최소 개인 신원확인 데이터 세트에 관한 요건 (제11조에 의거)

1. The minimum data set for a natural person

The minimum data set for a natural person shall contain all of the following mandatory attributes:

1. 자연인의 최소 데이터세트

자연인의 최소 데이터세트는 다음의 모든 필수 속성을 포함해야 한다.

(a) current family name(s);

(b) current first name(s);

(c) date of birth;

(d) a unique identifier constructed by the sending Member State in accordance with the technical specifications for the purposes of cross-border identification and which is as persistent as possible in time.

The minimum data set for a natural person may contain one or more of the following additional attributes:

(a) first name(s) and family name(s) at birth;

(b) place of birth;

(c) current address;

(d) gender.

2. The minimum data set for a legal person

The minimum data set for a legal person shall contain all of the following mandatory attributes:

(a) current legal name;

(b) a unique identifier constructed by the sending Member State in accordance with the technical specifications for the purposes of cross-border identification and which is as persistent as possible in time.

The minimum data set for a legal person may contain one or more of the following additional attributes:

(a) current address;

(b) VAT registration number;

(c) tax reference number;

(a) 현재 성(들)

(b) 현재 이름

(c) 생년월일

(d) 국경 간 신원확인을 목적으로 한 기술규격에 따라 회원국이 송신한 유일한 식별자로서 가능한 한 영속성이 있는 것.

자연인의 최소 데이터 세트는 다음 추가 속성 중 하나 이상을 포함할 수 있다.

(a) 출생 시의 성과 이름

(b) 출생지

(c) 현재의 주소

(d) 성별

2. 법인의 최소 데이터 세트

법인의 최소 데이터 세트에는 다음과 같은 필수 속성이 모두 포함되어야 한다.

(a) 현재의 법인명

(b) 국경 간 신원확인을 목적으로 한 기술규격에 따라 회원국이 송신한 유일한 식별자로서 가능한 한 영속성이 있는 것.

법인의 최소 데이터 세트에는 다음 추가 속성 중 하나 이상이 포함될 수 있다.

(a) 현재의 주소

(b) 부가가치세 등록 번호

(c) 납세번호

(d) the identifier related to Article 3(1) of Directive 2009/101/EC of the European Parliament and of the Council (1);

(e) Legal Entity Identifier (LEI) referred to in Commission Implementing Regulation (EU) No 1247/2012 (2);

(f) Economic Operator Registration and Identification (EORI) referred to in Commission Implementing Regulation (EU) No 1352/2013 (3);

(g) excise number provided in Article 2(12) of Council Regulation (EC) No 389/2012.

(d) 유럽 의회와 이사회의 지침 2009/101/EC의 제3조 제1항에 관련된 식별자

(e) 집행위원회 시행규정 (EU) No 1247/2012 (2)에서 언급된 법인의 식별자 (LEI)

(f) 집행위원회 시행규정 (EU) No 1352/2013 (3)에 언급된 경제 운영자 등록 및 식별자(EORI);

(g) 이사회 규정 (EC) No 389/2012 제2조 제12항에 규정된 소비세 번호.

Ⅲ. 전자신원확인 3 _ 전자신원확인 수단 보증수준에 관한 최소 기술규격 및 절차 시행결정

COMMISSION IMPLEMENTING DECISION (EU) 2015/1502 of 8 September 2015

on setting out minimum technical specifications and procedures for assurance levels for electronic identification means pursuant to Article 8(3) of Regulation (EU) No 910/2014 of the European Parliament and of the Council on electronic identification and trust services for electronic transactions in the internal market

(Text with EEA relevance)

THE EUROPEAN COMMISSION,
Having regard to the Treaty on the Functioning of the European Union,

2015년 9월 24일 2015/1502의 유럽 집행위원회 시행결정

유럽 의회 및 협약 제910/2014조의 제8조 제3항에 따라
역내 시장에서의 전자거래를 위한 전자신원확인 및 신뢰서비스와 관련해서 회원국 간 전자신원확인 수단을 위한 보증수준을 위한 최소 기술규격 및 절차를 마련하기 위함

(EEA 관련 텍스트 포함)

유럽 집행위원회,
유럽 연합의 기능에 관한 조약을 고려하여,

Having regard to Regulation (EU) No 910/2014 of the European Parliament and of the Council of 23 July 2014 on electronic identification and trust services for electronic transactions in the internal market and repealing Directive 1999/93/EC (1), and in particular Article 8(3) thereof,

Whereas:

(1) Article 8 of Regulation (EU) No 910/2014 provides that an electronic identification scheme notified pursuant to Article 9(1) needs to specify assurance levels low, substantial and high for electronic identification means issued under that scheme.

(2) Determining the minimum technical specifications, standards and procedures is essential in order to ensure common understanding of the details of the assurance levels and to ensure interoperability when mapping the national assurance levels of notified electronic identification schemes against the assurance levels under Article 8 as provided by Article 12(4)(b) of Regulation (EU) No 910/2014.

(3) International standard ISO/IEC 29115 has been taken into account for the specifications and procedures set out in this implementing act as being the principle international standard available in the domain of assurance levels for electronic identification means. However, the content of Regulation (EU) No 910/ 2014 differs from that international standard, in particular in

지침 1999/93/EC (1)을 폐지하고, 역내 시장에서의 전자거래에 대한 전자신원확인 및 신뢰서비스에 관한 2014년 7월 23일 유럽 의회와 이사회의 규정 (EU) No 910/2014 규정과 관련됨. 특히 제8조 제3항에 관련하여.

전문:

(1) (EU) No 910/2014 규정 제8조는 제9조 제1항에 따라 통지된 전자신원확인 체계가 그 계획 하에 발행된 전자신원확인 수단에 대해 낮음, 보통 및 높은 보증수준을 명시할 필요가 있다고 규정한다.

(2) 보증수준의 세부 사항에 대한 공통적인 이해를 보장하고 통지된 전자신원확인 체계의 국가 보증수준을 (EU) No 910/2014 규정의 제12조 (4) (b)에 의해 제공되는 제8조의 보증 등급과 매핑할 때 상호운용성을 보장하기 위해서는 최소한의 기술규격, 표준 및 절차를 결정하는 것이 필수적이다.

(3) 국제 표준 ISO/IEC 29115는 이 시행법에서 명시된 규격 및 절차가 전자신원확인 수단의 보증수준 영역에서 사용 가능한 주요 국제 표준으로 고려되었다. 그러나 (EU) No 910/2014 규정의 내용은 특히 신원 증명 및 확인 요건과 관련하여 그러한 국제 표준과 다르며, 유럽연합은 회원 국가의 신원 증명규정과 동일목적을 가진 EU의 기존 도구와의 차이점을 고려해야 한다. 그러므로 부속서는 이 국제

relation to identity proofing and verification requirements, as well as to the way in which the differences between Member State identity arrangements and the existing tools in the EU for the same purpose are taken into account. Therefore the Annex, while building on this international standard should not make reference to any specific content of ISO/IEC 29115.

표준에 기반하더라도, ISO/IEC 29115의 어느 특정 내용을 참조해서는 안 된다.

(4) This Regulation has been developed as an outcome based approach as being the most appropriate which is also reflected in the definitions used to specify the terms and concepts. They take into account the aim of Regulation (EU) No 910/2014 in relation to assurance levels of the electronic identification means. Therefore, the Large-Scale Pilot STORK, including specifications developed by it, and the definitions and concepts in ISO/IEC 29115 should be taken into the utmost account when establishing the specifications and procedures set out in this implementing act.

(4) 본 규정에서 용어와 개념의 특정에 사용된 정의들은 최적 산출의 접근법을 근거로 하여 개발된 것이다. eIDAS 규정의 정의규정들은 전자신원확인수단의 보증수준과 관련하여 본 규정의 목적을 고려한다. 그러므로 본 시행법에서 정하는 기술규격과 절차를 수립할 때에는, 대규모의 Pilot STORK와 그 STORK에서 개발한 기술규격, 그리고 ISO/IEC 29115에서 정하는 정의와 개념을 최대한 고려하여야 한다.

(5) Depending on the context in which an aspect of evidence of identity needs to be verified, authoritative sources can take many forms, such as registries, documents, bodies inter alia. Authoritative sources may be different in the various Member States even in a similar context.

(5) 신원 증명의 측면을 확인할 필요가 있는 맥락에 따라, 권위있는 출처는 특히 레지스트리, 문서, 기관 등 다양한 형태를 취할 수 있다. 권위있는 출처는 유사한 맥락에서도 다양한 회원국마다 다를 수 있다.

(6) Requirements for identity proofing and verification should take into

(6) 신원 증명 및 확인에 대한 요구 사항은 필요한 신뢰를 확보하기에 충분히 높은

account different systems and practices, while ensuring sufficiently high assurance in order to establish the necessary trust. Therefore, acceptance of procedures used previously for a purpose other than the issuance of electronic identification means should be made conditional upon confirmation that those procedures fulfil the requirements foreseen for the corresponding assurance level.

수준을 보증하는 다른 필요한 시스템 및 관행을 고려해야 한다. 따라서 전자신원확인 수단의 발급 이외의 목적을 위해 이전에 사용된 절차의 수락은 해당 절차가 해당 보증수준에 대해 요구되는 요건을 충족한다는 확인 시 조건부로 이루어져야 한다.

(7) Certain authentication factors such as shared secrets, physical devices and physical attributes are usually employed. However, the usage of a greater number of authentication factors, especially from different factor categories, should be encouraged to increase the security of the authentication process.

(7) 공유된 비밀, 물리적 장치 및 물리적 속성과 같은 특정 인증 요소가 일반적으로 사용된다. 그러나 특히 여러 요인 범주에서 더 많은 수의 인증 요소를 사용하는 것이 인증 프로세스의 보안을 높이는 데 도움이 되어야 한다.

(8) This Regulation should not affect representation rights of legal persons. However, the Annex should provide for requirements for the binding between the electronic identification means of natural and legal persons.

(8) 이 규정은 법인의 대표권에 영향을 미치지 않아야 한다. 그러나 부속서는 자연인과 법인의 전자신원확인 수단 간의 구속력에 대한 요구 사항을 제공해야 한다.

(9) The importance of information security and service management systems should be recognised, as should be the importance of employing recognised methodologies and applying the principles embedded in standards such as the ISO/IEC 27000 and the ISO/IEC 20000 series.

(9) 인식된 방법론을 채택하고 ISO/IEC 27000 및 ISO/ IEC 20000 시리즈와 같은 표준에 내장된 원칙을 적용하는 것이 중요하므로 정보 보안 및 서비스 관리 시스템의 중요성을 인식해야 한다.

(10) Good practices in relation to assurance levels in the Member States

(10) 회원국의 보증수준과 관련한 우수 사례도 고려해야 한다.

should also be taken into account.

(11) IT security certification based on international standards is an important tool for verifying the security compliance of products with the requirements of this implementing act.

(12) The Committee referred to in Article 48 of Regulation (EU) No 910/2014 has not delivered an opinion within the time limit laid down by its chair,

(11) 국제 표준에 기반한 IT 보안 인증 (certification)은 이 시행법의 요건에 따라 제품의 보안 준수를 확인하는 중요한 도구이다.

(12) 본 규정 제48조에서 위임하는 집행위원회는 그 의장이 정하는 기한 내에 의견서를 제출하지 않고 있다.

Article 1

1. Assurance levels low, substantial and high for electronic identification means issued under a notified electronic identification scheme shall be determined with reference to the specifications and procedures set out in the Annex.

2. The specifications and procedures set out in the Annex shall be used to specify the assurance level of the electronic identification means issued under a notified electronic identification scheme by determining the reliability and quality of following elements:

(a) enrolment, as set out in section 2.1 of the Annex to this Regulation pursuant to Article 8(3)(a) of Regulation (EU) No 910/2014;

(b) electronic identification means management, as set out in section 2.2 of the Annex to this Regulation

제1조

1. 통지된 전자신원확인 체계에 따라 발행된 전자신원확인 수단의 낮음, 보통, 높음 수준의 품질 보증은 부속서에 명시된 명세 및 절차를 참조하여 결정되어야 한다.

2. 부속서에 규정된 규격 및 절차는 다음 요소의 신뢰성 및 품질을 결정함으로써 통지된 전자신원확인 체계 하에서 발행된 전자신원확인 수단의 보증수준을 규정하는데 사용된다.

(a) (EU) No 910/2014 규정의 제8조 (3) (a)에 따라 이 규정의 부속서 2.1에 명시된 등록;

(b) (EU) No 910/2014 규정의 제8조 (3) (b) 및 (f)에 따라 이 규정 부속서 제 2.2 조에 명시된 전자신원확인 수단 관리;

pursuant to Article 8(3)(b) and (f) of Regulation (EU) No 910/2014;

(c) authentication, as set out in section 2.3 of the Annex to this Regulation pursuant to Article 8(3)(c) of Regulation (EU) No 910/2014;

(c) (EU) No 910/2014 규정의 제8조 (3) (c)절에 따라 이 규정 부속서 제2.3조에 명시된 인증

(d) management and organisation, as set out in section 2.4 of the Annex to this Regulation pursuant to Article 8(3)(d) and (e) of Regulation (EU) No 910/2014.

(d) (EU) No. 910/2014 규정의 제8조 (3) (d) 및 (e)에 따라 이 규정의 부속서 2.4절에 명시된 관리 및 조직.

3. When the electronic identification means issued under a notified electronic identification scheme meets a requirement listed in a higher assurance level then it shall be presumed to fulfil the equivalent requirement of a lower assurance level.

3. 통지된 전자신원확인 체계에 따라 발행된 전자신원확인 수단이 보다 높은 보증수준에 열거된 요건을 충족하는 경우, 보다 낮은 보증수준의 동등한 요건을 충족시키는 것으로 가정해야 한다.

4. Unless otherwise stated in the relevant part of the Annex, all elements listed in the Annex for a particular assurance level of the electronic identification means issued under a notified electronic identification scheme shall be met in order to match the claimed assurance level.

4. 부속서의 관련 부분에 달리 명시되지 않은 한, 통지된 전자신원확인 체계에 따라 발행된 전자신원확인 수단의 특정 보증수준에 대해 부속서에 열거된 모든 요소는 요구되는 보증수준을 맞추기 위해 충족되어야 한다.

Article 2

This Regulation shall enter into force on the twentieth day following that of its publication in the Official Journal of the European Union.

제2조

이 규정은 유럽연합 관보에 공표된 날부터 20일째 되는 날에 발효한다.

– 부속서. 통지된 전자신원확인 체계하에 발행된 전자신원확인 수단
에 대한 보증수준 낮음, 보통 및 높음에 대한 기술 규격 및 절차

1. 적용 가능 정의

이 부속서의 목적상 다음의 정의가 적용된다.

(1) '권위있는 출처'는 신원을 증명하는 데 사용할 수 있는 정확한 데이터, 정
보 및/또는 증거를 제공하기 위해 의존할 수 있는 형식과 관계없이 모든
출처를 의미한다.
(2) '인증 요소'는 다음 범주 중 하나에 속하는 사람에게 구속되는 것으로 확
인된 요소를 의미한다.
  (a) '점유 기반 인증 요소'는 주체가 소유를 증명해야하는 인증 요소를 의
  미한다.
  (b) '지식 기반 인증 요소'는 주체가 지식을 입증해야하는 인증 요소를 의
  미한다.
  (c) '고유 인증 요소'는 자연인의 물리적 속성에 기초한 인증 요소를 말하
  며, 피험자는 그 물리적 속성을 가지고 있음을 입증해야 한다.
(3) '생체 인증'이란 실체와 실체의 신원을 확인하는 시스템 간의 개별 인증에
대한 신원확인 데이터와 변경사항 등을 소유하거나 통제하고 있다는 전
자적 증거를 생성하는 수단을 제공하는데 필요한 암호화 또는 기타 기술
을 사용하는 전자적 프로세스를 의미한다.
(4) '정보 보안 관리 시스템'은 정보 보안과 관련된 수용 가능한 등급의 위험
을 관리하도록 설계된 일련의 프로세스와 절차를 의미한다.

2. 기술 규격 및 절차

이 부속서에 요약된 기술 규격 및 절차의 요소는 전자신원확인 체계 하에서
발행된 전자신원확인 수단에 대해 EU 910/2014 제8조의 요건 및 기준이 어떻
게 적용되는지를 결정하는 데 사용되어야 한다.

2.1 등 록

2.1.1 신청 및 등록

보증수준	필수 요소
낮음	1. 신청인이 전자신원확인 수단의 사용과 관련된 이용 약관을 알고 있는지 확인하시오. 2. 신청인이 전자신원확인 수단과 관련된 권장 보안주의 사항을 알고 있는지 확인하시오. 3. ID 확인 및 검증에 필요한 관련 ID 데이터를 수집하시오.
보통	낮음 등급과 같음
높음	낮음 등급과 같음

2.1.2 신원 증명 및 확인(자연인)

보증수준	필수 요소
낮음	1. 그 사람은 전자신원확인 수단 신청이 이루어지고 주장된 신원확인을 나타내는 회원국이 인정한 증거를 소유하고 있다고 가정할 수 있다. 2. 증거는 진정한 것이거나 권위있는 출처에 따라 존재하고 증거가 타당한 것으로 간주될 수 있다. 3. 권위있는 출처는 청구된 신원이 존재하며 신원을 주장하는 사람은 동일하다고 추정할 수 있다.
보통	**낮은 레벨과 1에서 4까지 나열된 대안 중 하나가 충족되어야 한다.** 1. 그 사람은 전자신원확인 수단에 대한 신청이 이루어지고 그 신원을 대표하는 회원국에 의해 인정된 증거를 소유하고 있는 것으로 확인되었다. 그리고 증거가 그것이 진정한 것인지를 결정하기 위해 점검된다; 또는 권위있는 출처에 따르면, 그것은 존재하는 것으로 알려져 있으며 실제 개인과 관련이 있다 그리고 분실, 도난, 정지, 폐지 또는 만료된 증거 등을 고려하여 개인의 신원이 청구된 신원이 아닌 위험을 최소화하기 위한 조치가 취해졌다. 또는 2. 신원 확인 서류는 해당 문서가 발급된 회원국의 등록 절차 중에 제출되며, 문서는 제출 된 사람과 관련이 있는 것처럼 보인다. 그리고 분실, 도난, 정지, 폐지 또는 만료된 문서의 위험을 고려하여 개인 신원확인이 청구된 신원이 아닌 위험을 최소화하기 위한 조치가 취해졌다. 또는 3. 전자신원확인 수단의 발급 이외의 목적으로 동일 회원국의 공공 또는 사기업이 이전에 사용한 절차가 보통 보증수준에 대해 2.1.2 항에 명시된 것과

동등한 보증을 제공하는 경우, 해당 등록 기관은 유럽 의회와 이사회의 규정 (EC) No 765/2008 제2조 (13)에 언급된 적합성 평가기관 또는 동등한 기관에 의해 동등한 보증이 확인된 경우 이전 절차를 반복할 필요가 없다.

또는

4. 전자신원확인 수단이 보증수준이 보통이거나 높은 수준의 유효한 통지된 전자신원확인 수단을 기반으로 발행되고 개인 신원확인 데이터의 변경 위험을 고려할 때 신원증명과 확인 프로세스를 반복할 필요는 없다. 기준으로 사용되는 전자신원확인 수단이 통지되지 않은 경우, 보통이거나 높은 보증수준은 (EC) No 765/2008 규정의 제2조 (13)에 규정된 적합성 평가기관 또는 동등한 기관에 의해 확인되어져야 한다.

높음	**1항 또는 2항의 요구 사항을 충족해야 한다.** 1. (a)에서 (c)까지의 항목에 열거된 대안 중 하나를 충족시켜야 한다. 　(a) 회원이 전자신원확인 수단 신청이 이루어지고 증명된 신원을 나타내는 증거가 있는 사진 또는 생체인식 신분증명을 소유하고 있는 것으로 확인된 경우 증거를 확인하여 그것은 권위있는 출처에 따라 유효하다는 것; 그리고 신청인은 사람의 하나 이상의 신체적 특징을 권위있는 출처와 비교함으로써 청구된 신원으로 확인된다. 또는 　(b) 전자신원확인 수단 발급 이외의 목적으로 동일 회원국의 공공 또는 민간기업이 이전에 사용한 절차가 2.1.2 항에 명시된 보증수준보다 높은 경우, 등록 책임자는 그러한 동등한 보증이 (EC) No 765/2008 규정의 제2조 (13) 또는 동등한 기관에 의해 확인된 적합성 평가기관에 의해 확인된다면 이전 절차를 반복할 필요는 없다. 그리고 이전 절차의 결과가 유효함을 증명하기 위한 조치가 취해진다. 또는 　(c) 보증수준이 높음으로 유효하게 통지된 전자신원확인 수단에 근거하여 전자신원확인 수단이 발급되고 개인 식별 데이터가 변경될 위험을 고려할 때 신원 증명과 확인 프로세스를 반복할 필요는 없다. 기준으로 사용되는 전자신원확인 수단이 통지되지 않은 경우, 보증 등급은 (EC) No 765/2008 규정의 제2조 (13)에 규정된 적합성 평가 기관 또는 동등한 기관에 의해 확인되어져야 한다. 그리고 통지된 전자신원확인 수단의 이전 발행 절차의 결과가 유효함을 증명하는 단계가 취해진다. 또는 2. 신청인이 인정한 사진 또는 생체 인식 신분증을 제시하지 않은 경우, 인정된 사진 또는 생체 인식 신분증을 얻기 위해 등록 책임자의 국가 차원에서 사용된 것과 동일한 절차가 적용된다.

2.1.3 신원 증명 및 검증(법인)

보증수준	필수 요소
낮음	1. 법인의 주장된 신원은 전자신원확인 수단에 대한 신청이 이루어지고 있는 회원국이 인정한 증거에 근거하여 증명된다. 2. 자발적으로 권위있는 출처에 법인이 포함되어 있고, 법인과 권위 있는 출처 사이에 규정에 의해서 규율되는 경우에, 증거는 권위있는 출처에 따라서 유효하고 진정한 것이며, 존재하는 것으로 간주될 수 있다. 3. 권위있는 출처는 그 법인이 진정한 지에 대한 상태를 알지 못한다.
보통	**낮음 등급을 포함. 1~3번 항목에 나열된 대안 중 하나가 충족되어야 한다.** 1. 법인의 주장된 신원은 법적 신분의 이름, 법적 형식 및 (해당되는 경우) 등록번호를 포함하여 전자신원확인 수단 신청이 이루어지는 회원국이 인정한 증거에 근거하여 증명된다. 그리고 권위있는 출처에 법인을 포함시키는 것이 법인 내에서 법인을 운영하는 데 필요한 경우, 권위있는 출처에 따라 진정한 것인지 또는 존재하는지 여부를 판단하기 위해 증거를 조사한다. 그리고 분실, 도난, 정지, 폐지 또는 만료된 문서의 위험을 고려하여 법인의 신원이 청구된 신원이 아니라는 위험을 최소화하기 위한 조치가 취해졌다. 또는 2. 전자신원확인 수단의 발급 이외의 목적으로 동일 회원국의 공공 또는 민간 기업이 이전에 사용한 절차가 보통 보증수준에 대하여 2.1.3항에 규정된 것과 동등한 보증을 제공하는 경우, 해당 책임 기관은 (EC) No 765/2008 규정의 제2조 (13) 또는 동등한 기관에 의해 언급된 적합성 평가기관에 의해 동등한 보증이 확인되는 경우 이전 절차를 반복할 필요가 없다. 또는 3. 보증수준이 보통이거나 높음 단계의 유효한 통지된 전자신원확인 수단에 기초하여 전자신원확인 수단이 발급되는 경우, 신원증명 및 확인 프로세스를 반복할 필요가 없다. 기준으로 사용되는 전자신원확인 수단이 통지되지 않은 경우, 보통이거나 높은 보증수준은 (EC) No 765/2008 규정의 제2조 (13)호에 규정된 적합성 평가기관 또는 동등한 기관에 의해 확인되어져야 한다.
높음	**보통 보증수준과 1~3에 열거된 대안 중 하나가 충족되어야 한다.** 1. 법인이 주장된 신원은 법적 신원의 이름, 법적 형식 및 적어도 국가적 맥락에서 사용된 법인을 표시하는 고유 식별자를 포함하여 전자신원확인 수단 신청이 이루어지는 회원국이 인정한 증거에 근거하여 증명된다. 그리고 권위있는 출처에 따라 그것이 유효한 지를 결정하기 위해 증거를 조사한다. 또는 2. 전자신원확인 수단의 발급 이외의 목적으로 동일 회원국의 공공 또는 민간 기업이 이전에 사용한 절차가 2.1.3항에 규정된 보증수준에 대해 동등한 보

증을 제공하는 경우, 해당 등록 기관은 동등한 보증이 (EC) No. 765/2008 규정의 제2조 (13) 또는 동등한 기관에 의해 확인된 적합성 평가기관에 의해 제공될 경우, 이전의 절차를 반복할 필요는 없다.

그리고

이 이전 절차의 결과가 유효함을 증명하기 위한 조치가 취해진다.

또는

3. 보증수준이 높은 유효한 통지된 전자신원확인 수단에 기초하여 전자신원확인 수단이 발급되는 경우 신원 증명 및 확인 프로세스를 반복할 필요는 없다. 기준으로 사용되는 전자신원확인 수단이 통지되지 않은 경우, 보증수준은 (EC) No 765/2008 규정의 제2조 (13)에 규정된 적합성 평가기관 또는 동등한 기관에 의해 확인되어져야 한다.

그리고

통지된 전자신원확인 수단의 이전 발행 절차의 결과가 유효함을 증명하는 단계가 취해진다.

2.1.4 자연인과 법인의 전자신원확인 수단 간의 결합

적용 가능한 경우, 자연인의 전자신원확인 수단과 법인의 전자신원확인 수단 (결합) 간의 구속력을 위해 다음 조건이 적용된다.

(1) 구속력을 정지 및/또는 철회할 수 있어야 한다. 결합의 수명주기(예 : 활성화, 일시 중지, 갱신, 취소)는 국가에서 인정한 절차에 따라 관리해야 한다.

(2) 전자신원확인 수단이 법인의 전자신원확인 수단에 결합되어 있는 자연인은 국가 인정 절차를 토대로 다른 자연인에게 구속력 행사를 위임할 수 있다. 그러나 위임한 자연인은 책임을 져야 한다.

(3) 결합(binding)은 다음과 같은 방식으로 이루어져야 한다.

보증수준	필수 요소
낮음	1. 법인을 대신하여 행동하는 자연인의 신원 증명은 낮은 등급 이상으로 수행된 것으로 확인된다. 2. 결합은 국가적으로 인정된 절차에 기초하여 설정되었다. 3. 자연인은 권위있는 출처가 그 사람이 법인을 대신하여 행동하는 것을 방해할 수 있는 지위로 알려져 있지 않다.
보통	**낮음 등급 3항에 다음 목록을 추가 :** 1. 법인을 대신하여 행동하는 자연인의 신분 확인은 보통이거나 높음 등급에서 수행된 것으로 확인된다. 2. 결합은 국가적으로 인정된 절차에 기초하여 수립되고, 권위있는 출처에서 결합을 등록하게 된다. 3. 결합은 신뢰할 수 있는 출처의 정보를 기반으로 검증되었다.

높음	낮음 등급 3항과 실질적 등급 2항에 다음 목록을 추가 : 1. 법인을 대신하여 행동하는 자연인의 신원 증명은 높은 등급에서 수행된 것으로 확인된다. 2. 결합은 국내 상황에서 사용된 법인을 대표하는 고유한 식별자에 기초하여 검증되었다. 그리고 권위있는 출처로부터 자연인을 유일하게 대표하는 정보를 기반으로 한다.

2.2 전자신원확인 수단 관리

2.2.1 전자신원확인 수단 특징과 설계

보증수준	필수 요소
낮음	1. 전자신원확인 수단은 적어도 하나의 인증 인자를 이용한다. 2. 전자신원확인 수단은 발행자가 자신이 속한 사람의 통제 또는 소유 하에서만 사용되는지를 확인하기 위한 합리적인 조치를 취하도록 설계된다.
보통	1. 전자신원확인 수단은 서로 다른 범주의 적어도 두 개의 인증 요소를 사용한다. 2. 전자신원확인 수단은 자신이 속한 사람의 통제 하에 있거나 소유하고 있는 경우에만 사용될 것으로 가정하면서 설계되었다.
높음	보통 보증수준을 포함 : 1. 전자신원확인 수단은 공격 가능성이 높은 공격자뿐만 아니라 복제 및 변조를 방지한다. 2. 전자신원확인 수단은 그것이 속한 사람이 다른 사람에 의해 사용되는 것에 대해 신뢰성있게 보호될 수 있도록 설계되었다.

2.2.2 발급, 배달, 활성화

보증수준	필수 요소
낮음	발급 후 전자신원확인 수단은 의도된 사람에게만 도달한다고 가정할 수 있는 메커니즘을 통해 전달된다.
보통	발급 후, 전자신원확인 수단은 자신이 소속된 사람의 소유로만 전달된다고 가정할 수 있는 메커니즘을 통해 전달된다.
높음	활성화 프로세스는 전자신원확인 수단이 자신이 속한 사람의 소유로만 전달되었음을 확인한다.

2.2.3 정지, 폐지 및 재활성화

보증수준	필수 요소
낮음	1. 적시에 효과적인 방법으로 전자신원확인 수단을 정지 및/또는 폐지할 수 있다. 2. 허가되지 않은 정지, 폐지 및/또는 재활성화를 방지하기 위한 조치가 존재해야 한다. 3. 재활성화는 중지 또는 철회가 계속되기 전에 설정된 것과 동일한 보증 요구사항이 충족되는 경우에만 발생한다.
보통	보통 낮음 등급과 동일
높음	높음 낮음 등급과 동일

2.2.4 갱신 및 교체

보증수준	필수 요소
낮음	개인 식별 데이터의 변경 위험을 고려하여 갱신 또는 교체는 초기 신분 증명 및 확인과 동일한 보증 요건을 충족해야 하거나 동일하거나 높음 보증 등급의 유효한 전자신원확인 수단을 기반으로 해야 한다.
보통	낮음 등급과 동일
높음	**낮음 등급 포함:** 갱신 또는 교체가 유효한 전자신원확인 수단을 기반으로 하는 경우 신원 정보는 권위있는 출처로 확인된다.

2.3 인 증

이 절에서는 인증 메커니즘 사용과 관련된 위협에 초점을 맞추고 각 보증수준에 대한 요건을 나열한다. 이 절에서 통제는 주어진 수준의 위험에 비례하는 것으로 이해해야 한다.

2.3.1 인증 메커니즘

다음 표는 인증 메커니즘에 대한 보증수준 별 요건을 나타내며, 자연인 또는 법인이 신뢰당사자와의 신원을 확인하기 위해 전자신원확인 수단을 사용한다.

보증수준	필수 요소
낮음	1. 개인 식별 데이터의 공개는 전자신원확인 수단의 신뢰성있는 확인과 그것의 유효성 검증에 의해 선행된다. 2. 개인 식별 데이터가 인증 메커니즘의 일부로 저장되는 경우, 오프라인 분석을 포함하여 손실 및 손상으로부터 보호하기 위해 해당 정보가 보호된다.

3. 인증 메커니즘은 전자신원확인 수단의 검증을 위한 보안 제어를 구현하므로 기본 공격 가능성이 강화된 공격자에 의한 추측, 도청, 재생 또는 통신 조작과 같은 활동이 인증 메커니즘을 파괴할 가능성이 매우 낮다.

보통	**낮음 등급 포함 :** 1. 개인 식별 데이터의 공개는 전자 인증 수단의 신뢰성 있는 확인과 생체 인증을 통하여 그 유효성을 선행한다. 2. 인증 메커니즘은 전자신원확인 수단 확인을 위한 보안 제어를 구현하므로 중간 정도의 공격 가능성을 가진 공격자가 추측, 도청, 재생 또는 통신 조작과 같은 활동이 인증 메커니즘을 파괴할 가능성은 거의 없다.
높음	**보통 보증수준 포함 :** 인증 메커니즘은 전자신원확인 수단의 확인을 위한 보안 제어를 구현하므로 공격 가능성이 높은 공격자에 의한 추측, 도청, 재생 또는 통신 조작과 같은 활동이 인증 메커니즘을 파괴할 가능성은 거의 없다.

2.4 관리 및 조직

국가 간 맥락에서 전자신원확인과 관련된 서비스를 제공하는 모든 참가자(제공자)는 적절한 관리 체계에 대한 보증을 제공하기 위해 정보 보안 관리 관행, 정책, 위험 관리 접근법 및 기타 인정된 통제(각 회원국의 효과적인 신원확인 절차를 수행하는 전자신원확인 기구를 보증할 수 있는) 등을 문서화해야한다.

모든 요건/요소는 주어진 등급의 위험에 비례하여 이해되어야 한다.

2.4.1 총 칙

보증수준	필수 요소
낮음	1. 이 규정에서 다루는 운영 서비스를 제공하는 제공자는 공공기관 또는 회원 조직의 국가 법률에 의해 인정된 법인으로서 설립 조직과 함께 서비스 제공과 관련된 모든 부분에서 완전히 운영 가능하다. 2. 제공자는 서비스의 운영 및 제공과 관련하여 현재 요구되고 있는 정보의 유형, 신원을 확인하는 방법, 보유할 정보 및 보관 기간을 포함하여 법적 요건을 준수해야 한다. 3. 제공자는 손해에 대한 책임을 지는 능력과 지속적인 운영 및 서비스 제공을 위한 충분한 재원을 보유하고 있음을 증명할 수 있다. 4. 제공자는 다른 사업체에 아웃소싱한 약정의 이행과 제공자 자체가 의무를 수행한 것처럼 계획안 정책 준수에 대한 책임이 있다. 5. 국내법으로 구성되지 않은 전자신원확인 체계는 효과적인 해지 계획을 마련해야 한다. 그러한 계획에는 정식으로 서비스를 중단하거나 다른 공급자에 의해 지속되는 것, 관련 당국 및 최종 사용자에게 알리는 방법, 계획 방침에 따라 기록을 보호, 보존 및 파기하는 방법에 대한 세부 사항이 포함된다.

보통	낮음 등급과 동일
높음	낮음 등급과 동일

2.4.2 게시된 공지사항 및 사용자 정보

보증수준	필수 요소
낮음	1. 사용 조건의 모든 제한을 포함하여, 적용되는 조건, 환경 및 수수료를 포함하는 게시 서비스가 존재해야 한다. 서비스 정의에는 개인정보 보호 정책이 포함된다. 2. 서비스 이용자가 서비스 정의 및 해당 이용약관 및 개인정보 보호 정책에 대한 변경 사항을 시기적절하고, 신뢰할 수 있는 방식으로 제공되도록 하기 위해 특정 서비스를 위한 적절한 정책 및 절차가 마련되어야 한다. 3. 정보요청에 대한 완전하고 정확한 응답을 제공하는 적절한 정책과 절차가 마련되어야 한다.
보통	낮음 등급과 동일
높음	낮음 등급과 동일

2.4.3 정보 보안 관리

보증수준	필수 요소
낮음	정보 보안 위험을 관리하고 통제하기 위한 효과적인 정보보안 관리 시스템이 있다.
보통	**낮음 등급 포함:** 정보보안 관리 시스템은 정보보안 위험을 관리하고 제어하기 위한 검증된 표준 또는 원칙을 준수한다.
높음	보통 등급과 동일

2.4.4 기록 보관

보증수준	필수 요소
낮음	1. 데이터 보호 및 데이터 보존과 관련하여 적용 가능한 법규 및 우수 사례를 고려하여 효과적인 기록 관리 시스템을 사용하여 관련 정보를 기록하고 유지한다. 2. 국내법 또는 기타 국가 행정적 약정이 허용하는 한도 내에서 보안 침해의 감사 및 조사 및 유지를 위해 필요한 경우, 기록을 보호하고 기록을 안전하게 보관해야 하며, 이후, 기록은 안전하게 파괴되어져야 한다.
보통	낮음 등급과 동일
높음	낮음 등급과 동일

2.4.5 시설 및 직원

다음 표는 시설, 직원 및 만약 적용 가능하다면 이 규정에 의하여 적용되는 의무를 부담하게 되는 재계약자(하도급업자)에 관한 요건을 나타내고 있다. 각 요건의 준수는 제공된 보증수준과 연계되어 있는 위험의 수준과 비례되어야 한다.

보증수준	필수 요소
낮음	1. 직원1 및 하도급자가 충분히 훈련받고, 자격을 갖추고, 그들이 수행하는 역할을 수행하는 데 필요한 기술을 경험할 수 있도록 하는 절차가 존재해야 한다. 2. 정책과 절차에 따라 서비스를 적절히 운영하고 자원을 조달할 수 있는 충분한 직원 및 하도급자가 존재해야 한다. 3. 서비스를 제공하기 위해 사용되는 시설은 환경 이벤트, 허가되지 않은 접근 및 서비스의 보안에 영향을 줄 수 있는 기타 요소로 인한 피해에 대해 지속적으로 모니터링되고 보호된다. 4. 서비스를 제공하기 위해 사용되는 시설은 개인, 암호 또는 기타 민감한 정보를 보유하거나 처리하는 영역에 대한 액세스가 권한이 부여된 직원 또는 하도급업자에게만 제한되도록 한다.
보통	낮음 등급과 동일
높음	낮음 등급과 동일

2.4.6 기술 통제

보증수준	필수 요소
낮음	1. 처리된 정보의 기밀성, 무결성 및 가용성을 보호하고 서비스 보안에 가해지는 위험을 관리하기 위한 비례 기술적 제어의 존재. 2. 개인 또는 민감한 정보를 교환하는 데 사용되는 전자 통신 채널은 도청, 조작 및 재생으로부터 보호된다. 3. 전자신원확인 수단 및 인증을 발행하는 데 사용되는 민감한 암호 자료에 대한 접근은 엄격하게 접근해야 하는 역할 및 응용 프로그램으로 제한됩니다. 그러한 자료가 일반 텍스트로 영구 저장되지 않도록 해야 한다. 4. 시간이 지남에 따라 보안이 유지되고 위험 등급, 사건 및 보안 위반의 변화에 대응할 수 있는 능력이 있음을 보장하는 절차가 있다. 5. 개인, 암호 또는 기타 민감한 정보가 들어있는 모든 미디어는 안전하고 안전한 방법으로 보관, 운반 및 처리된다.
보통	**낮음 레벨 포함:** 민감한 암호자료가 전자신원확인 수단을 발행하고, 인증에 사용되는 경우 변조로부터 보호된다.
높음	보통 보증수준과 동일

2.4.7 규정 준수 및 감사

보증수준	필수 요소
낮음	관련 정책 준수를 보장하기 위해 제공된 서비스의 공급과 관련된 모든 부분을 포함하도록 정기적인 내부 감사의 범위가 있다.
보통	관련 정책 준수를 보장하기 위해 제공된 서비스의 공급과 관련된 모든 부분을 포함하도록 범위 내에서 독립적인 내부 또는 외부 감사가 존재한다.
높음	1. 관련 정책 준수를 보장하기 위해 제공된 서비스의 공급과 관련된 모든 부분을 포함하도록 범위가 독립적인 외부 감사가 존재한다. 2. 제도가 정부 기관에 의해 직접 관리되는 경우에는 국가 법률에 따라 감사를 받는다.

이 규정은 유럽 연합 관보에 게재된 날부터 20일째 되는 날 발효됩니다.

Ⅳ. 전자신원확인 4 _ 개별 회원국의 전자신원확인 체계의 통지 등에 관한 시행결정

COMMISSION IMPLEMENTING DECISION (EU) 2015/1984 of 3 November 2015

defining the circumstances, formats and procedures of notification pursuant to Article 9(5) of Regulation (EU) No 910/2014 of the European Parliament and of the Council on electronic identification and trust services for electronic transactions in the internal market
(notified under document C(2015) 7369)

(Text with EEA relevance)

THE EUROPEAN COMMISSION,
Having regard to the Treaty on the Functioning of the European Union,

2015년 11월 3일 2015/1984의 유럽 집행위원회 시행 결정

유럽 의회 및 이사회의 (EU) 910/2014 규정 제9조 제5항에 따라서 역내 시장에서의 전자거래를 위한 전자신원확인과 신뢰서비스에 관한 통지 환경, 포맷과 절차들을 정의함
(문서 C(2015) 7369에서 통지됨)

(EEA 관련 텍스트 포함)

유럽 집행위원회는,
유럽 연합의 기능에 관한 조약을 고려하여,

Having regard to Regulation (EU) No 910/2014 of the European Parliament and of the Council of 23 July 2014 on electronic identification and trust services for electronic transactions in the internal market and repealing Directive 1999/93/EC (1), and in particular Article 9(5) thereof,

Whereas:

(1) Notification of electronic identification schemes by Member States is a prerequisite of mutual recognition of electronic identification means.

(2) Cooperation on interoperability and security of electronic identification schemes requires simplified procedures. Since the cooperation between Member States referred to in Article 12(6) of Regulation (EU) No 910/2014 and regulated in detail in Commission Implementing Decision (EU) 2015/296 (2) already requires the use of the English language, the same solution for the purposes of the notification of electronic identification schemes should facilitate reaching interoperability and security of the schemes. However, translation of already existing documentation should not cause unreasonable burden.

(3) Schemes may involve multiple parties issuing the electronic identification means and/or multiple levels of assurance. For the sake of clarity and legal certainty, the notification of such schemes should

역내 시장에서의 전자거래에 대한 전자신원확인과 신뢰서비스에 관한 2014년 7월 23일 유럽 의회와 이사회의 규정 (EU) No 910/2014 규정과 전자서명지침 1999/93/EC (1)의 폐지, 그리고 특히 eIDAS 규정 제9조 제5항과 관련하여 다음을 고려함:

전문:

(1) 회원국의 전자신원확인 통지는 전자신원확인 수단의 상호 인정을 위한 전제 조건이다.

(2) 전자신원확인체계의 상호운용성과 보안에 협력하려면 절차를 일반화시켜야 한다. (EU) No 910/2014 규정 제12조 제6항에 언급되고, 유럽 집행위원회 결정 2015/296 (2)에서 상세히 규정한 바와 같이 회원국 간의 협력에 필요한 영어를 사용할 것을 요구하였으므로, 전자신원확인체계를 통지하기 위한 동일한 해결방안은 그 체계의 상호운용성과 보안의 유지를 활성화시키는 방식이어야 한다. 그러나 이미 기존의 문서를 번역하는데 불합리한 부담을 주지 않아야 한다.

(3) 전자신원확인체계에는 여러 전자신원확인수단과/또는 여러 보증수준을 발행하는 다수의 당사자가 포함될 수 있다. 그러나 그러한 신원확인체계를 통지하는 것은, 명확성과 법적 확실성을 위하여, 전자신원확인수단을 발행하는 각 당사자 또는 각각

however be a single process, with separate notification forms for each party issuing the electronic identification means and/or for each level of assurance.

(4) The organisation of electronic identification schemes varies among Member States involving public and private sector entities. Although the purpose of the notification form should be to give as precise information as possible, among others, on the various authorities or entities involved in the electronic identification process, it should not aim at listing e.g. all local municipalities when those are involved. In that case, the respective field of the notification form should identify the level of the authority or entity involved.

(5) Providing a description of electronic identification schemes prior to notification to other Member States as set out in Article 7(g) of Regulation (EU) No 910/2014 is a prerequisite of mutual recognition of electronic identification means. The notification form set out in this implementing act should be used in the context of providing a description of the scheme to other Member States, in order to enable peer review as set out in Article 10(2) of Implementing Decision (EU) 2015/296.

(6) The deadline for the Commission to publish a notification, as provided for

의 보증수준에 대한 별도의 통지 형식을 갖춘 단일한 절차에서 이루어져야 한다.

(4) 전자신원확인 체계의 조직은 회원국마다 공공 및 민간 부문의 주체가 다르다. 전자 신원확인절차에 개입된 여러 권한 당국 또는 주체들에 관하여 가능한 한 정확한 정보를 제공하는 것이 통지 형식의 주된 목적임에도 불구하고, 이에 관련된 예컨대 지방자치단체를 모두 목록화하는 것을 목 표로 하여서는 안된다. 그러한 경우에, 통 지형식의 각 필드는 관련된 권한당국 또 는 주체의 지위를 식별하여야 한다.

(5) 전자신원확인수단을 상호인정하기 위한 전제 조건으로서 (EU) No 910/2014 규정 제7조 (g)항에 명시된 바와 같이 다른 회 원국에 통지하기 전에 전자신원확인체계 에 대한 설명을 제공하여야 한다. 이 시행 법에 명시된 통지형식은, EU 시행 결정 2015/296 EC 제10조 제2항에 따른 동료 평가를 할 수 있도록 하기 위하여, 다른 회원국에게 이 신원확인체계를 설명하는 데 사용되어야 한다.

(6) (EU) 제910/2014 규정 제9항 제3항에서 정하는 바와 같이, 집행위원회가 통지서를

in Article 9(3) of Regulation (EU) No 910/2014, should be counted from the day when the complete form is submitted. The notification form should not be considered complete if the Commission needs to request additional information or clarification.

(7) In order to ensure uniform use of the notification form, it is appropriate for the Commission to provide guidance to the Member States in particular with regard to whether changes to the notification form may lead to re-notification.

(8) The measures provided for in this Decision are in accordance with the opinion of the Committee referred to in Article 48 of Regulation (EU) No 910/2014,

Article 1 Objective

Pursuant to Article 9(5) of Regulation (EU) No 910/ 2014, this Decision lays down the circumstances, formats and procedures of notifications of electronic identification schemes to the Commission.

Article 2 Language of notification

1. The language of notification shall be English. The notification form referred to in Article 3(1) shall be completed in English.

2. Without prejudice to paragraph 1, Member States shall not be obliged to translate supporting documents

공시하기 위한 최종기한은 완전한 형식이 제출된 날로부터 계산되어야 한다. 만일 집행위원회가 추가 정보 또는 설명을 요청할 필요가 있는 경우에는 통지 형식이 완료된 것으로 보아서는 안된다.

(7) 통지 형식의 통일된 사용을 보장하기 위해, 집행위원회는 특히 통지 형식의 변경으로 인해 재통지를 하여야 하는지 여부와 관련하여 회원국에 지침을 제공하는 것이 적절하다.

(8) 이 결정을 위하여 정해진 조치는 (EU) No 910/2014 규정 제48조에 의해 설정된 집행위원회의 견해와 일치한다.

제1조 목적

(EU) No 910/2014 규정 제9조 제5항에 의거하여 이 결정은 집행위원회에 대한 전자신원확인 체계에 대한 통지의 환경, 형식 및 절차를 규정한다.

제2조 통지 언어

1. 통지하는 언어는 영어이다. 제3조 제1항에 의거한 통지형식은 영문으로 기재되어야 한다.

2. 제1항에 위배되지 않으면서, 부속서 제4.4조에서 정하는 지원문서를 준비하는데 비합리적인 부담을 발생하는 경우에 회원국

referred to in point 4.4 of the Annex where this would create an unreasonable burden.

Article 3 Notification procedure and formats

1. Notification shall be made electronically in the format compliant with the form set out in the Annex.

2. Where a scheme involves multiple responsible parties issuing the electronic identification means and/or covers multiple levels of assurance, points 3.2 and/or where appropriate 4.2 of the notification form set out in the Annex shall be completed separately for each party issuing the electronic identification means and/or for each level of assurance.

3. Where the authorities, parties, entities or bodies to be notified in the form set out in the Annex, in particular the parties managing the registration process of the unique person identification data or the parties issuing the electronic identification means, are acting under the same set of rules and using the exact same procedures, in particular where they are regional or local authorities, the following specific rules shall apply:

(a) the notification form may be filled in once in respect of all such parties;

(b) the notification form may be filled with information necessary to identify the respective functional or territorial

은 이를 번역할 의무가 없다.

제3조 통지 절차 및 포맷들

1. 통지는 부속서에 명시된 형식에 따라 전자 포맷으로 하여야 한다.

2. 어떤 전자신원확인체계에 전자신원확인수단을 발급하는 다수의 책임자가 관련되어 있거나 또는 여러 단계의 보증수준이 적용되는 경우에, 부속서에서 정하는 통지형식에 관한 3.2 와/또는 적절한 경우에는 4.3가 전자신원확인수단을 발행하는 각 당사자 와/또는 각 보증수준에 대하여 개별적으로 기재되어야 한다.

3. 부속서에 명시된 양식으로 통지받아야 할 권한당국, 당사자, 단체 또는 기관, 특히 유일한 개인신원확인데이터의 등록절차를 관리하는 자 또는 전자신원확인수단을 발행하는 자는 동일한 법규 세트하에서 행위하고 정확하게 동일한 절차를 이용하는 경우에, 특히 그들이 광역의 또는 지방의 권한당국인 경우에는 다음의 세칙이 적용되어야 한다.

(a) 통지형식은 그와 같은 모든 당사자에 대해 1회 기입할 수 있다.

(b) 통지 형식은 각각의 직능별 조직 수준 또는 국가의 조직체계를 확인하는데 필수적으로 필요한 정보를 기재할 수 있다.

organisation level.

4. The Commission shall confirm receipt of the notification by electronic means.

5. The Commission may request additional information or clarification in the following circumstances:

(a) the notification form is not properly filled in;

(b) there is a manifest error in the form or in the supporting documents;

(c) a description of the electronic identification scheme prior to notification was not provided to other Member States pursuant to Article 7(g) of Regulation (EU) No 910/2014.

6. Where additional information or clarification referred to in paragraph 5 is requested, the notification shall only be considered complete when such additional information or clarification is submitted to the Commission.

Article 4 **Addressees**

This Decision is addressed to the Member States.

4. 집행위원회는 전자적 수단에 의한 통지의 접수를 확인하여야 한다.

5. 집행위원회는 다음과 같은 경우에 추가 정보 또는 설명을 요구할 수 있다.

(a) 통지형식이 적절하게 기재되어 있지 않은 경우.

(b) 형식 또는 지원서류에 명백한 오류가 있는 경우.

(c) (EU) 제 910/2014 규정 제7조에 따르는 통지 이전의 전자신원확인 체계에 대한 설명이 다른 회원국에 제공되지 않은 경우.

6. 제5항에 언급된 추가 정보 또는 설명이 요구되는 경우, 그러한 추가 정보 또는 설명이 집행위원회에 제출된 경우에만 통지가 완료된 것으로 고려된다.

제4조 수신자

이 결정은 회원 국가들에게 회부되어야 한다.

- 부속서: 전자신원확인 4. 개별 회원국의 전자신원확인 체계의 통지 등
에 관한 시행결정 부속서

부속서. (회원국 성명 기입)은 유럽연합 집행위원회에 (EU) No 910/2014 규정
제9조 제3항에 명시된 목록에 전자신원확인체계를 게시하고 다음 사항을 확인
한다.
- 이 통지에 의하여 전달된 정보는 (EU) No 910/2014 규정 제7조 (g)항에
  따라 협력 네트워크에 전달된 정보와 일치하며
- 전자신원확인체계는 공공기관이 제공한 최소한 하나의 서비스에 접근하는
  데 사용할 수 있다(회원국명 삽입).

일자

[전자적으로 서명]

1. 일반 정보

체계 명칭	보증수준(낮음, 보통 또는 높음)

2. 이 체계에 대한 책임 기관(들)

기관 명칭	우편주소	이메일 주소	전화번호

3. 관련 당사자, 단체 및 단체에 대한 정보(여러 당사자, 단체 또는 조직이 있는
경우 제3조 제2항과 제3항에 따라 모두 기재하시오.)

3.1 유일한 개인신원확인데이터의 등록절차를 관리하는 사업자

유일한 개인신원확인데이터의 등록절차를 관리하는 사업자의 명칭

3.2 전자신원확인수단을 발행하는 당사자

유일한 개인신원확인데이터의 등록절차를 관리하는 사업자 명칭		
Article 7(a)(i) ☐	Article 7(a)(ii) ☐	Article 7(a)(iii) ☐

3.3 인증 절차를 운영하는 당사자

인증 절차를 운영하는 당사자 명칭

3.4 감독 기구

감독 기구 명칭

4. 전자신원확인체계에 대한 설명

문서는 다음 각 설명을 기재하여야 한다.

(a) 체계가 운영되는 맥락과 그 범위를 포함하는 계획을 간략하게 기재한다.

(b) 해당되는 경우, 신뢰당사자가 요청한 경우, 계획에 따라 자연인에게 제공될 수 있는 추가 속성을 열거하시오.

(c) 해당되는 경우, 신뢰당사자가 요청한 경우, 계획에 따라 법인에게 제공될 수 있는 추가 속성을 열거하시오.

4.1 적용 가능한 감독, 책임 및 관리 체계

4.1.1 적용 가능한 감독 체계

다음과 관련하여 계획안의 감독 체제를 기술한다.
(해당되는 경우, 정보는 3.4에 언급된 감독 기관의 역할, 책임 및 권한을 포함해야 하며, 보고기관은 보고 체계에 대한 책임이 있는 기관에 보고하지 않는 경우, 보고하는 실체가 제공되어야 한다)

(a) 전자신원확인 수단을 발행하는 당사자에게 적용할 수 있는 감독 체제

(b) 인증 절차를 운영하는 당사자에게 적용되는 감독 체제

4.1.2 적용 가능한 책임 체계

다음 시나리오에 대한 해당 국가 책임 제도에 대해 간략하게 설명하시오.

(a) 규정 (EU) 910/2014 제11조 (1)에 따른 회원국의 책임

(b) 규정 (EU) 910/2014 제11조 (2)에 따라 전자신원확인수단을 발급한 당사자의 책임

(c) 규정 (EU) 910/2014 제11조 (3)에 따라 인증 절차를 운영하는 당사자의 책임

4.1.3 적용 가능한 관리 조치

전체 신원확인체계 또는 인증 또는 합의된 부분의 일시 중지 또는 폐지 계획을 설명하시오.

4.2 체계 구성요소에 대한 설명

집행위원회에 통지되고 있는 전자신원확인체계 하에서 전자신원확인수단의 보증수준에 도달하기 위해 다음의 집행위원회의 시행규정 2015/1502 제1항의 요건이 어떻게 충족되었는지 기술하시오 :
(채택된 표준 포함)

4.2.1 등록

(a) 신청 및 등록

(b) 신원 증명 및 확인(자연인)

(c) 신원 증명 및 확인(법인)

(d) 자연인과 법인의 전자신원확인수단 간의 결합

4.2.2 전자신원확인수단 관리

(a) 전자신원확인수단의 특성 및 설계 (적절한 경우, 보안 인증에 대한 정보 포함)

(b) 발급, 배달 및 활성화

(c) 일시 중지, 폐지 및 재활성화

(d) 갱신 및 교체

4.2.3 인증

공공 부문 기관이 아닌 다른 기관에 의존하여 인증에 대한 접근 조건을 포함하는 인증 메커니즘을 설명하시오.

4.2.4 관리 및 조직

다음과 같은 측면의 관리와 조직을 설명하십시오.
  (a) 경영 및 조직에 관한 일반 규정
  (b) 게시된 공지 및 사용자 정보
  (c) 정보 보안 관리
  (d) 기록 보관
  (e) 시설 및 직원
  (f) 기술 통제
  (g) 규정 준수 및 감사

4.3 상호운용성 요건

집행위원회의 시행규정 (EU) 2015/1501 제1항에 따른 상호운용성 및 최소 기술 및 운영 보안 요건이 어떻게 충족되는지 설명하시오. 협력 네트워크에 대한 의견, 외부 감사 등 준수에 대한 추가 정보를 줄 수 있는 모든 문서를 열거하고 첨부하시오.

4.4 지원 서류

여기에 제출된 모든 지원 문서와 그 위에 있는 요소 중 어느 것이 관련되어 있는지 기재하시오. 이 통지와 관련된 전자신원확인 조항과 관련된 국내법을 포함하시오. 가능한 경우 영어 버전 또는 영어 번역본을 제출하시오.

제3절 전자신뢰서비스 관련 시행결정과 시행규정 및 부속서

I. 적격신뢰서비스를 위한 EU신뢰마크의 형식에 관한 시행규정

COMMISSION IMPLEMENTING REGULATION (EU) 2015/806 of 22 May 2015

laying down specifications relating to the form of the EU trust mark for qualified trust services

(Text with EEA relevance)

THE EUROPEAN COMMISSION,
Having regard to the Treaty on the Functioning of the European Union,

Having regard to Regulation (EU) No 910/2014 of the European Parliament and

2015년 5월 22일 2015/806의 유럽 집행위원회 시행규정

적격신뢰서비스에 대한 EU 신뢰 마크의 형식에 관한 기술규격 지정

(EEA 관련 텍스트 포함)

유럽 집행위원회는,
유럽 연합의 기능에 관한 조약과 관련하여,

역내시장에서 전자거래를 위한 전자신원확인과 신뢰서비스에 관한 유럽 의회와 이사

of the Council of 23 July 2014 on electronic identification and trust services for electronic transactions in the internal market and repealing Directive 1999/93/EC (1), and in particular Article 23(3) thereof,

Whereas:

(1) Regulation (EU) No 910/2014 provides that a trust mark for qualified trust services may be used by qualified trust service providers to enhance confidence and convenience for users. Such a trust mark clearly differentiates qualified trust services from other trust services thus contributing to transparency in the market thereby fostering confidence in and convenience of online services which are essential for users to fully benefit and consciously rely on electronic services.

(2) The Commission organised a competition for students of art and design from the Member States, to gather proposals for a new logo. A jury of experts selected the three best proposals based on the criteria specified in the e-Mark U Trust Competition technical and design specifications. An online consultation was held from 14 October to 14 November 2014. The proposed logo chosen by the majority of visitors to the website over that period and endorsed by a final jury decision now needs to be adopted as the new EU trust mark for qualified trust services.

(3) In order to enable the use of the logo as soon as it is applicable in

회의 (EU)No 910/2014 규정과 폐지되는 1999/93/EC 지침 제1조, 그리고 특히 그 규정의 제23조 제3항과 관련하여, 다음을 고려함:

전문

(1) (EU) No 910/2014 규정은 적격신뢰서비스제공자는 이용자의 신뢰와 편리성을 높이기 위해 적격신뢰서비스임을 나타내는 신뢰마크를 사용할 수 있다는 것을 정하였다. 그와 같은 신뢰마크는 다른 신뢰서비스로부터 적격신뢰서비스를 분명하게 구별시킴으로써 시장의 투명성을 높이고 이용자의 온라인서비스 사용의 신뢰성과 편리성을 촉진시키는데, 이는 이용자가 전자서비스로부터 충분히 혜택을 받고 이 서비스를 믿고 사용하게 하는데 본질적인 것이다.

(2) 집행위원회는 회원국의 예술 및 디자인 학생들을 대상으로 공모전을 유치하여 새로운 로고 디자인을 수집하였다. 전문가 심사위원단은 e-Mark U Trust Competition에서 기술규격과 디자인 규격에 명시된 기준에 맞는 최우수 도안 세 가지를 선정하였다. 이 온라인상의 공모전은 2014년 10월 14일부터 11월 14일까지 열렸다. 그 기간 동안 웹 사이트 방문자의 다수가 선택하고 최종적으로 전문가심사위원단의 결정으로 선정된 로고 디자인은 현재 적격신뢰서비스를 나타내는 새로운 EU 신뢰 마크로 채택되었다.

(3) EU 법령에 따라 즉시 로고를 사용할 수 있게 하고 역내시장의 효율적 기능을

accordance with Union legislation and to ensure the effective functioning of the internal market, to guarantee fair competition and to protect consumer interests, the new EU trust mark for qualified trust services was registered as a collective mark in the United Kingdom Intellectual Property Office and is consequently in force, usable and protected. The logo will also be registered in the Union and international registers.

(4) The measures provided for in this Regulation are in accordance with the opinion of the Committee established by Article 48 of Regulation (EU) No 910/2014,

보장하고 공정 경쟁을 보장하며 소비자의 이익을 보호하기 위하여, 영국특허청에 EU의 새로운 신뢰마크(적격신뢰서비스)를 집단상표로 등록하였으므로 그 효력이 발생하며 사용 가능하고 보호받는다. 이 로고는 유럽연합 및 국제 등록부에도 등록된다.

(4) 이 규정에서 정하는 조치는 eIDAS 규정 제48조에서 정하는 집행위원회의 의견서에 따른 것이다.

Article 1

The EU trust mark for qualified trust services shall be in the form shown in Annexes I and II without prejudice to the provisions laid down in Article 2.

제1조

적격신뢰서비스를 나타내는 EU 신뢰마크는 제2조의 조항들에 위배되지 않으면서 부속서 I 과 II에 표시된 형식을 따라야 한다.

Article 2

1. The reference colours for the EU trust mark for qualified trust services shall be Pantone No 654 and 116; or blue (100% cyan+78% magenta+25% yellow +9% black) and yellow (19% magenta +95% yellow), when a four-colour process is used; when RGB colours are used the reference colours shall be blue (43 red+67 green+117 blue) and yellow (243 red+202 green+ 18 blue).

2. The EU trust mark for qualified trust

제2조

1. 적격신뢰서비스를 나타내는 EU 신뢰마크의 참조 색상은 Pantone No 654와 116이어야한다. 또는 4색 프로세스를 사용할 경우 파란색(100% 시안색+78% 마젠타색+25% 옐로우+9% 검정)과 노란색(19% 마젠타색+95% 옐로우-) RGB 색상을 사용하는 경우 참조 색상은 파란색(43 빨간색+67 녹색+117 파란색)과 노란색(243 빨간색+202 녹색+18 파란색)이어야 한다.

2. 적격신뢰서비스에 대한 EU 신뢰마크는

services may only be used in black and white, as shown in Annex II, if it is not practical to use colour.

3. If the EU trust mark for qualified trust services is used on a dark background, it may be used in negative format using the same background colour, as shown in Annexes I and II.

4. If the EU trust mark for qualified trust services is used in colour on a coloured background, that makes it difficult to see, a delimiting outer line around the EU trust mark for qualified trust services may be used to improve contrast with the background colours.

Article 3

The EU trust mark for qualified trust services shall have a minimum size that ensures preservation of visual attributes and key forms, but its size shall not be less than 64 × 85 pixels 150 dpi.

Article 4

The EU trust mark for qualified trust services shall be used in a manner that allows clear indication of qualified services that the trust mark pertains to. The trust mark may be associated with graphical or textual elements clearly indicating qualified trust services it is used for, under the condition that they do not change the nature of the EU trust mark for qualified trust services, nor alter the link with the applicable trusted lists referred to under Article 23(2) of the Regulation (EU) No 910/2014.

색을 사용할 수 없는 경우에는 부속서 II 에서 표시된 바와 같은 흑백의 형태로만 사용될 수 있다.

3. 적격신뢰서비스를 나타내는 EU 신뢰마크의 배경을 어둡게 하는 경우, 부속서 I 과 II에서 표시된 바와 같은 동일한 배경 색상을 사용하는 네거티브 포맷으로 사용될 수 있다.

4. 적격신뢰서비스를 나타내는 EU 신뢰마크가 배경색으로 인하여 식별이 어려운 경우에, 적격신뢰서비스를 나타내는 EU 신뢰마크 테두리의 경계선을 배경색과 대조되는 색을 사용할 수 있다.

제3조

적격신뢰서비스를 나타내는 EU 신뢰 마크는 시각적 속성과 주요 형태를 보존하는 최소 크기여야 하며, 그 크기는 64×85 픽셀 150dpi 이상이어야 한다.

제4조

적격신뢰서비스를 나타내는 EU 신뢰마크는 신뢰마크와 관련된 신뢰서비스의 명확한 표시를 허용하는 방식으로 사용되어야 한다. 신뢰마크는 적격신뢰서비스를 위한 조건하에서 적격신뢰서비스를 명확하게 나타낼 수 있는 그림 또는 문자 요소와 연관되어야 하며, 그러한 요소들로 적격신뢰서비스를 나타내는 EU 신뢰마크의 성질을 변경되지 않으며, eIDAS 규정 제23조 제2항에 따라서 적용될 수 있는 신뢰목록과의 연결을 변경시키지 말아야 한다.

Article 5

This Regulation shall enter into force on the twentieth day following that of its publication in the Official Journal of the European Union.

This Regulation shall be binding in its entirety and directly applicable in all Member States. Done at Brussels, 22 May 2015.

제5조

이 규정은 유럽연합 관보에 공포된 날부터 20일째 되는 날에 발효한다.

이 규정은 모든 회원국에 전적으로 구속력을 가지며 직접 적용된다. 2015년 5월 22일, 브뤼셀에서 작성되었다.

ANNEX Ⅰ. EU trust mark for qualified trust services in colour

ANNEX Ⅱ. EU trust mark for qualified trust services in black and whire

Ⅱ. 신뢰목록에 관련된 기술 규격과 포맷에 관한 시행결정

COMMISSION IMPLEMENTING DECISION (EU) 2015/1505 of 8 September 2015

laying down technical specifications and formats relating to trusted lists pursuant to Articles 22(5) of Regulation (EU) No 910/2014 of the European Parliament and of the Council on electronic identification and trust services for electronic transactions in the internal market

(Text with EEA relevance)

2015년 9월 8일 2015/1505의 유럽 집행위원회 시행 결정

역내 시장에서의 전자거래를 위한 전자신원확인과 신뢰서비스에 관한 유럽 의회와 이사회의 (EU) 910/2014 규정의 제22조 제5항에 따라서 신뢰목록에 관련된 기술 규격과 포맷을 규정한다.

(EEA 관련 텍스트 포함)

THE EUROPEAN COMMISSION,
Having regard to the Treaty on the
Functioning of the European Union,

Having regard to Regulation (EU) No 910/2014 of the European Parliament and of the Council of 23 July 2014 on electronic identification and trust services for electronic transactions in the internal market and repealing Directive 1999/93/EC (1), and in particular Article 22(5) thereof,

Whereas:

(1) Trusted lists are essential for the building of trust among market operators as they indicate the status of the service provider at the moment of supervision.

(2) The cross-border use of electronic signatures has been facilitated through Commission Decision 2009/767/ EC (2) which has set the obligation for Member States to establish, maintain and publish trusted lists including information related to certification service providers issuing qualified certificates to the public in accordance with Directive 1999/93/EC of the European Parliament and of the Council (3) and which are supervised and accredited by the Member States.

(3) Article 22 of Regulation (EC) No 910/2014/EU provides the obligation for Member States to establish, maintain and publish trusted lists, in a secured manner, electronically signed or sealed in a form suitable for automated processing and to notify to the

유럽 집행위원회는,
유럽 연합의 기능에 관한 조약을 고려하여,

역내시장에서의 전자거래를 위한 전자신원확인 및 신뢰서비스에 관한 2014년 7월 23일 유럽 의회와 이사회의 (EU) No 910/2014 규정, 전자서명지침 1999/93/EC (1)의 폐지, 특히 (EU) No 910/2014 규정의 제22조 제5항에 관하여 다음의 내용을 고려한다.

전문:

(1) 신뢰목록은 감독 시점에서 서비스제공자의 지위를 나타내므로 시장 운영자들 간에 신뢰를 구축하는데 필수적이다.

(2) 전자서명의 국가 간 사용은 위원회 결정 2009/767/ EC (2)를 통해 촉진되었는데 이는 회원국가에 대하여 유럽 의회와 이사회의 전자서명지침 1999/93/ EC (3)에 따라서 공중으로 대상으로 적격인증서를 발행하는 인증서비스제공자에게 관련된 정보를 포함하는 신뢰목록을 수립하고 유지하며 공시할 의무를 규정하였으며 회원국가에 의하여 감독을 받고 인정된다.

(3) (EC) 910/2014/EU의 제22조 규정은 회원국들에게 신뢰목록을 수립하여 유지하고 공시할 의무를 부과하는데, 이는 안전하고도 자동 처리에 적합한 형식으로 전자서명 또는 전자날인 되어야 하며, 그리고 회원국 단위의 신뢰목록을 수립할 책임있는 기관을 집행위원회에 통지

Commission the bodies responsible for establishing the national trusted lists.

(4) A trust service provider and the trust services it provides should be considered qualified when the qualified status is associated to the provider in the trusted list. In order to ensure that other obligations stemming from Regulation (EU) No 910/2014, in particular those set in Articles 27 and 37, may be easily fulfilled by the service providers at a distance and by electronic means and in order to meet the legitimate expectations of other certification-service- providers who are not issuing qualified certificates but provide services related to electronic signatures under Directive 1999/93/EC and are listed by 30 June 2016, it should be possible for Member States to add trust services other than the qualified ones in the trusted lists, on a voluntary basis, at national level, provided that it is clearly indicated that they are not qualified according to Regulation (EU) No 910/2014.

(5) In line with recital 25 of Regulation (EU) No 910/ 2014, Member States may add other types of nationally defined trust services than those defined under Article 3(16) of Regulation (EU) No 910/2014, provided that it is clearly indicated that they are not qualified according to Regulation (EU) No 910/2014.

(6) The measures provided for in this Decision are in accordance with the

할 의무가 있다.

(4) 신뢰목록에 수록된 신뢰서비스제공자에게 적격지위가 부여된 때에는 신뢰서비스제공자와 그가 제공하는 신뢰서비스는 적격으로 보아야 한다. (EU) No 910/2014 규정에서 정하는 다른 의무들, 특히 제27조 및 제37조에서 정하는 의무들은 원격지에서 전자적 수단을 통해 서비스제공자들이 쉽게 이행할 수 있으며, 그리고 적격인증서를 발행하는 것은 아니지만 전자서명지침 하에서 전자서명에 관련된 서비스를 제공하고 2016년 6월 30일까지 목록에 포함된 다른 인증서비스제공자들의 합법적 기대를 충족시키기 위하여, 회원국은 (EU) No 910/2014 규정상의 적격이 아니라는 것이 명백하게 나타나는 경우에는 회원국의 수준에서 자발적으로 신뢰목록에 있는 적격서비스 이외의 신뢰서비스를 추가할 수 있도록 하여야 한다.

(5) (EU) No 910/2014 규정의 전문 제25호에 따라 회원국은 (EU) No 910/2014의 제3조 제16항에서 정의된 신뢰서비스와 다른 유형의 회원국 내에서 정의된 신뢰서비스가 (EU) No 910/2014 규정에서 정하는 적격서비스가 아닌 것이 명확하게 나타나는 경우에는 국내에서 이를 추가할 수 있다.

(6) 이 결정에서 정하는 조치는 (EU) No 910/2014 규정 제48조에 의해 설치된 위

opinion of the Committee established by Article 48 of Regulation (EU) No 910/2014,

원회의 의견서와 일치한다.

Article 1

Member States shall establish, publish and maintain trusted lists including information on the qualified trust service providers which they supervise, as well as information on the qualified trust services provided by them. Those lists shall comply with the technical specifications set out in Annex I.

제1조

회원국은 신뢰목록을 작성, 공시하고 유지하여야 하는데 여기에는 회원국이 감독하는 적격신뢰서비스제공자에 관한 정보뿐만 아니라 신뢰서비스제공자가 제공하는 적격신뢰서비스에 관한 정보도 포함하여야 한다. 이 신뢰목록은 부속서 1에 기재된 기술규격을 준수하여야 한다.

Article 2

Member States may include in the trusted lists information on non-qualified trust service providers, together with information related to the non-qualified trust services provided by them. The list shall clearly indicate which trust service providers and the trust services provided by them are not qualified.

제2조

회원국은 신뢰목록에 비적격신뢰서비스제공자에 관한 정보를 비적격신뢰서비스제공자가 제공하는 비적격신뢰서비스에 관한 정보와 함께 포함시킬 수 있다. 이 목록에는 신뢰서비스제공자와 그 신뢰서비스제공자가 제공하는 신뢰서비스가 비적격임을 명확하게 나타내야 한다.

Article 3

(1) Pursuant to Article 22(2) of Regulation (EU) No 910/ 2014, Member States shall sign or seal electronically the form suitable for automated processing of their trusted list in accordance with the technical specifications set out in Annex I.

(2) If a Member State publishes electronically a human readable form of the trusted list, it shall ensure that this form of the trusted list contains the same data as the form suitable for

제3조

(1) 회원국은 (EU) No 910/2014 규정 제22조 제2항에 따라 부속서 I에 기술된 기술규격에 따라 신뢰목록의 자동 처리에 적합한 형식을 전자적으로 서명 또는 날인해야 한다.

(2) 회원국이 신뢰목록을 가독성 있는 전자적 형식으로 공시하는 경우, 회원국은 신뢰목록의 형식이 자동 처리에 적합한 형식과 동일한 데이터를 포함하고 있다는 것을 보장하여야 하며 그리고 부속서

automated processing and it shall sign or seal it electronically in accordance with the technical specifications set out in Annex I.

I에 명시되어 있는 기술규격에 따라 전자 형식으로 서명 또는 날인하여야 한다.

Article 4

제4조

(1) Member States shall notify to the Commission the information referred to in Article 22(3) of Regulation (EU) No 910/2014 using the template in Annex II.

(1) 회원국은 부속서 II의 양식을 이용하여 (EU) No 910/2014 규정 제22조 제3항에 언급된 정보를 집행위원회에 통지하여야 한다.

(2) The information referred to in paragraph 1 shall include two or more scheme operator public key certificates, with shifted validity periods of at least 3 months, which correspond to the private keys that can be used to sign or seal electronically the form suitable for automated processing of the trusted list and the human readable form when published.

(2) 제1항에 언급된 정보는 적어도 3개월의 유효기간이 남은 2개 이상의 신원확인체계 운영자의 공개키 인증서를 포함해야 하며, 이 공개키는 개인키에 대응되는데, 개인키는 신뢰목록의 자동화된 처리에 적합하고, 공시되는 경우 가독성 있는 형태에다 전자서명 또는 전자날인하는데 이용될 수 있다.

(3) Pursuant to Article 22(4) of Regulation (EU) No 910/2014, the Commission shall make available to the public, through a secure channel to an authenticated web server, the information referred to in paragraphs 1 and 2, as notified by Member States, in a signed or sealed form suitable for automated processing.

(3) (EU) 910/2014 규정 제22조 제4항에 따라 집행위원회는 인증된 웹 서버의 안전한 채널을 통해 제1항 및 제2항에 언급된 정보를, 회원국에 의하여 통지된 바와 같이, 자동 처리에 적합한 서명 또는 날인된 형태로, 공시하여야 한다.

(4) The Commission may make available to the public, through a secure channel to an authenticated web server, the information referred to in paragraphs 1 and 2, as notified by Member States, in a signed or sealed human readable form.

(4) 집행위원회는 인증된 웹 서버의 안전한 채널을 통해 제1항 및 제2항에 언급한 정보를, 회원국에 의하여 통지된 바와 같이, 서명 또는 날인된 가독성 있는 형태로 공시할 수 있다.

Article 5

This Decision shall enter into force on the twentieth day following that of its publication in the *Official Journal of the European Union*.

ANNEX I.
TECHNICAL SPECIFICATIONS FOR A COMMON TEMPLATE FOR TRUSTED LISTS

CHAPTER I.
GENERAL REQUIREMENTS

The trusted lists shall include both current and all historical information, dating from the inclusion of a trust service provider in the Trusted Lists, about the status of listed trust services.
The terms 'approved', 'accredited' and/or 'supervised' in the present specifications also cover the national approval schemes but additional information on the nature of any such national schemes will be provided by Member States in their trusted list, including clarification on the possible differences with the supervision schemes applied to qualified trust service providers and the qualified trust services they provide.

The information provided in the trusted list is primarily aimed at supporting the validation of qualified trust service tokens, i.e. physical or binary (logical) objects generated or issued as a result of the use of a qualified trust service, e.g. namely qualified electronic signatures/ seals, advanced electronic signatures/seals supported by a qualified certificate, qualified time-stamps, qualified electronic

제5조

이 결정은 유럽연합 관보에 공포된 날부터 20일째 되는 날에 발효한다.

부속서 1.
신뢰목록의 공통 포맷을 위한 기술 규격

제1장 일반요건

신뢰목록에는 신뢰서비스제공자가 신뢰목록에 포함된 시점부터 열거된 신뢰서비스의 상태에 관한 최신 및 모든 과거의 정보가 포함되어야 한다.

본 규격에서 '승인', '인정' 및/또는 '감독'이라는 용어는 또한 회원국 승인 체계를 포함하지만, 회원국이 신뢰목록에서 적격신뢰서비스제공자와 신뢰서비스제공자가 제공하는 적격신뢰서비스에 적용되는 감독 체계와의 가능한 차이점에 관한 명료함을 포함하여, 그러한 회원국 체계의 성질에 대한 추가 정보도 제공하게 될 것이다.

신뢰목록에서 제공된 정보는 우선 적격신뢰서비스 토큰[즉, 적격신뢰서비스를 이용한 결과로 생성 또는 발행된 물리적 객체 또는 이진(논리적) 객체]의 유효성 검증을 지원하는 것을 주된 목표로 하는데, 예를 들어, 적격인증서, 적격타임스탬프, 적격전자등기배달증명에 의해 지원되는 이른바 적격전자서명/인장, 고급전자서명/인장을 들 수 있다.

delivery evidences, etc.

CHAPTER II. DETAILED SPECIFICATIONS FOR THE COMMON TEMPLATE FOR THE TRUSTED LISTS

The present specifications rely on the specifications and requirements set in ETSI TS 119 612 v2.1.1 (here after referred to as ETSI TS 119 612).

When no specific requirement is set in the present specifications, requirements from ETSI TS 119 612 clauses 5 and 6 shall apply in their entirety. When specific requirements are set in the present specifications, they shall prevail over the corresponding requirements from ETSI TS 119 612. In case of discrepancies between the present specifications and specifications from ETSI TS 119 612, the present specifications shall prevail.

Scheme name (clause 5.3.6)

This field shall be present and shall comply with the specifications from TS 119 612 clause 5.3.6 where the following name shall be used for the scheme:

'EN_name_value'='Trusted list including information related to the qualified trust service providers which are supervised by the issuing Member State, together with information related to the qualified trust services provided by them, in accordance with the relevant provisions laid down in Regulation (EU) No 910/2014 of the European Parliament and of the Council of 23 July 2014 on electronic identification

제2장 신뢰목록 공통 포맷을 위한 세부 기술규격

현재 이 기술규격은 ETSI TS 119 612 v2.1.1(이후 ETSI TS 119 612라고 함)에 설정된 기술규격과 요건에 의거한다.

본 기술규격에 구체적인 요건이 없는 경우에, ETSI TS 119 612 제5항과 제6항의 요건을 전부 적용하여야 한다. 본 기술규격에 구체적인 요건이 설정되면 그 구체적인 요건들이 ETSI TS 119 612의 해당 요건에 우선되어야 한다. 본 기술규격 및 ETSI TS 119 612 기술규격 간에 상이한 점이 있는 경우에는 본 기술규격이 우선되어야 한다.

체계명 (5.3.6절)

다음의 명칭을 그 체계에 사용하여야 하는 경우에 이 필드는 TS 119 612의 5.3.6 기술규격에 따라야 한다.

'EN_name_value'='신뢰목록으로서, 유럽 의회의 (EU) No 910/2014 규정과 전자신원확인 및 국내시장에서의 전자거래에 관한 신뢰서비스와 전자서명지침의 폐지에 대한 이 사회의 2014. 7. 23.자 관련 규정에 따라, 발행 회원국의 감독을 받는 적격신뢰서비스 제공자에 관한 정보와 함께 그 신뢰서비스 제공자가 제공하는 적격신뢰서비스에 관한 정보를 포함하는 것'

and trust services for electronic transactions in the internal market and repealing Directive 1999/93/EC.'

Scheme information URI (clause 5.3.7)

This field shall be present and shall comply with the specifications from TS 119 612 clause 5.3.7 where the 'appropriate information about the scheme' shall include as a minimum:

(a) Introductory information common to all Member States with regard to the scope and context of the trusted list, the underlying supervision scheme and when applicable national approval (e.g. accreditation) scheme(s). The common text to be used is the text below, in which the character string '(*name of the relevant Member State*)' shall be replaced by the name of the relevant Member State:

'The present list is the trusted list including information related to the qualified trust service providers which are supervised by (*name of the relevant Member State*), together with information related to the qualified trust services provided by them, in accordance with the relevant provisions laid down in Regulation (EU) No 910/2014 of the European Parliament and of the Council of 23 July 2014 on electronic identification and trust services for electronic transactions in the internal market and repealing Directive 1999/93/EC.

The cross-border use of electronic

체계 정보 URI (5.3.7절)

이 필드는 TS 119 612의 5.3.7 기술규격을 준수하여야 하며, '체계에 관한 적절한 정보'는 최소한 다음을 포함해야 한다.

(a) 신뢰목록의 범위와 의미에 관하여 모든 회원국에 공통으로 소개되어야 할 정보, 기본적인 감독 체계 그리고 적용가능한 경우에는 회원국 승인(예컨대 인정) 체계. 사용되는 공통 텍스트는 그 텍스트 아래에, '(관련 회원국명)' 문자열은 관련 회원국명으로 대체되어야 한다.

'현재 목록은 유럽 의회의 (EU) No 910/2014 규정과 전자신원확인 및 국내시장에서의 전자거래에 관한 신뢰서비스와 전자서명지침의 폐지에 대한 이사회의 2014. 7. 23.자 관련 규정에 따라, (관련 회원국의 이름으로) 감독받는 적격신뢰서비스제공자에 관한 정보와 함께 그 신뢰서비스제공자가 제공하는 적격신뢰서비스에 관한 정보를 포함하는 신뢰목록이다.

1999년 12월 13일 전자서명에 관한 공동

signatures has been facilitated through Commission Decision 2009/ 767/EC of 16 October 2009 which has set the obligation for Member States to establish, maintain and publish trusted lists with information related to certification service providers issuing qualified certificates to the public in accordance with Directive 1999/93/ EC of the European Parliament and of the Council of 13 December 1999 on a Community framework for electronic signatures and which are supervised/ accredited by the Member States. The present trusted list is the continuation of the trusted list established with Decision 2009/767/EC.'

Trusted lists are essential elements in building trust among electronic market operators by allowing users to determine the qualified status and the status history of trust service providers and their services.

The trusted lists of Member States include, as a minimum, information specified in Articles 1 and 2 of Commission Implementing Decision (EU) 2015/1505.

Member States may include in the trusted lists information on non-qualified trust service providers, together with information related to the non-qualified trust services provided by them. It shall be clearly indicated that they are not qualified according to Regulation (EU) No 910/2014.

Member States may include in the

체 프레임워크인 유럽 의회와 유럽 이사회의 1999/93/EC 전자서명지침에 따라서 공중에 적격인증서를 발행하는 인증서비스제공자에 관한 정보를 포함하는 신뢰목록을 회원국이 작성, 유지하고 공시할 의무와 신뢰서비스제공자를 감독하고 인증할 의무를 부과하였던 2009년 10월 16일 2009/767/EC 집행위원회 결정을 통해 전자서명의 국가 간 사용이 촉진되었다. 현재의 신뢰목록은 2009/767/EC 결정과 함께 마련되었던 신뢰목록의 후속편이다.

신뢰목록은 이용자가 신뢰서비스제공자와 그들의 서비스의 자격 상태 및 자격의 이력을 판단할 수 있도록 하므로 전자거래시장의 운영자 간의 신뢰 구축에 필수적인 요소이다.

회원국의 신뢰목록에는 최소한 (EU) 2015/1505 집행위원회 시행 결정 제1조와 제2조에 명시된 정보가 포함된다.

회원국은 신뢰목록에 비적격신뢰서비스제공자의 정보와 함께 제공되는 비적격신뢰서비스와 관련된 정보를 포함시킬 수 있다. 이때 (EU) No 910/2014 규정에 따라 비적격임을 명확히 표시해야 한다.

회원국은 신뢰목록에 (EU) No. 910/2014

trusted lists information on nationally defined trust services of other types than those defined under Article 3(16) of Regulation (EU) No 910/2014. It shall be clearly indicated that they are not qualified according to Regulation (EU) No 910/2014.

규정 제3조 제16항에 정의된 것 이외의 다른 유형의 회원국 내 정의된 신뢰서비스에 대한 정보를 포함할 수 있다. 이때 (EU) No 910/2014 규정에 따라 비적격임을 명확히 표시해야 한다.

(b) Specific information on the underlying supervision scheme and when applicable national approval (*e.g. accreditation*) scheme(s), in particular (1):

(b) 기본적인 감독 체계에 관한 구체적인 정보와 회원국 내 승인(예 인정) 체계가 적용되는 경우에는 특히 (1),

(1) Information on the national supervision system applicable to qualified and non-qualified trust service providers and the qualified and non-qualified trust services they provide as regulated by Regulation (EU) No 910/2014;

(1) (EU) 910/2014 규정에 따라서 적격신뢰서비스제공자와 비적격신뢰서비스제공자 그리고 적격신뢰서비스와 비적격신뢰서비스에 적용되는 국가 감독 시스템에 관한 정보

(2) Information, where applicable, on the national voluntary accreditation schemes applicable to certification-service-providers having issued qualified certificates under Directive 1999/93/EC;

(2) 국가 자발적 인증 체계가 적용되는 경우, 1999/ 93/EC 전자서명지침에 따라 적격인증서를 발급했던 인증서비스제공자에게 적용되는 국가 자발적 인증체계에 관한 정보

This specific information shall include, at least, for each underlying scheme listed above:

이 구체적인 정보는 위에 나열된 각 기본체계에 대해, 적어도 다음 사항을 포함해야 한다.

(1) General description;

(1) 일반적인 설명;

(2) Information about the process followed for the national supervision system and, when applicable, for the approval under a national approval scheme.

(2) 국가 감독 체계에 따른 절차 및 적용 가능한 경우 국가 승인 체계에 따른 승인에 관한 정보.

(3) Information about the criteria against which trust service providers are supervised or, where applicable, approved.

(3) 신뢰서비스제공자에 대한 감독 및 해당되는 경우 승인된 기준에 관한 정보.

(4) Information about the criteria and rules used to select supervisors/auditors and defining how they assess trust service providers and the trust services provided by them.

(5) When applicable, other contact and general information that applies to the scheme operation.

Scheme type/community/rules (clause 5.3.9)

This field shall be present and shall comply with the specifications from TS 119 612 clause 5.3.9.
It shall only include UK English URIs.

It shall include at least two URIs:

(1) A URI common to all Member States' Trusted Lists pointing towards a descriptive text that shall be applicable to all Trusted Lists, as follows:
URL: http://uri.etsi.org/TrstSvc/TrustedList/ schemerules/ EUcommon

• Descriptive text:

'Participation in a scheme'

Each Member State must create a trusted list including information related to the qualified trust service providers that are under supervision, together with information related to the qualified trust services provided by them, in accordance with the relevant provisions laid down in Regulation (EU) No 910/2014 of the European Parliament and of the Council of 23 July 2014 on electronic identification and trust services for electronic transactions in the internal market and repealing

(4) 감독자/감사를 선택하고 감독자/감사가 신뢰서비스제공자와 그 신뢰서비스를 평가하는 방법을 정의하는데 사용되는 기준과 규칙에 관한 정보.

(5) 적용 가능한 경우, 체계 운영에 적용되는 기타 연락처 및 일반 정보.

체계의 형식/커뮤니티/규칙들 (5.3.9절)

이 필드가 표시되어야 하며 TS 119 612의 5.3.9 기술규격을 준수하여야 한다.

영국의 영문 URI 만 포함하여야 한다.

최소한 두 개의 URI를 포함하여야 한다.

(1) 모든 신뢰목록에 적용되어야 하는 설명 텍스트를 지적하는 모든 회원국의 신뢰 목록에 공통된 URI는 다음과 같다.

URL: http://uri.etsi.org/TrstSvc/TrustedList/ schemerules/ EUcommon

• 설명 텍스트 :

'체계에 참여'

각 회원국은 유럽 의회의 (EU) No 910/2014 규정과 전자신원확인 및 국내시장에서의 전자거래에 관한 신뢰서비스와 전자서명지침의 폐지에 대한 이사회의 2014. 7. 23.자 관련 규정에 따라서, 감독 대상인 적격신뢰서비스제공자에 관한 정보와 그 신뢰서비스제공자가 제공하는 적격신뢰서비스에 관한 정보를 공시하는 신뢰목록을 생성하여야 한다.

Directive 1999/93 /EC.

The present implementation of such trusted lists is also to be referred to in the list of links (pointers) towards each Member State's trusted list, compiled by the European Commission.

그러한 신뢰목록의 현재 시행은 유럽연합 집행위원회가 집적한, 각 회원국의 신뢰목록에 대한 링크의 목록(포인터)에서도 참조되어야 한다.

'Policy/rules for the assessment of the listed services'

'신뢰목록상의 서비스의 평가를 위한 정책/규칙'

Member States must supervise qualified trust service providers established in the territory of the designating Member State as laid down in Chapter III of Regulation (EU) No 910/2014 to ensure that those qualified trust service providers and the qualified trust services that they provide meet the requirements laid down in the Regulation.

(EU) No 910/2014 규정의 제3장에 명시된 대로 적격신뢰서비스제공자와 그 신뢰서비스제공자가 제공하는 적격신뢰서비스가 이 규정에서 정하는 요건을 충족하는 것을 보장하기 위하여, 회원국은 지정된 회원국의 영토 내에서 설립된 적격신뢰서비스제공자를 감독하여야 한다.

The trusted lists of Member States include, as a minimum, information specified in Articles 1 and 2 of Commission Implementing Decision (EU) 2015/1505.

회원국의 신뢰목록에는 최소한 집행위원회의 (EU) 2015/1505 시행결정 제1조와 제2조에 명시된 정보가 포함된다.

The trusted lists include both current and historical information about the status of listed trust services.
Each Member State's trusted list must provide information on the national supervisory scheme and where applicable, national approval (e.g. accreditation) scheme(s) under which the trust service providers and the trust services that they provide are listed.

신뢰목록에는 신뢰목록상의 신뢰서비스의 상태에 대한 현재 및 과거 정보가 모두 포함된다.
각 회원국의 신뢰목록은 국가 감독 체계에 관한 정보, 그리고 해당되는 경우에는 신뢰서비스제공자와 그들이 제공하는 신뢰서비스가 신뢰목록으로 게재되는 것에 관한 국가 승인(예 인정) 체계에 관한 정보를 제공해야 한다.

'Interpretation of the Trusted List'

'신뢰목록의 해석'

The general user guidelines for applications, services or products relying on a trusted

(EU) No 910/2014 규정에 따라 공시된 신뢰목록에 의거한 애플리케이션, 서비스 또

list published in accordance with Regulation (EU) No 910/2014 are as follows:

The "qualified" status of a trust service is indicated by the combination of the "Service type identifier" ("Sti") value in a service entry and the status according to the "Service current status" field value as from the date indicated in the "Current status starting date and time". Historical information about such a qualified status is similarly provided when applicable.

Regarding qualified trust service providers issuing qualified certificates for electronic signatures, for electronic seals and/or for website authentication:

A "CA/QC" "Service type identifier" ("Sti") entry (possibly further qualified as being a "RootCA-QC" through the use of the appropriate "Service information extension"("Sie") additionalServiceInformation Extension)

- indicates that any end-entity certificate issued by or under the CA represented by the "Service digital identifier" ("Sdi") CA's public key and CA's name (both CA data to be considered as trust anchor input), is a qualified certificate (QC) provided that it includes at least one of the following:
  • the id-etsi-qcs-QcCompliance ETSI defined statement (id-etsi-qcs 1),
  • the 0.4.0.1456.1.1 (QCP+) ETSI defined certificate policy OID,
  • the 0.4.0.1456.1.2 (QCP) ETSI defined certificate policy OID,

는 제품에 대한 일반 이용자 지침은 다음과 같다.

신뢰서비스의 "적격"지위는 서비스 엔트리 에서의 "서비스 유형 식별자"("Sti") 값과 "현재 상태의 시작 날짜와 시간"에서 가리 키는 날짜로부터 "서비스 현재 상태" 필드 값에 따른 상태의 조합으로 표시된다. 그와 같은 적격지위에 대한 경과 정보도 해당되 는 경우 유사하게 제공된다.

전자서명, 전자인장 및/또는 웹사이트 인증 을 위한 적격인증서를 발급하는 적격신뢰서 비스제공자에 관하여는,

"CA/QC" "서비스 유형 식별자" ("Sti") 기재 [적절한 "Service information extension" ("Sie") additional ServiceInformation Extension을 사용하여 "RootCA－QC"로 되 어 추가로 적격이 될 수 있음]

- "Service information identifier"("Sdi")의 CA는 "Service digital identifier"("Sdi") CA의 공개키와 CA 이름(두 CA 데이터 모두 트러스트 앵커 입력으로 본다)에 의하여 발급된 최종－entity－인증서는 다 음 중 적어도 하나를 포함하는 적격인증 서(QC)임을 가리킨다.

  • id-etsi-qcs-QcCompliance ETSI 정 의된 명령 (id-etsi-qcs 1),
  • 0.4.0.1456.1.1 (QCP＋) ETSI 정의된 인증서 정책 OID,
  • 0.4.0.1456.1.2 (QCP) ETSI 정의된 인 증서 정책 OID,

and provided this is ensured by the Member State Supervisory Body through a valid service status (i.e. "undersupervision", "supervisionincessation", "accredited" or "granted") for that entry.

- and IF "Sie" "Qualifications Extension" information is present, then in addition to the above default rule, those certificates that are identified through the use of "Sie" "Qualifications Extension" information, constructed as a sequence of filters further identifying a set of certificates, must be considered according to the associated qualifiers providing additional information regarding their qualified status, the "SSCD support" and/or "Legal person as subject" (e.g. certificates containing a specific OID in the Certificate Policy extension, and/or having a specific "Key usage" pattern, and/or filtered through the use of a specific value to appear in one specific certificate field or extension, etc.). These qualifiers are part of the following set of "Qualifiers" used to compensate for the lack of information in the corresponding certificate content, and that are used respectively:

- to indicate the qualified certificate nature:
  • "QCStatement" meaning the identified certificate(s) is(are) qualified under Directive 1999/93/EC;
  • "QCForESig" meaning the identified certificate(s), when claimed or stated as qualified certificate(s), is (are) qualified certificate(s) for electronic

그리고 이것은 회원국의 감독기구가 그 엔트리에 대하여 유효한 서비스 상태(즉, "감독 대상", "감독 중단", "인정됨" 및 "허가됨")임을 보장한다는 것을 규정한다.

- 만약 "Sie" "Qualifications Extension" 정보가 존재하는 경우, 위의 기본 규칙 외에도 "Sie" "Qualifications Extension" 정보(인증서에 추가되는 식별세트들로 구성된)를 사용하여 식별된 인증서는 "SSCD 지원" 및 / 또는 "개체로서의 법인"(예 특정 "키 사용" 패턴을 가지거나 하나의 특정 인증서 필드 또는 확장에 표시하기 위해 특정 값을 사용하여 필터링된 인증서 정책 확장을 위해 특정 OID를 포함하는 인증서) 및 / 또는 해당 적격지위와 자격 증명에 대한 추가 정보를 제공하는 관련 수식어(qualifier)에 따라 고려해야 한다. 이러한 수식어는 해당 인증서 내용의 정보 부족을 보완하기 위해 사용되는 다음과 같은 "수식어(Qualifiers)" 세트의 일부이며, 각각 사용된다.

- 적격인증서의 특성을 나타내기 위해:

  • "QCStatement"는 지침 1999/93/EC에 따라 적격인증서를 의미한다.

  • "QCForESig"는, 적격인증서로 주장되거나 명시된 경우, 식별된 인증서가 (EU) No 910/2014 규정에 따라 전자서명을 위한 적격인증서임을 의미한

signature under Regulation (EU) No 910/2014;

- "QCForESeal" meaning the identified certificate(s), when claimed or stated as qualified certificate(s), is (are) qualified certificate(s) for electronic seal under Regulation (EU) No 910/2014;
- "QCForWSA" meaning the identified certificate(s), when claimed or stated as qualified certificate(s), is (are) qualified certificate(s) for web site authentication under Regulation (EU) No 910/ 2014.

- to indicate that the certificate is not to be considered as qualified:
  - "NotQualified" meaning the identified certificate(s) is(are) not to be considered as qualified; and/or

- to indicate the nature of the SSCD support:
  - "QCWithSSCD" meaning the identified certificate(s), when claimed or stated as qualified certificate(s), have their private key residing in an SSCD, or
  - "QCNoSSCD" meaning the identified certificate(s), when claimed or stated as qualified certificate(s), have not their private key residing in an SSCD, or
  - "QCSSCDStatusAsInCert" meaning the identified certificate(s), when claimed or stated as qualified certificate(s), does(do) contain proper machine processable information about whether or not their private key residing in an SSCD;

- to indicate the nature of the QSCD

다.

- "QCForeseal"은, 적격인증서로 주장되거나 명시된 경우, 식별된 인증서가 (EU) No 910/2014 규정에 따라 전자인장에 대한 적격인증서임을 의미한다.

- "QCForWSA"는, 적격인증서로 주장되거나 명시된 경우, 식별된 인증서가 (EU) No 910/2014 규정에 따라 웹사이트 인증에 대한 적격인증서임을 의미한다.

- 인증서를 적격으로 보지 않음을 나타내기 위해:
  - "NotQualified"는 식별된 인증서를 적격으로 보지 않는다는 것을 의미한다.

- SSCD 지원의 특성을 나타내기 위해:

  - "QCWithSSCD"는, 적격인증서로 주장되거나 명시된 경우, 식별된 인증서가 개인키를 SSCD에 저장하고 있는 것을 의미한다.
  - "QCNoSSCD"는, 적격인증서로 주장되거나 명시된 경우, 식별된 인증서가 SSCD에 개인키를 저장하고 있지 않는 것을 의미한다.

  - "QCSSCDStatusAsInCert"는, 적격인증서로 주장되거나 명시된 경우, 식별된 인증서가 SSCD에 개인키를 저장하고 있는지 여부에 대한 적절하고 자동화된 처리를 포함하고 있는 것을 의미한다.

- QSCD 지원의 특성을 나타내기 위해:

support:
- "QCWithQSCD" meaning the identified certificate(s), when claimed or stated as qualified certificate(s), have their private key residing in a QSCD, or
- "QCNoQSCD" meaning the identified certificate(s), when claimed or stated as qualified certificate(s), have not their private key residing in a QSCD, or
- "QCQSCDStatusAsInCert" meaning the identified certificate(s), when claimed or stated as qualified certificate(s), does(do) contain proper machine processable information about whether or not their private key is residing in a QSCD;
- "QCQSCDManagedOnBehalf" indicating that all certificates identified by the applicable list of criteria, when they are claimed or stated as qualified, have their private key is residing in a QSCD for which the generation and management of that private key is done by a qualified TSP on behalf of the entity whose identity is certified in the certificate; and/or

- to indicate issuance to Legal Person:
- "QCForLegalPerson" meaning the identified certificate(s), when claimed or stated as qualified certificate(s), are issued to a Legal Person under Directive 1999/93/EC.

Note: The information provided in the trusted list is to be considered as accurate meaning that:
- if none of the id-etsi-qcs 1 statement,

- "QCWithQSCD"는, 적격인증서로 주장되거나 명시된 경우, 식별된 인증서가 개인키를 QSCD에 저장하고 있는 것을 의미한다.

- "QCNoQSCD"는, 적격인증서로 주장되거나 명시된 경우, 식별된 인증서가 개인키를 QSCD에 저장하고 있지 않는 것을 의미한다.

- "QCQSCDStatusAsInCert"는, 적격인증서로 주장되거나 명시된 경우, 식별된 인증서가 QSCD에 개인키를 저장하고 있는지 여부에 대한 적절하고 자동화된 처리를 포함하고 있는 것을 의미한다.

- "QCQSCDManagedOnBehalf"는, 적용 가능한 기준 목록에 의해 식별된 모든 인증서가 적격인 것으로 주장되거나 명시된 경우, 해당 개인키가 QSCD에 저장되었음을 나타내며, 이는 해당 개인키의 생성 및 관리가 적격신뢰서비스제공자에 의하여 수행되어 해당 신원이 인증서에서 인증된 자를 대신하여 이루어졌다는 것을 나타낸다.

- 법인에게 발급되었음을 나타내기 위해:
- "QCForLegalPerson"은, 적격인증서로 주장되거나 명시된 경우, 식별된 인증서가 지침 1999/93/ EC에 의거하여 법인에게 발급되었음을 의미한다.

비고: 신뢰목록에 제공된 정보는 다음과 같은 정확한 의미가 있는 것으로 본다.
- 만약 id-etsi-qcs 1 문장이 없으면,

QCP OID or QCP+OID information is included in an end-entity certificate, and

- if no "Sie" "Qualifications Extension" information is present for the trust anchor CA/QC corresponding service entry to qualify the certificate with a "QCStatement" qualifier, or
- an "Sie" "Qualifications Extension" information is present for the trust anchor CA/QC corresponding service entry to qualify the certificate with a "NotQualified" qualifier, then the certificate is not to be considered as qualified.

"Service digital identifiers" are to be used as Trust Anchors in the context of validating electronic signatures or seals for which signer's or seal creator's certificate is to be validated against TL information, hence only the public key and the associated subject name are needed as Trust Anchor information. When more than one certificate are representing the public key identifying the service, they are to be considered as Trust Anchor certificates conveying identical information with regard to the information strictly required as Trust Anchor information.

The general rule for interpretation of any other "Sti" type entry is that, for that "Sti" identified service type, the listed service named according to the "Service name" field value and uniquely identified by the "Service digital identity" field value has the current qualified or approval status according to the "Service current status" field value as from the date

QCP OID 또는 QCP+OID 정보는 최종 개체인증서에 포함된다.

- 만약 "Sie" "Qualifications Extension" 정보가 "QCStatement" 한정어와 함께 인증서를 적격으로 하는 신뢰 앵커 CA/QC의 대응서비스 기재내용에 없거나 또는
- 만약 "Sie" "Qualifications xtension" 정보가 "Not Qualified" 한정어와 함께 인증서를 한정하는 신뢰 앵커 CA/QC의 대응 서비스 기재내용에 없다면, 인증서는 적격인 것으로 간주되지 않는다.

"Service digital identifiers"는 서명자 또는 인장 생성자의 인증서가 TL 정보에 대응하여 유효한 전자서명 또는 전자인장의 맥락에서 신뢰 앵커로서 사용되므로, 오직 공개키와 관련된 주체의 명칭만이 신뢰 앵커 정보로서 필요하다. 하나 이상의 인증서가 서비스를 식별하는 공개키를 나타내는 경우에 그 인증서는 신뢰 앵커 정보로 엄격하게 요구되는 정보와 관련하여 동일한 정보를 전달하는 신뢰 앵커 인증서로서 간주되어야 한다.

"Sti" 식별된 서비스 유형과 관련하여, 다른 "Sti"유형 항목의 해석에 대한 일반적인 규칙은 "Service name" 필드 값에 따라 명명되고 "Service digital identity" 필드 값으로 고유하게 식별된 나열된 서비스는 "현재 상태의 시작 날짜 및 시간"에 표시된 날짜부터 "서비스 현재 상태" 필드 값에 따라 현재 적격 또는 승인 상태 값을 가진다.

indicated in the "Current status starting date and time".

Specific interpretation rules for any additional information with regard to a listed service (e.g. "Service information extensions" field) may be found, when applicable, in the Member State specific URI as part of the present "Scheme type/community/rules" field.

Please refer to the applicable secondary legislation pursuant to Regulation (EU) No 910/2014 for further details on the fields, description and meaning for the Member States 'trusted lists.'

(2) A URI specific to each Member State's trusted list pointing towards a descriptive text that shall be applicable to this Member State trusted list:

http://uri.etsi.org/TrstSvc/TrustedList/schemerules/CC where CC=the ISO 3166-1 (1) alpha-2 Country Code used in the 'Scheme territory' field (clause 5.3.10)

- Where users can obtain the referenced Member State's specific policy/rules against which trust services included in the list are assessed, in compliance with the Member State's supervisory regime and where applicable, approval scheme.

- Where users can obtain a referenced Member State's specific description about how to use and interpret the content of the trusted list with regard to the listed non-qualified trust services and/or to nationally defined trust

신뢰목록상의 서비스에 관한 추가 정보(예 : "Service information extensions" 필드)에 대한 특정 해석 규칙은, 적용 가능한 경우, 현재 "Scheme type/community/ rules" 필드의 일부로 회원국 고유 URI에서 찾을 수 있다.

회원국의 '신뢰목록'을 위한 필드, 설명 및 의미에 대한 자세한 내용은 규정 (EU) No 910/2014에 따라 해당 부수 입법사항을 참조할 것.

(2) 회원국의 신뢰목록에 적용할 설명 문구를 가리키는 각 회원국의 신뢰목록에 고유한 URI :

http://uri.etsi.org/TrstSvc/TrustedList/schemerules/ CC CC = '체계 구역' 필드 (5.3.10절)에서 사용된 ISO 3166-1 (1) alpha-2 국가 코드

- 회원국의 감독제도와 적용가능한 경우 승인체계를 준수하면서, 목록에 포함된 어떠한 신뢰서비스가 평가되는지에 대하여 참조된 회원국가의 특정 정책/규칙을 이용자가 획득할 수 있는 경우.

- 이용자가 목록화된 비적격신뢰서비스와 국가 내에서 정의된 신뢰서비스에 관하여 신뢰목록의 내용을 어떻게 사용하고 해석할지에 대한 회원국가의 구체적인 설명을 얻을 수 있는 경우. 이것은 품질보증서를 발급하지 않는 CSP와 관련하

services. This may be used to indicate a potential granularity in the national approval system related to CSPs not issuing QCs and how the 'Scheme service definition URI' (clause 5.5.6) and the 'Service information extension' field (clause 5.5.9) are used for this purpose.

여 국가 승인시스템에서 잠재적 세분성을 나타내기 위해 사용되며, 'Scheme service definition URI'(5.5.6절) 및 'Service Information Extension' 필드(5.5.9절)가 이 용도로 사용된다.

Member States MAY define and use additional URIs expanding the above Member State specific URI (i.e. URIs defined from this hierarchical specific URI).

회원국은 상기 회원국 고유의 URI(즉, 이 계층적 URI로부터 정의된 URI)를 확장하는 추가적인 URI를 정의하고 사용할 수 있다.

TSL policy/legal notice (clause 5.3.11)

신뢰서비스 목록/법률 고시 (clause 5.3.11)

This field shall be present and shall comply with the specifications from TS 119 612 clause 5.3.11 where the policy/legal notice concerning the legal status of the scheme or legal requirements met by the scheme under the jurisdiction in which it is established and/or any constraints and conditions under which the trusted list is maintained and published shall be a sequence of multilingual character strings (see clause 5.1.4) providing, in UK English as the mandatory language and optionally in one or more national languages, the actual text of any such policy or notice built as follows:

이 필드는, 정책/법적 고지가 수립된 관할 지역과 신뢰목록이 유지 및 공시되는 모든 제약과 조건 하에서 그 체계 또는 법률요건의 법적 상태에 관한 정책/법적 고지를 충족하여야 하는 경우에 나타나야 하고 TS 119 612의 5.3.11의 기술규격을 준수하여야 한다.
필수 언어로는 영국 영어, 선택적으로 한 개 이상의 자국어로 다음과 같이 작성된 정책 또는 고지의 실제 텍스트를 제공하는 일련의 다국어 문자열(5.1.4절 참조)이어야 한다.

(1) A first mandatory part, common to all Member States' Trusted Lists indicating the applicable legal framework, and whose English version is the following:

(1) 모든 회원국의 신뢰목록에 공통적으로 적용되는 법적 체계를 나타내는 첫 번째 필수 부분, 그리고 영어 버전인 경우에는 다음과 같다.

• The applicable legal framework for

• 현재 신뢰목록에 적용 가능한 법적 프

the present trusted list is Regulation (EU) No 910/2014 of the European Parliament and of the Council of 23 July 2014 on electronic identification and trust services for electronic transactions in the internal market and repealing Directive 1999/93/EC.

Text in a Member State's national language(s):

• The applicable legal framework for the present trusted list is Regulation (EU) No 910/2014 of the European Parliament and of the Council of 23 July 2014 on electronic identification and trust services for electronic transactions in the internal market and repealing Directive 1999/93/EC.

(2) A second, optional part, specific to each trusted list, indicating references to specific applicable national legal frameworks

Service current status (clause 5.5.4)

This field shall be present and shall comply with the specifications from TS 119 612 clause 5.5.4.

The migration of the 'Service current status' value of services listed in EUMS trusted list as of the day before the date Regulation (EU) No 910/2014 applies (i.e. 30 June 2016) shall be executed on the day the Regulation applies (i.e. 1 July 2016) as specified in Annex J to ETSI TS 119 612.

레임워크는 유럽 의회 및 전자신원확인 및 국내시장에서의 전자거래에 관한 신뢰서비스와 전자서명지침의 폐지에 대한 2014. 7. 23.자 이사회의 (EU) No 910/2014 규정이다.

회원국의 자국어로 된 텍스트.

• 현재 신뢰목록에 적용 가능한 법적 프레임워크는 유럽 의회 및 전자신원확인 및 국내시장에서의 전자거래에 관한 신뢰서비스와 전자서명지침의 폐지에 대한 2014. 7. 23.자 이사회의 (EU) No 910/2014 규정이다.

(2) 개별 신뢰목록의 두 번째 선택 부분은 특정한 적용 가능한 국가 법률 체계에 대한 참조를 나타낸다.

서비스 현재 상태 (절 5.5.4)

이 필드가 나타나야 하며 그리고 TS 119 612의 5.5.4 기술규격을 준수해야 한다.

(EU) No 910/2014 규정이 적용되는 날의 전날(즉, 2016년 6월 30일) EUMS 신뢰목록에 목록화된 서비스의 '현재 서비스 상태' 값의 이동은 ETSI TS 119 612 부속서 J에 명시된 바와 같이 이 규정이 적용되는 날(예 2016년 7월1일)에 시행되어야 한다.

CHAPTER Ⅲ. CONTINUITY OF TRUSTED LISTS

Certificates to be notified to the Commission in accordance with Article 4(2) of this Decision shall meet the requirements of clause 5.7.1 from ETSI TS 119 612 and shall be issued in such a way that they:

- have at least a three months difference in their final date of validity ('Not After'),

- are created on new key pairs. Previously used key pairs must not be re-certified.

In case of expiry of one of the public key certificates that could be used to validate the trusted list's signature or seal that has been notified to the Commission and that is published in the Commission's central list of pointers, Member States shall:

- in case the currently published trusted list was signed or sealed with a private key whose public key certificate is expired, re-issue, without any delay, a new trusted list signed or sealed with a private key whose notified public key certificate is not expired;

- when required, generate new key pairs that could be used to sign or seal the trusted list and undertake the generation of their corresponding public key certificates;

- promptly notify to the Commission the new list of public key certificates

제3장 신뢰목록의 지속성

이 결정의 제4조 제2항에 따라 집행위원회에 통지되는 인증서는 ETSI TS 119 612에서 5.7.1절의 요건을 충족해야 하며 다음과 같은 방식으로 발행되어야 한다.

- 최종 유효일자로부터 최소 3개월의 차이가 있어야 한다('이후'가 아님).

- 새로운 키 쌍으로 생성되어야 한다. 이전에 사용된 키 쌍은 재인증되지 않는다.

집행위원회에 통지되고 집행위원회의 중앙목록에 공시된 신뢰목록의 서명 또는 인장의 유효성을 검증하는 데 사용할 수 있는 공개키 인증서 중 하나가 만료된 경우 회원국은 다음을 수행해야 한다.

- 현재 발행된 신뢰목록이 공개키 인증서 내 만료된 개인키로 서명되거나 날인된 경우, 통지된 공개키 인증서 내 만료되지 않은 개인키로 서명 또는 날인된 새 신뢰목록으로 지체없이 재발행한다;

- 필요할 경우, 신뢰목록에 서명하거나 날인하는데 이용되고, 해당 공개키 인증서를 생성하는 데 이용되는 새로운 키 쌍을 생성한다.

- 신뢰목록에 서명하거나 날인할 수 있는 개인키에 해당하는 새로운 공개키 인증

corresponding to the private keys that could be used to sign or seal the trusted list.

In case of a compromise or decommissioning of one of the private keys corresponding to one of the public key certificates that could be used to validate the trusted list's signature or seal, that has been notified to the Commission and that is published in the Commission's central list of pointers, Member States shall:

- re-issue, without any delay, a new trusted list signed or sealed with a non-compromised private key in cases where the published trusted list was signed or sealed with a compromised or decommissioned private key;

- when required, generate new key pairs that could be used to sign or seal the trusted list and undertake the generation of their corresponding public key certificates;

- promptly notify to the Commission the new list of public key certificates corresponding to the private keys that could be used to sign or seal the trusted list.

In case of compromise or decommissioning of all the private keys corresponding to the public key certificates that could be used to validate the trusted list's signature, that have been notified to the Commission and that are published in the Commission's central list of pointers, Member States shall:

서 목록을 집행위원회에 즉시 통보한다.

신뢰목록의 서명 또는 인장을 확인하는 데 사용할 수 있는 공개키 인증서에 대응되는 개인키 중 하나가 손상되거나 폐기된 경우, 이를 집행위원회에 통지하고 집행위원회의 중앙 목록에 공시한다. 회원국은 다음을 이행해야 한다.

- 공시된 신뢰목록이 손상되었거나 폐기된 개인키로 서명되거나 날인된 경우, 새로운 개인키로 서명 또는 인장된 새로운 신뢰 목록을 지체없이 재발행한다;

- 필요한 경우, 신뢰목록에 서명하거나 날인하고 해당 공개키 인증서를 생성하는 데 사용할 수 있는 새로운 키 쌍을 생성한다.

- 신뢰목록에 서명하거나 날인할 수 있는 개인키에 해당하는 새로운 공개키 인증서 목록을 집행위원회에 즉시 통보한다.

신뢰목록의 서명을 확인하는 데 사용할 수 있는 공개키 인증서에 해당하는 모든 개인키의 손상 또는 폐기의 경우, 집행위원회에 통지되고 집행위원회의 중앙 목록에 게시된 회원국은 :

- generate new key pairs that could be used to sign or seal the trusted list and undertake the generation of their corresponding public key certificates;

- re-issue, without any delay, a new trusted list signed or sealed with one of those new private keys and whose corresponding public key certificate is to be notified;

- promptly notify to the Commission the new list of public key certificates corresponding to the private keys that could be used to sign or seal the trusted list.

CHAPTER IV. SPECIFICATIONS FOR THE HUMAN READABLE FORM OF THE TRUSTED LIST

When a human readable form of the trusted list is established and published, it shall be provided in the form of a Portable Document Format (PDF) document according to ISO 32000 (1) that shall be formatted according to the profile PDF/A (ISO 19005 (2)).

The content of the PDF/A based human readable form of the trusted list shall comply with the following requirements:

- The structure of the human readable form shall reflect the logical model described in TS 119 612;

- Every present field shall be displayed and provide:
  • The title of the field
    (e.g. 'Service type identifier');
  • The value of the field

- 신뢰목록에 서명하거나 날인하고, 해당 공개키 인증서를 생성하는 데 사용할 수 있는 새로운 키 쌍을 생성한다;

- 새로운 개인키와 그에 상응하는 고지된 공개키 인증서 중 어느 하나에 의해 서명되거나 날인된 새로운 신뢰목록을 지체없이 재발행한다;

- 신뢰목록에 서명하거나 날인할 수 있는 개인키에 해당하는 새로운 공개키 인증서 목록을 집행위원회에 즉시 통보한다.

제4장 신뢰목록의 가독성 포맷을 위한 규격들

가독성 있는 형태의 신뢰목록을 만들어 공시하려면 PDF/A (ISO 19005 (2)]프로필에 따라 포맷되어야 하는 ISO 32000(1)에 따른 PDF형식으로 제공하여야 한다.

가독성 있는 신뢰목록 형태의 PDF/A 기반 내용은 다음 요건을 준수해야 한다.

- 가독성 있는 형식의 구조는 TS 119 612에 설명된 논리적 모델을 반영해야 한다.

- 모든 현재 필드가 표시되고 제공되어야 한다:
  • 필드의 제목
    (예) 'Service type identifier').
  • 필드 값

(e.g. *'http://uri.etsi.org/TrstSvc/*
Svctype/CA/QC }');
• The meaning (description) of the
value of the field, when applicable
(e.g. *'A certificate generation service*
creating and signing qualified
certificates based on the identity and
other attributes verified by the
relevant registration services.');
• Multiple natural language versions as
provided in the trusted list, when
applicable.

- The following fields and corresponding
values of the digital certificates (3), if
present in the 'Service digital identity'
field shall, as a minimum, be displayed
in the human readable form:
• Version
• Certificate serial number
• Signature algorithm
• Issuer
• all relevant distinguished name fields
• Validity period
• Subject
• all relevant distinguished name fields
• Public key
• Authority Key Identifier
• Subject Key Identifier
• Key Usage
• Extended key usage
• Certificate Policies
• all policy identifiers and policy
qualifiers
• Policy mappings
• Subject alternative name
• Subject directory attributes
• Basic constraints
• Policy constraints
• CRL Distribution Points (1)

(예 *'http://uri.etsi.org/TrstSvc/*
Svctype/CA/QC');
• 해당 필드 값의 의미(설명) (예 *'해당*
등록 서비스에 의해 확인된 신원 및 기
타 속성을 기반으로 적격인증서를 만들
고 서명하는 인증서 생성 서비스').

• 해당되는 경우 신뢰목록에 제공된 여
러 언어 버전.

- 'Service digital identity' 필드에 있는 디
지털 인증서(3)의 다음 필드 및 해당 값
은 최소한 가독성이 있는 형식으로 표시
되어야 한다.

• 버전
• 인증서 일련 번호
• 서명 알고리즘
• 발급 기관(발급자)
• 모든 관련 고유 이름 필드
• 유효 기간
• 주체
• 모든 관련 고유 이름 필드
• 공개키
• 기관키 식별자
• 주체키 식별자
• 주요 용도
• 확장된 키 사용
• 인증서 정책
• 모든 정책 식별자 및 정책 한정자

• 정책 매핑
• 주체 대체 이름
• 주제 디렉토리 속성
• 기본 제약조건
• 정책 제약조건
• CRL 배포 지점

- Authority Information Access
- Subject Information Access
- Qualified Certificate Statements (2)
- Hash algorithm
- Hash value of certificate
- The human readable form shall be easily printable

- The human readable form shall be signed or sealed by the Scheme Operator according to PDF advanced signature specified in Articles 1 and 3 of the Commission Implementing Decision (EU) 2015/ 1505.

- 기관 정보 접근
- 주체 정보 접근
- 적격 인증서 진술문
- 해시 알고리즘
- 인증서의 해시 값
- 가독성 있는 형태는 쉽게 인쇄할 수 있어야 한다.

- 가독성 있는 형태는 집행위원회 (EU) 2015/1505 시행 결정의 제1조와 제3조에 명시된 PDF 고급서명에 따라 체계 운영자에 의해 서명되거나 날인되어야 한다.

ANNEX II.
TEMPLATE FOR MEMBER STATES' NOTIFICATIONS

부속서 2.
회원 국가의 통지를 위한 포맷

The information to be notified by Member States under Article 4(1) of the present Decision shall contain the following data and any changes thereto:

(1) Member State, using ISO 3166-1 Alpha 2 codes with the following exceptions:

  (a) The Country Code for United Kingdom shall be 'UK'.

  (b) The Country Code for Greece shall be 'EL'.

(2) The body/bodies responsible for the establishment, maintenance and publication of the form suitable for automated processing and the human readable form of the trusted lists:

  (a) Scheme operator name: the provided

본 시행 결정의 제4조 제1항에 따라 회원국에 의해 통지될 정보는 다음의 데이터와 그에 대한 모든 변경사항을 포함해야 한다.

(1) 다음을 제외하고 ISO 3166-1 Alpha 2 코드를 사용하는 회원국 :

  (a) 영국에 대한 국가 코드는 'UK'이어야 한다.

  (b) 그리스 국가 코드는 'EL'이어야 한다.

(2) 신뢰목록이 자동 처리에 적합하고, 가독성 있는 형태로 수립하고 유지하며 공시할 책임이 있는 기관 :

  (a) 체계 운영자 명칭 : 제공된 정보는

information must be identical-case sensitive-to the 'Scheme operator name' value present in the trusted list in as many languages as used in the trusted list.

(b) Optional information for internal Commission use only in cases where the relevant body needs to be contacted (the information will not be published in the EC compiled list of trusted lists):
  - Address of the scheme operator;
  - Contact details of the responsible person(s) (name, phone, e-mail address).

(3) The location where the form suitable for automated processing of the trusted list is published *(location where the current trusted list is published)*.

(4) The location, when applicable, where the human readable trusted list is published *(location where the current trusted list is published)*. In case a human readable trusted list is no longer published, an indication thereof.

(5) The public key certificates which correspond to the private keys that can be used to sign or seal electronically the form suitable for automated processing of the trusted list and human readable form of the trusted lists: those certificates shall be provided as Privacy Enhanced Mail Base64 encoded DER certificates. For a change notification, additional information in case a new certificate is to replace a specific certificate in the Commission's

---

신뢰목록에 있는 'Scheme operator name' 값에 대소문자를 구분하여 동일해야 한다.

(b) 관련 기관에 연락해야 할 경우에만 사용되는 내부의 위원회를 위한 선택적 정보(정보는 신뢰목록의 EC 컴파일 목록에 공시되지 않음) :

  - 체계 운영자의 주소.
  - 책임자의 상세 연락처(이름, 전화번호, 이메일 주소).

(3) 신뢰목록의 자동 처리에 적합한 형식이 공시된 위치(현재 신뢰목록이 공시된 위치).

(4) 해당되는 경우, 가독성이 있는 신뢰목록이 공시된 위치(현재 신뢰목록이 공시된 위치). 만약 가독성 있는 신뢰목록이 더 이상 공시되지 않으면 그와 관련된 위치.

(5) 신뢰목록 및 신뢰목록의 가독성 있는 형태의 자동 처리에 적합한 양식을 전자서명 또는 전자날인 하는 데 사용할 수 있는 개인키에 대응되는 공개키 인증서 : 이들 인증서는 개인정보 보호가 강화된 메일 Base64로 인코딩된 DER 인증서로 제공되어야 한다. 변경 통보를 위해, 새로운 인증서의 경우 추가된 정보는 집행위원회의 목록에 있는 특정 인증서로 대체되어야 하며, 통지된 인증서는 대체하지 않고 기존의 것에 추가하도록 한다.

list and in case the notified certificate is to be added to the existing one(s) without any replacement.

(6) Date of submission of the data notified in points (1) to (5).

Data notified according to points (1), (2) (a), (3), (4) and (5) shall be included in the EC compiled list of trusted lists in replacement of the previously notified information included in that compiled list.

(6) (1)에서 (5)까지의 요지에 따라 통보된 데이터가 제출된 날짜.

(1), (2) (a), (3), (4) 및 (5)에 따라 통보된 데이터는 컴파일 목록에 포함된 이전에 통보된 정보를 대신하여 신뢰목록의 EC 컴파일 목록에 포함되어야 한다.

Ⅲ. 공공기관에서 인정되는 고급전자서명 및 고급전자인장의 포맷에 관한 시행결정

COMMISSION IMPLEMENTING DECISION (EU) 2015/1506 of 8 September 2015

laying down specifications relating to formats of advanced electronic signatures and advanced seals to be recognised by public sector bodies pursuant to Articles 27(5) and 37(5) of Regulation (EU) No 910/2014 of the European Parliament and of the Council on electronic identification and trust services for electronic transactions in the internal market

(Text with EEA relevance)

2015년 9월 8일 2015/1506의 유럽 집행위원회 시행 결정

역내 시장에서의 전자거래를 위한 전자 신원확인 및 신뢰서비스에 관한 유럽 의회와 이사회의 (EU) No 910/2014 규정의 제27조 (5) 항 및 제37조 (5)항에 따라 역내 시장에서의 전자거래를 위한 공공기관이 인정하는 고급전자서명 및 고급전자인장의 포맷과 관련된 규격을 규정한다.

(EEA 관련 텍스트 포함)

THE EUROPEAN COMMISSION,
Having regard to the Treaty on the Functioning of the European Union,

Having regard to Regulation (EU) No 910/2014 of the European Parliament and of the Council of 23 July 2014 on electronic identification and trust services

유럽 집행위원회,
유럽 연합의 기능에 관한 조약을 고려하여,

지침 1999/93/EC를 폐지하고 역내 시장에서의 전자거래에 대한 전자신원확인 및 신뢰서비스에 관한 유럽 의회와 이사회의 (EU) No 910/2014 규정과 관련하여 특히

for electronic transactions in the internal market and repealing Directive 1999/93/EC, and in particular Article 27(5) and 37(5) thereof,

Whereas:

(1) Member States need to put in place the necessary technical means allowing them to process electronically signed documents that are required when using an online service offered by, or on behalf of, a public sector body.

(2) Regulation (EU) No 910/2014 obliges Member States requiring an advanced electronic signature or seal for the use of an online service offered by, or on behalf of, a public sector body, to recognise advanced electronic signatures and seals, advanced electronic signatures and seals based on a qualified certificate and qualified electronic signatures and seals in specific formats, or alternative formats validated pursuant to specific reference methods.

(3) To define the specific formats and reference methods, existing practices, standards and Union legal acts should be taken into account.

(4) Commission Implementing Decision 2014/148/EU has defined a number of the most common advanced electronic signature formats to be supported technically by the Member States, where advanced electronic signatures are required for an online administrative procedure. Establishing the reference formats aims at facilitating the cross-

제27조 (5)항 및 제37조 (5)항에 관하여, 다음의 내용을 고려한다.

전문:

(1) 회원국들은 공공분야 기구들에 의해 또는 그들을 대신하여 제공되는 온라인서비스를 이용할 때, 해당 서비스에서 요구되는 전자적으로 서명된 서류를 사용할 수 있도록 필요한 기술적 수단을 제공하여야 한다.

(2) (EU) No 910/2014 규정은 회원국이 공공기관이 직접 또는 공공기관을 대신하여 제공하는 온라인서비스의 이용을 위하여 고급전자서명 또는 고급전자인장을 사용하도록 요구하는 경우에, 해당 회원국에게 특정한 포맷 또는 특정한 참조수단에 따라 유효성검증이 된 대안적 포맷에 따른 고급전자서명 및 고급전자인장, 적격인증서를 기반으로 한 고급전자서명 및 고급전자인장, 및 적격전자서명 및 적격전자인장을 인정할 의무를 부과한다.

(3) 특정 포맷과 참조 방법을 정의하기 위해서, 기존의 관행, 표준들 및 유럽연합법이 고려되어야 한다.

(4) 집행위원회 결정 2014/148/EU는 온라인 행정 절차를 위해 고급전자서명이 필요한 회원국에 의해, 기술적으로 지원되는 가장 보편적인 고급전자서명 포맷을 정의했다. 참조 포맷을 수립하는 것은 전자서명의 국경 간 유효성검증을 용이하게 하고 전자적 절차의 국경 간 상호운용성을 개선하는 것을 목표로 한다.

border validation of electronic signatures and at improving the cross-border interoperability of electronic procedures.

(5) The standards listed in the Annex to this Decision are the existing standards for formats of advanced electronic signatures. Due to the ongoing revision by the standardisation bodies of the long term archival forms of the referenced formats, standards detailing long-term archiving are excluded from the scope of this Decision. When the new version of the referenced standards is available, references to the standards and the clauses on long term archiving will be revised.

(6) Advanced electronic signatures and advanced electronic seals are similar from the technical point of view. Therefore, the standards for formats of advanced electronic signatures should apply mutatis mutandis to formats for advanced electronic seals.

(7) Where other electronic signature or seal formats than those commonly technically supported are used to sign or seal, validation means that allow the electronic signatures or seals to be verified across borders should be provided. In order to allow the receiving Member States to be able to rely on those validation tools of another Member State, it is necessary to provide easily accessible information on those validation tools by including the information in the electronic documents, in the electronic signatures or in the electronic document containers.

(5) 본 결정의 부속서에 열거된 표준은 고급 전자서명 포맷에 대한 기존 표준이다. 참조된 포맷의 장기보존 포맷에 대한 표준화 기관의 지속적인 개정으로 인해, 장기보존에 관한 표준은 이 결정의 범위에서 제외된다. 참조된 표준의 새 버전을 사용할 수 있는 시기가 되면, 장기보존에 대한 표준 및 규정에 대한 참조가 개정될 예정이다.

(6) 고급전자서명 및 고급전자인장은 기술적 관점에서 유사하다. 따라서 고급전자서명 포맷에 대한 표준은 고급전자인장 포맷에 대해서도 적용해야 한다.

(7) 보편적인 기술 지원 포맷 이외의 다른 전자서명 또는 전자인장 포맷이 서명 또는 인장에 사용되는 경우, 전자서명 또는 전자인장이 국경을 넘어서도 검증이 되도록 하는 유효성검증 방식이 제공되어야만 한다. 수신 회원국이 다른 회원국의 검증 도구에 의존할 수 있도록 하기 위해, 회원국은 전자문서, 전자서명, 또는 전자문서 컨테이너에 검증 도구에 관한 정보를 쉽게 접근할 수 있도록 담아 제공해야 한다.

(8) Where electronic signature or seal validation possibilities suitable for automated processing are available in a Member State's public services, such validation possibilities should be made available and provided to the receiving Member State. Nonetheless, this Decision should not impede the application of Articles 27(1) and (2) and 37(1) and (2) of Regulation (EU) No 910/2014 when the automated processing of validation possibilities for alternative methods is not possible.

(9) In order to provide for comparable requirements for validation and to increase trust in the validation possibilities provided by Member States for other electronic signature or seal formats than those commonly supported, the requirements set out in this Decision for the validation tools, draw from the requirements for the validation of qualified electronic signatures and seals referred to in Articles 32 and 40 of Regulation (EU) No 910/2014.

(10) The measures provided for in this Decision are in accordance with the opinion of the Committee established by Article 48 of Regulation (EU) No 910/2014,

Article 1

Member States requiring an advanced electronic signature or an advanced electronic signature based on a qualified certificate as provided for in Article 27(1) and (2) of Regulation (EU) No 910/2014, shall recognise XML, CMS or PDF

(8) 한 회원국에서 전자서명 및 전자인장의 자동화된 유효성검증이 가능한 경우, 수령 회원국에도 자동화된 유효성검증이 가능하도록 만들어진 상태로 제공되어야 한다. 그러나 이 결정은 대체 방법에 대한 유효성검증의 자동화가 불가능한 경우, (EU) No. 910/2014 규정의 제27조 (1) 및 (2) 및 37(1) 및 (2) 항의 적용을 저해해서는 안 된다.

(9) 유효성검증을 위한 비교가능한 요구사항을 제공하고, 회원국이 지원하는 포맷 중 보편적으로 지원되는 포맷이 아닌 전자서명 및 전자인장 포맷의 유효성검증 확률에 대한 신뢰성을 높이기 위하여, 본 결정에 명시된 검증 도구에 대한 요건은 규정(EU) 제910/2014조 제32조 및 제40조에 언급된 적격전자서명 및 적격전자인장의 유효성검증 요건에서 도출된다.

(10) 이 결정에 제공된 조치는 (EU) No 910/2014 규정의 제48조에 의해 설정된 집행위원회의 견해와 일치한다.

제1조

(EU) No 910/2014 규정의 27 (1) 및 (2)항의 규정에 따른 고급전자서명 또는 적격인증서를 기반으로 한 고급전자서명을 요구하는 회원국은 XML, CMS 또는 PDF 고급전자서명으로 B, T, 또는 LT 레벨에 합치하는 전자서명 또는 관련 서명 컨테이너

advanced electronic signature at conformance level B, T or LT level or using an associated signature container, where those signatures comply with the technical specifications listed in the Annex.

를 이용하는 전자서명을 승인해야 하며, 그러한 서명은 부속서에서 정하는 목록의 기술규격에 합치하여야 한다.

Article 2

1. Member States requiring an advanced electronic signature or an advanced electronic signature based on a qualified certificate as provided for in Article 27(1) and (2) of Regulation (EU) No 910/2014, shall recognise other formats of electronic signatures than those referred to in Article 1 of this Decision, provided that the Member State where the trust service provider used by the signatory is established offers other Member States signature validation possibilities, suitable, where possible, for automated processing.

2. The signature validation possibilities shall:

(a) allow other Member States to validate the received electronic signatures online, free of charge and in a way that is understandable for non-native speakers;

(b) be indicated in the signed document, in the electronic signature or in the electronic document container; and

(c) confirm the validity of an advanced electronic signature provided that:

(1) the certificate that supports the advanced electronic signature was

제2조

1. (EU) No 910/2014 규정의 27 (1) 및 (2)에서의 규정에 따른 고급전자서명 또는 적격인증서를 기반으로 한 고급전자서명을 요구하는 회원국은 서명자가 사용한 신뢰서비스제공자가 설립된 회원국이 다른 회원국에 (가능한 한 자동화 처리에 적합한) 서명 유효성검증 가능성을 제공한다면, 본 결정 제1항에서 언급된 전자서명 이외의 다른 전자서명 포맷을 인정하여야 한다.

2. 서명 유효성검증 가능성은 다음과 같아야 한다.

(a) 다른 회원국이 수신한 전자서명을 무료로 온라인에서 비모국어 사용자가 이해할 수 있는 방식으로 유효성을 검증할 수 있도록 허용하여야 한다.

(b) 서명된 문서, 전자서명 또는 전자문서 컨테이너에 표시되어야 한다. 그리고

(c) 다음의 조건이 충족된 경우 고급전자서명의 유효성을 검증하여야 한다.

(1) 고급전자서명을 지원하는 인증서가 서명하는 시점에 유효하며, 고급전

valid at the time of signing, and when the advanced electronic signature is supported by a qualified certificate, the qualified certificate that supports the advanced electronic signature was, at the time of signing, a qualified certificate for electronic signature complying with Annex I of Regulation (EU) No 910/2014 and that it was issued by a qualified trust service provider;

(2) the signature validation data corresponds to the data provided to the relying party;

(3) the unique set of data representing the signatory is correctly provided to the relying party;

(4) the use of any pseudonym is clearly indicated to the relying party if a pseudonym was used at the time of signing;

(5) when the advanced electronic signature is created by a qualified electronic signature creation device, the use of any such device is clearly indicated to the relying party;

(6) the integrity of the signed data has not been compromised;

(7) the requirements provided for in Article 26 of Regulation (EU) No 910/2014 were met at the time of signing;

(8) the system used for validating the advanced electronic signature

자서명이 적격인증서에 의해 지원되는 경우 고급전자서명을 지원하는 적격 인증서는 서명 당시 (EU) No 910/2014 규정의 부속서 I에 부합하는 전자서명을 위한 적격인증서이며 적격신뢰서비스제공자가 발급한 적격인증서라는 것;

(2) 서명 유효성검증 데이터는 신뢰당사자에게 제공된 데이터와 부합한다는 것;

(3) 서명자를 나타내는 유일한 데이터 세트가 신뢰당사자에게 정확하게 제공된다는 것;

(4) 서명 시에 가명이 사용된 경우, 가명 사용 사실이 신뢰당사자에게 명확하게 표시된다는 것;

(5) 적격전자서명생성장치에 의해 고급전자서명이 생성된 경우, 그러한 장치의 사용은 신뢰당사자에게 명확하게 표시되어야 한다는 것;

(6) 서명된 데이터의 무결성이 손상되지 않았다는 것;

(7) 서명하는 시점에 (EU) 제910/2014 규정 제26조에 규정된 요건이 충족되었다는 것;

(8) 고급전자서명의 유효성검증에 사용된 시스템은 신뢰당사자에게 유효성

provides to the relying party the correct result of the validation process and allows the relying party to detect any security relevant issues.

검증 프로세스의 올바른 결과를 제공하고 신뢰당사자가 보안 관련 문제를 감지할 수 있게 허용한다는 것.

Article 3

Member States requiring an advanced electronic seal or an advanced electronic seal based on a qualified certificate as provided for in Article 37(1) and (2) of Regulation (EU) No 910/2014, shall recognise XML, CMS or PDF advanced electronic seal at conformance level B, T or LT or using an associated seal container where those comply with the technical specifications listed in the Annex.

제3조

(EU) No 910/2014 규정의 제37항 제1항과 제2항의 규정에 따른 고급전자인장 또는 적격인증서를 기반으로 한 고급전자인장을 요구하는 회원국은 XML, CMS 또는 PDF 고급전자서명으로 B, T, 또는 LT 레벨에 합치하는 전자인장 또는 관련 서명 컨테이너를 이용하는 전자인장을 승인해야 하며, 그러한 인장은 부속서에서 정하는 목록의 기술규격에 합치하여야 한다.

Article 4

1. Member States requiring an advanced electronic seal or an advanced electronic seal based on a qualified certificate as provided for in Article 37(1) and (2) of Regulation (EU) No 910/2014, shall recognise other formats of electronic seals than those referred to in Article 3 of this Decision, provided that the Member State where the trust service provider used by the creator of the seal is established offers other Member States seal validation possibilities, suitable, where possible, for automated processing.

제4조

1. (EU) No 910/2014 규정의 37 (1) 및 (2)에서의 규정에 따른 고급전자인장 또는 적격인증서를 기반으로 한 고급전자인장을 요구하는 회원국은 인장 생성자가 사용한 신뢰서비스제공자가 설립된 회원국이 다른 회원국에 (가능한 한 자동화 처리에 적합한) 인장 유효성검증 가능성을 제공한다면, 본 결정 3항에서 언급된 전자인장 이외의 다른 전자인장 포맷을 인정해야 한다.

2. The seal validation possibilities shall:

2. 인장 유효성검증 가능성은 다음과 같아야 한다.

(a) allow other Member States to validate

(a) 다른 회원국이 수신한 전자인장을 무료

the received electronic seals online, free of charge and in a way that is understandable for non-native speakers;

(b) be indicated in the sealed document, in the electronic seal or in the electronic document container

(c) confirm the validity of an advanced electronic seal provided that:

  (1) the certificate that supports the advanced electronic seal was valid at the time of sealing, and when the advanced electronic seal is supported by a qualified certificate, the qualified certificate that supports the advanced electronic seal was, at the time of sealing, a qualified certificate for electronic seal complying with Annex III of Regulation (EU) No 910/2014 and that it was issued by a qualified trust service provider;

  (2) the seal validation data corresponds to the data provided to the relying party;

  (3) the unique set of data representing the creator of the seal is correctly provided to the relying party;

  (4) the use of any pseudonym is clearly indicated to the relying party if a pseudonym was used at the time of sealing;

  (5) when the advanced electronic seal is created by a qualified electronic seal creation device, the use of any such device is clearly indicated to

이며 비모국어 사용자가 이해할 수 있는 방식으로 유효성을 검증할 수 있게 허용하여야 한다.

(b) 인장된 문서, 전자인장 또는 전자문서 컨테이너에 표시되어야 한다. 그리고

(c) 다음의 조건이 충족된 경우 고급전자인장의 유효성을 확인해야 한다.

  (1) 고급전자인장을 지원하는 인증서가 인장하는 시점에 유효하며, 고급전자인장이 적격인증서에 의해 지원되는 경우 고급전자인장을 지원하는 적격인증서는 인장 당시 (EU) No 910/2014 규정의 부속서 III에 부합하는 전자인장을 위한 적격인증서이며 적격신뢰서비스제공자가 발급한 적격인증서라는 것;

  (2) 인장 유효성검증 데이터는 신뢰당사자에게 제공된 데이터와 부합한다는 것;

  (3) 인장 생성자를 나타내는 유일한 데이터 세트가 신뢰당사자에게 정확하게 제공된다는 것;

  (4) 인장 시에 가명이 사용된 경우, 가명 사용 사실이 신뢰당사자에게 명확하게 표시된다는 것;

  (5) 적격전자인장생성장치에 의해 고급전자서명이 생성된 경우, 그러한 장치의 사용은 신뢰당사자에게 명확하게 표시되어야 한다는 것;

the relying party;

(6) the integrity of the sealed data has not been compromised;

(7) the requirements provided for in Article 36 of Regulation (EU) No 910/2014 were met at the time of sealing;

(8) the system used for validating the advanced electronic seal provides to the relying party the correct result of the validation process and allows the relying party to detect any security relevant issues.

Article 5

This Decision shall enter into force on the twentieth day following that of its publication in the Official Journal of the European Union.

This Decision shall be binding in its entirety and directly applicable in all Member States. Done at Brussels, 8 September 2015.

(6) 인장된 데이터의 무결성이 손상되지 않았다는 것;

(7) 인장 당시에 (EU) 제910/2014 규정 제36조에 규정된 요건이 충족되었다는 것;

(8) 고급전자인장의 유효성검증에 사용된 시스템은 신뢰당사자에게 유효성검증 프로세스의 올바른 결과를 제공하고 신뢰당사자가 보안 관련 문제를 감지할 수 있게 한다는 것.

제5조

이 결정은 유럽연합 관보에 공표된 날부터 20일째 되는 날에 발효한다.

이 결정은 전적으로 구속력을 가지며 모든 회원국에 직접 적용된다. 2015년 9월 8일 브뤼셀에서 작성되었다.

Ⅳ. 적격전자서명 및 적격전자인장생성장치의 보안평가를 위한 기준에 관한 시행결정

COMMISSION IMPLEMENTING DECISION (EU) 2016/650 of 25 April 2016

laying down standards for the security assessment of qualified signature and seal creation devices pursuant to Articles 30(3) and 39(2) of Regulation (EU) No

2016년 4월 25일 2015/650의 유럽 집행위원회 시행 결정

역내 시장에서의 전자거래를 위한 전자신원확인 및 신뢰서비스에 관한 유럽 의회와 이사회의 (EU) No 910/2014 규정의 제30조 (3)항 및 제39조 (2)항에 따

910/2014 of the European Parliament and of the Council on electronic identification and trust services for electronic transactions in the internal market

(Text with EEA relevance)

라 적격전자서명 및 적격전자인장의 보안 평가를 위한 기준을 마련한다.

(EEA 관련 텍스트 포함)

THE EUROPEAN COMMISSION,
Having regard to the Treaty on the Functioning of the European Union,

유럽 집행위원회,
유럽 연합의 기능에 관한 조약을 고려하여,

Having regard to Regulation (EU) No 910/2014 of the European Parliament and of the Council of 23 July 2014 on electronic identification and trust services for electronic transactions in the internal market and repealing Directive 1999/93/EC (1), and in particular Articles 30(3) and 39(2) thereof,

지침 1999/93/EC (1)을 폐지하고 역내 시장에서의 전자거래에 대한 전자신원확인 및 신뢰서비스에 관한 유럽 의회와 이사회의 (EU) No 910/2014 규정과 관련하여 특히 제30조 (3) 및 제39조 (2)에 관하여, 다음 사항을 고려한다.

Whereas:

전문:

(1) Annex II to Regulation (EU) No 910/2014 sets out the requirements for qualified electronic signature creation devices and qualified electronic seal creation devices.

(1) (EU) No 910/2014 규정 부속서 II는 적격전자서명생성장치 및 적격전자인장 생성장치에 관한 요구사항을 설명한다.

(2) The task of drawing up the technical specifications needed for the production and placing on the market of products, taking into account the current stage of technology, is carried out by organisations competent in the standardisation area.

(2) 현재 기술 단계를 고려하여 제품의 생성 및 시장 배치에 필요한 기술 규격을 작성하는 업무는 표준화 분야의 권한 있는 기관에 의해 수행된다.

(3) ISO/IEC (International Organisation for Standardization/International Electrotechnical Commission) establishes the general concepts and principles of IT security and specifies the general model of assessment to be used as the

(3) ISO/IEC(국제 표준화 기구/국제 전기 표준 회의)는 IT 보안의 일반적인 개념과 원칙을 수립하고 IT 제품의 보안성을 평가하기 위한 기초로 사용될 평가의 일반적인 모델을 규정한다.

basis for evaluation of security properties of IT products.

(4) The European Committee for Standardisation (CEN) has developed, under the standardisation mandate M/460 given by the Commission, standards for qualified electronic signature and seals creation devices, where the electronic signature creation data or electronic seal creation data is held in an entirely but not necessarily exclusively user-managed environment. These standards are considered suitable for the assessment of conformity of such devices with the relevant requirements set out in Annex II to Regulation (EU) No 910/2014.

(5) Annex II to Regulation (EU) No 910/2014 sets that only a qualified trust service provider can manage electronic signature creation data on behalf of a signatory. Security requirements and their respective certification specifications are different when the signatory physically possesses a product and when a qualified trust service provider operates on behalf of the signatory. To address both situations as well as to favour the development over time of products and assessment standards suitable to particular needs, the Annex to this Decision should list standards covering both situations.

(6) At the time this Commission Decision has been adopted, several trust service providers already offer solutions managing electronic signature creation data on behalf of their customers.

(4) 유럽 표준화위원회(CEN)는 집행위원회 가 부여한 표준화 명령 M/460에 따라 전자서명생성데이터 또는 전자인장생성 데이터가 (반드시 독점적으로는 아니나) 전적으로 사용자 관리 환경에 있는 적격 전자서명 및 전자인장생성장치에 대한 표준을 개발했다. 이 표준들은 (EU) No 910/2014 규정 부속서 II에 규정된 관련 요구사항에 부합하는지 평가하는 데 적 합하다고 본다.

(5) (EU) No 910/2014 규정 부속서 II는 적격신뢰서비스제공자만이 서명자를 대 신하여 전자서명 생성데이터를 관리할 수 있다고 규정한다. 보안 요구사항과 각각의 인증 규격은 서명자가 제품을 물 리적으로 보유하는 경우, 적격신뢰서비 스제공자가 서명자를 대신하여 가용하는 경우에 따라 다르다. 두 가지 상황을 모 두 다루고, 특정 요구에 적합한 제품 및 평가 표준의 시간 경과에 따른 개발을 고려하기 위해 이 결정의 부속서에는 두 가지 상황을 포괄하는 표준을 나열해야 한다.

(6) 이 집행위원회의 결정이 채택된 시점에 서 여러 신뢰서비스제공자가 이미 고객 을 대신하여 전자서명 생성데이터를 관 리하는 솔루션을 제공하고 있다. 현재 제품 인증은 다른 표준에 의해 인증된

Certifications of products are currently limited to the hardware security modules certified against different standards but are not yet certified specifically against the requirements for qualified signature and seal creation devices. Nevertheless, published standards, such as EN 419 211 (applicable to electronic signature created in an entirely but not necessarily exclusively user-managed environment) do not yet exist for an equally important market of certified remote products. Since standards that might be appropriate for such purposes are currently under development, when such standards are available and assessed as compliant with the requirements set out in Annex II to Regulation (EU) No 910/2014, the Commission will complement this Decision. Until the moment where the list of such standards is established, an alternative process can be used for the assessment of the conformity of such products under the conditions provided for under point (b) of Article 30(3) of Regulation (EU) No 910/2014.

(7) The Annex lists EN 419 211 which consists of different parts (1 to 6) covering different situations. EN 419 211 Part 5 and 419 211 Part 6 give extensions related to the qualified signature creation device environment, such as communication with trusted signature creation applications. Product manufacturers are free to apply such extensions. According to recital 56 of Regulation (EU) No 910/2014, the

하드웨어 보안 모듈로 제한되어 있지만, 적격전자서명 및 전자인장생성장치에 대한 요구사항에 대해서는 아직 구체적으로 인증되지 않았다. 그럼에도 불구하고 EN 419 211 (반드시 독점적으로 하는 것은 아니지만, 전적으로 사용자 관리 환경에서 생성된 전자서명에 적용 가능) 같은 공표된 기준은 인증된 원격 제품과 같은 중요한 시장에 대해서는 아직 존재하지 않는다. 이러한 목적에 부합할 만한 표준이 현재 만들어지고 있으므로, 이러한 표준이 (EU) No 910/2014 규정 부속서 II에 정한 요구사항을 준수하는 것으로 평가될 때, 집행위원회는 이 결정을 보완할 것이다. 이러한 표준의 목록이 수립될 때까지 (EU) No 910/2014 규정 제30조 (3)항의 (b)에 규정된 조건 하에서 제품의 적합성을 평가하기 위한 대체 공정이 사용될 수 있다.

(7) 부속서에는 EN 419 211이 열거되어 있는데, 이 부분은 다른 상황을 다루는 여러 부분(1~6)으로 구성된다. EN 419 211 Part 5 및 419 211 Part 6은 신뢰할 수 있는 서명 생성 응용 프로그램과의 통신과 같이 적격전자서명생성장치 환경과 관련된 확장을 제공한다. 제품 제조업체는 이러한 확장을 자유롭게 적용할 수 있다. (EU) No 910/2014 규정의 전문 제56호에 따르면 해당 규정의 제30조 및 제39조에 따른 인증 범위는 서명 생

scope of certification under Articles 30 and 39 of that Regulation is limited to protecting the signature creation data and signature creation applications are excluded from the scope of the certification.

(8) To ensure that the electronic signatures or seals generated by a qualified signature or seal creation device are reliably protected against forgery, as required by Annex II to Regulation (EU) No 910/2014, suitable cryptographic algorithms, key lengths and hash functions are the prerequisite for the security of the certified product. Since this matter has not been harmonised at European level, Member States should cooperate to agree on cryptographic algorithms, key lengths and hash functions to be used in the field of electronic signatures and seals.

(9) The adoption of the present Decision renders Commission Decision 2003/511/EC obsolete. It should therefore be repealed.

(10) The measures provided for in this Decision are in accordance with the opinion of the Committee referred to in Article 48 of Regulation (EU) No 910/2014,

Article 1

1. The standards for the security assessment of information technology products that apply to the certification of qualified electronic signature creation devices or qualified electronic seal

성데이터 보호에 국한되며, 서명생성 응용프로그램은 인증 범위에서 제외된다.

(8) 적격전자서명생성장치 및 적격전자인장생성장치에 의해 생성되는 전자서명 및 전자인장이 eIDAS[(EU) No 910/2014] 규정의 부속서 II에 따라 위조로부터 신뢰성 있게 보호되도록 하기 위해, 적합한 암호화 알고리즘, 키 길이, 그리고 해시 함수는 인증 제품의 보안을 위한 전제 조건이다. 이 문제는 유럽 차원에서 조정되지 않았기 때문에 회원국은 전자서명 및 전자인장 분야에서 사용되는 암호 알고리즘, 키 길이 및 해시 기능에 동의하기 위해 협력해야 한다.

(9) 본 결정의 채택으로 집행위원회 결정 2003/51/EC은 구법이 되었다. 그러므로 2003/51/EC 결정은 폐지된다.

(10) 이 결정에 제공된 조치는 (EU) No 910/2014 규정의 제48조에 의거한 집행위원회의 의견과 일치한다.

제1조

1. EU No 910/2014 규정의 제30조 제(3)항의 (a) 또는 제39조 제(2)항에 따라 적격전자서명생성장치 또는 적격전자인장생성장치의 인증에 적용되는 정보 기술 제품의 보안평가 표준은 전자서명생

creation devices according to point (a) of Article 30(3) or 39(2) of Regulation (EU) No 910/2014, where the electronic signature creation data or electronic seal creation data is held in an entirely but not necessarily exclusively user-managed environment are listed in the Annex to this Decision.

성데이터 또는 전자인장생성데이터가 (반드시 독점적으로는 아니나) 전적으로 사용자 관리 환경에 있는 경우, 이 결정의 부속서에 열거되어 있다.

2. Until the establishment by the Commission of a list of standards for the security assessment of information technology products that apply to the certification of qualified electronic signature creation devices or qualified electronic seal creation devices, where a qualified trust service provider manages the electronic signature creation data or electronic seal creation data on behalf of a signatory or of a creator of a seal, the certification of such products shall be based on a process that, pursuant to Article 30(3)(b), uses security levels comparable to those required by Article 30(3)(a) and that is notified to the Commission by the public or private body referred to in paragraph 1 of Article 30 of Regulation (EU) No 910/2014.

2. 집행위원회가 적격전자서명생성장치 또는 적격전자인장생성장치의 인증에 적용되는 정보기술 제품의 보안평가 표준 목록을 수립하기 전까지, 적격신뢰서비스제공자가 서명자 또는 인장 생성자를 대신하여 전자서명생성데이터 또는 전자인장 생성데이터를 관리하는 경우에 이러한 제품의 인증은 다음 요건을 충족하는 프로세스에 기반하여 이루어져야 하는데, 즉 해당 프로세스는 제30조 제3항 (b)에 따라서 제30조 제3항 (a)에서 요구하는 것에 준하는 보안수준을 사용해야 하고, (EU) 910/2014 규정 제30조 제1항에 언급된 공공 또는 민간 기구는 집행위원회에 통지하여야 한다.

Article 2

Decision 2003/511/EC is hereby repealed.

제2조

2003/511/EC 결정은 이에 따라 폐지된다.

Article 3

This Decision shall enter into force on the twentieth day following that of its publication in the Official Journal of the European Union.

Done at Brussels, 25 April 2016.

제3조

이 결정은 유럽연합 관보에 공표된 날부터 20일째 되는 날에 발효한다.

2016년 4월 25일 브뤼셀에서 작성되었다.

ANNEX(부속서)

• LIST OF STANDARDS REFERRED TO IN ARTICLE 1(1)(제1조 제1항에 언급된 표준 목록)

ANNEX.

LIST OF STANDARDS REFERRED TO IN ARTICLE 1(1)

- ISO/IEC 15408 - Information technology - Security techniques - Evaluation criteria for IT security, Parts 1 to 3 as listed below:
  - ISO/IEC 15408 - 1:2009 - Information technology - Security techniques - Evaluation criteria for IT security - Part 1. ISO, 2009.
  - ISO/IEC 15408 - 2:2008 - Information technology - Security techniques - Evaluation criteria for IT security - Part 2. ISO, 2008.
  - ISO/IEC 15408 - 3:2008 - Information technology - Security techniques - Evaluation criteria for IT security - Part 3. ISO, 2008,

and
- ISO/IEC 18045:2008: Information technology - Security techniques - Methodology for IT security evaluation,

and
- EN 419211 - Protection profiles for secure signature creation device, Parts 1 to 6 - as appropriate - as listed below:
  - EN 419211 - 1:2014 - Protection profiles for secure signature creation device - Part 1: Overview
  - EN 419211 - 2:2013 - Protection profiles for secure signature creation device - Part 2: Device with key generation
  - EN 419211 - 3:2013 - Protection profiles for secure signature creation device - Part 3: Device with key import
  - EN 419211 - 4:2013 - Protection profiles for secure signature creation device - Part 4: Extension for device with key generation and trusted channel to certificate generation application
  - EN 419211 - 5:2013 - Protection profiles for secure signature creation device - Part 5: Extension for device with key generation and trusted channel to signature creation application
  - EN 419211 - 6:2014 - Protection profiles for secure signature creation device - Part 6: Extension for device with key import and trusted channel to signature creation application

* 부록 N.

eIDAS 용어정리표

(알파벳순)

A		
Abstract	개요	요지, 요약
accreditation scheme	인정제도	
Addressees	수신자	
admissibility	증거능력	*cf.* weight of evidence 증거력
advanced electronic signature	고급전자서명	
Annex	부속서	별지, 별첨
application	어플리케이션	
assurance levels	보증수준	*cf.* high 상(높음) substantial 중(보통) low 하(낮음)
attach	첨부	
attribute	속성	
authentication	인증	
authenticity	진정성	
B		
body	기관	
burden of proof	(주관적) 증명책임	
C		
certificate for electronic seal	전자인장용 인증서	
certificate for electronic signature	전자서명용 인증서	
certificate for website authentication	웹사이트 인증용 인증서	*cf.* qualified certificate for website authentication
closed system	폐쇄시스템	비공개시스템
conformity assessment body	적합성 평가기관	
Commission	집행위원회	*cf.* Commission Implementing Decision: 집행위원회시행령
Community framework	공동체 체계	
credential	증명서 또는 증명	
creator of a seal	전자인장생성자	
crossborder public services	국경 간 공공서비스	국제적 공공서비스
D		
declaratory function	진술에 대한 확인적 기능	

delivery receipts	인도수령증	
Digital Single Market	디지털 단일 시장	DSM
discipline	규율	
Description	상세내용	
Doctrine	교리, 법리, 배상책임법리	

E		
e-communication	전자적 의사표시	
eID Cards	전자신분카드	
electronic document	전자문서	
electronic identification	전자신원확인	
electronic identification means	전자신원확인수단	
electronic identification process	전자신원확인절차	
electronic identification scheme	전자신원확인체계	
electronic identity management	전자신원관리	
electronic registered delivery service	전자등기배달서비스	
electronic seal	전자인장	
electronic seal creation device	전자인장 생성장치	
electronic signature creation device	전자서명 생성장치	
electronic time stamp	전자타임스탬프	

F		
form	형식	
format	포맷	
framework	법률체계 또는 틀	
full harmonization	완전한 조화	강한 조화

G		
general remarks	총론	개론

H		
handwrittensignature	수기서명	

I		
identification	신원확인	
identifier	식별자	
identity	신원확인증명	
identifying function	신원확인 기능	
implementing acts	시행법	
Implementing Decision	시행결정	시행령

Implementing provision	시행조항	
Implementing Regulation	시행규정	
initial considerations	초기 고려사항	
initiatives	이니셔티브	의제
instrument	법제, 공동규범	
intermediaries	중계자	
internal market	역내시장	
interoperability European interoperability framework	상호운용성 유럽상호운용성의 체계 또는 틀	*cf.* technical interoperability
integrity	무결성	
introduction	서론	
L		
legal act, legislation	법, 입법	
legal consequences	법률적 결과	
legal effect	법적 효력,법률효과	
legislative measures	법적 조치	
link	링크	
list	목록	
liability for damage caused	손해배상책임	
M		
mandatory requirements	필수요건	강행규정
measures	구제조치	
modalities	기술적 형식	
mutatis mutandis	준용	
mutual recognition	상호인정	
N		
node operator	노드 운영자	
non-qualified trust services	비적격신뢰서비스	
non-certification	비인증	
O		
origin	출처	
P		
parameters	파라미터	
party relying on the certification	인증서를 신뢰하는 당사자	*cf.* relying party : 신뢰 당사자
personal data identification	개인신원확인정보	

peer review	동료평가, 동료심사	
point of single contact	단일접촉지점	
principle of non-discrimination	비차별성의 원칙, 차별금지원칙	
principle of technological-neutral	기술중립성 원칙	
principle of mutual recognition	상호인정원칙	
product	제품	
practices	관행, 실무	
primary law	1차법	*cf.* secondary law : 2차법
proposal	제안서, 규정안	
provisions	조항	
publication	공시, 공표, 공포	

Q		
qualified electronically registered delivery service	적격전자등기배달서비스	
qualified electronic signature creation devices	적격전자서명생성장치	
qualified electronic time stamp	적격타임스탬프	
qualified status	적격상태	
qualified validation services	적격유효성검증서비스	
qualified certificate for electronic signature	전자서명용 적격인증서	
qualified certificate for website authentication	웹사이트 인증용 적격인증서	

R		
reactivation	재활성화	
recitals	전문	
recognition	인정	
reestablishment	재설립	
reference format	참조포맷	
reference number	참조번호	
relying party	신뢰당사자	
requirement	요건	
revocation	폐지, 취소	*cf.* cancellation

S		
secondary law	2차법	
Section VI.	6절	
sender	송신자	발신자

simple electronic signature	일반전자서명	단순전자서명
social display of personal identity	개인 신원의 사회적 현출	
specification	기술규격	
standard	표준	기준
stipulation	약관/규정	㉺: 전문 II 의 요건, 약관
subject matter	목적	
suspension	정지	
T		
technological neutrality	기술중립성원칙	
technology-neutral approach	기술중립적 접근	기술중립성원칙에 의거한 접근
tool	도구	*cf.* means : 수단
trust mark	신뢰마크	신뢰표식
trust list	신뢰목록	적격목록
trust service	신뢰서비스	
trust service provider	신뢰서비스제공자	
U		
unique	유일	
unique identifiers	유일한 신원확인자	
V		
validation	유효성검증	
validation data	유효성검증 데이터	
validation possibilities	유효성검증 가능성	
validation process	유효성검증절차	
validation of qualified electronic signatures	적격전자서명의 유효성검증	
verification	확인	
W		
whereas	전문	*cf.* recitals 전문

약어

- CCRA : Common Criteria Recognition Arrangement : 상호인정 공통기준 협약
- SSCD : Secure Signature Creation Device : 보안전자서명생성장치
- QES : Qualified Electronic Signature : 적격전자서명
- QSCD : Qualified Signature Creation Device : 적격전자서명생성장치
- QTPS : Qualified Trust Service Provider : 적격신뢰서비스제공자
- SCD : Signature Creation Data : 전자서명생성데이터
- TEU : Treaty on European Union : 유럽연합조약
- TFEU : Treaty on the Functioning of the European Union : 유럽연합기능조약
- TSP : Trust Service Provider : 신뢰서비스제공자

참고문헌

■ 국내문헌

공보영, "UN 국제상거래법위원회 제4실무작업반 논의 동향", 「통상법률」, 제151호, 2021. 5.

김수용, "독일의 사후적 입법평가제도와 우리나라 헌법재판소의 위헌법률심판제도", 헌법학연구 제20권 1호, 한국헌법학회, 2014. 3.

김정곤, "EU 디지털 단일시장 전략의 평가와 시사점", Global Strategy Report 17-010, Kotra, 2017.

김재형, "전자거래기본법에 관한 개정논의", 「법학」(서울대), 제42권 제4호, 2001. 12.

김진환, "전자문서의 법적 효력에 관한 고찰 -스캐닝을 통해 생성된 전자화문서의 보관 문제를 중심으로-", 「경희법학」, 제41권 제1호, 2006. 6.

김현수, "유럽연합의 전자신원관리 및 신뢰서비스 법제 -2021 eIDAS 규정 개정안을 중심으로-", IT와 법연구 제24권, 2022. 2.

_____, "EU의 전자거래를 위한 전자신원확인 및 인증업무 규정에 관한 고찰", 「법학연구」(충북대), 제27권 제1호, 2016. 6.

김현철, "개정 전자서명법의 쟁점과 국제적 흐름", 입법학연구 제18집 1호, 2021.

박영복, "유럽공통참조기준(DCFR)에 있어서의 계약 해제(termination) -특히 그 효과를 중심으로-", 한국외국어대학교 법학연구소, 외법논집 41권1호, 2017.

오병철, "전자상거래법상의 거래 플랫폼 규제와 개선방안", 외법논집, 2017, 11.

정완용, "유럽연합 전자인증규정(eIDAS 2014)에 관한 고찰", 동북아법연구 제10권 제3호(통권 제26호), 2017. 1. 31.

정진명, "전자거래 규정의 민법 편입 제안", 「민사법학」 제48호, 한국사법행정학회, 2010. 3.

_____, "온라인 환경에서 신원확인 및 신뢰서비스에 대한 법제 연구 -유럽연합의 eIDAS 규정과 국제연합의 신원관리규정(안)을 중심으로-, 「비교사법」 제29권 1호, 2022. 2.

최병삼, 「플랫폼 경영을 바꾸다」, 삼성경제연구소, 2014.

최승원 외 6인, 「전자문서 법제 고도화 연구」, 정보통신산업진흥원, 2012.

■ 외국문헌

Anthony Arnull, EUROPEAN UNION LAW, A Very Short Introduction, Oxford University Press, 2017.

Christian Dadomo and No‚llega Que´nivet, EUROPEAN UNION LAW THIRD EDITION, Hall and Stott Publishing Ltd, 2020.

ETSI Special Report, "Electronic Signatures and Infrastructures(ESI); Recommendations on Governance and Audit Regime for CAB Forum Extended Validation and Baseline Certificates" ETSI 003 091 v1.1.2(2013-03).

European Commission, Directorate-General for Communications Networks, Content and Technology, Kuhl, A., McNally, P., Ongono Pomme, A., et al., Evaluation study of the Regulation no.910/2014 (eIDAS Regulation): final report, Publications Office, 2021.

Farrand, The EU Portability Regulation: One Small Step for Cross-Border Access, One Giant Leap for commission Copyright Policy?', EIPR 2016.

Jarass, Charta der Grundrechte der Europaeischen Union - Kommentar, 2nd edn, C.H.Beck, 2016, Art.7 mn.16.

Karen Davies, UNDERSTANDING EUROPEAN UNION LAW Fifth Edition, Routledge, 2013.

MANUEL KELLERBAUER, MARCUS KLAMERT and JONATHAN TOMKIN, The EU Treaties and the Charter of Fundamental Rights(Commentar), Oxford University Press, 2019.

European Parliament and Council Directive 95/46/EC of 24 October 1995 on the protection of individuals with regard to the processing of personal data and on the free movement of such data OJ 1995 L 281/31.

Proposal for a REGULATION OF THE EUROPEAN PARLIAMENT AND OF THE COUNCIL amending Regulation (EU) No 910/2014 as regards establishing a framework for a European Digital Identity, COM(2021) 281 final; 2021/0136 (COD).

Amendment of Regulation (EU) No 910/2014 as regards establishing a framework for a European Digital Identity:https://www.eumonitor.eu/9353000/1/j9vvik7m1c3gyxp/vljcjs2a8xyf

Brussels, 6.5.2015 COM(2015) 192 final, COMMUNICATION FROM THE COMMISSION TO THE EUROPEAN PARLIAMENT, THE COUNCIL, THE EUROPEAN ECONOMIC AND SOCIAL COMMITTEE AND THE COMMITTEE OF THE REGIONS, https://eur-lex.europa.eu/legal-content/EN/TXT/PDF/?uri=CELEX:52015DC0192&from=EN

Commission, 'Dismantling the obstacles to EU citizens' rights' (EU Citizenship Report 2010) COM(2010) 603 final.

COMMUNICATION FROM THE COMMISSION TO THE EUROPEAN PARLIAMENT,

THE COUNCIL, THE EUROPEAN ECONOMIC AND SOCIAL COMMITTEE AND THE COMMITTEE OF THE REGIONS 2030 Digital Compass: the European way for the Digital Decade Brussels, 9.3.2021 COM(2021) 118 final: https://ec.europa.eu/info/sites/default/files/communication-digital-compass-2030_en.pdf

Commission, FinTech action plan: For a more competitive and innovative European financial sector'(communication) COM(2018) 109 final.

2017/1128 of 14 June 2017 on cross-border portability of online content services in the internal market(Portability Regulation) OJ 2017 L 168/1

Commission, 'Call for experts for group on liability and new technologies'(Press release, 9 march 2018)

Commission, 'Artificial Intelligence for Europe'(Communication) COM(2018) 237 final.; https://ec.europa.eu/growth/publications_en?field_newsroom_topics_tid=229

Commission, 'A Digital Single Market Strategy for Europe' (Communication) COM(2015) 192 final.

Directive (EU) 2019/770 of the European Parliament and of the Council of 20 May 2019 on certain aspects concerning contracts for the supply of digital content and digital services OJ 2019 L136/1.

Directive (EU) 2019/771 of the European Parliament and of the Council of 20 May 2019 on certain aspects concerning contracts for the sale of goods OJ 2019 L136/28.

European Parliament and Council Directive 2011/83/EU of 25 October 2011 on consumer rights, amending Council Directive 93/13/EEC and Directive 1999/44/EC and repealing Council Directive 85/557/EEC and Directive 97/7/EC(Consumer Right Directive) OJ 2011 L 304/64.

European Parliament and Council Directive 2008/48/EC of 23 April 2008 on credit agreements for consumers and repealing Council Directive 87/102/EEC (Consumer Credit Directive OJ 2008 L 133/66.)

European Parliament and Council Directive 1999/44/EC of 25 May 1999 on certain aspects of the sale of consumer goods and associated guarantees (Consumer sales directive)OJ 1999L 171/12.

Evaluation study of the Regulation no. 910/2014(eIDAS Regulation) SMART 2019/0046 Final Report, 2020 edition, European Union, 2021.

Zaccaria/Schmidt-Kessel/Schulze/Gambino, EU eIDAS Regulation, Verlag c.H.Beck oHG, 2020.

■ 관련판례

Amministrazione delle Finanze dello stato v Simmenthal[1978]ECR 629.
Franz Grad v Finanzamt Traunstein[1970]ECR 825.
Internationale Handelsgesellshaft IHG v Einfuhr-und-Vorratsstelle für Getreide and Futtermittel[1972]ECR 1125.
Costa v ENEL[1964]ECT 585
Grimaldi v Fonds des Maladies Professionelles[1989]ECR 4407.
Marshall v Southampton and South West Hampshire AHA(Marshall(No1))[1986] ECR 723.
Van Gend en Loos v Nederlandse Administratie der Belastingen[1963]ECR 1.
Variola Variola SpA v Amministrazione delle Finanze[1973]ECR981.

■ 관련사이트

https://eur-lex.europa.eu/legal-content/EN/TXT/PDF/?uri=CELEX:32019L0770&rid =5
https://www.sos.ca.gov/administration/regulations/current-regulations/technology/digital-signatures.
https://www.kisa.or.kr/
https://blog.eid.as/tag/signature-generation-sealing-service/

찾아보기

공저자 약력

■ 정완용

경희대학교 법과대학 및 동 대학원 졸업(법학박사)
현재, 경희대학교 법학전문대학원 교수
경희대학교 법학전문대학원장
한국기업법학회 회장
전자문서법 개정위원회 부위원장

》》 주요논저
- 「전자상거래법」 제4판, 법영사, 2016.
- 「주석 상법(해상편)」 제2판(공저), 한국사법행정학회, 2015.
- 「상법강의(상, 하)」(공저), 법문사, 2000.

■ 정진명

충남대학교 법과대학 및 동 대학원 졸업(법학박사)
현재, 단국대학교 법과대학 교수
독일 뮌헨대학교 방문연구원
미국 위스콘신 주립대학교 방문교수
민법 개정위원
전자문서법 개정위원

》》 주요논저
- 「가상공간법 연구(1)」, 법원사, 2003
- 「독일민법의 기초(디터메디쿠스 저)」, 법원사, 1999
- 계약해제의 효과에 관한 연구 외 90여 편

■ 전명근

부산대학교 전자공학과 학사 및 KAIST 전기 및 전자공학과(공학박사)
현재, 충북대학교 전자공학부 교수
삼성전자 선임연구원
Temple University(미) 방문교수
한국지능시스템학회 회장

》》 주요논저
- "바이오인식 정보의 안전한 활용 및 보호방안," 정보보호학회 논문지, 2021.
- 「매트랩을 이용한 디지털 영상처리의 기초」, 한티미디어, 2011.

■ 오병철

연세대학교 대학원(법학박사)/충북대학교 대학원 정보통신공학과 (공학석사 및 공학박사)
현재, 연세대학교 법학전문대학원 교수
전, 경상대학교 법과대학 교수
독일 Mannheim대학교 객원학자
미국 University of Washington 객원학자

》》 주요논저
- 「법정채권법」, 제2판, 법문사, 2021.
- 「디지털정보계약법」, 법문사, 2005.
- 「전자거래법」, 법원사, 2001.

■ **권혁심**

이화여자대학교 교육심리학과 학사, 고려대학교 법과대학 및 동대학원 졸업(법학박사)
현재, 고려대학교 법학전문대학원 연구교수
독일 괴팅겐 법과대학 박사후과정 연구원
중앙대학교 법학전문대학원 조정센터 조정위원

》》 주요논저
- "디지털시대의 온라인 분쟁해결," 협상학회, 2022.
- "독일민사소송법상 전자문서와 전자서명에 관한 증명규칙," 안암법학회, 2020.
- 「국민의 사법수요 분석 및 정책제안을 위한 연구」(공저), 한국민사소송법학회, 2019.
- "전자화문서와 원본제출주의," 한국민사소송법학회, 2015.
- "이메일증거의 인멸과 제재," 한국민사소송법학회, 2014.

■ **김진환**

고려대학교 법과대학 및 동 대학원 석사
Vandebilt University Law School(LL.M.)
현재, 법률사무소 웨일앤썬 대표변호사
서울지방법원 및 남부지원 판사
김앤장 법률사무소 변호사
전자문서・전자거래 분쟁조정위원회 위원

》》 주요논저
- 「상법주석」(공저), 사법행정학회.
- 「전자거래기본법 개정방안 연구」(공저), 정보통신산업진흥원
- "전자문서의 법적 효력에 관한 고찰: 스캐닝을 통해 생성된 전자화문서의 보관문제를 중심으로," 경희대학교 법학연구소

■ **김현수**

부산대학교 법과대학 법학사 및 법학석사
미국 University of Illinois at Urbana Champaign 법학석사(LL.M.) 및 법학박사(J.S.D.)
현재, 부산대학교 법학전문대학원 교수
미국 뉴욕주 변호사
전자서명 인정위원회 위원
블록체인 규제자유특구 법률자문위원

》》 주요논저
- "전자거래 기반으로서 전자신원관리 및 신뢰서비스 법제에 관한 小考," 소비자법학회, 2022. 2.
- "스마트 컨트랙트(Smart Contract)와 계약법적 과제," 한국비교사법학회, 2021.11.
- "대륙법계 국가에서 징벌배상제의 의의와 정당화 사유," 한국재산법학회, 2021.
- "미국 계약법의 현대적 이론에 관한 서론적 고찰 – Grant Gilmore의 "The Death of Contract"을 중심으로," 한국비교사법학회, 2014.

■ **김진규**

경희대학교 법과대학 수석졸업, 동 대학원 졸업(석사) 및 현 박사과정(회사법 전공)
현재, 법무법인 새서울 변호사

》》 주요논저
- "소송요건 개선을 통한 소비자단체소송의 활성화 방안," 경희법학연구소, 2019.

EU 신뢰서비스법 - eIDAS 규정 -

2022년 8월 25일   초판 인쇄
2022년 8월 31일   초판 1쇄 발행

공저자	정완용·정진명·전명근·오병철 김진환·김현수·김진규·권혁심
발행인	배　　　효　　　선
발행처　도서 　　　　출판	法 文 社

주 소 10881 경기도 파주시 회동길 37-29
등 록 1957년 12월 12일/제2-76호(윤)
전 화 (031)955-6500~6 FAX (031)955-6525
E-mail   (영업) bms@bobmunsa.co.kr
　　　　 (편집) edit66@bobmunsa.co.kr
홈페이지 http://www.bobmunsa.co.kr
조 판　법 문 사 전 산 실

정가 34,000원　　　　ISBN 978-89-18-91337-7